W0326933

INTERROS des LYCÉES

Collection dirigée
par Éric MAURETTE

Physique Chimie 1re S

ÉDITION ACTUALISÉE

Cyriaque CHOLET

Nathan

Remerciements

L'auteur et l'équipe de Prepamath Éditions tiennent à remercier Jean-Côme Charpentier, Stéphanie Giannarelli et Stéphane Pasquet pour l'aide précieuse qu'ils ont apportée à cet ouvrage.

Illustrations : Patrick Doan

Coordination éditoriale : François Déliac

Conception couverture : Marc & Yvette

Votre avis sur cet ouvrage nous intéresse : edition.prepamath.com

Avant-propos

La présente édition, revue et corrigée, est complétée d'exercices donnés dans différents lycées durant l'année scolaire 2011-1012, première année d'application du nouveau programme de physique-chimie en classe de Première S.

Dans chaque chapitre, on trouvera :

- un rappel de cours, qui s'appuie sur la résolution pratique d'un exercice type et qui donne, de manière concise, tout ce que l'on doit retenir du chapitre étudié.
- des QCM de difficulté variée : certains permettent de tester rapidement l'assimilation du cours (intitulés « Connaissances du cours »). D'autres, qui exigent une réflexion plus approfondie, préparent davantage aux épreuves de même nature données au bac ou dans les concours post-bac.
- des exercices, de difficulté croissante (indiquée par une, deux ou trois étoiles pour les plus difficiles), dont la durée suggérée est celle qui devrait être respectée lors d'une composition en temps limité. Cette durée peut cependant être ignorée lors de la phase d'apprentissage. La grande majorité des exercices proposés a déjà été soumise à des élèves de 1re S. Toutefois, quelques exercices illustrent des parties inédites du programme ; ils sont intitulés « nouveau programme ». Enfin, précisons que, lorsqu'un énoncé demande « d'exprimer » une grandeur, il s'agit d'en établir une expression littérale. En revanche, « calculer » une grandeur signifie « en donner une valeur numérique ».
- des solutions aux QCM et exercices. Ces corrections sont volontairement très détaillées (plus que ce qui doit être fait par un élève de 1re S), afin de rendre les raisonnements plus accessibles.

Rappelons notre recommandation traditionnelle : cet ouvrage n'est pas un manuel de cours. L'auteur souhaite que la lecture de ce livre ne se substitue pas au travail de classe, mais qu'elle soit l'occasion d'un dialogue avec le professeur de physique-chimie.

L'auteur.

Table des matières

Tous les conseils qui suivent sont ceux utilisés par un grand nombre de majors (sortis premiers) de Polytechnique ou de l'Éna, par des professionnels de l'organisation et sont également recommandés par de nombreux professeurs. Pour en savoir plus sur le sujet, nous vous conseillons le livre « Comment travailler plus efficacement », par F. Déliac, U. Hadrien, E. Matrullo et E. Maurette, aux Éditions Prepamath.

Faire des « feed-back »

Le « feed-back » est le conseil le plus important et le plus utilisé par ceux qui réussissent brillamment leurs études. Il consiste à contrôler systématiquement, sans s'aider de notes, ce que l'on vient d'apprendre (exercices et cours). Ce contrôle peut se faire mentalement, oralement ou par écrit.

- Dans les transports, essayez de vous rappeler mentalement, et sans vous aider de vos notes, le cours et les exercices vus le matin en classe (feed-back mental).
- Après avoir relu votre cours le soir, essayez de retrouver par écrit les principaux paragraphes et démonstrations sans regarder votre leçon (feed-back écrit).
- Après avoir résolu un problème, prenez 5 minutes pour contrôler par écrit que vous vous rappelez clairement l'énoncé ainsi que la démarche de résolution (feed-back écrit).
- Expliquez à des amis la leçon que vous venez d'apprendre ou l'exercice que vous venez de résoudre : c'est un excellent feed-back oral. Choisissez le type de « feed-back » qui vous convient le mieux et faites-en le plus régulièrement possible (après chaque cours et chaque série d'exercices). Pour être efficace, un « feed-back » doit se faire sans l'aide de vos notes. Ainsi, faire des fiches de résumés de cours à partir de vos cahiers ouverts ne constitue nullement un « feed-back ».

Miser sur la qualité

De nombreux témoignages démontrent que pour obtenir de bons résultats, il est préférable de faire un nombre limité d'exercices, mais plus approfondis, que d'en survoler une grande quantité de piètre qualité. Une tendance très répandue consiste à abattre une grande quantité d'exercices, à la chaîne, mais superficiellement, en espérant que le jour du contrôle, l'on aura déjà vu ce type de problème et que l'on saura s'en souvenir. Cette méthode est absolument inefficace car la seule manière de se souvenir d'un exercice de mathématiques ou de physique, c'est de l'avoir parfaitement compris et assimilé. Ainsi :

- À la fin d'un problème, prenez 5 à 10 minutes pour essayer de trouver un moyen de le généraliser ou de le compliquer (c'est ce que font souvent les professeurs pour concevoir leurs contrôles écrits) ; trouvez ce que cela pourrait changer dans la solution.
- Prenez également l'habitude, après chaque exercice, de faire un « feed-back » en faisant ressortir la démarche générale et en tissant des liens avec le cours. Bref, il ne faut pas vous contenter de résoudre l'exercice, mais il vous faut lui apporter de la valeur ajoutée et vous interroger sur son contenu.
- Idem pour le cours. Ne vous contentez pas de le parcourir de manière passive. Il vous faut avoir la rigueur d'effacer toutes les zones d'ombre. Pour chaque théorème, il faut vous demander quels types d'exercices son utilisation permettra de résoudre.

Travailler par « couches successives »

Cette méthode, très utile pour les étudiants préparant des examens ou des révisions, peut également être utilisée dès le lycée.

On observe que pour apprendre un gros volume de cours, rien n'est plus inefficace que de l'attaquer de front, de manière linéaire. La bonne manière consiste à d'abord survoler l'ensemble, en ne retenant que la structure, c'est-à-dire les grands titres, ainsi que les noms des paragraphes (première couche, étape devant durer 5 minutes). Dans l'étape suivante (deuxième couche, d'une durée de 10 minutes), on reprend son cours du début en retenant cette fois également les théorèmes et résultats importants. Après cette deuxième couche, on a déjà une idée claire de la structure de l'ensemble du cours. On peut alors aborder la dernière étape (troisième couche) : on reprend son cours au début pour, cette fois-ci, l'étudier en profondeur en apprenant le détail des démonstrations.

Il est à noter que cette méthode peut être également appliquée avec succès à des matières littéraires, ainsi qu'aux révisions du bac de français. Par exemple :

- Pour la préparation d'un contrôle, on commencera par passer en revue rapidement l'ensemble du cours et des exercices du chapitre précédemment étudiés, avant de les réviser en détail. Ainsi aura-t-on développé une compréhension synthétique et claire.
- De même, avant d'aborder un problème volumineux (tel qu'un contrôle écrit), il est préférable de survoler l'ensemble du problème avant de l'attaquer.

Travailler sa rapidité

Pour acquérir de la rapidité, 3 voies sont possibles :

- Prenez l'habitude, en travaillant chez vous, de vous concentrer sur une seule chose à la fois, c'est-à-dire ne pas attaquer un problème ou une dissertation, en rêvassant à ce que vous pourriez trouver à manger dans le réfrigérateur ou en écoutant de la musique.

- Prenez l'habitude de travailler chez vous dans les mêmes conditions qu'en devoirs surveillés. Le minutage de chacun des exercices de ce livre est fait en ce sens. Cependant, cela ne devrait pas, une fois la résolution faite, vous empêcher d'y réfléchir plus calmement afin de vérifier la bonne assimilation du problème. Si les seuls moments où vous vous pressez sont les contrôles écrits, vous ne deviendrez jamais rapide.
- Essayez de contenir tout votre travail à la maison dans une plage horaire serrée. Engagez-vous, par exemple, à travailler chez vous tous les jours entre 18 h et 20 h et efforcez-vous de ne jamais déborder (quelle que soit votre charge de travail). En effet, si l'on ne se donne pas de limite de temps pour accomplir un travail, l'on a naturellement tendance à le laisser traîner en longueur et à rêvasser. L'étroitesse de la plage horaire vous obligera à ne pas vous endormir et à devenir efficace.

Pendant une épreuve de type bac

- Il est important de lire au préalable le sujet dans son entier.
- Le nombre de points attribués à l'exercice donne des indications sur sa longueur, et par voie de conséquence sur le temps maximum qu'il faudra lui consacrer.
- Ne pas s'obstiner sur une question qui « résiste » ! Au contraire, passer à la question suivante pour essayer de traiter le maximum dans un exercice.
- Concernant les QCM, vous devez savoir que les réponses fausses sont assez fortement pénalisées. *Il est donc conseillé de ne répondre qu'à coup sûr, et en tout cas d'éviter absolument de répondre au hasard !*
- Organisez votre rédaction de façon logique (chaque exercice sur une copie séparée) et non pas chronologique. Cela permet de laisser de la place sur une copie pour éventuellement revenir à une question laissée en suspens dans un exercice. La correction de votre épreuve en sera d'autant plus facilitée...

Chapitre
1

Couleurs, vision et images

Plan du chapitre

1. Lentilles minces convergentes
2. Couleur des objets
3. L'œil

Exercice type

Lycée Alexandre Dumas, Saint-Cloud

Un œil normal est capable de voir correctement un objet situé entre l'infini et 25,0 cm. Un œil hypermétrope ne peut pas voir net de près. L'objet le plus proche qu'il peut voir (appelé *punctum proximum*) est situé à une distance supérieure à 25 cm. Dans le cas d'un œil hypermétrope, dont le cristallin est situé à 14,8 mm de la rétine, le *punctum proximum* est situé à 40 cm de l'œil.

1 Calculer la distance focale et la vergence de l'œil hypermétrope lorsqu'il accommode au maximum c'est-à-dire lorsque l'objet est situé au *punctum proximum*.

2 Que devrait être cette vergence pour que cet œil puisse voir à 25,0 cm (*punctum proximum à 25 cm*) ?

3 L'œil est ensuite corrigé : on place devant celui-ci une lentille mince. On admet qu'on peut assimiler deux lentilles minces, de vergences C_1 et C_2, placées à la suite l'une de l'autre, par une seule lentille mince de vergence C égale à la somme des vergences C_1 et C_2. Quelle doit être la vergence des lentilles de corrections ?

Voir corrigé page 10

1 Lentilles minces convergentes

1.1 Définitions

Les lentilles minces convergentes sont des objets transparents, plus épais en leur centre qu'à leurs bords, que l'on suppose symétriques par rapport à un axe appelé *axe optique*. Elles sont caractérisées par :

- leur *centre optique*, intersection de la lentille avec l'axe optique ;

- leur *foyer image* F', point où convergent les rayons qui arrivent sur la lentille parallèlement à l'axe optique ;
- le *foyer objet* F, symétrique de F' par rapport à O, d'où partent les rayons qui ressortent de la lentille parallèlement à l'axe optique ;
- la *distance focale image* $f' = \overline{OF'}$;
- le *plan focal image* (Π'), qui passe par F' perpendiculairement à l'axe optique ;
- le *plan focal objet* (Π), qui passe par F perpendiculairement à Δ.

La lentille convergente (L) est symbolisée par une double flèche.

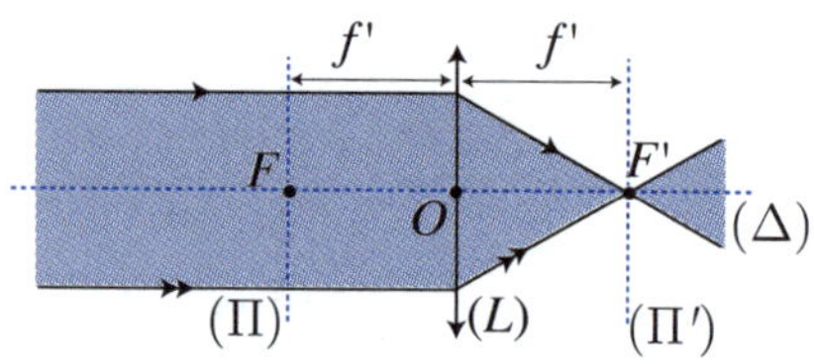

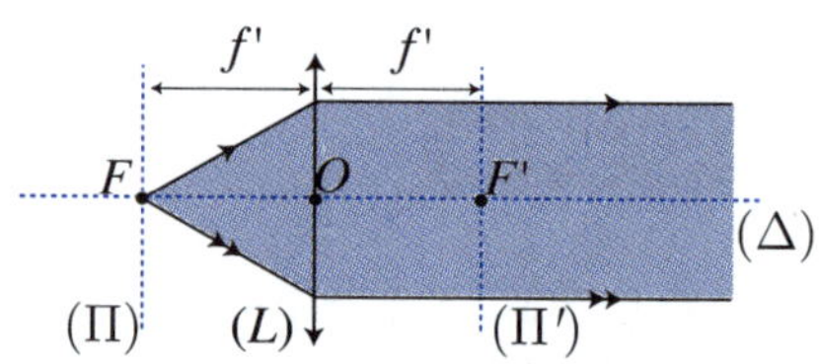

Définition 1

Un *objet* A est un point d'intersection des rayons qui se dirigent vers la lentille. Lorsque les rayons peuvent réellement se rencontrer, l'objet est *réel* ; lorsque seuls les prolongements des rayons se rencontrent, l'objet est *virtuel*.

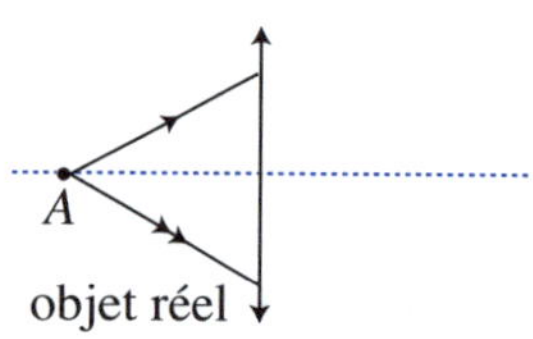

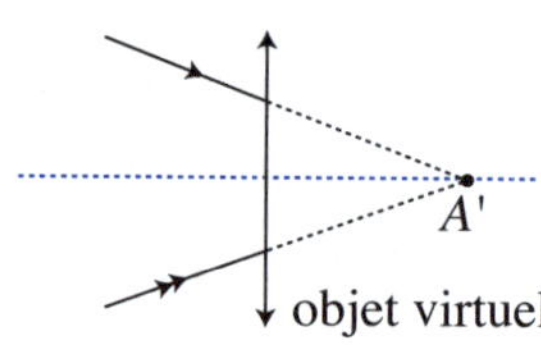

Définition 2

Une *image* A' est un point d'intersection des rayons qui émergent de la lentille. À nouveau, l'image est *réelle* si les rayons convergent vraiment en A' ; l'image est *virtuelle* si seuls les prolongements des rayons se coupent en A'.

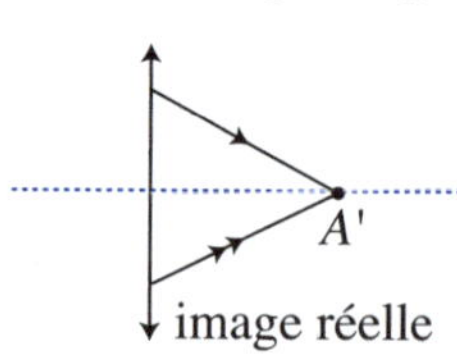

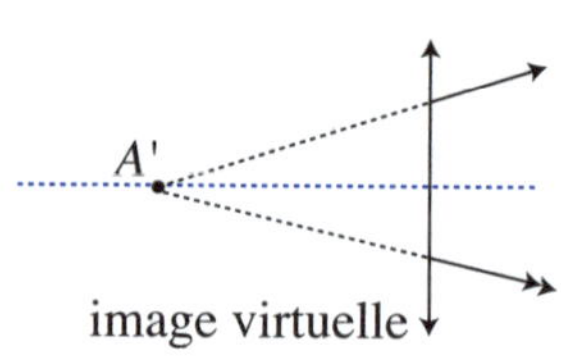

Définition 3

On dira qu'un objet (ou une image) se trouve à l'infini si les rayons dirigés vers ce point sont parallèles les uns aux autres.

Définition 4

Le *plan focal image* est le plan qui contient toutes les images des objets situés à l'infini, tandis que le *plan focal objet* est le plan qui contient tous les objets qui fournissent des images à l'infini.

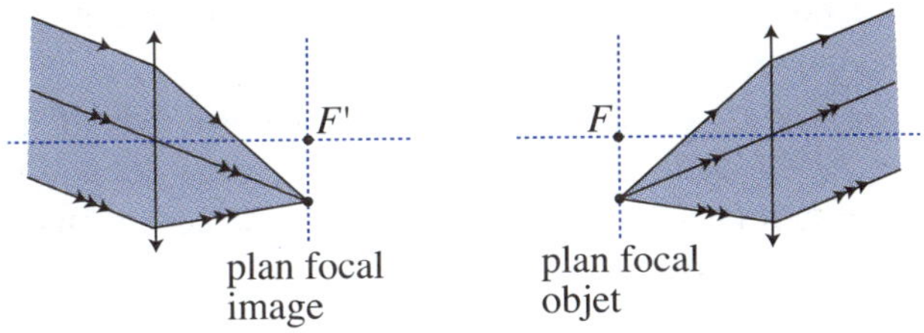

Définition 5

La *vergence* C d'une lentille est l'opposée de sa distance focale f' :

$$C = \frac{1}{f'}$$

Lorsque f' est exprimée en mètre, C est exprimée en dioptrie (δ).

1.2 Constructions graphiques

Parmi tous les rayons qui traversent une lentille mince L, trois sont remarquables :

- le rayon (1) qui traverse (L) en son centre optique n'est pas dévié ;
- le rayon (2) qui arrive sur (L) parallèlement à l'axe optique (Δ) en ressort en passant par le foyer image F' ;

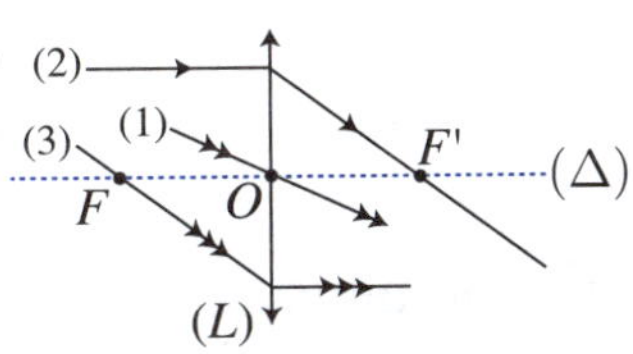

- le rayon (3) qui arrive sur la lentille après être passé par le foyer objet F ressort de (L) parallèlement à l'axe optique.

Ces trois rayons peuvent être utilisés pour repérer la position de l'image B' d'un objet B n'appartenant pas à l'axe optique.

Remarque : Dans la pratique, deux des rayons remarquables suffisent, sauf précision contraire de l'énoncé. C'est ce point de vue qui sera adopté dans la suite du chapitre.

À RETENIR (Méthode)

Pour obtenir l'image B' d'un point B situé hors de l'axe optique :

- Tracer le rayon (1), issu de B, qui traverse (L) en O sans être dévié.
- Tracer le rayon (2), issu de B, qui arrive sur (L) parallèlement à l'axe optique ; ce rayon ressort de (L) en passant par F'.
- L'intersection des deux rayons émergeant de (L) coïncide avec l'image B' ; soit B' est réelle (ces deux rayons se croisent derrière (L)), soit B' est virtuelle (il faut tracer les prolongements de ces rayons pour qu'il se croisent, en avant de (L)).

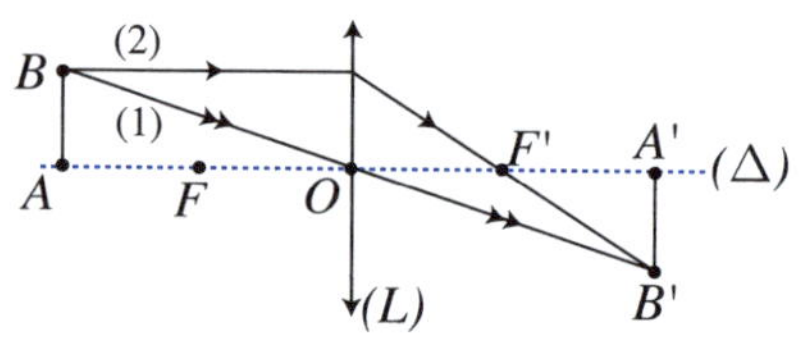

Image B' réelle

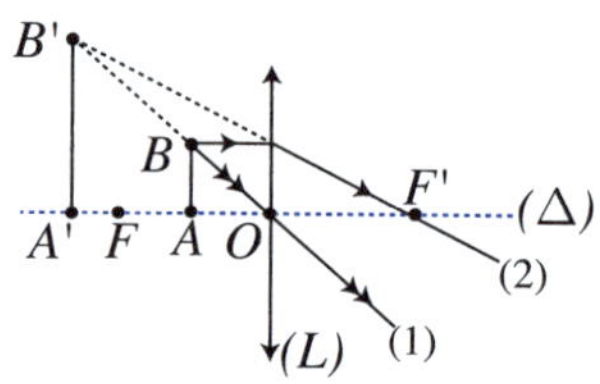

Image B' virtuelle

ATTENTION

Cette méthode est inopérante pour un point A appartenant à l'axe optique, dont on cherche la localisation de l'image A'. Dans ce cas, on procède de la manière suivante :

- Tracer un segment AB passant par A, perpendiculairement à (Δ) ;
- Chercher l'image B' de B, par la méthode graphique décrite précédemment ;
- La projection orthogonale de B' sur (Δ) coïncide avec le point A' cherché.

1.3 Relations de conjugaison

Les positions et sens des objets et images sont en général obtenus à l'aide de valeurs algébriques, dont il convient de rappeler ici les conventions :

- On convient que, la lumière se déplaçant de la gauche vers la droite, les valeurs algébriques seront définies positivement dans ce sens, pour les grandeurs horizontales. Par exemple sur les schémas précédents : $\overline{OF'} > 0$, $\overline{OA'} > 0$ et $\overline{OF} < 0$.

- Les grandeurs algébriques verticales sont définies positivement vers le haut. Par exemple $\overline{AB} > 0$, tandis que $\overline{A'B'} < 0$ lorsque $A'B'$ est une image réelle.

Selon ces conventions, les positions des objets et images peuvent être calculées à l'aide de *la relation de conjugaison de Descartes* :

$$\frac{1}{\overline{OA'}} - \frac{1}{\overline{OA}} = \frac{1}{f'}$$

La taille et le sens de l'image $A'B'$, relativement à AB, sont obtenus à l'aide du *grandissement* :

$$\gamma = \frac{\overline{A'B'}}{\overline{AB}}$$

qui peut être calculé en localisant les points par rapport à O :

$$\gamma = \frac{\overline{OA'}}{\overline{OA}}$$

2 Couleur des objets

La lumière est une onde électromagnétique dont la longueur d'onde (λ) détermine la couleur.

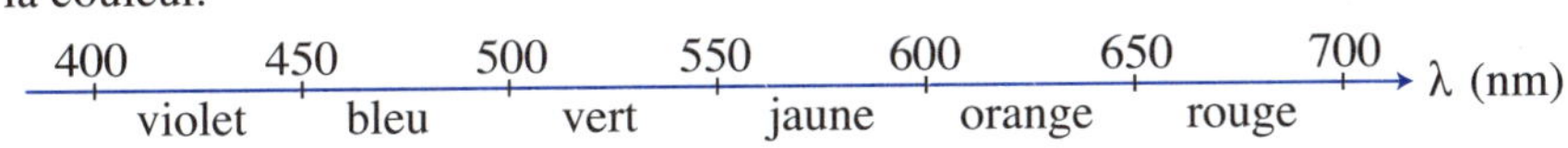

La lumière blanche contient tous les rayonnements visibles (400 nm $< \lambda <$ 700 nm), c'est-à-dire toutes les couleurs. Elle peut être recomposée en associant des faisceaux de lumières rouge, verte et bleue ; ces trois couleurs sont appelées *couleurs primaires*.

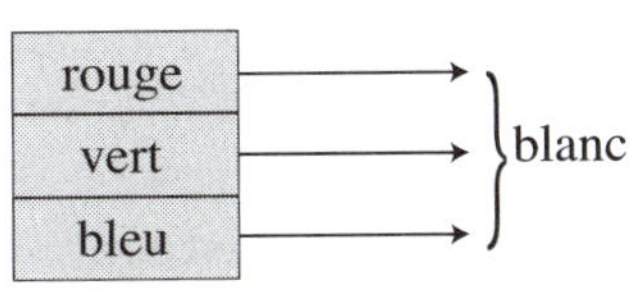

La technique consistant à associer des faisceaux de diverses couleurs est appelée *synthèse additive*. La synthèse additive de deux couleurs primaires produit une *couleur secondaire*.

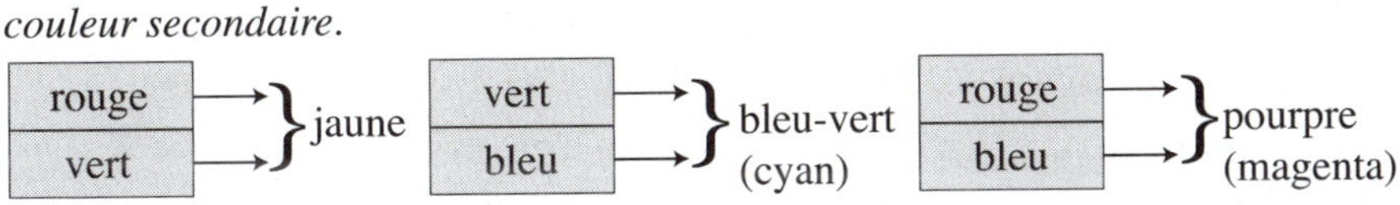

La synthèse additive peut être réalisée à l'aide de filtres colorés (c'est d'ailleurs par ce moyen que sont obtenues les couleurs des écrans plats des ordinateurs et des téléphones portables). Un tel filtre absorbe tous les rayonnements lumineux sauf ceux dont la longueur d'onde correspond à la longueur d'onde du filtre ; l'onde électromagnétique est alors transmise par le filtre.

La juxtaposition de plusieurs filtres permet de réaliser la synthèse soustractive (car chaque filtre absorbe des rayonnements) :

$$\begin{cases} \text{jaune} + \text{cyan} = \text{vert} \\ \text{jaune} + \text{magenta} = \text{rouge} \\ \text{cyan} + \text{magenta} = \text{bleu} \end{cases}$$

Les couleurs obtenues par synthèse soustractive peuvent être prévues à l'aide des modèles précédents des filtres :

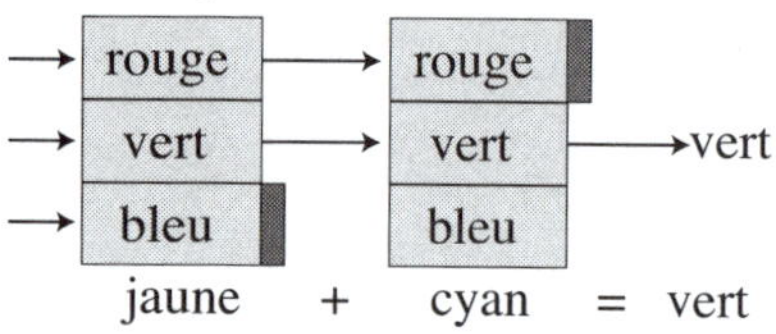

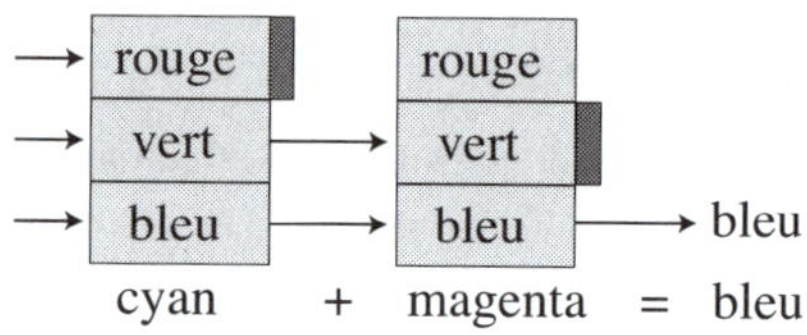

ou à l'aide du cercle des couleurs :

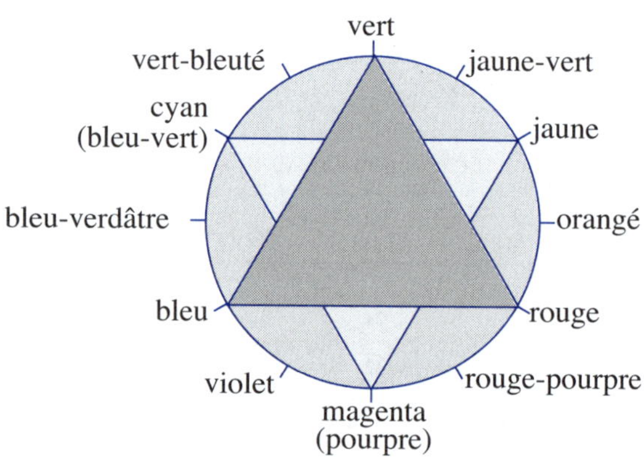

Les trois couleurs primaires sont figurées par les sommets d'un triangle équilatéral ; les trois couleurs secondaires, le sont aussi, sur un autre triangle.

Par synthèse additive de deux couleurs primaires (par exemple vert+rouge), on obtient une couleur secondaire, intermédiaire entre les deux sommets correspondants (par exemple le jaune). De même, la synthèse soustractive de deux couleurs secondaires (par exemple cyan+magenta) fournit une couleur, intermédiaire entre les deux sommets correspondants (par exemple bleu).

D'autres couleurs intermédiaires sont aussi obtenues par synthèse additive des couleurs primaires et secondaires (par exemple : rouge + jaune = orangé).

Enfin, remarquons que des couleurs diamétralement opposées sont dites *complémentaires* : leur synthèse soustractive ne transmet pas la lumière (par exemple : vert + magenta = noir et rouge + cyan = noir).

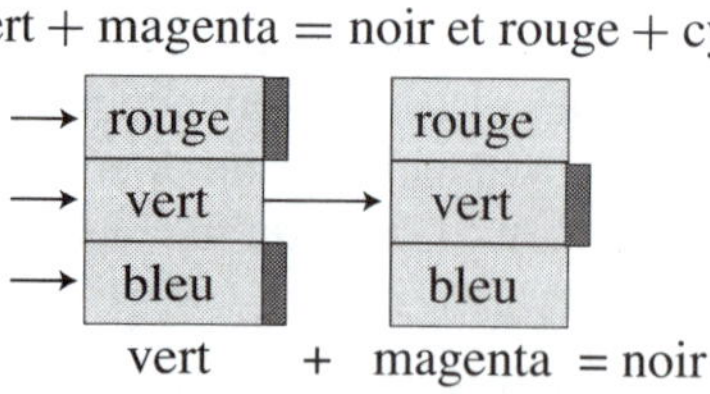

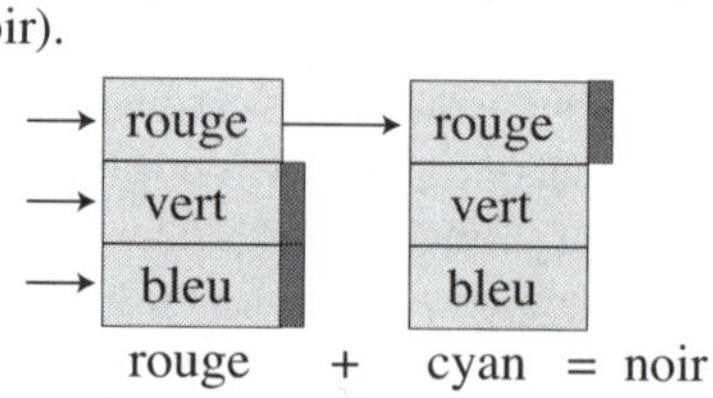

Remarque : Un mélange de pigments réalisé en peinture correspond à une synthèse soustractive car chaque pigment absorbe un rayonnement déterminé par sa couleur ; la couleur diffusée par le mélange correspond à celle qui n'est absorbée par aucun des pigments d'origine.

3 L'œil

3.1 Principe de fonctionnement

L'œil est un organe complexe dont on peut comprendre le fonctionnement à l'aide d'un modèle, appelé *œil réduit*, qui ne comporte que des éléments optiques :

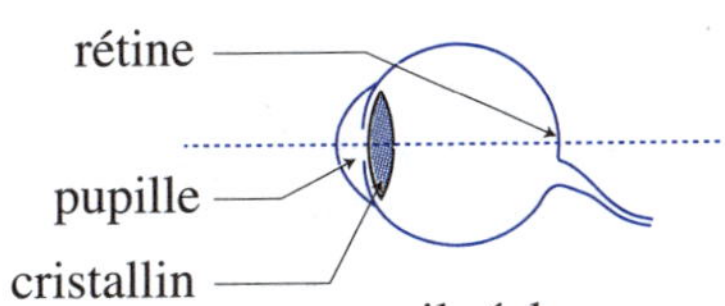

œil réel

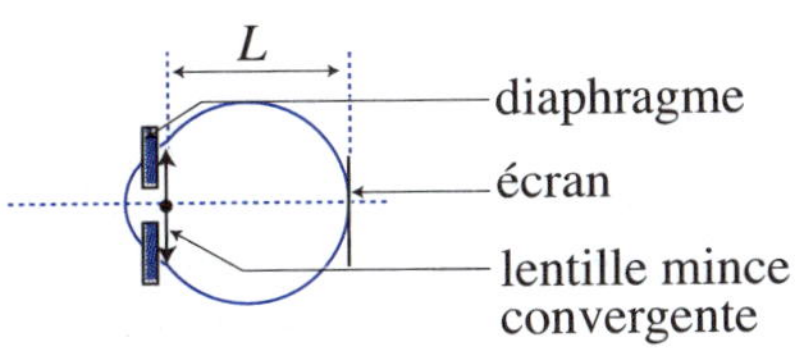

œil réduit

Il contient, notamment :

- une *pupille*, qui joue le rôle d'un *diaphragme* : son ouverture détermine essentiellement la quantité de lumière qui pénètre dans l'œil ;
- un *cristallin*, qui se comporte comme une lentille mince convergente, dont la vergence (ou la distance focale) s'adapte à la position de l'objet observé. Cette adaptation est obtenue par une déformation du cristallin, qui présente, au repos, sa plus petite vergence.
- une zone photosensible, la *rétine*, sur laquelle l'œil forme les images des objets observés. La rétine est composée de cellules sensibles à la lumière :
  - les *bâtonnets*, qui ne permettent pas la distinction des couleurs et qui sont principalement dédiés à la vision nocturne ;
  - les *cônes*, sollicités pour la vision diurne – La présence des trois types de cônes, sensibles à différentes couleurs, assure la vision en couleur.

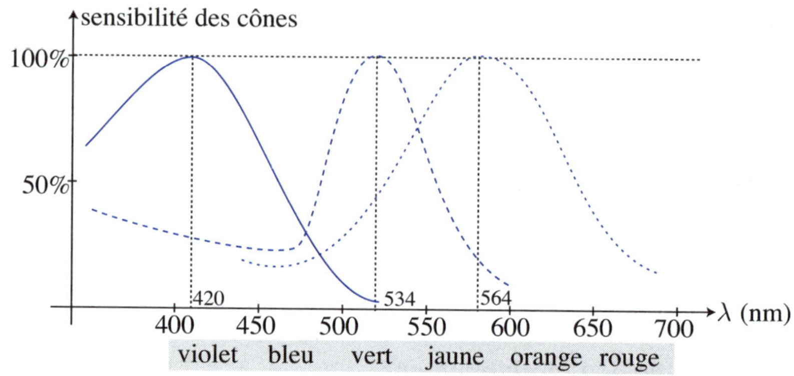

- des muscles qui agissent sur le cristallin pour le déformer ; c'est *l'accommodation.*
- un *nerf optique* qui envoie au cerveau les informations collectées par les cônes et les bâtonnets.

Définition 6

Le *punctum remotum* (PR) est le point le plus éloigné qu'un œil peut observer nettement, tandis que le *punctum proximum* (PP) est le point le plus proche qu'un œil peut observer nettement.

Un « œil normal » est caractérisé par :

- une distance moyenne $L \simeq 15$ mm entre le cristallin et la rétine ;
- un PR situé à l'infini (l'œil n'a pas besoin d'accommoder pour observer un objet situé à son PR) ;
- un PP situé environ à 15 cm de l'œil (c'est lors de l'observation au PP que l'accommodation est la plus forte).

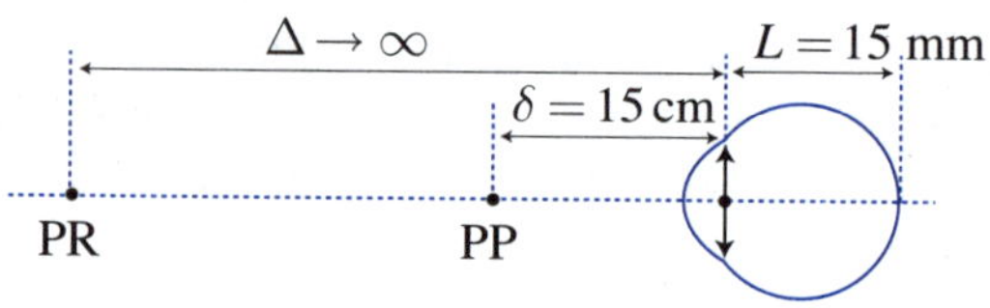

3.2 Appareil photographique et œil

L'appareil photographique et l'œil comportent des organes dont les rôles sont comparables.

- Dans l'appareil photographique, une lentille convergente (ou un groupe de lentilles), appelé *objectif*, permet la formation d'une image sur une surface photosensible (pellicule argentique ou cellules CCD, dans les appareils numériques). On retrouve ainsi les rôles du cristallin et de la rétine.

- Dans de nombreux appareils photographiques, la distance focale f' de l'objectif est constante ; la *mise au point* est alors assurée par la modification de la distance entre l'objectif et la surface photosensible. La relation de conjugaison :

$$\frac{1}{\overline{OA'}} + \frac{1}{\overline{OA}} = \frac{1}{f'} \Rightarrow \frac{1}{\overline{OA'}} = \frac{1}{f'} - \frac{1}{\overline{OA}}$$

montre que, f' étant constant, cette distance $\overline{OA'}$ augmente lorsque l'objet A se rapproche de l'objectif.
Dans l'œil, c'est la courbure du cristallin qui assure la mise au point : la distance $\overline{OA'}$ étant constante, f' diminue lorsque l'objet A se rapproche de l'œil.

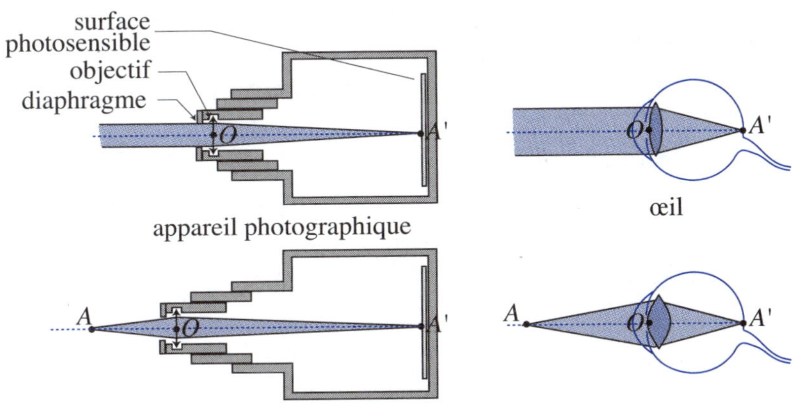

- L'œil est équipé d'une pupille qui limite la quantité de lumière arrivant sur la rétine. Dans l'appareil photographique, c'est un diaphragme qui joue ce rôle.

Remarque : Plus le diaphragme est ouvert, plus la *profondeur de champ* (domaine des points de l'espace dont les images sont considérées comme nettes, pour une mise au point fixée) est petite.

3.3 Les anomalies de l'œil

Parmi toutes les anomalies (ou *amétropies*) dont l'œil peut être affecté, citons :

- la *myopie* – L'œil myope est trop convergent (ou trop long) : sans accommodation, le cristallin forme l'image d'un objet, situé à l'infini, devant la rétine. C'est pourquoi le PR d'un tel œil est plus proche de l'œil que ne l'est celui de l'œil normal (PR à l'infini). Simultanément, le PP se rapproche également de l'œil.

	vision de loin	vision de près
œil "normal"		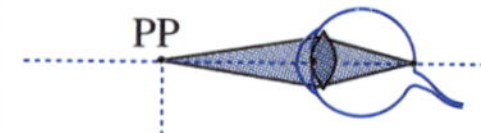
œil myope	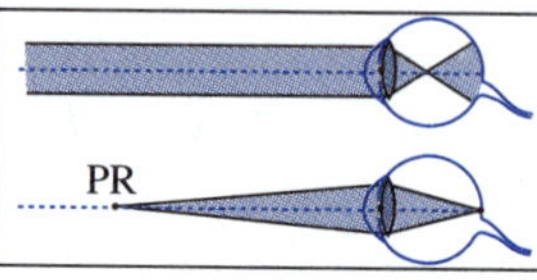	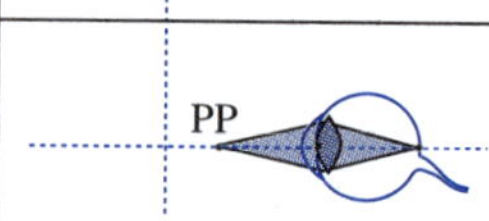

- la *presbytie* – L'œil presbyte n'est pas assez convergent (ou est trop court). Son PR est toujours à l'infini, mais son PP est plus éloigné de l'œil que celui de l'œil normal. La presbytie est une dégénérescence liée à l'âge, qui provient tant d'une baisse de tonus des muscles du cristallin que d'une induration du cristallin lui-même.

	vision de loin	vision de près
œil "normal"	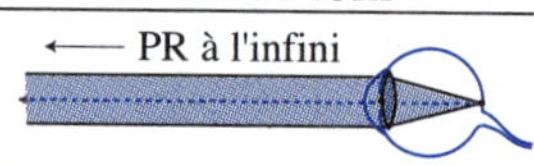	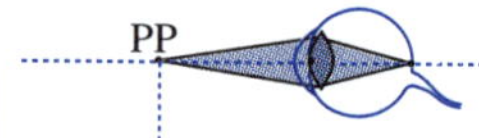
œil presbyte		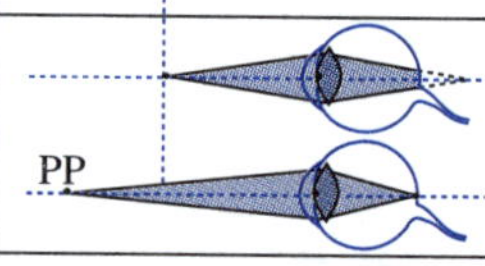

- le *daltonisme* (ou *dyschromatopsie*) est généralement associée à une altération (voire une absence) des cônes sensibles au vert, qui empêche l'œil de distinguer le vert du rouge. D'autres formes de daltonisme peuvent affecter les cônes sensibles au rouge ou au bleu.

Solution de l'exercice type

1 Assimilons le cristallin de l'œil à une lentille convergente de centre O, de distance focale image f', située à une distance constante $p' = 14{,}8$ mm $= 1{,}48.10^{-3}$ m de la rétine. Lorsqu'il accommode au maximum, l'œil hypermétrope observe un objet A situé à $p_h = 40$ cm $= 0{,}4$ m de O et son cristallin adopte une distance focale f'_h (c'est-à-dire une vergence $C_h = \dfrac{1}{f'_h}$) qui forme l'image A' de A sur la rétine (voir page suivante) :

...

Solution de l'exercice type (suite)

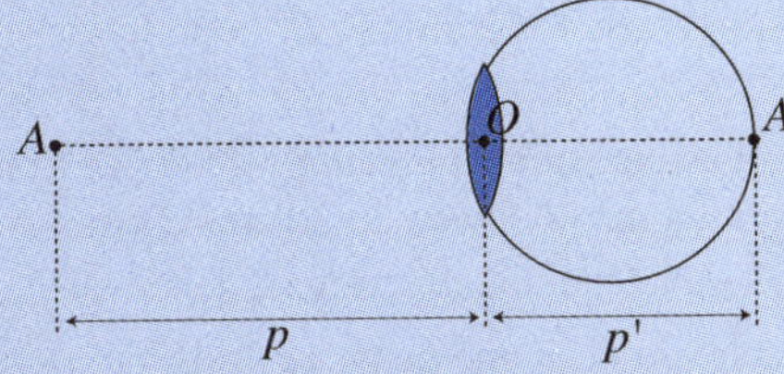

En posant $\overline{OA'} = p'$ et $\overline{OA} = -p_h$, la relation de conjugaison de Descartes s'écrit :

$$\frac{1}{\overline{OA'}} - \frac{1}{\overline{OA}} = \frac{1}{f'} \quad \Rightarrow \quad C_h = \frac{1}{f'_h} = \frac{1}{p'} + \frac{1}{p_h} = \frac{1}{1{,}48.10^{-2}} + \frac{1}{0{,}4} \quad (1)$$
$$\Rightarrow \quad C_h \simeq 70{,}1\ \delta$$

Il s'ensuit que :

$$f'_h = \frac{1}{C_h} \simeq 1{,}43.10^{-2}\ \text{m} = 1{,}43\ \text{cm}$$

2 S'il était normal, cet œil pourrait observer l'objet A à une distance $p_n = 25$ cm $= 0{,}25$ m, auquel cas sa vergence vérifierait la relation (1) :

$$C_n = \frac{1}{p'} + \frac{1}{p_n} = \frac{1}{1{,}48.10^{-2}} + \frac{1}{0{,}25} \Rightarrow C_n \simeq 71{,}6\ \delta$$

3 Soit C_ℓ la vergence que devrait avoir la lentille correctrice qui, associée au cristallin de l'œil hypermétrope (de vergence C_h) lui redonnerait la vue de près d'un œil normal (de vergence C_n) :

$$C_\ell + C_h = C_n \Rightarrow C_\ell = C_n - C_h = 71{,}6 - 70{,}1 = 1{,}5\ \delta$$

QCM 1 Lentilles minces

30 min. Corrigé p. 20

On dispose d'une lentille mince convergente (L), de distance focale $f' = 10$ cm, de centre optique O, de foyer image F' et de foyer objet F ; on note (Δ) son axe optique.

1 Un point A, situé sur (Δ) à gauche de (L), forme une image A' située à droite de O', à une distance de 20 cm. L'objet A se trouve :

- **a** à droite de O, à une distance de 10 cm ;
- **b** à gauche de O, à une distance de 10 cm ;
- **c** à droite de O, à une distance de 20 cm ;
- **d** à gauche de O, à une distance de 20 cm.

2 Sachant que A est l'extrémité d'un objet de taille 5 cm, l'image $A'B'$ de cet objet :

- **a** mesure 5 cm et est dans le même sens que AB ;
- **b** mesure 5 cm et est inversée par rapport à AB ;
- **c** mesure 10 cm et est dans le même sens que AB :
- **d** mesure 10 cm et est inversée par rapport à AB.

3 Pour obtenir une image $A'B'$ réelle, à l'infini, il faut placer AB dans un plan situé :

- **a** à gauche de (L), à une distance de 10 cm ;
- **b** à droite de (L), à une distance de 10 cm ;
- **c** à gauche de (L), à une distance de 5 cm ;
- **d** à droite de (L), à une distance de 5 cm.

4 Un objet AB (réel) se trouve à l'infini. Les rayons émis par B arrivent sur (L) inclinés d'un angle $\alpha = 10°$ par rapport à (Δ). L'image $A'B'$ de AB mesure :

a $A'B' = 3{,}6$ cm   **b** $A'B' = 1{,}8$ cm   **c** $A'B' = 0{,}5$ cm

5 Lorsqu'un objet AB se trouve à gauche de F, son image $A'B'$ est :

- **a** réelle et dans le même sens que AB ;
- **b** virtuelle et dans le même sens que AB ;
- **c** réelle et inversée par rapport à AB ;
- **d** virtuelle et inversée par rapport à AB.

6 Pour qu'une image $A'B'$ soit virtuelle, il faut que :

a l'objet AB soit réel   **b** l'objet AB soit virtuel.

QCM 2 Connaissances du cours

30 min. Corrigé p. 21

Parmi les réponses suivantes, choisir celles qui vous paraissent correctes (une seule bonne réponse par proposition).

1 Pour une lentille mince convergente (L), un objet virtuel est :

a le point d'intersection des rayons qui arrivent sur (L) ;

b le point d'intersection des rayons qui sortent de (L) ;

c le point d'intersection des prolongements des rayons qui arrivent sur (L) ;

d le point d'intersection des prolongements des rayons qui sortent de (L).

2 Une lentille mince convergente forme l'image d'un objet réel situé à l'infini :

a nécessairement dans son plan focal image ;

b parfois dans son plan focal objet ;

c nécessairement au foyer image ;

d parfois au foyer objet.

3 La vergence d'une lentille mince convergente caractérise :

a le degré de polissage de la lentille ;

b la taille et le sens de l'image d'un objet ;

c la position du foyer objet.

4 La relation de conjugaison de Descartes d'une lentille convergente de distance focale f' s'écrivent :

a $\frac{1}{\overline{OA'}} + \frac{1}{\overline{OA}} = \frac{1}{f'}$;

b $\frac{1}{\overline{OA'}} - \frac{1}{\overline{OA}} = \frac{1}{f'}$;

c $\frac{1}{\overline{OA}} - \frac{1}{\overline{OA'}} = \frac{1}{f'}$;

d $\frac{1}{\overline{OA}} + \frac{1}{\overline{OA'}} = \frac{1}{f'}$.

5 Le grandissement γ d'une lentille mince vérifie :

a $\gamma = -\frac{\overline{OA'}}{\overline{OA}}$;

b $\gamma = \frac{\overline{OA}}{\overline{OA'}}$;

c $\gamma = \frac{\overline{OA'}}{\overline{OA}}$;

d $\gamma = -\frac{\overline{OA}}{\overline{OA'}}$.

COURS EXERCICES CORRIGÉS

6 Parmi les couples de couleurs suivantes, quelles sont celles qui sont complémentaires ?

- **a** le vert et le pourpre sont complémentaires ;
- **b** le cyan et le jaune sont complémentaires ;
- **c** le bleu et le rouge sont complémentaires.

7 En synthèse soustractive :

- **a** un mélange de vert et de rouge donne du blanc ;
- **b** un mélange de cyan et de rouge donne du blanc ;
- **c** un mélange de cyan et de jaune donne du bleu ;
- **d** un mélange de cyan et de magenta donne du bleu.

8 Par rapport à l'œil normal, un œil myope est caractérisé par :

- **a** un œil trop court ;
- **b** un œil trop convergent ;
- **c** un PP plus éloigné de l'œil ;
- **d** un PR situé infiniment loin de l'œil.

9 Dans un œil :

- **a** la rétine sert à faire la mise au point ;
- **b** les cônes servent à voir les couleurs ;
- **c** les cônes sont sollicités pour la vision nocturne ;
- **d** les bâtonnets servent à la vision des couleurs.

3 Lentilles minces convergentes

★ *10 min.* Corrigé *p. 23*

Lycée Jeanne d'Albret, Saint-Germain-en-Laye

Un objet AB, de hauteur 1,0 cm, est placé à 15,0 cm d'une lentille mince convergente L, de centre optique O et de distance focale $f' = 10$ cm. A est sur l'axe optique.

1 Déterminer graphiquement la position de l'image $A'B'$ donnée par la lentille de l'objet AB, ainsi que sa grandeur et son sens.

2 Retrouver les résultats précédents par le calcul.

4 Lentilles minces convergentes

★ *10 min.* Corrigé *p. 23*

Lycée Jeanne d'Albret, Saint-Germain-en-Laye

On souhaite trouver la valeur de la distance focale f' d'une lentille mince. Pour cela, on utilise le montage suivant sur un banc d'optique : un objet AB, de hauteur 1,0 cm, est placé perpendiculairement à l'axe optique de la lentille

L, A étant sur l'axe optique. On déplace lentille et écran de telle façon que l'image $A'B'$ donnée par la lentille soit inversée et de même taille que l'objet. On mesure la distance $D = \overline{AA'} = 40{,}0$ cm.

1 Exprimer le grandissement et calculer sa valeur algébrique.

2 En déduire une relation entre $\overline{OA}$ et $\overline{OA'}$.

3 Exprimer D en fonction de $\overline{OA}$.

4 Exprimer $\overline{OA}$ en fonction de f'.

5 Exprimer f' en fonction de D. Calculer f'.

5 Lentilles minces convergentes

★★ 10 min. Corrigé p. 24

Lycée Blanche de Castille - Villemomble

On dispose d'une lentille convergente de 5,0 cm de diamètre et de 4,0 cm de distance focale. On place, devant cette lentille, à 3,0 cm du centre optique O, un objet AB de 1,0 cm de hauteur. Le point A est sur l'axe optique.

1 Quelle est la vergence de la lentille ?

2 Construire l'image $A'B'$ et mesurer sa hauteur.

3 Peut-on recevoir cette image sur un écran ?

4 Retrouver la position et la taille de l'image par le calcul. Ces résultats sont-ils compatibles avec la construction géométrique ?

6 Lentilles minces convergentes

★ 15 min. Corrigé p. 25

Lycée Paul Bert, Paris

Une lentille mince convergente L, de centre optique O, donne d'un objet AB, de hauteur 5,0 cm et situé à 120,0 cm en avant de la lentille, une image $A'B'$ située à 60 cm après la lentille. AB est perpendiculaire à l'axe optique de la lentille et A est situé sur cet axe.

1 Déterminer la vergence de la lentille et sa distance focale, par calcul puis graphiquement.

2 Déterminer, par le calcul, le grandissement et la grandeur de l'image $A'B'$, puis vérifier le résultat sur le schéma. Caractériser l'image.

3 On approche AB à 10 cm de la lentille. Caractériser l'image.
Quel est le rôle de cette lentille ? Où placer l'œil de l'observateur ?

7 Lentilles minces convergentes

★★ 15 min. Corrigé p. 27

Lycée Hoche, Versailles

Un objet rectiligne AB et un écran E sont fixés parallèlement, à $D = 80$ cm l'un de l'autre. En plaçant entre eux une lentille convergente L, dont l'axe est perpendiculaire à AB, on trouve une seule position de L donnant une image nette sur l'écran et, pour cette position de L, l'image a même grandeur que l'objet ; en déduire la distance focale de L.

8 Couleur des objets

★ 5 min. Corrigé p. 27

Lycée Berlioz, Vincennes

L'arbre du voyageur est une plante originaire de Madagascar : ses graines présentent la particularité d'être d'un bleu éclatant lorsqu'elles sont éclairées en lumière blanche.

1. Indiquer la couleur d'une graine éclairée en lumière jaune.
2. Même question que la précédente à l'aide d'une lumière magenta.

9 Couleur des objets

★ 5 min. Corrigé p. 28

Lycée Notre Dame du Grandchamp, Versailles

Dans le montage ci-dessous, on utilise une source de lumière blanche, un filtre cyan et un objet jaune en lumière blanche :

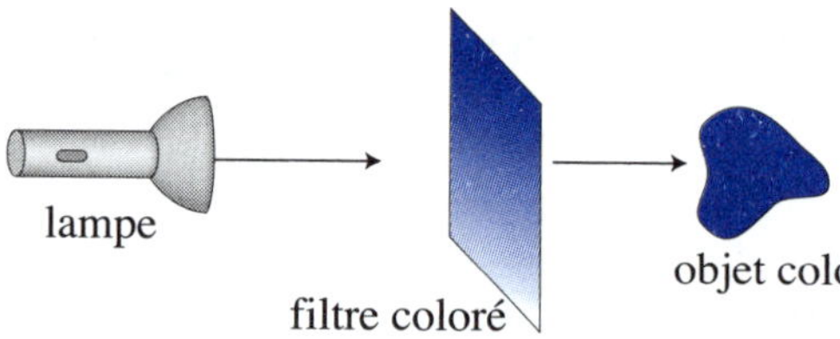

1. Tracer les rayons de lumière en faisant apparaître les composantes RVB présentes après chaque étape.
2. Quelle est la couleur de l'objet perçue par l'observateur ?

10 Couleur des objets

★ 5 min. Corrigé p. 28

Lycée Picasso, Fontenay-Sous-Bois

Trois projecteurs de lumières colorées rouge, verte et bleue, sont utilisés pour l'éclairage d'une scène. Ils permettent de reproduire toutes les couleurs.

1 Quel est le type de synthèse mise en jeu ici ?

2 Quels projecteurs faut-il utiliser pour obtenir un éclairage jaune ? un éclairage cyan ?

3 Comment peut-on obtenir un éclairage blanc ?

11 Couleur des objets

★ 5 min. Corrigé *p. 29*

Lycée Guynemer, Compiègne

À travers quel filtre faut-il regarder le drapeau français pour voir le drapeau belge ? Justifier la couleur de chaque bande du drapeau français observée à travers le filtre.

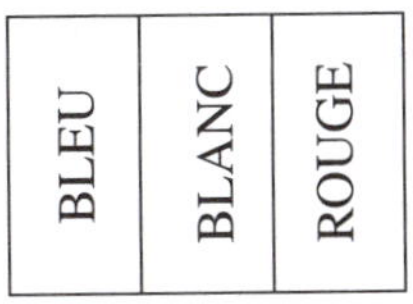

drapeau français

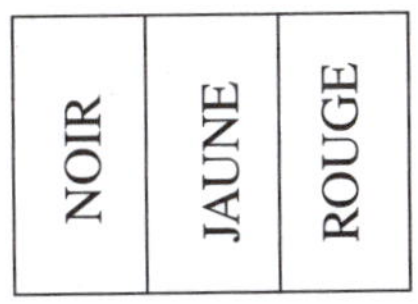

drapeau belge

12 L'œil

★ 10 min. Corrigé *p. 29*

Lycée Jules Ferry, Paris

On estime qu'un œil normal peut voir les objets de l'infini à une distance de 25 cm en accommodant au maximum. La distance séparant le cristallin de la rétine de cet œil est de 17 mm.

1 Dans le cas de l'observation d'un objet lointain, quelle est la vergence C_1 du cristallin ?

2 Calculer la vergence C_2 de ce cristallin lorsque l'œil accommode au maximum.

3 Quelle est la variation de vergence entre ces deux situations extrêmes ?

13 L'œil

★★ 10 min. Corrigé *p. 30*

Lycée Pablo Picasso, Fontenay-Sous-Bois

La distance focale du cristallin d'un œil au repos est 17 mm.

1 Quand dit-on qu'un œil est au repos ?

2 Schématiser, sur un axe optique, le modèle réduit de l'œil.

3 Dans ce modèle réduit, à quelle distance de la lentille doit-on positionner l'écran pour observer l'image d'un point très éloigné (c'est-à-dire situé à l'infini) ?

Que représente cette distance ?

4 (a) Calculer la vergence du cristallin de l'œil au repos.

(b) Quand l'œil observe un objet rapproché, que fait le cristallin ?

(c) Sa vergence est-elle modifiée ? si oui, comment ?

14 L'œil

★★ 15 min. Corrigé p. 31

Lycée Marie Curie, Sceaux

Jacques est un philatéliste ; sa vision est normale et il peut voir nettement des objets placés à plus de 25 cm de son œil. Il observe, avec une loupe de vergence $C = 25\,\delta$, un timbre dont l'un des côtés a une largeur de 1,5 cm. Jacques place son œil à 4,0 cm de la loupe.

1 Quelle distance maximale sépare le timbre de la loupe si Jacques voit nettement l'image (faire un schéma) ?

2 Quelle est la distance minimale entre le timbre et la loupe ?

3 Quelle est la distance permettant l'observation la plus confortable ?

15 L'œil

★★ 20 min. Corrigé p. 32

Lycée Charlemagne, Paris

On peut réduire un œil à un système optique constitué d'un diaphragme, d'une lentille convergente et d'un écran, la distance du centre O de la lentille à l'écran étant environ $d = 17$ mm.

L'œil accommode en faisant varier la vergence C de son cristallin entre deux valeurs $C_{\min}$ et $C_{\max}$.

1 À 30 ans : $59\ \delta \leqslant C \leqslant 65\ \delta$.

(a) Quelle grandeur reste constante quel que soit l'âge ? À quelle distance correspond-elle dans le modèle optique ?

(b) Où se forme l'image A' d'un objet situé très loin, c'est-à-dire « à l'infini » ? Donner la valeur $\overline{OA'}$. Est-ce que le cristallin doit accommoder ? Quelle est la valeur de sa vergence ?

(c) À quelle distance se situe l'objet le plus proche qu'une personne de 30 ans peut voir nettement ?

2 Une personne de 50 ans n'accommode plus aussi bien car son cristallin devient plus rigide avec l'âge. Par exemple à 50 ans : $59\ \delta \leqslant C' \leqslant 61\ \delta$.

(a) La vision de loin est-elle modifiée ?

(b) À quelle distance se situe l'objet le plus proche qu'une personne de 50 ans peut voir ?

16 L'œil

★ ★ 25 min. Corrigé p. 34

Lycée Marie Curie, Sceaux

Pour l'œil normal au repos, l'image d'un objet situé à l'infini (en réalité quelques dizaines de mètres) se forme sur la rétine.

Pour un œil normal, le PP se trouve entre 10 et 25 cm, le PR est à l'infini.

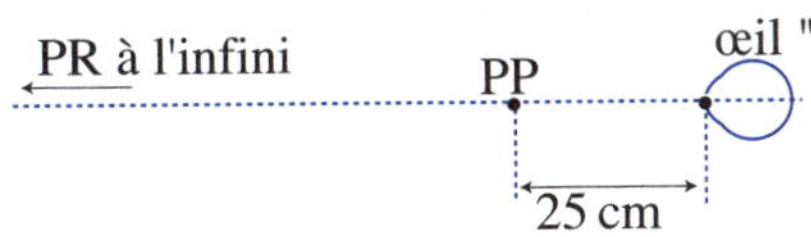

Pour un myope, le PP se trouve à 1 cm, par exemple et le PR à 20 cm.

On modélise l'œil par une lentille ; la rétine est située à 17 mm du centre optique O. Cette distance est constante lorsque l'œil accommode.

1 Quelles sont les parties de l'œil qui jouent le rôle de lentille ? d'écran ? de diaphragme ?

2 (a) Pourquoi un œil doit-il accommoder ?

(b) Comment cela est-il réalisé ?

(c) Un œil observe un objet qui se rapproche. Sa distance focale augmente-t-elle ? diminue-t-elle ? reste-t-elle constante ?

3 On considère un œil normal, dont le PP se situe à 15 cm. Entre quelles limites varient la vergence et la distance focale ?

4 Cet œil observe les caractères d'imprimerie de 2 mm de haut, d'un journal situé à 25 cm.

(a) Calculer la distance focale de l'œil.

(b) Schématiser la situation (sans respecter les distances) en construisant l'image $A'B'$.

(c) Quelles sont les caractéristiques de cette image ?

5 (a) Un œil myope est-il plus ou moins convergent qu'un œil normal ?

(b) Entre quelles limites varient la distance focale et la vergence de l'œil myope cité dans l'énoncé ?

QCM 1 Lentilles minces

Enoncé p. 12

1 La relation de conjugaison de Descartes indique :

$$\frac{1}{\overline{OA'}} - \frac{1}{\overline{OA}} = \frac{1}{f'} \Rightarrow \frac{1}{\overline{OA}} = \frac{1}{\overline{OA'}} - \frac{1}{f'}$$

$$\Rightarrow \frac{1}{\overline{OA}} = \frac{1}{20} - \frac{1}{10} = -\frac{1}{20}$$

$$\Rightarrow \overline{OA} = -20 \text{ cm}$$

ce qui montre que le point A se situe à gauche de O, à une distance de 20 cm (réponse **d**).

2 Quant au grandissement du montage, il est donné par :

$$\gamma = \frac{\overline{OA'}}{\overline{OA}} = \frac{20}{-20} = -1$$

et il est défini par :

$$\gamma = \frac{\overline{A'B'}}{\overline{AB}} = -1 \Rightarrow \overline{A'B'} = -\overline{AB} = -5 \text{ cm}$$

Ce résultat montre que $A'B'$ mesure 5 cm et est inversé par rapport à AB (réponse **b**).

3 Une image $A'B'$, située à l'infini, provient d'un objet AB nécessairement placé dans le plan focal objet de (L), c'est-à-dire à gauche et à 10 cm de (L) (réponse **a**).

4 Parmi tous les rayons émis par B (rayons parallèles car B est situé à l'infini, et inclinés d'un angle α par rapport à Δ), traçons celui qui traverse (L) en O, sans être dévié.

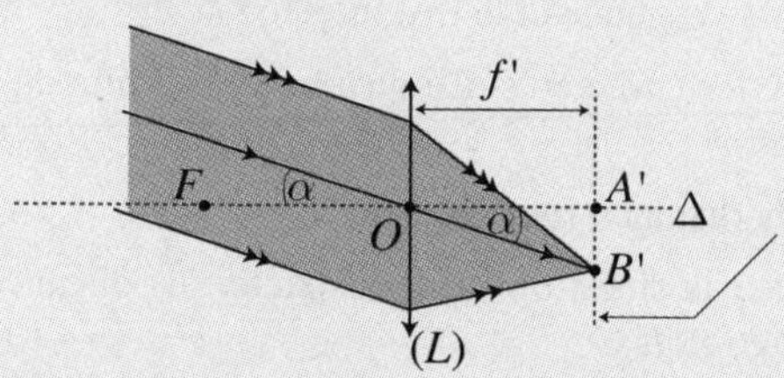

Or, l'image B' de B se trouve nécessairement dans le plan focal image de (L) et sur ce rayon lumineux ; il s'agit donc de l'intersection de ce rayon avec le plan focal image de (L). Quant à l'image A' de A elle se déduit de B' par une projection orthogonale sur Δ (A' et F' sont confondus). On peut désormais calculer, dans le triangle $(OF'B')$:

$$\tan\alpha = \frac{A'B'}{f'} \quad \Rightarrow \quad A'B' = f' \tan\alpha = 10 \times \tan(10°)$$

$$\Rightarrow \quad A'B' \simeq 1{,}8 \text{ cm (réponse b)}$$

5 La relation de conjugaison de Descartes indique que :

$$\frac{1}{\overline{OA'}} - \frac{1}{\overline{OA}} = \frac{1}{f'} \Rightarrow \frac{1}{\overline{OA'}} = \frac{1}{f'} + \frac{1}{\overline{OA}} = \frac{1}{f'} - \frac{1}{\overline{AO}}$$

L'objet étant à gauche de F :

$$\overline{AO} > f' \Rightarrow \frac{1}{\overline{AO}} < \frac{1}{f'}$$
$$\Rightarrow \frac{1}{f'} + \frac{1}{\overline{OA}} = \frac{1}{f'} - \frac{1}{\overline{AO}}$$

Donc $\frac{1}{\overline{OA'}} > 0 \Rightarrow \overline{OA'} > 0$: l'image A' se trouve à droite de F' ; elle est réelle.

Quant au grandissement $\gamma = \frac{\overline{A'B'}}{\overline{AB}}$, il vaut alors :

$$\gamma = \frac{\overline{OA'}}{\overline{OA}} \quad \text{avec } \overline{OA'} > 0 \text{ et } \overline{OA} < 0$$

Soit $\gamma < 0$. D'où $\frac{\overline{A'B'}}{\overline{AB}} < 0$ (réponse **c**).

6 La relation de conjugaison de (L), avec origine au centre O, indique que :

$$\frac{1}{\overline{OA'}} - \frac{1}{\overline{OA}} = \frac{1}{f'} \Rightarrow \frac{1}{\overline{OA}} = \frac{1}{\overline{OA'}} - \frac{1}{f'}$$

Or, lorsqu'une image est virtuelle, A' se trouve à gauche de O, de sorte que :

$$\overline{OA'} < 0 \Rightarrow \frac{1}{\overline{OA}} = \frac{1}{\overline{OA'}} - \frac{1}{f'} < 0 \Rightarrow \overline{OA} < 0$$

Donc A se trouve à gauche de O ; l'objet AB est donc réel (réponse **a**).

QCM 2 Connaissances du cours

Enoncé p. 12

1 Par définition un objet est le point d'intersection des rayons qui arrivent sur (L) ; cet objet est de surcroît virtuel si seuls les prolongements de ces rayons se croisent (réponse **c**).

2 Un objet situé à l'infini forme nécessairement une image dans le plan focal image (réponse **a**) et parfois au foyer image (si l'objet se trouve sur l'axe optique).

3 La vergence C d'une lentille mince est l'inverse de sa distance focale f' ($C = \frac{1}{f'}$), laquelle désigne la distance qui sépare les foyers de la lentille ; elle caractérise ainsi la position des foyers (réponse **c**). En revanche, la taille et le sens d'une image sont décrits par le grandissement $\gamma = \dfrac{\overline{A'B'}}{\overline{AB}}$.

4 Les relations de conjugaison d'une lentille mince s'écrivent :

$$\frac{1}{\overline{OA'}} - \frac{1}{\overline{OA}} = \frac{1}{f'} \text{ (réponse } \boxed{\textbf{b}}\text{)}$$

5 Le grandissement d'une lentille mince vérifie :

$$\gamma = \frac{\overline{OA'}}{\overline{OA}} \text{ (réponse } \boxed{\textbf{c}}\text{)}$$

C'est d'ailleurs de cette identité qu'est issue la deuxième relation de conjugaison de la question précédente.

6 Sur le cercle des couleurs, les couleurs complémentaires sont diamétralement opposées. Par suite, le vert et le pourpre sont des couleurs complémentaires (réponse [a]).

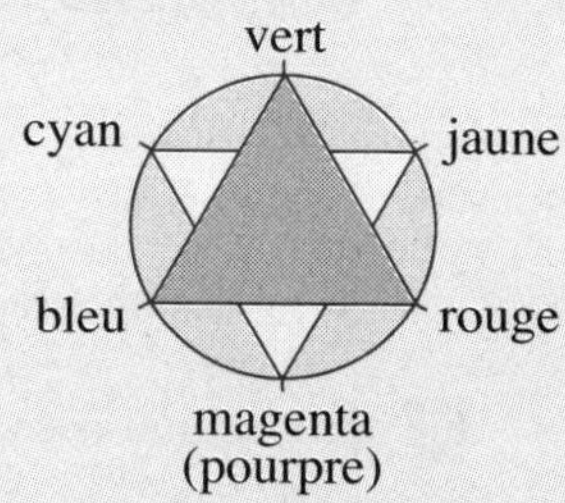

7 Le cyan, le jaune et le magenta sont des couleurs secondaires obtenues par synthèse additive de deux couleurs primaires :

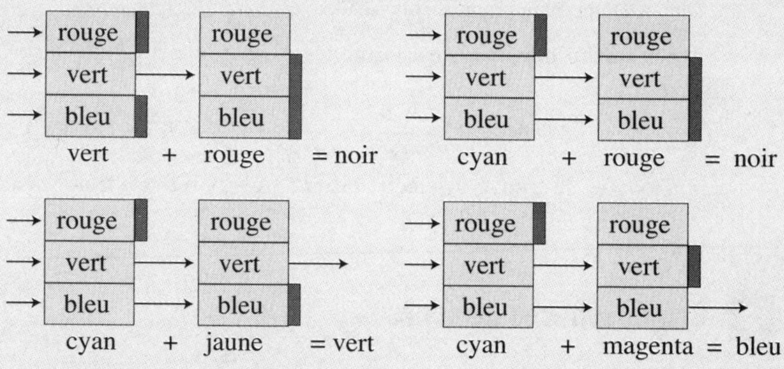

Ces schémas révèlent que la synthèse soustractive du cyan et du magenta donne du bleu (réponse [d]).

8 Un œil myope ne peut pas voir nettement un objet à l'infini ; son PR est plus proche de l'œil car celui-ci est trop convergent ou trop grand (réponse [b]).

9 Dans l'œil, la mise au point est assurée par le cristallin. La rétine contient, quant à elle, des bâtonnets dédiés à la vision nocturne (qui ne distinguent pas les couleurs) et des cônes spécialisés dans la vision diurne des couleurs (réponse [b]).

3 Lentilles minces convergentes

Enoncé p. 14

Lycée Jeanne d'Albret, Saint-Germain-en-Laye

1 Pour trouver l'image B' de B, il suffit d'utiliser deux des trois rayons remarquables issus de B :

- le rayon (1) traverse L en O sans être dévié ;
- le rayon (2), qui arrive sur L parallèlement à l'axe optique (Δ) ressort de L en passant par le foyer image F', tel que $\overline{OF'} = f' = 10$ cm.

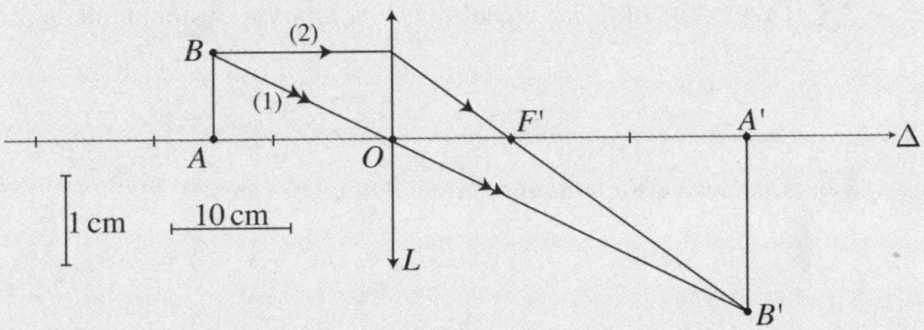

L'intersection de ces deux rayons émergeant de L coïncide avec B', dont la projection sur Δ donne A'. On trouve ainsi les caractéristiques de l'image $A'B'$:

- $A'B'$ se trouve à la distance $\overline{OA'} = 30$ cm de L ;
- $A'B' = 2$ cm.

2 La relation de conjugaison de L impose :

$$\frac{1}{\overline{OA'}} - \frac{1}{\overline{OA}} = \frac{1}{f'} \Rightarrow \frac{1}{\overline{OA'}} = \frac{1}{\overline{OA}} + \frac{1}{f'} = -\frac{1}{0{,}15} + \frac{1}{0{,}1} \Rightarrow \overline{OA'} = 0{,}3 \text{ m}$$

tandis que le grandissement γ du montage vérifie :

$$\gamma = \frac{\overline{A'B'}}{\overline{AB}} = \frac{\overline{OA'}}{\overline{OA}} = \frac{0{,}3}{-0{,}15} = -2$$

$$\Rightarrow \overline{A'B'} = -2 \times \overline{AB} = -2 \text{ cm}$$

Ces deux résultats confirment alors ceux de la question précédente.

4 Lentilles minces convergentes

Enoncé p. 14

Lycée Jeanne d'Albret, Saint-Germain-en-Laye

1 En choisissant $\overline{AB} = 1$ cm, les informations de l'énoncé conduisent à $\overline{A'B'} = -1$ cm. Par suite, le grandissement du montage vaut :

$$\gamma = \frac{\overline{A'B'}}{\overline{AB}} = -1$$

2 Le grandissement s'exprime aussi en fonction de $\overline{OA'}$ et de $\overline{OA}$:

$$\gamma = \frac{\overline{OA'}}{\overline{OA}} = -1 \Rightarrow \overline{OA'} = -\overline{OA} \qquad (1)$$

3 Par définition :

$$D = \overline{AA'} = \overline{AO} + \overline{OA'} = -\overline{OA} + \overline{OA'}$$

où le résultat (1) fournit :

$$\overline{OA'} = -\overline{OA} \Rightarrow D = -2\,\overline{OA}$$

4 En tenant compte du résultat (1), la relation de conjugaison du montage s'écrit :

$$\frac{1}{\overline{OA'}} - \frac{1}{\overline{OA}} = \frac{1}{f'} = -\frac{2}{\overline{OA}} = \frac{1}{f'} \Rightarrow \overline{OA} = -2\,f'$$

5 Des deux résultats précédents, il découle que :

$$D = -2\,\overline{OA} = -2 \times (-2\,f') = 4\,f' \Rightarrow f' = \frac{D}{4}$$

$$\Rightarrow f' = \frac{40}{4} = 10 \text{ cm}$$

5 Lentilles minces convergentes

Enoncé p. 15

Lycée Blanche de Castille - Villemomble

1 La vergence C d'une lentille est définie comme l'inverse de sa distance focale f' :

$$C = \frac{1}{f'} = \frac{1}{0{,}04} \Rightarrow C = 25 \text{ dioptries.}$$

2 Soit F' le foyer image de la lentille L, tel que $\overline{OF'} = f' = 4$ cm. Parmi tous les rayons issus du point B (hors de l'axe optique), au moins deux sont remarquables :

- le rayon (1) qui passe par O n'est pas dévié ;
- le rayon (2) qui arrive sur L parallèlement à l'axe optique (Δ) émerge de L en passant par F'.

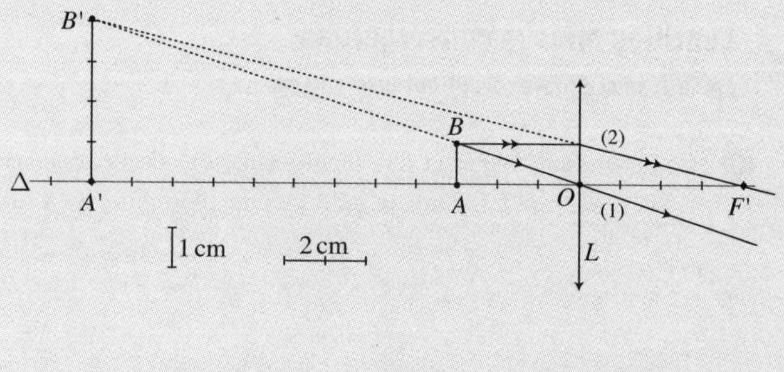

En sortant de L ces deux rayons divergent, c'est pourquoi il faut tracer leurs prolongements (en pointillé), afin de trouver leur point d'intersection B', dont la projection sur Δ coïncide avec A'. Cette construction graphique montre que :

$$\overline{OA'} = -12 \text{ cm et } \overline{A'B'} = 4 \text{ cm} \qquad (2)$$

3 L'image B' est virtuelle car les rayons ne convergent pas réellement vers B' (seuls les prolongements passent par B'). Par conséquent, cette image ne peut pas être formée sur un écran.

4 La relation de conjugaison du dispositif indique que :

$$\frac{1}{\overline{OA'}} - \frac{1}{\overline{OA}} = \frac{1}{f'} \Rightarrow \frac{1}{\overline{OA'}} = \frac{1}{\overline{OA}} + \frac{1}{f'} = -\frac{1}{0{,}03} + \frac{1}{0{,}04}$$

$$\Rightarrow \frac{1}{\overline{OA'}} = -\frac{0{,}01}{12.10^{-4}} \Rightarrow \overline{OA'} = -12.10^{-2} \text{ m} = -12 \text{ cm}$$

Par conséquent, le grandissment γ du montage vaut :

$$\gamma = \frac{\overline{OA'}}{\overline{OA}} = \frac{-12}{-3} = 4$$

c'est-à-dire, compte tenu de la définition de γ :

$$\gamma = \frac{\overline{A'B'}}{\overline{AB}} = 4 \Rightarrow \overline{A'B'} = 4\,\overline{AB} = 4 \times 1 \Rightarrow \overline{A'B'} = 4 \text{ cm}$$

Ces deux résultats sont compatibles avec les valeurs (2) trouvées ci-dessus.

6 Lentilles minces convergentes

Enoncé p. 15

Lycée Paul Bert, Paris

1 Soit C la vergence de L et soit $f' = \frac{1}{C}$ sa distance focale ; la relation de conjugaison de L indique que :

$$\frac{1}{\overline{OA'}} - \frac{1}{\overline{OA}} = \frac{1}{f'} = C$$

où :

$$\begin{cases} \overline{OA} = -1{,}2 \text{ m } (AB \text{ en avant de } L) \\ \overline{OA'} = 0{,}6 \text{ m } (A'B' \text{ après } L) \end{cases}$$

conduisent à :

$$C = \frac{1}{0{,}6} + \frac{1}{1{,}2} = \frac{1}{0{,}4} \Rightarrow V = 2{,}5\,\delta \Rightarrow f' = 0{,}4 \text{ m} = 40 \text{ cm}$$

Graphiquement, il est possible de localiser directement les points O, A et A' sur l'axe optique Δ de L, grâce aux données fournies par l'énoncé. De tous les rayons émis par B, deux au moins sont remarquables :

- le rayon (1) qui passe par O n'est pas dévié et ressort de L en passant par B', dont la projection sur Δ coïncide avec A'. Ce rayon permet ainsi de localiser B' ;
- le rayon (2), qui arrive sur L parallèlement à Δ, ressort de L en passant par B' mais aussi par le foyer image F'.

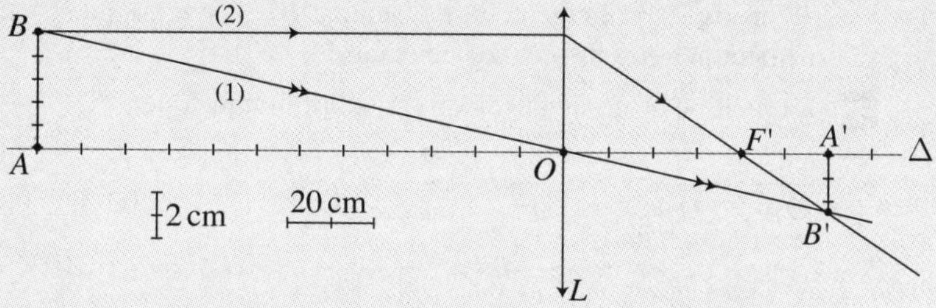

Par ce moyen, on retrouve graphiquement la valeur de la distance focale :

$$f' = \overline{OF'} = 40 \text{ cm}$$

2 Le grandissement du montage vaut :

$$\gamma = \frac{\overline{OA'}}{\overline{OA}} = \frac{0,6}{-1,2} \Rightarrow \gamma = -0,5$$

tandis qu'il est défini par le rapport :

$$\gamma = \frac{\overline{A'B'}}{\overline{AB}} \Rightarrow \overline{A'B'} = \gamma \times \overline{AB} = -0,5 \times 5 \Rightarrow \overline{A'B'} = -2,5 \text{ cm}$$

Ce résultat montre que l'image $A'B'$ mesure 2,5 cm et que cette image est en sens contraire par rapport à l'objet ($\overline{A'B'} < 0$ avec $\overline{AB} > 0$) ; ces deux résultats sont confirmés par la représentation graphique précédente.

3 Lorsque AB se trouve à 10 cm, en avant de la lentille : $\overline{OA} = -0,1$ m conduit à :

$$\frac{1}{\overline{OA'}} - \frac{1}{\overline{OA}} = \frac{1}{f'} \quad \Rightarrow \quad \frac{1}{\overline{OA'}} = \frac{1}{\overline{OA}} + \frac{1}{f'} = -\frac{1}{0,1} + \frac{1}{0,4}$$

$$\Rightarrow \quad \overline{OA'} \simeq -0,13 \text{ m} \simeq -13 \text{ cm}$$

Le signe obtenu pour $\overline{OA'}$ montre que l'image $A'B'$ est virtuelle (elle se trouve à gauche de O), avec un grandissement :

$$\gamma = \frac{\overline{A'B'}}{\overline{AB}} = \frac{\overline{OA'}}{\overline{OA}} = \frac{-13}{-10} = 1,3 \quad \Rightarrow \quad \overline{A'B'} = 1,3 \times \overline{AB} = 1,3 \times 5$$

$$\Rightarrow \quad \overline{A'B'} = 6,5 \text{ cm}$$

ce qui révèle que l'image $A'B'$ a une hauteur de 6,5 cm et est orientée dans le même sens que l'objet AB ($\overline{AB}$ et $\overline{A'B'}$ ont le même signe).

Puisque l'image $A'B'$ est virtuelle, elle peut être observée par l'œil situé à droite de L auquel cas L peut servir de loupe (même si le grandissement $\gamma = 1{,}3$ est faible).

7 Lentilles minces convergentes

Enoncé p. 16

Lycée Hoche, Versailles

Soit O la position du centre optique de la lentille L, qui forme de AB une image nette $A'B'$ sur l'écran.

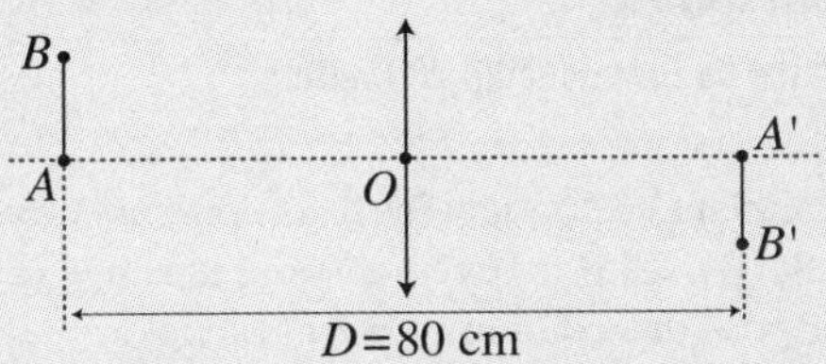

Puisque l'image a la même taille que l'objet, le grandissement γ du système vérifie :

$$\gamma = \frac{\overline{A'B'}}{\overline{AB}} \Rightarrow |\gamma| = \frac{A'B'}{AB} = 1$$

avec :

$$\gamma = \frac{\overline{OA'}}{\overline{OA}} \Rightarrow |\gamma| = \frac{OA'}{OA} = 1 \Rightarrow OA' = OA$$

d'où il ressort que :

$$OA' + OA = D \Rightarrow 2\,OA = D \Rightarrow OA' = OA = \frac{D}{2} \qquad (3)$$

Ainsi, la relation de conjugaison du montage fournit la distance focale f' de L :

$$\frac{1}{f'} = \frac{1}{\overline{OA'}} - \frac{1}{\overline{OA}} = \frac{1}{OA'} + \frac{1}{OA}$$

car :

$$\overline{OA'} > 0 \Rightarrow \overline{OA'} = OA' \text{ et } \overline{OA} < 0 \Rightarrow \overline{OA} = -OA$$

La relation (3) conduit alors à :

$$\frac{1}{f'} = \frac{2}{D} + \frac{2}{D} = \frac{4}{D} \Rightarrow f' = \frac{D}{4} = \frac{80}{4} = 20 \text{ cm}$$

8 Couleur des objets

Enoncé p. 16

Lycée Berlioz, Vincennes

1 Puisque la graine paraît bleue lorsqu'elle est éclairée en lumière blanche, c'est qu'elle absorbe les deux autres couleurs primaires qui composent le blanc (rouge : R et vert : V) :

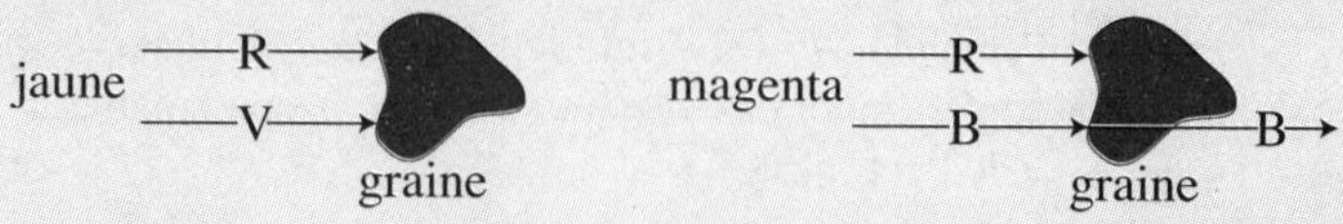

Donc, lorsque la graine est éclairée avec une lumière jaune (composée de rouge et de vert), elle paraît noire car elle absorbe ces deux couleurs.

2 En revanche, éclairée en lumière magenta (composée de rouge et de bleu), elle paraît bleue (le rouge étant absorbé).

9 Couleur des objets

Enoncé *p. 16*

Lycée Notre Dame du Grandchamp, Versailles

1 La lumière blanche contient les trois couleurs primaires : rouge (R), vert (V) et bleu (B). Le filtre cyan absorbe le rouge (afin de laisser passer le cyan, composé des couleurs verte et bleue).

Quant au jaune, il absorbe la couleur bleue (car, en lumière blanche, l'objet restitue les couleurs rouge et verte qui composent le jaune) :

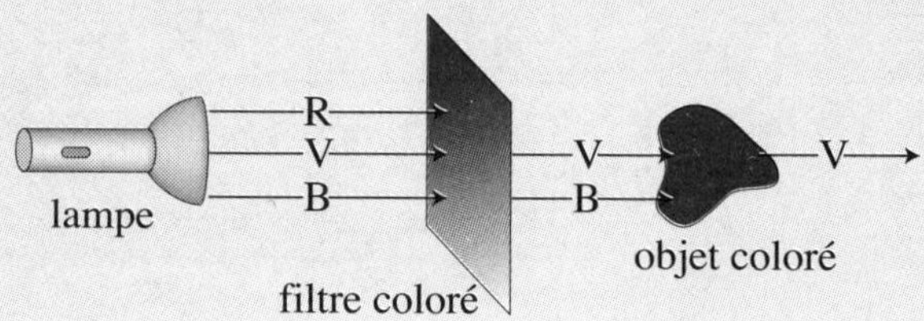

2 Le schéma précédent révèle que l'objet coloré apparaîtra alors vert.

10 Couleur des objets

Enoncé *p. 16*

Lycée Picasso, Fontenay-Sous-Bois

1 La composition de lumière provenant de plusieurs sources produit une synthèse additive des couleurs, dont on peut d'ailleurs rappeler le cercle :

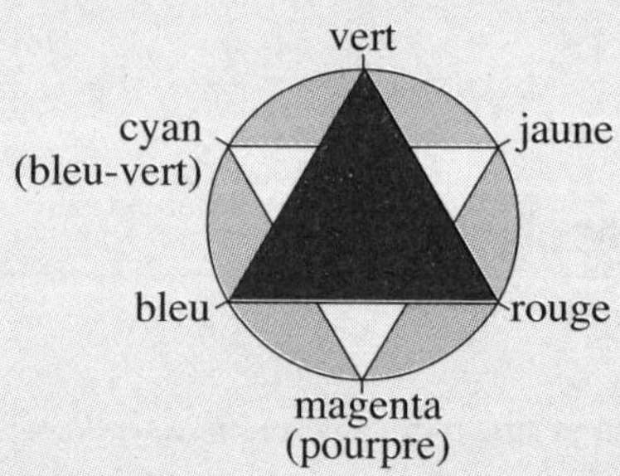

2 Le cercle précédent rappelle rapidement comment obtenir :

- un éclairage jaune à partir de projecteurs vert et rouge ;
- un éclairage cyan à partir de projecteurs vert et bleu.

3 Enfin, l'éclairage blanc s'obtient en réalisant la synthèse additive des trois couleurs primaires : le vert, le rouge et le bleu.

11 Couleur des objets

Enoncé p. 17

Lycée Guynemer, Compiègne

Il faut utiliser un filtre qui transforme la bande centrale blanche en bande jaune, c'est-à-dire un filtre jaune, qui absorbe la couleur bleue, mais transmet les deux autres couleurs primaires (vert : V et rouge R) :

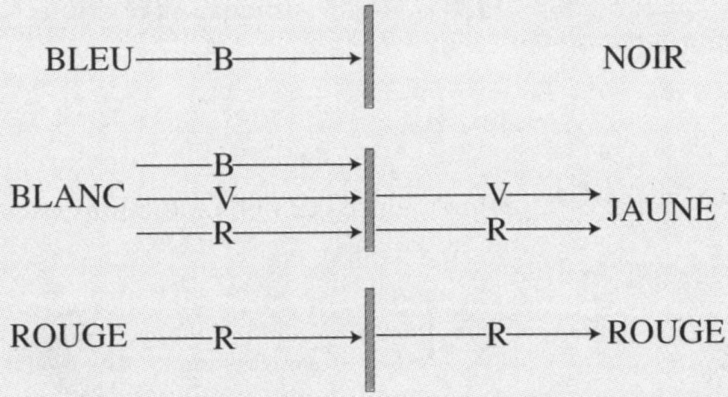

À travers ce filtre, les bandes bleue, blanche et rouge du drapeau français apparaîtront alors respectivement noire, jaune et rouge.

12 L'œil

Enoncé p. 17

Lycée Jules Ferry, Paris

1 Lorsque l'œil observe un objet ponctuel A (situé à une distance p du cristallin), il en forme une image quasi ponctuelle A' sur la rétine, laquelle est située à une distance d constante ; c'est la distance focale f' du cristallin qui se modifie afin d'observer des objets à diverses distances.

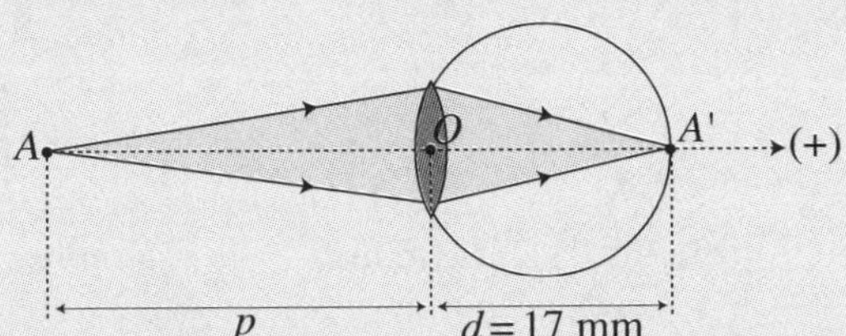

En assimilant le cristallin à une lentille convergente de vergence C, la relation de conjugaison impose (si l'on oriente l'axe optique positivement vers la droite) :

$$\frac{1}{\overline{OA'}} - \frac{1}{\overline{OA}} = \frac{1}{f'} \text{ avec } \overline{OA'} = d \text{ et } \overline{OA} = -p$$

$$\Rightarrow \quad C = \frac{1}{f'} = \frac{1}{d} + \frac{1}{p} \qquad (4)$$

Notamment, lorsque l'objet A se trouve très éloigné de O ($p = p_\infty$ est très grand) :

$$\frac{1}{p_\infty} \simeq 0 \Rightarrow C_1 = \frac{1}{d} = \frac{1}{17.10^{-3}} \Rightarrow C_1 \simeq 58{,}8\ \delta$$

2 Lorsque l'œil accommode au maximum, la distance p prend la valeur $p_{\min} = 25$ cm $= 25.10^{-2}$ m de sorte que la relation (4) devient :

$$C_2 = \frac{1}{d} + \frac{1}{p_{\min}} = \frac{1}{17.10^{-3}} + \frac{1}{25.10^{-2}} = 62{,}8\ \delta$$

3 La vergence varie donc, entre ces deux situations extrêmes, de la quantité :

$$\Delta C = C_2 - C_1 = \left(\frac{1}{d} + \frac{1}{p_{\min}}\right) - \frac{1}{d} = \frac{1}{25.10^{-2}} \Rightarrow \Delta C = 4\ \delta$$

13 L'œil

Enoncé p. 17

Lycée Pablo Picasso, Fontenay-Sous-Bois

1 Un œil est au repos lorsque les muscles oculaires n'exercent aucune force visant à déformer son cristallin. C'est dans cette configuration qu'un œil peut généralement observer les objets les plus éloignés, sans fatiguer.

2 Le cristallin et la rétine de l'œil peuvent être modélisés respectivement par une lentille convergente et un écran :

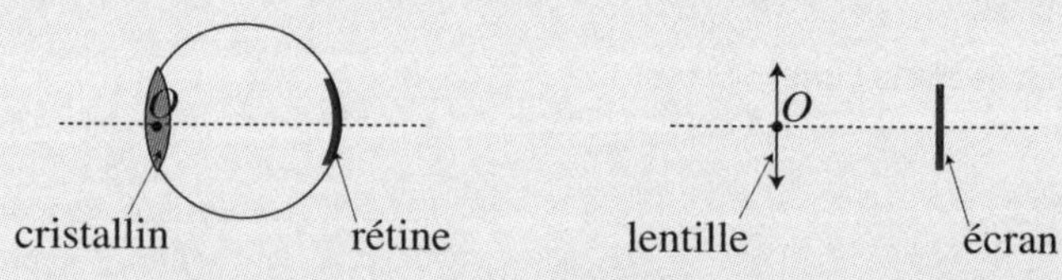

3 Un objet très éloigné forme une image nette dans le plan focal image de la lentille, c'est-à-dire à la distance focale f_∞ de la lentille. C'est aussi à cette distance que doit se trouver l'écran (*cf.* figure 1 ci-dessous).

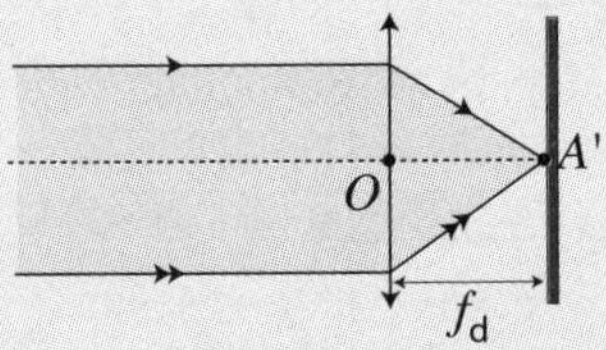

figure 1

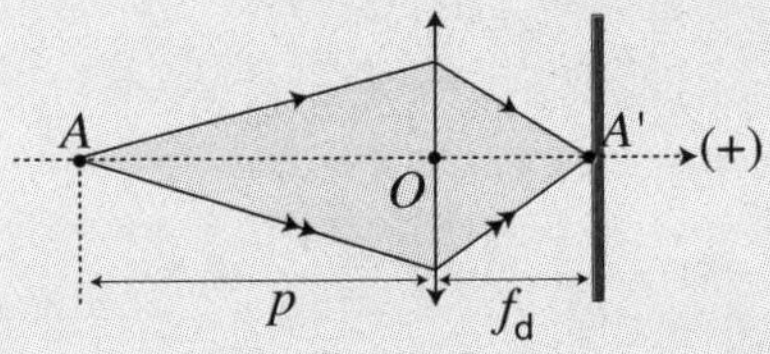

figure 2

4 **(a)** Conformément à la réponse précédente, au repos la distance :

$$OA' = 17 \text{ mm} = 17.10^{-3} \text{ m}$$

s'identifie à la distance focale f_∞, à laquelle correspond une vergence :

$$C_\infty = \frac{1}{f_\infty} = \frac{1}{17.10^{-3}} = 58{,}8\ \delta$$

(b) Lorsque l'objet A se rapproche de l'œil pour former l'image A' à la même distance $\overline{OA'} = f_\infty$ que précédemment, le cristallin doit se déformer sous l'action de muscles.

(c) L'objet A se trouvant à une distance finie p de O, en orientant positivement l'axe optique vers la droite (*cf.* figure 2), il apparaît que $\overline{OA'} = f_\infty$ tandis que $\overline{OA} = -p$ (où $p > 0$). Ainsi, la relation de conjugaison donne la nouvelle distance focale f (ou la vergence $C = \frac{1}{f}$) prise par la lentille :

$$C = \frac{1}{f} = \frac{1}{\overline{OA'}} - \frac{1}{\overline{OA}} = \frac{1}{f_\infty} + \frac{1}{p} \Rightarrow C = C_\infty + \frac{1}{p}$$

Et, puisque $\frac{1}{p}$ est positif, il s'ensuit que C est supérieur à C_∞ : pour voir de près, l'œil doit être plus convergent (c'est-à-dire augmenter sa vergence).

14 L'œil

Enoncé *p. 18*

Lycée Marie Curie, Sceaux

1 Un œil normal peut voir nettement des objets qui se trouvent à l'infini, notamment l'image $A'B'$ que la loupe L (lentille convergente de centre optique O) forme du timbre AB. Or, $A'B'$ est rejeté à l'infini si AB est dans le plan focal objet de L, c'est-à-dire si la distance OA s'identifie à la distance focale $f' = \frac{1}{C} = 0{,}04$ m (soit $f' = 4$ cm) : $OA_{max} = 4$ cm.

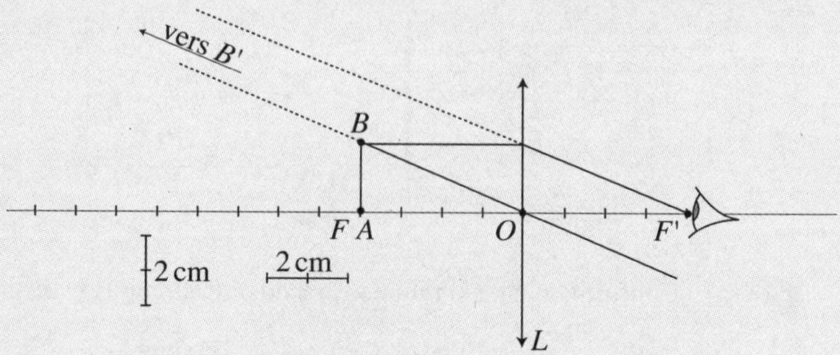

Remarque : Il s'agit de la valeur maximale de la distance OA car l'œil ne peut observer que l'image virtuelle $A'B'$ de AB, ce qui impose la localisation de A entre O et le foyer objet F.

2 L'image $A'B'$ vue par l'œil étant viruelle, le point A' (ainsi que le point A) se trouve à gauche de L, en conséquence de quoi :

$$\begin{cases} \overline{OA'} < 0 \\ \overline{OA} < 0 \end{cases} \Rightarrow \begin{cases} \overline{OA'} = -OA' \\ \overline{OA} = -OA \end{cases}$$

Quant à la distance séparant l'œil (en F') et l'image $A'B'$ fournie par L, elle vaut :

$$\begin{aligned} F'A' &= F'O + OA' = f' + OA' \geqslant 25 \text{ cm} \\ &\Rightarrow OA' \geqslant 25 - f' = 25 - 4 = 21 \text{ cm} = 0{,}21 \text{ m} \\ &\Rightarrow \frac{1}{OA'} \leqslant \frac{1}{0{,}21} \text{ dioptries} \end{aligned}$$

La relation de conjugaison du montage impose alors :

$$\begin{aligned} \frac{1}{\overline{OA'}} - \frac{1}{\overline{OA}} = \frac{1}{f'} \quad &\Rightarrow \quad -\frac{1}{OA'} + \frac{1}{OA} = \frac{1}{f'} \\ &\Rightarrow \quad \frac{1}{OA} = \frac{1}{f'} + \frac{1}{OA'} \leqslant \frac{1}{0{,}04} + \frac{1}{0{,}21} \simeq 29{,}76 \text{ m}^{-1} \\ &\Rightarrow \quad OA \geqslant 3{,}36.10^{-2} \text{ m} \simeq 3{,}4 \text{ cm} \end{aligned}$$

ce qui donne la valeur minimale de OA :

$$OA_{\text{min}} \simeq 3{,}4 \text{ cm}$$

3 C'est lorsqu'il n'accommode pas que l'œil fatigue le moins et cette situation se produit lors d'une observation au PR de l'œil, c'est-à-dire ici, lorsque $A'B'$ est à l'infini. Donc, l'observation de AB à 4 cm de L est la plus confortable.

15 L'œil

Enoncé p. 18

Lycée Charlemagne, Paris

1 **(a)** Sauf accident, la distance qui sépare le cristallin de la rétine ne change pas avec l'âge d'une personne adulte. Dans le modèle optique cette distance correspond à d.

(b) Un objet très éloigné forme une image A' au foyer image f' de la lentille c'est-à-dire telle que $\overline{OA'} = f'_{\text{min}} = \dfrac{1}{C_{\text{min}}}$ où $C_{\text{min}} = 59\ \delta$ correspond à la valeur minimale de C (celle pour laquelle la lentille est la moins convergente).

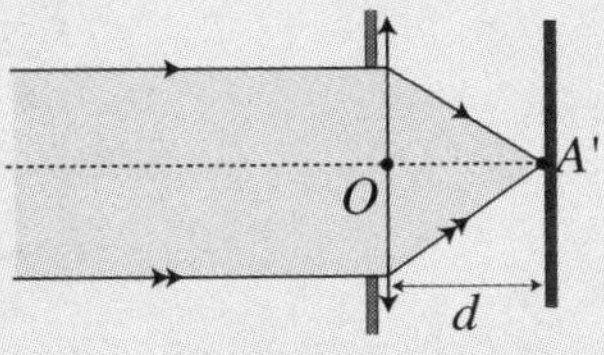

figure 1

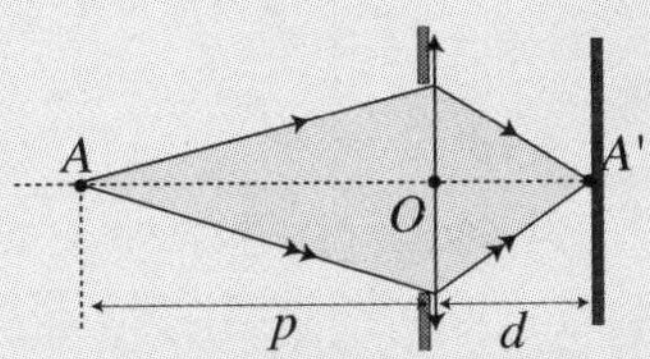

figure 2

Numériquement, on trouve ainsi :

$$\overline{OA'} = \frac{1}{59} \simeq 1{,}7.10^{-2}\ \text{m} \Rightarrow \overline{OA'} \simeq d = 1{,}7\ \text{cm}$$

On remarque non seulement que :

$$\frac{1}{d} = C_{\text{min}} = 59\ \delta \tag{5}$$

mais également (*cf.* figure 1) que l'image A' se forme sur l'écran (car $\overline{OA'} = d$), ce qui signifie aussi que le cristallin n'a pas besoin d'accommoder.

(c) Pour qu'un objet A, situé à une distance p finie de la lentille, soit associé à une image nette A' sur l'écran (*cf.* figure 2), la lentille doit adopter une vergence C qui respecte la relation de conjugaison de Descartes :

$$\begin{aligned} \frac{1}{\overline{OA'}} - \frac{1}{\overline{OA}} &= \frac{1}{f'} = C \text{ avec } \overline{OA'} = d \text{ et } \overline{OA} = -p \\ &\Rightarrow \frac{1}{d} + \frac{1}{p} = C \Rightarrow \frac{1}{p} = C - \frac{1}{d} \end{aligned}$$

où la relation (5) fournit :

$$\frac{1}{d} = C_{\text{min}} \Rightarrow \frac{1}{p} = C - C_{\text{min}}$$

La plus petite valeur de p est alors atteinte lorsque $C = C_{\text{max}}$, c'est-à-dire :

$$\frac{1}{p} = C_{\text{max}} - C_{\text{min}} = 65 - 59 = 6\ \delta \Rightarrow p \simeq 0{,}167\ \text{m} = 16{,}7\ \text{cm} \tag{6}$$

COURS EXERCICES CORRIGÉS

2 **(a)** Pour la personne de 50 ans, $C'_{\text{min}} = C_{\text{min}}$ montre que la vision de loin n'est pas modifiée (A' se forme à une distance $OA' = \frac{1}{C'_{\text{min}}}$ qui correspond à la taille d de l'œil).

(b) En revanche, la distance minimale p' de vision nette de cet œil est donnée grâce à la relation (6) :

$$\frac{1}{p'} = C'_{\text{max}} - C'_{\text{min}} = 61 - 59 = 3\ \delta \Rightarrow p' = \frac{1}{3} \simeq 0{,}333 \text{ m} = 33{,}3 \text{ cm}$$

16 L'œil

Lycée Marie Curie, Sceaux

Enoncé *p. 19*

1 Dans l'œil :

- le cristallin joue le rôle d'une lentille convergente ;
- la rétine (photosensible) joue le rôle d'écran ;
- la pupille joue le rôle de diaphragme.

2 **(a)** Lorsque l'œil est au repos, l'image d'un objet éloigné se forme sur sa rétine. Puisque la distance entre la rétine et le cristallin est constante, l'observation d'un objet situé à une autre distance requiert une adaptation du cristallin ; c'est l'accommodation.

(b) L'accommodation est assurée par des muscles qui modifient la forme du cristallin et donc sa vergence.

(c) Soit un objet AB, dont A appartient à l'axe optique de l'œil, qui en forme une image nette A' sur la rétine ; la distance séparant le cristallin de la rétine étant constante :

$$\overline{OA'} = OA' = 17 \text{ mm} = 17.10^{-3} \text{ m}$$

La relation de conjugaison du cristallin impose alors :

$$\frac{1}{\overline{OA'}} - \frac{1}{\overline{OA}} = \frac{1}{f'} \text{ avec } \overline{OA} < 0 \Rightarrow \overline{OA} = -OA$$

$$\Rightarrow \frac{1}{OA'} + \frac{1}{OA} = \frac{1}{f'}$$

Par conséquent, le rapprochement de l'objet provoque une diminution de OA, donc une augmentation de $\frac{1}{OA}$, c'est-à-dire de $\frac{1}{f'}$, soit encore une diminution de f'.

3 Lorsque AB se trouve au PP, $\overline{OA} = -15$ cm $= -0{,}15$ m, tandis que $\overline{OA'} = 17.10^{-3}$ m (l'image $A'B'$ se forme sur la rétine). La vergence du cristallin vérifie alors la relation de conjugaison :

$$C_{PP} = \frac{1}{\overline{OA'}} - \frac{1}{\overline{OA}} = \frac{1}{17.10^{-3}} + \frac{1}{0,15} \Rightarrow C_{PP} = 65,5\,\delta$$

$$\Rightarrow \quad f'_{PP} = \frac{1}{C_{PP}} = 15,3.10^{-3}\text{ m} = 15,3\text{ mm}$$

En revanche, le PR d'un œil normal étant rejeté à l'infini, il en va de même de $\overline{OA'}$, de sorte que la vergence C_{PR} du cristallin vérifie :

$$\frac{1}{\overline{OA}} \simeq 0 \quad \Rightarrow \quad C_{PR} = \frac{1}{\overline{OA'}} = \frac{1}{17.10^{-3}} \Rightarrow C_{PR} = 58,8\,\delta$$

$$\Rightarrow \quad f'_{PR} = 17.10^{-3}\text{ m} = 17\text{ mm}$$

4 **(a)** Lorsque l'objet AB est situé à 25 cm de l'œil ($\overline{OA} = -0,25$ m), son image $A'B'$ se forme sur la rétine ($\overline{OA'} = 17.10^{-3}$ m), en conséquence de quoi la distance focale de l'œil est donnée par la relation de conjugaison :

$$\frac{1}{f'} = \frac{1}{\overline{OA'}} - \frac{1}{\overline{OA}} = \frac{1}{17.10^{-3}} + \frac{1}{0,25} \simeq 62,82\,\delta$$

$$\Rightarrow \quad f' = 1,59.10^{-2}\text{ m} = 15,9\text{ mm}$$

(b) La construction graphique de l'image $A'B'$ peut se faire en utilisant deux des trois rayons remarquables émis par B :

- le rayon (1) qui passe en O n'est pas dévié par le cristallin (lentille L) ;
- le rayon (2) qui arrive sur L, parallèlement à l'axe optique Δ, émerge de L en passant par le foyer image F'de L ; son intersection avec le rayon (1) coïncide avec le point B', dont le projeté sur Δ est l'image A' de A. Enfin, l'image $A'B'$ se forme sur la rétine (assimilée à un écran).

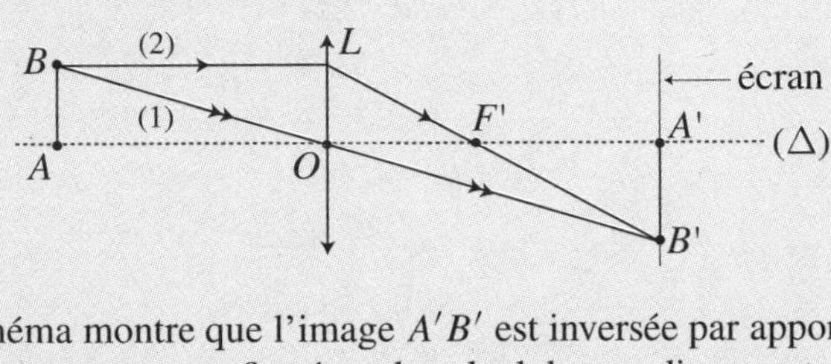

(c) Ce schéma montre que l'image $A'B'$ est inversée par apport à AB. Un tel constat est confirmé par le calcul du grandissement :

$$\gamma = \frac{\overline{A'B'}}{\overline{AB}} = \frac{\overline{OA'}}{\overline{OA}} \quad \Rightarrow \quad \overline{A'B'} = \frac{\overline{OA'}}{\overline{OA}} \times \overline{AB} = \frac{17.10^{-3}}{-0,25} \times 2$$

$$\Rightarrow \quad \overline{A'B'} \simeq -0,14\text{ mm}$$

5 **(a)** Un œil normal peut observer nettement un objet situé à l'infini, tandis qu'un œil myope doit rapprocher cet objet pour l'observer nettement.

COURS EXERCICES CORRIGÉS

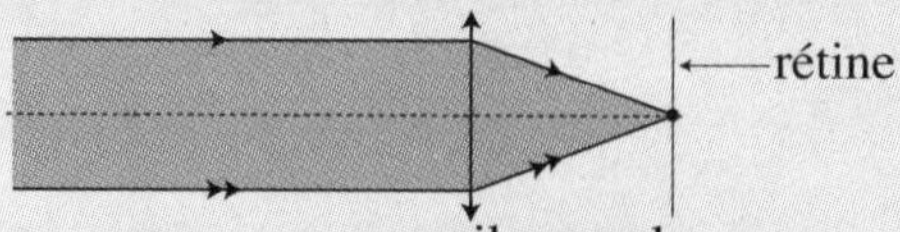

œil normal

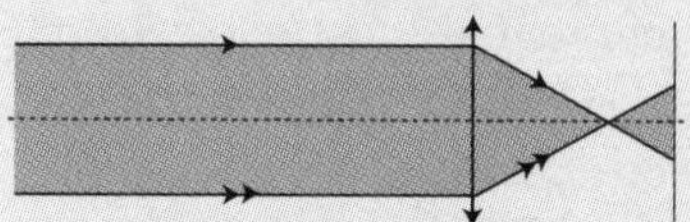

vision floue de l'œil myope

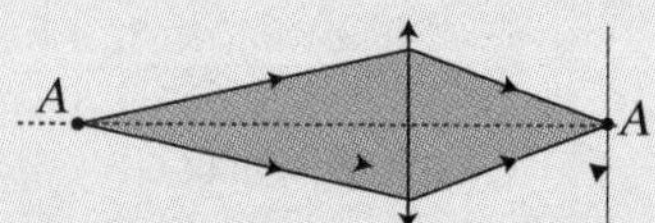

vision nette de l'œil myope

Ces schémas montrent que le cristallin de l'œil myope est plus convergent que celui de l'œil normal.

(b) L'énoncé précise que le PP de l'œil myope se trouve à 1 cm de O, ce qui signifie qu'un objet AB, tel que $\overline{OA} = -1$ cm $= -10^{-2}$ m, peut former une image nette sur la rétine ($\overline{OA'} = 17.10^{-3}$ m), tandis que la vergence du cristallin vérifie :

$$C_{\mathrm{PP}} = \frac{1}{\overline{OA'}} - \frac{1}{\overline{OA}} = \frac{1}{17.10^{-3}} + \frac{1}{10^{-2}} \Rightarrow C_{\mathrm{PP}} \simeq 158{,}8\,\delta$$

$$\Rightarrow \quad f'_{\mathrm{PP}} = \frac{1}{C_{\mathrm{PP}}} \simeq 6{,}3.10^{-3}\text{ m} = 6{,}3\text{ mm}$$

De même, lorsque l'objet se trouve au PR de l'œil :

$$\overline{OA} = -20\text{ cm} = -0{,}2\text{ m}$$

la relation de conjugaison fournit la vergence du cristallin :

$$C_{\mathrm{PR}} = \frac{1}{\overline{OA'}} - \frac{1}{\overline{OA}} = \frac{1}{17.10^{-3}} + \frac{1}{0{,}2} \Rightarrow C_{\mathrm{PR}} \simeq 63{,}8\,\delta$$

$$\Rightarrow \quad f'_{\mathrm{PR}} = \frac{1}{C_{\mathrm{PR}}} \simeq 15{,}7.10^{-3}\text{ m} = 15{,}7\text{ mm}$$

Chapitre 2

Sources de lumière colorée

Plan du chapitre

Exercice type

Lycée Pierre d'Ailly, Compiègne

La grande nébuleuse d'Orion comporte quatre étoiles très chaudes qui émettent un rayonnement riche en ultraviolets au sein d'un nuage de gaz interstellaire constitué en majorité d'atomes d'hydrogène.

1 Pour quelle raison le rayonnement de ces quatre étoiles est-il riche en ultraviolets ?
Le diagramme ci-contre présente les premiers niveaux d'énergie de l'atome d'hydrogène.

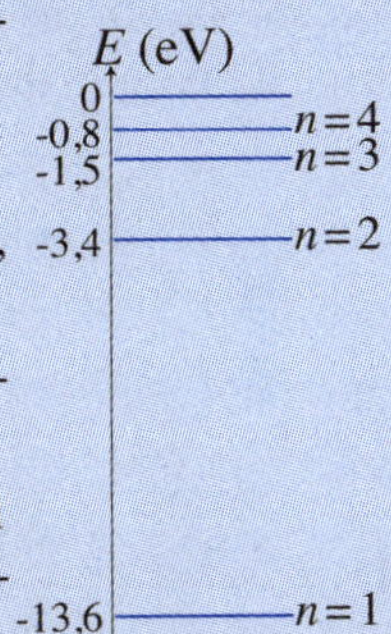

2 Comment appelle-t-on l'état $n = 1$?

3 Comment appelle-t-on les autres états ($n = 1, 2, 3, \ldots$) ?

4 Comment peut-on faire passer un électron d'un niveau inférieur à un niveau supérieur ?

5 Un atome d'hydrogène, dans son état fondamental $n = 1$ peut-il être excité par une radiation de longueur $\lambda = 110$ nm ?

Sous l'effet du rayonnement UV reçu, le gaz de la nébuleuse est partiellement ionisé. Les électrons se recombinent avec des noyaux d'hydrogène pour former des atomes excités qui se désexcitent progressivement avec émission de photons.

6 Quelle est la longueur d'onde de la radiation émise lors de la transition des atomes d'hydrogène du niveau 3 au niveau 2 ? Cette radiation est-elle visible ?

...

Exercice type Lycée Pierre d'Ailly, Compiègne

Données numériques :

- constante de Planck : $h = 6{,}62.10^{-34}$ J · s ;
- célérité de la lumière dans le vide : $c = 3.10^{8}$ m · s^{-1} ;
- 1 eV = $1{,}6.10^{-19}$ J

Voir corrigé page 46

1 Caractéristiques d'une source

1.1 Spectre d'émission

Définition 1

Une *source lumineuse* est un système physique capable de transformer une forme d'énergie (thermique, électrique, ...) en énergie lumineuse.

Les longueurs d'onde comprises entre 400 nm et 700 nm sont spécifiques au rayonnement lumineux visible par l'œil humain.

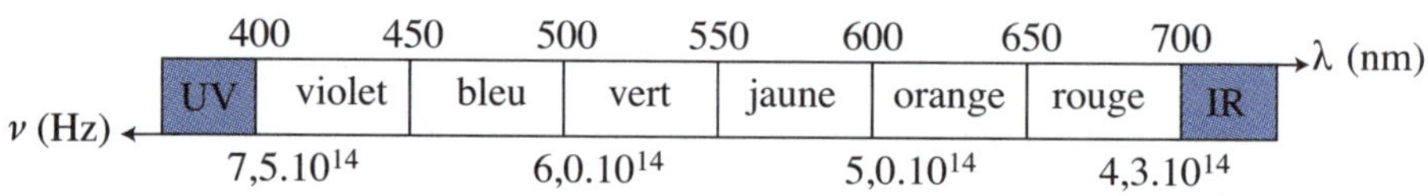

Le spectre d'une onde électromagnétique peut cependant être beaucoup plus étendu :

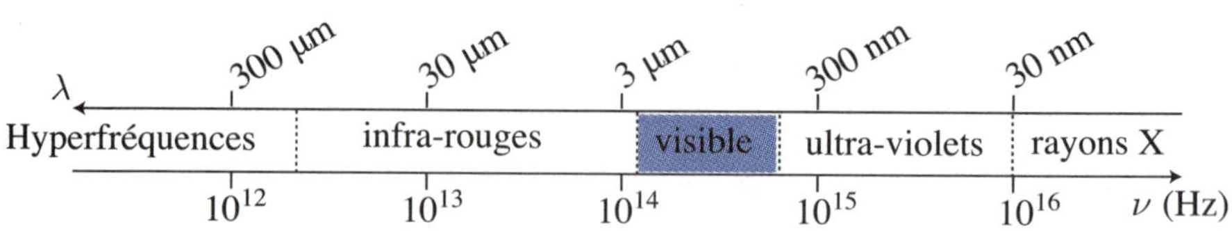

Remarque : On trouve, dans certains ouvrages, les longueurs d'onde exprimées en *angstrom* : 1 Å = 10^{-10} m.

À RETENIR (Conversions)

On retiendra les conversions suivantes, fréquemment utilisées pour exprimer les longueurs d'onde :

Unités	Conversion
micromètre	$1\ \mu m = 10^{-6}$ m $\Leftrightarrow$ 1 m $= 10^6\ \mu m$
nanomètre	1 nm $= 10^{-9}$ m $\Leftrightarrow$ 1 m $= 10^9$ nm

Définition 2

Une *source monochromatique* émet un rayonnement composé d'une seule longueur d'onde.

Dans la réalité, une source ne peut pas être rigoureusement monochromatique (son spectre ne comporterait qu'une seule fréquence ν_0). Par exemple, un laser hélium-néon, supposé émettre une lumière rouge de longueur d'onde $\lambda_0 = 632{,}8$ nm, et donc de fréquence $\nu_0 = 4{,}74.10^{14}$ Hz, émet en fait des rayonnements dont les fréquences sont très voisines de ν_0, à $\Delta\nu = 1{,}5.10^9$ Hz près. La *largeur spectrale* de la source n'est pas nulle mais vaut $\Delta\nu$ et la source est dite *monochromatique*.

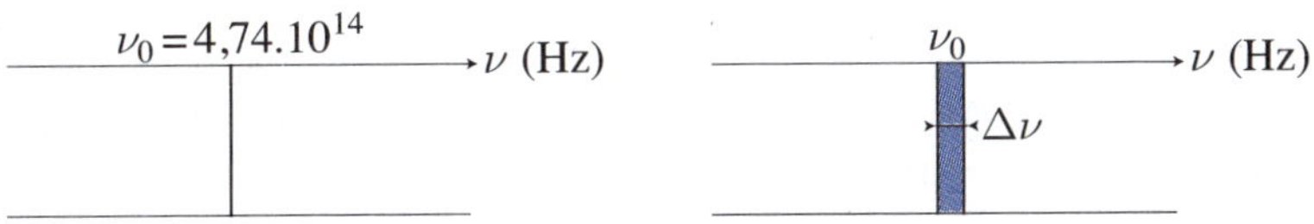

Source monochromatique — Source quasi monochromatique

Définition 3

Une *source polychromatique* est une source qui émet un rayonnement composé de plusieurs longueurs d'onde.

Par exemple :

- une source jaune monochromatique peut émettre un rayonnement de longueur d'onde $\lambda_0 = 580$ nm ;
- une source jaune polychromatique peut émettre des rayonnements de longueurs d'onde $\lambda_1 = 520$ nm (vert) et $\lambda_2 = 680$ nm (rouge).

1.2 Exemples de sources

- *Les étoiles* : ce sont des sources polychromatiques, qui transforment l'énergie nucléaire en rayonnement.
- *Les lampes à incandescence* : sources polychromatiques qui transforment l'énergie thermique (un filament de tungstène est porté à 2 800 K) en rayonnement.

- *Les lampes à iode* (aussi appelées lampes à halogène) : sources qui utilisent le même principe que les lampes à incandescence mais remplie d'iode, qui ralentit l'usure du filament (le filament peut ainsi être porté à des températures plus élevées).

- *Les tubes luminescents* (ou tubes au néon) : sources polychromatiques qui transforment l'énergie électrique (un arc électrique se forme dans le tube) en rayonnement.

- *Les diodes électroluminescentes (DEL)* : sources qui transforment l'énergie électrique en rayonnements polychromatiques (par exemple les DEL blanches) ou quasi monochromatiques (par exemple les DEL jaunes : $570 \text{ nm} < \lambda < 590 \text{ nm}$).

- *Le feu* : source polychromatique qui transforme l'énergie thermique en rayonnement.

2 Couleur des corps chauffés

Définition 4

On appelle *corps noir* un corps qui absorbe complètement la lumière qu'il reçoit, quelle que soit sa longueur d'onde.

Un corps noir, en équilibre thermique à la température T, émet un rayonnement électromagnétique dont l'intensité I dépend de T et de la longueur d'onde λ.

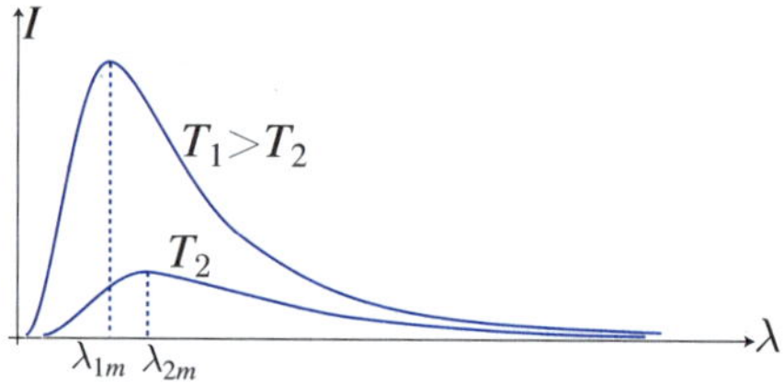

Loi 1 (loi de Wien)

Pour T fixé, l'intensité du rayonnement émis par un corps noir en équilibre thermique admet un *maximum* pour une longueur d'onde λ_m telle que :

$$\lambda_m \times T = 2{,}898.10^{-3} \text{ m} \cdot \text{ K} = \text{constante}$$

Dans cette loi, λ_m est exprimée en mètre et T en kelvin ; on rappelle que :

$$T(\text{K}) \simeq \theta(°\text{C}) + 273$$

Remarque : Cette *loi du déplacement* de Wien permet notamment d'expliquer :

- la couleur des étoiles : les plus froides (3 000 K) apparaissent rouges (grandes longueurs d'onde), celles de type solaire (5 500 K) apparaissent jaunes et les plus chaudes (30 000 K) apparaissent bleues (petites longueurs d'onde) ;
- le filament de tungstène d'une lampe à incandescence passe du rouge au blanc lorsque sa température passe de 700°C à 1 300°C ;
- une flamme apparaît bleue près des brûleurs et rouge à son extrémité la plus froide.

3 Interaction lumière-matière

3.1 Énergie d'un photon

La propagation de la lumière peut être interprétée comme :

- la propagation d'une onde électromagnétique, caractérisée par sa longueur d'onde λ (en mètre), responsable de sa couleur, ou par sa fréquence ν (en Hz), avec :

$$\lambda = \frac{c}{\nu}$$

où $c \simeq 3.10^8 \text{ m} \cdot \text{s}^{-1}$ est la célérité de la lumière dans le vide.

- le déplacement de corpuscules, les *photons*, dont l'énergie individuelle (ε) est proportionnelle à la fréquence ν (en Hz) :

$$\varepsilon = h\nu = \frac{hc}{\lambda} \text{ (en joule)}$$

où $h = 6{,}62.10^{-34}$ J · s est la *constante de Planck.*

Remarque : Une lumière de fréquence ν ne peut véhiculer que des énergies qui sont multiples de $h\nu$, car les photons sont insécables.

À RETENIR (Conversion)

L'énergie est parfois exprimée en électron-volt (eV), avec pour convention :

$$1 \text{ eV} = 1{,}6.10^{-19} \text{ J}$$

On reconnaît, dans cette expression, la valeur numérique de la charge élémentaire ($e = 1{,}6.10^{-19}$ C). C'est pourquoi on pourra aussi convertir l'énergie en eV ou en J, grâce à la relation :

$$E_{\text{en eV}} = e \times E_{\text{en J}}$$

3.2 Niveaux d'énergie dans la matière

Lorsqu'un électron est lié au noyau d'hydrogène, son énergie est négative et ne peut pas prendre n'importe quelle valeur négative. Par exemple, elle peut valoir $-13{,}6$ eV, $-3{,}4$ eV, $-1{,}5$ eV, …, mais pas $-13{,}5$ eV. Cette énergie est *quantifiée* par la loi :

$$E_n = -\frac{13{,}6}{n^2}\ (\text{eV}) \qquad (7)$$

où n est un entier strictement positif qui définit un *niveau d'énergie* ou encore un *état*. En revanche, lorsque l'électron est libre (n'appartenant pas à un atome), son énergie peut prendre toute valeur positive.

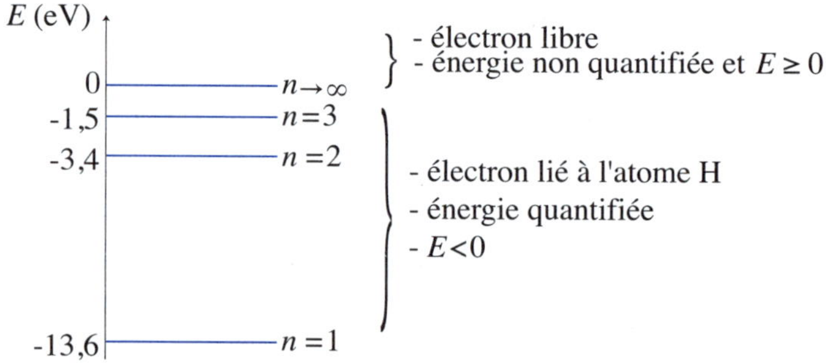

ATTENTION

La formule (7) permet de calculer E_n en eV. Or, dans de nombreux calculs numériques, il conviendra d'exprimer E_n en joule :

$$E_n = -\frac{13{,}6 \times 1{,}6.10^{-19}}{n^2} \simeq -\frac{2{,}18.10^{-18}}{n^2}\ (\text{J})$$

Définition 5

On appelle *état fondamental* l'état d'un atome de plus basse énergie. Par exemple, pour l'atome d'hydrogène, il s'agit de l'état $n = 1$, d'énergie $-13{,}6$ eV.

Un électron peut passer d'un niveau d'énergie E_n à un niveau d'énergie $E_m > E_n$ en recevant de l'énergie (thermique, électrique, électromagnétique, …). Cette transition peut s'opérer par absorption d'un photon dont l'énergie $\varepsilon = h\nu = \frac{hc}{\lambda}$ correspond exactement à l'écart $\Delta E = E_m - E_n$. De même, un photon d'énergie $\varepsilon = h\nu = \frac{hc}{\lambda}$ peut être émis lors de la transition d'un électron d'un niveau E_m vers un niveau d'énergie $E_n < E_m$. Il y a *désexcitation* de l'atome, avec :

$$\Delta E = h\nu = \frac{hc}{\lambda}$$

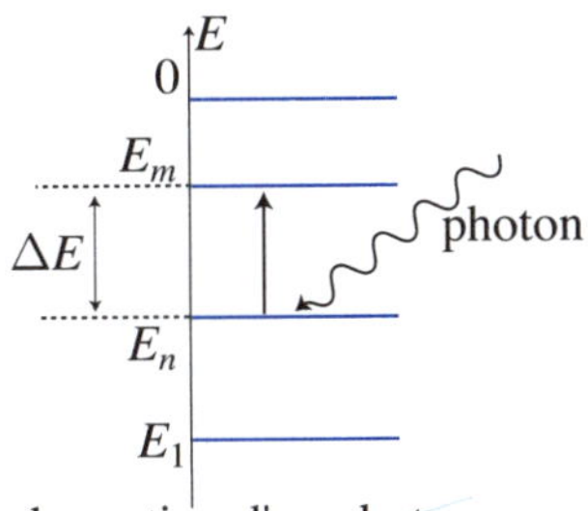

absorption d'un photon

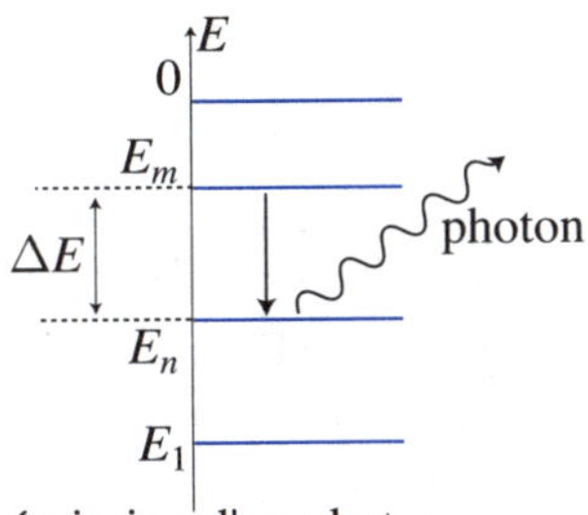

émission d'un photon

ATTENTION

Pour qu'un photon soit absorbé, il doit véhiculer une énergie ε qui correspond exactement à l'écart énergétique ΔE entre deux états ; le photon ne peut pas céder qu'une partie de son énergie à l'électron qui reste lié à l'atome : il cède tout ou rien !

Définition 6

Un atome d'hydrogène est *excité* lorsque son électron n'occupe pas l'état fondamental.

Remarque : L'électron de l'atome d'hydrogène a tendance à revenir à son état fondamental, où il est le plus stable ; c'est la désexcitation de l'atome.

Définition 7

L'énergie d'ionisation d'un atome est l'énergie E_{ion} qu'il faut lui fournir pour que l'électron passe du niveau fondamental d'énergie E_1 au niveau d'énergie $E_\infty = 0$ eV lui permettant de se soustraire à l'attraction du noyau.

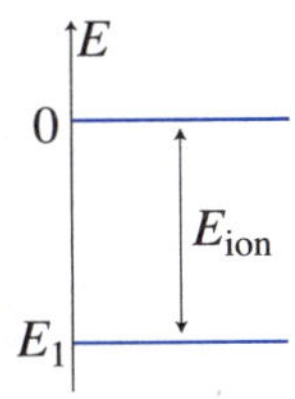

Dans le cas de l'atome d'hydrogène, l'énergie d'ionisation vaut :

$$E_{\text{ion}} = E_\infty - E_1 = 0 - (-13{,}6) = 13{,}6 \text{ eV}$$

Remarque : On peut fournir à l'électron une énergie E supérieure à E_{ion} ; son ionisation est toujours assurée et son excédent d'énergie $E - E_{\text{ion}}$ est susceptible d'être transformée au cours d'autres processus physico-chimiques.

3.3 Spectres d'émission ou d'absorption

Définition 8

On appelle *spectre* d'un rayonnement l'ensemble des fréquences ou des longueurs d'onde qui composent ce rayonnement.

Dans la pratique, pour obtenir le spectre d'un rayonnement lumineux, il suffit de le faire passer à travers un *prisme* transparent ou un *réseau* (traits très fins et très serrés). Le *spectre d'émission* est le spectre du rayonnement émis par une source. Il peut être continu (comme le spectre solaire) ou composé de bandes correspondant à des transitions électroniques dans la source. Par exemple, le spectre de l'atome d'hydrogène est composé :

- des raies de la série de Lyman, qui correspondent au retour de l'électron vers son niveau fondamental :

$$\frac{hc}{\lambda} = \Delta E = E_n - E_1 = 13{,}6 \times \left(1 - \frac{1}{n^2}\right)$$

n	2	3	4	5	$\cdots$	∞
λ (nm)	122	103	97	95	$\cdots$	91

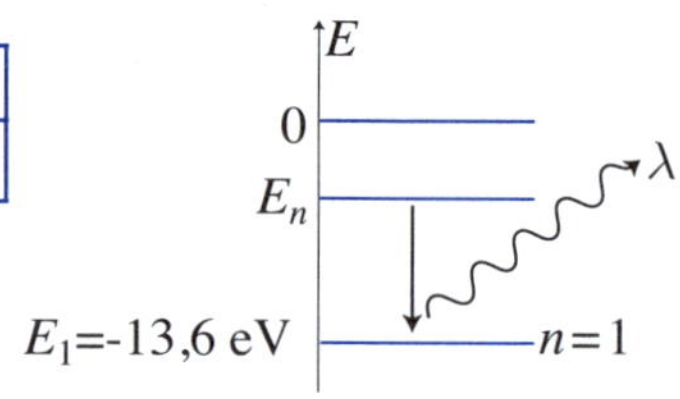

Ces raies correspondent à des rayonnements ultra-violets ($\lambda < 400$ nm).

- des raies de la série de Balmer, qui correspondent au retour de l'électron vers son premier état excité ($n = 2$) :

$$\frac{hc}{\lambda} = \Delta E = E_n - E_2 = 13{,}6 \times \left(\frac{1}{4} - \frac{1}{n^2}\right)$$

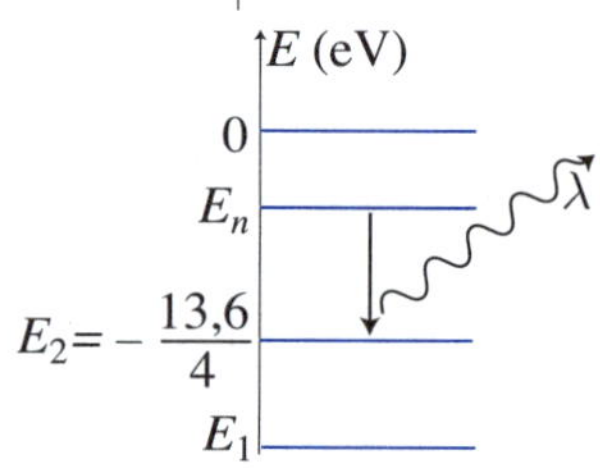

n	3	4	5	6	7	$\cdots$	∞
λ (nm)	657	487	435	411	397	$\cdots$	365
nom	H_α	H_β	H_γ	H_δ			
domaine	jaune	bleu	indigo	violet	UV	$\cdots$	UV

Ce sont les raies de la série de Balmer qui portent les rayonnements visibles du spectre d'émission de l'hydrogène ; on les a d'ailleurs nommées raies H_α, H_β, H_γ et H_δ.

- D'autres raies existent, qui correspondent au retour de l'électron vers les autres états excités.

D'une manière générale, la transition d'un niveau d'énergie E_n vers un état d'énergie $E_p < E_n$ se traduit par l'émission d'un photon de longueur d'onde λ et donc d'énergie :

$$\varepsilon = \frac{hc}{\lambda} = E_n - E_p$$

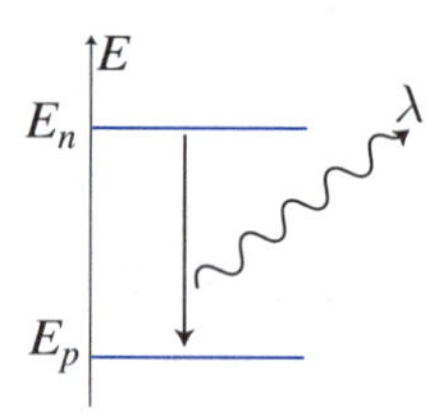

c'est-à-dire :

$$\frac{hc}{\lambda} = E_0 \left(\frac{1}{p^2} - \frac{1}{n^2}\right) \text{ où } E_0 = 13{,}6 \text{ eV et } n > p \qquad (8)$$

Chaque type d'atome présente un spectre d'émission qui lui est spécifique ; c'est en quelque sorte la signature de l'élément :

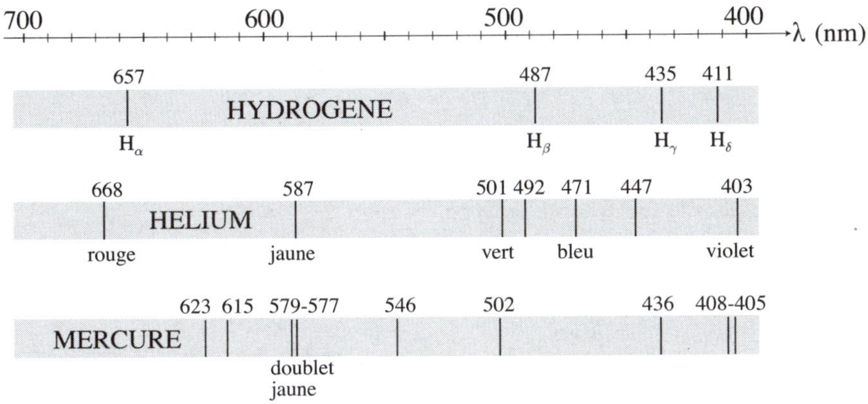

Définition 9

Le *spectre d'absorption* décrit les longueurs d'onde qu'un matériau peut absorber ; ces longueurs d'onde apparaissent généralement sous forme de raies noires sur un fond continu.

Les raies du spectre d'absorption sont généralement disposées comme celles du spectre d'émission car elles vérifient également la loi (8).

Remarque : Pour obtenir le spectre d'émission d'un matériau, on analyse la lumière directement produite par celui-ci lors de son excitation (par apport d'énergie électrique, thermique, ...).
En revanche, pour obtenir le spectre d'absorption d'un matériau, on l'éclaire avec de la lumière blanche (qui contient toutes les longueurs d'onde du spectre visible) et on analyse la lumière transmise par ce matériau.

4 Spectre solaire

Bien que composé majoritairement d'hydrogène, le Soleil contient également de nombreux autres éléments, tandis que la lumière qu'il émet peut avoir des origines autres que la désexcitation des atomes. C'est pourquoi :

- la lumière émise par le Soleil présente un spectre continu ;
- essentiellement d'origine thermique, le rayonnement solaire vérifie la loi de Wien, avec un *maximum* d'intensité pour $\lambda = 483$ nm.

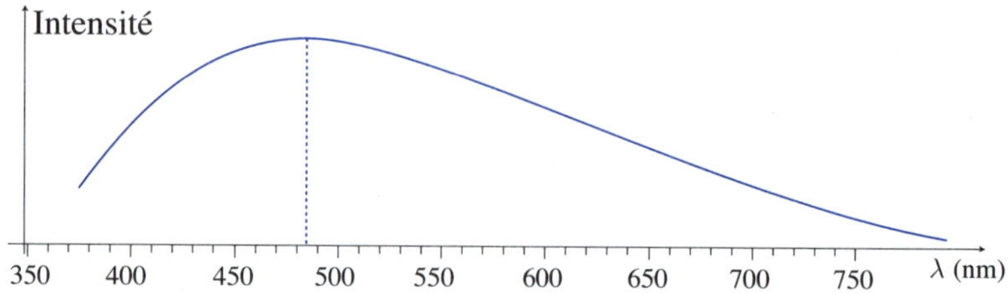

- les couches supérieures du Soleil contiennent des éléments susceptibles d'absorber certaines radiations émises. Cette absorption se manifeste par des bandes sombres dans le spectre solaire, appelées *raies de Fraunhofer* :

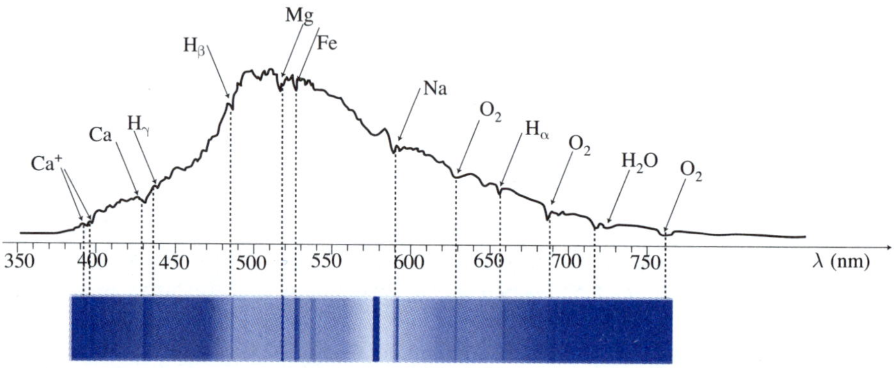

Ces raies sont spécifiques à chaque élément traversé par la lumière solaire. Elles sont également responsables de la couleur du Soleil.

Solution de l'exercice type

1 La loi de Wien révèle un décalage vers l'ultraviolet des radiation émises, d'autant plus prononcé que le corps émetteur est chaud (ce qui est le cas des étoiles d'Orion).

2 L'état $n = 1$ est appelé *état fondamental.*

3 Les autres états sont les *états excités.*

4 Pour faire passer un électron d'un niveau inférieur à son niveau supérieur, il suffit de lui fournir de l'énergie (par exemple sous forme de photon). L'absorption de cette énergie ne se réalisera qu'à condition qu'elle corresponde à la différence d'énergie des deux niveaux (inférieur et supérieur).

...

Solution de l'exercice type (suite)

5 Un photon de longueur d'onde λ (en mètres) présente une énergie $\varepsilon = \frac{hc}{\lambda}$ (en joules), où $h = 6{,}62.10^{-34}$ J · s est la constante de Planck et $c = 3.10^{8}$ m · s^{-1} est la célérité de la lumière dans le vide.
En général, on exprime plutôt cette énergie en électrons-volts, avec la conversion :

$$1 \text{ eV} = 1{,}6.10^{-19} \text{ J} \Rightarrow 1 \text{ J} = \frac{1}{1{,}6.10^{-19}} \simeq 6{,}25.10^{18} \text{ eV}$$

D'après cette formule, un photon de longueur d'onde $\lambda = 110$ nm $= 110.10^{-9}$ m possède une énergie :

$$\begin{aligned} \varepsilon = \frac{hc}{\lambda} &= \frac{6{,}62.10^{-34} \times 3.10^{8}}{110.10^{-9}} \simeq 1{,}81.10^{-18} \text{ J} \\ &= \frac{1{,}81.10^{-18}}{1{,}6.10^{-19}} \simeq 11{,}3 \text{ eV} \end{aligned}$$

Si l'électron, depuis son état fondamental, absorbait cette énergie, il acquerrait l'énergie :

$$E_{\text{finale}} = E_1 + \varepsilon = -13{,}6 + 11{,}3 = -2{,}3 \text{ eV}$$

qui ne correspond à aucune énergie du diagramme. Donc, cette radiation ne peut pas exciter l'électron.

6 Lorsque l'électron de l'atome d'hydrogène passe du niveau 3 au niveau 2, il perd une énergie :

$$\begin{aligned} \Delta E &= E_3 - E_2 = -1{,}5 + 3{,}4 = 1{,}9 \text{ eV} \\ &= 1{,}9 \times 1{,}6.10^{-19} = 3{,}0.10^{-19} \text{ J} \end{aligned}$$

Il peut alors émettre un photon d'énergie $\varepsilon = \Delta E$ qui correspond à une radiation de longueur d'onde λ telle que :

$$\begin{aligned} \Delta E = \frac{hc}{\lambda} &\Rightarrow \lambda = \frac{hc}{\Delta E} = \frac{6{,}62.10^{-34} \times 3.10^{8}}{3.10^{-19}} \\ &\Rightarrow \lambda \simeq 6{,}6.10^{-7} \text{ m} = 660 \text{ nm} \end{aligned}$$

Cette radiation est visible (de couleur rouge).

QCM 1 Connaissances du cours

10 min. Corrigé p. 57

Parmi les propositions suivantes, choisir celles qui vous semblent correctes.

1 L'énergie d'un atome :

[a] est quantifiée ;

[b] peut prendre n'importe quelle valeur ;

[c] est positive.

2 Depuis son état fondamental :

[a] un atome peut émettre un photon ;

[b] un atome peut absorber un photon.

3 Dans l'atome d'hydrogène, le niveau d'énergie $E = 0$:

[a] désigne l'état fondamental ;

[b] est l'énergie maximale d'un électron ;

[c] est l'énergie minimale d'un électron.

4 Un atome d'hydrogène, dans son état fondamental :

[a] peut absorber un photon d'énergie non quantifiée ;

[b] peut absorber n'importe quel photon d'énergie inférieure à son énergie d'ionisation ;

[c] peut émettre certains photons seulement.

5 Lors de la désexcitation d'un atome :

[a] les photons émis ont des énergies quantifiées ;

[b] un photon peut être émis avec n'importe quelle énergie.

6 De la lumière blanche traverse une solution verte de chlorophylle. Après cette solution, son spectre :

[a] contient des raies sombres dans les domaines rouge et bleu ;

[b] contient une raie sombre dans le domaine vert.

7 Le spectre du Soleil :

[a] contient certaines raies lumineuses ;

[b] est continu ;

[c] contient certaines raies sombres.

QCM 2 La lumière

20 min. Corrigé p. 57

1 Un faisceau de photons, correspondant à une radiation de fréquence $\nu = 10^{14}$ Hz, peut véhiculer l'énergie (en joule) :

[a] $\mathcal{E} = 3{,}31.10^{-20}$ [b] $\mathcal{E} = 1{,}324.10^{-15}$ [c] $\mathcal{E} = 1{,}332.10^{-15}$

2 Un rayonnement électromagnétique, de longueur d'onde λ, est :

a visible si $\lambda > 800$ nm ;

b infra-rouge si $\lambda < 400$ nm ;

c ultra-violet si $\lambda < 400$ nm ;

d infra-rouge si $\lambda < 700$ nm.

3 La raie α de l'hydrogène est caractérisée par la longueur d'onde $\lambda = 6\,563$ Å, c'est-à-dire :

a $\lambda = 65{,}63$ nm **b** $\lambda = 656{,}3$ nm $\lambda = 6{,}563$ nm

4 La raie γ de l'hydrogène correspond à la longueur d'onde $\lambda = 4\,102$ Å, c'est-à-dire :

a $\lambda = 0{,}41\ \mu$m **b** $\lambda = 4{,}10\ \mu$m **c** $\lambda = 41{,}02\ \mu$m

5 Une source de lumière jaune peut être :

a monochromatique, de longueur d'onde $\lambda = 501$ nm ;

b polychromatique, de longueurs d'onde $\lambda_1 = 350$ nm et $\lambda_2 = 650$ nm ;

c polychromatique, de longueurs d'onde $\lambda_1 = 420$ nm et $\lambda_2 = 760$ nm ;

d polychromatique, de longueurs d'onde $\lambda_1 = 520$ nm et $\lambda_2 = 680$ nm.

6 La loi de Wien relie la température T d'un corps à la longueur d'onde λ_m de son rayonnement le plus intense :

$$\lambda_m \times T \simeq 3.10^{-3}\ \text{m} \cdot \text{K}$$

À un corps de température 1 000°C correspond une longueur d'onde :

a $\lambda_m = 2{,}36\ \mu$m **b** $\lambda_m = 3{,}00\ \mu$m **c** $\lambda_m = 4{,}13\ \mu$m

7 La longueur d'onde λ d'un rayonnement électromagnétique est liée à sa fréquence ν par la loi :

a $c = \lambda\nu$ **b** $\lambda = c\nu$ **c** $\nu = c\lambda$

8 Un rayonnement de longueur d'onde λ (et de fréquence ν) est associé à un photon dont l'énergie ε vérifie :

a $\varepsilon = \dfrac{hc}{\nu}$ **b** $\varepsilon = \dfrac{c\nu}{h}$ **c** $\varepsilon = \dfrac{hc}{\lambda}$ **d** $\varepsilon = \dfrac{\lambda c}{h}$

9 L'énergie du niveau fondamental de l'atome d'hydrogène et celle de son premier état excité sont différentes de $\Delta E = 1{,}632.10^{-18}$ J. Un photon d'énergie $\varepsilon = 10{,}5$ eV rencontre cet atome.

a Le photon n'est pas absorbé.

b Le photon est absorbé et réémis avec la même énergie.

c Le photon est absorbé et réémis avec une énergie différente.

d Le photon est absorbé et une énergie de 0,3 eV est réémise.

Données numériques :

- constante de Planck : $h = 6{,}62.10^{-34}$ J · s ;
- célérité de la lumière dans le vide : $c = 3.10^{8}$ m · s^{-1} ;
- conversions : 1 Å $= 10^{-10}$ m et 1 eV $= 1{,}6.10^{-19}$ J.

3 Étude documentaire

★ 30 min. Corrigé p. 59

Lycée Pablo Picasso, Fontenay-Sous-Bois

Voici un extrait du livre d'André Brahic *Lumières d'étoiles* :

> *La lumière blanche mélange toutes les couleurs de l'arc-en-ciel. Comme on passe continûment d'une couleur à une autre en changeant graduellement de nuance, on dit que la lumière blanche possède un spectre continu. C'est le cas de la lumière émise par un corps chaud qui contient toutes les couleurs à des doses différentes. Plus la température est forte, plus la couleur dominante se déplace du micro-onde vers les X.*
>
> *Mais les astronomes ont remarqué dès le XVIIIème siècle la présence de fines bandes noires dans la lumière solaire. Il manque des couleurs très précises et spécifiques, comme si elles ne nous étaient pas parvenues. Après quelques tâtonnements, ils ont compris que ces raies sombres trahissaient la présence d'éléments chimiques sur le trajet des rayons lumineux. Joseph von Fraunhofer fut le premier, en 1814, à observer ces disparitions de lumière et à les attribuer à un phénomène d'absorption par un gaz situé entre la source d'émission et l'observateur[…]*
>
> *Pour résoudre ce problème, il faut faire appel à la nature ondulatoire de l'électron et ranger l'onde de chaque électron autour du noyau comme des livres sur une étagère d'une bibliothèque. Chaque étage correspond à une énergie spécifique pour laquelle l'électron est stable. Un livre ne peut pas être entre deux étagères, sinon il tombe, de même les électrons peuvent avoir certaines énergies bien définies, mais ils ne peuvent pas se trouver dans un état intermédiaire. Pour passer d'un niveau à un autre plus élevé, un électron absorbe un photon lumineux qui lui apporte l'énergie supplémentaire dont il a besoin pour « grimper » sur une autre étagère. Inversement, quand il redescend, il rend cette énergie sous forme d'un photon. Dans cette bibliothèque particulièrement riche, chaque atome est unique et caractéristique. On peut donc à distance reconnaître la présence d'un atome aux couleurs des photons qu'il émet ou absorbe lorsque ses électrons changent d'étagères.*

Données :

- Célérité de la lumière dans le vide : $c = 3{,}00.10^{8}\ \text{m} \cdot \text{s}^{-1}$
- Constante de Planck : $h = 6{,}62.10^{-34}\ \text{J} \cdot \text{s}$
- $1\ \text{eV} = 1{,}6.10^{-19}\ \text{J}$

1 D'après le texte : *Plus la température est forte, plus la couleur dominante se déplace du micro-onde vers les X.*

(a) Donner les valeurs limites des longueurs d'onde dans le vide du spectre visible, en précisant les couleurs concernées.

(b) Quelle est la relation entre la longueur d'onde dans le vide d'une radiation monochromatique et sa fréquence ? On précisera les unités.

(c) On donne les fréquences des micro-ondes et des rayons X :

$$\nu_{\text{micro-ondes}} = 3{,}0.10^{14}\ \text{Hz} \qquad \nu_X = 3{,}0.10^{18}\ \text{Hz}$$

Calculer alors la valeur des longueurs d'onde correspondantes dans le vide.

(d) Indiquer, en justifiant, laquelle de ces deux radiations est la plus énergétique.

2 D'après le texte : *Joseph von Fraunhofer fut le premier, en 1814, à observer ces disparitions de lumière.*

Voici un extrait du spectre qu'il a observé, où l'on peut observer des raies noires sur un fond coloré continu, nommées A, B, C, D, E, F_1, F_2, G, H et I.

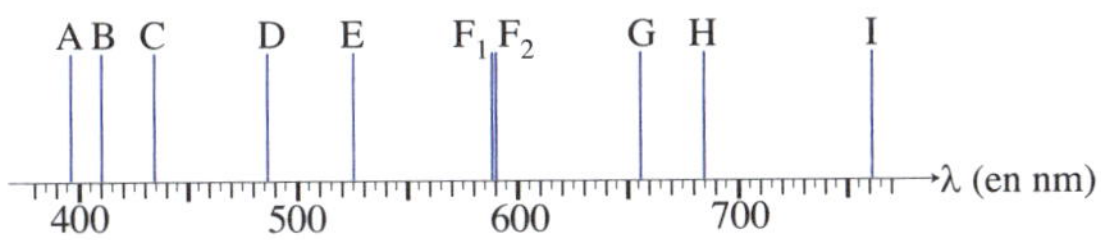

(a) Les raies observées ci-dessus sont-elles des raies d'émission ou d'absorption ?

(b) On donne des longueurs d'onde d'émission de quelques éléments :

Élément chimique	Longueurs d'onde λ en nm de certaines raies					
Hydrogène H	410,1	434,0	486,1	656,3		
Hélium He	447,2	471,3	492,2	501,6	587,6	667,8
Sodium Na	589,0	589,6				

Quels sont les éléments que l'on peut retrouver dans les couches superficielles du Soleil ? Justifier la réponse.

3 On donne ci-dessous le diagramme de l'énergie de l'hydrogène. On rappelle que l'état fondamental d'un atome correspond à l'état dans lequel il possède le moins d'énergie.

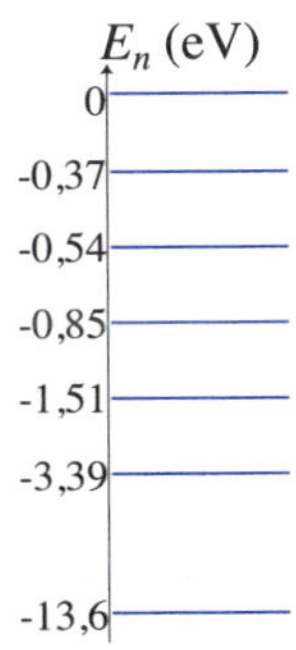

(a) Quel est le niveau d'énergie de l'état fondamental de l'atome d'hydrogène ?

(b) Calculer la variation d'énergie lorsque l'atome d'hydrogène passe de $E_6 = -0{,}37$ eV à $E_2 = -3{,}39$ eV.

(c) Convertir en joules la variation d'énergie calculée dans la question précédente.

(d) Sur le diagramme ci-dessus, représenter cette transition par une flèche.

(e) Calculer la fréquence du photon correspondant à cette variation d'énergie.

(f) Ce photon est-il émis ou absorbé par l'atome d'hydrogène ?

4 Couleur des corps chauffés

★ 5 min. Corrigé p. 60

Lycée Alexandre Dumas, Saint-Cloud

L'étude de l'intensité de la lumière émise par deux corps chauds en fonction de la longueur d'onde a permis d'obtenir les courbes suivantes :

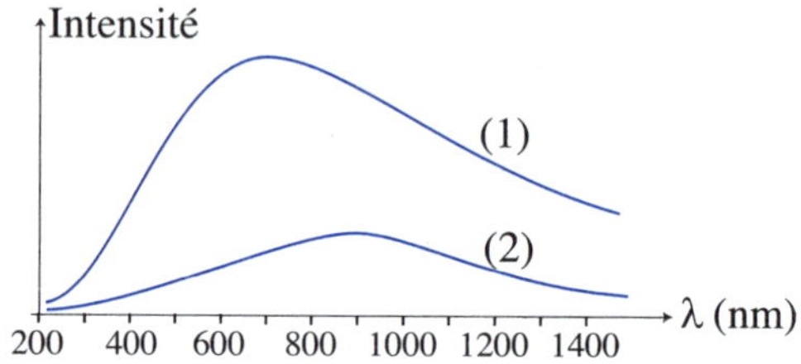

1 De ces deux corps, (1) et (2), quel est celui qui a la température la plus élevée ? Répondre sans faire le calcul des températures mais en justifiant à partir des graphiques.

2 Calculer la température, en degrés Celsius, du corps choisi précédemment.

3 Pour chacun des deux corps, le maximum d'émission correspond-il à de la lumière visible ?

Données :

- Loi de Wien : $\lambda_{max} = \dfrac{a}{T}$ avec $a = 2{,}9.10^{-3}$ m · K
- $T_{\text{en K}} = \theta_{\text{en °C}} + 273$

5 Couleur des corps chauffés

★ 5 min. Corrigé p. 61

Lycée Charlemagne, Paris

La courbe d'émission d'une lampe « halogène » a l'allure suivante :

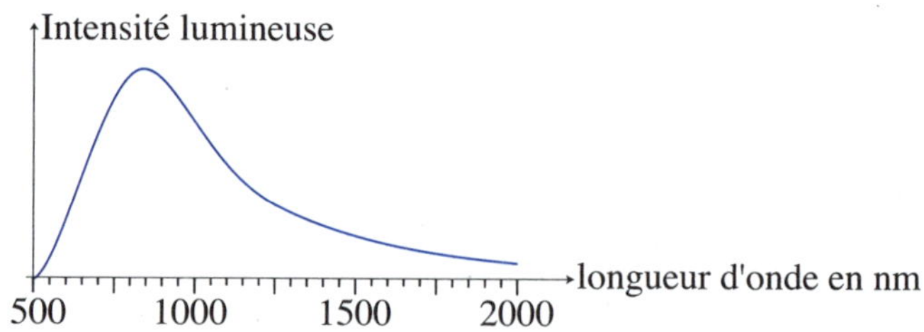

1 Le maximum d'émission de cette lampe se situe-t-il dans le domaine du visible, de l'ultraviolet ou de l'infrarouge ?

2 Calculer la fréquence approximative des radiations lumineuses correspondant à ce maximum.

3 En changeant légèrement la tension d'alimentation de la lampe, on s'aperçoit que ce maximum se déplace vers une longueur d'onde plus grande. Que peut-on en conclure sur la température du filament ?

4 Selon la loi de Wien : un corps dense, chauffé, émet avec un maximum d'intensité pour une longueur d'onde telle que $\lambda_{max} = \frac{2{,}90.10^{-3}}{T}$ avec λ en mètres et la température absolue T en kelvin K ($T = \theta_{en\ °C} + 273$). Quelle sera la température en degrés Celsius prévue par cette loi pour un maximum d'émission à la longueur d'onde $\lambda_{max} = 610$ nm ?

Donnée : célérité de la lumière dans le vide : $c = 3.10^8\ m \cdot s^{-1}$.

6 Couleur des corps chauffés

★★ 20 min. Corrigé p. 62

Lycée Berlioz, Vincennes

Arcturus est une étoile située dans la constellation du Bouvier. Son profil spectral est donné ci-dessous.

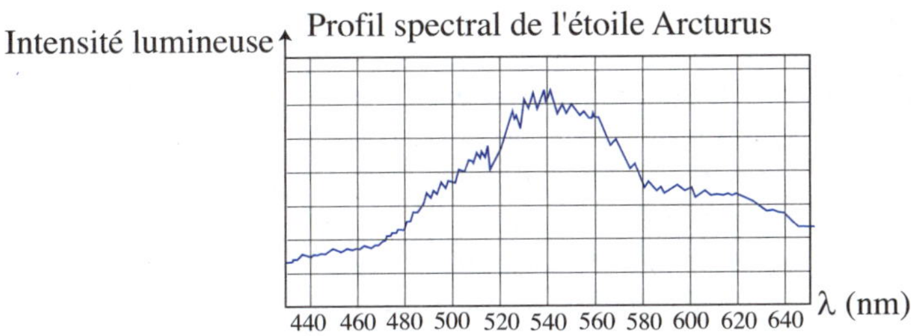

1 Évaluer la longueur d'onde de la radiation correspondante, pour laquelle l'intensité lumineuse est maximale.

2 En déduire la température de cette étoile.

3 Préciser si Arcturus est plus chaude ou plus froide que le Soleil. Justifier.

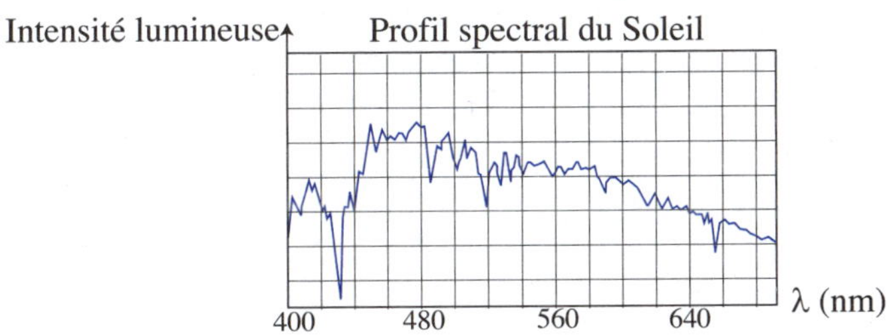

4 Quel est le phénomène à l'origine des raies noires du spectre solaire ?

5 Comment repère-t-on ce phénomène sur son profil spectral ?

6 Quelles informations sur le Soleil peut-on en déduire ?

7 Quels éléments chimiques parvient-on à identifier ? Justifier très clairement.

Données :

- Loi de Wien : $\lambda_{max} \times T = 2{,}9.10^3\ \mu m \cdot K$
- Longueurs d'onde dans le vide (en nm) de quelques radiations émises par des atomes :

H	434,0 (H_γ)	486,1 (H_β)	656,3 (H_α)
Na	589,0	589,6	
Mg	470,3	516,7	
Hg	435,6	446,1	

7 Niveaux d'énergie

★ 10 min. Corrigé p. 63

Lycée Saint-Exupéry, Mantes-la-Jolie

Sur le diagramme représenté par la figure ci-dessous, figurent quelques niveaux d'énergie de l'atome d'hydrogène.

1 À quoi correspond le niveau d'énergie $E = 0$ eV ?

2 **(a)** Représenter, par des flèches sur ce diagramme, les transitions électroniques de la série de Balmer, qui se produisent lors du retour de l'électron excité au niveau $n = 2$. Indiquer l'énergie correspondant à chacune de ces transitions.

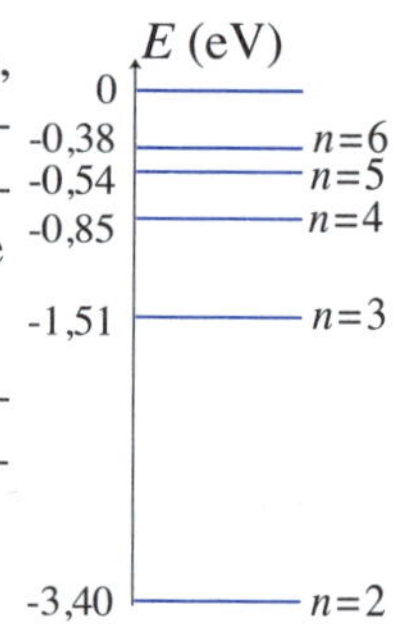

(b) Quelle est la plus petite longueur d'onde correspondant à une radiation émise lorsqu'un électron excité revient sur le niveau $n = 2$?

Cette radiation est-elle visible ?

Données :

- constante de Planck : $h = 6{,}62.10^{-34}$ J · s ;
- célérité de la lumière dans le vide : $c = 3.10^8$ m · s^{-1} ;
- conversion : 1 eV $= 1{,}6.10^{-19}$ J.

8 Niveaux d'énergie

★■■ 15 min. Corrigé p. 64

Lycée Berlioz, Vincennes

À la surface de nombreuses étoiles, on trouve entre autres du sodium. On considère une raie de longueur d'onde $\lambda = 589$ nm émise par cet atome.

1 Calculer, en eV, l'énergie transportée par ce photon.

2 Indiquer, sur le diagramme ci-contre, la transition correspondante.

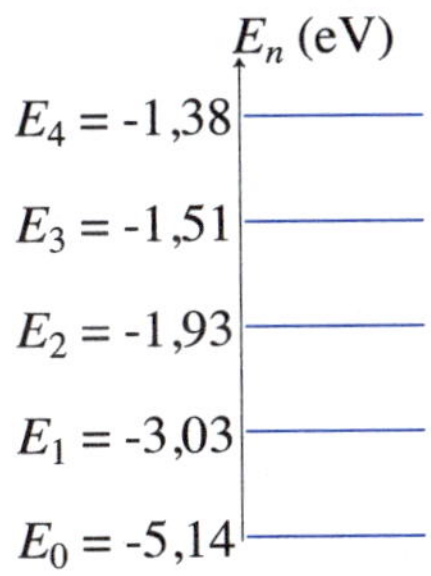

3 L'atome de sodium est maintenant dans l'état d'énergie E_1. Il reçoit une radiation lumineuse dont le *quantum* d'énergie a pour valeur 1,30 eV. Cette radiation peut-elle être absorbée par l'atome de sodium dans cet état ? Justifier.

Données numériques :

- Constante de Planck : $h = 6{,}62.10^{-34}$ J · s
- Célérité de la lumière dans le vide : $c = 3.10^{8}$ m · s^{-1}
- Conversion : 1 eV $= 1{,}60.10^{-19}$ J

9 Niveaux d'énergie

★★■ 20 min. Corrigé p. 65

Lycée Saint-Exupéry, Mantes-la-Jolie

Les niveaux d'énergie, quantifiés, de l'atome d'hydrogène sont donnés par la relation :

$$E_n = -\frac{13{,}6}{n^2}$$

avec E_n en eV et n un nombre entier supérieur ou égal à 1.

1 Quelle est l'énergie d'ionisation d'un atome d'hydrogène ?

2 Quelle est l'énergie minimale d'un électron capable de provoquer, par choc, l'excitation d'un atome d'hydrogène de son niveau fondamental ($n = 1$) à son premier état excité ($n = 2$) ?

3 L'atome d'hydrogène précédemment cité revient à l'état fondamental ($n = 1$), avec émission d'une onde électromagnétique. Quelle est sa longueur d'onde ?

4 Établir la relation littérale donnant la fréquence des ondes lumineuses émises lorsque les atomes d'hydrogène, préalablement excités, passent d'un état d'énergie caractérisé par n à l'état d'énergie caractérisé par $n = 2$.

Données :

- constante de Planck : $h = 6{,}62.10^{-34}$ J · s ;
- charge élémentaire : $e = 1{,}6.10^{-19}$ C ;
- célérité de la lumière dans le vide : $c = 3.10^{8}$ m · s^{-1}.

10 Niveaux d'énergie

★★ 15 min. Corrigé p. 66

Lycée Guynemer, Compiègne

Voici quelques niveaux d'énergie de l'atome de mercure :

$E_2 = 4{,}90$ eV $\quad E_3 = 5{,}45$ eV $\quad E_4 = 6{,}71$ eV $\quad E_5 = 7{,}72$ eV

1 Calculer la longueur d'onde de la raie du spectre du mercure, correspondant à la transition du niveau 2 au niveau fondamental d'énergie $E_1 = 0$ eV.

2 Le spectre visible du mercure contient une raie verte de longueur d'onde dans le vide $\lambda = 546$ nm. Identifier la transition responsable de cette raie.

Données numériques :

- Constante de Planck : $h = 6{,}62.10^{-34}$ J · s
- Célérité de la lumière dans le vide : $c = 3.10^{8}$ m · s^{-1}
- Conversion : eV $= 1{,}6.10^{-19}$ J

11 Niveaux d'énergie

★★ 20 min. Corrigé p. 67

Lycée Charlemagne, Paris

Le spectre d'émission du mercure contient trois raies intenses : jaune, vert et bleu-indigo, de longueurs d'onde respectives $\lambda_j = 579{,}2$ nm, $\lambda_v = 546{,}2$ nm et $\lambda_b = 436{,}0$ nm.

1 Calculer l'énergie, en eV, des photons de longueurs d'onde λ_j, λ_v et λ_b.

2 Le diagramme simplifié des niveaux d'énergie de l'atome de mercure est donné ci-contre.

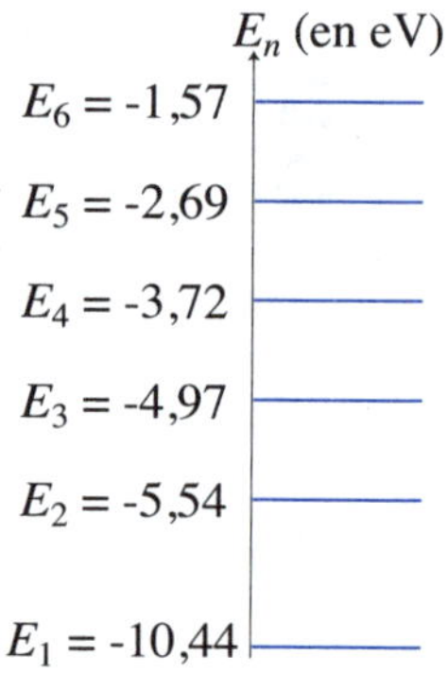

(a) Quelle raie d'émission du mercure correspond à la désexcitation des atomes de mercure des niveaux d'énergie E_6 à E_4 ?

(b) À quelles désexcitations correspondent les deux autres raies ?

(c) Reproduire le diagramme et représenter par des flèches les trois désexcitations évoquées dans l'exercice.

Données :

- Célérité de la lumière dans le vide : $c = 3.10^{8}$ m · s^{-1}
- Constante de Planck : $h = 6{,}63.10^{-34}$ J · s
- 1 eV $= 1{,}60.10^{-19}$ J

QCM 1 Connaissances du cours

Enoncé p. 48

1 Dans un atome, l'énergie d'un électron est quantifiée (réponse **a**).

2 L'état fondamental d'un atome est son état de plus faible énergie, à partir duquel il ne peut en céder davantage même sous forme de photon). En revanche, un photon peut être absorbé (réponse **b**).

3 Dans l'atome d'hydrogène, l'énergie d'un électron est quantifiée par : $E = -\dfrac{13{,}6}{n^2}$ (eV). Cette énergie peut donc varier de 0 eV (lorsque n tend vers l'infini) à $-13{,}6$ eV (lorsque $n = 1$). Ainsi, la valeur $E = 0$ eV est l'énergie maximale d'un électron (réponse **b**).

4 Depuis son état fondamental ($E = -13{,}6$ eV), l'atome d'hydrogène ne peut émettre de photon car son énergie est minimale. En revanche, il peut absorber un photon d'énergie inférieure à l'énergie d'ionisation :

$$E_{\text{ion}} = 13{,}6 \text{ eV}$$

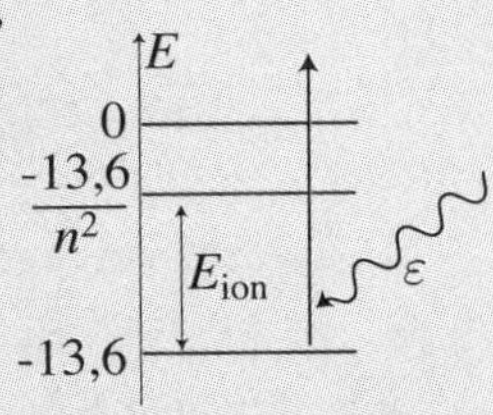

à condition que l'énergie de ce photon coïncide exactement avec celle d'un niveau d'énergie $E = -\dfrac{13{,}6}{n^2}$ eV. Si le photon présente une énergie supérieure à l'énergie d'ionisation, il peut être absorbé quelle que soit sa valeur, car l'électron échappe à l'attraction du noyau d'hydrogène (réponse **a**).

5 La désexcitation d'un atome consiste en une transition électronique d'un niveau d'énergie vers un niveau d'énergie inférieure ; puisque ces énergies sont quantifiées, l'énergie du photon émis l'est aussi (réponse **a**).

6 La chlorophylle transmet la lumière verte. Cette transmission traduit :

- soit l'existence d'une raie lumineuse verte dans le spectre d'émission de la chlorophylle ;
- soit l'existence, dans le spectre, de raies sombres dans les parties rouge et bleue (réponse **a**) qui sont les couleurs complémentaires du vert.

7 Le Soleil présente un spectre visible continu, duquel sont absentes les raies d'absorption des éléments contenus dans ses couches externes (réponse **c**).

QCM 2 La lumière

Enoncé p. 48

1 À une radiation de fréquence $\nu = 10^{14}$ Hz est associé un photon d'énergie :

$$\varepsilon = h\nu = 6{,}62.10^{-34} \times 10^{14} = 6{,}62.10^{-20} \text{ J}$$

COURS
EXERCICES
CORRIGÉS

Ainsi, un faisceau d'énergie totale $\mathcal{E}$ contient un nombre N de photons, tel que :

$$\mathcal{E} = N\varepsilon \Rightarrow N = \frac{\mathcal{E}}{\varepsilon}$$

ce qui donne, pour différentes valeurs de $\mathcal{E}$:

$\mathcal{E}$	$3{,}31.10^{-20}$ J	$1{,}324.10^{-15}$ J	$1{,}332.10^{-15}$ J
N	0,5	20 000,0	20 120,8

Or, N ne pouvant qu'être entier, le faisceau d'électrons doit posséder l'énergie $\mathcal{E} = 1{,}324.10^{-15}$ J (réponse **b**).

2 La lumière visible n'occupe qu'une fraction du spectre électromagnétique :

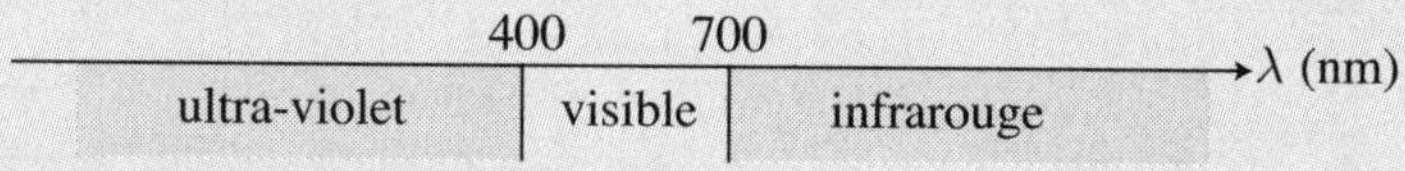

Ainsi, un rayonnement de longueur d'onde $\lambda < 400$ nm est ultra-violet (réponse **c**).

3 Puisque 1 Å $= 10^{-10}$ m, la raie H_α a pour longueur d'onde :

$$\lambda = 6\,563.10^{-10} \text{ m} = 656{,}3.10^{-9} \text{ m}$$
$$\Rightarrow \lambda = 656{,}3 \text{ nm (réponse b) car } 1 \text{ nm} = 10^{-9} \text{ m}$$

4 De la même manière, la raie H_γ a pour longueur d'onde :

$$\lambda = 4\,102.10^{-10} \text{ m} = 0{,}4102.10^{-6} \text{ m}$$
$$\Rightarrow \lambda \simeq 0{,}41\ \mu\text{m (réponse a) car } 1\ \mu\text{m} = 10^{-6} \text{ m}$$

5 La longueur d'onde λ d'un rayonnement visible détermine sa couleur :

- Un rayonnement monochromatique de longueur d'onde $\lambda = 501$ nm produit une lumière bleu-verte ;
- un rayonnement polychromatique de longueurs d'onde $\lambda_1 = 350$ nm (invisible) et $\lambda_2 = 650$ nm (rouge) produit une lumière rouge.
- Un rayonnement polychromatique de longueurs d'onde $\lambda_1 = 420$ nm (violet) et $\lambda_2 = 760$ nm (invisible) produit une lumière violette.
- Un rayonnement polychromatique de longueurs d'onde $\lambda_1 = 520$ nm (vert) et $\lambda_2 = 680$ nm (rouge) produit, par synthèse additive, une lumière jaune (réponse **d**).

6 Une température de 1 000°C, c'est-à-dire :

$$T = 1\,000 + 273 = 1\,273 \text{ K}$$

correspond à une longueur d'onde λ_m telle que :

$$\lambda_m = \frac{3.10^{-3}}{T} = \frac{3.10^{-3}}{1\,273} = 2{,}36.10^{-6}\text{ m}$$
$$\Rightarrow \lambda_m = 2{,}36\ \mu\text{m (réponse [a])}$$

7 La longueur d'onde λ et la fréquence ν d'un rayonnement sont liées par la loi :

$$\lambda = \frac{c}{\nu} \Rightarrow c = \lambda\nu \text{ (réponse [a])}$$

8 L'énergie ε d'un photon associé à un rayonnement vaut :

$$\varepsilon = h\nu \text{ avec } \nu = \frac{c}{\lambda}$$
$$\Rightarrow \varepsilon = \frac{hc}{\lambda} \text{ (réponse [c])}$$

9 La différence d'énergie entre les deux états de l'hydrogène :

$$\Delta E = 1{,}632.10^{-18}\text{ J} = \frac{1{,}632.10^{-18}}{1{,}6.10^{-19}} = 10{,}2\text{ eV}$$

ne correspond pas à l'énergie $\varepsilon = 10{,}5$ eV véhiculée par le photon, lequel n'est donc pas absorbé, même partiellement (réponse [a]).

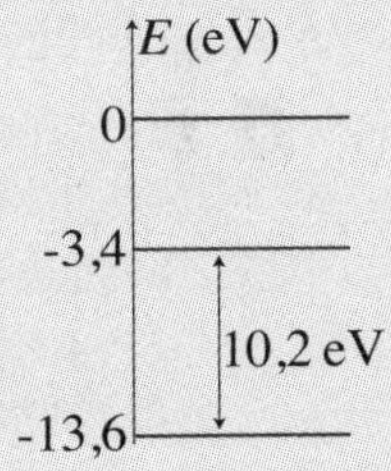

Remarque : Un photon d'énergie supérieure à 13,6 eV aurait pu être absorbé, entraînant l'ionisation de l'atome d'hydrogène ; le supplément d'énergie aurait été attribué à l'électron ainsi libéré.

3 Étude documentaire

Enoncé *p. 50*

Lycée Pablo Picasso, Fontenay-Sous-Bois

1 **(a)** Le spectre visible est composé de radiations dont les longueurs d'onde sont comprises entre 400 nm (violet) et 700 nm (rouge).

(b) La longueur d'onde λ (en mètres) d'une radiation de fréquence ν (en hertz) vaut :

$$\lambda = \frac{c}{\nu}$$

(c) Compte tenu de la réponse précédente, les micro-ondes et les rayons X ont pour longueurs d'onde respectives dans le vide :

$$\lambda_{\text{micro-ondes}} = \frac{c}{\nu_{\text{micro-ondes}}} = \frac{3.10^8}{3.10^{14}} = 10^{-6}\text{ m} = 1\,000\text{ nm}$$

et :

$$\lambda_X = \frac{c}{\nu_X} = \frac{3.10^8}{3.10^{18}} = 10^{-10}\text{ m} = 0{,}1\text{ nm}$$

(d) L'énergie ε d'un photon est proportionnelle à la fréquence de la radiation associée : $\varepsilon = h\nu$, en raison de quoi les rayons X sont plus énergétiques que les micro-ondes.

2 **(a)** Le Soleil émet, initialement, un spectre continu (sans raies noires). Ce sont ses couches superficielles qui, en absorbant certains rayonnements, provoquent leur disparition du spectre comme il nous parvient sur Terre.

(b) On repère facilement, dans le spectre fourni, les raies d'absorption :

- de l'hydrogène :

λ (nm)	410,1	434,0	486,1	656,3
raie	B	C	D	G

- du sodium : raies F_1 (589,0 nm) et F_2 (589,6 nm).

De cette analyse, on conclut que la surface du Soleil contient de l'hydrogène et du sodium, mais pas d'hélium.

3 **(a)** L'état fondamental est celui qui possède la plus petite énergie, en l'occurrence $-13{,}6$ eV pour l'atome d'hydrogène.

(b) Lorsque l'atome d'hydrogène passe du niveau d'énergie $E_6 = -0{,}37$ eV au niveau d'énergie $E_2 = -3{,}39$ eV, son énergie varie de la quantité :

$$\Delta E_{\text{atome}} = E_2 - E_6 = -3{,}39 + 0{,}37 = -3{,}02 \text{ eV}$$

(c) Puisque $1 \text{ eV} = 1{,}6.10^{-19}$ eV :

$$\Delta E_{\text{atome}} = -3{,}02 \times 1{,}6.10^{-19} = -4{,}83.10^{-19} \text{ J}$$

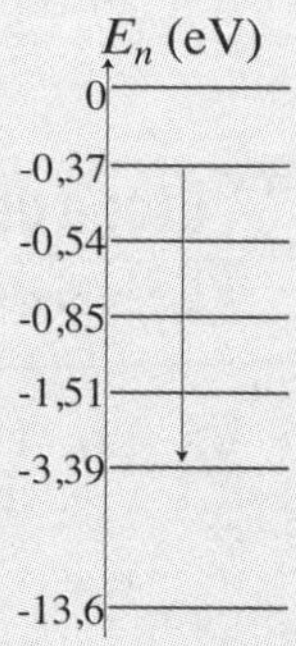

(d) La transition proposée se présente schématiquement de la manière ci-contre.

(e) À l'énergie $\varepsilon = 4{,}83.10^{-19}$ J est associé un photon dont la fréquence ν vérifie la loi :

$$\varepsilon = h\nu \Rightarrow \nu = \frac{\varepsilon}{h} = \frac{4{,}83.10^{-19}}{6{,}62.10^{-34}} = 7{,}30.10^{14} \text{ Hz}$$

(f) Puisque l'atome perd de l'énergie ($\Delta E < 0$), cette énergie s'échappe de l'atome ainsi devenu émetteur de photon.

4 Couleur des corps chauffés

Lycée Alexandre Dumas, Saint-Cloud

Enoncé *p. 52*

1 Les courbes (1) et (2) fournies par l'énoncé admettent chacune un maximum pour les longueurs d'onde respectives $\lambda_1 \simeq 700$ nm et $\lambda_2 \simeq 900$ nm, c'est-à-dire $\lambda_1 < \lambda_2$. Or, d'après la loi de Wien, le produit $\lambda_{\max} \times T$ est constant (T étant la température du corps émetteur, en kelvin), ce qui n'est possible que si $T_1 > T_2$; c'est le corps (1) qui est donc le plus chaud.

2 La température T_1 du corps le plus chaud, qui émet une intensité maximale pour une radiation de longueur d'onde $\lambda_1 \simeq 700.10^{-9}$ m, se déduit directement de la loi de Wien :

$$T_1 = \frac{a}{\lambda_1} = \frac{2{,}9.10^{-3}}{700.10^{-9}} \simeq 4\,143 \text{ K}$$

soit encore :

$$\theta_1 = T_1 - 273 = 3\,870°\text{C}$$

3 Pour être visible, un rayonnement électromagnétique doit posséder une longueur d'onde λ telle que : 400 nm $\leqslant \lambda \leqslant$ 700 nm. Si c'est bien le cas de λ_1 (700 nm), en revanche $\lambda_2 = 900$ nm sort de cet intervalle et ne correspond donc pas à un rayonnement visible.

5 Couleur des corps chauffés

Enoncé *p. 52*

Lycée Charlemagne, Paris

1 L'intensité lumineuse de la lampe présente un maximum pour la longueur d'onde $\lambda_{max} \simeq 850$ nm, qui se situe au delà du spectre visible :

$$\lambda_{rouge} = 700 \text{ nm} \geqslant \lambda_{visible} \geqslant \lambda_{violet} = 400 \text{ nm}$$

Cette radiation appartient au domaine de l'infrarouge.

2 La fréquence ν de cette radiation vérifie la loi :

$$\lambda_{max} = \frac{c}{\nu} \Rightarrow \nu = \frac{c}{\lambda_{max}} = \frac{3.10^8}{850.10^{-9}} \simeq 3{,}53.10^{14} \text{ Hz}$$

3 La loi de Wien stipule que le produit $\lambda_{max} \times T$ demeure constant. Donc, lorsque λ_{max} augmente cela signifie que la température T du filament diminue.

4 À la longueur d'onde $\lambda_{max} = 610$ nm, la loi de Wien prévoit d'associer une température d'émission :

$$T = \frac{2{,}9.10^{-3}}{\lambda_{max}} = \frac{2{,}9.10^{-3}}{610.10^{-9}} = 4\,754 \text{ K}$$

à laquelle correspond une température, en degrés Celsius :

$$\theta_{en\ °C} = T - 273 = 4\,481°\text{C}$$

COURS EXERCICES CORRIGÉS

6 Couleur des corps chauffés

Enoncé p. 53

Lycée Berlioz, Vincennes

1 Le profil spectral de l'étoile Arcturus présente un maximum d'intensité pour une longueur d'onde $\lambda_{max} \simeq 540$ nm $= 540.10^{-9}$ m.

Intensité lumineuse — Profil spectral de l'étoile Arcturus

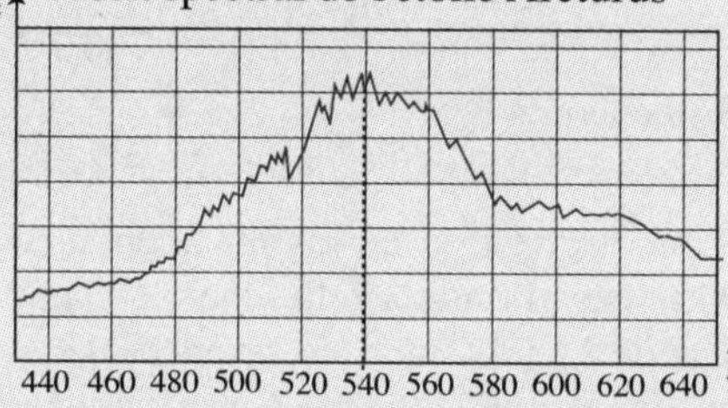

2 La loi de Wien relie cette longueur d'onde à la température T_A qui règne à la surface de l'étoile :

$$\lambda_{max} \times T_A = 2{,}9.10^3\ \mu\text{m} \cdot \text{K} = 2{,}9.10^{-3}\ \text{m} \cdot \text{K}$$

$$\Rightarrow \quad T_A = \frac{2{,}9.10^{-3}}{\lambda_{max}} = \frac{2{,}9.10^{-3}}{540.10^{-9}} \simeq 5\ 370\ \text{K}$$

3 De la même manière, le profil spectral du Soleil présente un maximum (*cf.* schéma ci-dessous) dont la longueur d'onde $\lambda'_{max} \simeq 480$ nm fournit une estimation de la température superficielle de l'étoile :

$$T_S = \frac{2{,}9.10^{-3}}{\lambda'_{max}} = \frac{2{,}9.10^{-3}}{480.10^{-9}} \simeq 6\ 042\ \text{K}$$

Arcturus apparaît ainsi plus froide que le Soleil.

Intensité lumineuse — Profil spectral du Soleil

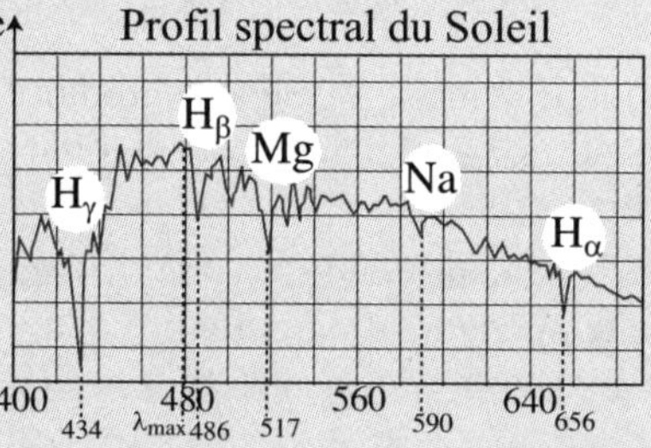

4 Le spectre solaire présente un dégradé de couleurs allant du violet au rouge, clairsemé de raies noires. Ces raies correspondent aux longueurs d'onde des rayonnements absorbés à la surface du Soleil.

5 Les raies d'absorption sont figurées sur le profil spectral par une chute significative de l'intensité lumineuse.

6 Étant donné que les raies d'absorption sont comme la signature de chaque élément, leur repérage indique la présence de ces éléments à la surface du Soleil.

7 Compte tenu des informations fournies par l'énoncé, le profil spectral du Soleil montre que sa surface doit comporter :

- de l'hydrogène, repéré par les raies H_α (656,3 nm), H_β (486,1 nm) et H_γ (434,0 nm)
- du sodium, identifié par son doublet (589,0 nm et 589,6 nm)
- du magnésium dont seule la raie à 516,7 nm est clairement repérable.

La précision du profil spectral ne permet pas d'identifier avec certitude d'autres raies spectrales (elles existent sans doute, mais sont noyées dans des variations parasites de la courbe).

7 Niveaux d'énergie

Enoncé p. 54

Lycée Saint-Exupéry, Mantes-la-Jolie

1 Le niveau d'énergie $E = 0$ eV correspond à l'énergie à partir de laquelle un électron n'est plus lié au noyau de l'atome d'hydrogène.

2 **(a)** À partir des niveaux d'énergie fournis par l'énoncé, il est possible d'envisager cinq transitions électroniques du niveau i au niveau 2 (notés 3/2, 4/2, 5/2, 6/2 et ∞/2 sur le diagramme ci-dessous).

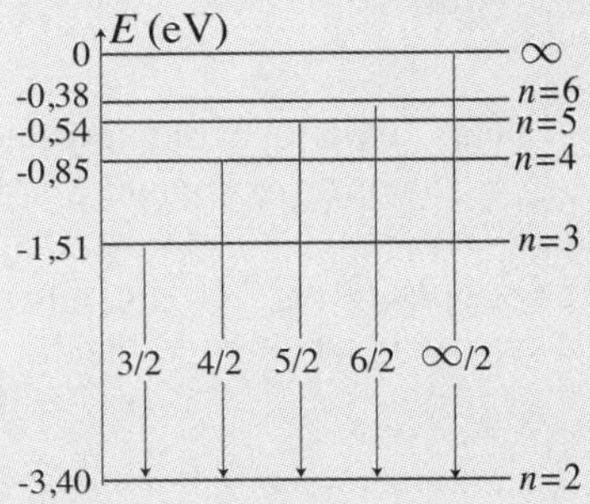

Soit E_i l'énergie du niveau i et soit $E_2 = -3{,}40$ eV celle du niveau $n = 2$. Chacune des transitions $i/2$ représentée sur le diagramme s'accompagne de la libération d'une énergie :

$$\Delta E_i = E_i - E_2$$

c'est-à-dire, compte tenu des valeurs numériques de ces énergies :

$\Delta E_{3/2} = 1{,}89$ eV	$\Delta E_{6/2} = 3{,}02$ eV
$\Delta E_{4/2} = 2{,}55$ eV	$\Delta E_{\infty/2} = 3{,}40$ eV
$\Delta E_{5/2} = 2{,}86$ eV	

(b) La libération d'une énergie $\Delta E_{i/2}$ se traduit par l'émission d'un photon de longueur d'onde $\lambda_{i/2}$ de même énergie $\varepsilon = \dfrac{hc}{\lambda_{i/2}}$:

$$\varepsilon = \Delta E_{i/2} \Rightarrow \frac{hc}{\lambda_{i/2}} = \Delta E_{i/2} \Rightarrow \lambda_{i/2} = \frac{hc}{\Delta E_{i/2}}$$

Remarque : Dans cette relation, $\Delta E_{i/2}$ doit être exprimée en joule. Or, sachant que $1\ \text{eV} = 1{,}6.10^{-19}$ J, il est possible d'utiliser les valeurs numériques de $\Delta E_{i/2}$, obtenues en eV dans la question précédente, à condition d'effectuer l'opération :

$$\lambda_{i/2} = \frac{6{,}62.10^{-34} \times 3.10^{8}}{1{,}6.10^{-19} \times \Delta E_{i/2}\ (\text{en eV})} \qquad (9)$$

On obtient ainsi :

$\lambda_{3/2} = 6{,}57.10^{-7}\ \text{m} = 657\ \text{nm}$

$\lambda_{4/2} = 4{,}87.10^{-7}\ \text{m} = 487\ \text{nm}$

$\lambda_{5/2} = 4{,}34.10^{-7}\ \text{m} = 434\ \text{nm}$

$\lambda_{6/2} = 4{,}11.10^{-7}\ \text{m} = 411\ \text{nm}$

$\lambda_{\infty/2} = 3{,}65.10^{-7}\ \text{m} = 365\ \text{nm}$

Ces valeurs numériques montrent que la plus petite longueur d'onde ($\lambda_{\infty/2} = 365$ nm) correspond à la transition électronique de plus grande énergie (ce constat est d'ailleurs confirmé par la relation (9)). Or, puisque $\lambda_{\infty/2} < 400$ nm, cette radiation n'est pas visible (elle appartient aux ultra-violets).

8 Niveaux d'énergie

Lycée Berlioz, Vincennes

Enoncé p. 55

1 Un rayonnement de longueur d'onde λ est associé à un photon d'énergie :

$$\varepsilon = \frac{hc}{\lambda} = \frac{6{,}62.10^{-34} \times 3.10^{8}}{589.10^{-9}} = 3{,}37.10^{-19}\ \text{J}$$

$$= \frac{3{,}37.10^{-19}}{1{,}6.10^{-19}} = 2{,}11\ \text{eV}$$

2 La différence d'énergie entre les niveaux d'énergie E_1 et E_0 vaut :

$E_1 - E_0 = -3{,}03 + 5{,}14 = 2{,}11$ eV

et, puisqu'elle s'identifie à ε, cela signifie que ce photon a été émis par l'atome alors qu'il passait du niveau d'énergie E_1 au niveau d'énergie E_0.

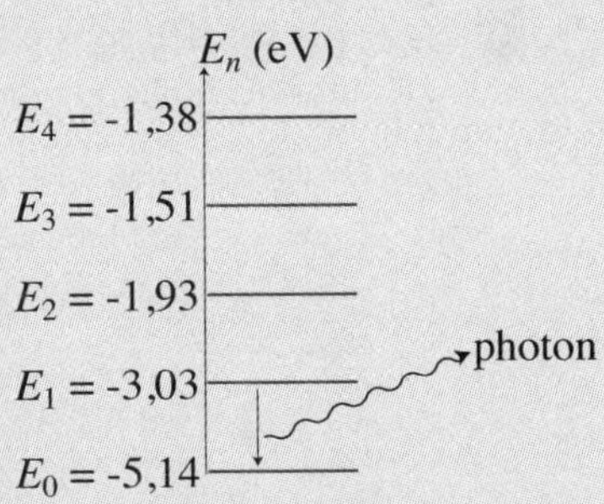

3 En recevant une énergie de 1,30 eV depuis son niveau d'énergie $E_1 = -3{,}03$ eV, l'atome devrait posséder l'énergie :

$$E' = E_1 + 1{,}30 = -3{,}03 + 1{,}30 = -1{,}73 \text{ eV}$$

Cependant, il n'en fera rien car E' ne correspond à aucune énergie du spectre ; ce photon ne sera pas absorbé par l'atome de sodium.

9 Niveaux d'énergie

Enoncé p. 55

Lycée Saint-Exupéry, Mantes-la-Jolie

1 L'énergie d'ionisation E_{ion} d'un atome d'hydrogène est l'énergie que doit recevoir un électron pour passer de son niveau d'énergie fondamental $E_1 = -13{,}6$ eV au niveau d'énergie $E_\infty = 0$ eV, c'est-à-dire :

$$E_{\text{ion}} = E_\infty - E_1 \Rightarrow E_{\text{ion}} = 13{,}6 \text{ eV}$$

2 Lorsqu'un électron passe du niveau $n = 1$ au niveau $n = 2$, son énergie s'accroît de la quantité :

$$\Delta E_{12} = E_2 - E_1 = -\frac{13{,}6}{4} + \frac{13{,}6}{1} = 10{,}2 \text{ eV}$$

Cette énergie peut avoir diverses origines, notamment le choc d'un autre électron, qui doit lui-même posséder l'énergie :

$$\mathcal{E}_{\text{min}} = 10{,}2 \text{ eV}$$

3 Lorsque l'électron se désexcite du niveau $n = 2$ au niveau $n = 1$, il perd l'énergie $\Delta E_{12} = 10{,}2$ eV, qui peut être évacuée sous forme d'onde électromagnétique, dont la longueur λ d'onde vérifie :

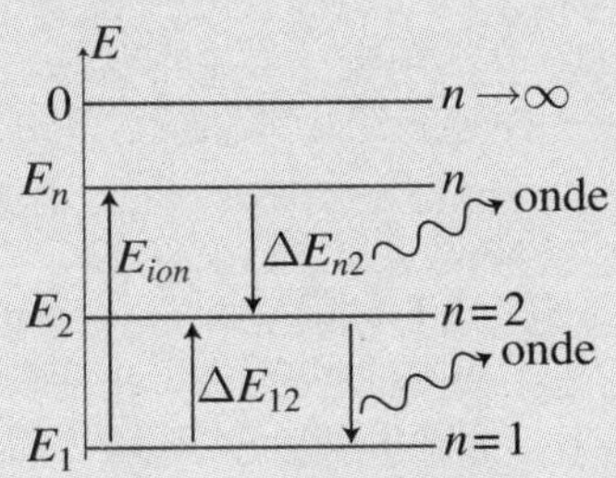

$$\Delta E_{12} = \frac{hc}{\lambda} \quad \Rightarrow \quad \lambda = \frac{hc}{\Delta E_{12}} = \frac{6{,}62.10^{-34} \times 3.10^{8}}{10{,}2 \times 1{,}6.10^{-19}}$$

$$\Rightarrow \quad \lambda = 122 \text{ nm}$$

4 Lorsque les électrons passent d'un niveau n au niveau $n = 2$, leur énergie diminue de la quantité :

$$\begin{aligned}\Delta E_{n2} &= E_n - E_2 = -\frac{13{,}6}{n^2} + \frac{13{,}6}{4} \\ &= 13{,}6 \times \left(\frac{1}{4} - \frac{1}{n^2}\right) \text{ (en eV)} \\ &= 13{,}6\,e \left(\frac{1}{4} - \frac{1}{n^2}\right) \text{ (en J)}\end{aligned}$$

Cette énergie peut alors être transformée en rayonnement, dont la fréquence ν vérifie :

$$h\nu = \Delta E_{n2} \Rightarrow \nu = \frac{\Delta E_{n2}}{h} = \frac{13{,}6\,e}{h} \times \left(\frac{1}{4} - \frac{1}{n^2}\right)$$

10 Niveaux d'énergie

Enoncé p. 56

Lycée Guynemer, Compiègne

1 Lorsque l'atome de mercure passe du niveau 2 au niveau fondamental, il perd l'énergie :

$$\begin{aligned}\Delta E &= E_2 - E_1 = 4{,}90 - 0 = 4{,}90 \text{ eV} \\ &= 4{,}90 \times 1{,}6.10^{-19} = 7{,}84.10^{-19} \text{ J}\end{aligned}$$

Cette énergie peut être évacuée sous forme de photon associé à la longueur d'onde λ telle que :

$$\Delta E = \frac{hc}{\lambda} \quad \Rightarrow \lambda = \frac{hc}{\Delta E} = \frac{6{,}62.10^{-34} \times 3.10^8}{7{,}84.10^{-19}}$$

$$\Rightarrow \lambda = 2{,}53.10^{-7} \text{ m} = 253 \text{ nm}$$

2 Au rayonnement de longueur d'onde $\lambda = 546 \text{ nm} = 546.10^{-9}$ m est associé un photon d'énergie :

$$\begin{aligned}\varepsilon = \frac{hc}{\lambda} &= \frac{6{,}62.10^{-34} \times 3.10^8}{546.10^{-9}} \simeq 3{,}64.10^{-19} \text{ J} \\ &= \frac{3{,}64.10^{-19}}{1{,}6.10^{-19}} = 2{,}27 \text{ eV}\end{aligned}$$

À l'aide des valeurs numériques fournies, on remarque également que la transition de l'atome de mercure des niveaux d'énergie E_5 et E_3 s'accompagne d'une perte d'énergie :

$$\Delta E = E_5 - E_3 = 7{,}72 - 5{,}45 = 2{,}27 \text{ eV}$$

Puisque $\Delta E = \varepsilon$, c'est cette transition qui est responsable de la raie verte.

11 Niveaux d'énergie

Enoncé p. 56

Lycée Charlemagne, Paris

1 À chaque radiation de longueur d'onde λ est associé un photon d'énergie $\varepsilon = \dfrac{hc}{\lambda}$, c'est-à-dire, pour les trois raies intenses du mercure :

$$\varepsilon_j = 3{,}43.10^{-19}\ \mathrm{J} = \frac{3{,}43.10^{-19}}{1{,}6.10^{-19}} \simeq 2{,}14\ \mathrm{eV}$$

$$\varepsilon_v = 3{,}64.10^{-19}\ \mathrm{J} = \frac{3{,}64.10^{-19}}{1{,}6.10^{-19}} \simeq 2{,}27\ \mathrm{eV}$$

$$\varepsilon_b = 4{,}56.10^{-19}\ \mathrm{J} = \frac{4{,}56.10^{-19}}{1{,}6.10^{-19}} \simeq 2{,}85\ \mathrm{eV}$$

2 **(a)** Lorsque l'atome passe du niveau d'énergie E_6 au niveau d'énergie E_4, il perd l'énergie :

$$|\Delta E_{6\to4}| = |E_4 - E_6| = |-3{,}72 + 1{,}57| = 2{,}15\ \mathrm{eV}$$

qui s'identifie à ε_j ; l'atome émet alors la raie jaune.

(b) Parmi toutes les transitions possibles, remarquons que :

$$|\Delta E_{5\to3}| = |E_3 - E_5| = |-4{,}97 + 2{,}69| = 2{,}28\ \mathrm{eV}$$

et :

$$|\Delta E_{5\to2}| = |E_2 - E_5| = |-5{,}54 + 2{,}69| = 2{,}85\ \mathrm{eV}$$

L'identification de ces valeurs avec ε_v et ε_b permet d'affirmer que c'est à l'issue des transitions 5 → 3 et 5 → 2 que sont émises respectivement les raies verte et bleue.

(c) L'émission des trois raies intenses du spectre de l'atome de mercure se produit consécutivement à trois désexcitations de l'atome, représentées ci-dessous.

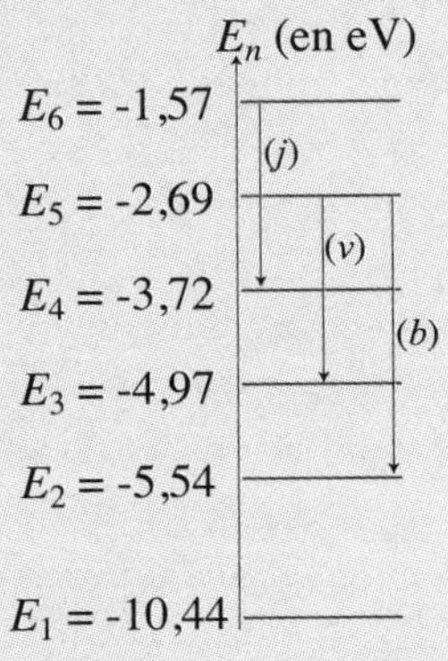

Chapitre
3

Matières colorées

Plan du chapitre

Exercice type — Lycée Jean-Pierre Vernant, Pins-Justaret

L'eau oxygénée $H_2O_{2\,(aq)}$ se décompose lentement en présence d'ions iodure $I^-_{(aq)}$ et d'ions hydrogène $H^+_{(aq)}$ selon la réaction modélisée par l'équation :

$$H_2O_{2\,(aq)} + 2\,I^-_{(aq)} + 2\,H^+_{(aq)} \rightarrow I_{2\,(aq)} + 2\,H_2O_{(liq)}$$

Cette réaction produit une espèce colorée, le diiode $I_{2\,(aq)}$ de couleur orange. L'apparition du diiode est suivie par spectrophotométrie.

1 *L'eau oxygénée*

(a) Donner la structure électronique des atomes d'hydrogène $_1H$ et d'oxygène $_8O$.

(b) En déduire la représentation de Lewis de la molécule d'eau oxygénée.

(c) Prévoir la géométrie de la molécule ; peut-elle être plane ?

2 *Courbe d'étalonnage du spectrophotomètre*

On dispose d'une solution mère S_0 de diiode $I_{2\,(aq)}$, de concentration molaire $C_0 = 10\ \text{mmol} \cdot \text{L}^{-1}$. À partir de S_0, on fabrique quatre solutions filles S_1, S_2, S_3 et S_4 de concentration $C(I_2)$ qui serviront à étalonner le spectrophotomètre. Leurs absorbances, mesurées à 500 nm, sont données ci-dessous.

Solution	Eau distillée	S_1	S_2	S_3	S_4
$C(I_2)$ en $\text{mmol} \cdot \text{L}^{-1}$	0	0,50	1,0	2,0	?
A	0	0,12	0,22	0,51	0,65

(a) Tracer la courbe d'étalonnage A en fonction de C. Justifier le fait que l'absorbance A et la concentration C sont liées par la relation $A = k \times C(I_2)$. En déduire la valeur numérique de k.

(b) Déterminer, par un calcul, la concentration molaire de la solution S_4.

...

Exercice type — Lycée Jean-Pierre Vernant, Pins-Justaret

3 *Suivi de la réaction*

À la date $t = 0$ s, on mélange un volume $V_1 = 20{,}0$ mL d'une solution acidifiée contenant des ions iodure $I^-_{(aq)}$ de concentration $C_1 = 0{,}10\ \text{mol} \cdot \text{L}^{-1}$, avec un volume $V_2 = 2{,}0$ mL d'eau oxygénée de concentration $C_2 = 0{,}10\ \text{mol} \cdot \text{L}^{-1}$. On ajoute un volume $V_3 = 8{,}0$ mL d'eau.

(a) Dresser le tableau d'avancement (x) de la réaction entre l'eau oxygénée et les ions iodure.

(b) Le mélange est-il stœchiométrique ?

(c) Déterminer l'avancement maximal x_{max}.

(d) Calculer la quantité de réactif et de produit présents en fin de réaction.

(e) En déduire la concentration molaire du diiode $I_{2\,(aq)}$ dans le mélange, en fin de réaction.

(f) Déterminer l'absorbance du mélange en fin de réaction.

Voir corrigé page 82

1 Réaction chimique

Une réaction chimique est décrite par une *équation-bilan*, dans laquelle apparaissent les formules chimiques des espèces qui réagissent ainsi que des coefficients stœchiométriques qui décrivent les proportions des espèces qui réagissent ou qui se forment. Ces coefficients sont introduits de manière à équilibrer l'équation chimique (conservation des éléments et des charges). Par exemple, l'équation chimique :

$$\underbrace{2\,\text{H}^+ + \text{Fe}}_{\substack{\text{2 atomes H}\\ \text{1 atome Fe}\\ \text{2 charges+}}} = \underbrace{\text{Fe}^{2+} + \text{H}_2}_{\substack{\text{2 atomes H}\\ \text{1 atome Fe}\\ \text{2 charges+}}}$$

est équilibrée, contrairement à l'équation :

$$\underbrace{\text{H}^+ + \text{Fe}}_{\substack{\text{1 atomes H}\\ \text{1 atome Fe}\\ \text{1 charge+}}} = \underbrace{\text{Fe}^{2+} + \text{H}_2}_{\substack{\text{2 atomes H}\\ \text{1 atome Fe}\\ \text{2 charges+}}}$$

Définition 1

Si n désigne la quantité de matière d'une espèce en solution (en mol), dans un volume V (en litre), la *concentration molaire* est définie par :

$$C = \frac{n}{V} \text{ (en mol} \cdot \text{L}^{-1}\text{)}$$

Définition 2

Si m désigne la masse d'une espèce (en gramme) dissoute dans un volume V (en litre) de solution, la *concentration massique* de cette espèce vaut :

$$C = \frac{m}{V} \text{ (en g} \cdot \text{L}^{-1}\text{)}$$

À RETENIR (Conversions)

Il faut être capable d'effectuer rapidement les conversions suivantes :

$$\left\{\begin{array}{l} 1\text{ L} = 10^3\text{ mL} = 10^3\text{ cm}^3 \\ 1\text{ m}^3 = 1\,000\text{ L} \end{array}\right. \quad \text{et} \quad \left\{\begin{array}{l} 1\text{ cm}^3 = 1\text{ mL} = 10^{-3}\text{ L} \\ 1\text{ L} = 10^{-3}\text{ m}^3 \end{array}\right.$$

L'évolution d'un système chimique peut être suivie à l'aide d'un *tableau d'avancement* dans lequel apparaissent : l'équation chimique équilibrée de la réaction (avec la formule des espèces X_i et leurs coefficients stœchiométriques a_i), les quantités initiales de matière (n_i^0) connues et l'avancement x de la réaction. À tout instant, les quantités de matière n_i peuvent s'exprimer en fonction de x :

$$\left\{\begin{array}{l} n_i = n_i^0 - a_i \times x \text{ pour les réactifs (à gauche de l'équation)} \\ n_i = n_i^0 + a_i \times x \text{ pour les produits (à droite de l'équation)} \end{array}\right.$$

Remarque : En début de réaction, l'avancement est généralement nul.

ATTENTION

Ne faire apparaître, dans le tableau d'avancement, que les quantités de matière connues (par exemple, on ignore en général les quantités de solvant $H_2O_{(liq)}$ ou d'ions $H^+_{(aq)}$ introduits pour acidifier le milieu).

Considérons l'exemple du dosage, en milieu acide, de l'éthanol ($C_2H_5OH_{(aq)}$) par des ions dichromate ($Cr_2O_7^{2-}{}_{(aq)}$). Au cours de cette réaction, les seules espèces qui colorent la solution sont les ions $Cr_2O_7^{2-}{}_{(aq)}$ (oranges) et $Cr^{3+}_{(aq)}$ (verts). Plusieurs cas peuvent se présenter :

- *L'éthanol est en excès*, ce qui signifie que, si la réaction est totale, elle cesse par disparition de l'espèce en défaut ($Cr_2O_7^{2-}{}_{(aq)}$), l'espèce en excès demeurant dans le milieu :

	$2\,Cr_2O_7{}^{2-}_{(aq)}$ (orange)	$+\,3\,C_2H_5OH_{(aq)}$	$+\,16\,H^+_{(aq)}$	$=\,11\,H_2O_{(liq)}$	$+\,4\,Cr^{3+}_{(aq)}$ (vert)	$+\,3\,CH_3COOH_{(aq)}$
$x = 0$	1	2			0	0
$x \neq 0$	$1 - 2x$	$2 - 3x$			$4x$	$3x$

La réaction cesse lorsque x prend une valeur :

- x_f telle que $Cr_2O_7{}^{2-}_{(aq)}$ disparaît :

$$n_{Cr_2O_7{}^{2-}} = 1 - 2x_f = 0 \Rightarrow x_f = \frac{1}{2} = 0{,}5 \text{ mol}$$

- ou x'_f telle que $C_2H_5OH_{(aq)}$ disparaît :

$$n_{C_2H_5OH} = 2 - 3x'_f = 0 \Rightarrow x'_f = \frac{2}{3} = 0{,}66 \text{ mol}$$

Puisque $x_f < x'_f$, $Cr_2O_7{}^{2-}_{(aq)}$ disparaît en premier, ce qui confirme que $C_2H_5OH_{(aq)}$ est en excès ; on dit aussi que $Cr_2O_7{}^{2-}_{(aq)}$ est le réactif *limitant* de la réaction.

En fin de réaction, le milieu devient vert car seuls les ions $Cr^{3+}_{(aq)}$ contribuent à cette coloration.

- Les réactifs sont introduits dans les *proportions stœchiométriques*, ce qui signifie qu'ils disparaissent simultanément :

	$2\,Cr_2O_7{}^{2-}_{(aq)}$ (orange)	$+\,3\,C_2H_5OH_{(aq)}$	$+\,16\,H^+_{(aq)}$	$=\,11\,H_2O_{(liq)}$	$+\,4\,Cr^{3+}_{(aq)}$ (vert)	$+\,3\,CH_3COOH_{(aq)}$
$x = 0$	$n_1 = 1{,}33$	$n_2 = 2$			0	0
$x \neq 0$	$n_1 - 2x$	$n_2 - 3x$			$4x$	$3x$

Puisque les deux réactifs disparaissent simultanément, x prend une valeur x_f telle que :

$$n_{Cr_2O_7^{2-}} = n_1 - 2x_f = 0 \Rightarrow x_f = \frac{n_1}{2} = \frac{1{,}33}{2} = 0{,}66 \text{ mol}$$

et :

$$n_{C_2H_5OH} = n_2 - 3x_f = 0 \Rightarrow x_f = \frac{n_2}{3} = \frac{2}{3} = 0{,}66 \text{ mol}$$

On s'assurera que, dans les deux cas, x_f prend la même valeur et que, dans cette situation, les quantités initiales de matière sont liées aux coefficients stœchiométriques :

$$\frac{n_1}{2} = \frac{n_2}{3} \text{ ou encore : } \frac{n_1}{a_1} = \frac{n_2}{a_2}$$

Dans le cas d'un dosage, cet état est appelé *l'équivalence.*

- *L'éthanol est en défaut*, ce qui se traduit par sa disparition en fin de réaction (totale) :

	$2\,Cr_2O_7{}^{2-}_{(aq)}$ (orange)	$+\,3\,C_2H_5OH_{(aq)}$	$+\,16\,H^+_{(aq)}$	$=\,11\,H_2O_{(liq)}$	$+\,4\,Cr^{3+}_{(aq)}$ (vert)	$+\,3\,CH_3COOH_{(aq)}$
$x = 0$	2	2			0	0
$x \neq 0$	$2 - 2x$	$2 - 3x$			$4x$	$3x$

Si la réaction est totale, elle cesse dès que x prend une valeur :

- x_f qui assure la disparition de $Cr_2O_{7\,(aq)}^{2-}$:

$$n_{Cr_2O_7^{2-}} = 2 - 2x_f = 0 \Rightarrow x_f = \frac{2}{2} = 1 \text{ mol}$$

- ou x'_f qui assure la disparition de $C_2H_5OH_{(aq)}$:

$$n_{C_2H_5OH} = 2 - 3x'_f = 0 \Rightarrow x'_f = \frac{2}{3} = 0{,}66 \text{ mol}$$

L'inégalité $x'_f < x_f$ confirme que C_2H_5OH est en défaut.
Dans ces conditions, le milieu réactionnel contient simultanément des ions $Cr_2O_{7\,(aq)}^{2-}$ (oranges) et $Cr^{3+}_{(aq)}$ (verts) ; elle prend la couleur obtenue par synthèse soustractive : vert-kaki.

Remarque : Le changement de couleur du milieu réactionnel est souvent mis à profit pour repérer l'équivalence d'un dosage.

Certaines substances colorées sont fréquemment employées lors des dosages ; il convient d'en connaître quelques unes :

- Les indicateurs colorés acido-basiques sont des molécules qui changent de couleur selon que le milieu est acide ou basique. Par exemple, la phénolphtaléine est rose fuchsia en milieu acide et devient incolore en milieu basique.
- Certaines substances prennent une couleur spécifique en présence de molécules déterminées. Par exemple, en présence de diiode, l'empois d'amidon devient bleu foncé.
- Certaines substances sont naturellement colorées. Par exemple :

ions permanganate ($MnO^-_{4\,(aq)}$) . . .	violet
diiode ($I_{2\,(aq)}$)	orange-brun
ion dichromate ($Cr_2O_{7\,(aq)}^{2-}$)	orange
ions chrome III ($Cr^{3+}_{(aq)}$)	vert

2 Spectrophotométrie

Un spectrophotomètre envoie de la lumière, de longueur d'onde λ connue, à travers deux cuves de longueur ℓ connue : l'une contenant une solution ($\mathcal{S}$) avec une substance colorée et l'autre (appelée *blanc*) contenant la même solution dépourvue de la substance colorée.

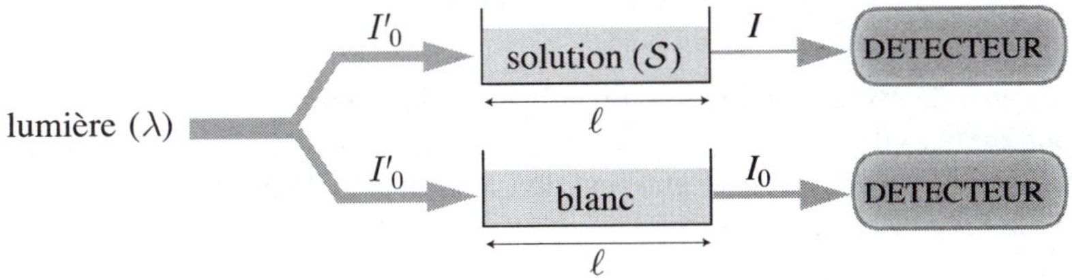

Les faisceaux incidents qui arrivent sur les cuves ont la même intensité I'_0 et deux détecteurs mesurent simultanément les intensités I et I_0 des faisceaux qui ont traversé respectivement la solution $(\mathcal{S})$ et le blanc. Un dispositif permet alors le calcul de *la transmittance* : $T = \dfrac{I}{I_0}$, encore appelée *facteur de transmission*.

Définition 3

L'*absorbance* (ou *densité optique*) est l'exposant A permettant d'écrire : $T = 10^{-A}$; il s'agit d'un nombre sans dimension.

En général, les spectrophotomètres fournissent les absorbances plutôt que les transmittances.

La courbe donnant A en fonction de λ est spécifique à chaque substance colorée et peut ainsi servir de signature.

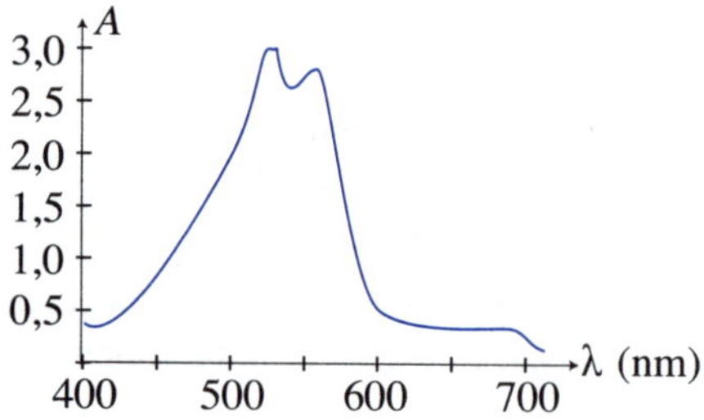

Spectre des ions $MnO^-_{4(aq)}$

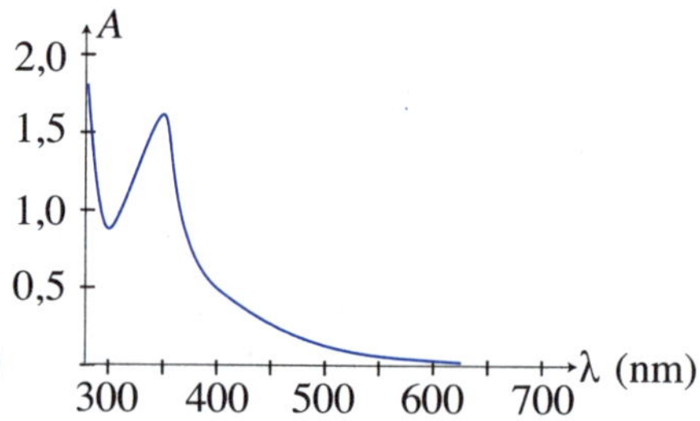

Spectre de $I_{2(aq)}$

La *loi de Beer-Lambert* précise que, pour une concentration C en espèce colorée pas trop élevée, l'absorbance est proportionnelle à C :

$$A = \varepsilon \ell C$$

où ℓ est la longueur (en cm) de la cuve traversée par la lumière et ε est :

- le *coefficient d'extinction molaire* (en $L \cdot mol^{-1} \cdot cm^{-1}$) si C est exprimée en $mol \cdot L^{-1}$;
- le *coefficient d'extinction spécifique* (en $L \cdot g^{-1} \cdot cm^{-1}$) si C est exprimée en $g \cdot L^{-1}$.

Lorsqu'une solution contient plusieurs substances colorées, d'absorbances individuelles A_1, A_2, ..., l'absorbance totale est la somme des absorbances :

$$A = A_1 + A_2 + \cdots$$

Remarque : Dans la pratique, on travaille à une longueur d'onde λ_i pour laquelle le coefficient ε_i d'une espèce est *maximum*, les autres coefficients étant beaucoup plus faibles. Dans ce cas, l'expression de l'absorbance de la solution se simplifie et suit la loi de Beer-Lambert :

$$A = \varepsilon_1 \ell C_1 + \varepsilon_2 \ell C_2 + \cdots + \varepsilon_i \ell C_i + \cdots \simeq \varepsilon_i \ell C_i$$

La loi de Beer-Lambert sert fréquemment aux dosages des espèces colorées. Pour cela :

- on procède au tracé de la courbe d'étalonnage : pour une longueur d'onde λ_0 donnée (correspondant généralement au *maximum* d'absorbance de l'espèce X étudiée), on mesure l'absorbance de solutions contenant X à des concentrations C connues, puis on trace la courbe $A = f(C)$. Si la courbe est linéaire, la loi de Beer-Lambert est vérifiée :

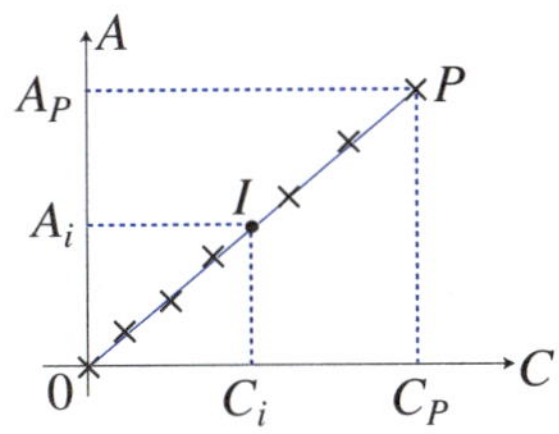

$$A = \varepsilon\ell \times C$$

où $\varepsilon\ell$ s'identifie au coefficient directeur de la droite (la connaissance des coordonnées d'un point P de cette courbe permet de connaître ce coefficient : $\varepsilon\ell = \frac{A_P}{C_P}$).

- On introduit, dans le spectrophotomètre, la solution contenant X à une concentration C_i inconnue. La mesure de son absorbance A_i est réalisée dans les mêmes conditions expérimentales que celles ayant servi à l'étalonnage (même longueur d'onde λ_0, même longueur ℓ de cuve, ...). Deux méthodes permettent alors de déterminer C_i :
  - le point I, d'ordonnée A_i, est représenté sur la courbe d'étalonnage ; son ordonnée C_i est alors lue directement sur le graphe.
  - selon la loi de Beer-Lambert :

$$\varepsilon\ell = \frac{A_i}{C_i} = \frac{A_P}{C_P} \Rightarrow C_i = \frac{A_i}{A_P} \times C_P$$

3 Molécules organiques colorées

3.1 Liaison covalente

3.1.1 - Structure de l'atome

Dans la notation $_Z\mathrm{X}$, X représente le symbole de l'élément chimique (H, He, ...) et Z (appelé *numéro atomique*) désigne le nombre de particules chargées positivement situées dans le noyau de l'atome.

- Si l'atome est neutre, il possède autant d'électrons (charge négative) que l'indique Z. Par exemple, l'atome d'oxygène $_8\mathrm{O}$ possède 8 électrons.
- Si l'atome est chargé positivement (*cation*), il possède autant d'électrons en moins par rapport à Z que l'indique la charge positive. Par exemple, les *ions* $_8\mathrm{O}^+$ et $_8\mathrm{O}^{2+}$ possèdent respectivement 7 et 6 électrons.

- Si l'atome est chargé négativement (*anion*), il possède autant d'électrons en plus par rapport à Z que l'indique sa charge négative. Par exemple, les ions $_{8}O^{-}$ et $_{8}O^{2-}$ possèdent respectivement 9 et 10 électrons.

Les électrons situés dans un atome ou un ion se répartissent en niveaux, en respectant les règles suivantes :

- Chaque niveau peut être saturé par un nombre *maximum* d'électrons ; il ne peut en accueillir davantage. Par exemple :

niveau	(K)	(L)	(M)	···
saturation	2 électrons	8 électrons	18 électrons	···

- Les électrons se placent de préférence sur les niveaux les moins énergétiques ($E_{(K)} < E_{(L)} < E_{(M)} \cdots$) avant d'occuper les niveaux supérieurs.

Par exemple, $_{9}F$, $_{13}Al$ et $_{13}Al^{3+}$ ont respectivement les structures électroniques :

$$_{9}F : (K)^2(L)^7 \qquad _{13}Al : (K)^2(L)^8(M)^3 \qquad _{13}Al^{3+} : (K)^2(L)^8$$

Remarque : Dans la classification périodique des éléments, à chaque ligne (ou *période*) correspond un remplissage progressif d'un niveau (sauf à partir de la quatrième période).

3.1.2 - Formule de Lewis

Les atomes (ou ions) peuvent former entre eux des liaisons covalentes qui représentent une mise en commun de deux électrons ; il s'agit de *doublets liants* (par opposition aux paires d'électrons qui restent attachées à l'atome, sans participer à une liaison covalente, appelé *doublets non liants*).

La représentation de Lewis d'un atome (ou ion) fait apparaître le symbole de l'élément, entouré de ses *électrons périphériques* (ceux qui appartiennent au dernier niveau de la structure électronique), regroupés en :

- doublets liants (liaisons covalentes) : traits joignant les atomes entre-eux ;
- doublets non liants : traits entourant le symbole de l'élément ;
- électrons célibataires : représentés par des points qui ne peuvent être appariés (s'il y a un nombre impair d'électrons).

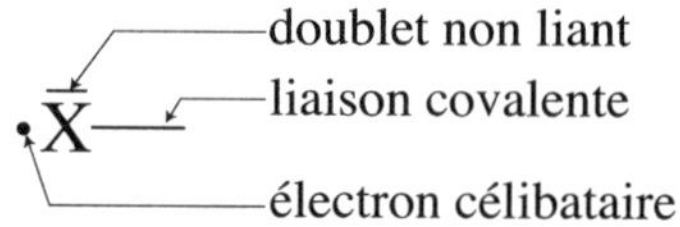

La *règle du duet* précise que, si le nombre d'électrons périphériques est inférieur à 4, la forme la plus stable de l'atome ou de l'ion est celle qui lui confère deux électrons dans sa représentation de Lewis. Par exemple :

$$\begin{cases} _{1}H : (K)^1 : \ H- \\ _{2}He : (K)^2 : \ \overline{He} \end{cases}$$

Avec la structure électronique ${}_3\text{Li}$: $(K)^2(L)^1$, l'atome de lithium possède un électron sur sa couche périphérique. Il perd donc facilement ce électron afin de former l'ion Li^+ : $(K)^2$ plus stable, conformément à la règle du duet.

La *règle de l'octet* stipule que, si le nombre d'électrons périphérique N_e est supérieur ou égal à 4, la forme la plus stable de l'atome (ou ion) est celle qui lui confère 8 électrons dans sa formule de Lewis (ou 4 doublets). Par exemple, en vertu de cette règle, l'oxygène ${}_8\text{O}$: $(K)^2(L)^6$ et l'azote ${}_7\text{N}(K)^2(L)^5$ peuvent former respectivement 2 et 3 liaisons covalentes :

$$-\overline{\underline{\text{O}}}- \qquad -\overline{\text{N}}- \ (\text{avec une liaison vers le bas})$$

Remarque : Les règles de l'octet et du duet traduisent la tendance qu'a un élément à présenter une structure électronique qui ressemble à celle du gaz noble (He, Ne, Ar, ...) qui lui est le plus proche dans la classification périodique.

Dans la pratique, si $N_e \geqslant 4$, la règle de l'octet sera vérifiée si l'on regroupe les N_e électrons périphériques en :

- un nombre N_ℓ de liaisons covalentes, telles que :

$$N_\ell + N_e = 8 \Rightarrow N_\ell = 8 - N_e$$

- un nombre N_d de doublets non liants, tels que :

$$N_d = \frac{N_e - N_\ell}{2}$$

Ces règles peuvent s'appliquer aux éléments (atomes ou ions) des deuxième et troisième période de la classification périodique, dont la formule de Lewis doit respecter la règle de l'octet. Par exemple, l'atome ${}_7\text{N}$ et l'ion ${}_7\text{N}^+$, de configurations électroniques respectives $(K)^2(L)^5$ et $(K)^2(L)^4$ ont pour environnement :

	${}_7\text{N}$	${}_7\text{N}^+$
N_e	5	4
N_ℓ	3	4
N_d	1	0

C'est ainsi que l'on retrouve les formules de Lewis des quelques éléments suivants, qui vérifient la règle de l'octet :

Oxygène (${}_8\text{O}$)	$-\overline{\underline{\text{O}}}-$	${}^{\ominus}\lvert\overline{\underline{\text{O}}}-$	$-\overline{\text{O}}^{\oplus}-$ (avec une liaison vers le bas)
Azote (${}_7\text{N}$)	$-\overline{\text{N}}-$ (avec une liaison vers le bas)	$-\text{N}^{\oplus}-$ (avec une liaison vers le haut et une vers le bas)	$-\overline{\underline{\text{N}}}^{\ominus}-$
Carbone (${}_6\text{C}$)	$-\text{C}-$ (avec une liaison vers le haut et une vers le bas)	$-\overline{\text{C}}^{\ominus}-$ (avec une liaison vers le bas)	

Dans une molécule, les liaisons covalentes s'établissent entre éléments. La formule de Lewis d'une molécule s'inspire des formules précédentes. On pourra retenir les formules de quelques molécules simples :

Eau (H_2O) : 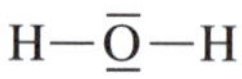	Ammoniac (NH_3) : 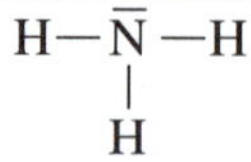
Méthane (CH_4) : 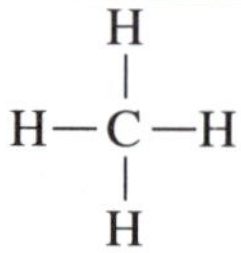	dioxyde de carbone (CO_2) : 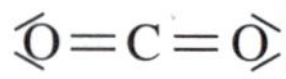

ATTENTION

> Pour qu'une formule de Lewis soit exacte, elle doit présenter tous les doublets (liants et non liants) de chaque atome.

3.1.3 - Géométrie des molécules

Un élément A est entouré de n liaisons (une liaison simple compte ici autant qu'une liaison double ou triple) et de m doublets non liants ; il est noté AX_nE_m. La répartition, dans l'espace, des liaisons dépend du nombre $n + m$ d'entités qui entourent l'atome central A (et qui se repoussent) :

- Si $n + m = 2$ (dans AX_2), la molécule est linéaire ; par exemple, le dioxyde de carbone (CO_2) :

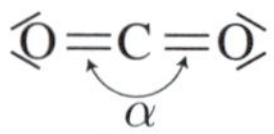

$\alpha = 180°$

- Si $m + n = 3$ (dans AX_3, par exemple), la molécule est triangulaire plane ; c'est le cas de la molécule de méthanal (H_2CO) :

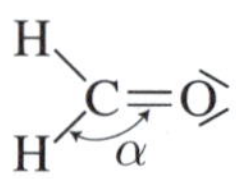

$\alpha \simeq 120°$

- Si $m + n = 4$, l'atome A est au centre d'un tétraèdre (les doublets non liants occupent dans l'espace une place, au même titre que les liaisons covalentes) ; par exemple :

méthane CH_4	ammoniac NH_3	eau H_2O
type AX_4	type AX_3E_1	type AX_2E_2
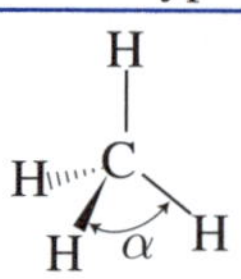 $\alpha = 109{,}5°$	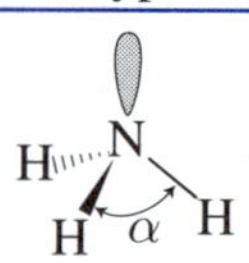 $\alpha = 107°$	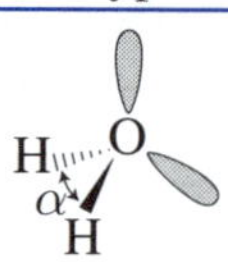 $\alpha = 105°$

Dans ces représentations, la notation — désigne une liaison dans le plan de la feuille de papier, ◀ représente une liaison dirigée vers le haut de ce plan (vers nous), ⁝⁝⁝ désigne une liaison dirigée vers le bas de ce plan (vers l'intérieur de la feuille) et ⬭ représente un doublet non liant.

Remarque : Les doublets non liants sont plus répulsifs que les liaisons covalentes ce qui provoque un resserrement des liaisons (diminution de l'angle α en allant de CH_4 à H_2O).

ATTENTION

Bien que la molécule H_2O ne possède que deux liaisons covalentes, cette molécule est coudée et non linéaire (les deux doublets non liants repoussent les liaisons O – H).

3.2 Double liaison en chimie organique

3.2.1 - Isomérie Z/E

Définition 4

Deux molécules sont isomères si elles sont différentes, bien qu'ayant la même formule brute.

Par exemple, les deux molécules suivantes sont différentes mais ont la même formule brute C_2H_6O :

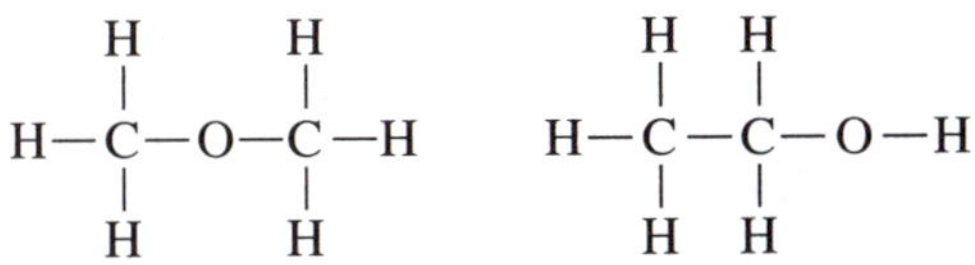

diméthyl-éther éthanol

L'absence de libre rotation autour de l'axe de la double liaison C = C rend isomères les deux molécules ci-dessous, de même formule brute C_4H_8 :

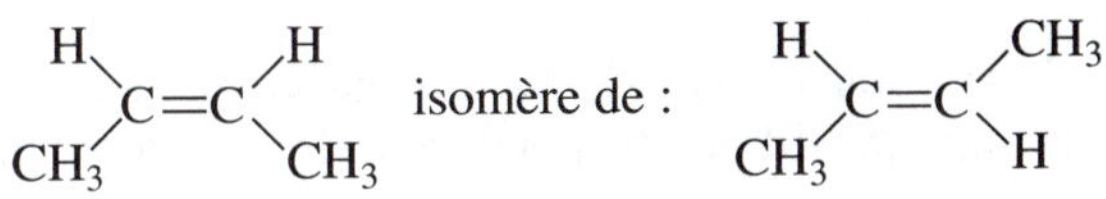

Il s'agit d'une isomérie Z/E, spécifique aux doubles liaisons.

Pour qu'une double liaison donne lieu à une telle isomérie, il faut que chaque atome de la double liaison soit lié à deux substituants différents :

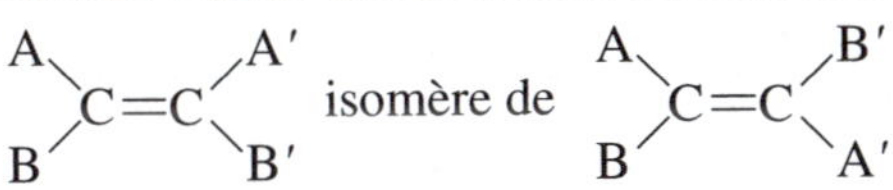

si $\begin{cases} A \neq B \\ A' \neq B' \end{cases}$

Pour identifier l'isomère Z ou E d'une molécule, il convient :

- de déterminer, dans chaque couple (A, B) et (A', B'), un groupe prioritaire (par exemple A et A' prioritaires sur B et B'). Pour cela, on applique la préséance de C.I.P. (Cahn, Ingold et Prelog) : la formule développée du groupe prioritaire présente un atome de plus grande masse molaire plus proche de la double liaison. Par exemple :

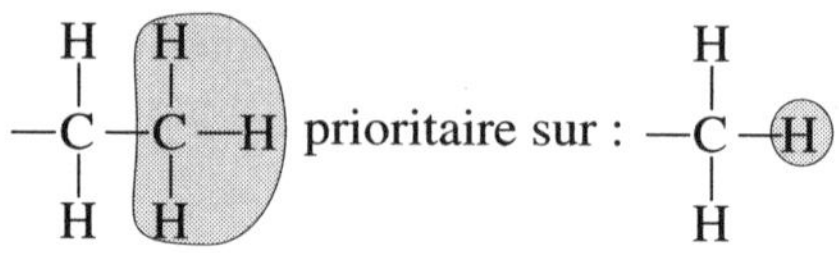

car $M_C > M_H$.

- de repérer la position des deux groupes prioritaires (par exemple A et A') par rapport à l'axe Δ de la double liaison. Si A et A' se trouvent du même côté de Δ, l'isomère est Z, tandis qu'il est E dans le cas contraire :

isomère Z isomère E

Remarque : Dans une molécule de type CHA = CHA′, les groupes prioritaires (si A ≠ H et A′ ≠ H) sont nécessairement A et A′ ; seules les positions de ces groupes déterminent la nature Z ou E de l'isomère.

Par exemple :

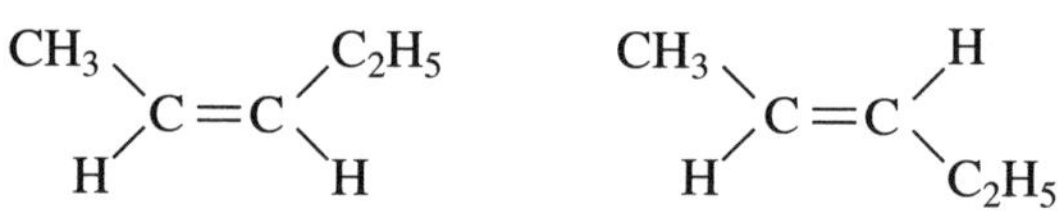

isomère Z isomère E

3.2.2 - Doubles liaisons conjuguées

Définition 5

Deux doubles liaisons sont *conjuguées* si elles peuvent participer à des transferts électroniques laissant les différents atomes respecter la règle de l'octet ou la règle du duet.

Ce transfert d'électrons se traduit par la destruction de certaines doubles liaisons et la formation d'autres liaisons. Ainsi, le transfert :

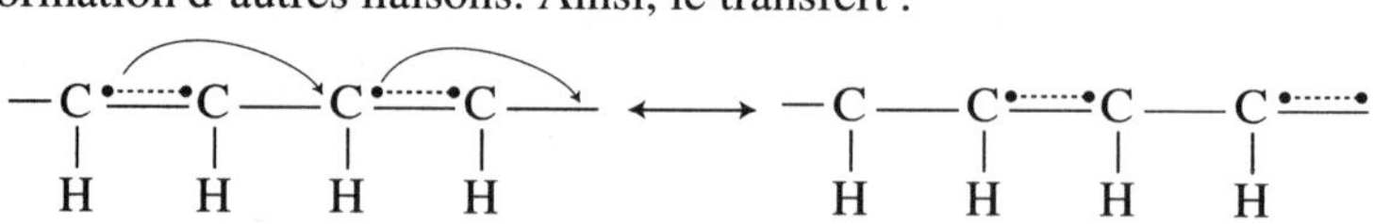

est noté :

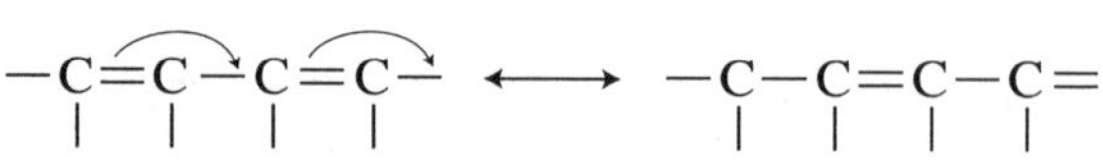

la flèche à double sens indiquant qu'il ne s'agit pas d'une réaction chimique, mais d'un transfert d'électrons intramoléculaire.

Remarque : Pour repérer les liaisons conjuguées, il est indispensable de représenter la formule de Lewis complète (avec tous les doublets) de tous les atomes impliqués dans la conjugaison.

Ce faisant, on peut envisager les transferts électroniques suivants :

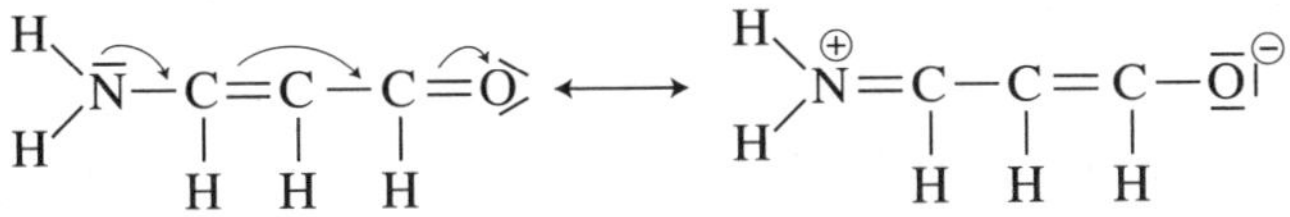

tandis que le transfert d'électrons ne peut pas se faire vers l'atome d'azote sans quoi cette opération produirait un ion N^- tétravalent (impossible) et un ions O^+ entouré de deux doublets non liants et d'une liaison (cet ion ne vérifie pas la règle de l'octet) :

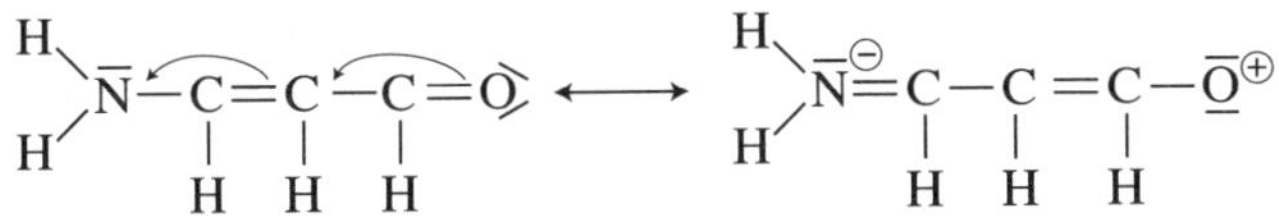

Dans la pratique, lorsque les molécules organiques deviennent complexes, on représente leur *formule topologique*. Dans cette représentation, les liaisons C – H sont occultées tandis que les atomes de carbone sont figurés par des intersections de liaisons covalentes. Par exemple, la molécule précédente ($NH_2 - CH = CH - CHO$) peut être représentée par :

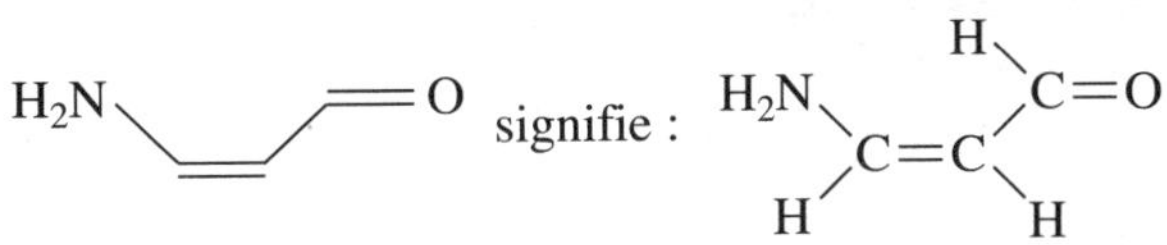

À l'aide de cette convention d'écriture, la molécule cyclique de benzène (C_6H_6), dans laquelle toutes les doubles liaisons sont conjuguées :

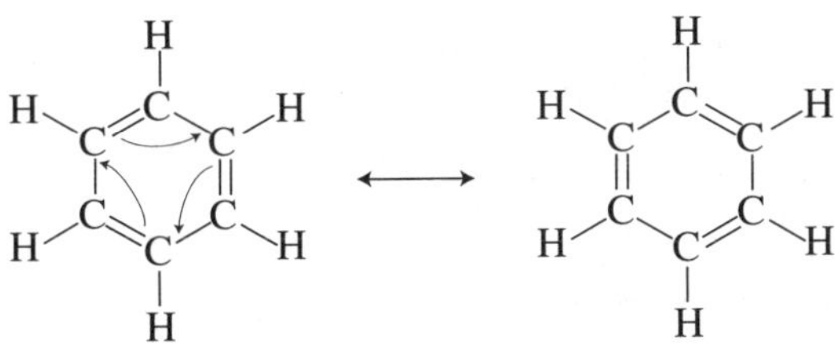

est simplement représentée par :

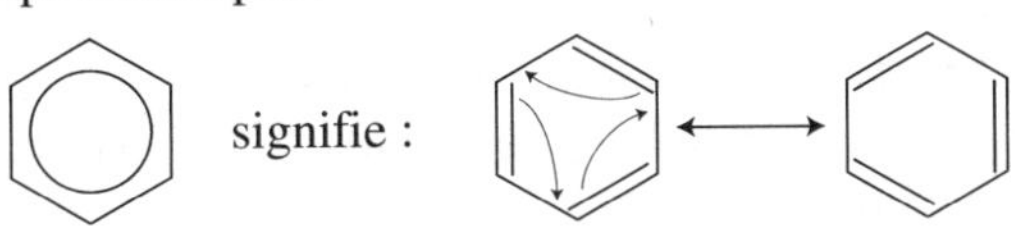

où le cercle, à l'intérieur de l'hexagone, symbolise les transitions électroniques qui s'opèrent entre les doubles liaisons conjuguées.

Plus une molécule possède de liaisons conjuguées, plus elle absorbe facilement les photons correspondant à la lumière visible, ce qui lui confère une couleur. Cette propriété est mise à profit dans les indicateurs colorés qui présentent des couleurs différentes selon les milieux dans lesquels ils se trouvent. Par exemple, le jaune de méthyle est :

- jaune en milieu basique :

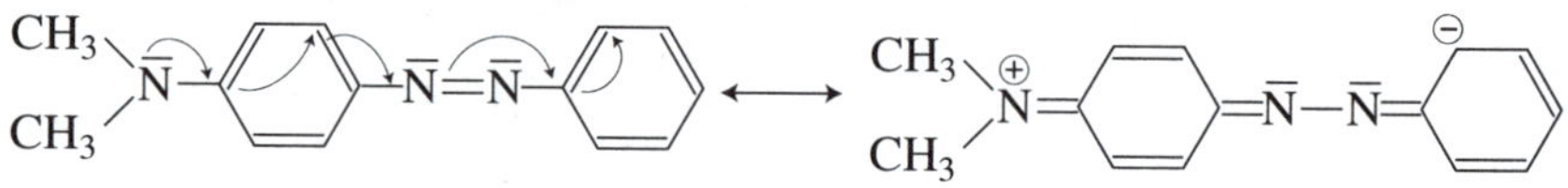

- rouge en milieu acide :

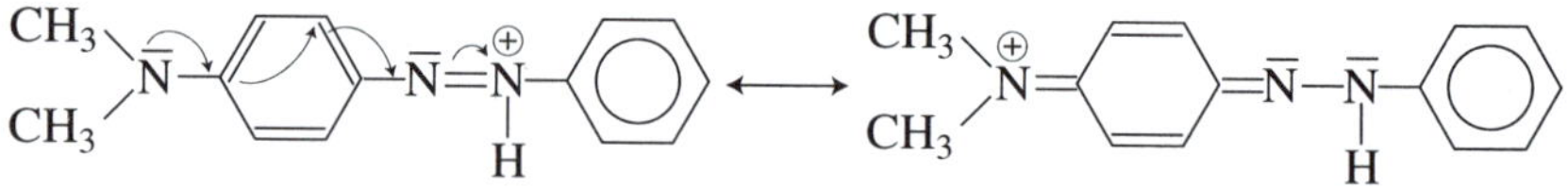

La transition entre ces deux formes de la molécule se réalise à l'aide d'un ion $H^+_{(aq)}$ qui caractérise les milieux acides :

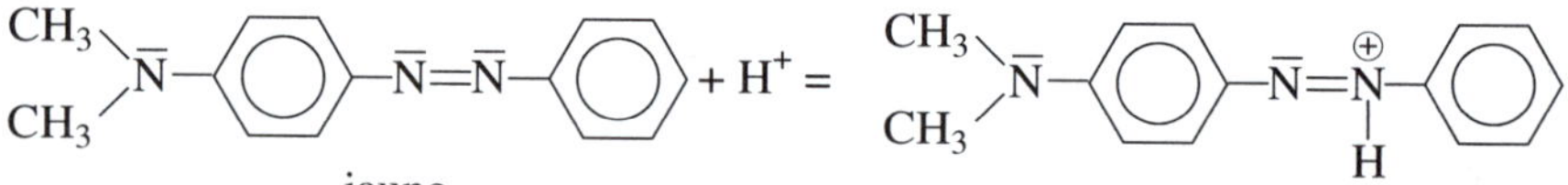

jaune rouge

Solution de l'exercice type

1 *L'eau oxygénée*

(a) L'hydrogène et l'oxygène ont pour structures électroniques :

$$_1\mathrm{H} : (K)^1 \text{ et } _8\mathrm{O} : (K)^2(L)^6$$

(b) En vertu de la règle du duet, l'atome d'hydrogène peut former une liaison covalente (H–). En revanche, avec $N_e = 6$ électrons périphériques, l'atome d'oxygène forme un nombre de liaisons covalentes :

$$N_\ell = 8 - N_e = 8 - 6 = 2$$

et conserve un nombre de doublets non-liants :

$$N_d = \frac{N_e - N_\ell}{2} = \frac{6-2}{2} = 2$$

La formule de Lewis qui en découle : $-\underline{\overline{\mathrm{O}}}-$ associée à celle de l'hydrogène conduit à la formule de Lewis de la molécule de formule brute H_2O_2 :

$$\mathrm{H}-\underline{\overline{\mathrm{O}}}-\underline{\overline{\mathrm{O}}}-\mathrm{H}$$

Solution de l'exercice type (suite)

(c) Les liaisons O–O et O–H formées par chaque atome d'oxygène appartiennent à un plan (Π) qui peut être commun aux deux atomes d'oxygène. Dans ce cas, la molécule sera plane, avec les doublets non-liants de l'oxygène situés de part et d'autre de ce plan :

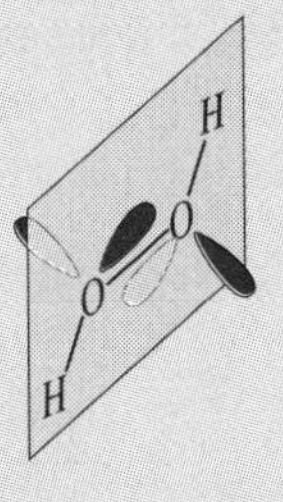

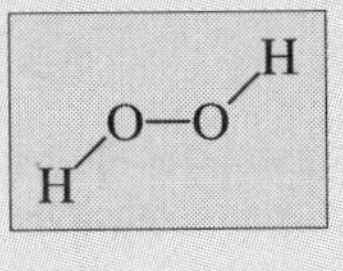

2 *Courbe d'étalonnage du spectrophotomètre*

(a) La courbe d'étalonnage A en fonction de C, représentée ci-dessous, est une droite qui passe par l'origine. Il existe donc une constante k telle que $A = k \times C(\mathrm{I_2})$.

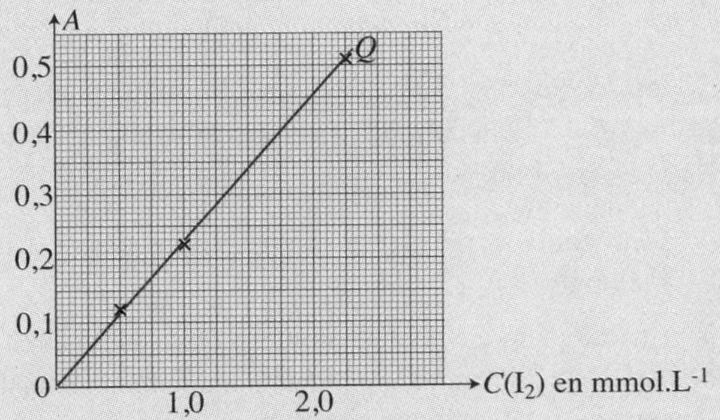

Puisque le point Q appartient à cette droite, ses coordonnées $A = 0{,}51$ et $C(\mathrm{I_2}) = 2{,}25.10^{-3}\ \mathrm{mol \cdot L^{-1}}$ vérifient la relation de linéarité :

$$k = \frac{A}{C(\mathrm{I_2})} = \frac{0{,}51}{2{,}25.10^{-3}} \simeq 227\ \mathrm{L \cdot mol^{-1}}$$

(b) D'après ce qui précède, la solution S_4 d'absorbance $A = 0{,}65$ présente une concentration :

$$C(\mathrm{I_2}) = \frac{A}{k} = \frac{0{,}65}{227} \simeq 2{,}9.10^{-3}\ \mathrm{mol \cdot L^{-1}} = 2{,}5\ \mathrm{mmol \cdot L^{-1}}$$

3 *Suivi d'une réaction*

(a) Initialement, (lorsque l'avancement x est nul) le milieu réactionnel a été constitué par :

...

COURS
EXERCICES
CORRIGÉS

Solution de l'exercice type (suite)

- un volume $V_1 = 20.10^{-3}$ L d'une solution d'ions $I^-_{(aq)}$ de concentration $C_1 = 0,1 \text{ mol} \cdot \text{L}^{-1}$, c'est-à-dire :

$$n_1 = C_1 \times V_1 = 2.10^{-3} \text{ mol d'ions } I^-_{(aq)}$$

- un volume $V_2 = 2.10^{-3}$ L d'une solution d'eau oxygénée de concentration $C_2 = 0,1 \text{ mol} \cdot \text{L}^{-1}$, soit encore :

$$n_2 = C_2 \times V_2 = 0,2.10^{-3} \text{ mol de } H_2O_{2(aq)}$$

ainsi que de l'eau et de l'acide (en quantités inconnues mais supposées largement excédentaires). Le tableau d'avancement (en mol) de la réaction s'écrit donc :

	$H_2O_{2(aq)}$ +	$2I^-_{(aq)}$	$+2H^+_{(aq)}$	$\rightarrow$	$I_{2(aq)}+2H_2O_{(liq)}$
$x = 0$	$0,2.10^{-3}$	2.10^{-3}			0
$x \neq 0$	$0,2.10^{-3} - x$	$2.10^{-3} - 2x$			x

(b) Les molécules $H_2O_{2(aq)}$ seront totalement consommées pour un avancement x_2 tel que :

$$0,2.10^{-3} - x_2 = 0 \Rightarrow x_2 = 0,2.10^{-3} \text{ mol}$$

tandis que les ions $I^-_{(aq)}$ auront disparu du milieu réactionnel lorsque l'avancement x prendra la valeur x_1 telle que :

$$2.10^{-3} - 2x_1 = 0 \Rightarrow 2x_1 = 2.10^{-3} \Rightarrow x_1 = 10^{-3} \text{ mol}$$

L'inégalité $x_1 \neq x_2$ rend compte de la non stœchiométrie de ce mélange.

(c) La valeur maximale réellement prise par l'avancement x est celle qui assure la première disparition d'un des réactifs. C'est donc la plus petite des deux valeurs x_1 et x_2 :

$$x_{\max} = x_2 = 0,2.10^{-3} \text{ mol}$$

(d) Compte tenu du tableau d'avancement, lorsque x prend la valeur $x_{\max}$, les quantités de réactifs et de produits valent :

espèces	$H_2O_{2(aq)}$	$I^-_{(aq)}$	$I_{2(aq)}$
expression	$0,2.10^{-3} - x_{\max}$	$2.10^{-3} - 2\,x_{\max}$	$x_{\max}$
valeur	0 mol	$1,6.10^{-3}$ mol	$0,2.10^{-3}$ mol

...

Solution de l'exercice type (suite)

(e) À la quantité finale de diiode $n_{I_2} = 0{,}2.10^{-3}$ mol contenue dans le volume :

$V = V_1 + V_2 + V_3 = 20 + 2 + 8 = 30$ mL $= 0{,}03$ L de solution

est associée la concentration :

$$C(I_2) = \frac{n_{I_2}}{V} = \frac{0{,}2.10^{-3}}{0{,}03} \Rightarrow C(I_2) = 6{,}7.10^{-3} \text{ mol}$$

(f) Cette solution doit présenter une absorbance :

$$A = k \times C(I_2) = 227 \times 6{,}7.10^{-3} \simeq 1{,}52$$

QCM 1 Spectrophotométrie

20 min. Corrigé p. 98

1 Pour une solution diluée, située dans une cuve de longueur ℓ et contenant une seule espèce absorbant la lumière, l'absorbance A est :

- **a** proportionnelle à la température ;
- **b** inversement proportionnelle à ℓ ;
- **c** proportionnelle à la concentration de l'espèce absorbant la lumière ;
- **d** proportionnelle à la longueur d'onde λ de la lumière absorbée.

2 Une solution colorée est introduite dans un spectrophotomètre. « Faire le blanc » signifie :

- **a** mesurer l'absorbance d'une solution dépourvue d'espèce colorée ;
- **b** envoyer de la lumière blanche sur une substance colorée ;
- **c** diluer la solution pour faire cesser toute réaction chimique.

3 La relation entre la transmittance T d'une solution et son absorbance A est :

a $T = 10^{A}$ **b** $A = 10^{T}$ **c** $T = 10^{-A}$ **d** $A = 10^{-T}$

4 On introduit, dans un spectrophotomètre, une solution aqueuse de diiode ($I_{2(aq)}$).

- **a** L'absorbance est l'inverse de la transmittance ;
- **b** La solution a une transmittance de 85% et une absorbance de 0,07 ;
- **c** La solution a une transmittance de 7% et une absorbance de 0,85.

5 Pour effectuer le dosage d'une solution aqueuse de $I_{2(aq)}$ par les ions thiosulfate ($S_2O_{3\,(aq)}^{2-}$) selon l'équation bilan :

$$2\,S_2O_{3\,(aq)}^{2-} + I_{2(aq)} = S_4O_{6\,(aq)}^{2-} + 2\,I^{-}_{(aq)}$$

- **a** on rajoute un indicateur coloré : le permanganate de potassium ($K^+ + MnO_4^-$) ;
- **b** on acidifie le milieu réactionnel ;
- **c** on ajoute de l'empois d'amidon.

6 Dans une solution acidifiée contenant n_2 moles d'éthanol ($C_2H_5OH_{(aq)}$), on introduit n_1 moles d'ions dichromate ($Cr_2O_{7\,(aq)}^{2-}$) qui réagissent selon l'équation-bilan :

$$2\,Cr_2O_{7\,(aq)}^{2-} + 16\,H^{+}_{(aq)} + 3\,C_2H_5OH_{(aq)} = 4\,Cr^{3+}_{(aq)} + 11\,H_2O_{(liq)} + 3\,CH_3COOH_{(aq)}$$

Quand les réactifs sont introduits dans les proportions stœchiométriques :

- **a** $2n_1 = 3n_2$; $Cr_2O_7{}^{2-}$ et C_2H_5OH disparaissent simultanément ;
- **b** $2n_1 = 3n_2$; Cr^{3+} et CH_3COOH apparaissent simultanément ;
- **c** $\frac{n_1}{2} = \frac{n_2}{3}$; $Cr_2O_7{}^{2-}$ et C_2H_5OH disparaissent simultanément ;

QCM 2 Molécules organiques

35 min. | Corrigé p. 99

1 Les structures électroniques de l'oxygène et du soufre sont :

a ${}_{8}O : (K)^2(L)^6$ et ${}_{16}S : (K)^2(L)^8(M)^6$;

b ${}_{8}O : (K)^4(L)^4$ et ${}_{16}S : (K)^4(L)^8(M)^4$;

c ${}_{8}O : (L)^2(M)^6$ et ${}_{16}S : (L)^2(M)^8(N)^6$;

2 La formule de Lewis de H_2O est :

a $H-\overline{O}-H$ **b** $H-\underline{\overline{O}}-H$ **c** $H-O-H$

3 La molécule HCN a pour formule de Lewis :

a $H=C=N|$ **b** $H-C\equiv N$ **c** $H-C\equiv N|$

4 La formule de Lewis la plus stable pour la molécule SO_2 est :

a 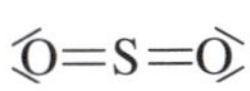 **b** 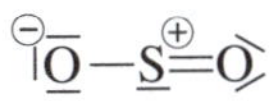 **c** 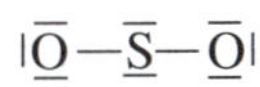

5 La molécule de formule semi-développée $CH_3-CH=CH-OH$

a possède 4 isomères Z/E ;

b possède 2 isomères Z/E ;

c ne possède pas l'isomérie Z/E.

6 Parmi les alcènes suivants, quel est l'isomère Z ?

a 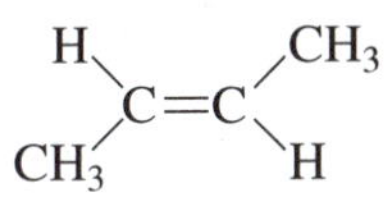 **b** 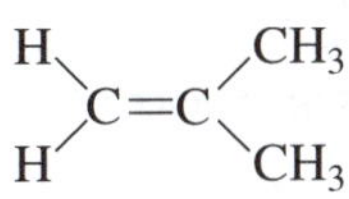 **c** 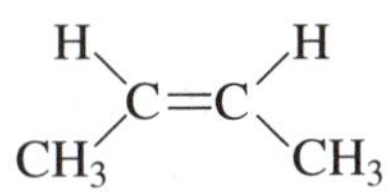

7 Laquelle des deux molécules suivantes est-elle l'isomère E ?

a 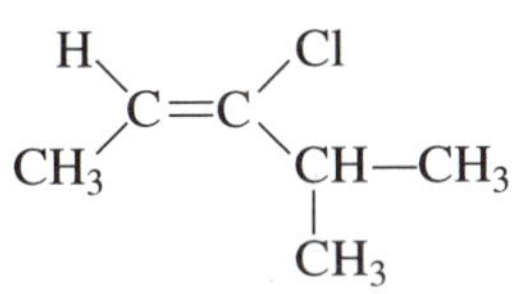 **b** 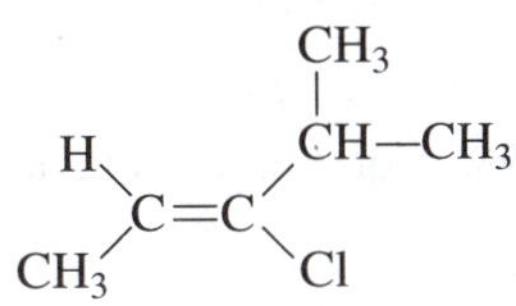

8 Dans la molécule :

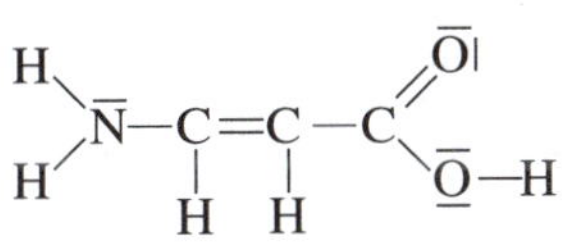

a les liaisons doubles ne sont pas conjuguées ;

b les liaisons doubles sont conjuguées ; l'azote peut se transformer en ion N^- ;

c les liaisons doubles sont conjuguées ; l'azote peut se transformer en ion N^+.

COURS EXERCICES CORRIGÉS

Données : numéros atomiques et masses molaires de quelques éléments :

	H	C	N	O	S	Cl
Z	1	6	7	8	16	17
M ($g \cdot mol^{-1}$)	1	12	14	16	32	35,5

3 Réaction chimique

★★ 10 min. Corrigé p. 102

Lycée Lacordaire, Marseille

L'ion dichromate $Cr_2O_7{}^{2-}_{(aq)}$, de couleur jaune orangée, peut se transformer en ion chrome III $Cr^{3+}_{(aq)}$, de couleur verte.

Quand on verse une solution acidifiée (présence d'ions $H^+_{(aq)}$) de sulfate de fer II ($Fe^{2+}_{(aq)} + SO_4^{2-}{}_{(aq)}$) en excès dans une solution de dichromate de potassium ($2\,K^+_{(aq)} + Cr_2O_7{}^{2-}_{(aq)}$), on observe un changement de couleur de la solution initiale, lié à une réaction d'équation-bilan (non équilibrée) :

$$Cr_2O_7{}^{2-}_{(aq)} + H^+_{(aq)} + Fe^{2+}_{(aq)} = Cr^{3+}_{(aq)} + H_2O + Fe^{3+}_{(aq)}$$

1 Déduire le changement de couleur de la solution.

2 Équilibrer l'équation-bilan de la réaction qui se produit.

4 Réaction chimique

★★ 30 min. Corrigé p. 103

Lycée Guy de Maupassant, Colombes

On plonge un morceau de cuivre, de masse $m_1 = 63{,}5$ g dans $V = 250$ mL d'une solution incolore de nitrate d'argent ($Ag^+_{(aq)} + NO_3^-{}_{(aq)}$), de concentration $C = 9{,}0.10^{-1}$ mol · L^{-1}.

1 Équilibrer l'équation-bilan de la réaction :

$$Cu_{(sol)} + Ag^+_{(aq)} = Cu^{2+}_{(aq)} + Ag_{(sol)}$$

2 Expliquer la coloration progressive de la solution.

3 Présenter le tableau d'avancement de la réaction.

4 Pour un avancement x de la réaction, la masse d'argent obtenue vaut $m = 7{,}0$ g.

En vous référant au tableau d'avancement, calculer x et en déduire les concentrations en ions Cu^{2+} et Ag^+, ainsi que la masse de métal cuivre restante.

Donnée : masses molaires :

$$M_{Ag} = 108 \text{ g} \cdot \text{mol}^{-1} \qquad M_{Cu} = 63{,}5 \text{ g} \cdot \text{mol}^{-1}$$

5 Spectrophotométrie

★ 5 min. Corrigé p. 104

Lycée Victor Hugo, Colomiers

Pour doser par spectrophotométrie une solution jaune de dichromate de potassium, on a placé cinq solutions de concentrations C différentes. La mesure de leur absorbance A, pour une longueur d'onde de 400 nm, donne les résultats suivants :

C (mmol · L^{-1})	1,0	2,0	3,0	4,0	5,0
A	0,31	0,59	0,9	1,24	1,48

1 Tracer la courbe d'étalonnage $A = f(C)$.

2 La loi de Beer-Lambert s'écrit : $A = \varepsilon \ell C$, où A est l'absorbance de la solution, ℓ est la longueur de la cuve en cm, C est la concentration de la solution en mol · L^{-1} et ε un coefficient restant constant tout au long de l'expérience (en L · mol^{-1} · cm^{-1}). Cette loi est-elle vérifiée ? Justifier la réponse.

3 Une solution de dichromate de potassium de concentration inconnue C' a, dans les mêmes conditions de mesure, une absorbance $A' = 1{,}12$. En déduire, en détaillant la réponse, la valeur de la concentration C' de la solution.

6 Spectrophotométrie

★★ 10 min. Corrigé p. 104

Lycée Alexandre Dumas, Saint-Cloud

L'eau de Dakin est un antiseptique utilisé pour le lavage des plaies et des muqueuses. Le principe actif est le permanganate de potassium $KMnO_4$, qui donne également sa couleur à la solution.

On prépare 100 mL d'une solution aqueuse contenant 158 mg de permanganate de potassium. Le spectre d'absorption est donné page suivante.

1 Calculer la concentration molaire de cette solution.

2 Quelle est la couleur du permanganate de potassium ? Justifiez en vous servant des principes de synthèse soustractive.

3 Après avoir rappelé la loi de Beer-Lambert, déterminer le coefficient k (en L · mol^{-1}), à la longueur d'onde $\lambda = 530$ nm.

Données : masses molaires de quelques éléments :

$M_K = 39{,}1$ g · mol^{-1} $\quad M_{Mn} = 54{,}9$ g · mol^{-1} $\quad M_O = 16$ g · mol^{-1}

COURS EXERCICES CORRIGÉS

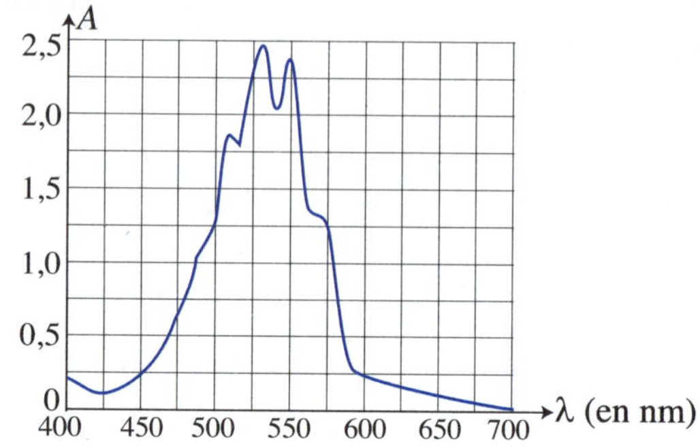

7 Spectrophotométrie

★ 15 min. Corrigé p. 105

Lycée Van Gogh, Ermont

On dispose d'une solution décimolaire de diiode I_2, à partir de laquelle on désire préparer $V_1 = 100$ mL de solution de concentration $C_1 = 2{,}0.10^{-2}$ mol · L^{-1}.

1 Après justification, calculer le volume V_0 de solution mère à prélever.

2 Par dilutions successives, on prépare des solutions dont les concentrations sont indiquées dans le tableau ci-dessous. Pour chacune de ces solutions, on a mesuré l'absorbance A qui caractérise sa capacité à absorber la lumière (A est une grandeur sans dimension).

C (mmol · L^{-1})	0	1,0	2,0	5,0	10	15
A	0	0,10	0,25	0,60	1,1	1,7

(a) Tracer le graphe $A = f(C)$; le choix d'échelle simple est laissé à l'initiative de l'élève.

(b) En déduire précisément la relation entre A et C.

(c) Pour une solution de concentration inconnue, on a mesuré une absorbance $A = 0{,}8$. En déduire la valeur de la concentration de cette solution.

8 Spectrophotométrie

★★ 20 min. Corrigé p. 106

Lycée Charlemagne, Paris

1 Énoncer la loi de Beer-Lambert. Donner une définition simple de l'absorbance.

2 À partir d'une solution mère bleu-vert de bleu de méthylène, on prépare une échelle de teintes, puis on mesure au spectrophotomètre l'absorbance de chacune des solutions filles. On obtient le tableau de mesures page suivante :

Concentrations massiques (mg · L^{-1})	0,50	1,00	2,00	3,00	4,00	5,00
Absorbance	0,053	0,128	0,243	0,388	0,491	0,648

Construire le graphe donnant l'absorbance en fonction de la concentration. Déterminer l'équation de ce graphe.

3 Pour ces mesures, le spectrophotomètre a été réglé à 650 nm. En expliquant le lien avec la couleur de la solution de bleu de méthylène, prévoir à quelle couleur correspond cette longueur d'onde.

4 Une solution pharmaceutique destinée à soigner une infection des yeux contient du bleu de méthylène. L'absorbance de la solution diluée 100 fois vaut 0,314. Quelle est la concentration de la solution pharmaceutique ?

9 Spectrophotométrie

★★ 15 min. Corrigé p. 108

Lycée Charlemagne, Paris

L'hélianthine est un indicateur coloré, c'est-à-dire une espèce chimique dont la couleur en solution aqueuse dépend du pH de celle-ci. Ainsi, pour $pH < 4{,}4$ l'hélianthine est rouge et pour $pH > 6{,}2$ elle est jaune.

1 La courbe spectrale d'une solution d'hélianthine de pH = 8,0, placée dans une cuve de 1,0 cm est donnée sur la figure ci-dessous. À quelle longueur d'onde est-il judicieux de tracer une courbe d'étalonnage ? Justifier la réponse.

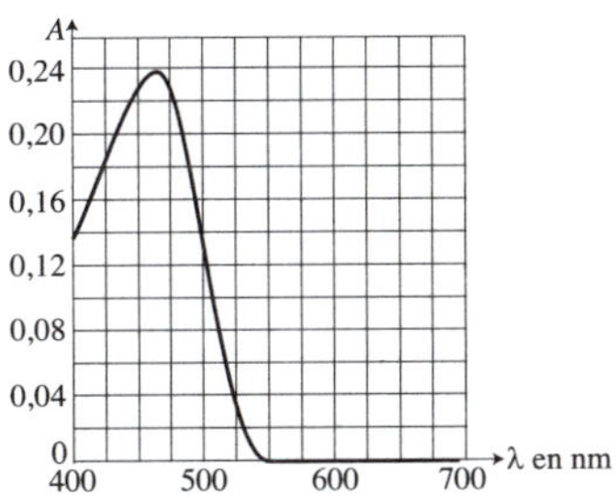

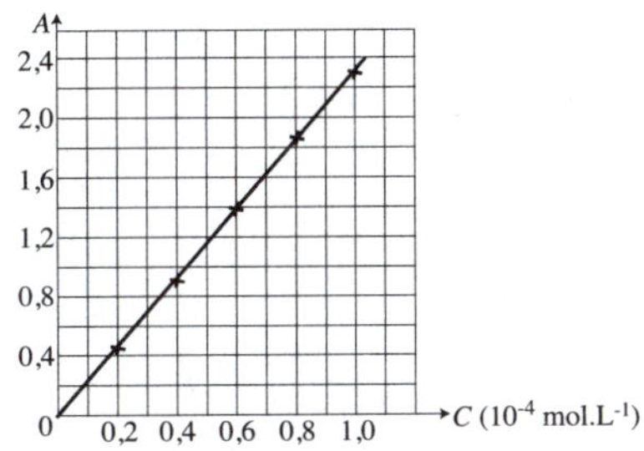

2 À quelle couleur correspond λ_{max} ? Est-ce cohérent avec les données de l'énoncé ?

3 La courbe d'étalonnage ci-dessus $A = f(C)$ a été réalisée pour $\lambda = \lambda_{max}$ avec des solutions d'hélianthine diluées réalisées à partir d'une solution mère de concentration $C_m = 1{,}0.10^{-4}$ mol · L^{-1}.

Mesurée dans les mêmes conditions, l'absorbance d'une solution d'hélanthine de concentration inconnue C vaut $A = 1{,}51$. Déterminer graphiquement C.

4 Confirmer par le calcul la valeur numérique trouvée précédemment pour C.

10 Spectrophotométrie

★★★ *30 min.* Corrigé *p. 109*

Lycée Notre-Dame du Grandchamp, Versailles

1 On souhaite vérifier la teneur en ions fer (II) d'un médicament en comprimés. La notice indique la composition d'un comprimé : « 80 mg d'ions Fe^{2+} ».

À partir d'une solution mère S d'ion $Fe^{2+}_{(aq)}$, de concentration massique $C_m = 20{,}0.10^{-3}\ g \cdot L^{-1}$, on prépare cinq solutions filles de 50,0 mL diluées avec de l'eau distillée. Les volumes V_i de solution S diluée sont indiqués dans le tableau ci-dessous. On mesure ensuite l'absorbance A de chaque solution obtenue :

Solution	1	2	3	4	5	6
V_i (en mL)	25,0	22,5	20,0	17,5	15,0	12,5
A	1,80	1,60	1,45	1,25	1,05	0,90

(a) Calculer la concentration massique C_{m1} en ions $Fe^{2+}_{(aq)}$ de la solution 1. Faire de même pour les autres solutions en mettant les valeurs obtenues dans un tableau.

(b) Compléter le graphique ci-dessous représentant l'absorbance A en fonction de la concentration massique C_{mi}.

Donner la relation numérique entre ces deux grandeurs, en précisant les unités.

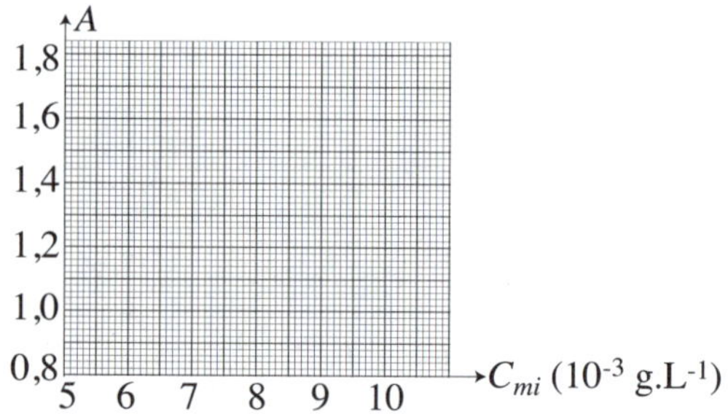

2 On introduit un comprimé dans une fiole jaugée de 1,00 L puis on complète avec de l'eau distillée et on homogénéise. On note S_0 la solution obtenue. On réalise ensuite un mélange contenant 5,00 mL de solution S_0 et on mesure son absorbance A :

Volume de la solution S_0 . . . . 5,00 mL
Volume total . . . . 50,0 mL
Absorbance 1,35

COURS
EXERCICES
CORRIGÉS

(a) En utilisant le graphe ou la relation établie à la question 1.(b), déterminer la concentration massique C'_m en ions $Fe^{2+}_{(aq)}$ dans le mélange.

(b) En déduire la valeur C''_m de la concentration massique en ions $Fe^{2+}_{(aq)}$ dans la solution S_0.

(c) Calculer la masse d'ions $Fe^{2+}_{(aq)}$ contenue dans un comprimé et préciser l'écart relatif :

$$\frac{\text{valeur indiquée} - \text{valeur expérimentale}}{\text{valeur indiquée}}$$

entre le résultat expérimental et l'indication du fabricant.

11 Molécules organiques

★ 5 min. Corrigé p. 111

Lycée Saint-Pierre, Brunoy

Parmi les alcènes ci-dessous, quels sont ceux qui présentent une isomérie Z/E ?

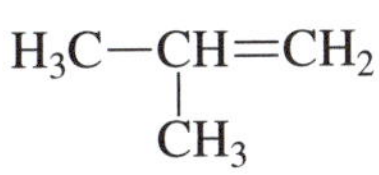

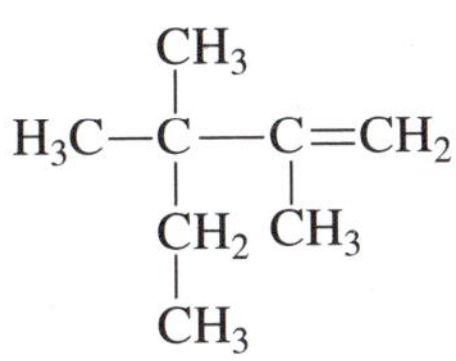

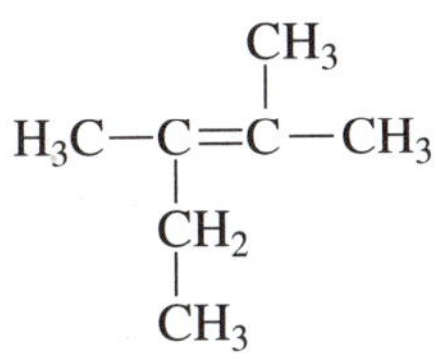

12 Molécules organiques

★ 5 min. Corrigé p. 111

Lycée Colbert, Lorient

Donner la formule de Lewis des molécules suivantes :

1 NH_3.

2 C_2H_6O (on envisage deux isomères).

Données : numéros atomiques de quelques éléments :

$$Z_H = 1 \qquad Z_C = 6 \qquad Z_N = 7 \qquad Z_O = 8$$

13 Molécules organiques

★ 5 min. Corrigé p. 112

Lycée Saint-Pierre, Brunoy

Soit la molécule :

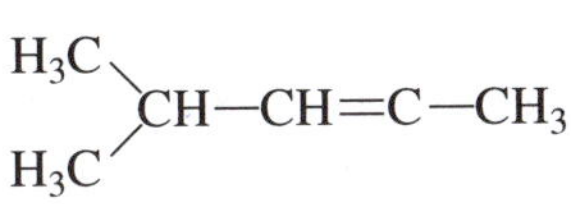

1 On veut écrire cette molécule sous la forme CHA = CHB. Préciser les groupements A et B.

2 Cette molécule possède-t-elle des isomères Z ou E ? Si oui, représenter chacun de ces isomères.

14 Molécules organiques

★★ 5 min. Corrigé p. 113

Lycée Bouchardon, Chaumont

Parmi les molécules suivantes, trouver celles qui présentent une isomérie Z/E. Le cas échéant, identifier l'isomère (Z ou E) représenté :

- 3,4-diméthylpent-2-ène : 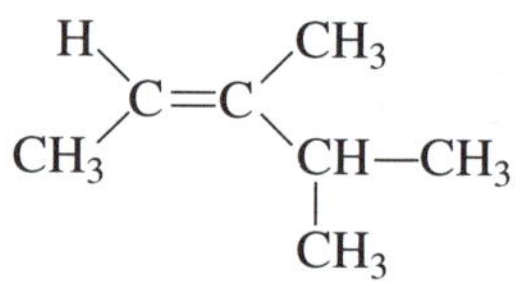
- Pent-2-ène : 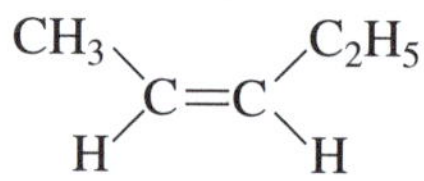
- But-1-ène : 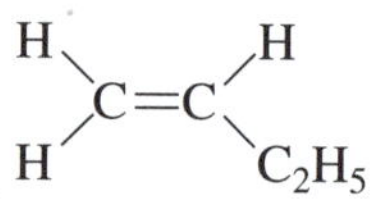

15 Molécules organiques

★ 10 min. Corrigé p. 114

Lycée Honoré de Balzac, Paris

Les pigments blancs d'un correcteur blanc sont dissous dans un solvant : le dichloroéthane. La formule brute du dichloroéthane est $C_2H_4Cl_2$.

1 Déterminer le nombre de liaisons formées par chaque type d'atomes présents dans le dichloroéthane, ainsi que son nombre de doublets non liants.

2 Donner la formule de Lewis des deux isomères possibles.

Données : numéros atomiques de quelques éléments :

$$Z_H = 1 \qquad Z_C = 6 \qquad Z_{Cl} = 17$$

16 Molécules organiques

★ 10 min. Corrigé p. 115

Lycée Monod, Clamart

Un composé organique, non cyclique, a pour formule brute : C_3H_6O.

1 Donner la configuration électronique de chaque atome.

2 Établir les représentation de Lewis des 4 isomères possibles.

Données : numéros atomiques de quelques éléments :

$$Z_H = 1 \qquad Z_C = 6 \qquad Z_O = 8$$

17 Molécules organiques

★ 10 min. Corrigé p. 116

Lycée La Bruyère, Versailles

La fuchsine est un colorant rouge-violacé utilisé dans le domaine médical pour détecter et identifier des bactéries. La formule topologique de cette molécule est représentée ci-dessous.

1 La molécule de fuchsine est-elle une molécule organique ?

2 Combien possède-t-elle de liaisons simples C–H ?

3 **(a)** Dénombrer les liaisons doubles de la fuchsine, en indiquant les atomes impliqués dans ces liaisons.

(b) Sont-elles conjuguées ?

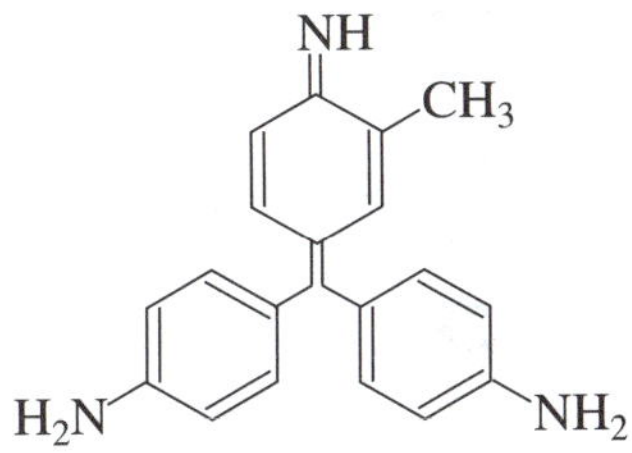

18 Molécules organiques

★★ 15 min. Corrigé p. 117

Lycée Mansart, Saint-Cyr l'École

Le bleu de méthylène (BBT) est un indicateur coloré pouvant exister sous la forme de deux molécules : B_1 en milieu acide et B_2 en milieu basique.

La représentation topologique des deux molécules est donnée ci-après :

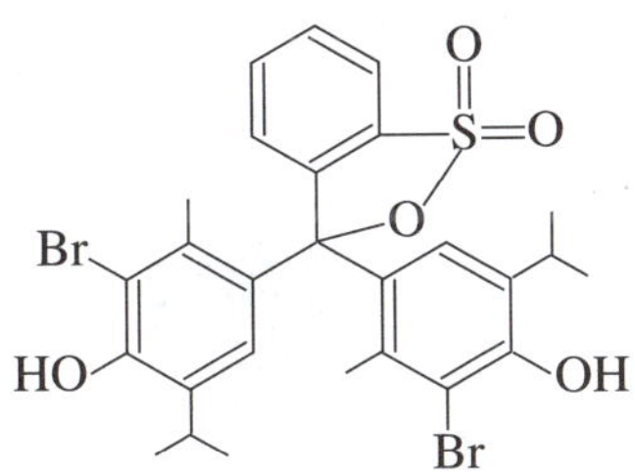

Représentation *A*

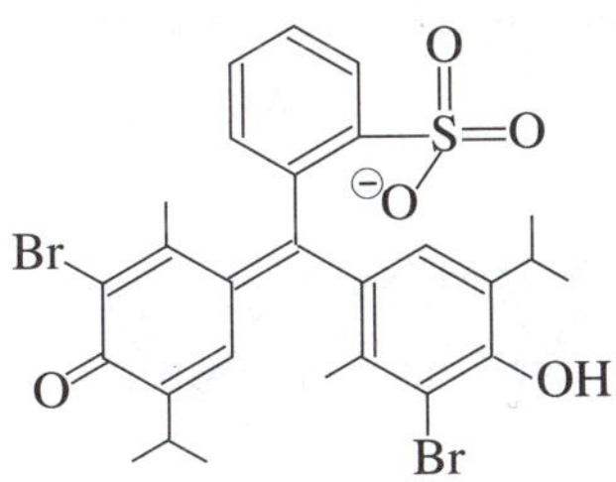

Représentation *B*

On donne le spectre d'absorption de chacune d'elles ci-dessous :

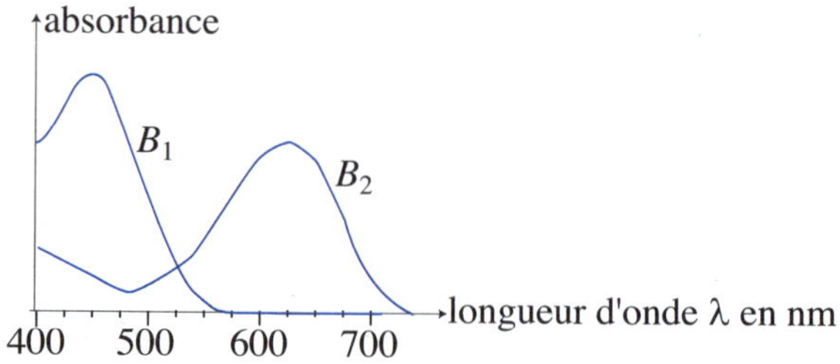

On donne, de plus :

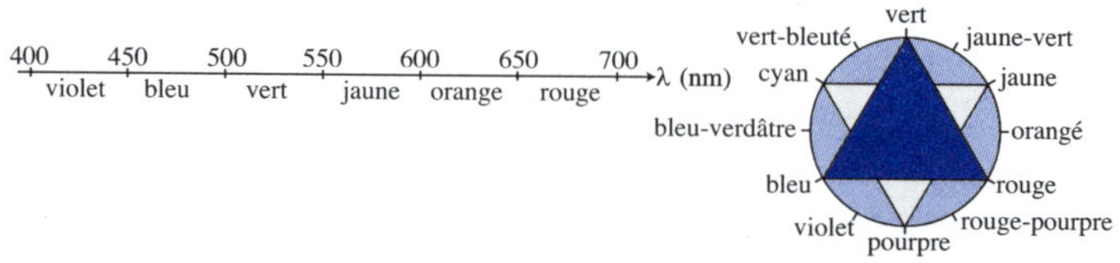

1 Donner la formule brute de la molécule A.

2 De quel paramètre dépend la couleur du BBT ?

3 Déterminer, en justifiant, la couleur de la forme acide et celle de la forme basique du BBT.

4 Attribuer, en justifiant, à chaque molécule B_1 et B_2, sa représentation topologique.

19 Molécules organiques

★★ 15 min. Corrigé p. 118

Lycée Saint-Martin, Rennes

Les alcènes ont pour formule générale C_nH_{2n}, où n est un entier supérieur ou égal à 2, représentant le nombre d'atomes de carbone.

1 Déterminer la formule brute des alcènes de masse molaire $M = 56\ g \cdot mol^{-1}$.

2 Représenter la formule de Lewis de l'alcène qui présente une isomérie Z/E, parmi les précédents alcènes.

Données : masses molaires de quelques éléments :

$$M_H = 1\ g \cdot mol^{-1} \qquad M_C = 12\ g \cdot mol^{-1}$$

20 Molécules organiques

★ 20 min. Corrigé p. 118

Lycée Beaudelaire, Fosses

1 Parmi les atomes suivants, quels sont ceux qui possèdent le même nombre d'électrons périphériques. Justifier et préciser le nombre d'électrons périphériques qu'ils ont en commun :

Bore : ${}_{5}B$	Azote : ${}_{7}N$	Oxygène : ${}_{8}O$
Phosphore : ${}_{15}P$	Soufre : ${}_{16}S$	Carbone : ${}_{6}C$
Hydrogène : ${}_{1}H$	Chlore : ${}_{17}Cl$	

2 Donner la formule de Lewis des molécules suivantes :

CH_2O O_2 C_2H_4

3 Donner la formule de Lewis des molécules suivantes et en déduire leur géométrie :

H_2O CO_2 CCl_4

QCM 1 Spectrophotométrie

Enoncé p. 86

1 Lorsqu'une cuve de longueur ℓ contient une solution de concentration C absorbant de la lumière à la longueur d'onde λ, la loi de Beer-Lambert indique que l'absorbance vaut :

$$A = \varepsilon \ell C$$

ce qui montre que A est proportionnelle à C (réponse **c**).

2 Lorsqu'une solution (d'absorbance A_{solution}) contient une espèce colorée (d'absorbance $A_{\text{espèce}}$) et d'autres espèces non colorées (d'absorbance A_{autres}), son absorbance vaut :

$$\begin{aligned} A_{\text{solution}} &= A_{\text{espèce}} + A_{\text{autres}} \\ &\Rightarrow A_{\text{espèce}} = A_{\text{solution}} - A_{\text{autres}} \end{aligned}$$

Cette relation montre que pour connaître l'absorbance d'une espèce colorée présente dans une solution, il faut mesurer l'absorbance de la solution (introduite dans une cuve) et mesurer aussi l'absorbance des autres espèces non colorées (introduites dans une autre cuve) ; cette dernière opération est appelée « faire le blanc » (réponse **a**).

3 La relation entre la transmittance T et l'absorbance A d'une solution s'écrit :

$$T = 10^{-A} \text{(réponse } \boxed{c}\text{)}$$

4 La relation précédente montre que l'absorbance n'est pas l'inverse de la transmittance (sans quoi on écrirait : $A = \frac{1}{T}$).
Une solution d'absorbance 0,07 présente une transmittance :

$$T = 10^{-0,07} = 0,85 = 85\% \text{ (réponse } \boxed{b}\text{)}$$

tandis qu'une solution d'absorbance 0,85 a une transmittance :

$$T = 10^{-0,85} = 0,14 \neq 7\%$$

5 L'empois d'amidon forme avec $I_{2(aq)}$ un composé bleu qui est alors la seule espèce colorée du milieu réactionnel, dans lequel se déroule la réaction du dosage, d'équation-bilan :

$$\underset{\text{incolore}}{2\,S_2O_{3(aq)}^{2-}} + I_{2(aq)} = \underbrace{S_4O_{6(aq)}^{2-} + 2\,I^-_{(aq)}}_{\text{incolore}}$$

Deux cas peuvent alors se présenter :

- avant l'équivalence, la quantité de $S_2O_{3(aq)}^{2-}$ introduite dans le milieu n'est pas suffisante pour consommer la totalité de $I_{2(aq)}$; le diiode restant forme avec l'empois d'amidon un composé bleu.
- à partir de l'équivalence, $S_2O_3{}^{2-}$ est introduit en excès : $I_{2(aq)}$ ayant disparu du milieu réactionnel, celui-ci devient incolore.

Par conséquent, l'introduction de l'empois d'amidon facilite le repérage de l'équivalence (réponse **c**) : à l'équivalence, la solution devient incolore.

6 Soit x l'avancement de la réaction :

	$2\,Cr_2O_{7\,(aq)}^{2-}$	$+3\,C_2H_5OH_{(aq)}$	$+16\,H^+_{(aq)}$	$=11\,H_2O_{(liq)}$	$+4\,Cr^{3+}_{(aq)}$	$3\,CH_3COOH_{(aq)}$
$x=0$	n_1	n_2			0	0
$x\neq 0$	n_1-2x	n_2-3x			$4x$	$3x$

Lorsque les réactifs sont introduits dans les proportions stœchiométriques, si la réaction est totale, l'avancement x prend une valeur finale x_f qui assure la disparition simultanée des réactifs, ce qui se traduit alors par :

$$n_{Cr_2O_7^{2-}} = n_1 - 2x_f = 0 \Rightarrow 2x_f = n_1 \Rightarrow x_f = \frac{n_1}{2}$$

et :

$$n_{C_2H_5OH} = n_2 - 3x_f = 0 \Rightarrow 3x_f = n_2 \Rightarrow x_f = \frac{n_2}{3}$$

d'où il découle que :

$$\frac{n_1}{2} = \frac{n_2}{3} \text{ (réponse } \boxed{c}\text{)}$$

QCM

2 Molécules organiques

Enoncé p. 87

1 Les niveaux (K) et (L) étant saturés avec 2 et 8 électrons respectivement, les atomes d'oxygène et de soufre ont pour configurations électroniques :

$${}_8O : (K)^2(L)^6 \text{ et } {}_{16}S : (K)^2(L)^8(M)^6 \text{ (réponse } \boxed{a}\text{)}$$

2 Avec la configuration électronique ${}_1H : (K)^1$, l'atome d'hydrogène a pour structure de Lewis : H—. Quant à l'atome d'oxygène, sa configuration électronique (établie à la question précédente) montre qu'il présente $N_e = 6$ électrons périphériques. Puisque $N_e > 4$, la règle de l'octet prévoit que cet atome peut former un nombre N_ℓ de liaisons covalentes, tel que :

$$N_e + N_\ell = 8 \Rightarrow N_\ell = 8 - N_e = 8 - 6 = 2 \text{ liaisons covalentes}$$

de sorte qu'il reste :

$$N_d = \frac{N_e - N_\ell}{2} = \frac{6-2}{2} = 2 \text{ doublets non liants}$$

Finalement, la molécule d'eau a pour formule de Lewis :

$$H-\overline{\underline{O}}-H \text{ (réponse } \boxed{b}\text{)}$$

3 La configuration électronique de l'atome de carbone ${}_6C$ s'écrit $(K)^2(L)^4$ et montre qu'il présente $N_e = 4$ électrons périphériques. La règle de l'octet prévoit que cet atome peut former N_ℓ liaisons covalentes, tel que :

$$N_e + N_\ell = 8 \Rightarrow N_\ell = 8 - N_e = 4 \text{ liaisons covalentes}$$

de sorte qu'il reste :

$$N_d = \frac{N_e - N_\ell}{2} = \frac{4-4}{2} = 0 \text{ doublet non liant}$$

De la même façon, l'atome d'azote ${}_7N$ a pour configuration électronique $(K)^2(L)^5$, présente $N_e = 5$ électrons périphériques, peut former $N\ell = 3$ liaisons covalentes et $N_d = 1$ doublet non liant.

La formule de Lewis de la molécule HCN s'écrit alors : $H - C \equiv N|$ (réponse **c**).

4 Avec $N_e = 6$ électrons périphériques (*cf.* question 1), on peut envisager plusieurs formules de Lewis pour les atomes d'oxygène et de soufre, qui respectent la règle de l'octet :

- Puisque $N_e > 4$, la règle de l'octet indique que le nombre de liaisons covalentes N_ℓ vérifie :

$$N_\ell + N_e = 8 \Rightarrow N_\ell = 8 - N_e = 8 - 6 = 2 \text{ liaisons covalentes}$$

tandis qu'il reste :

$$N_d = \frac{N_e - N_\ell}{2} = \frac{6-2}{2} = 2 \text{ doublets non liants}$$

Ainsi ces atomes présentent les formules de Lewis suivantes :

$$-\overline{\underline{O}}- \qquad -\overline{\underline{S}}-$$

- Les ions O^+ et S^+ présentent la structure de Lewis :

$$-\overline{O}^{\oplus}- \qquad -\overline{S}^{\oplus}-$$
(avec une liaison vers le bas sur O et S)

- Les ions O^- et S^- possèdent $N_e = 6 + 1 = 7$ électrons périphériques et, puisque $N_e > 7$, la règle de l'octet prévoit que ces ions forment :

$$N_\ell = 8 - N_e = 8 - 7 = 1 \text{ liaison covalente}$$

et conservent :

$$N_d = \frac{N_e - N_\ell}{2} = \frac{7-1}{2} = 3 \text{ doublets non liants}$$

Ce faisant, ces ions ont pour formules de Lewis :

$$^{\ominus}|\overline{\underline{O}}- \qquad ^{\ominus}|\overline{\underline{S}}-$$

Parmi les formules de Lewis proposées, il apparaît alors que $= S =$ et $|\overline{\underline{O}}-$ correspondent à aucune structure possible. Par conséquent, la formule de Lewis la plus stable envisageable pour SO_2 est :

$$^{\ominus}|\overline{\underline{O}}-\underline{S}^{\oplus}=\overline{O}\rangle \text{ (réponse } \boxed{b} \text{)}$$

5 La molécule peut s'écrire sous la forme CHA=CHB. Elle présente ainsi l'isométrie Z/E, avec les 2 isomères suivants :

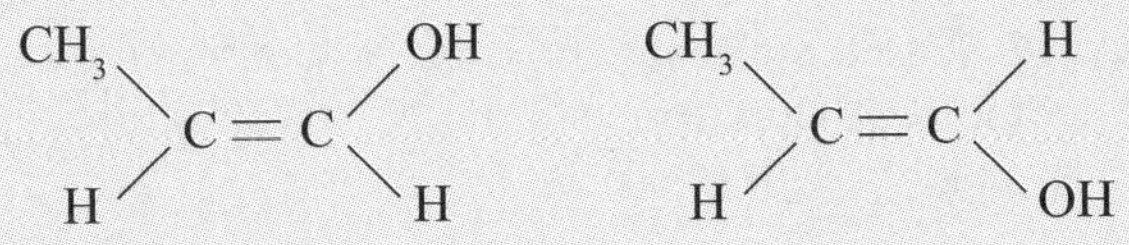

isomère Z et isomère E

6 Pour qu'un alcène présente une isomérie Z/E, il faut que chaque atome de carbone de la double liaisons C = C soit lié à deux substituants différents, ce qui exclut la réponse **b** . En outre, un alcène CHA = CHB est un isomère Z lorsque les groupements A et B se trouvent du même côté de l'axe de la double liaison (réponse **c**) :

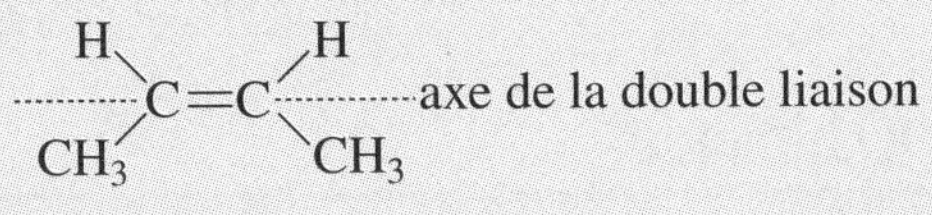

7 Des groupes $-CH_3$ et –H, le premier est un groupe prioritaire dans la préséance de C.I.P. (on les notera désormais –A et –B). De même, des deux groupes liés à l'autre atome de carbone, c'est le chlore qui est prioritaire (noté groupe –A′), car il présente une masse molaire supérieure à celle du carbone :

groupe A′ : —Cl   groupe B′ : —C— (avec deux liaisons verticales)

L'isomère E est alors celui qui présente ses deux groupes prioritaires (A et A′) de part et d'autre de l'axe de la molécule (réponse **b**) :

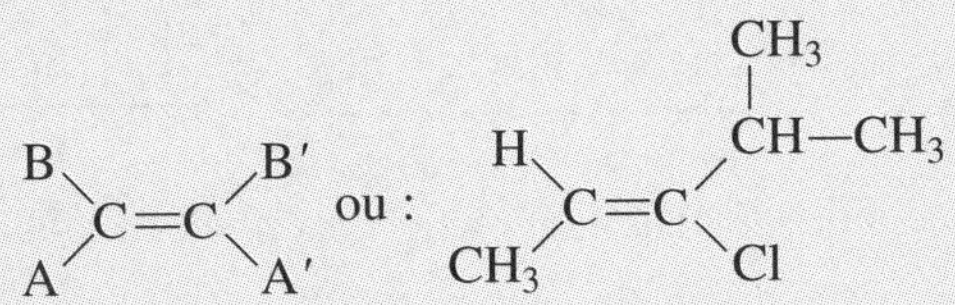

8 L'atome d'azote, de structure électronique ${}_7N : (K)^2(L)^5$ peut se présenter sous les formes suivantes (N_e, $N_\ell = 8 - N_e$ et $N_d = \dfrac{N_e - N_\ell}{2}$ désignant respectivement le nombre d'électrons périphériques, le nombre de liaisons covalentes et le nombre de doublets non liants) :

	atome N	ion N^-	ion N^+
N_e	5	6	4
N_ℓ	3	2	4
N_d	1	2	0

C'est pourquoi il est possible d'envisager les formules de Lewis suivantes :

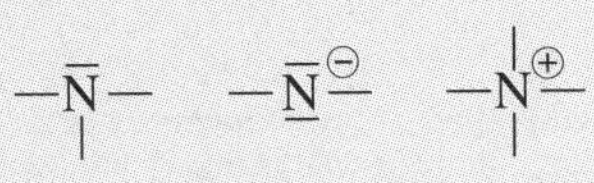

Ainsi, dans la molécule proposée, les doubles liaisons sont conjuguées ; l'atome peut alors former l'ion N^+ (réponse **C**), tous les éléments respectant la règle de l'octet ou du duet :

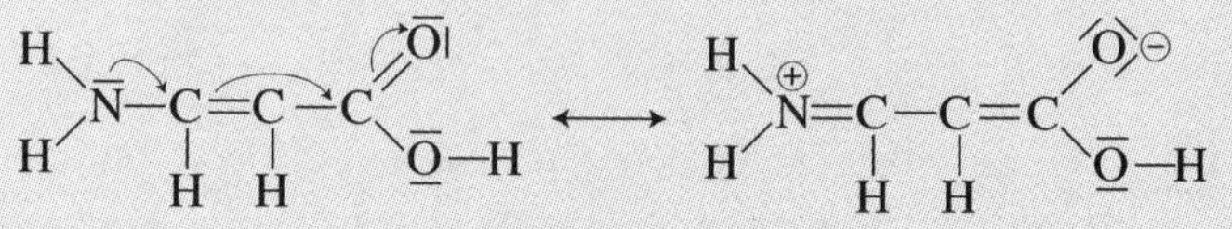

tandis qu'il ne peut former l'ion N^-, susceptible de ne former que deux liaisons covalentes alors qu'au moins trois liaisons sont requises dans la molécule (deux liaisons N–H et au moins une liaison N–C).

3 Réaction chimique

Enoncé *p. 88*

Lycée Lacordaire, Marseille

1 Initialement, le milieu contient des ions $Cr_2O_{7\,(aq)}^{2-}$ (jaune-orangé), $H^+_{(aq)}$ (incolore) et $Fe^{2+}_{(aq)}$ (vert-pâle). Lorsque tous les ions dichromate ont réagi ($Fe^{2+}_{(aq)}$ est introduit en excès) la solution contient des ions $Cr^{3+}_{(aq)}$ (vert) et $Fe^{3+}_{(aq)}$ (rouge pâle). Par conséquent, au cours de la réaction, la solution passe du jaune-orangé au vert.

2 Afin d'écrire l'équation-bilan de la réaction, il convient :

- d'équilibrer l'élément chrome :

$$\underbrace{Cr_2O_7^{2-} + H^+ + Fe^{2+}}_{\text{2 atomes Cr}} = \underbrace{2\,Cr^{3+} + H_2O + Fe^{3+}}_{\text{2 atomes Cr}}$$

- d'équilibrer l'élément oxygène, en ajustant la quantité de H_2O :

$$\underbrace{Cr_2O_7^{2-} + H^+ + Fe^{2+}}_{\text{7 atomes O}} = \underbrace{2\,Cr^{3+} + 7\,H_2O + Fe^{3+}}_{\text{7 atomes O}}$$

- d'équilibrer l'élément hydrogène, à l'aide de H^+ :

$$\underbrace{Cr_2O_7^{2-} + 14\,H^+ + Fe^{2+}}_{\text{14 atomes H}} = \underbrace{2\,Cr^{3+} + 7\,H_2O + Fe^{3+}}_{\text{14 atomes H}}$$

- d'équilibrer l'élément fer, en introduisant autant d'ions Fe^{2+} (quantité x) à gauche de l'équation que d'ions Fe^{3+} à droite :

$$\underbrace{Cr_2O_7^{2-} + 14\,H^+ + x\,Fe^{2+}}_{x\text{ atomes Fe}} = \underbrace{2\,Cr^{3+} + 7\,H_2O + x\,Fe^{3+}}_{x\text{ atomes Fe}}$$

- d'ajuster la valeur de x de manière à assurer la conservation de la charge :

$$\underbrace{14 + 2x - 2}_{\text{charge à gauche}} = \underbrace{6 + 3x}_{\text{charge à droite}}$$

Il convient donc de choisir x tel que :

$$12 + 2x = 6 + 3x \Rightarrow x = 6$$

de manière à assurer la présence de 24 charges $+e$ de part et d'autre de l'équation-bilan, qui s'écrit finalement :

$$Cr_2O_7{}^{2-}_{(aq)} + 14\,H^+_{(aq)} + 6\,Fe^{2+}_{(aq)} = 2\,Cr^{3+}_{(aq)} + 7\,H_2O + 6\,Fe^{3+}_{(aq)}$$

4 Réaction chimique

Enoncé p. 88

Lycée Guy de Maupassant, Colombes

1 L'équation-bilan de cette réaction s'écrit, après en avoir équilibré les charges et l'élément argent :

$$Cu_{(sol)} + 2\,Ag^+_{(aq)} = Cu^{2+}_{(aq)} + 2\,Ag_{(sol)}$$

2 La solution contient les ions $Ag^+_{(aq)}$, incolores, et $Cu^{2+}_{(aq)}$, bleus (les métaux $Cu_{(sol)}$ et $Ag_{(sol)}$ demeurent sous forme solide). Aussi, au fur et à mesure que la réaction produit des ions $Cu^{2+}_{(aq)}$, elle devient de plus en plus bleue.

3 Initialement, le milieu réactionnel contient :

- une quantité n_1 de cuivre métallique, telle que :

$$m_1 = n_1\,M_{Cu} \Rightarrow n_1 = \frac{m_1}{M_{Cu}} = \frac{63{,}5}{63{,}5} = 1 \text{ mol de } Cu_{(sol)}$$

- une quantité n d'ions $Ag^+_{(aq)}$, dont la concentration est définie par :

$$C = \frac{n}{V} \Rightarrow n = CV = 9.10^{-1} \times 0{,}25 = 0{,}225 \text{ mol d'ions } Ag^+_{(aq)}$$

Le tableau d'avancement de la réaction s'écrit donc :

	$Cu_{(sol)} +$	$2\,Ag^+_{(aq)}$	$= Cu^{2+}_{(aq)}$	$+2\,Ag_{(sol)}$
$x = 0$	1	0,225	0	0
$x \neq 0$	$1 - x$	$0{,}225 - 2x$	x	$2x$

4 Compte tenu de ce tableau, la masse $m_{Ag} = 7$ g de $Ag_{(sol)}$ est associée à une quantité de matière $n_{Ag} = 2x$ telle que :

$$m_{Ag} = n_{Ag}\,M_{Ag} \quad \Rightarrow \quad n_{Ag} = \frac{m_{Ag}}{M_{Ag}} \Rightarrow 2x = \frac{7}{108}$$

$$\Rightarrow \quad x = \frac{7}{108 \times 2} \simeq 3{,}24.10^{-2} \text{ mol}$$

Ainsi, le tableau d'avancement permet de connaître la composition du milieu réactionnel lorsque $x = 3{,}24.10^{-2}$ mol :

	$Cu_{(sol)} +$	$2\,Ag^+_{(aq)}$	$= Cu^{2+}_{(aq)}$	$+2Ag_{(sol)}$
n (mol)	0,968	0,16	$3{,}24.10^{-2}$	$6{,}48.10^{-2}$

d'où se déduisent les concentrations :

$$\left[Cu^{2+}_{(aq)}\right] = \frac{3{,}24.10^{-2}}{0{,}25} = 0{,}13 \text{ mol·L}^{-1} \qquad \left[Ag^{+}_{(aq)}\right] = \frac{0{,}16}{0{,}25} = 0{,}64 \text{ mol·L}^{-1}$$

ainsi que la masse de cuivre restante :

$$m_{Cu} = n_{Cu} \times M_{Cu} = 0{,}968 \times 63{,}5 \Rightarrow m_{Cu} = 61{,}5 \text{ g}$$

5 Spectrophotométrie

Lycée Victor Hugo, Colomiers

Enoncé *p. 89*

1 La courbe d'étalonnage $A = f(C)$ se déduit des valeurs numériques fournies par l'énoncé :

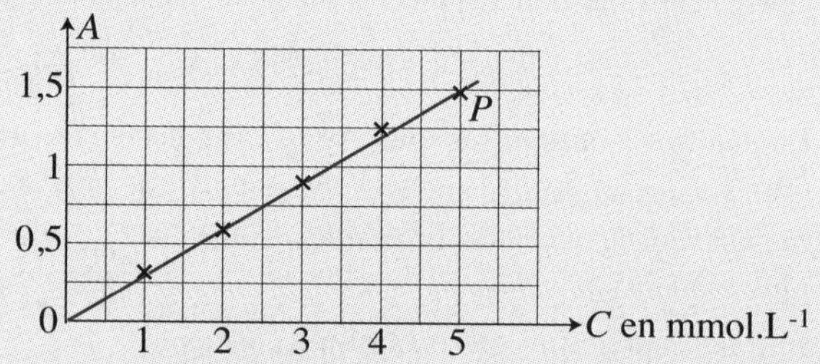

2 L'alignement de ces points montre que la courbe d'étalonnage s'apparente à un segment de droite qui passe par l'origine. Il existe donc un coefficient k (coefficient directeur de la droite) permettant de poser :

$$A = k \times C \qquad (10)$$

À condition que $k = \varepsilon\ell$, cette relation confirme la loi de Beer-Lambert : $A = \varepsilon\ell \times C$.

3 Puisque le point P, de coordonnées $C_P = 5 \text{ mmol} \cdot \text{L}^{-1} = 5.10^{-3} \text{ mol} \cdot \text{L}^{-1}$ et $A_P = 1{,}48$ appartient à la droite d'étalonnage, il vérifie la relation (10), au même titre que les grandeurs C' et $A' = 1{,}12$:

$$\begin{cases} A' = k \times C' \\ A_P = k \times C_P \end{cases} \Rightarrow \frac{A'}{A_P} = \frac{C'}{C_P} \Rightarrow C' = C_P \times \frac{A'}{A_P}$$

$$\Rightarrow C' = 5.10^{-3} \times \frac{1{,}12}{1{,}48}$$

$$\Rightarrow 3{,}78.10^{-3} \text{ mol} \cdot \text{L}^{-1} = 3{,}78 \text{ mmol} \cdot \text{L}^{-1}$$

6 Spectrophotométrie

Lycée Alexandre Dumas, Saint-Cloud

Enoncé *p. 89*

1 La masse molaire du permanganate de potassium ($KMnO_4$) valant :

$$M = M_K + M_{Mn} + 4M_O = 39{,}1 + 54{,}9 + 4 \times 16 = 158 \text{ g} \cdot \text{mol}^{-1}$$

un échantillon de masse $m = 158$ mg $= 158.10^{-3}$ g et de volume $V = 0{,}1$ L contient la quantité de matière :

$$n = \frac{m}{M} = \frac{158.10^{-3}}{158} = 10^{-3} \text{ mol}$$

à laquelle est associée la concentration :

$$C = \frac{n}{V} = \frac{10^{-3}}{0{,}1} = 10^{-2} \text{ mol} \cdot \text{L}^{-1}$$

2 L'absorbance étant maximale pour une longueur d'onde $\lambda = 530$ nm, le permanganate de potassium absorbe essentiellement le vert.

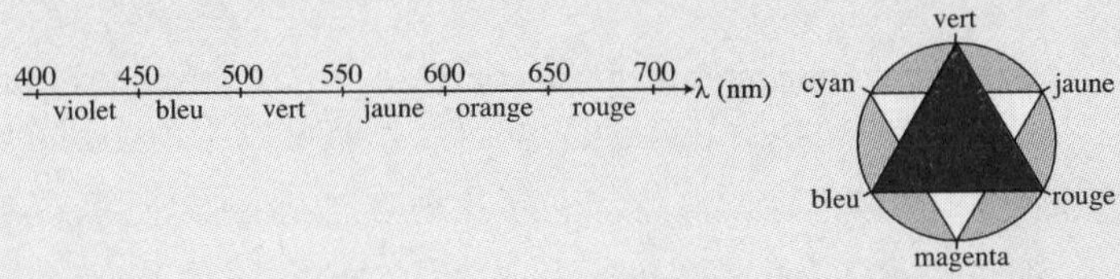

Le cercle des couleurs montre alors que la solution doit paraître magenta.

3 La loi de Beer-Lambert établit la proportionnalité entre l'absorbance A et la concentration C de la solution :

$$A = k \times C \Rightarrow k = \frac{A}{C}$$

Notamment, pour une longueur d'onde $\lambda = 530$ nm, la courbe fournie par l'énoncé présente un maximum $A_{\max} = 2{,}45$, ce qui affecte à la constante k la valeur :

$$k = \frac{A_{\max}}{C} = \frac{2{,}45}{10^{-2}} = 245 \text{ L} \cdot \text{mol}^{-1}$$

7 Spectrophotométrie

Enoncé p. 90

Lycée Van Gogh, Ermont

1 Soit $n_{I_2} = C_0 V_0$ la quantité de matière de I_2 prélevée dans le volume V_0 de solution mère décimolaire (de concentration $C_0 = 0{,}1 \text{ mol} \cdot \text{L}^{-1}$). Cette quantité de matière est introduite dans une solution dont le volume est ramené à $V_1 = 100$ mL. La concentration en I_2 de cette dernière solution vaut alors :

$$C_1 = \frac{n_{I_2}}{V_1} \Rightarrow C_1 V_1 = n_{I_2} = C_0 V_0$$

$$\Rightarrow V_0 = \frac{C_1}{C_0} V_1 = \frac{2.10^{-2}}{0{,}1} \times 100 \Rightarrow V_0 = 20 \text{ mL}$$

2 **(a)** Les valeurs numériques fournies par l'énoncé conduisent au tracé de la courbe d'étalonnage $A = f(C)$:

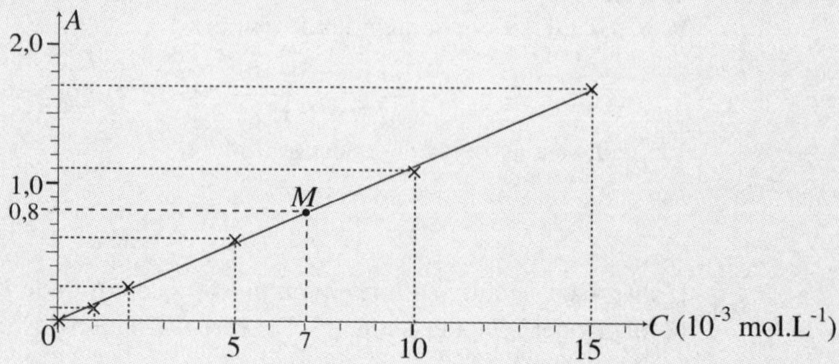

(b) Ce graphe montre que la courbe $A = f(C)$ est une droite qui passe par l'origine. Il existe donc une constante K permettant d'écrire :

$$A = K \times C$$

La valeur numérique de $K = \dfrac{A}{C}$ peut se déduire directement de la courbe ou du calcul de ce rapport pour les différentes valeurs numériques fournies par l'énoncé :

C (en $\mathrm{mol \cdot L^{-1}}$)	0	10^{-3}	2.10^{-3}	5.10^{-3}	0,010	0,015
A	0	0,10	0,25	0,60	1,1	1,7
A/C (en $\mathrm{L \cdot mol^{-1}}$)	?	100	125	120	110	113

Donc, en moyenne, on trouve : $K \simeq 114\ \mathrm{L \cdot mol^{-1}}$.

(c) De ce qui précède, il ressort qu'une solution d'absorbance $A = 0{,}8$ présente une concentration C telle que :

$$A = K \times C \Rightarrow C = \frac{A}{K} = \frac{0{,}8}{114} \Rightarrow C \simeq 7.10^{-3}\ \mathrm{mol \cdot L^{-1}}$$

Remarque : Cette valeur pouvait directement s'obtenir à l'aide de la courbe d'étalonnage qui montre que le point M d'absorbance $A = 0{,}8$ a pour abscisse $C = 7.10^{-3}\ \mathrm{mol \cdot L^{-1}}$.

8 Spectrophotométrie

Enoncé *p. 90*

Lycée Charlemagne, Paris

1 La loi de Beer-Lambert précise que l'absorbance A d'une solution colorée est proportionnelle à sa concentration C. Il existe donc une constante k telle que :

$$A = k \times C \qquad (11)$$

Si I_0 désigne l'intensité lumineuse qui arrive sur un échantillon de solution colorée et si I désigne l'intensité lumineuse qui en sort, l'absorbance représente l'exposant A selon lequel :

$$\frac{I_0}{I} = 10^A \text{ ou encore : } \frac{I}{I_0} = 10^{-A}$$

Plus l'absorbance d'une solution est importante, moins cette solution est transparente.

2 Les résultats de mesure consignés dans l'énoncé sont reportés dans une courbe d'étalonnage :

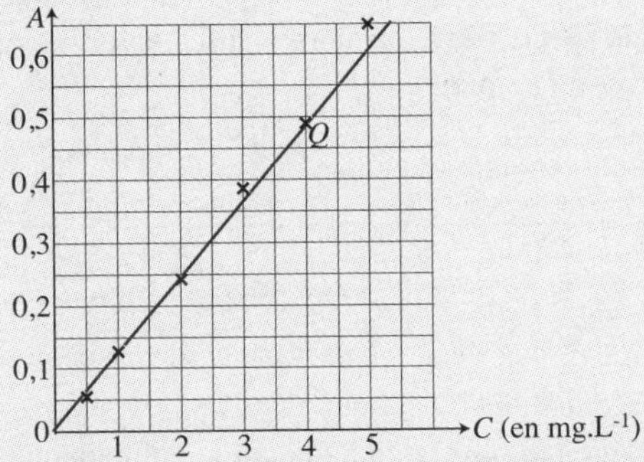

Cette courbe représentant une droite qui passe par l'origine, son équation est celle donnée par la loi de Beer-Lambert (11) dans laquelle la valeur numérique du coefficient directeur k doit rendre compte du passage de la courbe par le point Q de coordonnées $C = 4{,}00\ \text{mg} \cdot \text{L}^{-1}$ et $A = 0{,}491$:

$$A = k \times C \Rightarrow k = \frac{A}{C} = \frac{0{,}491}{4} \simeq 0{,}123\ \text{L} \cdot \text{mg}^{-1}$$

3 Puisque la solution apparaît bleue-verdâtre c'est qu'elle absorbe les radiations orangées (*cf.* disque des couleurs).

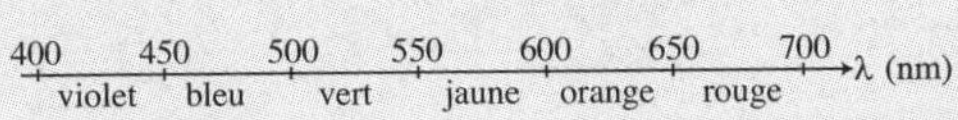

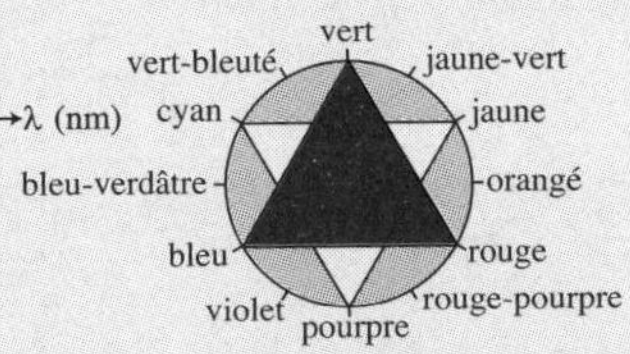

Le maximum d'absorbance de cette solution doit alors correspondre à cette couleur, ce qui justifie le réglage du spectrophotomètre à 650 nm (orange-rouge).

4 La solution analysée présente une absorbance $A = 0{,}314$ et donc une concentration C donnée par la loi de Beer-Lambert :

$$A = k \times C \Rightarrow C = \frac{A}{k} = \frac{0{,}314}{0{,}123} \simeq 2{,}55\ \text{mg} \cdot \text{L}^{-1}$$

auquel cas la solution pharmaceutique, 100 fois plus concentrée, est de concentration :

$$C_0 = 100 \times C \simeq 255\ \text{mg} \cdot \text{L}^{-1}$$

9 Spectrophotométrie

Enoncé p. 91

Lycée Charlemagne, Paris

1 La courbe spectrale montre que l'hélianthine absorbe au mieux les rayonnements de longueur d'onde $\lambda_{max} = 465$ nm. C'est aussi à cette longueur d'onde que la courbe d'étalonnage sera tracée afin d'avoir les plus grandes variations possibles de A.

2 Dans le spectre de la lumière visible, la longueur d'onde $\lambda_{max} = 465$ nm correspond au bleu :

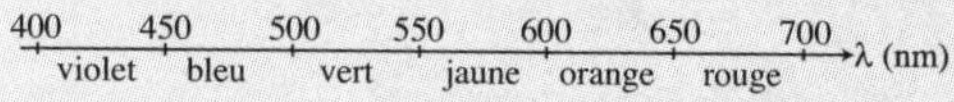

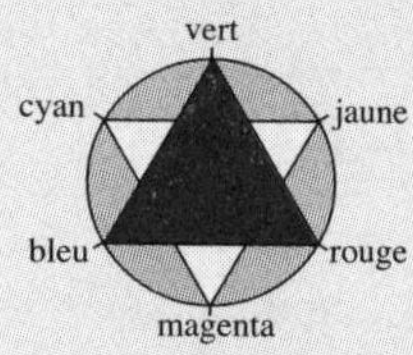

Le cercle des couleurs révèle alors qu'en absorbant le bleu, l'hélianthine paraît jaune, conformément aux indications de l'énoncé pour pH > 6,2 (ici pH = 8,0).

3 Graphiquement, il suffit de placer sur la courbe d'étalonnage le point M de coordonnées $A = 1{,}51$. Une lecture sur l'axe des abscisses révèle alors que $C \simeq 0{,}65.10^{-4}$ mol · L^{-1}.

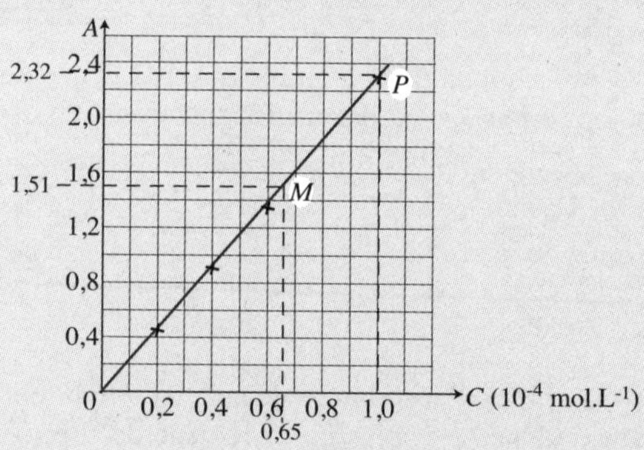

4 La courbe d'étalonnage étant un segment de droite passant par l'origine, elle confirme la loi de Beer-Lambert, c'est-à-dire la proportionnalité de A et de C (la constante k étant alors le coefficient directeur de la courbe) :

$$A = k \times C \qquad (12)$$

Puisque le point P (de coordonnées $C_P = 10^{-4}$ mol · L^{-1} et A_P=2,32) appartient à la droite d'étalonnage, il vérifie la loi (12), au même titre que le point M (de coordonnées C et $A = 1{,}51$) :

$$\begin{cases} A = k \times C \\ A_P = k \times C_P \end{cases} \Rightarrow \frac{A}{A_P} = \frac{C}{C_P} \Rightarrow C = C_P \times \frac{A}{A_P}$$

$$\Rightarrow \quad C = 10^{-4} \times \frac{1{,}51}{2{,}32} = 0{,}65.10^{-4}\ \text{mol} \cdot \text{L}^{-1}$$

La compatibilité des valeurs numériques obtenues pour C par les deux méthodes est alors assurée.

10 Spectrophotométrie

Enoncé p. 92

Lycée Notre-Dame du Grandchamp, Versailles

1 **(a)** En prélevant un volume V_i de solution S (de concentration C_m), on obtient un échantillon qui contient une masse $m_{Fe^{2+}}$ d'ions Fe^{2+} telle que :

$$C_m = \frac{m_{Fe^{2+}}}{V_i} \Rightarrow m_{Fe^{2+}} = C_m \times V_i$$

La solution fille provient de la mise en solution de cette masse et présente un volume $V = 50$ mL. Par suite, sa concentration massique vaut :

$$C_{mi} = \frac{m_{Fe^{2+}}}{V} = C_m \times \frac{V_i}{V} = 20.10^{-3} \times \frac{V_i}{50} \qquad (13)$$

$$= 20.10^{-3} \times \frac{25}{50} = 10.10^{-3}\ \text{g} \cdot \text{L}^{-1}$$

Les autres solutions (i) provenant du même protocole, leurs concentrations se calculent de la même manière à l'aide de l'expression (13) :

Solution	1	2	3	4	5	6
V_i (mL)	25,0	22,5	20,0	17,5	15,0	12,5
A	1,80	1,60	1,45	1,25	1,05	0,90
C_{mi} (10^{-3} g · L^{-1})	10	9	8	7	6	5
Points	D	E	F	G	H	I

(b) Le graphique représentant l'absorbance A en fonction de la concentration massique C_{mi} devient accessible (le point M ne servira qu'à une question ultérieure) :

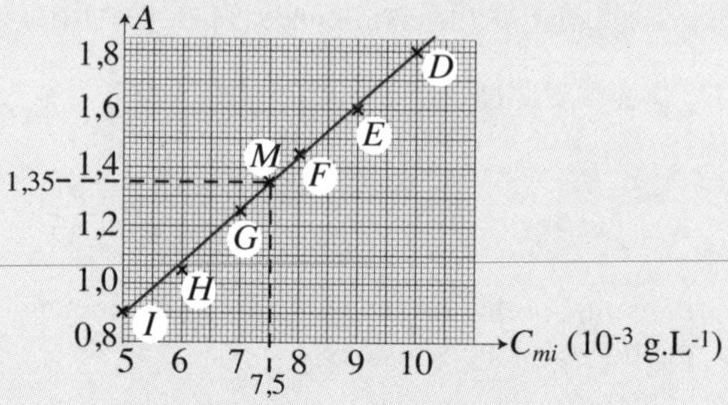

La linéarité de cette courbe suggère qu'elle vérifie la loi de Beer-Lambert : $A = k \times C_{mi}$, où la constante k tient compte de l'appartenance du point G (de coordonnées $C_G = 7.10^{-3}$ g · L^{-1} et $A_G = 1{,}25$) à la droite :

$$k = \frac{A_G}{C_G} = \frac{1{,}25}{7.10^{-3}} \simeq 179 \text{ L} \cdot \text{g}^{-1}$$

$$\Rightarrow A \simeq 179 \times C_{mi} \ (C_{mi} \text{ en g} \cdot \text{L}^{-1}) \qquad (14)$$

2 **(a)** L'absorbance de la solution diluée valant $A = 1{,}35$, sa concentration se déduit rapidement de la courbe précédente : en reportant sur la droite d'étalonnage le point M d'ordonnée $A = 1{,}35$ la lecture de son abscisse donne immédiatement une évaluation de la concentration cherchée :

$$C'_m \simeq 7{,}5.10^{-3} \text{ g} \cdot \text{L}^{-1}$$

Cette valeur peut du reste être confirmée à l'aide de la relation (14) :

$$C'_m = \frac{A}{179} = \frac{1{,}35}{179} \simeq 7{,}5.10^{-3} \text{ g} \cdot \text{L}^{-1}$$

(b) En prélevant un volume $V_0 = 5$ mL de solution S_0 à la concentration C''_m (inconnue), on constitue un échantillon contenant une masse d'ions $Fe^{2+}_{(aq)}$ telle que :

$$C''_m = \frac{m_0}{V_0} \Rightarrow m_0 = C''_m V_0$$

La dilution de cet échantillon jusqu'à un volume $V' = 50$ mL a permis de réaliser la solution S' dont la concentration $C'_m = 7{,}5.10^{-3}$ g · L^{-1} a été mesurée par spectrophotométrie. Or, comme la solution a été obtenue à partir d'une masse m_0 d'ions $Fe^{2+}_{(aq)}$, sa concentration vaut :

$$C'_m = \frac{m_0}{V'} \Rightarrow m_0 = C'_m V' = C''_m V_0$$

$$\Rightarrow C''_m = \frac{C'_m V'}{V_0} = \frac{7{,}5.10^{-3} \times 50}{5} = 75.10^{-3} \text{ g} \cdot \text{L}^{-1}$$

(c) La fiole de 1,00 L de solution contenait donc une masse de 75 mg d'ions fer II introduits avec le comprimé. L'écart relatif avec l'indication du fabricant vaut alors :

$$\varepsilon = \frac{m_{\text{indiquée}} - m_{\text{exp.}}}{m_{\text{indiquée}}} = \frac{80 - 75}{80} = 6.10^{-2} = 6\%$$

11 Molécules organiques

Lycée Saint-Pierre, Brunoy

Enoncé *p. 93*

Pour qu'un alcène puisse présenter une isomérie Z/E, il faut que les deux atomes de carbone composant la double liaison forment chacun deux liaisons simples avec des substituants différents. Ce n'est pas le cas des deux premières molécules (deux liaisons C–H identiques sur l'atome de carbone à droite de la double liaison) :

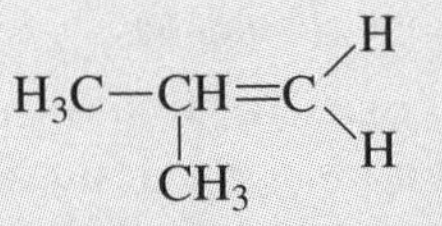

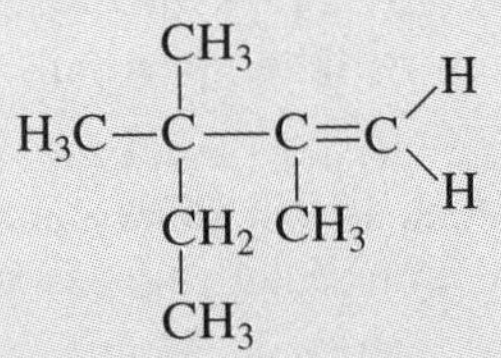

ni de la troisième (deux liaisons C–CH_3 identiques sur l'atome de carbone à droite de la double liaison) :

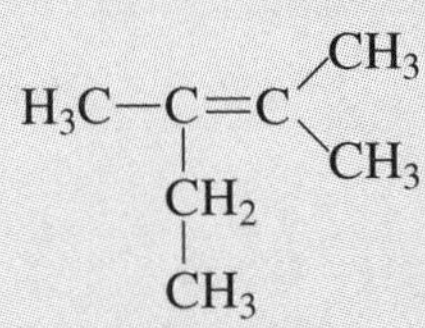

Par conséquent, aucune de ces molécules ne présente d'isomérie Z/E.

12 Molécules organiques

Lycée Colbert, Lorient

Enoncé *p. 93*

1 Les niveaux (K) et (L) étant saturés avec 2 et 8 électrons respectivement, les configurations électroniques des atomes d'azote et d'hydrogène sont :

$${}_1\mathrm{H} : (K)^1 \text{ et } {}_7\mathrm{N} : (K)^2(L)^5$$

ce qui montre que l'hydrogène possède un électron célibataire, tandis que l'azote possède cinq électrons périphériques (un doublet non liant et trois électrons célibataires) :

$$\mathrm{H}\cdot \quad \cdot\overline{\mathrm{N}}\cdot$$

Aussi, conformément à la règle du duet, l'hydrogène forme une liaison covalente et, conformément à la règle de l'octet, l'atome d'azote s'entoure de trois liaisons covalentes :

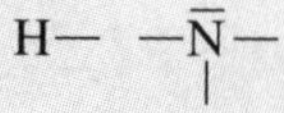

La molécule NH_3 a donc pour formule de Lewis :

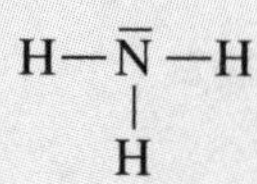

2 Les atomes de la molécule C_2H_6O ont pour structures électroniques :

$$_1H : (K)^1 \qquad _6C : (K)^2(L)^4 \qquad _8O : (K)^2(L)^6$$

- D'après la règle du duet, l'hydrogène peut former une liaison covalente.
- D'après la règle de l'octet, l'atome de carbone peut engager ses 4 électrons périphériques dans 4 liaisons covalentes.
- La règle de l'octet impose à l'oxygène de former deux liaisons covalentes (avec deux de ses électrons périphériques), les quatre autres électrons étant engagés dans deux doublets non liants.

La formule de Lewis de ces atomes étant :

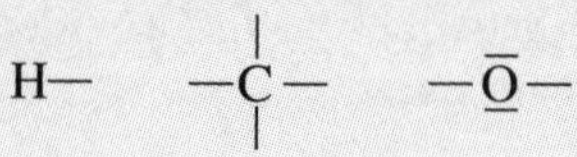

il peut exister, pour la molécule C_2H_6O, deux isomères :

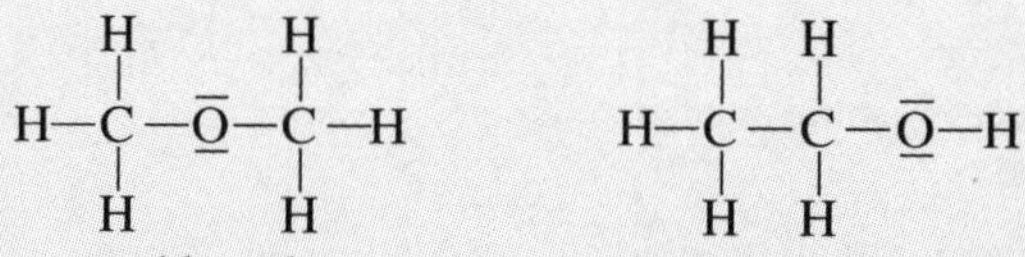

éthanol — diméthyl-éther

13 Molécules organiques

Lycée Saint-Pierre, Brunoy

Enoncé *p. 93*

1 Pour écrire la molécule sous la forme CHA = CHB, il suffit d'identifier les groupements A et B à ceux représentés ci-dessous :

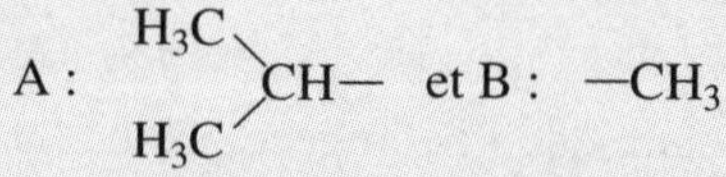

2 Puisque les groupements A et B sont différents de –H, chaque atome de carbone de la double liaison est lié à deux groupements différents : C–H, C–A pour l'un et C–H, C–B pour l'autre. Cette molécule possède donc une isomérie Z/E, selon que A et B se trouvent de part et d'autre de l'axe de la double liaison :

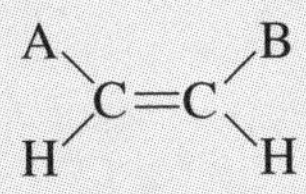
isomère (Z)

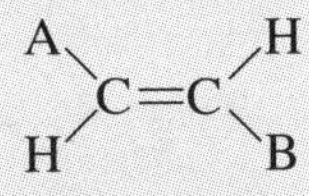
isomère (E)

soit encore :

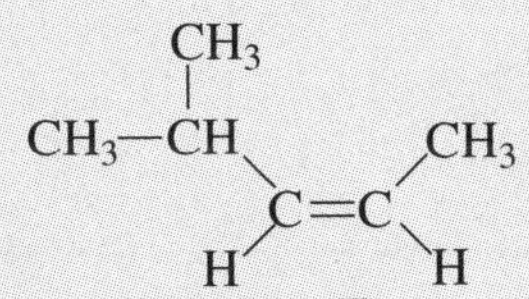
isomère (Z)

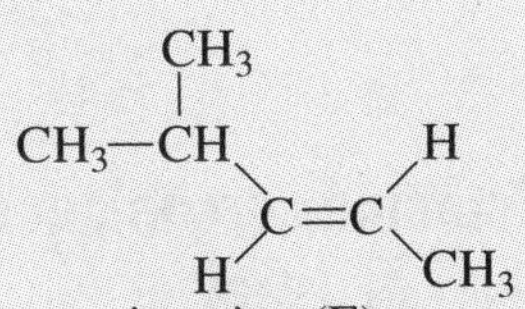
isomère (E)

14 Molécules organiques

Enoncé *p. 94*

Lycée Bouchardon, Chaumont

Pour qu'une molécule présente une isomérie Z/E, il faut que chaque atome de carbone de la double liaison soit lié à deux substituants différents, ce qui exclut le but-1-ène (l'atome de carbone de gauche possède deux liaisons C–H identiques). Donc, les molécules susceptibles de présenter cette isomérie sont :

- le pent-2-ène, que l'on peut écrire $CHR_1 = CHR_2$, où les substituants $-R_1$ ($-CH_3$) et $-R_2$ ($-C_2H_5$) sont du même côté de l'axe de la double liaison ; cette configuration est Z :

(Z) pent-2-ène : 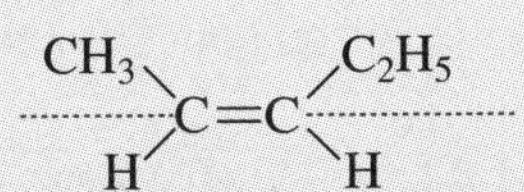

- le 3,4-diméthylpent-2-ène dans lequel l'un des atomes de carbone de la double liaison est lié à H et à CH_3 (groupe prioritaire – noté (1) – dans la préséance de C.I.P.). L'autre atome de carbone est lié aux groupes :

(2′) : $-CH_3$ 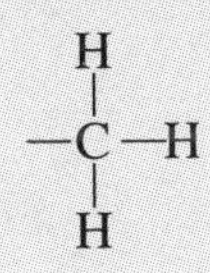

et :

(1′) : 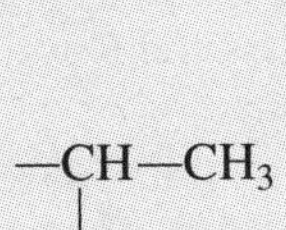 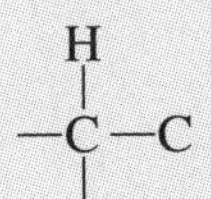 (prioritaire)

C'est pourquoi, la molécule fournie présente la configuration Z (car les deux groupes prioritaires (1) et (1′) sont du même côté de l'axe de la double liaison) :

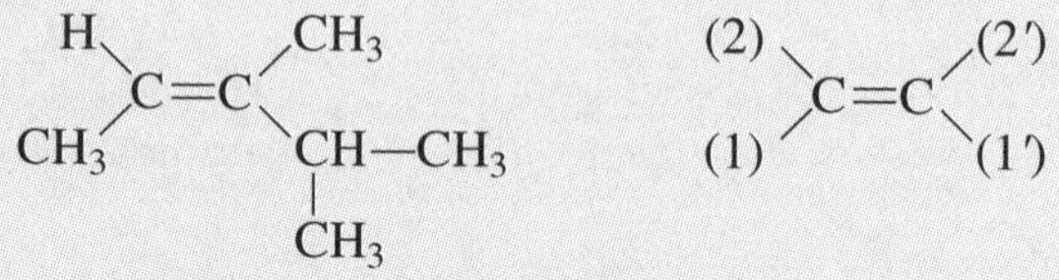

(Z) 3,4-diméthylpent-2-ène

15 Molécules organiques

Enoncé p. 94

Lycée Honoré de Balzac, Paris

1 Sachant que les niveaux (K) et (L) sont saturés respectivement avec 2 et 8 électrons, la connaissance du numéro atomique de chaque élément permet d'en établir la configuration électronique :

$$_{1}\mathrm{H} : (K)^1 \qquad _{6}\mathrm{C} : (K)^2(L)^4 \qquad _{17}\mathrm{Cl} : (K)^2(L)^8(M)^7$$

d'où découle la structure externe de chacun des éléments :

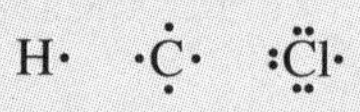

En appariant les électrons du chlore, on obtient alors les formules de Lewis suivantes :

à partir desquelles on peut prévoir le nombre de liaisons que peut générer chaque atome :

- une seule liaison pour l'atome d'hydrogène, qui respecte alors la règle du duet ;
- 4 liaisons pour l'atome de carbone, ainsi que le prévoit la règle de l'octet ;
- une seule liaison de la part du chlore, qui conserve alors trois doublets non liants de manière à respecter la règle de l'octet :

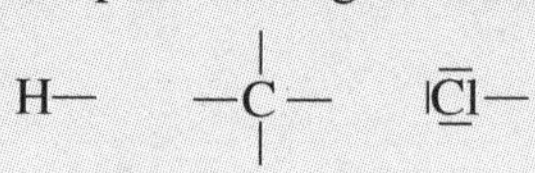

2 Puisque les atomes d'hydrogène et de chlore ne forment chacun qu'une seule liaison covalente, ils ne peuvent être liés l'un à l'autre dans la molécule $C_2H_4Cl_2$. Par conséquent, on doit envisager, dans la molécule, une liaison C–C :

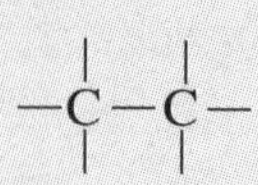

et des liaisons C–H et C–Cl, ces deux dernières pouvant se réaliser sur le même atome de carbone ou sur deux atomes de carbone différents, à l'origine des deux isomères du dichloroéthane :

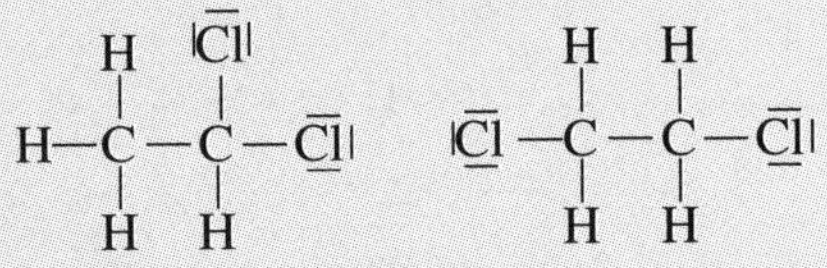

16 Molécules organiques

Enoncé p. 94

Lycée Monod, Clamart

1 Puisque les niveaux (K) et (L) sont saturés avec respectivement 2 et 8 électrons, les atomes constituant la molécule C_3H_8O ont pour configurations électroniques :

$$ {}_1\text{H} : (K)^1 \qquad {}_6\text{C} : (K)^2(L)^4 \qquad {}_8\text{O} : (K)^2(L)^6 $$

2 Outre l'hydrogène, dont la formule de Lewis est : H–, les configurations précédentes fournissent, pour le carbone et l'oxygène, les nombres d'électrons périphériques (N_e) situés sur le niveau (L), le nombre N_ℓ de liaisons covalentes assurant le respect de la règle de l'octet :

$$N_e + N_\ell = 8 \Rightarrow N_\ell = 8 - N_e$$

et le nombre $N_d = \dfrac{N_e - N_\ell}{2}$ de doublets non liants fixées aux atomes :

	C	O
N_e	4	6
N_ℓ	4	2
N_d	0	2

d'où découlent les formules de Lewis des différents atomes :

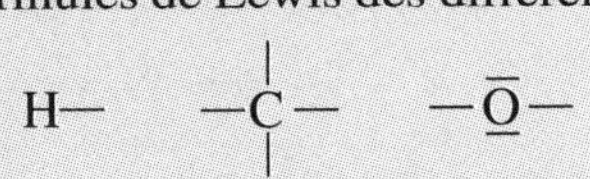

En l'absence de double liaison la molécule, composée de trois atomes de carbone, aurait pour formule brute C_3H_8O. Par exemple :

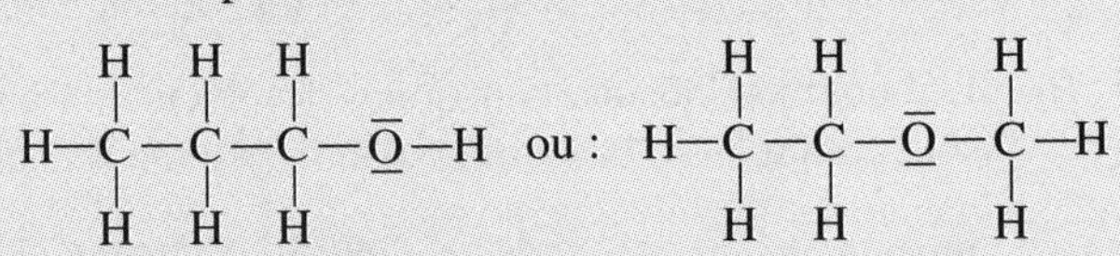

L'absence de deux atomes d'hydrogène dans la formule de la molécule (C_3H_6O) trahit la présence d'une double liaison dans la molécule. Quatre isomères sont alors envisageables :

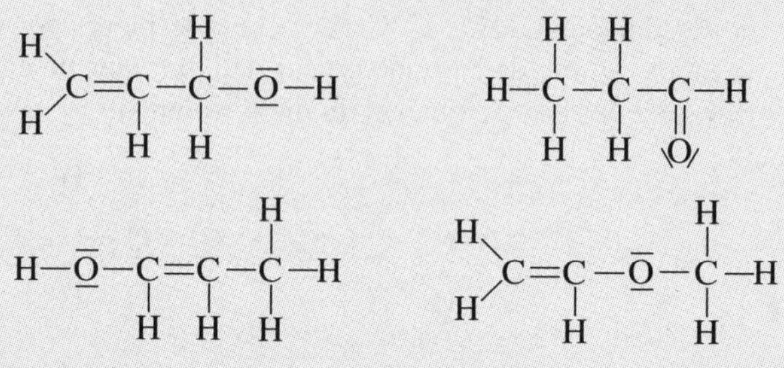

17 Molécules organiques

Lycée La Bruyère, Versailles

Enoncé *p. 95*

1 Puisque la molécule de fuchsine n'est composée que de carbone, d'azote et d'hydrogène, elle appartient à la famille des molécules organiques.

2 Afin de dénombrer les liaisons simples C–H, il convient de développer la formule des différents cycles (figure 1) :

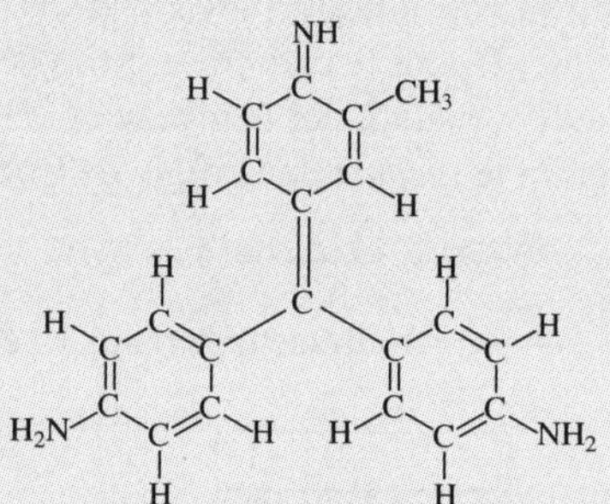

figure 1

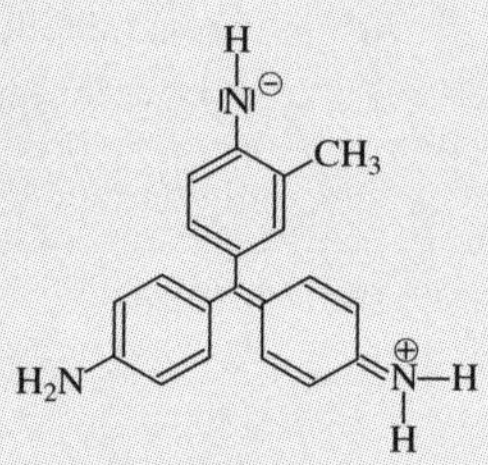

figure 2

En procédant ainsi, on repère 4 liaisons simples C–H sur chacun des cycles en bas de la molécule, 3 liaisons dans le cycle en haut de la molécule et 3 liaisons dans le groupe méthyle $-CH_3$, soit au total :

$$4 + 4 + 3 + 3 = 14 \text{ liaisons simples C–H}$$

3 **(a)** De la même manière, la figure 1 montre également que la molécule contient :

$$9 \text{ doubles liaisons } C = C \text{ et une double liaisons } C = N$$

(b) Les doubles liaisons constituant les cycles du bas de la molécule sont conjuguées. En outre, puisque l'atome d'azote tolère les structures : $-\overset{|}{\underset{|}{N}}{}^{\oplus}-$ et $-\overline{\underline{N}}{}^{\ominus}-$, toutes les liaisons doubles sont conjuguées (une des nombreuses formes mésomères est représentée sur la figure 2).

18 Molécules organiques

Enoncé p. 95

Lycée Mansart, Saint-Cyr l'École

1 Dans la formule topologique, les liaisons C–H ne sont pas représentées tandis que l'extrémité libre d'un trait représente un groupe méthyle ($-CH_3$). À la formule topologique proposée par l'énoncé correspond donc la formule semi-développée de *A* :

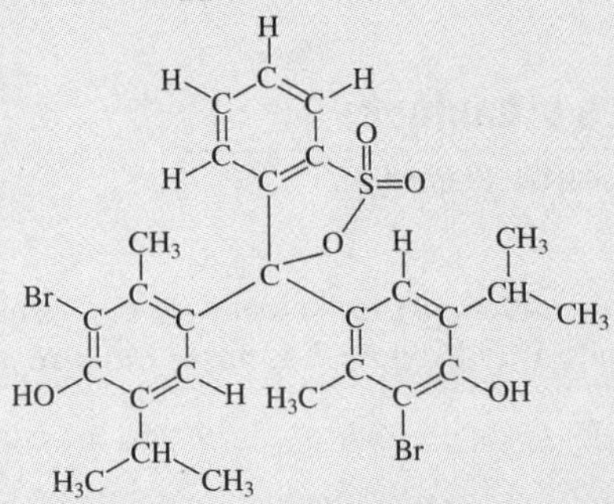

à partir de laquelle se déduit la composition de la molécule : 27 atomes de carbone, 28 atomes d'hydrogène, 5 atomes d'oxygène, 2 atomes de brome et un atome de soufre auquel cas sa formule brute est : $C_{27}H_{28}O_5Br_2S$.

2 La couleur du BBT dépend du nombre de doubles liaisons conjuguées : 11 doubles liaisons dans la structure *A* et 12 doubles liaisons dans la structure *B*, car toutes ces liaisons sont conjuguées dans ces structures.

3 Le spectre d'absorption proposé par l'énoncé montre que :

- le maximum d'absorbance se produit pour la forme acide B_1 à une longueur d'onde $\lambda_1 = 450$ nm, ce qui signifie que cette molécule absorbe majoritairement le bleu, auquel cas elle paraît jaune.
- le maximum d'absorbance se produit pour la formule basique B_2 à une longueur d'onde $\lambda_2 = 625$ nm. L'absorption de l'orange par cette molécule lui confère une couleur bleu-verdâtre.

4 Le décompte des atomes de la structure *B* fournit sa formule brute : $C_{27}H_{27}O_5Br_2S^-$. Deux arguments concourent à attribuer la structure *A* à la forme acide B_1 et la structure *B* à la forme basique B_2 :

- Les formules brutes de *A* et *B* suggèrent l'équation-bilan d'échange d'ion H^+ :

$$\underbrace{C_{27}H_{28}O_5Br_2S}_{A} = \underbrace{C_{27}H_{27}O_5Br_2S^-}_{B} + H^+$$

Or, par définition, une espèce acide peut libérer un ion H^+. Donc l'espèce *A* est acide et *B* est basique.

- Plus une molécule possède de doubles liaisons conjuguées, plus elle absorbe les rayonnements de grande longueur d'onde : l'énergie du photon absorbé ($\varepsilon = \frac{hc}{\lambda}$) n'a pas besoin d'être importante pour être absorbée et permettre les transitions électroniques entre ces doubles liaisons. La structure B ayant plus de doubles liaisons conjuguées (12) que la structure A (11), elle absorbe donc aussi un rayonnement de longueur d'onde $\lambda_B > \lambda_A$. La structure B s'identifie ainsi à B_2 et A à B_1.

19 Molécules organiques

Lycée Saint-Martin, Rennes

Enoncé *p. 96*

1 Une molécule, de formule brute C_nH_{2n} contient n atomes de carbone et $2n$ atomes d'hydrogène. Sa masse molaire vaut donc :

$$M = n \times M_C + 2n \times M_H = n \times 12 + 2n \times 1 = 14n$$
$$\Rightarrow 56 = 14n \Rightarrow n = \frac{56}{14} = 4$$

Cet alcène a donc pour formule brute : C_4H_8.

2 Un alcène peut présenter une isomérie Z/E à condition que chacun des atomes de la double liaison soit lié à des substituants différents. Or, la molécule ne contenant que les éléments carbone et hydrogène, cette condition se traduit par l'existence de liaisons C–H et C–C pour chacun des atomes de carbone de la double liaison :

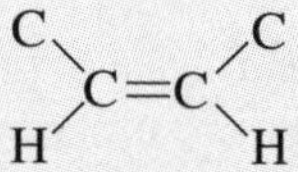

Ce faisant, l'alcène de formule brute C_4H_8 ayant une isomérie Z/E a pour formule de Lewis :

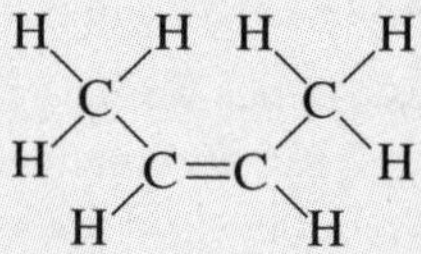

20 Molécules organiques

Lycée Beaudelaire, Fosses

Enoncé *p. 96*

1 Pour connaître le nombre d'électrons périphériques d'un atome, il convient de dresser sa configuration électronique (les niveaux (K) et (L) étant respectivement saturés avec 2 et 8 électrons) :

Élément	Structure	Élément	Structure
$_5B$	$(K)^2(L)^3$	$_{16}S$	$(K)^2(L)^8(M)^6$
$_7N$	$(K)^2(L)^5$	$_6C$	$(K)^2(L)^4$
$_8O$	$(K)^2(L)^6$	$_1H$	$(K)^1$
$_{15}P$	$(K)^2(L)^8(M)^5$	$_{17}Cl$	$(K)^2(L)^8(M)^7$

Ces configurations permettent de montrer que :

- l'azote (N) et le phosphore (P) possèdent chacun 5 électrons périphériques ;
- l'oxygène (O) et le soufre (S) possèdent chacun 6 électrons périphériques.

2 Les configurations électroniques des atomes d'hydrogène, de carbone et d'oxygène permettent de connaître leurs structures de Lewis qui découlent des règles de l'octet et du duet :

éléments	H	C	O	Cl
électrons périphériques	1	4	6	7
liaisons covalentes	1	4	2	1
doublets non liants	0	0	2	3

c'est-à-dire :

$$\mathrm{H}- \qquad -\overset{|}{\underset{|}{\mathrm{C}}}- \qquad -\underline{\overline{\mathrm{O}}}- \qquad |\underline{\overline{\mathrm{Cl}}}-$$

On peut alors en déduire les formules de Lewis :

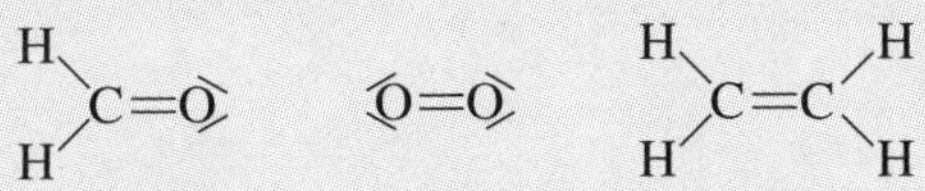

CH_2O O_2 C_2H_4

3 De même, on peut trouver les formules de Lewis des molécules suivantes :

- H_2O : $\mathrm{H}-\underline{\overline{\mathrm{O}}}-\mathrm{H}$

  L'atome d'oxygène étant entouré de quatre entités (deux liaisons covalentes et deux doublets non liants), il se trouve au centre d'un tétraèdre dont les deux sommets sont occupés par des atomes d'hydrogène :

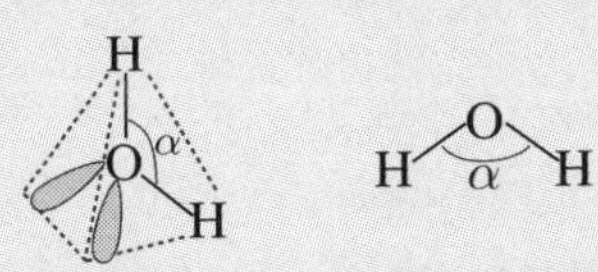

  Si le tétraèdre était régulier, l'angle entre les deux liaisons vaudrait 109,5°, mais les deux doublets non liants repoussent ces liaisons, qui se rapprochent en faisant un angle plus petit ($\alpha \simeq 105°$).

- CO_2 : $\langle \mathrm{O}=\mathrm{C}=\mathrm{O} \rangle$

L'atome de carbone est entouré de deux entités (deux doubles liaisons C = O), en conséquence de quoi la molécule est linéaire.

• CCl_4 : 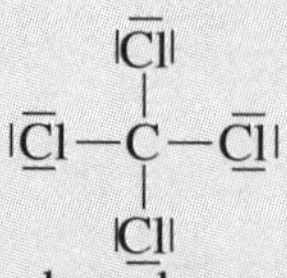

L'atome de carbone est entouré de quatre entités identiques (4 liaisons C–Cl) ; il est au centre d'un tétraèdre régulier, dans lequel les liaisons C–Cl font toutes le même angle $\alpha \simeq 109{,}5°$ entre elles :

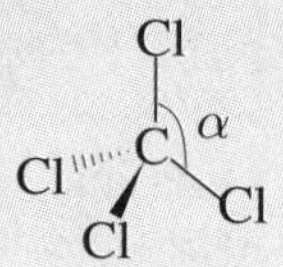

Chapitre 4

Cohésion de la matière (physique)

Plan du chapitre

Exercice type — Janson de Sailly, Paris

Le combustible d'une centrale nucléaire est constitué par de l'uranium enrichi, mélange des deux isotopes de l'uranium : ${}^{238}_{92}U$ et ${}^{235}_{92}U$.

1 L'uranium 235 est dit *fissile* car, sous le choc d'un neutron, son noyau peut se scinder en deux noyaux plus légers en émettant d'autres neutrons. Parmi les diverses réactions possibles il y en a une qui donne les deux nucléides : ${}^{95}_{38}Sr$ et ${}^{139}_{54}Xe$.

(a) Écrire l'équation de la réaction nucléaire résultant du choc d'un neutron sur le noyau de l'uranium 235. Préciser le nombre de neutrons émis.

(b) En utilisant les données du tableau ci-dessous, expliquer pourquoi cette réaction produit de l'énergie et calculer, en MeV, l'énergie libérée par la fission d'un noyau d'uranium 235.

${}^{A}_{Z}X$	${}^{235}_{92}U$	${}^{95}_{38}Sr$	${}^{139}_{54}Xe$	${}^{1}_{0}n$
m (en u)	235,120	94,945	138,955	1,0087

Les masses sont exprimées en unité de masse atomique (u) et on donne, pour $m = 1$ u, l'énergie de masse : $mc^2 = 931$ MeV.

2 L'uranium 238 peut capter un neutron rapide, donnant naissance à un nouvel isotope de l'uranium. Ce nucléide ainsi formé est radioactif et, par suite de deux émissions β^- successives, se transforme en plutonium ${}_{94}Pu$.

Écrire les trois réactions nucléaires successives qui conduisent ainsi de ${}^{238}_{92}U$ au plutonium ${}_{94}Pu$.

Donnée : l'élément de numéro atomique 93 est le neptunium : Np.

Voir corrigé page 132

1 Particules élémentaires

1.1 Présentation

Définition 1

La charge élémentaire $e = 1{,}6.10^{-19}$ C est la plus petite valeur que peut prendre la charge d'une particule ; toute charge est multiple de e : $Q = N \times e$ avec $N \in \mathbb{Z}$.

La matière est composée d'atomes dans lesquels se trouvent :

- des *neutrons* et *protons* (appelés *nucléons*) confinés dans un *noyau*, dont le rayon est de l'ordre du *femtomètre* ($1\ \text{fm} = 10^{-15}$ m) ;
- des électrons constituant un cortège autour du noyau ; ainsi formé, l'atome présente un rayon de l'ordre de 10^{-10} m.

Ces trois particules sont caractérisées par leur masse et leur charge :

	proton	neutron	électron
masse (kg)	$1{,}672.10^{-27}$	$1{,}674.10^{-27}$	$9{,}109.10^{-31}$
charge	$+e$	0	$-e$
localisation	noyau	noyau	autour du noyau

Remarque : Les nucléons (protons, neutrons) possèdent des masses voisines : $m_{\text{nucléons}} \simeq 1{,}67.10^{-27}$ kg beaucoup plus importantes que la masse $m_e = 9{,}109.10^{-31}$ kg des électrons :

$$\frac{m_{\text{nucléons}}}{m_e} \simeq 1\,833$$

C'est pourquoi on confond souvent la masse d'un atome avec celle de son noyau.

Définition 2

Un *nucléide* ^A_ZX désigne un atome ou ion de symbole X (par exemple H, He,...), dont le noyau contient :

- $N_p = Z$ protons ;
- $N_n = A - Z$ neutrons.

Remarque : Z s'appelle le *numéro atomique* de *l'élément* X tandis que A est son *nombre de masse* (A représente le nombre de nucléons composant le noyau).

! ATTENTION

Le numéro atomique Z d'un élément est une caractéristique de cet élément (par exemple $Z = 9$ pour le fluor F et $Z = 11$ pour le sodium Na). Si l'on modifie Z, on modifie également l'élément (par exemple $_9F$ existe, mais pas $_{10}F$, car $Z = 10$ correspond à un autre élément : le néon $_{10}Ne$).

Définition 3

Un ion est une espèce chargée obtenue par retrait ou ajout d'un ou plusieurs électrons au cortège électronique d'un atome.

Lorsque l'ion possède plus d'électrons que de protons, il est chargé négativement et s'appelle *anion* (par exemple l'ion $_9F^-$ possède $Z = 9$ protons et 10 électrons) ; lorsqu'il possède moins d'électrons que de protons, il est chargé positivement et s'appelle *cation* (par exemple, l'ion $_{11}Na^+$ possède $Z = 11$ protons et 10 électrons).

! ATTENTION

La mise en garde précédente suggère qu'on ne peut former l'ion d'un élément qu'en agissant sur son nombre d'électrons, et en aucun cas sur son nombre de protons.

Définition 4

Deux nucléides $^{A_1}_{Z}X$ et $^{A_2}_{Z}X$ sont *isotopes* lorsqu'ils présentent le même numéro atomique Z (il s'agit donc du même élément symbolisé par X), mais des nombres de masse A_1 et A_2 différents.

Puisque le nombre de masse A est relié au nombre de neutrons d'un noyau : $N_n = A - Z$, deux nucléides isotopes se distinguent par le nombre de neutrons présents dans leurs noyaux.

Par exemple, l'élément hydrogène présente trois isotopes qu'il convient de connaître :

	nom	protons	neutrons	masse molaire	abondance relative
^1_1H	protium	1	0	$1{,}00782\ g \cdot mol^{-1}$	99,98%
^2_1H	deutérium (D)	1	1	$2{,}01400\ g \cdot mol^{-1}$	0,02%
^3_1H	tritium (T)	1	2	$3{,}01605\ g \cdot mol^{-1}$	traces

Ces valeurs permettent le calcul de la masse molaire de l'élément hydrogène, en tenant compte de ses différents isotopes :

$$\begin{aligned} M(H) &= 99{,}98\% \times M(^1_1H) + 0{,}02\% \times M(^2_1H) \\ &= \frac{99{,}98}{100} \times 1{,}00782 + \frac{0{,}02}{100} \times 2{,}014 = 1{,}008\ g \cdot mol^{-1} \end{aligned}$$

COURS EXERCICES CORRIGÉS

De même, il est souhaitable de connaître les isotopes stables du carbone et de l'oxygène :

élément	carbone	oxygène
isotopes stables	${}^{12}_{6}\mathrm{C}$	${}^{16}_{8}\mathrm{O}$
isotopes instables	${}^{13}_{6}\mathrm{C}$; ${}^{14}_{6}\mathrm{C}$	${}^{17}_{8}\mathrm{O}$; ${}^{18}_{8}\mathrm{O}$

1.2 Interactions fondamentales

Les particules exercent entre elles plusieurs types d'interactions, à des échelles différentes :

- *L'interaction gravitationnelle* est caractérisée par :
  - son intensité, proportionnelle au produit $m_1 \times m_2$ des masses des particules qui interagissent ;
  - sa portée : infinie ;
  - la décroissance de son intensité lorsque la distance r qui sépare les particules augmente ;
  - sa nature exclusivement attractive ;
  - son intervention dans les structures macroscopiques (de grande échelle) : attraction des planètes par le Soleil, poids d'un corps, ...
- *L'interaction électrostatique* est caractérisée par :
  - son intensité, proportionnelle au produit $|q_1| \times |q_2|$ des valeurs absolues des charges portées par les particules en interaction ;
  - sa portée infinie ;
  - la décroissance de son intensité lorsque la distance r séparant les particules augmente ;
  - sa nature répulsive entre des charges de même signe (par exemple : proton/proton ou électron/électron) et attractive entre des charges de signes opposés (par exemple proton/électron) ;
  - son intervention aux petites échelles (cohésion des atomes, des molécules,...).
- *L'interaction forte* est caractérisée par :
  - son intensité, indépendante de la charge des particules en interaction mais beaucoup plus grande que celle de l'interaction gravitationnelle ou électrostatique ;
  - sa portée : très courte (de l'ordre du femtomètre : 10^{-15} m), ce qui ne concerne que les nucléons d'un même noyau ;
  - sa nature attractive ;
  - son intervention à l'échelle nucléaire : en s'opposant à la répulsion électrostatique des protons et à la neutralité électrique des neutrons, elle est responsable de la cohésion des noyaux.

- *L'interaction faible* est caractérisée par :
  - son intensité, beaucoup plus faible que celle de l'interaction forte ;
  - sa portée : très courte (de l'ordre du millième de femtomètre : 10^{-18} m), ce qui ne concerne que les quarks à l'intérieur des nucléons ;
  - son intervention : elle permet la transformation d'un proton en un neutron ou un neutron en proton. Elle est responsable de la radioactivité β.

COURS EXERCICES CORRIGÉS

2 Réactions nucléaires

2.1 Équivalence masse énergie

Définition 5

La masse molaire de l'isotope 12 du carbone ($^{12}_{6}$C) vaut $M = 12$ g.

Puisqu'une mole de $^{12}_{6}$C contient $N_A \simeq 6{,}022.10^{23}$ atomes, chacun de ces atomes possède une masse $m(^{12}_{6}\text{C})$ telle que :

$$M = N_A \times m(^{12}_{6}\text{C}) \quad \Rightarrow \quad m(^{12}_{6}\text{C}) = \frac{M}{N_A} = \frac{12}{6{,}022.10^{23}} \simeq 1{,}9927.10^{-23}\ \text{g}$$

$$\Rightarrow \quad m(^{12}_{6}\text{C}) = 1{,}9927.10^{-26}\ \text{kg}$$

Définition 6

L'unité de masse atomique (notée u) représente $\frac{1}{12}$ de la masse d'un atome de $^{12}_{6}$C.

D'après cette définition :

$$1\ \text{u} = \frac{1}{12} \times m(^{12}_{6}\text{C}) = \frac{1{,}9927.10^{-26}}{12} \Rightarrow 1\ \text{u} \simeq 1{,}66.10^{-27}\ \text{kg}$$

À l'aide de cette nouvelle unité, on peut exprimer les masses des particules qui composent les atomes :

	proton	neutron	électron
masse	1,00728 u	1,00866 u	$5{,}486.10^{-4}$ u

En 1905, EINSTEIN a démontré qu'à une masse m (en kg) peut être associée une *énergie de masse* :

$$E = mc^2 \text{ (en joule)}$$

où $c = 3.10^{8}\ \text{m} \cdot \text{s}^{-1}$ désigne la célérité de la lumière dans le vide.

Compte tenu des valeurs de m, on adopte souvent une autre unité : l'électron-volt (eV) :

$$1 \text{ eV} \simeq 1{,}6.10^{-19} \text{ J} \Rightarrow 1 \text{ J} \simeq \frac{1}{1{,}6.10^{-19}} \text{ eV}$$

et, plus souvent, le méga électron-volt (MeV) :

$$1 \text{ MeV} = 10^6 \text{ eV}$$

Par exemple, à une masse $m = 1 \text{ u} \simeq 1{,}66.10^{-27}$ kg peut être associée l'énergie :

$$\begin{aligned} E_u &= mc^2 = 1{,}66.10^{-27} \times \left(2{,}9979.10^8\right)^2 \quad \text{car } c \simeq 2{,}9979.10^8 \text{ m} \cdot \text{s}^{-1} \\ &\simeq 1{,}4919.10^{-10} \text{ J} \\ &= \frac{1{,}4919.10^{-10}}{1{,}6022.10^{-19}} \simeq 9{,}31.10^8 \text{ MeV car } 1 \text{ eV} \simeq 1{,}6022.10^{-19} \text{ J} \\ &\Rightarrow E_u \simeq 931 \text{ MeV pour } m = 1 \text{ u} \end{aligned}$$

! ATTENTION

Pour utiliser la relation $E = mc^2$, il faut nécessairement employer les unités du système international : E en joule, m en kilogramme et c en $\text{m} \cdot \text{s}^{-1}$.

Remarque : De la relation : $E = mc^2 \Rightarrow m = \dfrac{E}{c^2}$, on tire aussi la valeur de la masse des particules en MeV/c^2 :

	proton	neutron	électron
masse	938 MeV/c^2	939 MeV/c^2	0,51 MeV/c^2

Un nucléide ^A_ZX possède $N_p = Z$ protons (de masse m_p) et $N_n = A - Z$ neutrons (de masse m_n). Sa masse valant m, son énergie de masse $E_{\text{noyau}} = mc^2$ est inférieure à la somme des énergies de masse de ses nucléons $E_{\text{nucléons}}$:

$$\underbrace{m\,c^2}_{E_{\text{noyau}}} < \underbrace{Z\,m_p + (A - Z)\,m_n}_{E_{\text{nucléons}}}$$

Définition 7

L'énergie de liaison des nucléons, dans un noyau, désigne la différence entre ces deux énergies de masse :

$$E_{\text{liaison}} = E_{\text{nucléons}} - E_{\text{noyau}}$$

Par exemple, le nucléide $^4_2$He a pour masse $m_{\text{noyau}} = 4{,}0015$ u tandis que la masse de ses nucléons vaut :

$$\begin{aligned} m_{\text{nucléons}} &= Z\,m_p + (A - Z)\,m_n \\ &= 2 \times 1{,}00728 + 2 \times 1{,}00866 \simeq 4{,}0319 \text{ u} \end{aligned}$$

La différence de masse :

$$\Delta m = m_{\text{nucléons}} - m_{\text{noyau}} \simeq 3{,}04.10^{-2}\ \text{u}$$

est associée à l'énergie de liaison :

$$E_{\text{liaison}} \simeq 28{,}3\ \text{MeV car } 1\ \text{u} \equiv 931\ \text{MeV}$$

Remarque : On pouvait aboutir au même résultat en utilisant la relation :

$$E_{\text{liaison}} = \Delta m\, c^2$$

en utilisant les unités du système international :

$$\begin{aligned}\Delta m &= 3{,}04.10^{-2}\ \text{u} = 3{,}04.10^{-2} \times 1{,}66.10^{-27} \simeq 5{,}05.10^{-29}\ \text{kg}\\ &\Rightarrow E_{\text{liaison}} = \Delta m\, c^2 = 5{,}05.10^{-29} \times (3.10^8)^2 \simeq 4{,}54.10^{-12}\ \text{J}\\ &\Rightarrow E_{\text{liaison}} \simeq \frac{4{,}54.10^{-12}}{1{,}6.10^{-19}} \simeq 2{,}84.10^7 = 28{,}4\ \text{MeV}\end{aligned}$$

La différence de masse $\Delta m = m_{\text{nucléons}} - m_{\text{noyau}} > 0$ traduit la stabilisation des nucléons dans le noyau (car $E_{\text{noyau}} < E_{\text{nucléons}}$).

Définition 8

Si un nucléide ${}^A_Z\text{X}$ possède une énergie de liaison E_ℓ pour A nucléons situés dans son noyau, *l'énergie de liaison par nucléon* est définie par :

$$E_a = \frac{E_\ell}{A}$$

2.2 Radioactivité

2.2.1 - Émission spontanée de particules

Définition 9

La *radioactivité* est un processus au cours duquel un noyau (père) se transforme spontanément en un autre noyau (fils) en émettant une particule et de l'énergie.

Soit ${}^a_z\mathfrak{P}$ la particule émise au cours d'une désintégration radioactive ; l'équation-bilan de cette désintégration s'écrit généralement :

$${}^A_Z\text{X} \longrightarrow {}^{A'}_{Z'}\text{Y} + {}^a_z\mathfrak{P}$$

Au cours d'une telle transformation, la charge est conservée ainsi que le nombre de nucléons (mais pas nécessairement leur nature), ce qui impose les identités suivantes :

$$A = A' + a \text{ et } Z = Z' + z$$

La nature de la particule $\mathfrak{P}$ détermine le type de désintégration radioactive :

- *Radioactivité* α

Une particule α est un noyau d'hélium ${}^4_2\text{He}$. Ainsi, la désintégration α est décrite par l'équation générale :

$$ {}^A_Z\text{X} \longrightarrow {}^{A-4}_{Z-2}\,\text{Y} + {}^4_2\,\text{He} $$

- *Radioactivité β^-*
Une particule β^- est un électron. Aussi, cette particule ${}^a_z\mathfrak{P}$ est notée ${}^{\;\,0}_{-1}\beta^-$ car $z = -1$ désigne la charge de la particule et $a = 0$ indique qu'il ne s'agit pas d'un nucléon. La réaction d'une désintégration β^- peut s'écrire :

$$ {}^A_Z\text{X} \longrightarrow {}_{Z+1}^{\;\;\;A}\,\text{Y} + {}^{\;\,0}_{-1}\,\beta^- \text{ (par exemple } {}^{32}_{15}\text{P} \longrightarrow {}^{32}_{16}\,\text{S} + {}^{\;\,0}_{-1}\,\beta^-) \qquad (15) $$

- *Radioactivité β^+*

Définition 10

On appelle *anti-particule* ${}^A_{Z'}\,\overline{\mathfrak{P}}$, associée à la particule ${}^A_Z\,\mathfrak{P}$, l'espèce dont toutes les caractéristiques non algébriques (par exemple la masse) sont identiques, alors que les caractéristiques algébriques (par exemple la charge) sont de signes opposés.

Définition 11

Le *positon* (ou *positron*) : ${}^{\;\,0}_{+1}\beta^+$ est l'anti-particule associée à l'électron ${}^{\;\,0}_{-1}\beta^-$: il possède la même masse que l'électron, mais une charge $+e$.

Remarque : La rencontre d'une particule $\mathfrak{P}$ et de son anti-particule associée $\overline{\mathfrak{P}}$ produit deux photons ; la perte de masse se transmet aux photons sous forme d'énergie.

La radioactivité β^+ est caractérisée par l'émission d'un positon :

$$ {}^A_Z\text{X} \longrightarrow {}_{Z-1}^{\;\;\;A}\,\text{Y} + {}^{\;\,0}_{+1}\,\beta^+ \text{ (par exemple } {}^{53}_{26}\text{Fe} \rightarrow {}^{53}_{25}\,\text{Mn} + {}^0_1\,\beta^+) \qquad (16) $$

Remarque : Les processus de désintégration β émettent, en plus, une particule de masse nulle et sans charge : le *neutrino* ν ou l'*anti-neutrino* associé $\overline{\nu}$).

Du point de vue des lois de conservation de la charge et de la matière, les équations (15) et (16) sont correctes. En revanche, elles ne rendent pas compte de la conservation de l'énergie. Pour en rendre compte, il convient d'associer un neutrino à la désintégration β^+ et un anti-neutrino à la désintégration β^- :

$$ {}^{32}_{15}\text{P} \rightarrow {}^{32}_{16}\,\text{S} + {}^{\;\,0}_{-1}\,\beta^- + \overline{\nu} \quad \text{et} \quad {}^{53}_{26}\text{Fe} \rightarrow {}^{53}_{25}\,\text{Mn} + {}^{\;\,0}_{+1}\,\beta^+ + \nu $$

- *Émission γ*
À l'issue d'une désintégration radioactive émettant une particule ${}^a_z\mathfrak{P}$, un nucléide ${}^{A'}_{Z'}\text{Y}$ peut être émis dans un état instable. Il est alors susceptible d'émettre un photon ${}^0_0\gamma$ (particule qui est ni chargée, ni un nucléon) afin de retomber dans

un état stable ${}^{A'}_{Z'}\mathrm{Y}$:

$$\underbrace{{}^{A}_{Z}\mathrm{X} \rightarrow {}^{a}_{z}\mathfrak{P} + {}^{A'}_{Z'}\mathrm{Y}^*}_{\text{radioactivité}} \text{ puis } \underbrace{{}^{A'}_{Z'}\mathrm{Y}^* \rightarrow {}^{A'}_{Z'}\mathrm{Y} + {}^{0}_{0}\gamma}_{\text{émission } \gamma}$$

2.3 Activité

Définition 12

L'activité désigne le nombre de désintégrations radioactives d'un nucléide par seconde ; son unité est le *becquerel* (Bq).

Par exemple, si un échantillon d'uranium 239 subit une désintégration β^- selon l'équation :

$${}^{239}_{92}\mathrm{U} \longrightarrow {}^{239}_{93}\mathrm{N} + {}^{0}_{-1}\beta^- + \overline{\nu}$$

une activité de 1 000 Bq correspond à l'émission, par cet échantillon, de 1 000 particules β^- par seconde.

Remarque : L'activité d'un échantillon radioactif peut aussi s'exprimer en curie (Ci), qui représente l'activité d'un gramme de radium :

$$1\ \mathrm{Ci} = 3{,}70.10^{10}\ \mathrm{Bq}$$

Définition 13

La *période* (ou *demi-vie*) d'un échantillon radioactif est le temps T au bout duquel le nombre de noyaux radioactifs contenus dans cet échantillon est divisé par 2 :

$$N(t+T) = \frac{1}{2} \times N(t)$$

L'activité d'un échantillon radioactif est proportionnelle au nombre de noyaux radioactifs contenus dans cet échantillon. Il s'ensuit qu'au bout d'une période T, l'activité d'un échantillon est divisée par 2 :

$$A(t+T) = \frac{1}{2} \times A(t)$$

L'activité se mesure, expérimentalement, à l'aide d'un *détecteur Geiger* (dans lequel les particules issues de la radioactivité produisent une ionisation) ou d'un *scintillateur* (ces particules produisent un rayonnement électromagnétique amplifié à l'aide de photomultiplicateurs) connecté à un compteur d'impulsions.

2.4 Autres réactions nucléaires

Au cours d'une désintégration nucléaire provoquée, une particule ${}^{a}_{z}\mathfrak{P}$ est envoyée sur un noyau ${}^{A}_{Z}\mathrm{X}$ qui se transforme en noyau ${}^{A'}_{Z'}\mathrm{Y}$, en émettant une particule ${}^{a'}_{z'}\mathfrak{P}'$

(ou plusieurs) :

$$^{A}_{Z}\text{X} + ^{a}_{z}\mathfrak{P} \longrightarrow ^{A'}_{Z'}\text{Y} + ^{a'}_{z'}\mathfrak{P}'$$

Les lois de conservation (charge et nucléons) imposent, dans tous les cas :

$$A + a = A' + a' \text{ et } Z + z = Z' + z'$$

2.4.1 - Transmutation

Définition 14

Une *transmutation* est une réaction nucléaire au cours de laquelle, sous l'impact d'une particule, un nucléide se transforme en un autre nucléide (avec émission éventuelle d'une nouvelle particule).

Par exemple :

$$^{27}_{13}\text{Al} + ^{4}_{2}\text{He} \longrightarrow ^{30}_{15}\text{P} + ^{1}_{0}\text{n}$$

2.4.2 - Fission nucléaire

Définition 15

Une *fission nucléaire* est une réaction nucléaire au cours de laquelle un nucléide instable se transforme en deux nucléides plus légers (avec émission éventuelle de particules).

Par exemple, dans un réacteur nucléaire fonctionnant à l'uranium 235, peut se produire la réaction de fission :

$$^{235}_{92}\text{U} + ^{1}_{0}\text{n} \longrightarrow ^{95}_{39}\text{Y} + ^{138}_{53}\text{I} + 3^{1}_{0}\text{n}$$

Remarque : Cette réaction libère plus de neutrons qu'elle n'en consomme ; chacun d'eux peut théoriquement produire une nouvelle fission provoquant une *réaction en chaîne*.

Si tous les neutrons émis au cours de cette fission pouvaient réellement générer une nouvelle fission, le processus s'emballerait jusqu'à produire une explosion. Dans un réacteur, la fission est contrôlée par l'absorption de certains de ces neutrons.

Définition 16

Un noyau est *fissile* s'il est susceptible de subir une fission nucléaire.

Par exemple, l'uranium 235 est fissile (*cf.* processus ci-dessus) mais pas l'uranium 238 (isotope de l'uranium majoritaire dans la croûte terrestre) qui peut absorber un neutron pour se transformer en plutonium, à l'issue de deux désintégrations radioactives :

$$^{238}_{92}\text{U} + ^{1}_{0}\text{n} \rightarrow ^{239}_{92}\text{U} + \gamma \text{ puis } \begin{cases} ^{239}_{92}\text{U} \rightarrow ^{239}_{93}\text{Np} + ^{0}_{-1}\beta^- + \overline{\nu} \\ ^{239}_{93}\text{Np} \rightarrow ^{239}_{94}\text{Pu} + ^{0}_{-1}\beta^- + \overline{\nu} \end{cases}$$

Le plutonium ainsi produit, qui est quant à lui fissile, peut être utilisé à des fins militaires.

Au cours d'une réaction nucléaire, la masse m_{finale} des produits de la réaction est inférieure à la masse m_{initiale} des réactifs. La différence Δm entre ces deux masses (appelée aussi *défaut de masse*) correspond à l'énergie libérée au cours de la réaction nucléaire :

$$E_{\text{libérée}} = \Delta m \times c^2 \text{ avec } \Delta m = m_{\text{initiale}} - m_{\text{finale}}$$

2.4.3 - Fusion nucléaire

Définition 17

La *fusion nucléaire* est une réaction nucléaire au cours de laquelle deux noyaux (ou plus) réagissent pour générer un noyau plus lourd.

Par exemple, le Soleil tire son énergie de la fusion de l'hydrogène en hélium, selon un processus qui a pour équation globale :

$$4\,^{1}_{1}\text{H} \longrightarrow ^{4}_{2}\text{He} + 2\,^{0}_{1}\text{n} + 2\,\nu$$

Remarque : Cette fusion se réalise, en fait, en plusieurs étapes afin de surmonter la probabilité quasi nulle d'une rencontre de quatre protons $^{1}_{1}\text{H}$.

Sur Terre, la fusion nucléaire n'est pas encore contrôlée, mais seulement exploitée dans le domaine nucléaire : une bombe H est composée d'une bombe atomique (allumette) qui permet d'élever la température de son enveloppe (réactifs) au delà des 10^7 K nécessaires pour provoquer la fusion du tritium (T) et du deutérium (D) :

$$^{6}_{3}\text{Li} + ^{1}_{0}\text{n} \rightarrow ^{4}_{2}\text{He} + ^{3}_{1}\text{T} \quad \text{puis} \quad ^{3}_{1}\text{T} + ^{2}_{1}\text{D} \rightarrow ^{4}_{2}\text{He} + ^{1}_{0}\text{n}$$

Remarque : Les neutrons libérés au cours de la fusion (deuxième étape) servent à entretenir la transmutation du lithium (première étape) ; il y a réaction en chaîne.

COURS EXERCICES CORRIGÉS

Solution de l'exercice type

1 **(a)** Soit x le nombre de neutrons émis lors de la fission de ${}^{235}_{92}\mathrm{U}$, provoquée par le choc d'un neutron :

$${}^{235}_{92}\mathrm{U} + {}^{1}_{0}\mathrm{n} \longrightarrow {}^{95}_{38}\mathrm{Sr} + {}^{139}_{54}\mathrm{Xe} + x\,{}^{1}_{0}\mathrm{n}$$

La conservation du nombre de nucléons de part et d'autre de l'équation impose :

$$235 + 1 = 95 + 139 + x \Rightarrow 236 = 234 + x \Rightarrow x = 2$$

L'équation de la réaction nucléaire s'écrit alors :

$${}^{235}_{92}\mathrm{U} + {}^{1}_{0}\mathrm{n} \longrightarrow {}^{95}_{38}\mathrm{Sr} + {}^{139}_{54}\mathrm{Xe} + 2\,{}^{1}_{0}\mathrm{n}$$

(b) La masse totale des réactifs vaut :

$$m_{\text{ini}} = m(\mathrm{U}) + m(\mathrm{n}) = 235{,}120 + 1{,}0087 = 236{,}1287\ \mathrm{u}$$

tandis que la masse totale des produits vaut :

$$\begin{aligned} m_{\text{fin}} &= m(\mathrm{Sr}) + m(\mathrm{Xe}) + 2\,m(\mathrm{n}) \\ &= 94{,}945 + 138{,}955 + 2 \times 1{,}0087 \\ &= 235{,}9174\ \mathrm{u} \end{aligned}$$

ce qui montre que la réaction nucléaire s'accompagne d'une perte de masse :

$$\Delta m = m_{\text{ini}} - m_{\text{fin}} = 0{,}2113\ \mathrm{u}$$

L'équivalence masse/énergie prouve alors que la perte de masse équivaut à une perte d'énergie du système :

$$E = 0{,}2113 \times 931 = 196{,}72\ \mathrm{MeV}$$

qui est aussi l'énergie libérée par la fission d'un noyau d'uranium 235.

2 • La capture d'un neutron rapide par un noyau d'uranium 238 génère un nucléide ${}^{A_1}_{Z_1}\mathrm{X}$ tel que :

$${}^{238}_{92}\mathrm{U} + {}^{1}_{0}\mathrm{n} \longrightarrow {}^{A_1}_{Z_1}\mathrm{X}$$

Les lois de conservation imposent alors :

$$\left\{ \begin{array}{l} 238 + 1 = A_1 \\ 92 = Z_1 \end{array} \right. \Rightarrow \left\{ \begin{array}{l} A_1 = 239 \\ Z_1 = 92 \end{array} \right.$$

d'où il s'ensuit que X représente l'uranium (élément correspondant au numéro atomique $Z_1 = 92$) ; l'équation de la réaction s'écrit :

$${}^{238}_{92}\mathrm{U} + {}^{1}_{0}\mathrm{n} \longrightarrow {}^{239}_{92}\mathrm{U}$$

• La désintégration β^- (émission d'un électron ${}_{-1}^{0}\mathrm{e}$) du noyau ${}^{239}_{92}\mathrm{U}$ produit un noyau ${}^{A_2}_{Z_2}\mathrm{Y}$, conformément à l'équation :

$${}^{239}_{92}\mathrm{U} \longrightarrow {}^{0}_{-1}\beta^- + {}^{A_2}_{Z_2}\mathrm{Y}$$

...

Solution de l'exercice type (suite)

À nouveau, les lois de conservation conduisent à :

$$\begin{cases} 239 = A_2 \\ 92 = Z_2 - 1 \end{cases} \Rightarrow \begin{cases} A_2 = 239 \\ Z_2 = 93 \end{cases}$$

Puisque le numéro atomique $Z_2 = 93$ est associé au neptunium (Np), l'équation de la désintégration devient :

$$^{239}_{92}\text{U} \longrightarrow {}^{0}_{-1}\beta^- + {}^{239}_{93}\text{Np} \qquad (17)$$

Quant au neptunium, sa désintégration β^- produit un noyau $^{A_3}_{Z_3}\text{Y}'$, selon l'équation :

$$^{239}_{93}\text{Np} \longrightarrow {}^{0}_{-1}\beta^- + {}^{A_3}_{Z_3}\text{Y}'$$

où les lois de conservation imposent encore :

$$\begin{cases} 239 = A_3 \\ 93 = -1 + Z_3 \end{cases} \Rightarrow \begin{cases} A_3 = 239 \\ Z_3 = 94 \end{cases}$$

L'énoncé précisant que le numéro atomique $Z_3 = 94$ correspond au plutonium (Pu), la désintégration radioactive a pour équation :

$$^{239}_{93}\text{Np} \longrightarrow {}^{0}_{-1}\beta^- + {}^{239}_{94}\text{Pu} \qquad (18)$$

Remarque : Les équations (17) et (18) ont été écrites en respectant la conservation des nombres baryoniques Z et A. À ce titre, elles sont exactes, mais elles omettent l'émission de l'anti-neutrino ($^{0}_{0}\overline{\nu}$) qui accompagne l'émission β^- :

$$^{239}_{92}\text{U} \rightarrow {}^{0}_{-1}\beta^- + {}^{239}_{93}\text{Np} + {}^{0}_{0}\overline{\nu} \quad \text{et} \quad {}^{239}_{93}\text{Np} \rightarrow {}^{0}_{-1}\beta^- + {}^{239}_{94}\text{Pu} + {}^{0}_{0}\overline{\nu}$$

QCM 1 Connaissances du cours

20 min. Corrigé p. 143

• **1** Le noyau d'un atome contient :

a des neutrons et des protons ;

b des neutrons et des électrons ;

c des électrons et des protons.

2 Dans la notation ${}^{A}_{Z}\mathrm{X}$ d'un nucléide :

a A est le nombre de neutrons et Z le nombre de protons de l'atome ;

b A est le nombre de protons et Z le nombre de neutrons de l'atome ;

c A est le nombre de nucléons et Z le nombre d'électrons de l'atome ;

d A est le nombre de nucléons et Z le nombre de protons de l'atome.

3 Les nucléides ${}^{A}_{Z}\mathrm{X}$ et ${}^{A'}_{Z'}\mathrm{X}'$ sont des nucléides portant respectivement N_e et N'_e électrons. X et X′ sont des éléments différents si :

a $A = A'$; $Z = Z'$; $N_e \neq N'_e$;

b $A \neq A'$; $Z = Z'$; $N_e = N'_e$;

c $A = A'$; $Z \neq Z'$: $N_e = N'_e$.

4 Deux atomes différents peuvent avoir :

a des noyaux identiques ;

b des électrons identiques ;

c des électrons en nombre identique.

5 Quand un atome se transforme en ion :

a son noyau est modifié ;

b son nombre d'électrons varie ;

c son nombre de masse varie.

6 Les isotopes du carbone et de l'oxygène les plus fréquents sur Terre sont :

a ${}^{12}_{6}\mathrm{C}$ et ${}^{18}_{8}\mathrm{O}$

b ${}^{14}_{6}\mathrm{C}$ et ${}^{18}_{8}\mathrm{O}$

c ${}^{14}_{6}\mathrm{C}$ et ${}^{16}_{8}\mathrm{O}$

d ${}^{12}_{6}\mathrm{C}$ et ${}^{16}_{8}\mathrm{O}$

7 L'unité de masse atomique représente :

a 1/12e de la masse d'un atome de ${}^{12}_{6}\mathrm{C}$;

b la masse d'un proton ;

c 1/14e de la masse d'un atome de ${}^{14}_{7}\mathrm{N}$;

d 1/12e de la masse d'un atome de carbone naturel.

8 L'énergie de liaison d'un nucléide ${}^{A}_{Z}\mathrm{X}$, de masse m (m_n et m_p désignent respectivement la masse d'un neutron et celle d'un proton), vaut :

a $E_\ell = \left[A\, m_n + Z\, m_p\right] c^2 - m\, c^2$;

b $E_\ell = \left[Z\, m_p + (A - Z)\, m_n\right] c^2 - m\, c^2$;

c $E_\ell = \left[Z\, m_n + (A - Z)\, m_p)\right] c^2 - m\, c^2$;

d $E_\ell = m\,c^2 - \left[Z\,m_p + (A-Z)\,m_n\right]\,c^2$.

9 La désintégration radioactive transformant $^{30}_{15}\mathrm{P}$ en $^{30}_{14}\mathrm{Si}$ est :

a une désintégration β^- ;

b une désintégration β^+ ;

c une désintégration α.

10 Au cours d'une réaction nucléaire, le lithium peut se transformer en hélium selon l'équation :

$$^{6}_{3}\mathrm{Li} + ^{1}_{0}\mathrm{n} \rightarrow ^{4}_{2}\mathrm{He} + ^{3}_{1}\mathrm{T}$$

Cette réaction est une :

a fission nucléaire b fusion nucléaire c désintégration α

QCM **2**

Réactions nucléaires avec l'uranium

20 min. Corrigé p. 144

1 Dans un réacteur nucléaire, le nucléide $^{235}_{92}\mathrm{U}$ capte un neutron lent $^{1}_{0}\mathrm{n}$ et subit la réaction de fission décrite par l'équation-bilan suivante :

$$^{235}_{92}\mathrm{U} + ^{1}_{0}\mathrm{n} \longrightarrow {}^{94}\mathrm{Sr} + _{54}\mathrm{Xe} + 2^{1}_{0}\mathrm{n}$$

Le numéro atomique Z du nucléide Sr et le nombre de masse A du nucléide Xe valent :

a $Z = 38$ et $A = 140$ b $Z = 39$ et $A = 140$

c $Z = 38$ et $A = 139$ d $Z = 140$ et $A = 38$

2 Dans ce même réacteur, un isotope de l'uranium, le nucléide $^{238}_{92}\mathrm{U}$, peut capter un neutron rapide et se transformer selon la réaction d'équation :

a $^{238}_{92}\mathrm{U} + \mathrm{n} \rightarrow ^{238}_{91}\mathrm{Pa}$ b $^{238}_{92}\mathrm{U} + \mathrm{n} \rightarrow ^{238}_{93}\mathrm{Np}$

c $^{238}_{92}\mathrm{U} + \mathrm{n} \rightarrow ^{239}_{92}\mathrm{U}$ d $^{238}_{92}\mathrm{U} + \mathrm{n} \rightarrow ^{239}_{93}\mathrm{U}$

3 Le nucléide formé précédemment est radioactif; par deux désintégrations successives spontanées de type β^-, il se transforme en plutonium. Quels sont le numéro atomique Z et le nombre de masse A du plutonium formé ?

a $Z = 95$ et $A = 238$ b $Z = 94$ et $A = 239$

c $Z = 93$ et $A = 239$ d $Z = 90$ et $A = 238$

4 Un autre isotope de l'uranium, le nucléide $^{234}_{92}\mathrm{U}$, est radioactif émetteur α. Écrire l'équation de la désintégration radioactive de ce nucléide et identifier le noyau formé.

a $^{234}_{92}\mathrm{U} \rightarrow ^{230}_{90}\mathrm{Th} + \alpha$ b $^{234}_{92}\mathrm{U} \rightarrow ^{234}_{93}\mathrm{Np} + \alpha$

c $^{234}_{92}\mathrm{U} \rightarrow ^{234}_{91}\mathrm{Pa} + \alpha$ d $^{234}_{92}\mathrm{U} \rightarrow ^{233}_{92}\mathrm{U} + \alpha$

5 L'énergie libérée par la désintégration d'un noyau d'uranium $^{234}_{92}\mathrm{U}$ est de 14,2 MeV. Certaines des particules α émises ont une énergie égale à 13,0 MeV. L'écart entre la valeur calculée et la valeur réelle est expliquée par l'émission de radiations γ. Calculer la longueur d'onde associée à ces photons.

a $\lambda = 1{,}0$ nm
b $\lambda = 1{,}0.10^{-12}$ m
c $\lambda = 2{,}9.10^{-20}$ m
d $\lambda = 2{,}9.10^{-14}$ m

Données :

- 1 eV $= 1{,}6.10^{-19}$ J ;
- célérité de la lumière dans le vide : $c = 3.10^8$ m · s^{-1} ;
- constante de Planck : $h = 6{,}62.10^{-34}$ J · s ;
- numéros atomiques de quelques éléments :

Yttrium (Y) . . . . $Z = 39$	Neptunium (Np) . . . . $Z = 93$
Protactinium (Pa) . . . $Z = 91$	Thorium (Th) . . . . . . $Z = 90$

3 Particules élémentaires

★ 5 min. Corrigé p. 145

Lycée des Pontonniers, Strasbourg

Compléter le tableau suivant :

Nombres de charges du noyau	Nombre d'électrons	Formule de l'espèce	Nom de l'espèce
16		S^{2-}	ion soufre
			atome de soufre
	10	Mg^{2+}	ion magnésium

4 Particules élémentaires

★ 5 min. Corrigé p. 146

Marie Curie, Sceaux

Soient les ions ${}^{16}_{8}O^{2-}$ et ${}^{56}_{26}Fe^{3+}$.

1. Donner la constitution des deux noyaux.
2. Préciser le nombre d'électrons que possède chaque ion.
3. Calculer la charge de chaque ion.

Données : charge élémentaire : $e = 1{,}6.10^{-19}$ C.

5 Particules élémentaires

★★ 5 min. Corrigé p. 146

Lycée des Pontonniers, Strasbourg

1. Qu'est-ce qui constitue un atome ? Où sont les charges électriques dans un atome ? Quelle est la charge globale d'un atome ? pourquoi ?

2 L'atome de fer ^{56}Fe possède 26 électrons. Il peut donner deux ions : l'ion fer II ($^{56}Fe^{2+}$) et l'ion fer III ($^{56}Fe^{3+}$). Pour chacun de ces ions, indiquer :

(a) la charge de son noyau ;

(b) la charge de l'ensemble des électrons.

Donnée : charge élémentaire : $e = 1{,}6.10^{-19}$ C.

6 Particules élémentaires

★ ■ ■ *10 min.* Corrigé *p. 147*

Lycée Baudelaire, Fosses

On donne les symboles suivants avec des lettres arbitraires ne correspondant pas aux symboles habituels :

$$^{7}_{3}A \quad ^{7}_{4}B \quad ^{12}_{6}D \quad ^{14}_{6}E \quad ^{14}_{7}G \quad ^{15}_{7}H$$

1 Que représente le chiffre du haut ? Quel est son symbole et son nom ? Que représente le chiffre du bas ? Quel est son symbole et son nom ?

2 Connaissant les valeurs de Z suivantes, établir la correspondance entre les lettres A, B, D, E, G, H et les symboles réels :

Z	3	4	6	7	10	11	12	15	15
élément	Li	Be	C	N	Ne	Na	Mg	Si	P

3 Chercher les atomes isotopes entre eux. Justifier.

4 Donner la constitution du noyau $^{14}_{6}E$. Combien l'atome correspondant possède-t-il de protons, de neutrons et d'électrons ? justifier.

7 Particules élémentaires

★ ■ ■ *15 min.* Corrigé *p. 148*

Lycée Monod, Clamart

Les interactions gravitationnelles et électriques s'exercent au niveau de l'atome, par exemple entre les protons du noyau d'un atome d'hélium ($^{4}_{2}He$), où ils sont séparés d'une distance de l'ordre du femtomètre (10^{-15} m).

1 **(a)** Donner la composition d'un atome d'hélium.

(b) Entre quelles particules de l'atome peut-il y avoir interaction électrique ? Préciser, dans chaque cas, si l'interaction est attractive ou répulsive.

(c) Entre quelles particules de l'atome peut-il y avoir interaction gravitationnelle ? Préciser, dans chaque cas, si l'interaction est attractive ou répulsive.

2 On s'intéresse, dans la suite de l'exercice, uniquement au noyau de l'atome d'hélium.

Les forces électriques et gravitationnelles qui s'exercent sur chaque proton ont pour intensités respectives :

$$F_e = 230 \text{ N et } F_g = 1{,}86.10^{-34} \text{ N}$$

(a) Calculer le rapport de ces deux forces. Que peut-on en conclure ?

(b) Expliquer pourquoi ces deux interactions ne suffisent pas à expliquer la cohésion du noyau.

(c) Comment, aujourd'hui, interprète-t-on cette cohésion ?

8 Réactions nucléaires

★ 5 min. Corrigé p. 149

Lycée Saint-Louis de Gonzagues, Paris

En projetant des noyaux d'hélium ${}^{4}_{2}\text{He}$ sur de l'aluminium ${}^{27}_{13}\text{Al}$, Irène et Frédéric Joliot-Curie ont obtenu un isotope du phosphore, dont la notation symbolique est : ${}^{30}_{15}\text{P}$. Au cours de la réaction entre un noyau d'hélium et un noyau d'aluminium, le nombre et la nature des nucléons ne changent pas : il se forme un noyau de l'isotope du phosphore et une particule est éjectée.

1 Expliciter la composition des noyaux d'hélium et des atomes d'aluminium, en citant les particules qui les composent et leur nombre.

2 Quelle particule est éjectée ?

3 Proposer une notation pour le bilan de la réaction, en respectant la conservation du nombre et de la nature des nucléons.

9 Réactions nucléaires

★ 5 min. Corrigé p. 149

Lycée Baudelaire, Fosses

Compléter et qualifier les réactions nucléaires suivantes :

1 ${}^{2}_{1}\text{H} + {}^{2}_{1}\text{H} \longrightarrow \text{He} + \text{n}$

2 ${}^{30}_{15}\text{P} \longrightarrow {}^{30}_{14}\text{Si} + \ldots + \gamma$

10 Réactions nucléaires

★ 10 min. Corrigé p. 150

Lycée Stanislas, Paris

En 1919, E. RUTHERFORD réussit la première transmutation : en bombardant des noyaux d'azote avec des noyaux d'hélium, il obtint des noyaux d'un isotope de l'oxygène et des noyaux d'hydrogène. Le bilan de la transmutation réussie par RUTHERFORD est noté :

$$^{14}_{7}N + ^{4}_{2}He \longrightarrow ^{17}_{8}O + ^{1}_{1}H$$

1 Quelle est la composition du noyau d'oxygène obtenu ?

2 Quelle est la représentation de l'isotope de l'oxygène le plus répandu sur Terre ?

3 D'après le bilan, combien de protons sont présents avant la transmutation ? après la transmutation ? Mêmes questions pour les neutrons.

4 Les observations précédentes sont valables dans toutes les transmutations. Quelles règles peut-on énoncer pour les charges, pour les neutrons et pour les nucléons, au cours d'une transmutation ?

11 Réactions nucléaires

★ 10 min. Corrigé p. 151

Lycée Monod, Clamart

Le nucléide $^{14}_{6}C$ est radioactif (radioactivité β^{-}).

1 Écrire l'équation-bilan de cette désintégration. Quel est le nom du nucléide stable formé ?

2 La période (ou demi-vie) du carbone $^{14}_{6}C$ est 5 500 ans, temps au bout duquel une population initiale de N nucléides $^{14}_{6}C$ est réduite à $\frac{N}{2}$, par désintégration.

Un échantillon, contenant comme seul nucléide radioactif du carbone $^{14}_{6}C$, a une activité qui correspond à 16 électrons émis par seconde. Au bout de combien d'années cette activité sera-t-elle réduite à 4 électrons émis par seconde ?

Données : numéros atomiques de quelques éléments :

$Z_B = 5$	$Z_C = 6$	$Z_N = 7$	$Z_O = 8$	$Z_F = 9$	$Z_{Ne} = 10$
$Z_{Al} = 13$	$Z_{Si} = 14$	$Z_P = 15$	$Z_S = 16$	$Z_{Cl} = 17$	$Z_{Ar} = 18$

12 Réactions nucléaires

★ 10 min. Corrigé p. 151

Lycée Montesquieu, Herblay

1 À l'aide de quel appareil mesure-t-on l'activité d'une substance radioactive ?

2 Le cobalt $^{60}_{27}Co$ est un nucléide instable. Il est radioactif β^{-}.

Écrire l'équation de cette réaction nucléaire.

Donner le nom et la charge des particules émises.

Pourquoi ce processus s'accompagne-t-il d'un rayonnement ?

3 Qu'est-ce qu'un positon (ou positron) ? Lors de quel type de réaction nucléaire est-il émis ?

Données :

- charge élémentaire : $e = 1{,}6.10^{-19}$ C ;
- numéros atomiques de quelques éléments :

$_{25}Mn \quad _{26}Fe \quad _{27}Co \quad _{28}Ni \quad _{29}Cu$

13 Réactions nucléaires

★★ 10 min. Corrigé p. 152

Lycée Janson de Sailly, Paris

Dans une pile atomique, chaque noyau d'uranium 235 ($^{235}_{92}U$), bombardé par un neutron, est scindé en deux noyaux différents et des neutrons. La masse des produits obtenus est inférieure à celle de l'uranium 235 ayant subi la fission contrôlée. La perte de masse représente les 8/10 000 de la masse d'uranium consommée.

Calculer en MW (mégawatt) la puissance d'une pile qui consomme 24 grammes d'uranium 235 par jour.

Données :

- célérité de la lumière dans le vide : $c = 3.10^8$ m · s^{-1} ;
- masse du noyau $^{235}_{92}U$: 236,0439 u ;
- L'énergie E (en joule) produite par une pile de puissance P (en watt, W), pendant Δt (en seconde), vaut : $E = P \times \Delta t$.

14 Réactions nucléaires

★★ 15 min. Corrigé p. 152

Lycée Rosa Parks, Mongeron

1 Quelle est la constitution du noyau de l'atome de polonium $^{210}_{84}Po$?

2 Cet atome est radioactif. Il émet une particule α, en se transmuttant en élément plomb Pb.

Indiquer les lois simples de conservation à utiliser pour écrire la réaction nucléaire. La donner.

3 Des mesures précises fournissent les masses des atomes :

$m(\text{Po}) = 210{,}0482$ u $\qquad m(\text{He}) = 4{,}0039$ u $\qquad m(\text{Pb}) = 206{,}0385$ u

Expliciter ce que l'on appelle l'unité de masse atomique u.

4 Quelle est, en MeV, l'énergie maximale émise par la réaction nucléaire évoquée en 2 ?

Données :

- constante d'Avogadro : $\mathcal{N} = 6{,}022.10^{23}$ mol^{-1} ;
- charge élémentaire : $e = 1{,}6.10^{-19}$ C ;
- célérité de la lumière dans le vide : $c = 3.10^8$ m · s^{-1} ;
- numéros atomiques de quelques éléments :

$Z(\text{Rn}) = 86 \qquad Z(\text{At}) = 85 \qquad Z(\text{Bi}) = 83 \qquad Z(\text{Pb}) = 82$

15 Réactions nucléaires

★★ *15 min.* Corrigé *p. 153*

Lycée Baudelaire, Fosses

1 Écrire l'équation de fission nucléaire de $^{235}_{92}\text{U}$, si les produits sont $^{94}_{38}\text{Sr}$ et $^{140}_{54}\text{Xe}$.

2 Dans les déchets nucléaires, on trouve du ^{90}Sr, dont la période est $T = 25$ ans : tous les 25 ans, le nombre de nucléides radioactifs diminue de moitié.

Quelle masse de cet élément restera-t-il dans un déchet qui en contenait $m_0 = 10$ mg, un siècle plus tard ?

16 Réactions nucléaires

★★★ *40 min.* Corrigé *p. 154*

Lycée Saint-Louis, Lorient

Le réacteur d'un sous-marin nucléaire fonctionne à l'aide d'uranium enrichi en isotope $^{235}_{92}\text{U}$ (l'isotope $^{238}_{92}\text{U}$ n'étant pas fissile).

1 Quelle est la structure des nucléides cités ?

2 Les noyaux d'uranium 235 subissent différentes fissions parmi lesquelles, l'une des plus fréquentes est la suivante :

$$^{235}_{92}\text{U} + ^{1}_{0}\text{n} \longrightarrow ^{94}_{38}\text{Sr} + ^{140}_{54}\text{Xe} + 2^{1}_{0}\text{n}$$

En supposant que toutes les fissions soient identiques à celle qui est indiquée, calculer la masse d'uranium enrichi consommée, en 30 jours, par le sous-marin, dont le réacteur fournit une puissance moyenne de 25 MW.

Données :

- L'énergie consommée, pendant Δt (en seconde), par un moteur de puissance P (en watt : W), vaut : $E = P \times \Delta t$;
- 1 MW = 10^6 W ;
- équivalent masse/énergie : 1 u $\equiv$ 931,5 MeV ;

COURS EXERCICES CORRIGÉS

- $1 \text{ u} \simeq 1{,}66.10^{-27}$ kg ;
- $1 \text{ eV} = 1{,}6.10^{-19}$ J ;
- masse d'un noyau d'uranium $^{235}_{92}\text{U}$: $m_{\text{U}} = 235{,}0439$ u ;
- masse d'un neutron isolé : $m_{\text{n}} = 1{,}0087$ u ;
- masse d'un noyau de strontium $^{94}_{38}\text{Sr}$: $m_{\text{Sr}} = 93{,}9154$ u ;
- masse d'un noyau de xénon : $^{140}_{54}\text{Xe}$: $m_{\text{Xe}} = 139{,}9252$ u.

QCM

1 Connaissances du cours

Enoncé p. 134

1 Le noyau d'un atome est composé de neutrons et de protons (réponse **a**).

2 La notation ${}^{A}_{Z}\mathrm{X}$ indique le nombre $N_p = Z$ de protons que contient le nucléide, ainsi que le nombre A de nucléons (réponse **d**).

3 Pour que des éléments ${}^{A}_{Z}\mathrm{X}$ et ${}^{A'}_{Z'}\mathrm{X'}$ soient différents il faut que les numéros atomiques Z et Z' soient différents (réponse **c**). Si $A \neq A'$, X et X′ sont des isotopes d'un même élément, tandis que $N_e \neq N'_e$ décrit des ions donnés par l'élément.

4 Deux atomes différents ne peuvent avoir les mêmes noyaux (sinon leur neutralité électrique imposerait qu'ils possèdent aussi le même nombre d'électrons). En revanche, deux atomes différents ${}^{A}_{Z}\mathrm{X}$ et ${}^{A'}_{Z}\mathrm{X}$ peuvent avoir des électrons en nombre identique (Z électrons puisque l'atome est neutre) mais avoir des nombres de neutrons différents (réponse **c**) ; ils sont alors isotopes.

On ne peut cependant pas comparer les électrons entre eux, puisque nous ignorons à quoi ressemble un électron.

5 La formation d'un ion n'affecte pas le noyau d'un atome (la composition du noyau est inchangée) mais modifie seulement le nombre d'électrons qui composent le nuage électronique (réponse **b**).

6 Sur Terre, les isotopes du carbone et de l'oxygène les plus abondants sont :

$${}^{12}_{6}\mathrm{C} \text{ et } {}^{16}_{8}\mathrm{O} \text{ (réponse } \mathbf{d}\text{)}$$

L'isotope ${}^{14}_{6}\mathrm{C}$ (aussi appelé « carbone 14 ») est utilisé pour dater des organismes morts tandis que l'isotope ${}^{18}_{8}\mathrm{O}$ est souvent utilisé en chimie analytique dans le suivi des réactions.

7 Par définition, l'unité de masse atomique (u) représente le 1/12e de la masse d'un atome de ${}^{12}_{6}\mathrm{C}$ (réponse **a**).

8 Le noyau d'un nucléide ${}^{A}_{Z}\mathrm{X}$ comporte Z protons, de masse m_p, et $A - Z$ neutrons, de masse m_n. La masse de ses nucléons :

$$m_{\text{nucléons}} = Z\, m_p + (A - Z)\, m_n$$

est supérieure à sa propre masse $m_{\text{noyau}} = m$, ce qui traduit une énergie de cohésion, appelée énergie de liaison :

$$E_\ell = \Delta m\, c^2 \text{ avec } \Delta m = m_{\text{nucléons}} - m_{\text{noyau}}$$

$$\Rightarrow E_\ell = \left[Z\, m_p + (A - Z)\, m_n\right] c^2 - m\, c^2 \text{ (réponse } \mathbf{b}\text{)}$$

9 Au cours de la désintégration radioactive de ${}^{30}_{15}\mathrm{P}$ en ${}^{30}_{14}\mathrm{Si}$, est libérée une particule ${}^{a}_{z}\mathfrak{P}$, telle que l'équation :

$${}^{30}_{15}\mathrm{P} \longrightarrow {}^{30}_{14}\mathrm{Si} + {}^{a}_{z}\mathfrak{P}$$

COURS EXERCICES CORRIGÉS

respecte les lois de conservation :

$$\begin{cases} 30 = 30 + a \\ 15 = 14 + z \end{cases} \Rightarrow \begin{cases} a = 0 \\ z = 1 \end{cases}$$

La particule émise n'est donc pas un nucléon ($a = 0$) mais possède une charge positive ($z = +1$) ; il s'agit d'un positon ${}_{1}^{0}\beta^{+}$ (réponse **b**).

10 La réaction nucléaire décrite par l'équation :

$${}_{3}^{6}\text{Li} + {}_{0}^{1}\text{n} \longrightarrow {}_{2}^{4}\text{He} + {}_{1}^{3}\text{T}$$

ne peut être une désintégration α car la réaction n'est pas spontanée (un neutron doit entrer en collision avec le noyau de lithium). En outre, cette réaction transforme un noyau comportant 6 nucléons en deux autres noyaux plus légers ($A = 4$ et $A = 3$), auquel cas il s'agit d'une fission nucléaire (réponse **a**).

QCM 2 Réactions nucléaires avec l'uranium

Enoncé p. 135

1 Dans l'équation-bilan :

$${}_{92}^{235}\text{U} + {}_{0}^{1}\text{n} \longrightarrow {}_{Z}^{94}\text{Sr} + {}_{54}^{A}\text{Xe} + 2{}_{0}^{1}\text{n}$$

les nombres Z et A sont ajustés de manière à satisfaire aux contraintes de conservation :

$$\begin{cases} 235 + 1 = 94 + A + 2 \\ 92 = Z + 54 \end{cases} \Rightarrow \begin{cases} A = 140 \\ Z = 38 \end{cases} \quad \text{(réponse a)}$$

2 La capture d'un neutron ${}_{0}^{1}\text{n}$ par un nucléide ${}_{92}^{238}\text{U}$ est décrite par l'équation :

$${}_{92}^{238}\text{U} + {}_{0}^{1}\text{n} \longrightarrow {}_{92}^{239}\text{X}$$

Or, le numéro atomique $Z = 92$ est caractéristique de l'élément uranium (noyau père), auquel cas cette équation s'écrit finalement :

$${}_{92}^{238}\text{U} + {}_{0}^{1}\text{n} \longrightarrow {}_{92}^{239}\text{U} \quad \text{(réponse c)}$$

3 Deux désintégrations successives β^{-} libèrent deux électrons ${}_{-1}^{0}\text{e}^{-}$ selon l'équation-bilan :

$${}_{92}^{239}\text{U} \longrightarrow 2\,{}_{-1}^{0}\beta^{-} + {}_{Z}^{A}\text{Y}$$

où A et Z doivent, à nouveau, respecter les lois de conservation :

$$\begin{cases} 239 = A \\ 92 = -2 + Z \end{cases} \Rightarrow \begin{cases} A = 239 \\ Z = 94 \end{cases} \quad \text{(réponse b)}$$

4 La particule α s'identifiant à un noyau d'hélium ${}_{2}^{4}\text{He}$, son émission par le nucléide ${}_{92}^{234}\text{U}$ s'écrit :

$${}_{92}^{234}\text{U} \longrightarrow {}_{Z'}^{A'}\text{Y}' + {}_{2}^{4}\text{He}$$

Encore une fois, les lois de conservation imposent :

$$\begin{cases} 234 = A' + 4 \\ 92 = Z' + 2 \end{cases} \Rightarrow \begin{cases} A' = 230 \\ Z' = 90 \end{cases}$$

Or, le numéro atomique $Z' = 90$ étant celui du thorium, cette équation adopte la forme suivante :

$$^{234}_{92}\text{U} \longrightarrow ^{230}_{90}\text{Th} + ^{4}_{2}\text{He} \text{ (réponse } \boxed{a} \text{)}$$

5 Le photon émis au cours de l'émission γ a pour énergie :

$$\begin{aligned} E &= 14{,}2 - 13{,}0 = 1{,}2 \text{ MeV} = 1{,}2.10^{6} \text{ eV} \\ &= 1{,}2.10^{6} \times 1{,}6.10^{-19} = 1{,}92.10^{-13} \text{ J} \end{aligned}$$

Or, à ce photon est associé un rayonnement électromagnétique de longueur d'onde λ telle que :

$$E = \frac{hc}{\lambda} \quad \Rightarrow \quad \lambda = \frac{hc}{E} = \frac{6{,}62.10^{-34} \times 3.10^{8}}{1{,}92.10^{-13}}$$
$$\Rightarrow \quad \lambda \simeq 1{,}0.10^{-12} \text{ m (réponse } \boxed{b} \text{)}$$

3 Particules élémentaires

Enoncé *p. 136*

Lycée des Pontonniers, Strasbourg

- Dans l'ion soufre S^{2-} se trouvent $N_p = 16$ protons (porteurs de la charge nucléaire) et un nombre d'électrons N_e tel que la charge de l'ion (-2) vérifie :

$$-2 = N_p - N_e \Rightarrow N_e = N_p + 2 = 16 + 2 = 18 \text{ électrons}$$

- L'atome de soufre présente le même symbole que l'ion soufre (S) et son noyau possède le même nombre $N_p = 16$ de protons (le nombre Z est toujours spécifique à chaque élément). En revanche, puisque l'atome est globalement neutre, sa charge nulle vérifie :

$$0 = N_p - N_e \Rightarrow N_e = N_p = 16$$

- Le noyau de l'ion magnésium Mg^{2+} possède N_p protons tandis que son cortège électronique est composé de $N_e = 10$ électrons. La charge globale ($+2$) de l'ion est alors telle que :

$$+2 = N_p - N_e = N_p - 10 \Rightarrow N_p = 10 + 2 = 12 \text{ protons}$$

Toutes ces informations permettent de compléter le tableau fourni par l'énoncé :

Nombres de charges du noyau	Nombre d'électrons	Formule de l'espèce	Nom de l'espèce
16	18	S^{2-}	ion soufre
16	16	S	atome de soufre
12	10	Mg^{2+}	ion magnésium

4 Particules élémentaires

Marie Curie, Sceaux

Enoncé p. 136

1 Puisque le noyau d'un atome ${}^{A}_{Z}X$ contient $N_p = Z$ protons et $N_n = A - Z$ neutrons, les ions proposés ont pour composition nucléaire :

	${}^{16}_{8}O^{2-}$	${}^{56}_{26}Fe^{3+}$
N_p	8	26
N_n	8	30

2 Si ${}_{8}O$ est neutre, l'atome possède autant d'électrons que de protons ($Z = 8$). Or, l'ion ${}_{8}O^{2-}$ présente deux charges négatives supplémentaires, c'est-à-dire que :

$${}_{8}O^{2-} \text{ possède 10 électrons.}$$

Quant à l'atome ${}_{26}Fe$, s'il était neutre, il posséderait 26 électrons (autant que de protons). Or, l'ion ${}_{26}Fe^{3+}$ présente un déficit de 3 électrons :

$${}_{26}Fe^{3+} \text{ possède 23 électrons.}$$

3 Puisque chaque électron possède la charge $q_e = -e$, tandis que le proton présente la charge $q_p = +e$, la charge de chaque ion dépend de sa composition :

- L'ion ${}_{8}O^{2-}$ contient 8 protons et 10 électrons ; sa charge vaut :

$$\begin{aligned} Q_{O^{2-}} &= 8\,q_p + 10\,q_e \\ &= 8\,e - 10\,e = -2\,e = -2 \times 1{,}6.10^{-19} \\ \Rightarrow\ & Q_{O^{2-}} = -3{,}2.10^{-19}\ \text{C} \end{aligned}$$

- L'ion ${}_{26}Fe^{3+}$ contenant 26 protons et 23 électrons, sa charge vaut :

$$\begin{aligned} Q_{Fe^{3+}} &= 26\,q_p + 23\,q_e \\ &= 26\,e - 23\,e = 3\,e = 3 \times 1{,}6.10^{-19} \\ \Rightarrow\ & Q_{Fe^{3+}} = 4{,}8.10^{-19}\text{C} \end{aligned}$$

5 Particules élémentaires

Lycée des Pontonniers, Strasbourg

Enoncé p. 136

1 Un atome ${}^{A}_{Z}X$ comporte :

- $N_p = Z$ protons de charge $q_p = +e$;
- $N_n = A - Z$ neutrons, de charge nulle ;
- N_e électrons, de charge $q_e = -e$.

L'atome étant neutre, le nombre N_e d'électrons vaut celui, N_p, de protons. Ainsi, la charge globale de l'atome vaut :

$$Q_{\text{atome}} = N_p\, q_p + N_e\, q_e = (N_p - N_e) \times e = 0$$

2 **(a)** L'atome ^{56}Fe, neutre, possède autant de protons que d'électrons, c'est-à-dire : $N_p = 26$ protons ; il s'écrit : $^{56}_{26}Fe$, quel que soit son cortège électronique. Son noyau porte donc la charge :

$$Q_{\text{noyau}} = N_p\, q_p = N_p\, e = 26 \times 1{,}6.10^{-19}$$
$$\Rightarrow Q_{\text{noyau}} = 41{,}6.10^{-19}\ \text{C}$$

Cette charge nucléaire est la même pour tous les ions que peut former le fer.

(b) Lorsque l'atome $^{56}_{26}Fe$ est neutre, il contient 26 électrons.

- L'ion Fe^{2+} est obtenu à partir de l'atome neutre, en lui ôtant deux électrons ; son cortège électronique contient $26 - 2 = 24$ électrons, de charge totale :

$$Q_{\text{électrons}} = 24\, q_e = -24\, e = -24 \times 1{,}6.10^{-19}$$
$$\Rightarrow Q_{\text{électrons}} = -38{,}4.10^{-19}\ \text{C}$$

- L'ion $_{26}Fe^{3+}$ est, quant à lui, obtenu à partir de l'atome neutre qui a perdu trois électrons ; il lui en reste $26 - 3 = 23$, de charge totale :

$$Q'_{\text{électrons}} = 23\, q_e = -23 \times e = -23 \times 1{,}6.10^{-19}$$
$$\Rightarrow Q'_{\text{électrons}} = -36{,}8.10^{-19}\ \text{C}$$

6 Particules élémentaires

Enoncé p. 137

Lycée Baudelaire, Fosses

1 Dans la notation ^A_ZX sont représentés :

- le symbole chimique X de l'élément considéré (sauf dans cet exercice) ;
- le numéro atomique Z, qui représente le nombre de protons contenus dans le noyau ($N_p = Z$) et qui est spécifique à chaque élément ;
- le nombre de masse A, qui représente le nombre de nucléons du noyau (si N_n représente le nombre de neutrons : $A = N_n + N_p$).

2 Puisque le numéro atomique est spécifique à chaque élément, on peut établir une correspondance entre Z et le symbole de l'élément :

	^7_3A	^7_4B	$^{12}_6D$	$^{14}_6E$	$^{14}_7G$	$^{15}_7H$
élément	^7_3Li	^7_4Be	$^{12}_6C$	$^{14}_6C$	$^{14}_7N$	$^{15}_7N$

3 Deux atomes ${}_{Z}^{A}\mathrm{X}$ et ${}_{Z'}^{A'}\mathrm{Y}$ sont isotopes si $Z = Z'$ (il s'agit d'un seul et même élément) et $A \neq A'$. On trouve ainsi deux paires d'isotopes :

$$\begin{cases} \text{Isotopes du carbone : } {}_{6}^{12}\mathrm{C} \text{ et } {}_{6}^{14}\mathrm{C} \\ \\ \text{Isotopes de l'azote : } {}_{7}^{14}\mathrm{N} \text{ et } {}_{7}^{15}\mathrm{N} \end{cases}$$

4 Compte tenu de la réponse à la question 1, un noyau ${}_{Z}^{A}\mathrm{X}$ contient $N_p = Z$ protons, $N_n = A - Z$ neutrons et, si l'atome est neutre électriquement, $N_e = Z$ électrons (la neutralité électrique suppose qu'il y ait autant d'électrons que de protons). Pour le noyau ${}_{6}^{14}\mathrm{E}$, cette analyse fournit :

6 protons + 8 neutrons + 6 électrons.

7 Particules élémentaires

Enoncé p. 137

Lycée Monod, Clamart

1 **(a)** Un noyau ${}_{Z}^{A}\mathrm{X}$ contient $N_p = Z$ protons et $N_n = A - Z$ neutrons. Si, de surcroît, l'atome associé à ce noyau est neutre, son cortège électronique comporte autant d'électrons que de protons. C'est pourquoi l'atome d'hélium est composé de :

2 protons + 2 neutrons + 2 électrons.

(b) L'interaction électrique peut se produire entre deux particules chargées (proton, électron). Elle est attractive si les charges sont de signes opposés et elle est répulsive si les particules portent des charges de même signe. En indiquant le signe des charges entre parenthèses, le tableau suivant recense l'ensemble des interactions électriques rencontrées dans l'atome d'hélium :

	protons ($q_p = +e$)	électrons ($q_e = -e$)
protons ($q_p = +e$)	répulsion	attraction
électrons ($q_e = -e$)	attraction	répulsion

(c) L'interaction gravitationnelle s'exerce entre tout couple de particules ayant une masse (ce qui est le cas des protons, des neutrons et des électrons présents dans l'atome). Quelles que soient ces particules, l'interaction gravitationnelle est toujours attractive.

2 **(a)** Le rapport des forces électriques et gravitationnelles qui s'exercent entre deux protons du noyau d'hélium vaut :

$$\frac{F_e}{F_g} = \frac{230}{1{,}86.10^{-34}} \simeq 1{,}2.10^{36} \Rightarrow F_e \simeq 1{,}2.10^{36} \times F_g$$

ce qui montre que, dans le noyau, la force gravitationnelle exerce une influence négligeable.

(b) Les valeurs numériques précédentes montrent que les protons du noyau s'attirent sous l'influence de la force gravitationnelle F_g et se repoussent sous l'influence de la force électrique F_e beaucoup plus intense. Globalement, si ces deux forces étaient seules à s'exercer entre deux protons, ceux-ci devraient se repousser et non rester confinés à l'intérieur du noyau.

(c) Aujourd'hui, la cohésion du noyau s'interprète par l'interaction forte : d'intensité plus forte que F_e et à rayon d'action très court, elle assure l'attraction mutuelle entre toutes les particules du noyau.

8 Réactions nucléaires

Enoncé p. 138

Lycée Saint-Louis de Gonzagues, Paris

1 Dans la notation ${}^{A}_{Z}\mathrm{X}$, Z représente le nombre de protons dans le noyau de l'élément X, tandis que le nombre de neutrons qui s'y trouvent vaut $A - Z$. En appliquant ces règles, on peut déterminer la composition des noyaux suivants :

	${}^{4}_{2}\mathrm{He}$	${}^{27}_{13}\mathrm{Al}$	total
protons	2	13	15
neutrons	2	14	16

2 De même, dans le noyau de l'isotope ${}^{30}_{15}\mathrm{P}$ se trouvent 15 protons et $30 - 15 = 15$ neutrons. Or, puisqu'au au cours de la réaction, les particules sont conservées, il apparaît que la particule éjectée est :

$$\text{un neutron } {}^{1}_{0}\mathrm{n}$$

3 Compte tenu du bilan dressé précédemment, la réaction peut s'écrire symboliquement :

$${}^{4}_{2}\mathrm{He} + {}^{27}_{13}\mathrm{Al} \longrightarrow {}^{30}_{15}\mathrm{P} + {}^{1}_{0}\mathrm{n}$$

9 Réactions nucléaires

Enoncé p. 138

Lycée Baudelaire, Fosses

1 Le neutron est un nucléon ($A = 1$) de charge nulle ($Z = 0$) ; la réaction a donc pour équation :

$${}^{2}_{1}\mathrm{H} + {}^{2}_{1}\mathrm{H} \longrightarrow {}^{A'}_{Z'}\mathrm{He} + {}^{1}_{0}\mathrm{n}$$

Les lois de conservation des particules imposent alors :

$$Z' = 1 + 1 = 2 \text{ et } 2 + 2 = A' + 1 \Rightarrow A' = 3$$

Au cours de cette réaction, deux noyaux de numéros atomiques $Z = 1$ génèrent un noyau de numéro atomique plus important ; il s'agit d'une fusion nucléaire.

2 La particule γ étant ni chargée, ni un nucléon, une particule X est formée au cours de la réaction :

$$^{30}_{15}\mathrm{P} \longrightarrow ^{30}_{14}\mathrm{Si} + ^{A'}_{Z'}\mathrm{X} + ^{0}_{0}\gamma$$

auquel cas :

$$30 = 30 + A' \Rightarrow A' = 0 \text{ et } 15 = 14 + Z' \Rightarrow Z' = 1$$

Il apparaît ainsi que la particule est un positron $^{0}_{1}\mathrm{e}$ (particule chargée positivement, sans être un nucléon), encore appelée particule β^+. La réaction, d'équation :

$$^{30}_{15}\mathrm{P} \longrightarrow ^{30}_{14}\mathrm{Si} + ^{0}_{1}\beta^+ + \gamma$$

est alors une désintégration radioactive β^+.

10 Réactions nucléaires

Enoncé p. 138

Lycée Stanislas, Paris

1 Dans le noyau d'un élément $^{A}_{Z}\mathrm{X}$ se trouvent $N_p = Z$ protons et $N_n = A - Z$ neutrons, ce qui correspond, pour l'atome $^{17}_{8}\mathrm{O}$ à :

8 protons et $17 - 8 = 9$ neutrons dans le noyau.

2 Sur Terre, c'est l'isotope $^{16}_{8}\mathrm{O}$ qui est le plus répandu.

3 Pour compter les nombres de protons et de neutrons dans les différents atomes, il suffit d'appliquer la règle énoncée dans la première question : $N_p = Z$ et $N_n = A - Z$, le nombre de nucléons étant donné par A :

	$^{14}_{7}\mathrm{N}$	$^{4}_{2}\mathrm{He}$	$^{17}_{8}\mathrm{O}$	$^{1}_{1}\mathrm{H}$
protons	7	2	8	1
neutrons	7	2	9	0
nucléons	14	4	17	1

Il est alors possible de faire un bilan de ces particules au cours de la transmutation :

$$\underbrace{^{14}_{7}\mathrm{N} + ^{4}_{2}\mathrm{He}} \longrightarrow \underbrace{^{17}_{8}\mathrm{O} + ^{1}_{1}\mathrm{H}}$$

9 protons	9 protons
9 protons	9 neutrons
18 nucléons	18 nucléons

4 L'exemple précédent montre qu'au cours d'une transmutation, la charge contenue dans le noyau (les protons) se conserve, de même que la quantité de neutrons et donc le nombre de nucléons $A = N_p + n_n$ se conserve aussi.

11 Réactions nucléaires

Enoncé p. 139

Lycée Monod, Clamart

1 Au cours de la désintégration β^-, le nucléide ${}^{14}_{6}C$ se transforme en noyau fils Y, tandis qu'un électron (${}^{0}_{-1}\beta^-$) est émis :

$$ {}^{14}_{6}C \longrightarrow {}^{A'}_{Z'}Y + {}^{0}_{-1}\beta^- $$

Les lois de conservation imposent alors : $A' = 14$ et :

$$ Z' - 1 = 6 \Rightarrow Z' = 7 $$

Avec ce numéro atomique, le noyau fils est de l'azote. C'est pourquoi la réaction de désintégration s'écrit :

$$ {}^{14}_{6}C \longrightarrow {}^{14}_{7}N + {}^{0}_{-1}\beta^- $$

2 Par définition, au bout de 5 500 ans, l'activité du carbone ${}^{14}_{6}C$ est divisée par 2. Considérons alors une activité initiale $A_0 = 16$ Ci (16 désintégrations par seconde) :

$$ A_0 = 16\ \text{Ci} \xrightarrow{5\,500\ \text{ans}} A_1 = 8\ \text{Ci} \xrightarrow{5\,500\ \text{ans}} A_2 = 4\ \text{Ci} \xrightarrow{5\,500\ \text{ans}} A_3 = 2\ \text{Ci} \cdots $$

C'est donc au bout de :

$$ \Delta t = 5\,500 + 5\,500 = 11\,000\ \text{ans} $$

que l'activité de l'échantillon descend à 4 Ci.

12 Réactions nucléaires

Enoncé p. 139

Lycée Montesquieu, Herblay

1 L'activité d'une substance radioactive se mesure à l'aide d'un détecteur de GEIGER relié à un compteur d'impulsions.

2 La particule β^- est un électron ${}^{0}_{-1}e^-$. Ainsi, la réaction de désintégration β^- du cobalt s'écrit :

$$ {}^{60}_{27}Co \longrightarrow {}^{0}_{-1}\beta^- + {}^{A'}_{Z'}X $$

où les lois de conservation imposent :

$$ \begin{cases} 60 = A' \\ 27 = -1 + Z' \end{cases} \Rightarrow \begin{cases} A' = 60 \\ Z' = 28 \end{cases} $$

Le numéro atomique $Z' = 28$ permet d'identifier le noyau fils ; il s'agit du nickel :

$$ {}^{60}_{27}Co \longrightarrow {}^{0}_{-1}\beta^- + {}^{60}_{28}Ni \qquad (19) $$

La particule β^- émise porte la charge de l'électron :

$$ q_e = -e = -1{,}6.10^{-19}\ \text{C} $$

tandis que le noyau de nickel comporte $N_p = 28$ protons, de charge totale :

$$\begin{aligned} Q_{\text{Ni}} &= 28 \times e = 28 \times 1{,}6.10^{-19} \\ \Rightarrow &\quad Q_{\text{Ni}} = 44{,}8.10^{-19}\ \text{C} \end{aligned}$$

Le noyau de nickel produit au cours du processus (19) peut ne pas être stable. Afin de retourner à un état plus stable (moins énergétique), cet atome peut émettre un photon (rayonnement γ).

3 Un positon est l'anti-particule associée à l'électron : même masse mais charge opposée. C'est pourquoi on note ${}^0_1\beta^+$ cette particule émise au cours de certaines désintégrations radioactives :

$${}^A_Z\text{X} \longrightarrow {}_{Z-1}^{\ A}\ \text{Y} + {}^0_1\ \beta^+$$

13 Réactions nucléaires

Lycée Janson de Sailly, Paris

Enoncé *p. 140*

Pendant une journée, c'est-à-dire :

$$\Delta t = 24 \times 3\,600 = 86\,400\ \text{s}$$

la pile consomme $m_{\text{U}} = 24\ \text{g} = 24.10^{-3}$ kg de ^{235}U. D'après l'énoncé, la réaction nucléaire s'accompagne d'une perte de masse :

$$\Delta m = \frac{8}{10\,000}\, m_{\text{U}} = \frac{8 \times 24.10^{-3}}{10\,000} = 1{,}92.10^{-5}\ \text{kg}$$

c'est-à-dire libère une énergie :

$$E = \Delta m\, c^2 = 1{,}92.10^{-5} \times (3.10^8)^2 = 1{,}728.10^{12}\ \text{J}$$

Cette pile libère donc une puissance P telle que :

$$\begin{aligned} E = P \times \Delta t \quad &\Rightarrow \quad P = \frac{E}{\Delta t} = \frac{1{,}728.10^{12}}{86\,400} \simeq 20.10^6\ \text{W} \\ &\Rightarrow \quad P \simeq 20\ \text{MW} \end{aligned}$$

14 Réactions nucléaires

Lycée Rosa Parks, Mongeron

Enoncé *p. 140*

1 Dans le noyau d'un atome ${}^A_Z$X se trouvent $N_p = Z$ protons et $N_n = A - Z$ neutrons. C'est pourquoi le noyau ${}^{210}_{84}$Po contient :

$$84 \text{ protons et } 210 - 84 = 126 \text{ neutrons}$$

2 La particule α s'identifie à un noyau d'hélium ${}^4_2$He, en conséquence de quoi la réaction de désintégration radioactive s'écrit :

$${}^{210}_{84}\text{Po} \longrightarrow {}^4_2\ \text{He} + {}^{A'}_{Z'}\ \text{X}$$

COURS
EXERCICES
CORRIGÉS

Or, au cours de cette transformation, les nombres de protons et de neutrons sont conservés, ce qui se traduit par :

$$\begin{cases} 210 = 4 + A' \\ 84 = 2 + Z' \end{cases} \Rightarrow \begin{cases} A' = 206 \\ Z' = 82 \end{cases}$$

Le numéro atomique $Z' = 82$ correspondant à l'élément plomb (Pb), la réaction a pour équation :

$$^{210}_{84}\text{Po} \longrightarrow {}^{4}_{2}\text{He} + {}^{206}_{82}\text{Pb} \qquad (20)$$

3 Par définition, l'unité de masse atomique représente $1/12^{e}$ de la masse d'un atome de $^{12}_{6}\text{C}$:

$$1\ \text{u} = \frac{1}{12}\, m(^{12}_{6}\text{C})$$

Or, par définition, la masse molaire de $^{12}_{6}\text{C}$ vaut :

$$M = 12\ \text{g}\cdot\text{mol}^{-1} = 12.10^{-3}\ \text{kg}\cdot\text{mol}^{-1}$$

ce qui représente aussi la masse de $\mathcal{N}$ atomes de $^{12}_{6}\text{C}$:

$$\begin{aligned} M = &\ \mathcal{N}\, m(^{12}_{6}\text{C}) \Rightarrow m(^{12}_{6}\text{C}) = \frac{M}{\mathcal{N}} \Rightarrow 1\ \text{u} = \frac{M}{12\mathcal{N}} \\ \Rightarrow &\ 1\ \text{u} = \frac{12.10^{-3}}{12 \times 6{,}022.10^{23}} \simeq 1{,}66.10^{-27}\ \text{kg} \end{aligned}$$

4 La réaction (20) présente un défaut de masse :

$$\begin{aligned} \Delta m &= m_{\text{initiale}} - m_{\text{finale}} \\ &= m(\text{Po}) - m(\text{He}) - m(\text{Pb}) \\ &= 210{,}0482 - 4{,}0039 - 206{,}0385 = 0{,}0058\ \text{u} \\ \Rightarrow &\ \Delta m = 0{,}0058 \times 1{,}66.10^{-27} \simeq 9{,}628.10^{-30}\ \text{kg} \end{aligned}$$

L'énergie maximale libérée par cette réaction vaut :

$$E = \Delta m \times c^2 = 9{,}628.10^{-30} \times (3.10^8)^2 \simeq 8{,}665.10^{-13}\ \text{J}$$

soit encore :

$$\begin{aligned} 1\ \text{eV} &= 1{,}6.10^{-19}\ \text{J} \Rightarrow 1\ \text{J} = \frac{1}{1{,}6.10^{-19}}\ \text{eV} \\ &\Rightarrow E = \frac{8{,}665.10^{-13}}{1{,}6.10^{-19}} = 5{,}42.10^{6}\ \text{eV} \\ &\Rightarrow E = 5{,}42\ \text{MeV} \end{aligned}$$

15 Réactions nucléaires

Enoncé p. 141

Lycée Baudelaire, Fosses

1 Soit $^{A'}_{Z'}\text{X}$ la particule émise au cours de la fission de l'uranium :

$$^{235}_{92}\text{U} \longrightarrow {}^{94}_{38}\text{Sr} + {}^{140}_{54}\text{Xe} + {}^{A'}_{Z'}\text{X}$$

Les lois de conservation imposent alors :

$$\begin{cases} 235 = 94 + 140 + A' \\ 92 = 38 + 54 + Z' \end{cases} \Rightarrow \begin{cases} A' = 1 \\ Z' = 0 \end{cases}$$

Par conséquent, cette particule est un neutron ${}_0^1\text{n}$ (nucléon de charge nulle) :

$${}^{235}_{92}\text{U} \longrightarrow {}^{94}_{38}\text{Sr} + {}^{140}_{54}\text{Xe} + {}^{1}_{0}\text{n}$$

Remarque : La fission de l'uranium est consécutif au bombardement d'un atome d'uranium par un neutron, auquel cas l'équation correspondante s'écrit plutôt :

$${}^{1}_{0}\text{n} + {}^{235}_{92}\text{U} \rightarrow {}^{94}_{38}\text{Sn} + {}^{140}_{54}\text{Xe} + 2{}^{1}_{0}\text{n}$$

2 Soit n_0 la quantité de matière (en mol) de ^{90}Sr, à la date $t = 0$, de masse molaire M. À cette date, la masse de cet isotope du strontium vaut alors :

$$m_0 = n_0 \times M$$

Au bout d'une période T, il reste $n_1 = \frac{n_0}{2}$ mol de ^{90}Sr et ainsi de suite :

$$n_0 \xrightarrow{25\text{ ans}} \frac{n_0}{2} \xrightarrow{25\text{ ans}} \underbrace{\frac{1}{2} \times \frac{n_0}{2}}_{n_0/4} \xrightarrow{25\text{ ans}} \underbrace{\frac{1}{2} \times \frac{n_0}{4}}_{n_0/8} \xrightarrow{25\text{ ans}} \frac{1}{2} \times \frac{n_0}{8} \cdots$$

Par suite, au bout de 100 ans, il reste $n_4 = \frac{n_0}{16}$ mol de ^{90}Sr ce qui représente une masse :

$$m_4 = n_4 \times M = \frac{n_0}{16} \times M = \frac{m_0}{16}$$

$$\Rightarrow m_4 = \frac{10}{16} = 0{,}625 \text{ mg}$$

16 Réactions nucléaires

Enoncé p. 141

Lycée Saint-Louis, Lorient

1 Un noyau ${}^{A}_{Z}\text{X}$ contient $N_p = Z$ protons et $N_n = A - Z$ neutrons. C'est ainsi que l'on peut établir la composition des noyaux des deux isotopes de l'uranium :

	${}^{235}_{92}\text{U}$	${}^{238}_{92}\text{U}$
nombre de protons	92	92
nombre de neutrons	143	146

2 La réaction, d'équation :

$${}^{235}_{92}\text{U} + {}^{1}_{0}\text{n} \longrightarrow {}^{94}_{38}\text{Sr} + {}^{140}_{54}\text{Xe} + 2{}^{1}_{0}\text{n}$$

s'accompagne d'un défaut de masse :

$$\begin{aligned}\Delta m &= m_{\text{initiale}} - m_{\text{finale}} \\ &= m_{\text{U}} + m_{\text{n}} - m_{\text{Sr}} - m_{\text{Xe}} - 2\,m_{\text{n}} \\ &= m_{\text{U}} - m_{\text{Sr}} - m_{\text{Xe}} - m_{\text{n}} \\ &= 235{,}0439 - 93{,}9154 - 139{,}9252 - 1{,}0087 = 0{,}1946 \text{ u}\end{aligned}$$

auquel est associée la libération d'énergie :

$$\begin{aligned}E_1 &= 0{,}1946 \times 931{,}5 \simeq 181{,}27 \text{ MeV} \\ &= 181{,}27.10^6 \text{ eV} \\ &= 181{,}27.10^6 \times 1{,}6.10^{-19} = 2{,}9.10^{-11} \text{ J}\end{aligned}$$

Ce résultat signifie que la désintégration d'un noyau $^{235}_{92}\text{U}$, selon l'équation précédente, s'accompagne de la libération de l'énergie E_1. Or, pendant :

$$\Delta t = 30 \text{ jours} = 30 \times 24 \times 3\,600 = 2\,592.10^3 \text{ s}$$

le réacteur fournit une énergie :

$$E = P \times \Delta t = 25.10^6 \times 2\,592.10^3 = 6{,}48.10^{13} \text{ J}$$

ce qui requiert la fission d'un nombre N de noyau d'uranium 235, tel que :

$$\begin{aligned}E &= N \times E_1 \Rightarrow N = \frac{E}{E_1} = \frac{6{,}48.10^{13}}{2{,}9.10^{-11}} \\ &\Rightarrow N \simeq 2{,}2.10^{24} \text{ noyaux}\end{aligned}$$

Enfin, puisque la masse d'un tel noyau vaut :

$$\begin{aligned}m_{\text{U}} &= 235{,}0439 \text{ u} = 235{,}0439 \times 1{,}66.10^{-27} \\ &= 3{,}9.10^{-25} \text{ kg}\end{aligned}$$

le fonctionnement du réacteur consomme la masse d'uranium :

$$\begin{aligned}m &= N \times m_{\text{U}} = 2{,}2.10^{24} \times 3{,}9.10^{-25} \\ &\Rightarrow m = 0{,}858 \text{ kg} = 858 \text{ g}\end{aligned}$$

Chapitre 5

Cohésion de la matière (chimie)

Plan du chapitre

Exercice type

Lycée Jean-Pierre Vernant, Pins-Justaret

1 Dans un tube à essai, on verse quelques millilitres de pentane (C_5H_{12}) puis on introduit une pointe de spatule de sulfate de cuivre anhydre ($CuSO_{4\,(sol)}$). Une fois le tube bouché, on l'agite puis on laisse reposer le mélange : un dépôt blanc se forme dans le fond du tube qui contient un liquide limpide et transparent

(a) Justifier l'aspect du mélange obtenu.

(b) À l'aide d'une pipette jetable, on introduit quelques millilitres d'eau distillée dans le tube à essai. Faire un schéma du tube après agitation et décantation.

2 On souhaite préparer un volume $V = 100$ mL d'une solution de chlorure de fer III telle que la concentration molaire en ions chlorure soit $\left[Cl^-_{(aq)}\right] = 0{,}750 \text{ mol} \cdot \text{L}^{-1}$.

(a) Écrire l'équation de dissolution du chlorure de fer III ($FeCl_{3\,(sol)}$) dans l'eau.

(b) Quelle relation y a-t-il entre la concentration molaire en soluté C et les concentrations molaires effectives $\left[Cl^-_{(aq)}\right]$ et $\left[Fe^{3+}_{(aq)}\right]$ en ions chlorure et fer III ?

(c) Calculer la masse de soluté nécessaire à la préparation de la solution.

Données :

- Les atomes de carbone et d'hydrogène ont des électronégativités voisines.
- Le sulfate de cuivre anhydre est un solide ionique blanc.
- Les ions cuivre II du sulfate de cuivre prennent une coloration bleue en solution aqueuse.

...

Lycée Jean-Pierre Vernant, Pins-Justaret

- Le pentane et l'eau sont deux liquides non miscibles.
- La densité du pentane vaut 0,62 et celle de l'eau vaut 1.
- Masses molaires du fer et du chlore :

$$M_{\mathrm{Fe}} = 55{,}88\ \mathrm{g \cdot mol^{-1}} \qquad M_{\mathrm{Cl}} = 35{,}5\ \mathrm{g \cdot mol^{-1}}$$

Voir corrigé page 167

1 Solides

1.1 Interaction électrostatique

Soient deux charges électriques ponctuelles q_1 et q_2 (en coulomb : C), espacées d'une distance r (en mètre). L'interaction électrostatique qui s'exerce entre ces deux charges est décrite par la *loi de Coulomb*. Elle est représentée par un vecteur force $\vec{F}$ dont :

- la direction est celle de la droite qui passe par q_1 et q_2 ;
- le point d'application est la charge sur laquelle elle s'exerce ;
- l'intensité vaut, en newton (N) :

$$F = k \times \frac{|q_1| \times |q_2|}{r^2} \tag{21}$$

  où $k = 9.10^9$ S.I. ($9.10^9\ \mathrm{kg \cdot m^3 \cdot s^{-4} \cdot A^{-2}}$) est la constante de la loi de Coulomb.
- le sens dépend du signe des charges : la force est attractive si les charges sont de signe opposé et elle est répulsive si les charges ont le même signe.

Par exemple, avec la force $\vec{F}_{1/2}$ qu'une charge ponctuelle q_1 exerce sur une charge q_2 également ponctuelle :

force attractive : q_1 et q_2 de signes opposés

force répulsive : q_1 et q_2 de même signe

Remarque : En réaction, la charge q_2 exerce sur q_1 une force $\vec{F}_{2/1}$ de même direction que $\vec{F}_{1/2}$, de même intensité, mais de sens opposé : $\vec{F}_{2/1} = -\vec{F}_{1/2}$.

ATTENTION

Pour utiliser la loi (21), il faut impérativement respecter les unités du système international.

On rappelle quelques facteurs de conversion :

millimètre	$1\ \text{mm} = 10^{-3}\ \text{m} \Rightarrow 1\ \text{m} = 10^{3}\ \text{mm}$
micromètre	$1\ \mu\text{m} = 10^{-6}\ \text{m} \Rightarrow 1\ \text{m} = 10^{6}\ \mu\text{m}$
nanomètre	$1\ \text{nm} = 10^{-9}\ \text{m} \Rightarrow 1\ \text{m} = 10^{9}\ \text{nm}$
picomètre	$1\ \text{pm} = 10^{-12}\ \text{m} \Rightarrow 1\ \text{m} = 10^{12}\ \text{pm}$

1.2 Solides cristallins

1.2.1 - Solides ioniques

Une *maille* est généralement décrite par ses *nœuds* (ou points remarquables). Par exemple, on peut distinguer dans une maille cubique son centre C, le centre F de ses faces, les sommets S du cube et les milieux M des côtés. Ces types de nœuds sont caractérisés par leur nombre N dans la maille et le nombre K de mailles auxquelles ils appartiennent simultanément :

nœud	N	commun à :
centre C	1	1 maille
centre F	6	2 mailles
sommet S	8	8 mailles
milieu M	12	4 mailles

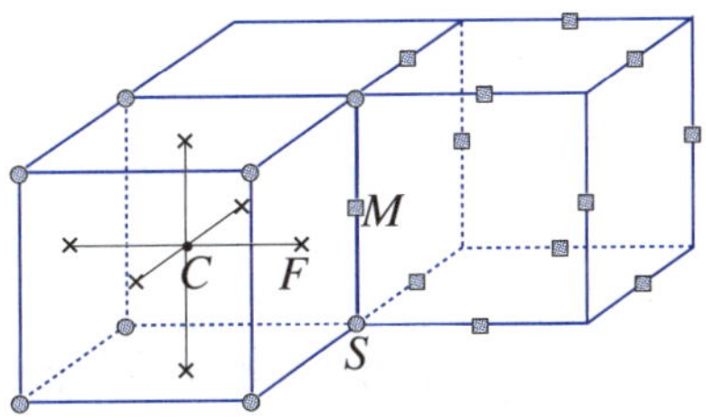

Un cristal ionique est composé d'anions et de cations localisés sur les nœuds de la maille ; l'interaction électrostatique est responsable de la cohésion de l'édifice cristallin.

Remarque : Pour dénombrer les ions qui composent une maille, il faut convenir que des ions occupant N nœuds communs à K mailles correspondent à un nombre $\frac{N}{K}$ d'ions dans la maille étudiée.

Par exemple, le chlorure de césium $CsCl_{(sol)}$ est composé :

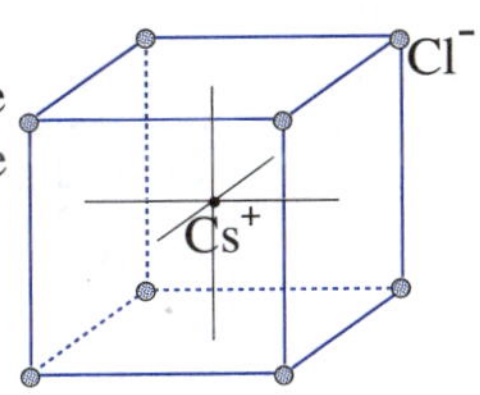

- d'ions Cl^- aux 8 sommets d'une maille cubique. Puisque chacun de ces sommets est commun à 8 mailles, chaque maille contient :

$$N_{Cl^-} = \frac{8}{8} = 1 \text{ ion } Cl^-$$

- un ion Cs^+ au centre de la maille cubique. Cette maille contient donc :

$$N_{Cs^+} = \frac{1}{1} = 1 \text{ ion } Cs^+$$

Remarque : La formule d'un cristal : C_xA_y indique les proportions respectives x et y d'anions et de cations que contient la maille.

Dans cette notation, il faut remarquer que :

- le cation est cité avant l'anion (par exemple CsCl, NaCl,...) ;
- les nombres x et y sont les plus petits entiers naturels rendant compte des proportions en anions et en cations. Par exemple, le cristal de fluorine contient 4 ions calcium Ca^{2+} et 8 ions fluorure F^-, mais sa formule s'écrit CaF_2 (et non Ca_4F_8) ;
- la composition du cristal doit respecter la neutralité électrique : si le cristal C_xA_y contient des cations C^{n+} et des anions A^{m-}, l'équirépartition des charges positives et négatives impose :

$$x \times n = y \times m$$

Il en va de même pour les quantités d'ions qui composent une maille : si une maille contient N_A ions A^{m-} et N_C cations C^{n+} :

$$N_A \times m = N_C \times n$$

Par exemple, le cristal de fluorine CaF_2, qui contient 4 ions Ca^{2+} et 8 ions F^-, vérifie :

$$4 \times 2 = 8 \times 1$$

Définition 1

La masse volumique μ d'un cristal ionique est le rapport de la masse m_{maille} de la maille par son volume V_{maille} :

$$\mu = \frac{m_{\text{maille}}}{V_{\text{maille}}}$$

! ATTENTION

Pour calculer la masse volumique d'une maille cubique, il conviendra d'utiliser les unités du système international : m_{maille} en kg et $V_{\text{maille}} = a^3$ où a sera exprimé en mètre. Ainsi, la valeur de μ sera exprimée en $kg \cdot m^{-3}$.

Enfin, il est recommandé de connaître le nom et la formule des ions les plus fréquemment rencontrés :

ion sodium......... Na^+	ion iodure.......... I^-
ion calcium........ Ca^{2+}	ion sulfate......... SO_4^{2-}
ion potassium...... K^+	ion phosphate...... PO_4^{3-}
ion hydroxyde...... HO^-	ion carbonate....... CO_3^{2-}
ion chlorure........ Cl^-	ion sulfure......... S^{2-}

1.2.2 - Polarité d'une molécule

Définition 2

L'électronégativité χ d'un élément X est une grandeur qui caractérise l'avidité de X à l'égard des électrons : plus χ est grand, plus X attire les électrons et les retient.

Les quelques valeurs de χ consignées ci-dessous montrent que l'électronégativité augmente vers la droite et vers le haut de la classification périodique :

H 2,2	
Li 1,0	Be 1,6
Na 0,9	Mg 1,3

B 2,0	C 2,55	N 3,0	O 3,5	F 4,0
Al 1,6	Si 1,9	P 2,2	S 2,6	Cl 3,15

Dans une liaison covalente A–B entre deux atomes A et B, les électrons ne sont pas figés ; la probabilité de les trouver au voisinage de l'élément le plus électronégatif (par exemple A) est plus grande que celle de les trouver au voisinage de l'autre élément (par exemple B). Ce déplacement statistique induit une polarisation de la liaison A–B : tout se passe comme si une fraction de charge négative $(-\delta)$ était concentrée au voisinage de A, tandis qu'une fraction de charge positive $(+\delta)$ traduisait un déficit électronique au voisinage de B.

Remarque : Si $e = 1{,}6.10^{-19}$ C désigne la charge élémentaire (celle d'un électron, au signe près), les charges partielles portées par A et B sont supposées valoir respectivement $q_A = -\delta \times e$ et $q_B = +\delta \times e$, où $\delta < 1$ (l'identité $\delta = 1$ correspondrait aux ions A^- et B^+) et $\delta \geqslant 0$ (l'identité $\delta = 0$ signifiera que la liaison n'est pas polarisée, par exemple lorsque A et B désignent le même élément).

Définition 3

On appelle dipôle électrostatique un couple de points A et B qui portent des charges $q_B = q > 0$ et $q_A = -q$ opposées.

Définition 4

Le moment dipolaire $\vec{p}$ d'un dipôle électrostatique est un vecteur $\vec{p} = q \times \overrightarrow{AB}$ caractérisé par :

- sa direction : celle de la droite (AB) ;
- son sens : de la charge négative vers la charge positive ;
- son intensité : $p = \|\vec{p}\| = q \times AB$.

$$\text{Pour } \chi_A > \chi_B : \quad A^{-\delta} \bullet \xrightarrow{\ \vec{p}\ } \bullet B^{+\delta}$$

Dans le système international d'unités, l'unité de p est le coulomb-mètre (C · m) mais on lui préfère une unité mieux adaptée, le debye (D) :

$$1\ \text{D} = 3{,}33.10^{-30}\ \text{C} \cdot \text{m}$$

Un dipôle $\vec{p}_1$ est susceptible d'interagir avec :

- une charge électrique Q : $\vec{p}_1$ s'oriente vers Q de manière à lui présenter une charge opposée, ce qui contribue à stabiliser Q ;
- un autre dipôle $\vec{p}_2$: c'est en adoptant le même sens et la même direction que $\vec{p}_1$ et $\vec{p}_2$ se stabilisent mutuellement.

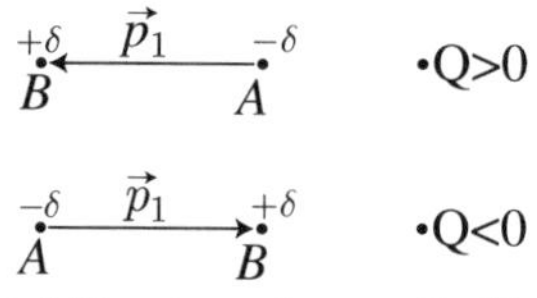

stabilisation charge-dipôle

stabilisation dipôle-dipôle

Lorsqu'une molécule possède plusieurs liaisons polarisées (de moments dipolaires $\vec{p}_1$, $\vec{p}_2$,...) son moment dipolaire global est la somme vectorielle des moments dipolaires :

$$\vec{p} = \vec{p}_1 + \vec{p}_2 + \cdots$$

Le moment dipolaire $\vec{p}$ d'une molécule dépend non seulement de la polarisation de ses liaisons, mais également de sa géométrie. Ainsi :

- la molécule de dioxyde de carbone CO_2 :

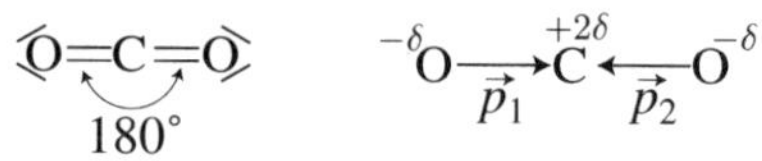

possède un moment dipolaire nul car les liaisons C = O sont parallèles et équivalentes.

- une molécule triangulaire plane (par exemple BF_3) possède un moment dipolaire nul car $\vec{p}_1 + \vec{p}_2 + \vec{p}_3 = \vec{0}$:

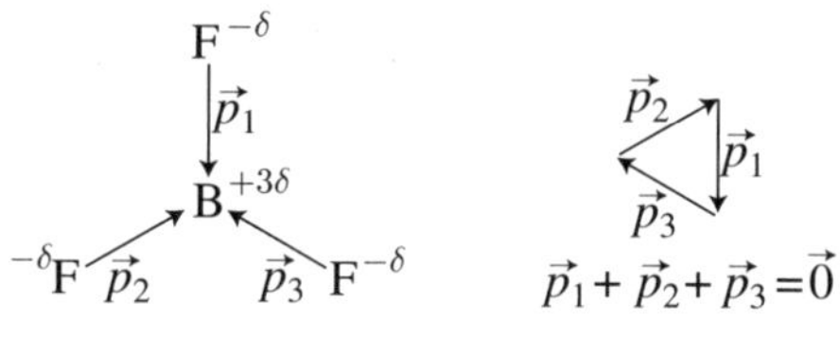

- la molécule de méthane présente un moment dipolaire nul car l'atome de carbone se trouve au centre d'un tétraèdre régulier, de sorte que $\vec{p}_1 + \vec{p}_2 + \vec{p}_3 + \vec{p}_4 = \vec{0}$:

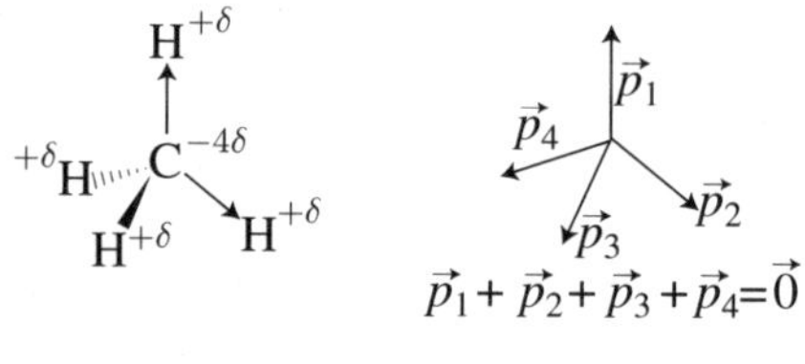

- la molécule d'eau H_2O est polaire ($p = 1{,}85$ D) car les liaisons O–H font un angle α différent de 180° :

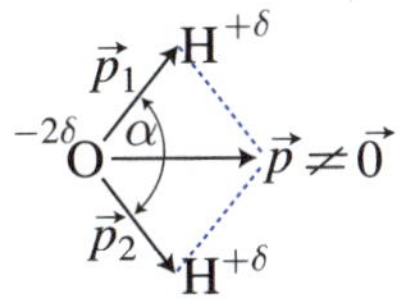

- la molécule d'ammoniac NH_3 est polaire car l'atome d'azote est placé au sommet d'un tétraèdre :

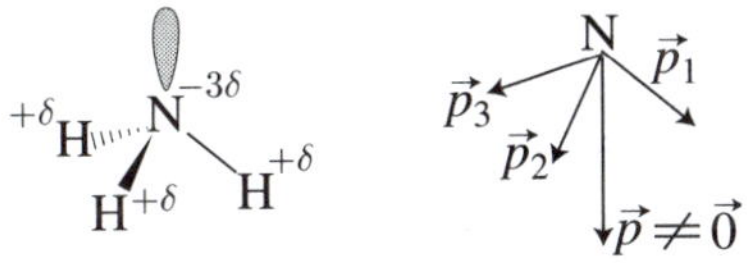

Remarque : Expérimentalement, pour savoir si une molécule composant un liquide est polaire, il suffit de faire couler un filet de ce liquide au voisinage d'une règle électrisée ; si la molécule est polaire, le filet est attiré par la règle.

1.3 Solides moléculaires

Définition 5

Un solide moléculaire est composé de molécules qui occupent les nœuds des mailles.

1.3.1 - La liaison hydrogène

Cette liaison s'établit entre l'atome d'hydrogène d'une liaison polaire ($-H^{+\delta}$) et un atome électronégatif (par exemple l'oxygène, l'azote,...). Ainsi, l'eau solide et l'eau liquide doivent leur cohésion à des liaisons hydrogène entre les molécules d'eau :

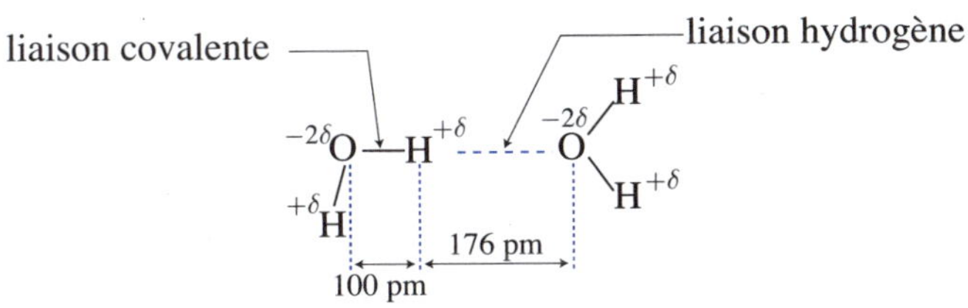

Remarque : Les liaisons hydrogène sont plus faibles que les liaisons covalentes (il suffit souvent de chauffer un corps pour les rompre) et elles sont souvent plus longues également.

Ainsi, une des formes allotropiques de la glace est constituée d'une maille cubique à faces centrées (d'arête a) de molécules d'eau, dont la moitié des petits cubes, d'arête $\frac{a}{2}$, contient une molécule d'eau en leur centre :

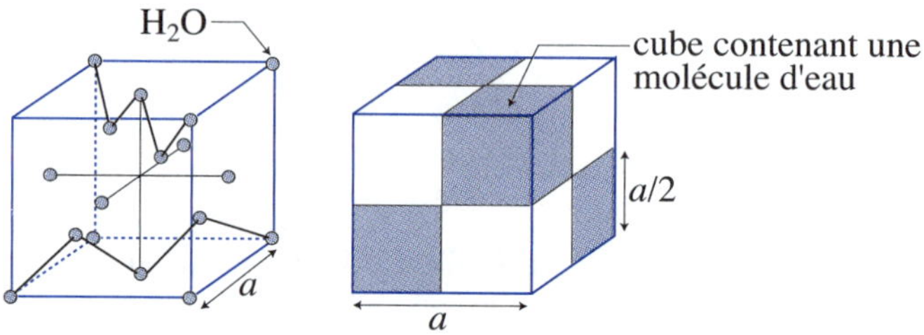

1.3.2 - Les interactions de Van Der Waals

Dans une molécule, même dépourvue de moment dipolaire permanent, le centre N du nuage électronique peut s'écarter du centre P positif (noyau), ce qui provoque l'apparition d'un moment dipolaire éphémère.

N et P confondus — N et P séparés

Ce dipôle peut interagir avec d'autres dipôles voisins et être responsable de la cohésion d'un réseau cristallin. C'est cette liaison qui est, par exemple, à l'origine du cristal de neige carbonique : des molécules de dioxyde de carbone (CO_2) occupent les nœuds d'une maille cubique et le centre des faces de cette maille :

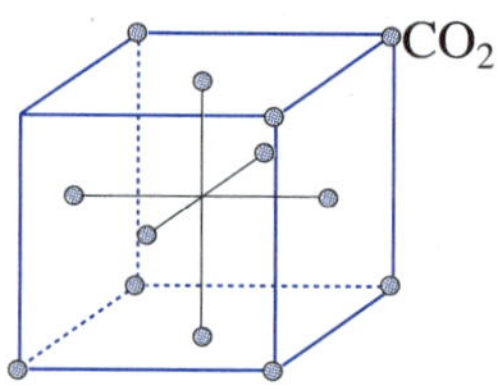

2 Solutions

Un solvant polaire (eau, ammoniac,. . .) stabilise les charges électriques et favorise ainsi la dissolution des cristaux ioniques en rompant les liaisons entre les ions. Par exemple, la réaction de dissolution du chlorure de sodium ($NaCl_{(sol)}$) s'écrit :

$$NaCl_{(sol)} \longrightarrow Na^+_{(aq)} + Cl^-_{(aq)} \qquad (22)$$

Remarque : L'eau peut ainsi dissoudre facilement les autres molécules polaires (par exemple l'ammoniac) à l'aide des interactions dipôle/dipôle. En revanche, la dissolution dans l'eau des molécules non polaires (benzène, acides gras, tétrachloroéthane CCl_4,...) est beaucoup moins efficace.

Définition 6

On appelle *soluté* une espèce introduite dans un solvant.

Par exemple, l'équation (22) rend compte de la dissolution du soluté NaCl (les ions $Na^+_{(aq)}$ et $Cl^-_{(aq)}$ ne sont pas des solutés).

Considérons un cristal ionique, formé d'anions A^{n-} et de cations C^{m+}, de formule $C_zA_{y\,(sol)}$ (par exemple $Fe_2(SO_4)_{3\,(sol)}$ est composé des ions Fe^{3+} et SO_4^{2-}). La dissolution de N moles de soluté dans l'eau peut être suivie par le tableau d'avancement de cette réaction :

	$C_zA_{y\,(sol)}$	$\longrightarrow z\,C^{m+}_{(aq)}$	$+y\,A^{n-}_{(aq)}$
$x=0$	N	0	0
$x\neq 0$	$N-x$	zx	yx
$x_f=N$	0	zN	yN

Si la dissolution est totale, elle cesse dès que l'avancement x prend la valeur $x_f = N$ permettant de faire disparaître le soluté. Dans le volume V de solution, les concentrations des ions valent alors :

$$\begin{cases} \left[A^{n-}_{(aq)}\right] = \dfrac{yN}{V} \Rightarrow y = \dfrac{V}{N} \times \left[A^{n-}_{(aq)}\right] \\ \left[C^{m+}_{(aq)}\right] = \dfrac{zN}{V} \Rightarrow z = \dfrac{V}{N} \times \left[C^{m+}_{(aq)}\right] \end{cases}$$

Enfin, puisque la neutralité électrique du cristal impose : $mz = ny$, il s'ensuit que :

$$m\left[C^{m+}_{(aq)}\right] = n\left[A^{n-}_{(aq)}\right]$$

Plus généralement, lorsqu'une solution contient des anions $A^{n_1-}_{1(aq)}$, $A^{n_2-}_{2(aq)}$,... et des cations $C^{m_1+}_{1(aq)}$, $C^{m_2+}_{2(aq)}$, la neutralité électrique de cette solution impose :

$$n_1 \times \left[A^{n_1-}_{1(aq)}\right] + n_2\left[A^{n_2-}_{2(aq)}\right] + \cdots = m_1 \times \left[C^{m_1+}_{1(aq)}\right] + m_2 \times \left[C^{m_2+}_{2(aq)}\right] + \cdots$$

Par exemple, une solution réalisée à partir de phosphate de sodium (Na_3PO_4) et de sulfate de sodium (Na_2SO_4) contient des ions dont les concentrations doivent vérifier :

$$3\left[PO_4^{3-}{}_{(aq)}\right] + 2\left[SO_4^{2-}{}_{(aq)}\right] = \left[Na^+_{(aq)}\right]$$

Remarque : Par dissociation spontanée (*autoprotolyse*), l'eau produit des ions $H^+_{(aq)}$ et $HO^-_{(aq)}$:

$$H_2O_{(liq)} = H^+_{(aq)} + HO^-_{(aq)}$$

Mais, puisque cette réaction est très faible, on néglige souvent son influence : les ions $H^+_{(aq)}$ et $HO^-_{(aq)}$ produits par autoprotolyse sont ignorés, sauf indication contraire.

Solution de l'exercice type

1 **(a)** Puisque les atomes de carbone et d'hydrogène ont des électronégativités voisines, la molécule de pentane est apolaire : elle ne dispose pas du moment dipolaire assurant la dissociation de $CuSO_{4\,(sol)}$ en ses ions Cu^{2+} et SO_4^{2-}. C'est pourquoi le sulfate de cuivre ne se dissout pas dans le pentane et reste sous forme de dépôt solide blanc (qui est sa couleur en l'absence d'eau) dans le pentane (liquide limpide).

(b) L'eau (de densité 1) étant plus dense que le pentane (de densité 0,62), elle se dépose dans le fond du tube sans se mélanger au pentane (les deux liquides ne sont pas miscibles).

En revanche, la molécule d'eau dispose des dipôles nécessaires à la dissolution de $CuSO_{4\,(sol)}$: les ions $Cu^{2+}_{(aq)}$ ainsi libérés rendent le sulfate de cuivre soluble dans l'eau et donnent sa couleur bleue à la solution aqueuse.

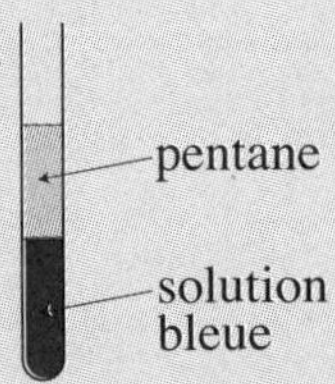

2 **(a)** Soit n la quantité de matière solide introduite dans l'eau sous forme de cristaux de chlorure de fer III ($FeCl_{3\,(sol)}$). La dissolution de ce sel se décrit quantitativement à l'aide d'un tableau avancement :

	$FeCl_{3\,(sol)}$	$=$	$Fe^{3+}_{(aq)}$	$+$	$3\,Cl^{-}_{(aq)}$
$x=0$	n		0		0
$x\neq 0$	$n-x$		x		x
$x=n$	0		n		$3\,n$

(b) Introduit dans un volume V d'eau, le soluté $FeCl_3$ présentait une concentration :

$$C = \frac{n_{FeCl_3 \text{ lorsque } x=0}}{V} = \frac{n}{V}$$

Le tableau d'avancement précédent révèle en outre qu'à l'issue de la dissolution du sel, la solution contient :

$$n_{Fe^{3+}} = n \text{ mol d'ions } Fe^{3+} \text{ et } n_{Cl^-} = 3n \text{ mol d'ions } Cl^-$$

La concentration molaire de ces ions vaut alors :

$$\left[Fe^{3+}_{(aq)}\right] = \frac{n_{Fe^{3+}}}{V} = \frac{n}{V} \Rightarrow \left[Fe^{3+}_{(aq)}\right] = C$$

et :

$$\left[Cl^{-}_{(aq)}\right] = \frac{n_{Cl^-}}{V} = 3\,\frac{n}{V} \Rightarrow \left[Cl^{-}_{(aq)}\right] = 3\,C \qquad (23)$$

...

Solution de l'exercice type (suite)

(c) La relation (23) indique que pour obtenir une concentration $\left[\mathrm{Cl}^-_{(aq)}\right]$ dans un volume $V = 100\ \mathrm{mL} = 0{,}1\ \mathrm{L}$ de solution de chlorure de fer III, il convient de dissoudre une quantité de matière n de $\mathrm{FeCl_{3\,(sol)}}$ telle que :

$$\frac{3n}{V} = \left[\mathrm{Cl}^-_{(aq)}\right] \Rightarrow n = \frac{\left[\mathrm{Cl}^-_{(aq)}\right] V}{3}$$

Or, la masse molaire du chlorure de fer III ($\mathrm{FeCl_{3\,(sol)}}$) valant :

$$M = M_{\mathrm{Fe}} + 3\,M_{\mathrm{Cl}} = 55{,}88 + 3 \times 35{,}5 = 162{,}4\ \mathrm{g\cdot mol^{-1}}$$

il faut en dissoudre une masse :

$$m = M \times n = \frac{\left[\mathrm{Cl}^-_{(aq)}\right] V\,M}{3} = \frac{0{,}75 \times 0{,}1 \times 162{,}4}{3} \Rightarrow m \simeq 4{,}1\ \mathrm{g}$$

QCM 1 La molécule d'eau

15 min. | Corrigé *p. 178*

1 La molécule d'eau a pour formule :

a H_2O **b** H_3O^+ **c** O_2 **d** HO^-

2 La formule de Lewis de la molécule d'eau s'écrit :

a $\langle O=O \rangle$ **b** H—$\overline{\underline{O}}$—H

c H—$\underline{O}$—H **d** $|\overline{O}$—$\overline{O}|$

3 L'angle α entre les liaisons de la molécule vaut :

a $\alpha = 180°$ **b** $\alpha = 109°$ **c** $\alpha = 105°$ **d** $\alpha = 90°$

4 Le moment dipolaire de chaque liaison de la molécule est :

a dirigé de l'oxygène vers l'hydrogène ;

b dirigé de l'hydrogène vers l'oxygène.

5 Ce moment dipolaire a pour valeur :

a $p_0 = 0$ D **b** $p_0 = 2{,}628$ D **c** $p_0 = 1{,}523$ D

6 La fraction de charge déplacée sur chaque liaison covalente vaut :

a $\delta = 0$ **b** $\delta = 0{,}57$ **c** $\delta = 0{,}33$

Données :

- électronégativités de l'hydrogène et de l'oxygène dans l'échelle de PAULING :

$$\chi_H = 2{,}2 \qquad \chi_O = 3{,}5$$

- longueur de la liaison O–H : $d_{OH} = 95{,}75$ pm ;
- moment dipolaire de la molécule d'eau : $p = 1{,}854$ D ;
- valeur du debye : $1 \text{ D} = 3{,}33.10^{-30}$ C · m ;
- charge élémentaire : $e = 1{,}6.10^{-19}$ C ;
- numéros atomiques : $Z(\text{H}) = 1$ et $Z(\text{O}) = 8$.

QCM 2 Solides et solutions aqueuses

20 min. | Corrigé *p. 179*

1 La force électrostatique qui s'exerce entre les charges ponctuelles q_1 et q_2, espacées d'une distance r, a pour valeur :

a $F = k \times \dfrac{|q_1| \times |q_2|}{r^2}$ **b** $F = k \times \dfrac{|q_1| + |q_2|}{r^2}$

c $F = k \times \dfrac{|q_1| \times |q_2|}{r}$ **d** $F = k \times \dfrac{|q_1| + |q_2|}{r}$

où $k = 9.10^9$ S.I. est une constante.

2 L'interaction électrostatique entre deux charges ponctuelles est caractérisée par :

a une force attractive si les charges sont identiques ;

b une force répulsive, si les charges sont différentes ;

c une force attractive si les charges ont le même signe ;

d une force répulsive si les charges ont le même signe.

3 La valeur de la force électrostatique qui s'exerce entre deux charges :

a double quand leur distance est divisée par 2 ;

b double quand leur distance est double ;

c double quand leur distance est divisée par $\sqrt{2}$;

d double quand leur distance est multipliée par $\sqrt{2}$.

4 La maille de chlorure de sodium contient :

- des ions Cl^- aux sommets d'une maille cubique et au centre de chaque face de cette maille ;
- un ion Na^+ au centre de cette maille et des ions Na^+ au milieu de chacune de ses arêtes.

Les nombres d'ions Na^+ et Cl^- que contient cette maille valent :

a $n(Na^+) = 1$ et $n(Cl^-) = 1$;

b $n(Na^+) = 4$ et $n(Cl^-) = 4$;

c $n(Na^+) = 4$ et $n(Cl^-) = 1$;

d $n(Na^+) = 1$ et $n(Cl^-) = 4$.

5 D'après la question précédente, le chlorure de sodium a pour formule :

a $NaCl$ **b** Na_4Cl_4 **c** Na_4Cl **d** $NaCl_4$

6 Les numéros atomiques des éléments bore, carbone, oxygène, fluor et soufre sont :

$$Z_B = 5 \qquad Z_C = 6 \qquad Z_O = 8 \qquad Z_F = 9 \qquad Z_S = 16$$

Leurs électronégativités respectives χ_B, χ_C, χ_O, χ_F et χ_S vérifient les relations :

a $\chi_C > \chi_B$; $\chi_F > \chi_B$; $\chi_O > \chi_S$;

b $\chi_C < \chi_B$; $\chi_B > \chi_F$; $\chi_O > \chi_S$;

c $\chi_B > \chi_C$; $\chi_F < \chi_B$; $\chi_O > \chi_S$;

d $\chi_C > \chi_B$; $\chi_F > \chi_B$; $\chi_S < \chi_O$.

7 Une solution aqueuse contient des ions sodium ($Na^+_{(aq)}$), phosphate ($PO_4^{3-}{}_{(aq)}$), fer III ($Fe^{3+}_{(aq)}$) et sulfate ($SO_4^{2-}{}_{(aq)}$). Les concentrations des ions sodium et des ions phosphate valant chacune $0{,}1\ mol \cdot L^{-1}$, les autres ions peuvent présenter les concentrations :

a $\left[Fe^{3+}_{(aq)}\right] = 0{,}05\ mol \cdot L^{-1}$ et $\left[SO_4^{2-}{}_{(aq)}\right] = 0{,}30\ mol \cdot L^{-1}$;

b $\left[Fe^{3+}_{(aq)}\right] = 0{,}10\ mol \cdot L^{-1}$ et $\left[SO_4^{2-}{}_{(aq)}\right] = 0{,}15\ mol \cdot L^{-1}$;

c $\left[Fe^{3+}_{(aq)}\right] = 0{,}15\ mol \cdot L^{-1}$ et $\left[SO_4^{2-}{}_{(aq)}\right] = 0{,}10\ mol \cdot L^{-1}$;

d $\left[Fe^{3+}_{(aq)}\right] = 0{,}10\ mol \cdot L^{-1}$ et $\left[SO_4^{2-}{}_{(aq)}\right] = 0{,}05\ mol \cdot L^{-1}$.

3 Interactions dans la matière

★ 5 min. Corrigé p. 181

Lycée Lakanal, Sceaux

Certains composés ioniques ont une maille élémentaire cubique (figure ci-contre).

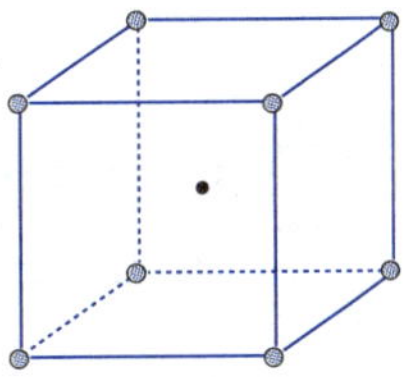

◦ion B^{p-}
•ion A^{n+}

1 Combien d'ions A^{n+} une maille contient-elle en propre ?

2 Même question pour les ions B^{p-}.

3 En déduire la formule brute du composé ionique.

4 Comparer les charges électriques des deux ions.

5 À quoi est due la cohésion du composé ionique ?

4 Interactions dans la matière

★★ 10 min. Corrigé p. 182

Lycée d'Akwa-Nord, Cameroun

Trois charges électriques q_A, q_B, q_C, sont placées aux sommets A, B, C d'un triangle rectangle en B et isocèle.
Calculer les forces $F_{B/A}$ et $F_{C/A}$ auxquelles est soumise la charge q_A placée en A.

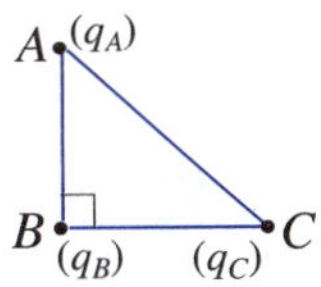

Données :

- charges : $q_A = q_B = q_C = 1{,}7.10^{-8}$ C ;
- distance : $BC = 10$ cm ;
- constante de la loi de Coulomb : $k = 9.10^9$ S.I.

5 Interactions dans la matière

★★ 20 min. Corrigé p. 182

Lycée Monod, Clamart

Deux ions chlorure Cl^- sont modélisés par des charges ponctuelles $q_{Cl^-} = -e$, situées sur un axe $x'Ox$, aux points A et B d'abscisses respectives $-a$ et a, avec $a = 0{,}282$ nm.

Un ion sodium Na^+ est situé au point O. On l'assimilera à une charge ponctuelle $q_{Na^+} = +e$.

1 Que vaut la somme vectorielle des forces électriques subies par l'ion Na^+ de la part des ions chlorure ? faire un schéma avec les forces électriques.

2 Calculer cette somme lorsque l'ion Na^+ est à l'abscisse $x = 0{,}0282$ nm. Faire un schéma avec les forces électriques. Conclure.

Données :

- constante de la loi de Coulomb : $k = 9.10^9$ S.I. ;
- charge élémentaire : $e = 1{,}6.10^{-19}$ C.

6 Interactions dans la matière

★★ 20 min. Corrigé p. 184

Institut Notre-Dame, Meudon

La maille d'un cristal de chlorure de césium CsCl peut être représentée en plaçant des ions Cl^- aux sommet d'un cube, dont le centre est occupé par un ion Cs^+.
L'arête de ce cube vaut $a = 0{,}212$ nm.

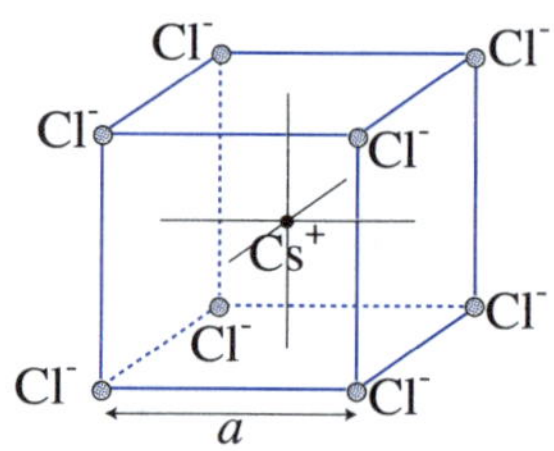

1 Combien d'ions Cs^+ et combien d'ions Cl^- contient cette maille ?

Vérifier la neutralité électrique du cristal de chlorure de césium.

2 Montrer que la distance minimale entre un ion chlorure et un ion césium s'écrit : $d = \dfrac{a\sqrt{3}}{2}$.

3 Calculer la force électrique :

(a) entre deux ions chlorure ;

(b) entre un ion chlorure et un ion césium.

Données :

- la diagonale d'un carré de côté a a pour longueur $a\sqrt{2}$;
- charge élémentaire : $e = 1{,}6.10^{-19}$ C ;
- constante de la loi de Coulomb : $k = 9.10^9$ S.I.

7 Interactions dans la matière

★★ 40 min. Corrigé p. 186

Institut Notre-Dame, Saint-Germain-en-Laye

La maille élémentaire d'un cristal de chlorure de rubidium RbCl peut être représentée en plaçant un ion Cl^- à chaque sommet d'un cube dont le centre O est occupé par un ion Rb^+ (*cf.* figure ci-dessous).

1 Calculer la valeur de l'interaction gravitationnelle qui s'exerce entre un anion et un cation.

2 (a) Calculer la valeur de l'interaction électrique attractive qui s'exerce entre deux ions les plus proches.

(b) Calculer la valeur de l'interaction électrique répulsive qui s'exerce entre deux ions les plus proches.

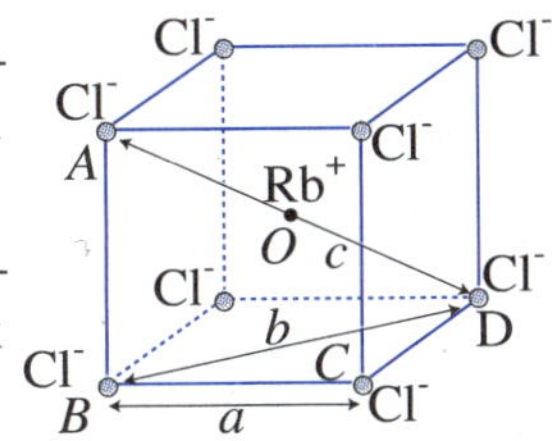

3 Comparer ces interactions et conclure.

Données :

- Entre deux particules de masses m_1 et m_2 (en kg), séparées d'une distance r (en m), s'exerce une force de gravitation attractive, d'intensité :

$$F_g = \mathcal{G} \times \frac{m_1 \times m_2}{r^2} \text{ où } \mathcal{G} = 6{,}67.10^{-11} \text{ S.I.}$$

- charge élémentaire : $e = 1{,}60.10^{-19}$ C ;
- constante de la loi de Coulomb : $k = 9{,}0.10^9$ S.I. ;
- distances dans le cristal de chlorure de rubidium :

$a = BC = 195$ pm $b = BD = 276$ pm $c = AD = 338$ pm

- masses des ions Rb^+ et Cl^- :

$m_{Rb} = 1{,}43.10^{-25}$ kg $m_{Cl} = 5{,}93.10^{-26}$ kg

8 Polarité d'une molécule

★ 10 min. Corrigé p. 187

Lycée Marie-Curie, Sceaux

On considère une molécule de sulfure d'hydrogène.

1 Donner la formule de Lewis de la molécule.

2 Dans cette molécule, les liaisons sont-elles polarisées ?

3 Cette molécule est-elle polaire ?

Données :

- numéros atomiques : $Z_H = 1$ et $Z_S = 16$;
- l'électronégativité du soufre est supérieure à celle de l'hydrogène : $\chi_S > \chi_H$.

COURS EXERCICES CORRIGÉS

9 Polarité d'une molécule

★ 10 min. Corrigé p. 188

Lycée Langevin, Champigny-sur-Marne

L'élément étain Sn peut former deux ou quatre liaisons covalentes avec l'élément chlore Cl.

La molécule de dichloroétain $SnCl_2$ adopte une géométrie coudée, celle de tétrachloroétain $SnCl_4$ une géométrie tétraédrique, l'atome d'étain étant situé au centre du tétraèdre et les quatre atomes de chlore aux quatre sommets du tétraèdre. L'électronégativité du chlore est supérieure à celle de l'étain : $\chi_{Cl} > \chi_{Sn}$.

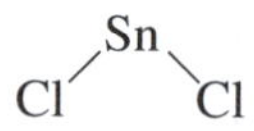

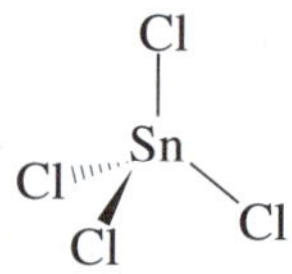

1 Indiquer le sens de polarisation des liaisons dans les deux molécules.

2 Conclure quant à la polarité de ces molécules.

3 On approche un objet électrisé d'un mince filet de dichloroétain, puis de tétrachloroétain. Décrire ce qui se passe dans les deux cas.

10 Polarité d'une molécule

★ 10 min. Corrigé p. 189

Lycée Fermat, Toulouse

1 L'atome d'azote est plus électronégatif que celui d'hydrogène.
La molécule d'ammoniac NH_3 a la forme d'une pyramide. La molécule d'ammoniac est-elle polaire ?

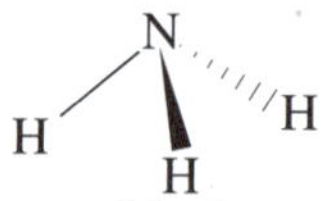

molécule d'ammoniac

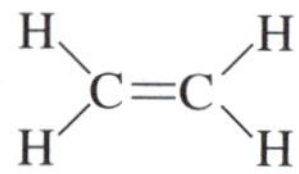

molécule d'éthylène

2 L'atome de carbone est plus électronégatif que l'atome d'hydrogène.
Le schéma ci-dessus représente aussi la molécule d'éthylène. Cette molécule est-elle polaire ?

11 Polarité d'une molécule

★ 15 min. Corrigé p. 190

Lycée Monod, Clamart

On prend, comme ordre d'électronégativité croissante :

$$\chi_{Be} < \chi_{Sn} < \chi_B < \chi_H < \chi_{Cl}$$

Attribuer les charges partielles $+\delta$ et $-\delta$ aux atomes des molécules suivantes :

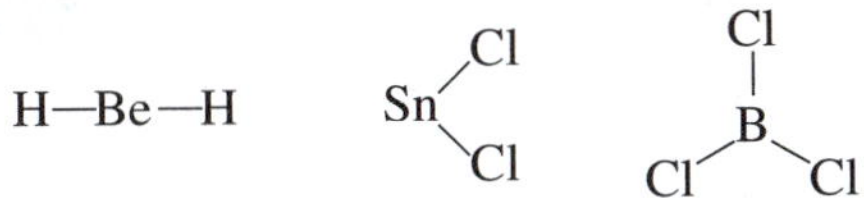

Dans chacune de ces molécules, les liaisons sont d'égale longueur et les angles qu'elles forment, dans la troisième molécule, sont égaux.

Déterminer si ces molécules sont polaires.

12 Polarité d'une molécule

★★★ 20 min. | Corrigé p. 191

Lycée Périer, Marseille

1 La molécule d'ammoniac NH_3 est pyramidale (schéma ci-dessous).

(a) L'azote est plus électronégatif que l'hydrogène ($\chi_N > \chi_H$).
Cette molécule est-elle polaire ?
Si oui, représenter le moment dipolaire de la molécule.

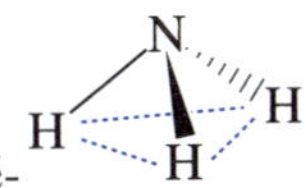

(b) Quel type d'interaction existe-t-il entre les molécules d'eau et d'ammoniac, en solution aqueuse ? Quelle conséquence en résulte-t-il sur la solubilité de l'ammoniac ?

2 Quel volume de gaz ammoniac, mesuré à 20°C et sous une pression de 1 013 hPa, faut-il dissoudre dans 250 mL d'eau distillée pour obtenir une solution ammoniacale de concentration $C_{NH_3} = 0{,}5 \text{ mol} \cdot \text{L}^{-1}$?

On rappelle que la pression p d'un gaz (en Pa), son volume V (en m^3), sa quantité de matière n (en mol) et sa température T (en K) sont liées par la loi de BOYLE-MARIOTTE :

$$pV = nRT$$

où $R = 8{,}32 \text{ J} \cdot \text{K}^{-1} \cdot \text{mol}^{-1}$ est la constante des gaz parfaits et :

$$T_{\text{en K}} \simeq T_{\text{en °C}} + 273$$

13 Réactions de dissolution

★ 5 min. | Corrigé p. 192

Lycée Colbert, Lorient

Donner le nom, ainsi que l'équation de dissolution dans l'eau de chacun des solides ioniques suivants :

1 KI

2 $BaCl_2$

3 K_3PO_4

14 Réactions de dissolution

★★ 15 min. Corrigé p. 193

Lycée Saint-Louis de Gonzagues, Paris

On désire préparer un volume $V = 250\ \mathrm{cm}^3$ d'une solution de sulfate d'aluminium, de concentration massique $c_m = 17{,}12\ \mathrm{g \cdot L^{-1}}$.

1 Quelle masse m de sulfate d'aluminium dont-on utiliser ?

2 Quelle est la concentration molaire C de la solution obtenue, en sulfate d'aluminium ?

3 Quelles sont les concentrations molaires de cette solution en anion sulfate et en cation aluminium ?

Données :

- le sulfate d'aluminium est un solide ionique qui contient des ions sulfate SO_4^{2-} et des ions aluminium Al^{3+} ;
- masses molaires de quelques éléments :

$M_{\mathrm{Al}} = 27\ \mathrm{g \cdot mol^{-1}}$ $\quad M_{\mathrm{S}} = 32\ \mathrm{g \cdot mol^{-1}}$ $\quad M_{\mathrm{O}} = 16\ \mathrm{g \cdot mol^{-1}}$

15 Réactions de dissolution

★★ 15 min. Corrigé p. 194

Lycée Colbert, Lorient

1 On veut préparer 0,500 L de solution de chlorure de calcium, de concentration en soluté $C_1 = 1{,}00.10^{-2}\ \mathrm{mol \cdot L^{-1}}$ (le solide ionique de départ a pour formule $CaCl_2$).

(a) Calculer la masse de cristaux à utiliser.

(b) Décrire les principales étapes du mode opératoire à effectuer (indiquer précisément la verrerie à utiliser).

(c) Donner l'équation de la dissolution dans l'eau du solide ionique. Quelles sont les concentrations effectives des ions en solution ?

2 On veut obtenir, à partir de la solution précédente, 250 mL d'une solution de concentration en soluté $C_2 = 1{,}00.10^{-3}\ \mathrm{mol \cdot L^{-1}}$. Décrire les principales étapes du mode opératoire à suivre (préciser la verrerie à utiliser).

Données : masses molaires du calcium et du chlore :

$M_{\mathrm{Ca}} = 40{,}1\ \mathrm{g \cdot mol^{-1}}$ $\quad M_{\mathrm{Cl}} = 35{,}5\ \mathrm{g \cdot mol^{-1}}$

16 Réactions de dissolution

★★★ 15 min. Corrigé p. 195

Lycée Lacordaire, Marseille

Le sulfate de fer hydraté est un solide verdâtre de formule $FeSO_4$, $y\ H_2O$. On veut déterminer le nombre de molécules d'eau y. On prélève une certaine masse de sulfate hydraté que l'on déshydrate.

1 Décrire rapidement l'expérience à réaliser.

2 À partir d'une masse de 13,9 g de sulfate hydraté, on obtient 7,6 g de sulfate anhydre $FeSO_4$. Calculer la valeur de y.

Données : masses molaires de quelques éléments :

éléments	Fe	S	H	O
M (en $g \cdot mol^{-1}$)	55,8	32,1	1,0	16,0

17 Réactions de dissolution

★★ 20 min. Corrigé p. 196

Lycée Janson de Sailly, Paris

Le sulfate de cuivre II hydraté, appelé chalcanthite, se présente sous forme de cristaux bleus ; c'est un solide ionique qui a pour formule $CuSO_4$, $y\ H_2O$, où y représente le nombre de molécules d'eau.

En dissolvant 5,00 g de sulfate de cuivre hydraté dans un litre d'eau, on obtient une solution dont la concentration en ions Cu^{2+} est $2.10^{-2}\ mol \cdot L^{-1}$.

Déterminer la valeur de y.

Données : masses molaires M :

	Cu	S	O	H
M (en $g \cdot mol^{-1}$)	63,5	32	16	1

18 Réactions de dissolution

★★ 20 min. Corrigé p. 197

Lycée Saint-Sernin, Toulouse

Considérons la dissolution d'un cristal de phosphate de sodium $Na_3(PO_4)$.

1 Justifier le fait que la molécule d'eau soit polaire.

2 La dissolution de ce cristal libère des ions $Na^+_{(aq)}$; écrire son équation-bilan.

3 On dissout 10 g de ce cristal pour former 100 mL de solution. Quelle est la concentration en ion sodium ?

Données : masses molaires de quelques éléments :

éléments	Na	P	O
M (en $g \cdot mol^{-1}$)	23	31	16

QCM 1 La molécule d'eau

Enoncé p. 169

1 La molécule d'eau a pour formule : H_2O (réponse **a**).

2 La structure électronique de l'atome d'oxygène étant :

$$_8O : (K)^2(L)^6$$

l'atome possède $N_e = 6$ électrons de valence qui se répartissent en :

- $N_\ell = 8 - N_e = 8 - 6 = 2$ liaisons covalentes ;
- $N_d = \dfrac{N_e - N_\ell}{2} = \dfrac{6-2}{2} = 2$ doublets non liants.

C'est pourquoi la molécule d'eau a pour formule de Lewis :

$$\mathrm{H{-}\overline{\underline{O}}{-}H}$$ (réponse **b**)

3 La structure de Lewis de cette molécule montre que l'atome d'oxygène est entouré de quatre entités (deux liaisons covalentes et deux doublets non liants) qui se repoussent.

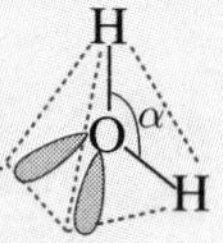

Si la répulsion exercée par les doublets était équivalente à celle exercée par les liaisons covalentes, l'oxygène serait au centre d'un tétraèdre régulier ; l'angle α vaudrait environ 109,5°. Cependant, la répulsion exercée par les doublets est un peu plus forte, ce qui rapproche les liaisons O–H qui font donc un angle $\alpha \simeq 105°$ (réponse **c**).

4 L'atome d'oxygène étant plus électronégatif que celui d'hydrogène ($\chi_O > \chi_H$), c'est vers lui que les électrons de la liaison O–H sont statistiquement déplacés. Il acquiert ainsi une charge partielle négative ($-\delta$), tandis que l'atome d'hydrogène acquiert la charge partielle positive ($+\delta$) qui assure la neutralité de la liaison. Celle-ci est alors polarisée, le moment dipolaire $\vec{p}_i$ étant dirigé de la charge négative vers la charge positive, c'est-à-dire de l'oxygène vers l'hydrogène (réponse **a**) :

$$O^{-\delta} \bullet\!\xrightarrow{\ \vec{p}_i\ }\!\bullet H^{+\delta}$$

5 Soient $\vec{p}_1$ et $\vec{p}_2$ les moments dipolaires des deux liaisons O–H de la molécule d'eau, de même norme p_0. Ces deux liaisons étant symétriques par rapport à la bissectrice (Δ) de l'angle α, la somme $\vec{p} = \vec{p}_1 + \vec{p}_2$ a la même direction que (Δ) :

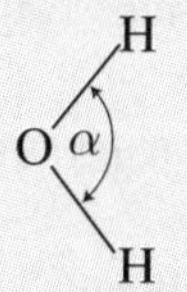

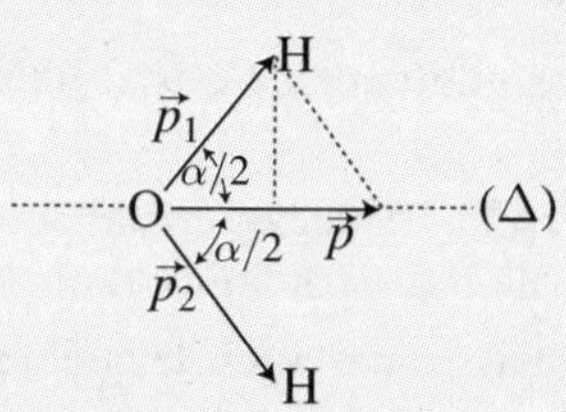

La projection de chacun des moments ($\vec{p}_1$ et $\vec{p}_2$) sur (Δ) vaut : $p_0 \cos\left(\dfrac{\alpha}{2}\right)$, en conséquence de quoi le moment dipolaire $\vec{p}$ de la molécule d'eau a pour norme :

$$p = 2 \times p_0 \cos\left(\frac{\alpha}{2}\right) \Rightarrow p_0 = \frac{p}{2\cos(\alpha/2)}$$

où $p = 1{,}854$ D, d'après l'énoncé. Il s'ensuit que :

$$p_0 = \frac{1{,}854}{2\cos(105/2)} \simeq 1{,}523 \text{ D (réponse } \boxed{\text{c}}\text{)}$$

6 Les atomes de la liaison O–H portent les charges $\pm q$, avec $q = \delta \times e$ et sont séparés d'une distance $d_{OH} = 95{,}75$ pm $= 95{,}75.10^{-12}$ m. Par définition le moment dipolaire d'une telle liaison a pour valeur :

$$p_0 = q \times d_{OH} = \delta \times e \times d_{OH} \Rightarrow \delta = \frac{p_0}{e\, d_{OH}}$$

En tenant compte de la question précédente et de la conversion :

$$1 \text{ D} = 3{,}33.10^{-30} \text{ C} \cdot \text{m}$$

on obtient finalement :

$$\delta = \frac{1{,}523 \times 3{,}33.10^{-30}}{1{,}6.10^{-19} \times 95{,}75.10^{-12}} \Rightarrow \delta \simeq 0{,}33 \text{ (réponse } \boxed{\text{c}}\text{)}$$

QCM 2 Solides et solutions aqueuses

Enoncé p. 169

1 La loi de Coulomb précise qu'entre deux charges ponctuelles q_1 et q_2, espacées d'une distance r, s'exerce l'interaction électrostatique :

$$F = k \times \frac{|q_1| \times |q_2|}{r^2} \text{ avec } k = 9.10^9 \text{ S.I. (réponse } \boxed{\text{a}}\text{)} \qquad (24)$$

2 C'est le signe des charges en interaction qui détermine la nature attractive ou répulsive de cette interaction : deux charges de même signe se repoussent (réponse $\boxed{\text{d}}$).
Bien que des charges différentes peuvent se repousser (il suffit qu'elles aient le même signe), elles peuvent aussi s'attirer (si leurs signes sont opposés).

3 Soient deux charges q_1 et q_2, espacées de r, qui exercent une force électrostatique donnée par la loi (24) :

$$F = k \times \frac{|q_1| \times |q_2|}{r^2}$$

Cette force devient double, c'est-à-dire prend une valeur $F' = 2F$, lorsque les deux charges sont espacées d'une distance r' telle que :

$$F' = k \times \frac{|q_1| \times |q_2|}{r'^2} = 2F = 2 \times k \times \frac{|q_1| \times |q_2|}{r^2}$$

$$\Rightarrow \frac{1}{r'^2} = \frac{2}{r^2} \Rightarrow \frac{1}{r'} = \frac{\sqrt{2}}{r} \Rightarrow r' = \frac{r}{\sqrt{2}}$$

COURS EXERCICES CORRIGÉS

Leur distance doit donc être divisée par $\sqrt{2}$ (réponse **c**) pour que l'intensité de la force électrostatique double.

4 Représentons la maille de chlorure de sodium, d'après les indications fournies par l'énoncé.
Cette maille est composée de :

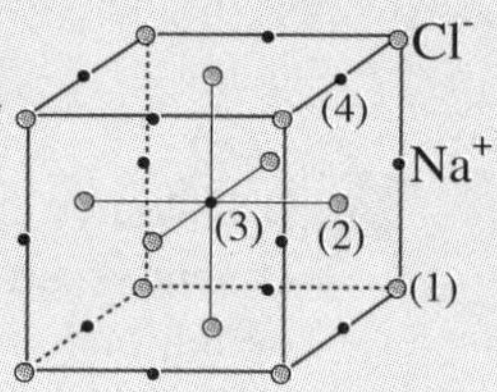

- 8 ions Cl^- (ions notés 1) aux sommets de la maille, lesquels sommets sont communs à 8 mailles. La maille contient donc, en propre :

$$n_1 = 8 \times \frac{1}{8} = 1 \text{ ion } Cl^- \text{ de type } 1$$

- 6 ions Cl^- (notés 2) au centre de chaque face et donc communs, chacun, à deux mailles. La maille contient alors :

$$n_2 = 6 \times \frac{1}{2} = 3 \text{ ions } Cl^- \text{ de type } 2$$

- 1 ion Na^+ (ion noté 3) au centre de la maille. Cette maille contient donc, en propre :

$$n_3 = 1 \text{ ion } Na^+ \text{ de type } 3$$

- 12 ions Na^+ au milieu des arêtes et, ainsi, commun à chacun à 4 mailles. On trouve alors, dans la maille :

$$n_4 = 12 \times \frac{1}{4} = 3 \text{ ions } Na^+ \text{ de type } 4$$

En conclusion, la maille contient :

$$\left.\begin{array}{l} n(Cl^-) = n_1 + n_2 = 1 + 3 = 4 \text{ ions } Cl^- \\ n(Na^+) = n_3 + n_4 = 1 + 3 = 4 \text{ ions } Na^+ \end{array}\right\} \text{ réponse } \boxed{b}$$

5 D'après la question précédente, la formule du chlorure de sodium pourrait s'écrire Na_4Cl_4, ce que l'on présente plutôt sous une forme simplifiée (par 4) :

NaCl (réponse **a**)

6 À partir des numéros atomiques des éléments fournis dans l'énoncé, il est possible d'esquisser la classification périodique des éléments :

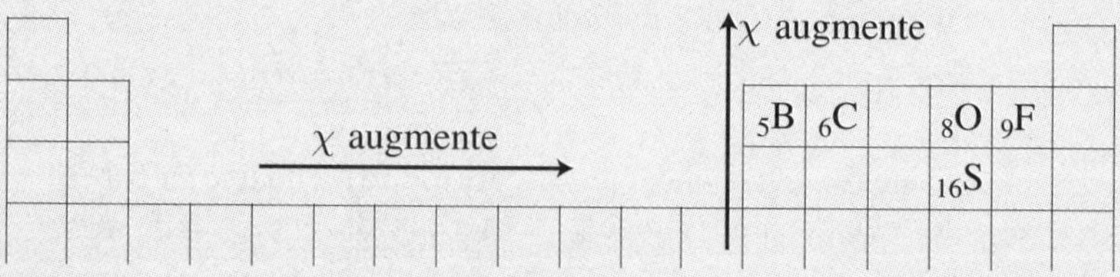

Sachant que l'électronégativité augmente quand on se déplace vers la droite et vers le haut du tableau, on peut fournir les relations suivantes :

$$\chi_C > \chi_B \,;\, \chi_F > \chi_B \,;\, \chi_O > \chi_S \text{ (réponse } \boxed{a}\text{)}$$

7 Pour assurer l'électronégativité d'une solution qui contient des ions $Na^{+}_{(aq)}$, $Fe^{3+}_{(aq)}$, $PO_4^{3-}{}_{(aq)}$ et $SO_4^{-2-}{}_{(aq)}$, les concentrations de ces ions doivent vérifier :

$$\left[Na^{+}_{(aq)}\right] + 3\left[Fe^{3+}_{(aq)}\right] = 3\left[PO_4^{3-}{}_{(aq)}\right] + 2\left[SO_4^{2-}{}_{(aq)}\right]$$

c'est-à-dire, puisque $\left[Na^{+}_{(aq)}\right] = \left[PO_4^{3-}{}_{(aq)}\right] = 0{,}1\ \text{mol}\cdot\text{L}^{-1}$:

$$3\left[Fe^{3+}_{(aq)}\right] = 0{,}2 + 2\left[SO_4^{2-}{}_{(aq)}\right] \quad (25)$$

Avec les valeurs fournies (en $\text{mol}\cdot\text{L}^{-1}$) par l'énoncé pour les concentrations $\left[Fe^{3+}_{(aq)}\right]$ et $\left[SO_4^{2-}{}_{(aq)}\right]$, calculons les deux membres de cette équation :

$\left[Fe^{3+}_{(aq)}\right]$	$\left[SO_4^{2-}{}_{(aq)}\right]$	$3\left[Fe^{3+}_{(aq)}\right]$	$0{,}2 + 2\left[SO_4^{2-}{}_{(aq)}\right]$
0,05	0,30	0,15	0,80
0,10	0,15	0,30	0,50
0,15	0,10	0,45	0,40
0,10	0,05	0,30	0,30

Seule la dernière ligne respecte l'équation (25), auquel cas la solution peut contenir des ions fer III et sulfate aux concentrations :

$\left[Fe^{3+}_{(aq)}\right] = 0{,}1\ \text{mol}\cdot\text{L}^{-1}$ et $\left[SO_4^{2-}{}_{(aq)}\right] = 0{,}05\ \text{mol}\cdot\text{L}^{-1}$ (réponse **d**)

3 Interactions dans la matière

Enoncé *p. 171*

Lycée Lakanal, Sceaux

1 L'ion A^{n+} occupe le centre de la maille cubique, lequel centre n'est partagé par aucune autre maille. Par conséquent, la maille élémentaire contient un seul ion A^{n+}.

2 Les ions B^{p-} occupent chacun des 8 sommets de la maille cubique. Or, puisque chaque sommet est commun à 8 mailles, seul 1/8e de ces ions appartient réellement à la maille, qui contient finalement :

$$8 \times \frac{1}{8} = 1 \text{ ion } B^{p-}$$

3 Puisque la maille contient autant d'ions A^{n+} que d'ions B^{p-}, sa formule s'écrit : AB.

4 La formule AB doit rester neutre, bien que composée de n charges positives et p charges négatives. Il s'ensuit que $p = n$.

5 C'est l'interaction électrostatique qui assure la cohésion de ce composé ionique : les anions et les cations, de charges opposées, s'attirent mutuellement.

COURS EXERCICES CORRIGÉS

4 Interactions dans la matière

Enoncé p. 171

Lycée d'Akwa-Nord, Cameroun

La charge q_A est soumise à :

- la force $F_{B/A}$ de la part de la charge q_B, telle que :

$$F_{B/A} = k \times \frac{q_A\, q_B}{AB^2}$$

où $AB = BC = 10$ cm $= 0,1$ m, puisque le triangle est isocèle. Il s'ensuit que :

$$F_{B/A} = 9.10^9 \times \frac{(1,7.10^{-8})^2}{(0,1)^2} \Rightarrow F_{B/A} \simeq 2,6.10^{-4}\text{ N}$$

- la force $F_{C/A}$ exercée par la charge q_C est donnée par la loi de Coulomb :

$$F_{C/A} = k \times \frac{q_A\, q_C}{AC^2}$$

Or, le théorème de PYTHAGORE peut s'appliquer dans le triangle rectangle (ABC) :

$$\begin{aligned} AC^2 &= AB^2 + BC^2 = (0,1)^2 + (0,1)^2 = 2 \times (0,1)^2 \\ &\Rightarrow F_{C/A} = 9.10^9 \times \frac{(1,7.10^{-8})^2}{2 \times (0,1)^2} \\ &\Rightarrow F_{C/A} \simeq 1,3.10^{-4}\text{ N} \end{aligned}$$

5 Interactions dans la matière

Enoncé p. 171

Lycée Monod, Clamart

1 L'ion Na^+, situé au point O, est soumis à deux forces électriques :

- la force $\vec{F}_{A/O}$ exercée par l'ion Cl^- placé en A, d'intensité :

$$\begin{aligned} F_{A/B} &= k \times \frac{|q_{Cl^-}| \times |q_{Na^+}|}{AO^2} \text{ avec } AO = a = 0,282 \text{ nm} = 0,282.10^{-9}\text{ m} \\ &= k \times \left(\frac{e}{a}\right)^2 = 9.10^9 \times \left(\frac{1,6.10^{-19}}{0,282.10^{-9}}\right)^2 \\ &\Rightarrow F_{A/D} \simeq 0,282.10^{-9}\text{ N} \end{aligned}$$

Puisque les charges $q_{Cl^-} = -e$ et $q_{Na^+} = +e$ sont de signe opposé, la force $\vec{F}_{A/O}$ est attractive : dirigée de O vers A.

- la force $\vec{F}_{B/O}$ exercée par l'ion Cl^- placé en B, d'intensité :

$$\begin{aligned} F_{B/O} &= k \times \frac{|q_{Cl^-}| \times |q_{Na^+}|}{BO^2} \text{ avec } BO = a \\ &= k \times \left(\frac{e}{a}\right)^2 = F_{A/O} \simeq 2,90.10^{-9}\text{ N} \end{aligned}$$

Pour les mêmes raisons, cette force est attractive et donc dirigée de O vers B.

En adoptant comme échelles : 1 cm $\leftrightarrow$ 0,1 nm pour les distances et 1 cm $\leftrightarrow$ 2.10^{-9} N pour les forces, la longueur a est représentée par un segment de longueur 2,8 cm et les forces $\vec{F}_{A/O}$ et $\vec{F}_{B/O}$ par des vecteurs de normes :

$$\left\|\vec{F}_{A/O}\right\| = \left\|\vec{F}_{B/O}\right\| = \frac{2{,}9.10^{-9}}{2.10^{-9}} = 1{,}4 \text{ cm}$$

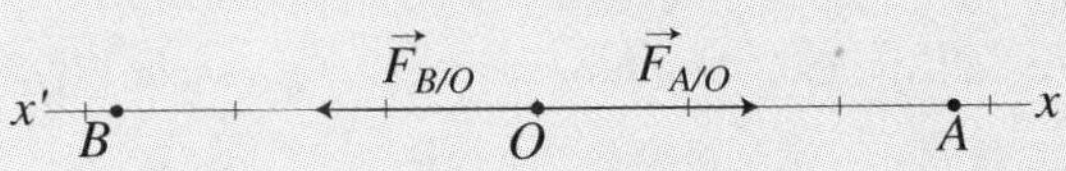

Ces deux forces étant de même intensité, de même direction $(x'x)$, mais de sens opposé, leur somme vectorielle est nulle :

$$\vec{F} = \vec{F}_{A/O} + \vec{F}_{B/O} = \vec{0}$$

2 L'ion Na^+ placé au point C d'abscisse $x = 0{,}0282$ nm, se trouve éloigné des ions Cl^- (placés en A et B) des distances :

$$\begin{aligned} AC &= a - x = 0{,}282 - 0{,}0282 \\ &= 0{,}2538 \text{ nm} = 0{,}2538.10^{-9} \text{ m} \end{aligned}$$

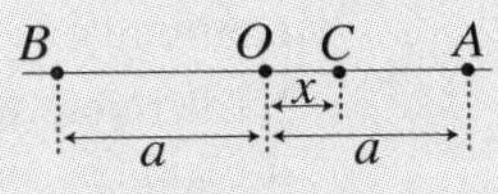

et :

$$BC = a + x = 0{,}282 + 0{,}0282 = 0{,}3102 = 0{,}3102.10^{-9} \text{ m}$$

Il est donc soumis à la force :

- $\vec{F}_{A/C}$ que la charge en A exerce en C, d'intensité :

$$\begin{aligned} F_{A/C} &= k \times \frac{|q_{Cl^-}| \times |q_{Na^+}|}{AC^2} \\ &= 9.10^9 \times \left(\frac{1{,}6.10^{-19}}{0{,}2538.10^{-9}}\right)^2 \Rightarrow F_{A/C} \simeq 3{,}58.10^{-9} \text{ N} \end{aligned}$$

Les charges q_{Cl^-} et q_{Na^+} étant de signe contraire, la force $\vec{F}_{A/C}$ est attractive : dirigée de C vers A.

- $\vec{F}_{B/C}$ que la charge située en B exerce sur celle située en C, d'intensité :

$$\begin{aligned} F_{B/C} &= k \times \frac{|q_{Cl^-}| \times |q_{Na^+}|}{BC^2} = k \times \left(\frac{e}{BC}\right)^2 \\ &= 9.10^9 \times \left(\frac{1{,}6.10^{-19}}{0{,}3102.10^{-9}}\right)^2 \Rightarrow F_{B/C} \simeq 2{,}39.10^{-9} \text{ N} \end{aligned}$$

Pour les mêmes raisons, la force $\vec{F}_{B/C}$ est attractive : dirigée de C vers B.

Avec les mêmes échelles que précédemment, $x = 0{,}0282$ nm est représenté par un segment de 2,8 mm de long, tandis que les normes des forces $\vec{F}_{A/C}$ et $\vec{F}_{B/C}$ sont représentées par des segments de longueur :

$$\left\|\vec{F}_{A/C}\right\| = \frac{3{,}58.10^{-9}}{2.10^{-9}} = 1{,}79 \text{ cm et } \left\|\vec{F}_{B/C}\right\| = \frac{2{,}39.10^{-9}}{2.10^{-9}} = 1{,}19 \text{ cm}$$

Quant au vecteur force résultant : $\vec{F} = \vec{F}_{A/C} + \vec{F}_{B/C}$, il a pour norme :

$$\left\|\vec{F}\right\| = F_{A/C} - F_{B/C} = 3{,}58.10^{-9} - 2{,}39.10^{-9} = 1{,}19.10^{-9} \text{ N}$$

il est dirigé dans le même sens que $\vec{F}_{A/C}$ (car $F_{A/C} > F_{B/C}$).

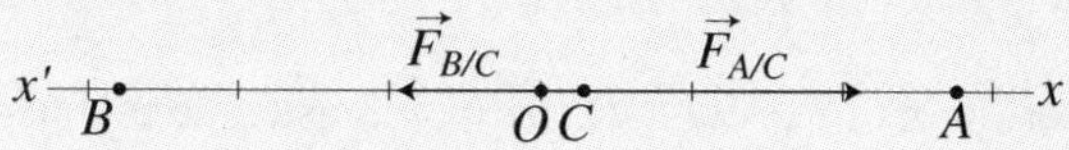

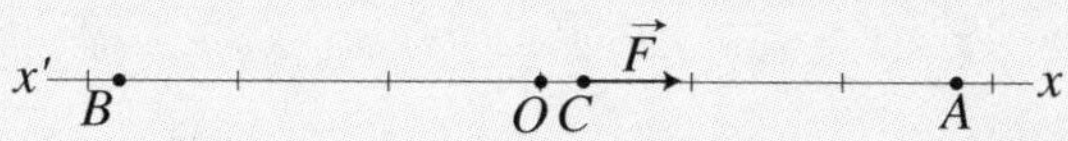

La première question a permis de montrer qu'en O, l'ion Na^+ est soumis à une force résultante nulle ce qui justifie qu'en O, l'ion Na^+ est en équilibre.

La dernière question montre qu'en écartant l'ion Na^+ de sa position d'équilibre, en le rapprochant de A, on le soumet à une force $\vec{F}$ dirigée vers A, qui l'éloigne donc encore un peu plus de sa position d'équilibre en O.

En conclusion, O est une position d'équilibre instable : dès que l'ion Na^+ s'en écarte un peu, les forces électrostatiques l'en éloignent encore davantage. Un tel modèle ne peut donc pas rendre compte de la stabilité des cristaux.

6 Interactions dans la matière

Enoncé p. 172

Institut Notre-Dame, Meudon

1 La maille cubique de chlorure de césium est composée :

- d'un ion Cs^+, au centre du cube, qui n'est donc commun à aucune autre maille. La maille cubique contient donc :

$$N_{\text{Cs}} = 1 \text{ ion } Cs^+$$

- de 8 ions Cl^- situés aux sommets du cube, lesquels sommets sont communs à 8 mailles. Par conséquent, seul 1/8e de ces ions appartient réellement à la maille qui contient alors :

$$N_{\text{Cl}} = 8 \times \frac{1}{8} = 1 \text{ ion } Cl^-$$

Puisque la maille contient autant de charge positive (un ion Cs^+) que de charge négative (un ion Cl^-), elle est globalement neutre électriquement.

2 Soient A, B, C et D des sommets où sont situés des ions Cl^- et soit O le centre de la maille, où se trouve l'ion Cs^+.

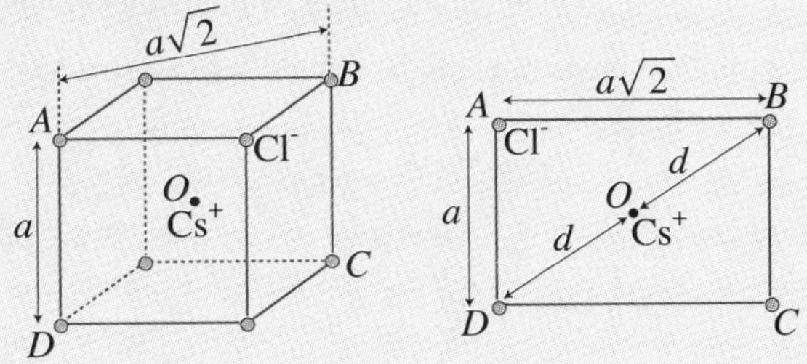

En découpant la maille cubique par le plan passant par les points A, B, C et D, on obtient un rectangle de largeur $AD = a$ et de longueur $AB = a\sqrt{2}$ (car AB est la diagonale de la face carrée supérieure, de côté a). En outre, O étant au centre du cube et donc au centre du rectangle $(ABCD)$, la diagonale de ce rectangle vaut $BD = 2d$.

Le théorème de PYTHAGORE, appliqué au triangle rectangle (DAB), impose :

$$DB^2 = DA^2 + AB^2 \Rightarrow (2d)^2 = a^2 + 2a^2 = 3a^2$$

$$\Rightarrow 2d = a\sqrt{3} \Rightarrow d = \frac{a\sqrt{3}}{2}$$

soit encore :

$$d = \frac{0,212 \times \sqrt{3}}{2} \simeq 0,184 \text{ nm} = 0,184.10^{-9} \text{ m}$$

3 **(a)** Entre deux ions Cl^- voisins, de charge $q_{Cl^-} = -e$ et séparés d'une distance $a = 0,212$ nm $= 0,212.10^{-9}$ m, s'exerce une force électrostatique d'intensité :

$$F_{Cl^-/Cl^-} = k \times \frac{|q_{Cl^-}| \times |q_{Cl^-}|}{a^2} = k\,\frac{e^2}{a^2}$$

$$= 9.10^9 \times \left(\frac{1,6.10^{-19}}{0,212.10^{-9}}\right)^2 \Rightarrow F_{Cl^-/Cl^-} \simeq 5,13.10^{-9} \text{ N}$$

(b) Sur un ion chlorure Cl^- (de charge $q_{Cl^-} = -e$) un ion césium voisin Cs^+ (de charge $q_{Cs} = +e$), séparés par une distance $d = 0,184.10^{-9}$ m, exerce une force électrostatique d'intensité :

$$F_{Cs^+/Cl^-} = k \times \frac{|q_{Cs^+}| \times |q_{Cl^-}|}{d^2} = k\,\frac{e^2}{d^2}$$

$$= 9.10^9 \times \left(\frac{1,6.10^{-19}}{0,184.10^{-9}}\right)^2 \Rightarrow F_{Cs^+Cl^-} \simeq 6,80.10^{-9} \text{ N}$$

7 Interactions dans la matière

Enoncé p. 173

Institut Notre-Dame, Saint-Germain-en-Laye

1 Un anion Cl^- et un cation Rb^+ sont séparés d'une distance minimale :

$$AO = \frac{c}{2} = \frac{338}{2} = 169 \text{ pm} = 169.10^{-12} \text{ m}$$

Par suite, ces ions exercent mutuellement une interaction gravitationnelle d'intensité :

$$F_g = \mathcal{G} \times \frac{m_{\text{Rb}} m_{\text{Cl}}}{AO^2} = 6{,}67.10^{-11} \times \frac{1{,}43.10^{-25} \times 5{,}93.10^{-26}}{(169.10^{-12})^2}$$

$$\Rightarrow \quad F_g \simeq 2{,}0.10^{-41} \text{ N}$$

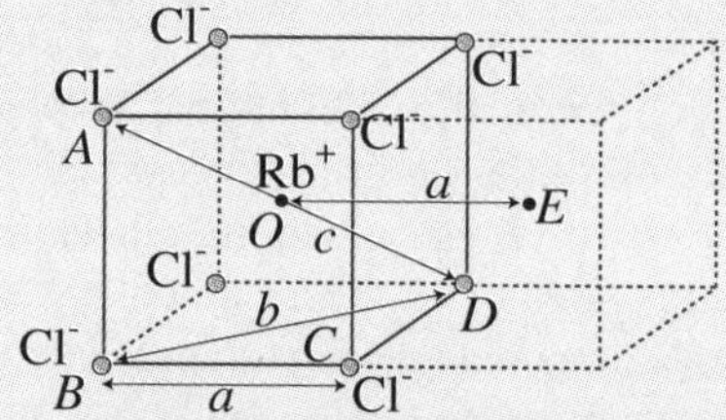

2 **(a)** Une force électrostatique ne peut être attractive que si elle s'exerce entre deux ions de charges de signes opposés : un anion Cl^- (de charge $q_{Cl^-} = -e$) et un cation Rb^+ (de charge $q_{Rb^+} = +e$), situés en A et O, sont les plus proches voisins à exercer cette force d'intensité :

$$F_e = k \times \frac{|q_{Cl^-}| \times |q_{Rb^+}|}{AO^2} = k \times \left(\frac{e}{AO}\right)^2$$

$$= 9.10^9 \times \left(\frac{1{,}6.10^{-19}}{169.10^{-12}}\right)^2 \simeq 8{,}1.10^{-9} \text{ N}$$

(b) L'interaction électrostatique entre deux ions est répulsive si ces deux ions ont des charges de même signe. Par exemple :

- entre deux ions chlorure Cl^-, séparés d'une distance minimale $BC = a$, la force électrostatique a pour intensité :

$$F'_e = k \times \frac{|q_{Cl^-}|^2}{BC^2} = k \times \left(\frac{e}{a}\right)^2$$

$$= 9.10^9 \times \left(\frac{1{,}6.10^{-19}}{195.10^{-12}}\right)^2 \simeq 6{,}1.10^{-9} \text{ N}$$

- entre deux ions rubidium, séparés d'une distance minimale $OE = a$, la force électrostatique a pour valeur :

$$F''_e = k \times \frac{|q_{Rb^+}|^2}{OE^2} = k \times \left(\frac{e}{a}\right)^2$$

$$\Rightarrow \quad F''_e = F'_e \simeq 6{,}1.10^{-9} \text{ N}$$

3 En conclusion, dans le cristal, les ions sont soumis à des interactions dont les caractéristiques sont résumées dans le tableau ci-dessous :

interaction	nature	intensité
gravitationnelle	attractive	$2{,}0.10^{-41}$ N
électrostatique	attractive	$8{,}1.10^{-9}$ N
électrostatique	répulsive	$6{,}1.10^{-9}$ N

Ces résultats suggèrent plusieurs commentaires :

- Puisque les interactions gravitationnelles sont beaucoup moins intenses que les interactions électrostatiques ($2.10^{-14} \ll 8{,}1.10^{-9}$), leur influence peut être négligée à cette échelle.
- Les interactions électrostatiques sont responsables de la cohésion du cristal ; qu'elles soient attractives ou répulsives, elles ont le même ordre de grandeur.

8 Polarité d'une molécule

Enoncé
p. 173

Lycée Marie-Curie, Sceaux

1 Avec le numéro atomique $Z_S = 16$, l'atome de soufre présente la configuration électronique :

$$_{16}\mathrm{S} : (K)^2(L)^8(M)^6$$

c'est-à-dire possède $N_e = 6$ électrons périphériques qui se répartissent en :

- $N_\ell = 8 - N_e = 8 - 6 = 2$ liaisons covalentes S–H ;
- $N_d = \dfrac{N_e - N_\ell}{2} = \dfrac{6-2}{2} = 2$ doublets non liants.

Par suite, la molécule H_2S a pour formule de Lewis : $\mathrm{H}—\overline{\underline{\mathrm{S}}}—\mathrm{H}$

2 Étant donné que $\chi_S > \chi_H$, les électrons de chaque liaison covalente S–H sont déplacés vers le soufre qui porte alors une fraction de charge négative ($\delta-$). Concomitamment, le déficit d'électrons au voisinage de l'atome d'hydrogène lui confère une fraction de charge positive ($\delta+$). Par suite, chaque liaison S–H est polarisée, le moment dipolaire étant dirigé de la charge négative vers la charge positive :

$$\overset{-\delta}{\mathrm{S}} \xrightarrow{\ \vec{p}\ } \overset{+\delta}{\mathrm{H}}$$

3 La formule de Lewis de H_2S montre que l'atome de soufre est entouré de quatre entités chargées négativement (deux liaisons covalentes et deux doublets non liants). Par suite, cet atome se trouve à proximité du centre d'un tétraèdre dont deux sommets sont occupés par des atomes d'hydrogène :

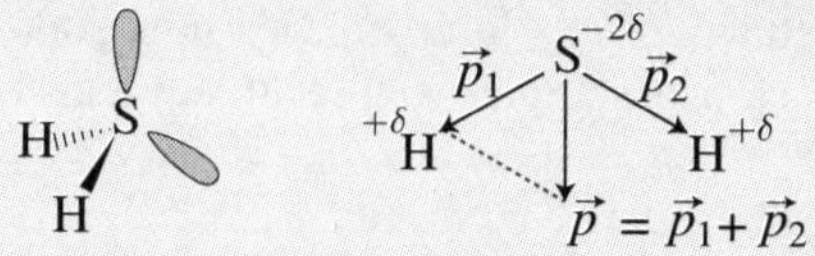

Les deux liaisons covalentes S–H font alors entre elles un angle voisin de 105°, de sorte que les moments dipolaires $\vec{p}_1$ et $\vec{p}_2$ portés par ces liaisons n'ont pas la même direction ; leur somme vectorielle $\vec{p} = \vec{p}_1 + \vec{p}_2$ n'étant pas nulle, la molécule H_2S est polaire.

9 Polarité d'une molécule

Lycée Langevin, Champigny-sur-Marne

Enoncé *p. 174*

1 Puisque $\chi_{Cl} > \chi_{Sn}$, les électrons de la liaison covalente Cl–Sn sont statistiquement déplacés vers l'atome de chlore, où apparaît alors une charge négative $-\delta$. Concomitamment, il apparaît une charge positive $+\delta$ au voisinage de l'atome de chlore. Ainsi, la liaison Cl–Sn est polarisée, le moment dipolaire $\vec{p}_i$ étant dirigé de Cl vers Sn (de la charge négative vers la charge positive) :

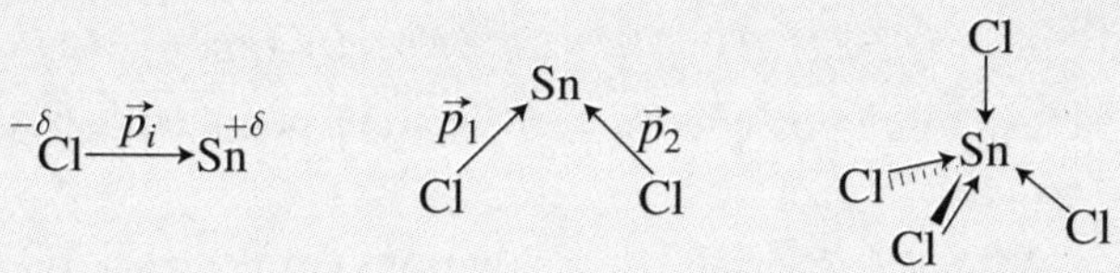

2 Dans la molécule $SnCl_2$, la somme vectorielle $\vec{p} = \vec{p}_1 + \vec{p}_2$ génère un vecteur non nul (car $\vec{p}_1$ et $\vec{p}_2$ n'ont pas les mêmes directions), ce qui confère à la molécule sa polarité.

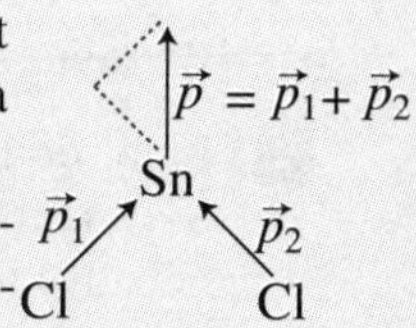

En revanche, soient A, B, C et D les sommets du tétraèdre occupés par les atomes de chlore de la molécule $SnCl_4$ et soit G son centre, occupé par un atome d'étain.

Les moments dipolaires de chaque liaison s'écrivent :

$$\vec{p}_1 = \delta e\,\overrightarrow{AG} \qquad \vec{p}_2 = \delta e\,\overrightarrow{BG}$$

$$\vec{p}_3 = \delta e\,\overrightarrow{CG} \qquad \vec{p}_4 = \delta e\,\overrightarrow{DG}$$

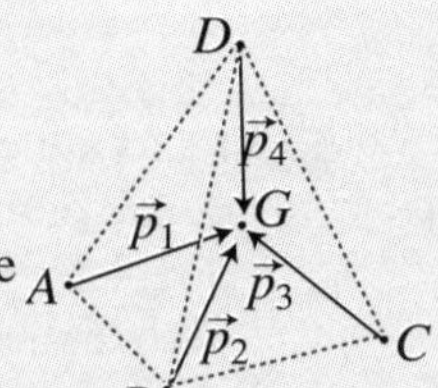

où $q = \delta \times e$ désigne la charge partielle déplacée dans chaque liaison Cl–Sn.

Par suite, le moment dipolaire de la molécule vaut :

$$\begin{aligned}\vec{p} &= \vec{p}_1 + \vec{p}_2 + \vec{p}_3 + \vec{p}_4 \\ &= \delta e\,\overrightarrow{AG} + \delta e\,\overrightarrow{BG} + \delta e\,\overrightarrow{CG} + \delta e\,\overrightarrow{DG} \\ &= \delta e \times \underbrace{(\overrightarrow{AG} + \overrightarrow{BG} + \overrightarrow{CG} + \overrightarrow{DG})}_{=\vec{0}} = \vec{0}\end{aligned}$$

Cette molécule n'est donc pas polaire.

3 Seule la molécule polaire peut être attirée par les charges accumulées sur l'objet électrisé. C'est pourquoi un filet de dichloroétain est attiré par cet objet, qui reste en revanche sans influence sur un filet de tétrachloroétain.

10 Polarité d'une molécule

Lycée Fermat, Toulouse

Enoncé p. 174

1 Puisque l'atome d'azote est plus électronégatif que celui d'hydrogène, la liaison covalente N–H est polarisée : les électrons de cette liaison se déplacent préférentiellement vers l'atome d'azote qui acquiert alors une fraction de charge négative ($-\delta$), tandis qu'un défaut électronique, au voisinage de l'hydrogène, provoque l'apparition d'une charge positive ($+\delta$). Un moment dipolaire $\vec{p}_i$ apparaît sur la liaison, dirigé de l'azote vers l'hydrogène :

$$^{-\delta}\text{N} \xrightarrow{\vec{p}_i} \text{H}^{+\delta}$$

Soient $\vec{p}_1$, $\vec{p}_2$ et $\vec{p}_3$ les trois moments dipolaires associés aux liaisons N–H de la molécule d'ammoniac. Ces trois vecteurs étant dirigés vers l'atome d'azote, leur somme vectorielle génère un moment dipolaire $\vec{p} = \vec{p}_1 + \vec{p}_2 + \vec{p}_3$ non nul, ce qui signifie que la molécule est polaire.

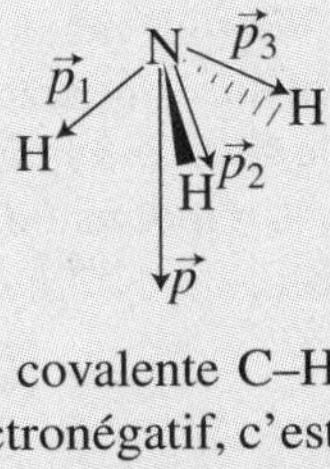

2 Les électrons d'une liaison covalente C–H sont statistiquement déplacés vers l'atome le plus électronégatif, c'est-à-dire le carbone. Par suite, l'atome de carbone acquiert une fraction de charge négative ($-\delta$) tandis que l'atome d'hydrogène acquiert une fraction de charge positive ($+\delta$) ; un moment dipolaire $\vec{p}_i$, dirigé du carbone vers l'hydrogène, apparaît sur chaque liaison C–H :

$$^{-\delta}\text{C} \xrightarrow{\vec{p}_i} \text{H}^{+\delta}$$

Notons $\vec{p}_1$, $\vec{p}_2$, $\vec{p}_3$ et $\vec{p}_4$ les moments dipolaires de chaque liaison C–H de la molécule d'éthylène :

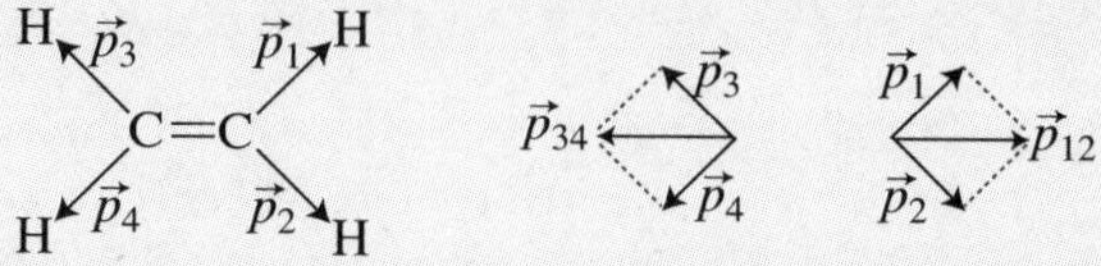

Les sommes vectorielles $\vec{p}_{12} = \vec{p}_1 + \vec{p}_2$ et $\vec{p}_{34} = \vec{p}_3 + \vec{p}_4$ ont alors la même direction et même norme mais sont de sens opposé. C'est pourquoi le moment dipolaire total le la molécule :

$$\vec{p} = \vec{p}_1 + \vec{p}_2 + \vec{p}_3 + \vec{p}_4 = \vec{p}_{12} + \vec{p}_{34} = \vec{0}$$

est nul, privant la molécule de tout caractère polaire.

11 Polarité d'une molécule

Lycée Monod, Clamart

Enoncé
p. 174

1 **Molécule BeH_2** – Puisque $\chi_H > \chi_{Be}$, les électrons de chaque liaison Be–H sont déplacés vers l'atome d'hydrogène qui acquiert ainsi une charge partielle négative ($-\delta$), tandis qu'au voisinage de l'atome de béryllium, le défaut d'électrons produit une charge partielle positive ($+\delta$). Chacune de ces liaisons acquiert un moment dipolaire ($\vec{p}_1$ et $\vec{p}_2$) dirigé de H vers Be :

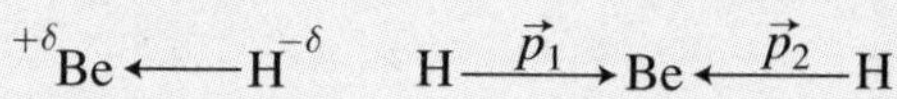

Puisque la molécule est linéaire, les moments dipolaires $\vec{p}_1$ et $\vec{p}_2$ ont la même direction et même norme mais sont de sens opposé, de sorte que leur somme vectorielle est nulle :

$$\vec{p} = \vec{p}_1 + \vec{p}_2 = \vec{0}$$

Cette molécule n'est pas polaire.

2 **Molécule $SnCl_2$** – Pour les mêmes raisons, puisque $\chi_{Cl} > \chi_{Sn}$, chaque liaison Cl–Sn est polaire : une fraction négative de charge ($-\delta$) est localisée au voisinage de Cl et une charge partielle positive ($+\delta$) est localisée au voisinage de Sn. Un moment dipolaire est donc dirigé, selon chaque liaison, de Cl vers Sn :

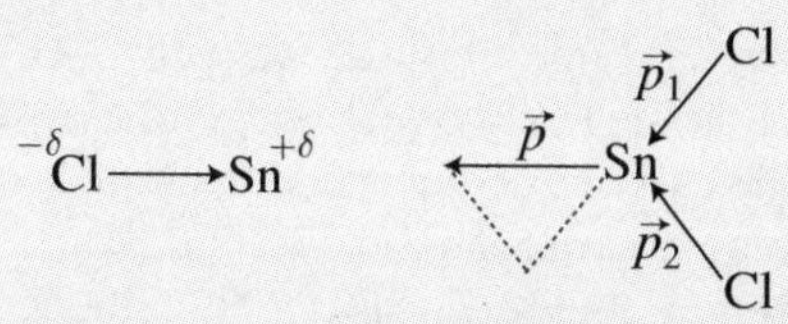

Puisque les moments dipolaires $\vec{p}_1$ et $\vec{p}_2$ des deux liaisons Cl–Sn n'ont pas la même direction, leur somme vectorielle est non nulle :

$$\vec{p} = \vec{p}_1 + \vec{p}_2 \neq \vec{0}$$

La molécule est donc polaire.

3 **Molécule BCl_3** – À nouveau, étant donné que $\chi_{Cl} > \chi_B$, chaque liaison B–Cl est polarisée, avec une charge partielle négative $(-\delta)$ au voisinage de Cl et une charge partielle positive $(+\delta)$ au voisinage de B. Le moment dipolaire de chaque liaison B–Cl est donc dirigé vers l'atome de bore :

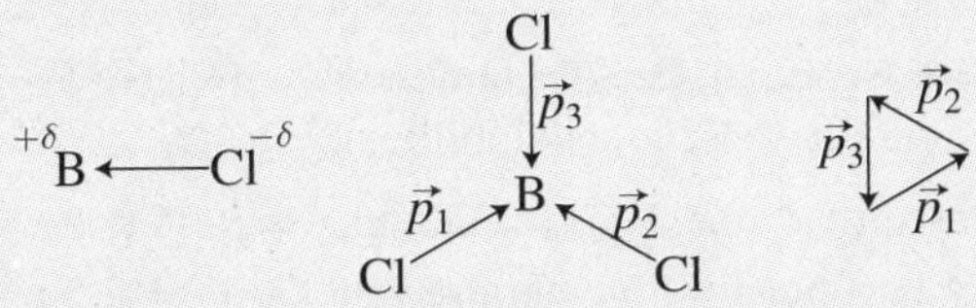

Cependant, B étant au centre du triangle formé par les trois atomes de chlore, la somme vectorielle de ces moments dipolaires est nulle :

$$\vec{p} = \vec{p}_1 + \vec{p}_2 + \vec{p}_3 = \vec{0}$$

La molécule BCl_3 n'est donc pas polaire.

12 Polarité d'une molécule

Lycée Périer, Marseille

Enoncé *p. 175*

1 **(a)** Puisque $\chi_N > \chi_H$, les électrons de chaque liaison covalente N–H sont statistiquement déplacés vers l'atome d'azote, où il apparaît alors une fraction de charge négative $(-\delta)$. Dans le même temps, le défaut d'électrons au voisinage de l'atome d'hydrogène y fait apparaître une charge positive $(+\delta)$. Chaque liaison N–H est ainsi polarisée : des moment dipolaires $\vec{p}_1$, $\vec{p}_2$ et $\vec{p}_3$ apparaissent sur chacune des liaisons N–H, dirigés de la charge négative $-\delta$ vers la charge positive $+\delta$:

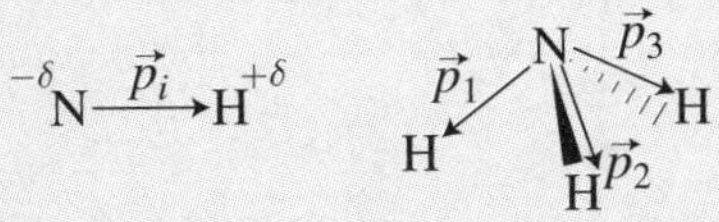

Enfin, puisque les vecteurs $\vec{p}_1$, $\vec{p}_2$ et $\vec{p}_3$ sont tous dirigés vers le bas de la molécule représentée ci-dessus, leur somme vectorielle $\vec{p} = \vec{p}_1 + \vec{p}_2 + \vec{p}_3$ est non nulle, en conséquence de quoi la molécule est polarisée.

(b) Les molécules d'eau sont aussi polarisées. Donc, des interactions dipôle-dipôle peuvent s'établir entre les molécules d'eau et les molécules d'ammoniac, favorisant la solubilité de ces dernières dans l'eau.

Cette grande solubilité est, du reste, accrue par l'existence de liaisons hydrogène entre la molécule d'ammoniac et les molécules d'eau :

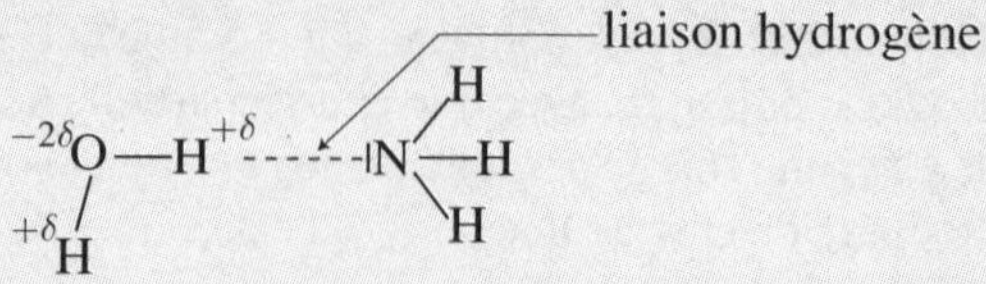

Ces deux types d'interactions stabilisent l'ammoniac dans l'eau et en accroissent la solubilité.

2 Dans un volume $V_{\text{sol}} = 250\text{ mL} = 0{,}25\text{ L}$ de solution ammoniacale, dont la concentration molaire vaut $C_{\text{NH}_3} = 0{,}5\text{ mol}\cdot\text{L}^{-1}$, se trouve :

$$n_{\text{NH}_3} = C_{\text{NH}_3} V_{\text{sol}} = 0{,}5 \times 0{,}25 = 0{,}125 \text{ mol de NH}_3$$

Cette quantité de matière provient d'un volume V_{gaz} de gaz ammoniac, à la pression $p = 1\,013\text{ hPa} = 1\,013.10^2\text{ Pa}$ et à la température :

$$T = 20 + 273 = 293\text{ K}$$

. De la loi de BOYLE-MARIOTTE, il découle alors que :

$$\begin{aligned} p\,V_{\text{gaz}} &= n_{\text{NH}_3} RT \Rightarrow V_{\text{gaz}} = \frac{n_{\text{NH}_3} RT}{p} \\ &\Rightarrow V_{\text{gaz}} = \frac{0{,}125 \times 8{,}32 \times 293}{1\,013.10^2} \\ &\Rightarrow V_{\text{gaz}} \simeq 3.10^{-3}\text{ m}^3 = 3\text{ L} \end{aligned}$$

13 Réactions de dissolution

Lycée Colbert, Lorient

Enoncé *p. 175*

1 Dans KI se trouvent des ions iodure I^- et potassium K^+ (le cristal KI est électriquement neutre) ; le solide s'appelle l'iodure de potassium, tandis que sa dissolution dans l'eau a pour équation :

$$\text{KI}_{(\text{sol})} \rightarrow \text{K}^+_{(\text{aq})} + \text{I}^-_{(\text{aq})}$$

2 Dans le solide $BaCl_2$ se trouvent des ions chlorure Cl^-. Pour assurer la neutralité électrique de ce solide, l'élément baryum doit se présenter sous forme d'ions Ba^{2+}. Ce solide est le chlorure de baryum, dont l'équation de dissolution dans l'eau s'écrit :

$$\text{BaCl}_{2(\text{sol})} \rightarrow \text{Ba}^{2+}_{(\text{aq})} + 2\,\text{Cl}^-_{(\text{aq})}$$

3 Le solide K_3PO_4, contenant des ions potassium K^+, il contient également des ions phosphate PO_4^{3-} qui assurent sa neutralité électrique. La dissolution dans l'eau du phosphate de potassium est alors décrite par l'équation :

$$\text{K}_3\text{PO}_{4(\text{sol})} \rightarrow 3\,\text{K}^+_{(\text{aq})} + \text{PO}_4^{3-}{}_{(\text{aq})}$$

14 Réactions de dissolution

Enoncé p. 176

Lycée Saint-Louis de Gonzagues, Paris

1 Pour réaliser un volume $V = 250\,\text{cm}^3 = 0{,}25$ L d'une solution de concentration massique $C_m = 17{,}12\ \text{g}\cdot\text{L}^{-1}$, il convient de dissoudre une masse m de soluté telle que :

$$C_m = \frac{m}{V} \Rightarrow m = C_m \times V = 17{,}12 \times 0{,}25 \Rightarrow m = 4{,}28\ \text{g}$$

2 Écrivons la formule du sulfate d'aluminium sous la forme $Al_x(SO_4)_y$, dont la neutralité électrique impose, compte tenu de la charge des ions (Al^{3+} et SO_4^{2-}) :

$$3x = 2y \Rightarrow \frac{x}{y} = \frac{2}{3}$$

Les plus petites valeurs entières de x et de y, qui vérifient cette condition, sont alors $x = 2$ et $y = 3$, en conséquence de quoi le cristal a pour formule $Al_2(SO_4)_3$; sa masse molaire vaut :

$$\begin{aligned} M &= 2\,M_{Al} + 3 \times (M_S + 4\,M_O) \\ &= 2 \times 27 + 3 \times (32 + 4 \times 16) = 342\ \text{g}\cdot\text{mol}^{-1} \end{aligned}$$

La solution contient donc la quantité de matière n en sulfate d'aluminium, telle que :

$$m = n \times M \Rightarrow n = \frac{m}{M} = \frac{4{,}28}{342} \simeq 1{,}25.10^{-2}\ \text{mol}$$

dans un volume $V = 0{,}25$ L ; sa concentration molaire vaut :

$$C = \frac{n}{V} \simeq \frac{1{,}25.10^{-2}}{0{,}25} \Rightarrow C \simeq 5.10^{-2}\ \text{mol}\cdot\text{L}^{-1}$$

3 La dissolution du sulfate d'aluminium est suivie dans le tableau d'avancement ci-dessous :

	$Al_2(SO_4)_{3(sol)}$ →	$2\,Al^{3+}_{(aq)}$ +	$3\,SO_4^{2-}{}_{(aq)}$
$x = 0$	n	0	0
$x \neq 0$	$n - x$	$2x$	$3x$
$x_f = n$	0	$2n$	$3n$

d'où découlent les concentrations en ions aluminium et en ions sulfate :

$$\left[Al^{3+}_{(aq)}\right] = \frac{2n}{V} = 2C = 2 \times 5.10^{-2} \Rightarrow \left[Al^{3+}_{(aq)}\right] = 0{,}10\ \text{mol}\cdot\text{L}^{-1}$$

et :

$$\left[SO_4^{2-}{}_{(aq)}\right] = \frac{3n}{V} = 3C = 3 \times 5.10^{-2} \Rightarrow \left[SO_4^{2-}{}_{(aq)}\right] = 0{,}15\ \text{mol}\cdot\text{L}^{-1}$$

15 Réactions de dissolution

Enoncé p. 176

Lycée Colbert, Lorient

1 **(a)** Le volume $V_1 = 0{,}5$ L de solution de concentration $C_1 = 10^{-2}$ mol · L^{-1} contient :

$$n_1 = C_1 V_1 = 10^{-2} \times 0{,}5 = 5.10^{-3} \text{ mol}$$

de soluté $CaCl_2$, dont la masse molaire vaut :

$$M = M_{Ca} + 2\, M_{Cl} = 40{,}1 + 2 \times 35{,}5 = 111{,}1 \text{ g} \cdot \text{mol}^{-1}$$

Pour réaliser cette solution, il convient donc de dissoudre un masse :

$$m_1 = n_1 \times M = 5.10^{-3} \times 111{,}1 = 0{,}5555 \text{ g de cristaux.}$$

(b) Au laboratoire, on suivra le mode opératoire ci-dessous pour obtenir une telle solution :

- mesurer la masse m_1 de cristaux de $CaCl_{2(sol)}$ avec une balance ;
- verser les cristaux dans une fiole jaugée de 500 mL ;
- remplir, à moitié, la fiole et agiter jusqu'à dissolution totale des cristaux ;
- compléter le volume jusqu'au trait de jauge.

(c) Le solide ionique $CaCl_2$ contient des ions chlorure Cl^- et donc des ions Ca^{2+} qui assurent la neutralité électrique du cristal. Sa dissolution dans l'eau peut être suivie à l'aide du tableau d'avancement :

	$CaCl_{2(sol)} \rightarrow$	$Ca^{2+}_{(aq)}$	$+2\, Cl^-_{(aq)}$
$x = 0$	n_1	0	0
$x \neq 0$	$n_1 - x$	x	$2x$
$x_f = n_1$	0	n_1	$2n_1$

Le tableau d'avancement donne les quantités de matière :

$$\begin{cases} n(Ca^{2+}) = n_1 = 5.10^{-3} \text{ mol d'ions } Ca^{2+}_{(aq)} \\ n(Cl^-) = 2n_1 = 10^{-2} \text{ mol d'ions } Cl^-_{(aq)} \end{cases}$$

auxquelles sont associées les concentrations molaires :

$$\left[Ca^{2+}_{(aq)}\right] = \frac{n(Ca^{2+})}{V_1} = \frac{5.10^{-3}}{0{,}5} = 10^{-2} \text{ mol} \cdot \text{L}^{-1}$$

et :

$$\left[Cl^-_{(aq)}\right] = \frac{n(Cl^-)}{V_1} = \frac{10^{-2}}{0{,}5} = 2.10^{-2} \text{ mol} \cdot \text{L}^{-1}$$

2 Le volume $V_2 = 250$ mL $= 0{,}25$ L de solution, de concentration en soluté $C_2 = 10^{-3}$ mol · L^{-1}, contient une quantité :

$$n_2 = C_2 V_2 = 10^{-3} \times 0{,}25 = 0{,}25.10^{-3} \text{ mol}$$

de soluté, que l'on apportera en prélevant un volume V de la première solution (à la concentration $C_1 = 10^{-2}$ mol · L^{-1} de soluté), qui contient donc $n_2 = C_1 V$ mol de ce soluté. C'est pourquoi :

$$V = \frac{n_2}{C_1} = \frac{0{,}25.10^{-3}}{10^{-2}} = 25.10^{-3} \text{ L} = 25 \text{ mL}$$

Pour réaliser cette nouvelle solution, il conviendra donc de suivre le protocole ci-dessous :

- à l'aide d'une pipette jaugée, prélever $V = 25$ mL de la solution mère (à la concentration $C_1 = 10^{-2}$ mol · L^{-1} en chlorure de calcium) ;
- verser cet échantillon dans une fiole jaugée de 250 mL et compléter jusqu'au trait de jauge, avec de l'eau distillée.

16 Réactions de dissolution

Enoncé p. 177

Lycée Lacordaire, Marseille

1 Pour réaliser l'expérience, il suffit de déposer dans un tube à essai un échantillon de sulfate hydraté, dont la masse $m_1 = 13{,}9$ g aura été préalablement pesée. Un chauffage du tube, en douceur, permet alors l'élimination de la vapeur d'eau, que l'on peut suivre en même temps que le sulfate de fer se décolore (anhydre, ce sulfate devient blanc). Les cristaux ainsi obtenus sont alors pesés à nouveau, après refroidissement.

2 Soit M_1 la masse molaire du sulfate hydraté $FeSO_4$, $y\, H_2O$:

$$\begin{aligned} M_1 &= M_{Fe} + M_S + 4 \times M_O + y \times (2\, M_H + M_O) \\ &= 55{,}8 + 32{,}1 + 4 \times 16 + y \times (2 \times 1 + 16) = 151{,}9 + 18\, y \end{aligned}$$

et soit M_2 la masse molaire du sulfate anhydre $FeSO_4$:

$$\begin{aligned} M_2 &= M_{Fe} + M_S + 4\, M_O = 55{,}8 + 32{,}1 + 4 \times 16 \\ &= 151{,}9 \text{ g} \cdot \text{mol}^{-1} \end{aligned}$$

L'échantillon de masse $m_1 = 13{,}9$ g de sulfate hydraté contient la quantité de matière :

$$n_0 = \frac{m_1}{M_1} \Rightarrow M_1 = \frac{m_1}{n_0} \qquad (26)$$

Quant à la déshydratation, si elle est totale, elle peut être suivie dans le tableau d'avancement ci-dessous :

	$(FeSO_4,\, y\, H_2O)_{(sol)}$ →	$FeSO_{4(sol)}$ +	$y\, H_2O_{(gaz)}$
$x = 0$	n_0	0	0
$x \neq 0$	$n_0 - x$	x	yx
$x_f = n_0$	0	n_0	$y\, n_0$

qui montre que la masse $m_2 = 7{,}6$ g de cristaux anhydres contient aussi la quantité de matière n_0, telle que :

$$n_2 = n_0\, M_2 \Rightarrow n_0 = \frac{m_2}{M_2} = \frac{7{,}6}{151{,}9} \simeq 5.10^{-2} \text{ mol de } FeSO_{4(sol)}$$

Ainsi, l'équation (26) devient :

$$151{,}9 + 18\,y = \frac{13{,}9}{5.10^{-2}} = 278$$
$$\Rightarrow 18\,y = 278 - 151{,}9 = 126{,}1$$
$$\Rightarrow y = \frac{126{,}1}{18} \simeq 7$$

Ce faisant, le sulfate de fer hydraté a pour formule : $FeSO_4$, 7 H_2O.

17 Réactions de dissolution

Lycée Janson de Sailly, Paris

Enoncé *p. 177*

La dissolution de n mol de cristaux de sulfate de cuivre hydraté libère n mol d'ions $Cu^{2+}_{(aq)}$ dans l'eau, selon l'équation-bilan :

	$(CuSO_4, x\,H_2O)_{(sol)} \rightarrow$	$Cu^{2+}_{(aq)}$ +	$SO_4^{2-}{}_{(aq)}$ + $x\,H_2O_{(liq)}$
$x = 0$	n	0	0
$x \neq 0$	$n - x$	x	x
$x_f = n$	0	n	n

Ainsi, la solution de volume $V = 1$ L et de concentration $C = 2.10^{-2}$ mol · L^{-1} contient :

$$n = CV = 2.10^{-2} \times 1 = 2.10^{-2} \text{ mol d'ions } Cu^{2+}_{(aq)}$$

Soit M la masse molaire de $CuSO_4$, $y\,H_2O$:

$$M = M_{Cu} + M_S + 4\,M_O + y \times (2M_H + M_O)$$
$$= 63{,}5 + 32 + 4 \times 16 + y \times (2 \times 1 + 16)$$
$$= 159{,}5 + 18\,y$$

L'échantillon de sulfate de cuivre II hydraté, de masse $m = 5$ g, contient donc la même quantité n que celle des ions $Cu^{2+}_{(aq)}$ libérés dans l'eau, avec :

$$m = n \times M \Rightarrow M = \frac{m}{n} = \frac{5}{2.10^{-2}} = 250 \text{ g} \cdot \text{mol}^{-1}$$
$$\Rightarrow 159{,}5 + 18\,y = 250$$
$$\Rightarrow 18\,y = 250 - 159{,}5 = 90{,}5$$
$$\Rightarrow y \simeq 5$$

Par conséquent, la chalcanthite a pour formule : $CuSO_4$, 5 H_2O.

18 Réactions de dissolution

Enoncé p. 177

Lycée Saint-Sernin, Toulouse

1 Dans la molécule d'eau, la différence d'électronégativité entre l'oxygène et l'hydrogène ($\chi_O > \chi_H$) provoque la polarisation de chaque liaison O–H : une charge partielle négative ($-\delta$) est localisée au voisinage de l'oxygène et une charge partielle positive ($+\delta$) est localisée au voisinage de l'hydrogène. Le dipôle ainsi formé a un moment dipolaire $\vec{p}$ dirigé de l'oxygène vers l'hydrogène :

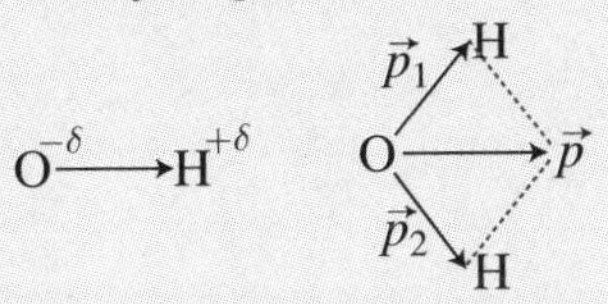

Or, puisque les liaisons O–H de la molécule ont des directions différentes, leur somme vectorielle est non nulle : $\vec{p} = \vec{p}_1 + \vec{p}_2 \neq \vec{0}$.
La molécule d'eau est ainsi polarisée.

2 La dissolution du phosphate de sodium ($Na_3(PO_4)$) libérant des ions Na^+, ce cristal ionique contient des ions Na^+. Or, pour assurer la neutralité électrique de ce cristal qui contient trois fois moins d'ions phosphate que d'ions sodium, il faut envisager une charge négative trois fois plus importante sur l'ion phosphate : PO_4^{3-}. C'est pourquoi cette dissolution a pour équation-bilan :

$$Na_3(PO_4)_{(sol)} \rightarrow 3\,Na^+_{(aq)} + PO_4^{3-}{}_{(aq)}$$

3 La masse molaire du phosphate de sodium valant :

$$M = 3\,M_{Na} + M_P + 4\,M_O = 3 \times 23 + 31 + 4 \times 16 = 164 \text{ g} \cdot \text{mol}^{-1}$$

l'échantillon, de masse $m = 10$ g, contient une quantité de matière n telle que :

$$m = nM \Rightarrow n = \frac{m}{M} = \frac{10}{164} \simeq 6{,}1.10^{-2} \text{ mol}$$

Si sa dissolution est complète, elle peut être suivie par le tableau d'avancement ci-dessous :

	$Na_3(PO_4)_{(sol)} \rightarrow$	$3\,Na^+_{(aq)}$	$+ PO_4^{3-}{}_{(aq)}$
$x = 0$	n	0	0
$x \neq 0$	$n - x$	$3x$	x
$x_f = n$	0	$3n$	n

La solution, de volume $V = 100$ mL $= 0{,}1$ L contient donc :

$$n_{Na^+} = 3n = 3 \times 6{,}1.10^{-2} = 18{,}3.10^{-2} \text{ mol d'ions } Na^+_{(aq)}$$

à la concentration :

$$\left[Na^+_{(aq)}\right] = \frac{n_{Na^+}}{V} = \frac{18{,}3.10^{-2}}{0{,}1} = 1{,}83 \text{ mol} \cdot \text{L}^{-1}$$

Chapitre

6

Transferts thermiques, alcanes et alcools

Plan du chapitre

Exercice type — Lycée Colbert, Lorient

On chauffe 200 mL de bouillon, contenu dans une casserole, en brûlant du gaz butane. Dans cet exercice, on se propose d'évaluer la quantité de butane consommée par le cuisinier étourdi qui a laissé évaporer tout le bouillon.

1 Donner la formule développée de la molécule de butane. Préciser la nature des liaisons et leurs nombres.

2 Définir l'énergie moyenne d'une liaison C–H et la chaleur molaire de dissociation de la molécule de butane.

3 Écrire l'équation-bilan de la combustion complète du butane dans le dioxygène.

4 Définir, puis calculer, la chaleur molaire de combustion Q_0 du butane, l'eau étant obtenue à l'état gazeux.

5 La casserole et le bouillon ont été pris dans le réfrigérateur où la température est $\theta_i = 4°\text{C}$, puis placés directement sur le brûleur déjà allumé. Lorsque le cuisinier revient, il constate que la dernière goutte de bouillon s'évapore.

Calculer les quantités de chaleur Q_b et Q_c échangées respectivement par le bouillon et par la casserole avec le milieu extérieur, au cours de cette opération malheureuse. On supposera que l'évaporation s'est faite à température constante de 100°C.

6 En déduire la quantité de chaleur Q dégagée par la combustion du butane, sachant que 90% sert au chauffage de la casserole et du bouillon.

7 Quelle masse de butane a-t-on consommé ? On supposera que l'eau produite est à l'état gazeux.

...

Exercice type — Lycée Colbert, Lorient

Données :

- quelques énergies de liaison :

$E_{\text{H–H}} = 436\ \text{kJ}\cdot\text{mol}^{-1}$	$E_{\text{O–H}} = 463\ \text{kJ}\cdot\text{mol}^{-1}$
$E_{\text{O=O}} = 498\ \text{kJ}\cdot\text{mol}^{-1}$	$E_{\text{C=O}} = 803\ \text{kJ}\cdot\text{mol}^{-1}$
$E_{\text{C–C}} = 344\ \text{kJ}\cdot\text{mol}^{-1}$	$E_{\text{C=C}} = 615\ \text{kJ}\cdot\text{mol}^{-1}$
$E_{\text{C–H}} = 415\ \text{kJ}\cdot\text{mol}^{-1}$	

- masse volumique du bouillon : $\mu = 1\ \text{kg}\cdot\text{L}^{-1}$;
- capacité thermique massique du bouillon : $c = 4{,}18\ \text{kJ}\cdot\text{kg}^{-1}$;
- chaleur latente de vaporisation du bouillon : $L_v = 41{,}0\ \text{kJ}\cdot\text{mol}^{-1}$;
- capacité thermique de la casserole : $C = 500\ \text{J}\cdot{}^{\circ}\text{C}^{-1}$;
- masse molaire du butane : $M = 58{,}0\ \text{g}\cdot\text{mol}^{-1}$.

Voir corrigé page 214

1 Transferts thermiques

1.1 Changements d'état

La matière peut se présenter sous forme solide, liquide ou gazeuse. Ce sont les seuls *états physiques* qui seront pris en compte au cours de l'année de première S.

Définition 1

On appelle *changement d'état* une transformation physique qui permet à un corps de passer d'un état à un autre ; chaque transformation porte un nom caractéristique de l'état initial et de l'état final du corps :

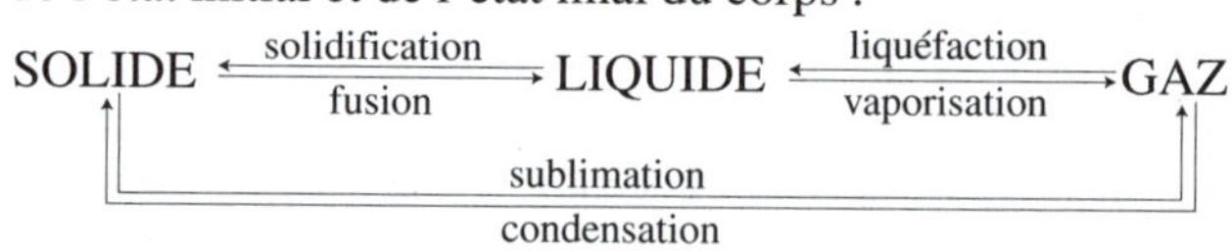

Définition 2

La *chaleur Q* (en joule : J) reçue par un système est l'énergie thermique que ce système reçoit.

ATTENTION

Ne pas confondre chaleur (ou quantité de chaleur) et température : l'une est une forme d'énergie (exprimée en joule) et l'autre un paramètre d'état (exprimé en degré ou en kelvin).

L'énergie thermique apportée à un corps pour modifier son état sert à rompre ou à former des liaisons qui assurent la cohésion de ce corps : les liaisons hydrogène ou les liaisons de Van Der Waals.

Au cours d'un changement d'état, si la pression est maintenue constante (ce qui est généralement le cas), la température ne varie pas. Par exemple, à la pression ordinaire de $1{,}013.10^5$ Pa, la fusion de la glace et la vaporisation de l'eau ont lieu aux températures $\theta_{\text{fus}} = 0°\text{C}$ et $\theta_{\text{vap}} = 100°\text{C}$ (l'ébullition de l'eau ne peut pas se faire à une température supérieure à 100°C, à cette pression).

À RETENIR

La remarque précédente impose que la coexistence de deux états d'un même corps pur ne peut se produire qu'à une température donnée. Par exemple :

- la glace et l'eau liquide ne peuvent rester en équilibre stable qu'à 0°C ;
- la vapeur d'eau et l'eau liquide ne peuvent rester en équilibre stable qu'à 100°C.

Au cours du changement d'état d'une masse m d'un corps pur, celui-ci reçoit une énergie thermique Q (en joule) proportionnelle à m (en kilogramme) :

$$Q = L \times m$$

où L est la *chaleur latente* de changement d'état du corps (en $\text{J} \cdot \text{kg}^{-1}$).

ATTENTION

L'énergie thermique Q est comptée positivement lorsqu'elle est reçue par le corps ; une énergie thermique peut être négative, ce qui signifie alors qu'elle est fournie par le corps.

Les chaleurs latentes de fusion, de vaporisation et de sublimation sont toujours positives :

$$L_{\text{fusion}} > 0\,;\ L_{\text{vaporisation}} > 0\,;\ L_{\text{sublimation}} > 0$$

Remarque : Les chaleurs latentes des transformations opposées sont également opposées :

$$\begin{cases} L_{\text{solidification}} = -L_{\text{fusion}} \\ L_{\text{liquéfaction}} = -L_{\text{vaporisation}} \\ L_{\text{condensation}} = -L_{\text{sublimation}} \end{cases}$$

Remarque : L'énergie thermique Q' reçue par un corps au cours du changement d'état de la quantité de matière n (en mol), s'exprime aussi par la loi :

$$Q' = n \times L'$$

où L' est aussi une chaleur latente de changement d'état (en $J \cdot mol^{-1}$).
La distinction entre ces deux chaleurs latentes se fait souvent grâce aux unités (ou à la précision, assez rare, de l'énoncé qui évoque la chaleur latente molaire ou la chaleur latente massique).

2 Modification de la température

En l'absence de changement d'état, lorsqu'un corps reçoit de l'énergie thermique Q (en joule), sa température peut varier de θ_i à θ_f (en °C ou en kelvin) conformément à la loi :

$$Q = C \times (\theta_f - \theta_i) \qquad (27)$$

où C désigne la *capacité thermique* du corps (en $J \cdot K^{-1}$ ou en $J \cdot °C^{-1}$).

Définition 3

On appelle *capacité thermique massique* d'un corps de masse m et de capacité thermique C le rapport :

$$c = \frac{C}{m} \Rightarrow C = m \times c$$

c s'exprime alors en $J \cdot K^{-1} \cdot kg^{-1}$ ou en $J \cdot °C^{-1} \cdot kg^{-1}$.

La loi (27) peut aussi s'exprimer à l'aide de la masse m du corps :

$$Q = mc \times (\theta_f - \theta_i)$$

Lorsqu'un système est composé de n corps, qui reçoivent les énergies thermiques $Q_1, Q_2, \ldots, Q_n$, l'énergie thermique totale reçue par le système vaut :

$$Q = Q_1 + Q_2 + \cdots Q_n$$

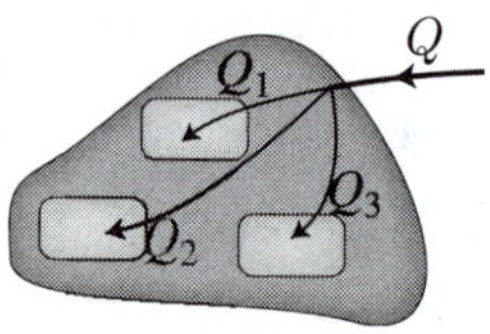

Définition 4

Un *calorimètre* est une enceinte dont les *parois calorifugées* interdisent tout transfert thermique entre l'intérieur et l'extérieur de l'enceinte.

À RETENIR (méthode)

Lorsque n corps sont placés à l'intérieur d'un calorimètre et reçoivent les énergies thermiques Q_1, Q_2,... :

- si le calorimètre est parfait (sa capacité thermique est négligeable), la chaleur Q qui traverse ses parois est nulle de sorte qu'on pourra étudier l'évolution de la température de ces corps en posant :

$$Q = Q_1 + Q_2 + \cdots + Q_n = 0$$

- si le calorimètre n'est pas parfait (sa capacité thermique C n'est pas négligeable), il reçoit la quantité d'énergie thermique :

$$Q_{\text{calo.}} = C_{\text{calo.}} \times (\theta_f - \theta_i)$$

alors que sa température varie de θ_i à θ_f. L'évolution du système pourra alors être suivie en posant :

$$\begin{aligned} Q &= Q_1 + Q_2 + \cdots + Q_n + Q_{\text{calo.}} = 0 \\ &\Rightarrow Q_1 + Q_2 + \cdots + Q_n + C_{\text{calo.}} \times (\theta_f - \theta_i) = 0 \end{aligned}$$

Lorsqu'un corps, placé dans un calorimètre, change de température puis change d'état, il convient de distinguer les différentes transformations subies par ce corps. Par exemple, considérons une masse m de glace, à la température initiale θ_i, qui fond totalement pour donner de l'eau à la température θ_f :

$$\underset{\theta_i}{H_2O_{(sol)}} \xrightarrow{Q_1} \underset{\theta_0=0°C}{H_2O_{(sol)}} \xrightarrow{Q_2} \underset{\theta_0=0°C}{H_2O_{(liq)}} \xrightarrow{Q_3} \underset{\theta_f}{H_2O_{(liq)}}$$

- Lorsque sa température passe de θ_i à $\theta_0 = 0°C$ (température de fusion de la glace), la masse m de glace reçoit l'énergie thermique :

$$Q_1 = mc_{\text{glace}} \times (\theta_0 - \theta_i)$$

- Au cours de sa fusion, la glace reçoit la quantité de chaleur :

$$Q_2 = m\, L_{\text{fus}}$$

où L_{fus} désigne la chaleur latente de fusion de la glace.

- Enfin, pour passer de la température θ_0 à la température θ_f, l'eau formée reçoit l'énergie thermique :

$$Q_3 = mc_{\text{eau}} \times (\theta_f - \theta_0)$$

Finalement, au cours de cette transformation, la glace reçoit la quantité d'énergie :

$$\begin{aligned} Q &= Q_1 + Q_2 + Q_3 \\ &= mc_{\text{glace}} \times (\theta_0 - \theta_i) + m\, L_{\text{fus}} + mc_{\text{eau}} \times (\theta_f - \theta_0) \end{aligned}$$

3 Alcanes et alcools

3.1 Les alcanes

3.1.1 - Formule et présentation

Définition 5

Un *alcane* est un *hydrocarbure* (molécule formée exclusivement de carbone et d'hydrogène) dans lequel toutes les liaisons sont simples.

Définition 6

La *formule brute* d'une molécule est une formule qui donne la composition de la molécule mais pas la disposition des atomes dans la molécule. Par exemple :

- Les *alcanes linéaires* non cycliques ont pour formule brute :

$$C_nH_{2n+2}$$

- Les *alcanes cycliques* (molécules refermées sur elles-mêmes) ont pour formule brute :

$$C_nH_{2n}$$

Définition 7

La *formule semi-développée* d'un alcane fait apparaître tous ses atomes (C et H), toutes les liaisons C–C, mais pas les liaisons C–H.

À RETENIR (Méthode)

Dans les formules semi-développées d'alcanes, on ne peut rencontrer que les structures suivantes :

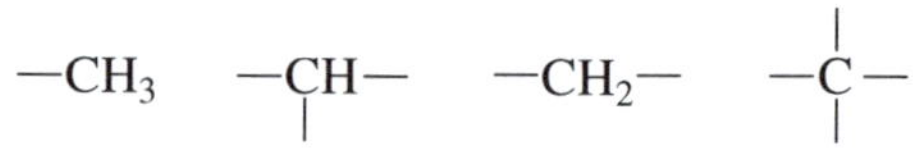

Définition 8

Dans la *formule topologique* d'un alcane, les atomes (C et H) n'apparaissent pas ; seules les liaisons C–C sont représentées (pas les liaisons C–H). Par exemple :

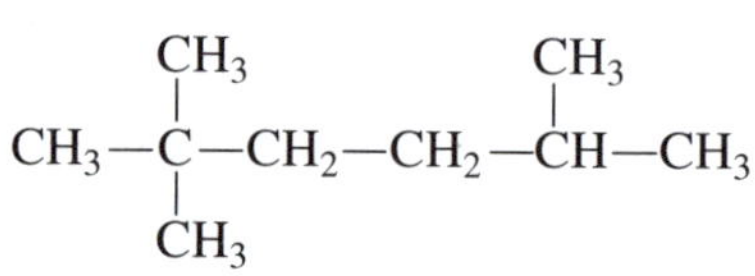

Formule semi-développée

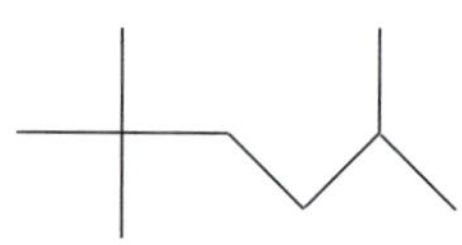

Formule topologique

Remarque : Afin d'être distinguées, les liaisons C–C voisines sont représentées dans la formule topologique par des traits de directions différentes, sauf pour

Définition 9

Un *alcane cyclique* est un alcane dont la molécule est refermée sur elle-même.

Par exemple, les formules semi-développée et topologique du cyclohexane (C_6H_{12}) s'écrivent :

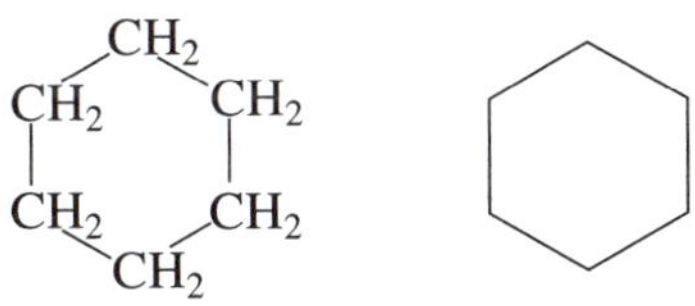

Un alcane peut présenter une chaîne carbonée sur laquelle viennent se lier des *substituants* :

$$-CH_3 \text{ (méthyle)} \qquad -C_2H_5 \text{ ou } -CH_2-CH_3 \text{ (éthyle)} \cdots$$

Un atome d'hydrogène de la *chaîne carbonée principale* est alors remplacé par ce substituant. Par exemple :

$$CH_3-CH_2-CH_2-CH_2-CH_3$$

alcane linéaire

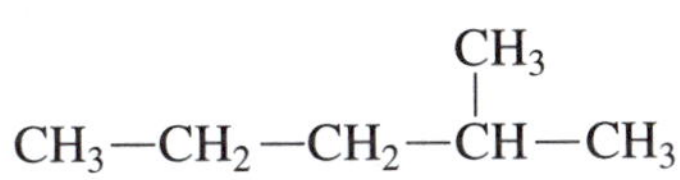

alcane ramifié

Définition 10

Deux molécules sont *isomères* si elles sont différentes, mais ont la même formule brute.

Par exemple, les molécules :

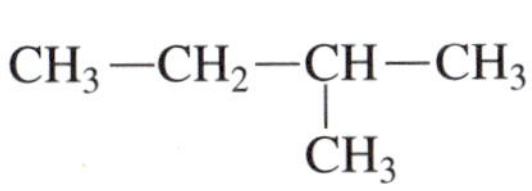

et

$$CH_3-CH_2-CH_2-CH_2-CH_3$$

sont isomères car elles ont la même formule brute (C_5H_{12}) mais sont différentes.

ATTENTION

La libre rotation des atomes de carbone autour de la liaison C–C :

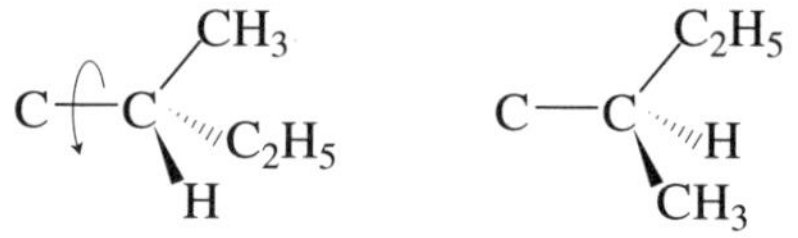

permet de présenter une même molécule sous des formes différentes :

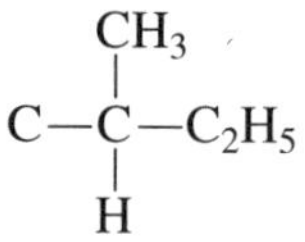 est identique à : 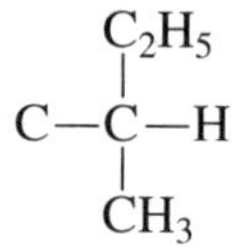

Pour distinguer les molécules différentes ou identiques, il suffit d'appliquer la règle suivante :

- deux molécules d'alcane sont différentes s'il faut rompre des liaisons pour passer de l'une à l'autre ;
- deux molécules d'alcane sont identiques si elles s'obtiennent par simple déplacement des liaisons autour d'un atome de carbone.

3.1.2 - Nomenclature

Les alcanes linéaires possèdent leurs propres noms. Il faut au moins connaître les noms des huit premiers alcanes :

CH_4 .... méthane (CH_4)
CH_3–CH_3 .... éthane (C_2H_6)
CH_3–CH_2–CH_3 .... propane (C_3H_8)
CH_3–CH_2–CH_2–CH_3 .... butane (C_4H_{10})
CH_3–CH_2–CH_2–CH_2–CH_3 .... pentane (C_5H_{12})
CH_3–CH_2–CH_2–CH_2–CH_2–CH_3 .... hexane (C_6H_{14})
CH_3–CH_2–CH_2–CH_2–CH_2–CH_2–CH_3 .... heptane (C_7H_{16})
CH_3–CH_2–CH_2–CH_2–CH_2–CH_2–CH_2–CH_3 .... octane (C_8H_{18})

Remarque : Pour nommer un alcane cyclique contenant *n* atomes de carbone, on ajoute le préfixe *cyclo* au nom de l'alcane linéaire de même longueur.

Par exemple :

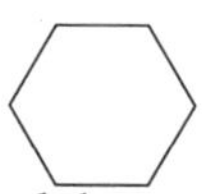
cyclohexane

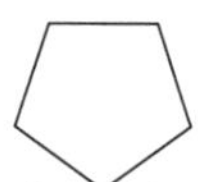
cyclopentane

Un alcane peut être ramifié par des substituants, dont il faut au moins connaître les noms des trois premiers. :

$-CH_3$ .... méthyl $(-CH_3)$
$-CH_2-CH_3$ .... éthyl $(-C_2H_5)$
$-CH_2-CH_2-CH_3$ .... propyl $(-C_3H_7)$

COMMENT NOMMER UNE MOLÉCULE ?

Supposons connue la formule semi-développée d'une molécule, dont le nom peut être trouvé en appliquant l'algorithme suivant :

1 Rechercher la chaîne carbonée la plus longue (appelée *chaîne principale*) et nommer l'alcane linéaire correspondant. Par exemple, la chaîne principale de la molécule :

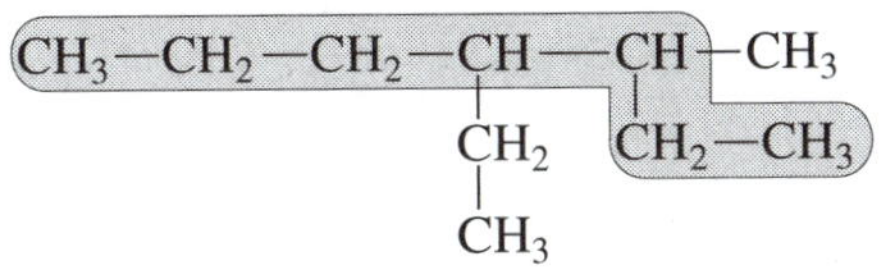

contient 7 atomes de carbone ; c'est un heptane.

2 Repérer les substituants et les nommer (par exemple méthyl : $-CH_3$ et éthyl : $-C_2H_5$ dans la molécule précédente).

3 Numéroter les atomes de carbone de la chaîne principale ; selon l'extrémité de départ, il existe deux numérotations :

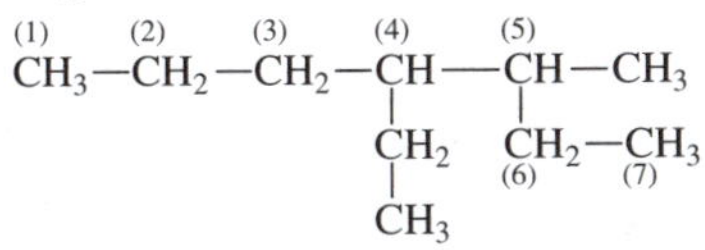

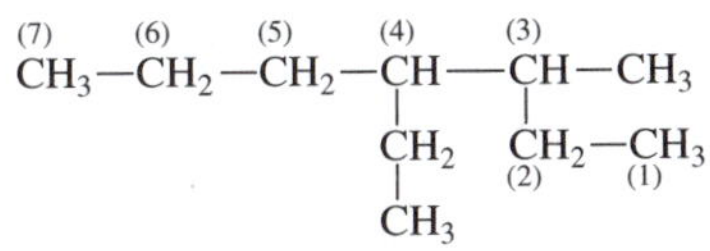

4 Devant le nom de chaque substituant, écrire le numéro de l'atome de la chaîne principale auquel il est lié ; il peut y avoir deux séquences :

4-éthyl-5-méthyl ou 3-méthyl-4-éthyl

Additionner les nombres ainsi obtenus ($4 + 5 = 9$ et $3 + 4 = 7$). Retenir la séquence correspondant à la somme la plus petite (3-méthyl-4-éthyl) et en faire précéder le nom de la chaîne principale ; les substituants sont, en outre, classés par ordre alphabétique croissant. Par exemple :

4-éthyl-3-méthylheptane

COMMENT REPRÉSENTER UNE MOLÉCULE DE NOM CONNU ?

1 Représenter la chaîne principale (sans les liaisons C–H) indiquée dans le nom de l'alcane. Par exemple, dans la molécule 2,3,3-triméthylpentane, la chaîne principale comporte 5 atomes de carbone (c'est un pentane) :

C–C–C–C–C

2 Numéroter les atomes de carbone ainsi représentés (peu importe l'extrémité choisie pour démarrer cette numérotation) et placer les substituants correspondants (par exemple des groupes méthyl aux atomes de carbone n° 2, 3 et 3) :

COURS
EXERCICES
CORRIGÉS

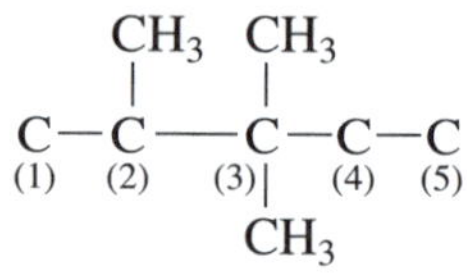

3 Compléter la tétravalence des atomes de carbone à l'aide des liaisons C–H (seules les structures fournies dans le rappel méthodologique de la page 212 peuvent apparaître dans la molécule). Par exemple :

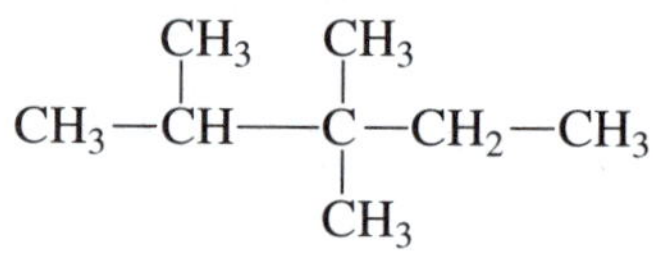

3.2 Les alcools

3.2.1 - Formule et présentation

Définition 11

Un alcool est une molécule qui se déduit d'un alcane en remplaçant une liaison –H, par une liaison –OH.

Par exemple :

$CH_3{-}CH_2{-}CH_2{-}OH$ ou : 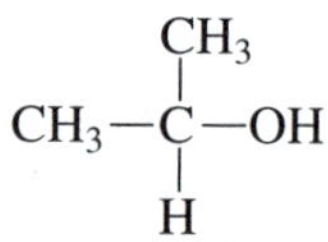

Les alcools non cycliques ont pour formule brute $C_nH_{2n+2}O$, tandis que la formule brute des alcools cycliques s'écrit $C_nH_{2n}O$.

La différence d'électronégativité entre les atomes de carbone, d'oxygène et d'hydrogène ($\chi_C = 2{,}55$; $\chi_O = 3{,}5$; $\chi_H = 2{,}2$) assure une polarité des liaisons C–O et O–H de la molécule d'alcool :

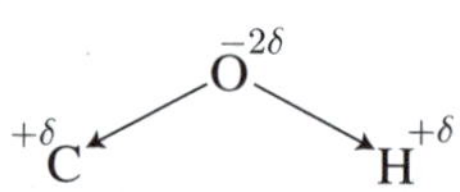

Cette polarité justifie quelques propriétés physiques observées chez les alcools :

- L'existence de liaisons hydrogène entre les molécules d'alcool (notées R–OH) assure une cohésion plus grande qu'en l'absence d'oxygène.

COURS
EXERCICES
CORRIGÉS

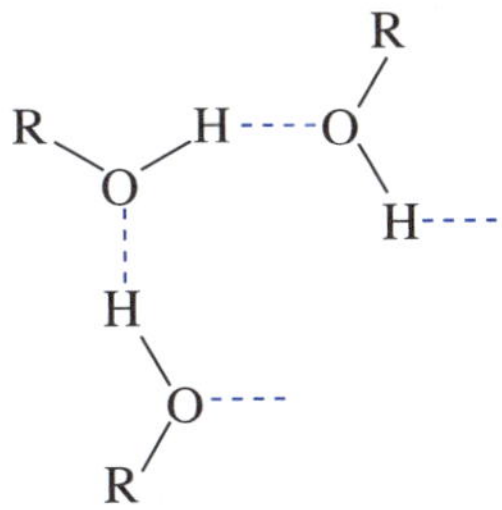

Cette cohésion s'observe dans la température d'ébullition des alcools, bien supérieure à celle des alcanes correspondants.

		$\theta_{éb}$			$\theta_{éb}$
méthane	CH_3–H	−161°C	méthanol	CH_3–OH	64,7°C
éthane	C_2H_5–H	−88°C	éthanol	C_2H_5–OH	78,3°C
propane	C_3H_7–H	−42°C	propan-1-ol	C_3H_7–OH	97,2°C

Remarque : Au sein d'une même famille d'alcools, la température d'ébullition augmente avec la masse molaire :

$\theta^{(éb)}_{CH_3OH}$	$\theta^{(éb)}_{C_2H_5OH}$	$\theta^{(éb)}_{C_3H_7OH}$	$\theta^{(éb)}_{C_4H_9OH}$
64,7°C	78,3°C	97,2°C	117°C

À RETENIR

Compte tenu des remarques précédentes, on pourra retenir que : les alcools n'existent pas à l'état gazeux stable à température et pression ordinaires.

- Un alcool présente une température d'ébullition supérieure à celle de l'alcane de masse molaire voisine. Par exemple :

CH_3–CH_2–OH	CH_3–CH_2–CH_3
$M = 46\ g \cdot mol^{-1}$	$M = 44\ g \cdot mol^{-1}$
$\theta_{eb} = 78{,}3°C$	$\theta_{eb} = -42°C$

- Pour une masse molaire donnée, plus l'atome de carbone porteur de la liaison –OH est encombré, plus la température d'ébullition de l'alcool est basse. Cette tendance montre que l'encombrement stérique peut masquer le groupe –OH (et donc réduire la formation des liaisons hydrogène). Par exemple :

$CH_3-CH_2-CH_2-CH_2-OH$	$CH_3-CH_2-CH(OH)-CH_3$	$CH_3-C(CH_3)(OH)-CH_3$
$\theta_{eb} = 117{,}7°C$	$\theta_{eb} = 99{,}5°C$	$\theta_{eb} = 82{,}5°C$

- Les alcools sont très solubles dans l'eau. Cette grande solubilité vient des liaisons hydrogène que le groupe –OH des alcools peut établir avec les molécules H_2O.

3.2.2 - Nomenclature

ALCOOL LINÉAIRE

1 Compter le nombre d'atomes de carbone que contient l'alcane correspondant et nommer cet alcane. Remplacer le *e* terminal du nom de l'alcane par le suffixe *ol*. Par exemple, l'alcool, de formule :

$$CH_3–CH_2–CH_2–CH_2–CH_2–OH$$

contient 5 atomes de carbone ; l'alcane correspondant serait le pentane, en conséquence de quoi l'alcool est un pentanol.

2 Numéroter la chaîne carbonée à partir de l'extrémité la plus proche du groupe –OH et faire précéder le suffixe *ol* par le numéro de l'atome de carbone lié au groupe –OH. Par exemple :

$$\overset{(5)}{CH_3}—\overset{(4)}{CH_2}—\overset{(3)}{CH_2}—\overset{(2)}{CH_2}—\overset{(1)}{CH_2}—OH$$

pentan-1-ol

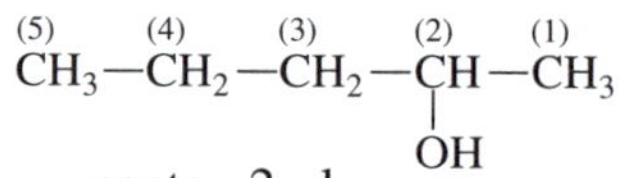

pentan-2-ol

Remarque : On omettra de préciser la position du groupe –OH pour le méthanol ($CH_3–OH$) et l'éthanol ($CH_3–CH_2–OH$) puisqu'aucune confusion n'est possible avec une autre molécule.

ALCOOL RAMIFIÉ

1 Procéder comme précédemment pour nommer l'alcane de chaîne (principale) hydrocarbonée la plus grande. Par exemple, l'alcool :

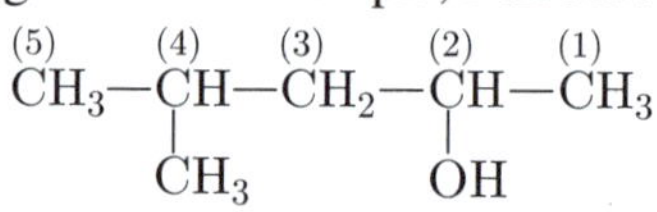

est un pentan-2-ol.

2 Faire précéder le nom de l'alcool de celui des substituants et de leurs positions. Par exemple, la molécule précédente s'appelle le :

4-méthylpentan-2-ol

4 Combustion des alcanes et des alcools

4.1 Réaction de combustion

Définition 12

La combustion d'un alcane ou d'un alcool est sa réaction vive avec $O_{2\,(gaz)}$, pour donner $CO_{2\,(gaz)}$ et H_2O (l'eau pouvant se présenter à l'état gazeux ou à l'état liquide).

4.1.1 - Équation de combustion des alcanes

Pour équilibrer l'équation de combustion d'un alcane (linéaire) C_nH_{2n+2}, il suffit :

- d'écrire qu'il s'agit d'une réaction avec le dioxygène qui produit CO_2 et H_2O :

$$C_nH_{2n+2} + O_{2\,(gaz)} = CO_{2\,(gaz)} + H_2O$$

- d'équilibrer les éléments hydrogène et carbone directement à droite de l'équation :

$$C_nH_{2n+2} + O_{2\,(gaz)} = n\,CO_{2\,(gaz)} + (n+1)\,H_2O$$

- d'équilibrer ensuite les $n \times 2 + (n+1) = 3n+1$ atomes d'oxygène du membre de droite avec les molécules $O_{2\,(gaz)}$ du membre de gauche :

$$C_nH_{2n+2} + \frac{3n+1}{2}\,O_{2\,(gaz)} = n\,CO_{2\,(gaz)} + (n+1)\,H_2O \qquad (28)$$

4.1.2 - Équation de combustion des alcools

De même, pour équilibrer l'équation-bilan de combustion d'un alcool (linéaire) $C_nH_{2n+2}O$, il suffit :

- d'écrire la nature de la réaction : action du dioxygène sur l'alcool pour produire H_2O et CO_2 :

$$C_nH_{2n+2}O + O_{2\,(gaz)} = CO_{2\,(gaz)} + H_2O$$

- d'équilibrer les éléments carbone et hydrogène en agissant directement sur le membre de droite :

$$C_nH_{2n+2}O + O_{2\,(gaz)} = n\,CO_{2\,(gaz)} + (n+1)\,H_2O$$

- d'équilibrer les $2n+(n+1) = 3n+1$ atomes d'oxygène du membre de droite en agissant sur la quantité de O_2 du membre de gauche (attention à ne pas oublier qu'un atome d'oxygène est contenu dans la molécule $C_nH_{2n+2}O$) :

$$C_nH_{2n+2}O + \frac{3n}{2}\,O_{2\,(gaz)} = n\,CO_{2\,(gaz)} + (n+1)\,H_2O$$

4.2 Énergie libérée

4.2.1 - Chaleur de combustion

Définition 13

L'énergie de liaison $E_{\text{A–B}}$ est l'énergie qu'il faut fournir à des molécules gazeuses pour rompre une mole de leurs liaisons A–B.

Les principales énergies de liaisons sont connues (et seront rappelées au cours des exercices) :

$E_{\text{C–H}} = 415\ \text{kJ} \cdot \text{mol}^{-1}$	$E_{\text{C–C}} = 345\ \text{kJ} \cdot \text{mol}^{-1}$
$E_{\text{C–O}} = 350\ \text{kJ} \cdot \text{mol}^{-1}$	$E_{\text{O–H}} = 463\ \text{kJ} \cdot \text{mol}^{-1}$
$E_{\text{C=C}} = 615\ \text{kJ} \cdot \text{mol}^{-1}$	$E_{\text{O=O}} = 498\ \text{kJ} \cdot \text{mol}^{-1}$
$E_{\text{C=O}} = 803\ \text{kJ} \cdot \text{mol}^{-1}$	$E_{\text{O–O}} = 143\ \text{kJ} \cdot \text{mol}^{-1}$

! ATTENTION

Il sera toujours nécessaire d'écrire la formule développée complète d'une molécule pour identifier toutes les liaisons. Par exemple, l'énergie d'une double liaison O = O vaut ni $E_{\text{O–O}}$ ni 2 $E_{\text{O–O}}$!

Définition 14

La *chaleur de combustion* d'un alcane ou d'un alcool est l'énergie Q_{comb} qu'il faut fournir à une mole d'alcane ou d'alcool pour effectuer sa transformation complète en $CO_{2\,(\text{gaz})}$ et H_2O.

Pour calculer Q_{comb}, lorsque tous les produits et réactifs sont gazeux, il faut :

- écrire l'équation-bilan équilibrée de la réaction de combustion, dans laquelle le coefficient stœchiométrique de l'alcane ou de l'alcool vaut 1. Par exemple, pour la combustion du méthane :

$$CH_{4\,(\text{gaz})} + 2\,O_{2\,(\text{gaz})} = CO_{2\,(\text{gaz})} + 2\,H_2O_{(\text{gaz})}$$

- écrire les formules développées des produits et réactifs pour recenser les liaisons qui se rompent et celles qui se forment. Par exemple :

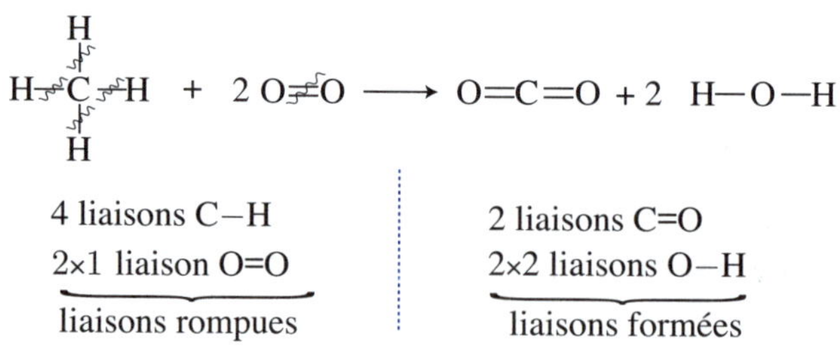

- appliquer la relation :

$$Q_{\text{comb}} = \sum E_{\text{liaisons rompues}} - \sum E_{\text{liaisons formées}} \qquad (29)$$

Par exemple :

$$Q_{\text{comb}}(CH_4) = (4E_{\text{C–H}} + 2E_{\text{O=O}}) - (2E_{\text{C=O}} + 4E_{\text{O–H}})$$

Remarque : Certains auteurs définissent la chaleur de combustion comme étant l'énergie Q_{lib} libérée lors de la combustion d'une mole l'alcane ou d'alcool. La définition adoptée précédemment pour Q_{comb} respecte cependant la convention thermodynamique selon laquelle une énergie est positive lorsqu'elle est reçue par un système et négative lorsqu'elle est libérée. Ces deux définitions sont quand même compatibles, à condition d'écrire :

$$Q_{\text{lib}} = -Q_{\text{comb}}$$

! ATTENTION

L'algorithme précédent ne donne pas accès à la chaleur de combustion si l'un des réactifs ou des produits n'est pas gazeux.

Par exemple, la chaleur de combustion Q'_{comb} du méthane, libérant $H_2O_{(\text{liq})}$:

$$CH_{4\,(\text{gaz})} + 2\,O_{2\,(\text{gaz})} = CO_{2\,(\text{gaz})} + 2\,H_2O_{(\text{liq})}$$

ne peut pas s'obtenir directement à partir de la relation (29). Pour y parvenir, il faut :

1 traiter le changement d'état comme une équation chimique dont la chaleur de réaction est la chaleur latente molaire (en $J \cdot mol^{-1}$). Par exemple :

$$H_2O_{(\text{liq})} \xrightarrow{L_{\text{vap}}} H_2O_{(\text{gaz})} \qquad (30)$$

où L_{vap} désigne la chaleur latente molaire de vaporisation de l'eau.

2 Écrire l'équation-bilan de combustion, où les réactifs et les produits sont tous gazeux ; par exemple :

$$CH_{4\,\text{gaz}} + 2\,O_{2\,(\text{gaz})} \xrightarrow{Q_{\text{comb}}} CO_{2\,(\text{gaz})} + 2\,H_2O_{(\text{gaz})} \qquad (31)$$

3 Écrire l'équation-bilan de combustion, où l'un des réactifs ou des produits n'est pas gazeux ; par exemple :

$$CH_{4\,(\text{gaz})} + 2\,O_{2\,(\text{gaz})} \xrightarrow{Q'_{\text{comb}}} CO_{2\,(\text{gaz})} + 2\,H_2O_{(\text{liq})} \qquad (32)$$

4 Écrire un cycle dans lequel interviennent les équations (30), (31) et (32) :

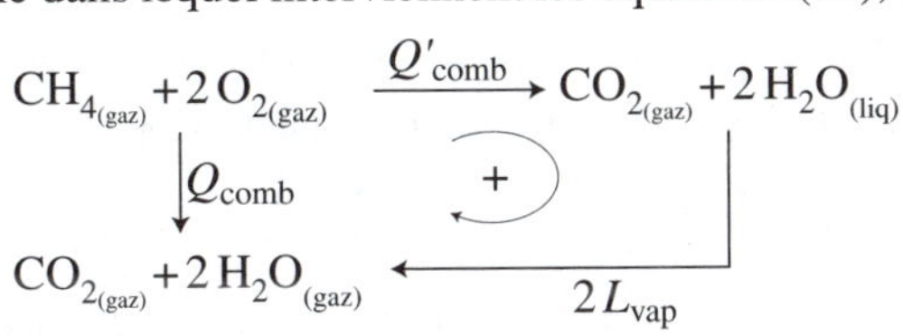

5 Faire la somme algébrique des énergies rencontrées en tournant dans le cycle (les énergies seront comptées positivement dans le sens du cycle et négativement dans l'autre sens) et rendre nul le résultat de cette somme :

$$Q'_{\text{comb}} + 2\,L_{\text{vap}} - Q_{\text{comb}} = 0 \Rightarrow Q'_{\text{comb}} = Q_{\text{comb}} - 2\,L_{\text{vap}}$$

Calculer alors Q_{comb} grâce à la relation (29) puis en déduire Q'_{comb}.

4.2.2 - Énergie libérée

Pour calculer l'énergie libérée au cours de la combustion d'un alcool ou d'un alcane :

1 Calculer les quantités initiales de matière.

2 Dresser un tableau d'avancement de la réaction de combustion. En déduire la valeur de l'avancement x_f en fin de réaction.

3 Calculer la chaleur de combustion Q_{comb} (ou Q'_{comb}) par la méthode exposée précédemment.

4 L'énergie libérée au cours de la combustion vaut alors :

$$E_{\text{libérée}} = -Q_{\text{comb}} \times x_f \text{ (en joule)}$$

Solution de l'exercice type

1 Le butane, de formule brute C_4H_{10}, a pour formule développée :

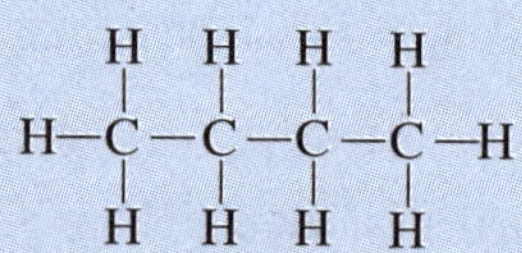

Cette molécule contient :

$$3 \text{ liaisons C–C et } 10 \text{ liaisons C–H} \qquad (33)$$

2 L'énergie moyenne d'une liaison C–H est l'énergie qu'il faut apporter à une mole de liaisons C–H composant une espèce gazeuse, pour les dissocier en atomes de carbone et d'hydrogène.

La chaleur molaire de dissociation de la molécule de butane est la chaleur qu'il faut fournir à une mole de butane gazeux pour rompre toutes les liaisons covalentes :

$$C_4H_{10(\text{gaz})} \rightarrow 4\,C_{(\text{gaz})} + 10\,H_{(\text{gaz})}$$

Cette chaleur s'exprime en fonction l'énergie de toutes les liaisons rompues :

$$Q_{\text{dissociation}} = 3E_{\text{C–C}} + 10E_{\text{C–H}}$$

3 La combustion du butane consiste en sa réaction avec le dioxygène pour produire le dioxyde de carbone (CO_2) et de l'eau (H_2O) :

$$C_4H_{10(\text{gaz})} + O_{2(\text{gaz})} = CO_{2(\text{gaz})} + H_2O_{(\text{gaz})}$$

...

Solution de l'exercice type (suite)

- Cette équation peut être équilibrée à l'égard du carbone et de l'hydrogène en agissant directement sur le membre de droite :

$$C_4H_{10(gaz)} + O_{2(gaz)} = 4\,CO_{2(gaz)} + 5\,H_2O_{(gaz)}$$

- Ainsi, le membre de droite présente $4 \times 2 + 5 = 13$ atomes d'oxygène, que l'on doit retrouver dans le membre de gauche, sous forme O_2 :

$$C_4H_{10(gaz)} + \frac{13}{2} O_{2(gaz)} = 4\,CO_{2(gaz)} + 5\,H_2O_{(gaz)} \qquad (34)$$

4 L'équation-bilan précédente (34) montre qu'au cours de cette transformation :

- des liaisons sont rompues : outre les trois liaisons C–C et les 10 liaisons C–H évoquées à la question 1, les $\frac{13}{2} = 6{,}5$ liaisons O = O sont également détruites.
- des liaisons sont formées en même temps que sont obtenus :

$$4\,O=C=O + 5\,H\text{–}O\text{–}H$$

Il s'agit de $4 \times 2 = 8$ liaisons C = O et $5 \times 2 = 10$ liaisons O–H.

- La chaleur molaire de combustion du butane (Q_0) désigne l'énergie thermique absorbée par le milieu réactionnel lorsque l'avancement de la réaction (34) augmente d'une unité. Cette énergie s'évalue à l'aide des énergies des liaisons formées et rompues :

$$\begin{aligned} Q_0 &= \sum E_{\text{liaisons rompues}} - \sum E_{\text{liaisons formées}} \\ &= (3E_{C\text{-}C} + 10E_{C\text{-}H} + 6{,}5E_{O=O}) - (8E_{C=O} + 10E_{O\text{-}H}) \\ &= (3 \times 344 + 10 \times 415 + 6{,}5 \times 498) - (8 \times 803 + 10 \times 463) \\ &\Rightarrow Q_0 = -2\,635 \text{ kJ} \cdot \text{mol}^{-1} \end{aligned}$$

5 • Le bouillon, initialement à la température $\theta_i = 4°C$, est amené à la température $\theta_f = 100°C$ à laquelle il est vaporisé :

$$\underset{\theta_i=4°C}{(\text{bouillon})_{(liq)}} \xrightarrow{Q_{1b}} \underset{\theta_f=100°C}{(\text{bouillon})_{(liq)}} \xrightarrow{Q_{2b}} \underset{\theta_f=100°C}{(\text{bouillon})_{(gaz)}}$$

Puisque la masse volumique du bouillon vaut $\mu = 1 \text{ kg} \cdot \text{L}^{-1}$, un volume $V = 200$ mL $= 0{,}2$ L de bouillon présente une masse m telle que :

$$\mu = \frac{m}{V} \Rightarrow m = \mu \times V = 1 \times 0{,}2 = 0{,}2 \text{ kg}$$

...

COURS EXERCICES CORRIGÉS

Solution de l'exercice type (suite)

Par conséquent :

- au cours du chauffage, le bouillon reçoit l'énergie thermique :

$$Q_{1b} = mc \times (\theta_f - \theta_i) = 0{,}2 \times 4\,180 \times (100 - 4) = 80{,}26 \text{ kJ}$$

- au cours de sa vaporisation, le bouillon reçoit la quantité de chaleur :

$$Q_{2b} = m \times L_v = 0{,}2 \times 41 = 8{,}2 \text{ kJ}$$

Par suite, le bouillon reçoit l'énergie thermique totale :

$$Q_b = Q_{1b} + Q_{2b} = 80{,}26 + 8{,}2 \Rightarrow Q_b = 88{,}46 \text{ kJ}$$

- Pour augmenter la température de la casserole de $\theta_i = 4°\text{C}$ à $\theta_f = 100°\text{C}$, il faut lui fournir la quantité de chaleur :

$$Q_c = C \times (\theta_f - \theta_i) = 500 \times (100 - 4) = 48.10^3 \text{ J} = 48 \text{ kJ}$$

5 D'après l'énoncé, 90% de la chaleur Q dégagée par la combustion du butane sert au chauffage de la casserole et du bouillon :

$$\frac{90}{100} \times Q = Q_b + Q_c \quad \Rightarrow \quad 0{,}9 \times Q = Q_b + Q_c$$

$$\Rightarrow \quad Q = \frac{88{,}46 + 48}{0{,}9} = 151{,}6 \text{ kJ}$$

6 Soit n_0 la quantité de butane consommée au cours de la combustion, conformément au tableau d'avancement :

	$C_4H_{10(gaz)}$ +	$\frac{13}{2}\,O_{2(gaz)}$ =	$4\,CO_{2(gaz)}$ +	$5\,H_2O_{(gaz)}$
$x = 0$	n_0	n_1	n_2	n_3
$x \neq 0$	$n_0 - x$	$n_1 - 6{,}5\,x$	$n_2 + 4x$	$n_3 + 5x$

La réaction cesse lorsque l'avancement prend une valeur x_f telle que :

$$n_0 - x_f = 0 \Rightarrow x_f = n_0$$

Cette réaction a alors dégagé la quantité de chaleur :

$$Q = -x_f \times Q_0 = -n_0 \times Q_0 \Rightarrow n_0 = -\frac{Q}{Q_0} = \frac{151{,}6}{2\,635} \simeq 5{,}75.10^{-2} \text{ mol}$$

En conclusion le chauffage du bouillon a consommé une masse :

$$m = n_0 \times M = 5{,}75.10^{-2} \times 58 \simeq 3{,}33 \text{ g de butane.}$$

QCM 1 Transferts thermiques

10 min. Corrigé p. 226

1 Lors d'un changement d'état, la condensation est :

- a le passage de l'état gazeux à l'état liquide ;
- b le passage de l'état liquide à l'état gazeux ;
- c le passage de l'état gazeux à l'état solide ;
- d le passage de l'état solide à l'état gazeux.

2 À pression ordinaire, un glaçon flotte en équilibre dans un verre d'eau. La température de cette eau vaut :

a $\theta = -10°C$ b $\theta = 0°C$ c $\theta = 10°C$

3 Une masse m d'eau passe de l'état liquide à l'état gazeux. On note L_{vap} et L_{fus} les chaleurs latentes respectives de vaporisation et de fusion de l'eau. Cette eau :

- a libère la chaleur $Q = -m \times L_{vap}$;
- b libère la chaleur $Q = m \times L_{vap}$;
- c absorbe la chaleur $Q = m \times L_{fus}$;
- d absorbe la chaleur $Q = -m \times L_{fus}$.

4 Soit c la capacité thermique massique d'un corps. L'énergie thermique reçue par ce corps de masse m, lorsque sa température varie de θ_i à θ_f, vaut :

a $Q = \frac{m}{c} \times (\theta_f - \theta_i)$ b $Q = mc \times (\theta_f - \theta_i)$

c $Q = \frac{c}{m} \times (\theta_f - \theta_i)$ d $Q = mc \times (\theta_i - \theta_f)$

5 Un calorimètre est parfait lorsque ses parois sont :

- a parfaitement calorifugées et sans capacité thermique ;
- b parfaitement calorifugées et de capacité thermique infinie ;
- c parfaitement diathermanes et sans capacité thermique ;
- d parfaitement diathermanes et de capacité thermique infinie.

QCM 2 Nomenclature des alcanes

15 min. Corrigé p. 226

1 La formule topologique :  correspond à la formule brute :

a C_9H_{18} b C_9H_{20}

c C_8H_{18} d C_8H_{16}

2 La molécule précédente s'appelle :

- a le 2,5,5-triméthylhexane ;
- b le 2,2,5-triméthylhexane ;

c le 2,4,4-trimétylpentane ;

d le 2,2-diméthylpentane.

3 Le 1,1-diméthylcyclohexane a pour formule brute :

a C_6H_{12} b C_8H_{18}

c C_8H_{16} d C_6H_{14}

4 Le 2-méthyl-2-éthylpropane :

a a pour formule semi-développée : $$\begin{array}{c} \quad CH_3 \\ \quad | \\ CH_3-C-C_2H_5 \\ \quad | \\ \quad C_2H_5 \end{array}$$

b a pour formule brute : C_4H_{16} ;

c a plutôt pour nom : 2-éthyl-2-méthylpropane ;

d s'appelle plutôt le 2,2-diméthylbutane.

QCM 3 Les alcools

15 min. | Corrigé *p. 228*

1 Parmi les formules suivantes quelle est celle qui correspond à un alcool ?

a $CH_3–CH_2–CH_2–OH$ b $CH_3–CH_2–O–CH_3$

c $CH_3–CH_2–CH = O$ d $CH_3–CH_2–CH_3$

2 Les températures d'ébullition θ_{CH_3OH}, $\theta_{C_2H_5OH}$ et $\theta_{C_3H_7OH}$ du méthanol (CH_3OH), de l'éthanol (C_2H_5OH) et du propan-1-ol (C_3H_7OH) vérifient les inégalités :

a $\theta_{C_2H_5OH} > \theta_{CH_3OH} > \theta_{C_3H_7OH}$;

b $\theta_{CH_3OH} > \theta_{C_2H_5OH} > \theta_{C_3H_7OH}$;

c $\theta_{C_3H_7OH} > \theta_{C_2H_5OH} > \theta_{CH_3OH}$;

d $\theta_{C_3H_7OH} > \theta_{CH_3OH} > \theta_{C_2H_5OH}$.

3 En général, un alcool présente une température d'ébullition supérieure à celle d'un alcane de masse molaire moléculaire voisine. Ce comportement s'interprète par la présence, dans les alcools ;

a de liaisons de Van Der Waals ;

b de liaisons hydrogène ;

c de liaisons covalentes.

4 L'hexanol a pour formule brute :

a C_6H_6O b $C_6H_{14}O$

c $C_6H_{12}O$ d $C_6H_{10}O$

5 La molécule, de formule semi-développée :

$$\begin{array}{l} CH_3-CH-CH_2-CH-OH \\ \qquad\quad | \qquad\qquad\quad | \\ \qquad\ CH_3 \qquad\quad\ CH_3 \end{array}$$

s'appelle :

a le 1,3-diméthylbutan-1-ol ;

b le 2,4-diméthylbutan-2-ol ;

c le 4 méthylpentan-2-ol ;

d le 3 méthylhexan-2-ol.

4 Transferts thermiques

★ 10 min. Corrigé p. 228

Lycée Monod, Clamart

On sort du congélateur 500 g de potage (assimilable à de l'eau) à la température de $-18°C$, qu'on réchauffe au four à micro-ondes.

Quelle énergie doit recevoir le potage pour que sa température finale soit 40°C ?

Données :

- capacité thermique massique de la glace : $c_g = 2{,}10 \text{ kJ} \cdot \text{kg}^{-1} \cdot °\text{C}^{-1}$;
- capacité thermique massique de l'eau liquide : $c_e = 4{,}18 \text{ kJ} \cdot \text{kg}^{-1} \cdot °\text{C}^{-1}$;
- chaleur latente massique de fusion de la glace : $L_f = 333 \text{ kJ} \cdot \text{kg}^{-1}$.

5 Transferts thermiques

★ 10 min. Corrigé p. 229

Lycée Bouchardon, Chaumont

Une baignoire contient 20 L d'eau à 25°C. Quel volume d'eau à 40°C doit-on ajouter pour prendre un bain à 37°C ?

On considérera la capacité thermique de la baignoire comme négligeable et on négligera les échanges thermiques entre l'eau contenue dans la baignoire et l'extérieur.

Donnée : capacité thermique massique de l'eau : $c_e = 4{,}18 \text{ kJ} \cdot \text{kg}^{-1} \cdot \text{K}^{-1}$.

6 Transferts thermiques

★★ 10 min. Corrigé p. 230

Lycée Bouchardon, Chaumont

Dans un calorimètre, on introduit 150 mL d'eau à la température $\theta_e = 18{,}0°C$ et un glaçon, en cours de fusion et soigneusement essuyé, de masse $m_g = 10{,}0$ g.

La température finale d'équilibre, après fusion totale du glaçon, est $\theta_f = 11{,}9°C$.

La capacité thermique du calorimètre est négligeable.

Déterminer la chaleur latente de fusion de la glace.

Données :

- capacité thermique massique de l'eau liquide : $c_e = 4,18.10^3\ \text{J} \cdot \text{kg}^{-1} \cdot {}^\circ\text{C}^{-1}$;
- masse volumique de l'eau : $\mu_e = 1\ 000\ \text{kg} \cdot \text{m}^{-3}$.

7 Transferts thermiques

★★ 15 min. Corrigé p. 231

Lycée Monod, Clamart

Une plaque électrique chauffante (vitrocéramique) a une puissance de 1 kW. On pose, sur cette plaque, une casserole en verre Pyrex contenant 0,5 L d'eau.

1 Calculer l'énergie libérée par la plaque en 3 minutes.

2 Au niveau microscopique quel est l'effet, sur l'eau, d'un tel transfert d'énergie ?

3 **(a)** Quelle est l'élévation de la température de l'eau pendant les 3 minutes de chauffage, si elle reçoit 60% de l'énergie libérée par la plaque ?

(b) L'eau est prise, initialement, à la température de 20°C ; est-elle portée à ébullition ?

Données :

- capacité thermique massique de l'eau : $c_e = 4,18\ \text{kJ} \cdot \text{kg}^{-1} \cdot {}^\circ\text{C}^{-1}$;
- masse volumique de l'eau : $\mu_e = 1\ 000\ \text{g} \cdot \text{L}^{-1}$.

8 Transferts thermiques

★★ 20 min. Corrigé p. 232

Lycée Fustel de Coulanges, Massy

Un morceau de glace, de masse $m_1 = 30$ g et à la température $\theta_1 = -20$°C, est placé avec une masse $m_2 = 20$ g de cuivre, à la température $\theta_2 = 80$°C, dans un calorimètre contenant $m_3 = 190$ g d'eau à $\theta_3 = 20$°C et dont les accessoires ont une capacité thermique $C = 110\ \text{J} \cdot {}^\circ\text{C}^{-1}$.

Quel est l'état final du mélange (état physique de l'eau et température) ?

Données :

- capacité thermique massique du cuivre : $c_{\text{Cu}} = 387\ \text{J} \cdot \text{kg}^{-1} \cdot {}^\circ\text{C}^{-1}$;
- capacité thermique massique de la glace : $c_g = 2,10\ \text{kJ} \cdot \text{kg}^{-1} \cdot {}^\circ\text{C}^{-1}$;
- capacité thermique massique de l'eau : $c_e = 4,18\ \text{kJ} \cdot \text{kg}^{-1} \cdot {}^\circ\text{C}^{-1}$;
- chaleur latente de fusion de la glace : $L_{\text{fus}} = 335\ \text{kJ} \cdot \text{kg}^{-1}$.

9 Nomenclature des alcanes

★ 5 min. Corrigé p. 233

Lycée Saint-Sernin, Toulouse

Représenter la formule semi-développée du 2,2,3-triméthylbutane et celle du 3-méthyl-3-éthylpentane.

Ces molécules sont-elles isomères ?

10 Nomenclature des alcools

★ 5 min. Corrigé p. 234

Lycée Sainte-Marie, Anthony

La formule brute $C_4H_{10}O$ peut-elle représenter le méthylpropan-1-ol ? le butan-2-ol ?

Justifier la réponse.

11 Nomenclature des alcanes

★ 5 min. Corrigé p. 235

Lycée Colbert, Lorient

Nommer les espèces chimiques dont les formules sont représentées ci-dessous :

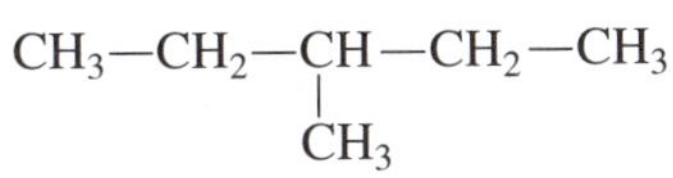

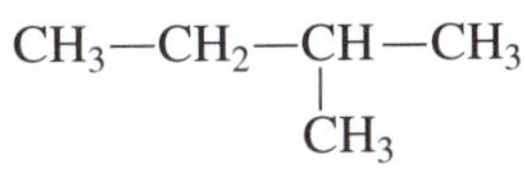

12 Nomenclature des alcanes

★ 5 min. Corrigé p. 235

Lycée Saint-Sernin, Toulouse

Nommer les molécules suivantes :

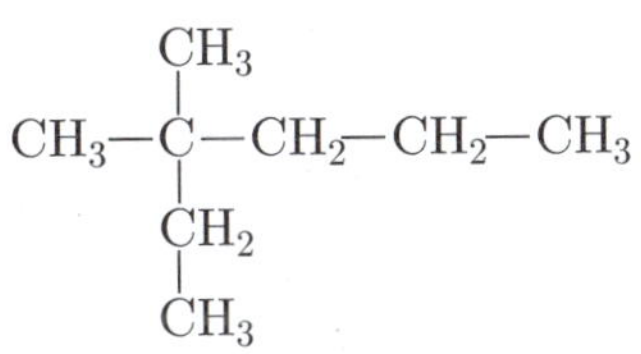

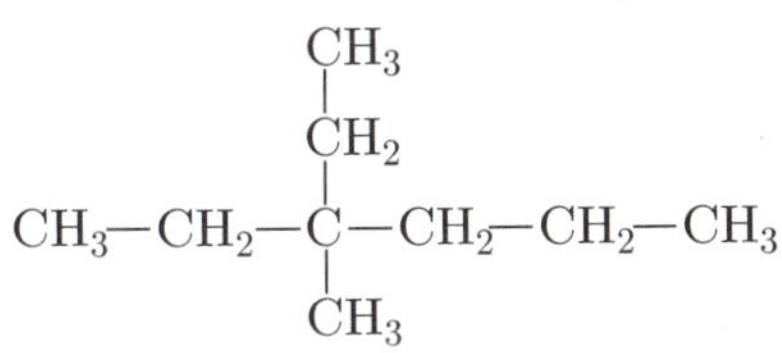

13 Nomenclature des alcanes

★ 10 min. Corrigé p. 236

Institut Notre-Dame, Meudon

Nommer les alcanes page suivante :

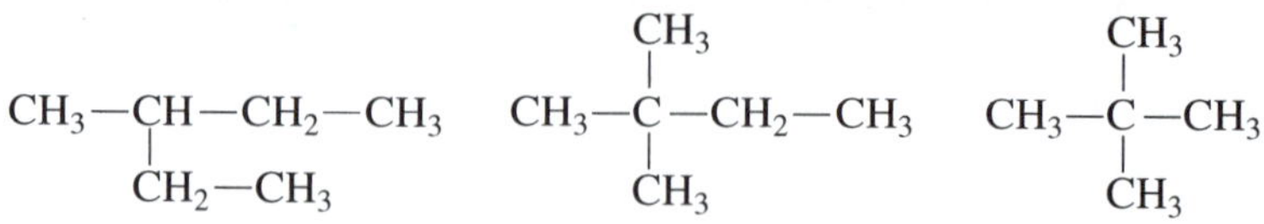

14 Nomenclature des alcools

★ 10 min. Corrigé p. 237

Lycée E. Quinet, Bourg-En-Bresse

Chercher toutes les formules semi-développées des alcools de formule brute $C_4H_{10}O$ et préciser leur nom.

15 Nomenclature des alcools

★ 10 min. Corrigé p. 238

Institut Notre-Dame, Meudon

Donner les formules semi-développées et nommer les hydrocarbures suivants :

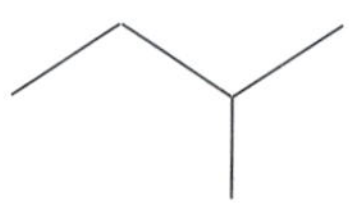

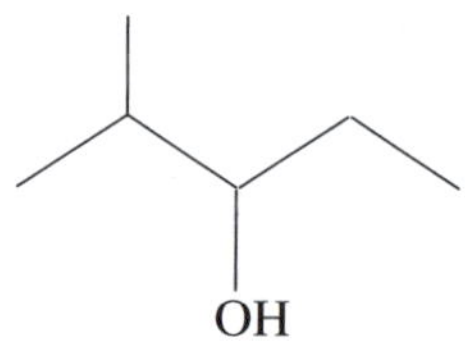

16 Nomenclature des alcools

★★ 10 min. Corrigé p. 239

Lycée Lacordaire, Marseille

1 Donner le nom et la formule brute des alcools suivants :

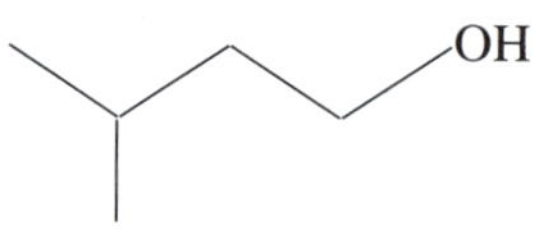

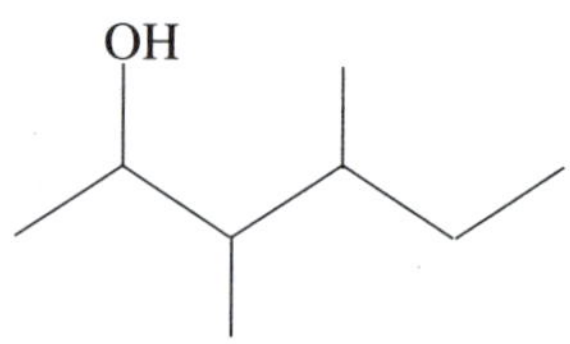

2 Quelle est la formule topologique et le nom de l'alcool dont la formule brute est $C_5H_{10}O$?

17 Alcanes et alcools

★ 5 min. Corrigé p. 241

Lycée Guynemer, Compiègne

Au laboratoire, les étiquettes de deux bouteilles A et B d'alcanes sont partiellement déchirées. On peut lire sur la bouteille A : $\theta_{\text{éb}} = 69°C$ et sur la bouteille B : $\theta_{\text{éb}} = 36°C$ (sous la pression de 1 bar). D'autre part, on lit les noms « pentane » et « hexane » sur les morceaux d'étiquette arrachés.

Que contient la bouteille A ? la bouteille B ? Justifier.

18 Alcanes et alcools

★ 10 min. Corrigé p. 241

Lycée Victor Hugo, Colomiers

La température d'ébullition de l'alcane représenté ci-dessous vaut 126°C :

$$H_3C–CH_2–CH_2–CH_2–CH_2–CH_2–CH_2–CH_3$$

L'octan-1-ol a une température d'ébullition, sous pression atmosphérique, de 195°C.

1. Donner la formule semi-développée de cet alcool.
2. Quelles interactions assurent la cohésion de cet alcool à l'état liquide ? Les représenter.
3. Justifier le fait que l'alcane représenté ci-dessus est plus volatile que l'octan-1-ol.
4. Cet alcool est-il miscible dans l'eau ? Justifier la réponse.

19 Alcanes et alcools

★★ 15 min. Corrigé p. 242

Lycée Alexandre Dumas, Saint-Cloud

La masse molaire moléculaire d'un alcane A vaut $M_A = 72{,}0 \text{ g} \cdot \text{mol}^{-1}$.

1. Rappeler la formule brute générale d'un alcane.
2. En déduire la formule brute de l'alcane A.
3. Rappeler la définition du groupe de mots « alcanes isomères ».
4. Donner la formule semi-développée et le nom des trois isomères de l'alcane A.
5. Attribuer, en justifiant la réponse, les températures d'ébullition suivantes à chacun des trois isomères précédents : 9°C ; 25°C ; 36°C.

Données : masses molaires atomiques de l'hydrogène et du carbone :

$$M_{\text{H}} = 1 \text{ g} \cdot \text{mol}^{-1} \qquad M_{\text{C}} = 12 \text{ g} \cdot \text{mol}^{-1}$$

COURS EXERCICES CORRIGÉS

20 Combustion des alcanes

★★ 20 min. Corrigé p. 243

Lycée Guy de Maupassant, Colombes

On brûle complètement, dans le dioxygène, une masse m_1 d'un alcane A non cyclique. On recueille une masse $m_2 = 13{,}2$ g de dioxyde de carbone et une quantité de matière $n_3 = 0{,}350$ mol d'eau.

1 Écrire l'équation chimique de la combustion complète d'un alcane ayant n atomes de carbone.

2 Calculer la quantité de matière n_2 de dioxyde de carbone produit.

3 En déduire la valeur de n et la formule brute de A (on utilisera un tableau d'avancement pour répondre à cette question).

Données : masses molaires de l'hydrogène, du carbone et de l'oxygène :

$M_H = 1 \text{ g} \cdot \text{mol}^{-1}$ $\quad M_C = 12 \text{ g} \cdot \text{mol}^{-1}$ $\quad M_O = 16 \text{ g} \cdot \text{mol}^{-1}$

21 Combustion des alcools

★★ 20 min. Corrigé p. 244

Lycée Blanche de Castille, Nantes

La combustion de 1,56 g d'éthanol dans un calorimètre de capacité thermique totale C égale à $7{,}21 \text{ kJ} \cdot {}^\circ\text{C}^{-1}$, provoque une augmentation de la température de 24,8°C à 30,6°C.

1 Écrire l'équation -bilan de la réaction de combustion correspondante.

2 Calculer l'énergie libérée lors de l'expérience.

3 En déduire la chaleur de combustion de l'éthanol.

Données : masses molaires de quelques éléments :

$M_H = 1 \text{ g} \cdot \text{mol}^{-1}$ $\quad M_C = 12 \text{ g} \cdot \text{mol}^{-1}$ $\quad M_O = 16 \text{ g} \cdot \text{mol}^{-1}$

22 Combustion des alcanes

★★ 20 min. Corrigé p. 245

Lycée Félix Faure, Beauvais

Déterminer la chaleur de combustion complète du propane (C_3H_8) (l'eau étant obtenue à l'état gazeux).

Données : énergies moyennes de liaison :

$E_{C-C} = 348 \text{ kJ} \cdot \text{mol}^{-1}$ $\quad E_{C-H} = 412 \text{ kJ} \cdot \text{mol}^{-1}$

$E_{O=O} = 496 \text{ kJ} \cdot \text{mol}^{-1}$ $\quad E_{C=O} = 804 \text{ kJ} \cdot \text{mol}^{-1}$

$E_{O-H} = 463 \text{ kJ} \cdot \text{mol}^{-1}$

23 Combustion des alcanes

★★ 20 min. Corrigé p. 246

Lycée Rosa Parks, Montgeron

1 Écrire l'équation-bilan de la combustion complète du méthane.

2 On appelle *pouvoir calorifique* (P.C.) d'un combustible la quantité de chaleur dégagée lors de la combustion complète de 1 kg de combustible ; son unité est le $kJ \cdot kg^{-1}$.

(a) Calculer la chaleur de la réaction de combustion complète du méthane dans le dioxygène, les produits obtenus lors de cette combustion étant gazeux.

(b) En déduire la valeur du pouvoir calorifique du méthane.

Données :

- masses molaires de l'hydrogène et du carbone :

$$M_{\mathrm{H}} = 1\ \mathrm{g \cdot mol^{-1}} \qquad M_{\mathrm{C}} = 12\ \mathrm{g \cdot mol^{-1}}$$

- énergies de liaison :

$$E_{\mathrm{C\text{-}H}} = 410\ \mathrm{kJ \cdot mol^{-1}} \qquad E_{\mathrm{O=O}} = 494\ \mathrm{kJ \cdot mol^{-1}}$$
$$E_{\mathrm{C=O}} = 803\ \mathrm{kJ \cdot mol^{-1}} \qquad E_{\mathrm{O\text{-}H}} = 462\ \mathrm{kJ \cdot mol^{-1}}$$

24 Combustion des alcanes

★★ 30 min. Corrigé p. 247

Institut Notre-Dame, Meudon

On introduit une bougie allumée, de masse $m = 3{,}52$ g, dans un flacon de volume $V = 500$ mL rempli d'air. On ferme alors le flacon et on constate que la bougie s'éteint rapidement.

La bougie est constituée de paraffine, molécule de formule brute $C_{25}H_{52}$.

L'air est constitué, en volume, de 20% de dioxygène.

1 Écrire l'équation chimique de la combustion de la bougie, si l'on considère que la réaction produit du dioxyde de carbone et de l'eau. L'observation permet-elle de préciser le réactif limitant ?

2 Quelles sont les quantités de matière des réactifs avant toute réaction ?

3 Dresser le tableau d'avancement de la réaction.

4 En déduire la masse de paraffine brûlée.

Données :

- volume molaire des gaz : $V_m = 24\ \mathrm{L \cdot mol^{-1}}$:
- masses molaires du carbone et de l'oxygène :

$$M_{\mathrm{C}} = 12\ \mathrm{g \cdot mol^{-1}} \qquad M_{\mathrm{O}} = 16\ \mathrm{g \cdot mol^{-1}}$$

COURS EXERCICES CORRIGÉS

QCM 1 Transferts thermiques

Enoncé p. 217

1 Par définition, la condensation d'un corps pur est le passage de son état gazeux à son état solide (réponse **c**).

Remarque : Dans la vie quotidienne, on évoque également la condensation pour le passage de l'eau de l'état gazeux à l'état liquide (formation d'eau sur les vitres froides). Il s'agit alors de condensation dite *liquide* (par opposition à la *condensation solide* qui est la condensation dans le sens donné par le physicien).

2 À pression ordinaire, l'équilibre thermique entre l'eau et la glace ne peut se réaliser qu'à $\theta = 0°\text{C}$ (réponse **b**).

3 Lorsqu'une masse m d'eau est vaporisée :

$$H_2O_{(\text{liq})} \rightarrow H_2O_{(\text{gaz})}$$

elle absorbe la quantité de chaleur $Q_{\text{reçue}} = m \times L_{\text{vap}}$, c'est-à-dire qu'elle libère la quantité de chaleur :

$$Q = -Q_{\text{reçue}} = -m \times L_{\text{vap}} \text{ (réponse a)}$$

4 Lorsque la température d'un corps, de capacité thermique $C = mc$, varie de θ_i à θ_f, ce corps peut recevoir l'énergie, sous forme thermique :

$$Q = mc \times (\theta_f - \theta_i) \text{ (réponse b)}$$

5 Un calorimètre parfait est caractérisé par :

- des parois, de capacité thermique C, qui reçoivent la quantité de chaleur $Q = C \times \Delta\theta$ lorsque leur température varie de $\Delta\theta$. Or, cette chaleur doit être nulle (afin que le calorimètre n'intervienne pas dans les bilans énergétiques), quelle que soit la valeur de $\Delta\theta$, ce qui impose : $C = 0$.
- des parois parfaitement calorifugées (réponse **a**), c'est-à-dire qui ne laissent pas passer la chaleur (par définition, des parois *diathermanes* sont, au contraire, parfaitement perméables à la chaleur).

QCM 2 Nomenclature des alcanes

Enoncé p. 217

1 La formule topologique de la molécule omet la représentation des atomes C et H, ainsi que les liaisons C–H :

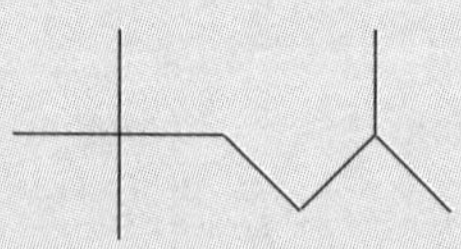

signifie :

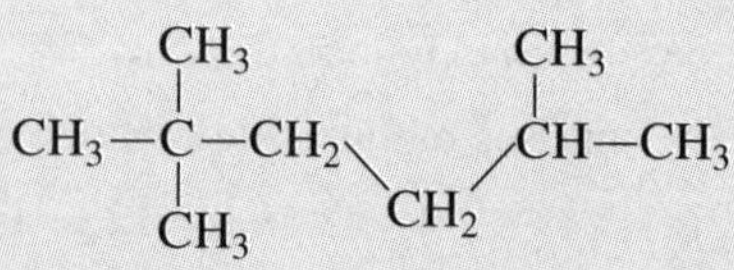

Cette molécule a donc pour formule brute : C_9H_{20} (réponse **b**).

2 La molécule précédente présente une chaîne principale à 6 atomes de carbone ; c'est un hexane.

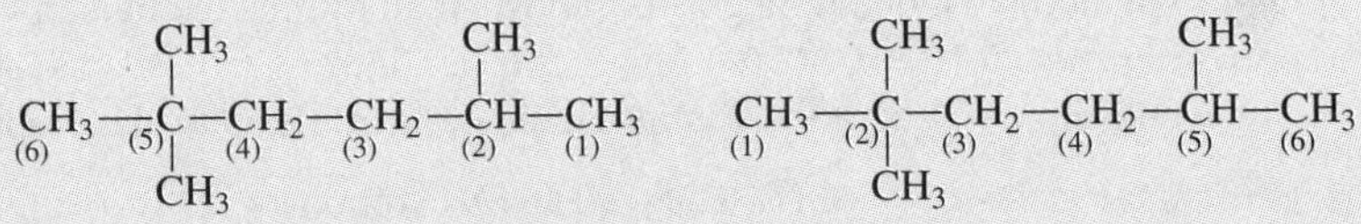

Trois groupes méthyl ($-CH_3$) sont fixés à la chaîne principale sur les atomes de carbone 2,5,5 ou 2,2,5 selon le sens de parcours de la chaîne principale. La comparaison des sommes :

$$2 + 5 + 5 = 12 > 2 + 2 + 5 = 9$$

indique que la molécule s'appelle alors le 2,2,5-triméthylhexane (réponse **b**).

3 Le 1,1-diméthylcyclohexane est une molécule de cyclohexane 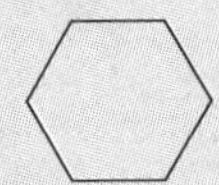

dans laquelle deux atomes d'hydrogène ont été substitués par des groupes méthyl ($-CH_3$) :

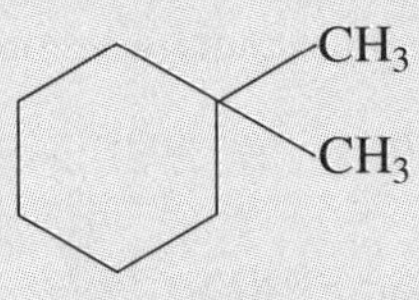

soit encore :

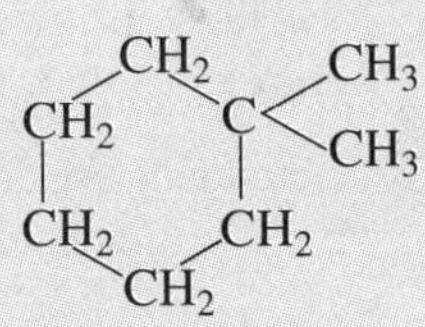

Cette molécule a donc pour formule brute : C_8H_{16} (réponse **c**).

4 La chaîne principale du 2-méthyl-2-éthylpropane doit présenter 3 atomes de carbone (c'est un propane) sur lesquels viennent se lier des groupes méthyl ($-CH_3$) et éthyl ($-C_2H_5$) :

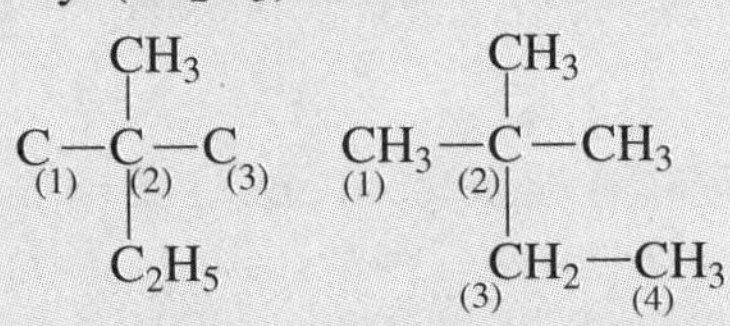

La formule brute de cette molécule est donc : C_6H_{14}.

Cependant, la chaîne principale de cette molécule comporte plutôt 4 atomes de carbone (c'est un butane) ; l'atome de carbone (2) porte en outre deux substituants méthyl. C'est pourquoi cette molécule s'appelle plutôt :

le 2,2-diméthylbutane (réponse **d**).

COURS EXERCICES CORRIGÉS

QCM

3 Les alcools

Enoncé p. 218

1 Un alcool est une molécule comportant au moins une liaison –OH et des liaisons C–H et C–C (ce qui exclut les liaisons C = O et C–O–C). Par conséquent, l'alcool est la molécule de formule semi-développée :

$$CH_3–CH_2–CH_2–OH \text{ (réponse } \boxed{a} \text{)}$$

2 Dans une même classe de composés organiques (ici les alcools linéaires de formules CH_3OH, C_2H_5OH et C_3H_7OH), la température d'ébullition augmente avec la masse molaire. C'est pourquoi on trouve le classement :

$$\theta_{C_3H_7OH} > \theta_{C_2H_5OH} > \theta_{CH_3OH} \text{ (réponse } \boxed{c} \text{)}$$

3 On trouve des liaisons covalentes et des liaisons de VAN DER WAALS dans les alcanes et dans les alcools. Donc ces liaisons ne peuvent pas interpréter la différence de comportement entre ces deux espèces de composés organiques. En revanche, la présence de liaisons polarisées –C–O–H dans les alcools, dont sont dépourvues les alcanes, introduit des liaisons hydrogène entre les molécules d'alcool. Celles-ci étant liées entre elles, leur température d'ébullition est accrue (réponse $\boxed{b}$).

4 L'hexanol est un alcool comportant $n = 6$ atomes de carbone ; sa formule brute est alors :

$$C_6H_4O \text{ (réponse } \boxed{b} \text{)}$$

5 La molécule proposée possède 5 atomes de carbone sur sa chaîne principale ; il s'agit alors d'un pentanol :

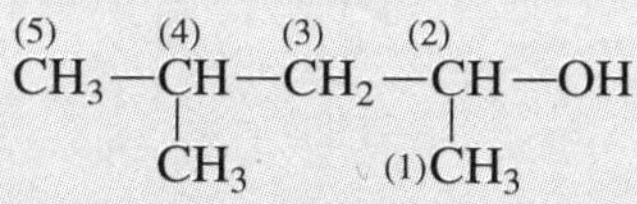

Le groupe –OH étant lié à l'atome de carbone (2), il s'agit d'un pentan-2-ol, qui présente un groupe méthyl (–CH_3) sur l'atome de carbone (4). C'est pourquoi cette molécule s'appelle finalement :

le 4-méthylpentan-2-ol (réponse $\boxed{c}$)

4 Transferts thermiques

Enoncé p. 219

Lycée Monod, Clamart

La masse $m = 500$ g $= 0,5$ kg d'eau glacée qui constitue le potage subit une suite de trois transformations :

$$\underset{\theta_i=-18°C}{H_2O_{(sol)}} \xrightarrow{Q_1} \underset{\theta_0=0°C}{H_2O_{(sol)}} \xrightarrow{Q_2} \underset{\theta_0=0°C}{H_2O_{(liq)}} \xrightarrow{Q_3} \underset{\theta_f=40°C}{H_2O_{(liq)}}$$

- échauffement de la glace, de la température $\theta_i = -18°C$ à la température $\theta_0 = 0°C$ de fusion de la glace. Au cours de cette transformation, le potage reçoit l'énergie :

$$Q_1 = mc_g \times (\theta_0 - \theta_i) = 0{,}5 \times 2\,100 \times 18 = 18\,900 \text{ J}$$

- fusion de la totalité de la glace, qui reçoit une énergie thermique :

$$Q_2 = mL_f = 0{,}5 \times 333.10^3 = 166{,}5.10^3 \text{ J}$$

- échauffement de l'eau liquide ainsi produite, de la température $\theta_0 = 0°C$ à la température $\theta_f = 40°C$. Le potage reçoit, de cette manière, l'énergie :

$$Q_3 = mc_e \times (\theta_f - \theta_0) = 0{,}5 \times 4\,180 \times 40 = 83\,600 \text{ J}$$

Par conséquent, au cours de ces transformations, le potage reçoit une énergie thermique totale :

$$\begin{aligned} Q &= Q_1 + Q_2 + Q_3 = 18\,900 + 166{,}5.10^3 + 83\,600 \\ &\Rightarrow Q = 269.10^3 \text{ J} \end{aligned}$$

5 Transferts thermiques

Lycée Bouchardon, Chaumont

Enoncé *p. 219*

Notons μ la masse volumique de l'eau.

Lorsque l'eau chaude a été versée dans la baignoire, cette dernière contient :

- un volume $V_1 = 20$ L d'eau froide (c'est-à-dire une masse $m_1 = \mu V_1$) dont la température passe de la valeur $\theta_1 = 25°C$ à la valeur $\theta_f = 37°C$. À cette fin, cette masse d'eau reçoit l'énergie thermique :

$$Q_1 = m_1\, c_e\, (\theta_f - \theta_1) = \mu\, c_e\, V_1\, (\theta_f - \theta_1)$$

- un volume V_2 d'eau chaude (c'est-à-dire une masse $m_2 = \mu V_2$) dont la température passe de la valeur $\theta_2 = 40°C$ à la valeur $\theta_f = 37°C$. Au cours de ce refroidissement, cette masse d'eau reçoit l'énergie thermique :

$$Q_2 = m_2\, c_e\, (\theta_f - \theta_2) = \mu\, c_e\, V_2\, (\theta_f - \theta_2)$$

Donc, si l'on néglige les transferts thermiques avec la baignoire, celle-ci contient de l'eau qui reçoit de l'extérieur une quantité d'énergie thermique :

$$Q = Q_1 + Q_2 = \mu\, c_e \times \left[V_1\, (\theta_f - \theta_1) + V_2\, (\theta_f - \theta_2)\right]$$

Or, l'énoncé précise que cet échange avec l'extérieur est négligeable, ce qui se traduit par :

$$\begin{aligned} Q \simeq 0 \quad &\Rightarrow \quad V_1\, (\theta_f - \theta_1) + V_2\, (\theta_f - \theta_2) = 0 \\ &\Rightarrow \quad V_2\, (\theta_f - \theta_2) = -V_1\, (\theta_f - \theta_1) \\ &\Rightarrow \quad V_2 = -V_1 \times \frac{(\theta_f - \theta_1)}{(\theta_f - \theta_2)} = -20 \times \frac{(37 - 25)}{(37 - 40)} \\ &\Rightarrow \quad V_2 = 80 \text{ L} \end{aligned}$$

COURS

EXERCICES

CORRIGÉS

6 Transferts thermiques

Lycée Bouchardon, Chaumont

Le calorimètre contient :

- un volume $V_e = 150$ mL $= 0,15$ L $= 0,15.10^{-3}$ m^3 d'eau, dont la masse m_e est à l'origine de la définition de la masse volumique de l'eau :

$$\mu_e = \frac{m_e}{V_e} \Rightarrow m_e = \mu_e\, V_e = 1\,000 \times 0,15.10^{-3} = 0,15 \text{ kg}$$

Pour que la température de cette masse d'eau passe de $\theta_e = 18,0$°C à $\theta_f = 11,9$°C, il faut lui apporter l'énergie thermique :

$$\begin{aligned} Q_e &= m_e\, c_e \times (\theta_f - \theta_e) \\ &= 0,15 \times 4,18.10^3 \times (11,9 - 18) = -3\,824,7 \text{ J} \end{aligned}$$

- un glaçon, de masse $m_g = 10$ g $= 0,01$ kg et de température initiale $\theta_0 = 0$°C (car c'est la température de fusion de la glace et le glaçon est « en cours de fusion »). Ce glaçon subit une transformation qui peut se décomposer en deux étapes :

$$\text{glaçon à } \theta_0 = 0°\text{C} \xrightarrow{Q_g} \text{eau à } \theta_0 = 0°\text{C} \xrightarrow{Q'_e} \text{eau à } \theta_f = 11,9°\text{C}$$

  - la fusion totale de la masse m_g de glace requiert un apport d'énergie thermique :

$$Q_g = m_g\, L_{\text{fus}} = 0,01 \times L_{\text{fus}}$$

  où L_{fus} désigne la chaleur latente massique de fusion de la glace.

  - la masse d'eau : $m'_e = m_g$ ainsi produite absorbe une énergie thermique Q'_e pour que sa température passe de $\theta_0 = 0$°C à $\theta_f = 11,9$°C :

$$\begin{aligned} Q'_e &= m_g\, c_e \times (\theta_f - \theta_0) \\ &= 0,01 \times 4,18.10^3 \times (11,9 - 0) = 497,4 \text{ J} \end{aligned}$$

Ce faisant, le système contenu dans le calorimètre reçoit une énergie thermique :

$$Q_{\text{tot}} = Q_e + Q_g + Q'_e$$

nulle, si les parois du calorimètre sont parfaitement calorifugées. Il s'ensuit que :

$$\begin{aligned} 0 &= -3\,824,7 + 0,01 \times L_{\text{fus}} + 497,4 \\ &\Rightarrow 0,01 \times L_{\text{fus}} = 3\,824,7 - 497,4 \simeq 3\,327 \text{ J} \\ &\Rightarrow L_{\text{fus}} \simeq 3,327.10^5 \text{ J} \cdot \text{kg}^{-1} \end{aligned}$$

7 Transferts thermiques

Enoncé p. 220

Lycée Monod, Clamart

1 Si, pendant la durée $\Delta t = 3$ min $= 3 \times 60 = 180$ s, la plaque libère une énergie E_{lib} (en joule), sa puissance P (en watt) est définie par le rapport :

$$P = \frac{E_{\text{lib}}}{\Delta t} \Rightarrow E_{\text{lib}} = P \times \Delta t = 1\,000 \times 180 = 1{,}8.10^5 \text{ J}$$

2 L'énergie thermique reçue par l'eau sert, dans un premier temps, à augmenter l'agitation des molécules du liquide. Si le chauffage est maintenu assez longtemps, l'agitation est suffisamment grande pour vaincre les liaisons hydrogène du liquide. Les molécules s'en échappent ; c'est l'ébullition.

3 **(a)** La casserole contient un volume $V_e = 0{,}5$ L, auquel correspond une masse m_e à l'origine de la définition de la masse volumique de l'eau :

$$\mu_e = \frac{m_e}{V_e} \Rightarrow m_e = \mu_e \times V_e = 1\,000 \times 0{,}5 = 500 \text{ g} = 0{,}5 \text{ kg}$$

Si l'on admet que la température de l'eau n'atteint pas la valeur $\theta_{100} = 100$°C de l'ébullition, seule la température de l'eau est modifiée (elle passe de $\theta_i = 20$°C à une valeur θ_f) :

$$\underset{\theta_i=20°\text{C}}{H_2O_{(\text{liq})}} \xrightarrow{Q_{\text{reçue}}} \underset{\theta_f}{H_2O_{(\text{liq})}}$$

Au cours de cet échauffement, la masse m_e d'eau reçoit alors l'énergie thermique :

$$Q_{\text{reçue}} = m_e\, c_e \times (\theta_f - \theta_i)$$

dont l'énoncé précise qu'elle correspond à 60% de l'énergie E_{lib} libérée par la plaque :

$$\begin{aligned} Q_{\text{reçue}} &= 60\%\, E_{\text{lib}} \Rightarrow m_e\, c_e \times (\theta_f - \theta_i) = \frac{60}{100} \times E_{\text{lib}} \\ &\Rightarrow \theta_f - \theta_i = \frac{0{,}6 \times E_{\text{lib}}}{m_e\, c_e} = \frac{0{,}6 \times 1{,}8.10^5}{0{,}5 \times 4\,180} \end{aligned}$$

La température de l'eau subit donc une augmentation :

$$\Delta\theta = \theta_f - \theta_i \simeq 51{,}7\text{°C}$$

(b) Compte tenu de la valeur de θ_i, la température finale de l'eau vaut :

$$\theta_f = \theta_i + \Delta\theta = 20 + 51{,}7 \Rightarrow \theta_f = 71{,}7\text{°C}$$

Puisque θ_f est inférieure à 100°C, l'hypothèse selon laquelle l'eau n'est pas portée à ébullition est vérifiée.

COURS
EXERCICES
CORRIGÉS

Remarque : Si cette hypothèse n'avait pas été vérifiée, les calculs auraient fourni $\theta_f \geqslant 100°C$. Deux cas se seraient alors présentés :

- soit $\theta_f = 100°C$ si l'eau liquide était restée en équilibre avec la vapeur d'eau ;
- soit $\theta_f > 100°C$ s'il n'était plus resté d'eau liquide.

8 Transferts thermiques

Enoncé p. 220

Lycée Fustel de Coulanges, Massy

En l'absence d'indice, l'exercice doit être résolu à partir d'hypothèses dont on vérifiera la validité ultérieurement. Supposons ainsi que la masse $m_1 = 30$ g $= 0{,}03$ kg fonde totalement, l'eau liquide ainsi formée atteignant la température θ_f inconnue (mais positive).

- La fusion complète de la glace peut se décomposer en trois étapes :

$$\underset{\theta_1=-20°C}{H_2O_{(sol)}} \xrightarrow{Q_1} \underset{\theta_0=0°C}{H_2O_{(sol)}} \xrightarrow{Q_2} \underset{\theta_0=0°C}{H_2O_{(liq)}} \xrightarrow{Q_3} \underset{\theta_f}{H_2O_{(liq)}}$$

  - Dans un premier temps, la température de la glace passe de $\theta_1 = -20°C$ à $\theta_0 = 0°C$ (température à laquelle fond la glace). Celle-ci reçoit l'énergie thermique :

$$Q_1 = m_1\, c_g \times (\theta_0 - \theta_1) = 0{,}03 \times 2\,100 \times 20 = 1\,260 \text{ J}$$

  - À la température $\theta_0 = 0°C$, la glace fond complètement, en absorbant l'énergie thermique :

$$Q_2 = m_1\, L_{\text{fus}} = 0{,}03 \times 335.10^3 = 10\,050 \text{ J}$$

  - L'eau ainsi produite passe de la température $\theta_0 = 0°C$ à θ_f ; elle reçoit l'énergie :

$$Q_3 = m_1\, c_e \times (\theta_f - \theta_0) = 0{,}03 \times 4\,180 \times \theta_f = 125{,}4 \times \theta_f$$

  Par conséquent, la fusion de la totalité de la glace requiert un apport d'énergie thermique :

$$Q_g = Q_1 + Q_2 + Q_3 = 11\,310 + 125{,}4 \times \theta_f$$

- La masse $m_2 = 20$ g $= 0{,}02$ kg de cuivre passe de la température $\theta_2 = 80°C$ à la température θ_f en absorbant l'énergie thermique :

$$\begin{aligned} Q_{\text{Cu}} &= m_2\, c_{\text{Cu}} \times (\theta_f - \theta_2) = 0{,}02 \times 387 \times (\theta_f - 80) \\ &= 7{,}74 \times \theta_f - 619{,}2 \end{aligned}$$

- la masse $m_3 = 190$ g $= 0{,}19$ kg d'eau (liquide) déjà présente dans le calorimètre reçoit une énergie thermique Q_e, tandis que sa température passe de $\theta_3 = 20°C$ à θ_f :

$$\begin{aligned} Q_e &= m_3\, c_e \times (\theta_f - \theta_3) = 0{,}19 \times 4\,180 \times (\theta_f - 20) \\ &= 794{,}2 \times \theta_f - 15\,884 \end{aligned}$$

- Alors que leur température passe de $\theta_3 = 20°C$ à la valeur θ_f, les accessoires du calorimètre reçoivent l'énergie thermique :

$$\begin{aligned} Q_{\text{acces.}} &= C \times (\theta_f - \theta_3) = 110 \times (\theta_f - 20) \\ &= 110 \times \theta_f - 2\,200 \end{aligned}$$

Par conséquent, le système {glace + cuivre + eau + accessoires} contenu dans le calorimètre reçoit, sous forme thermique, la quantité d'énergie :

$$\begin{aligned} Q_{\text{tot}} &= Q_g + Q_{\text{Cu}} + Q_e + Q_{\text{acces.}} \\ &= (11\,310 + 125{,}4\,\theta_f) + (7{,}74\,\theta_f - 619{,}2) \\ &\quad + (794{,}2\,\theta_f - 15\,884) + (110\,\theta_f - 2\,200) \\ &= 1\,037{,}34 \times \theta_f - 7\,393{,}2 \end{aligned}$$

Or, si les parois du calorimètre sont parfaitement calorifugées, elles interdisent ce transfert d'énergie thermique, en conséquence de quoi :

$$\begin{aligned} Q_{\text{tot}} = 0 \quad &\Rightarrow \quad 1\,037{,}34 \times \theta_f - 7\,393{,}2 = 0 \\ &\Rightarrow \quad \theta_f = \frac{7\,393{,}2}{1\,037{,}34} \simeq 7{,}1°C \end{aligned}$$

Puisque la valeur trouvée pour θ_f est positive, elle confirme l'hypothèse initiale, selon laquelle toute la glace fond au cours de l'expérience.

9 Nomenclature des alcanes

Enoncé p. 221

Lycée Saint-Sernin, Toulouse

La chaîne principale du 2,2,3-triméthylbutane comporte 4 atomes de carbone, tandis que trois groupes méthyle (CH_3–) sont liés aux atomes de carbone (2) et (3) :

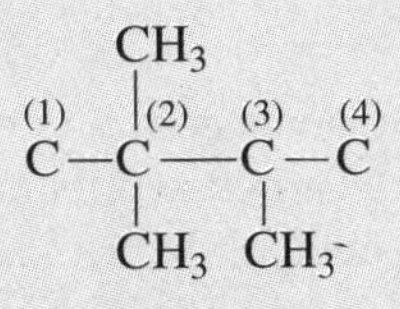

Complétée avec les atomes d'hydrogène qui assurent la tétravalence du carbone, la formule de cette molécule devient :

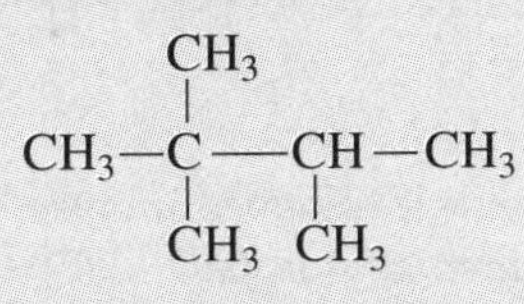

Quant au 3-méthyl-3-éthypentane, sa chaîne principale comporte 5 atomes de carbone, dont le troisième est lié à un groupe éthyl (–CH_2–CH_3) et à un groupe méthyl (–CH_3) :

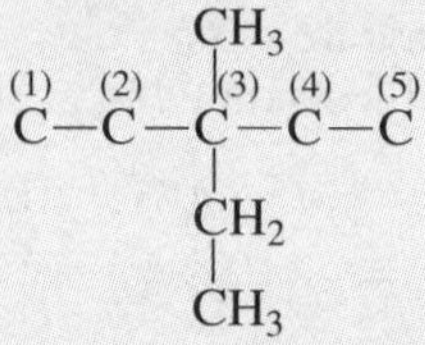

En complétant à nouveau avec des atomes d'hydrogène, on obtient la formule semi-développée :

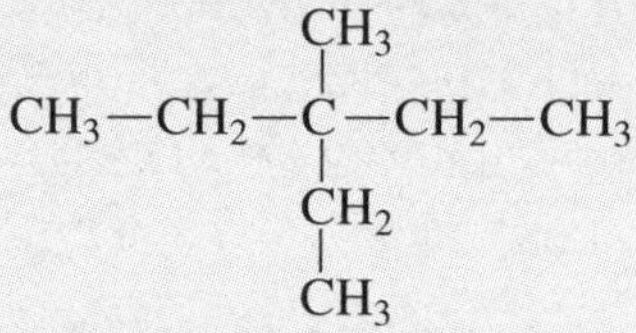

Les deux molécules précédentes ont des formules brutes respectives C_7H_{16} et C_8H_{18} différentes, en raison de quoi elle ne sont pas isomères.

10 Nomenclature des alcools

Enoncé *p. 221*

Lycée Sainte-Marie, Anthony

1 Le méthylpropan-1-ol est un alcool dont la chaîne principale contient 3 atomes de carbone (c'est un propanol), dont le premier est lié au groupe –OH :

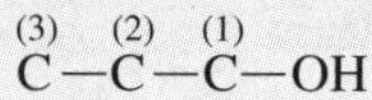

Le substituant méthyl (–CH_3) peut donc *a priori* occuper trois positions :

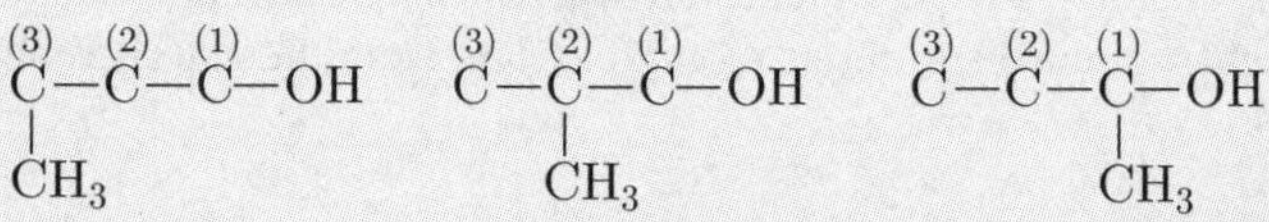

La première et la troisième configurations sont impossibles car elles rallongeraient la chaîne carbonée principale : avec 4 atomes de carbone, il s'agirait alors d'un butanol. Donc, seule la deuxième formule convient (CH_3– lié à l'atome de carbone 2), à laquelle s'ajoutent des atomes d'hydrogène qui assurent la tétravalence de chaque atome de carbone :

méthylpropan-1-ol :

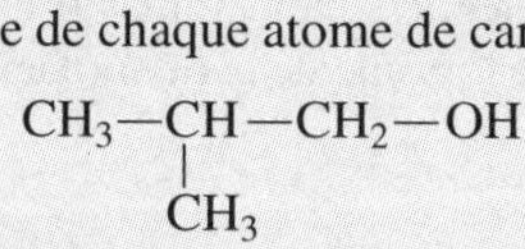

Cette formule semi-développée montre que la formule brute $C_4H_{10}O$ peut représenter le méthylpropan-1-ol.

2 Le butan-2-ol est un alcool dont la chaîne principale (non ramifiée) comporte 4 atomes de carbone (c'est un butanol), le deuxième de ces atomes étant lié à un groupe –OH :

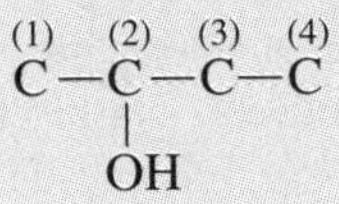 soit : 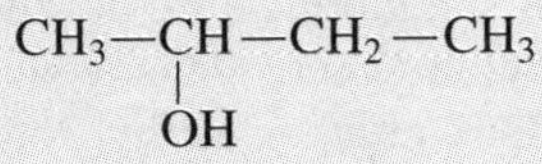

butan-2-ol

Cette molécule peut donc aussi être représentée par la formule brute $C_4H_{10}O$.

11 Nomenclature des alcanes

Enoncé *p. 221*

Lycée Colbert, Lorient

1 La chaîne hydrocarbonée la plus longue présente 5 atomes de carbone, auquel cas l'alcane considéré est un pentane :

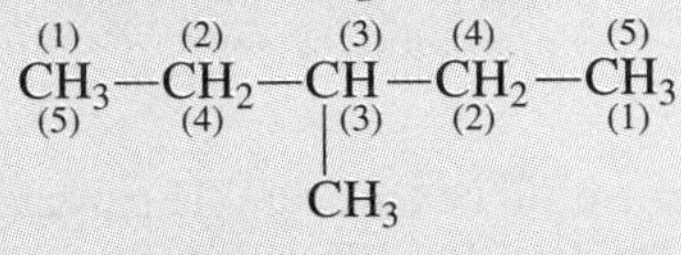

Quel que soit le sens de parcours choisi le long de cette chaîne, le groupe méthyl ($-CH_3$) est lié au troisième atome de carbone. C'est pourquoi cet alcane s'appelle :

le 3-méthylpentane

2 La chaîne hydrocarbonée principale de l'alcane contient maintenant 4 atomes de carbone :

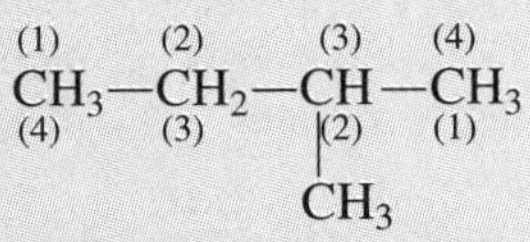

Cet alcane est donc un butane, substitué par un groupe méthyl sur l'atome de carbone (2) ou (3), selon le sens de parcours de la chaîne principale. Puisque $2 < 3$, cet alcane s'appelle :

le 2-méthylbutane

12 Nomenclature des alcanes

Enoncé *p. 221*

Lycée Saint-Sernin, Toulouse

1 La chaîne hydrocarbonée la plus longue du premier alcane proposé possède 6 atomes de carbone :

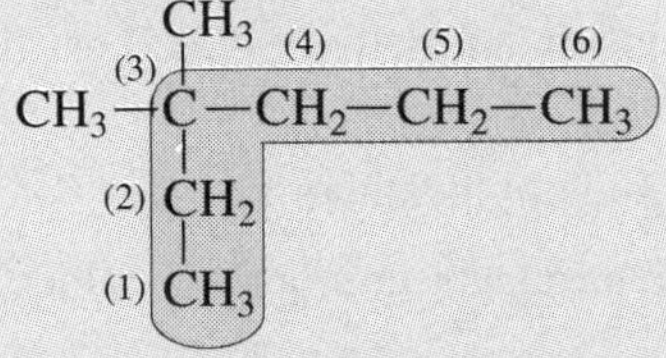

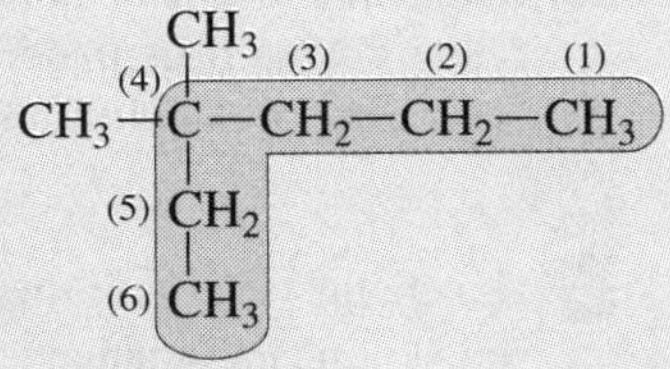

Il s'agit donc d'un hexane, substitué par deux groupes méthyl ($-CH_3$). Selon le sens dans lequel sont numérotés les atomes de carbone, les deux groupes méthyl sont localisés sur l'atome de carbone (3) ou (4). Il peut donc s'agir du 3,3-diméthylhexane ou du 4,4-diméthylhexane. Or, puisque la somme $3 + 3 = 6$ est inférieure à $4 + 4 = 8$, on retient comme nom :

le 3,3-diméthylhexane

2 La plus longue chaîne hydrocarbonée du deuxième alcane possède également 6 atomes de carbone :

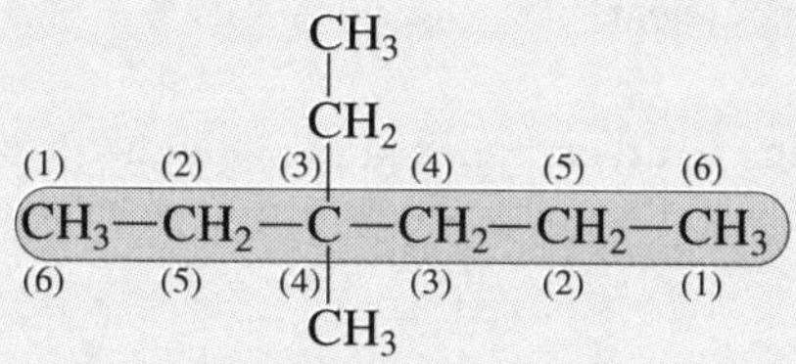

Il s'agit donc d'un hexane ramifié par un groupe méthyl ($-CH_3$) et par un groupe éthyl ($-CH_2-CH_3$). Selon le sens adopté pour la numérotation des atomes de carbone de la chaîne principale, ces deux groupes sont liés à l'atome de carbone (3) ou (4). En choisissant la plus petite de ces valeurs, cette molécule est nommée :

le 3-éthyl-3-méthylhexane

Remarque : Les groupes éthyl et méthyl sont énoncés dans l'ordre alphabétique de leurs initiales.

13 Nomenclature des alcanes

Enoncé *p. 221*

Institut Notre-Dame, Meudon

1 La chaîne hydrocarbonée principale du premier alcane comporte 5 atomes de carbone, auquel cas il s'agit d'un pentane :

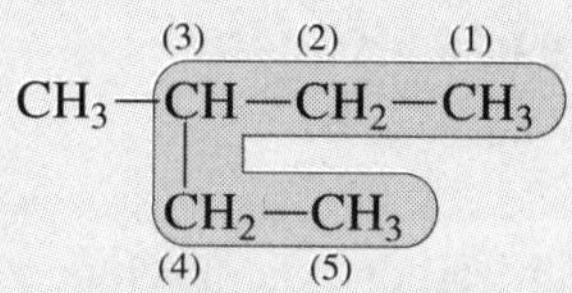

Quel que soit le sens choisi pour numéroter les atomes de carbone de cette chaîne principale, le substituant méthyl ($-CH_3$) est lié à l'atome (3) ; cette molécule s'appelle :

le 3-méthylpentane.

2 La chaîne principale du deuxième alcane comporte 4 atomes de carbone ; c'est donc un butane :

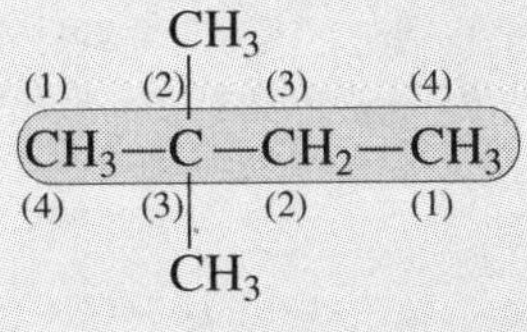

Deux groupes méthyl ($-CH_3$) sont liés au même atome de carbone de cette chaîne, numéroté 2 ou 3 selon le sens de parcours de la chaîne principale. Cette molécule peut donc être le 2,2-diméthylbutane ou le 3,3-diméthylbutane. Or, puisque $2 + 2 = 4 < 3 + 3 = 6$, on retient plutôt le premier nom :

le 2,2-diméthylbutane.

3 La chaîne carbonée principale de la troisième molécule est composée de 3 atomes de carbone ; c'est un propane, sur lequel sont liés deux groupes méthyl ($-CH_3$). C'est pourquoi cette molécule s'appelle :

le diméthylpropane.

Remarque : La numérotation des atomes de la chaîne principale est ici superflue car, si l'un des substituants méthyl se trouvait sur un autre atome de carbone que le n°2, cette chaîne s'agrandirait et l'alcane serait un butane :

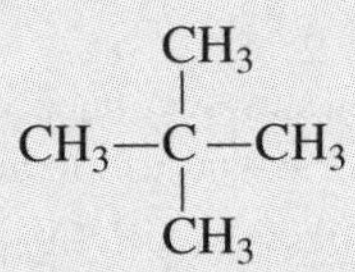

diméthylpropane

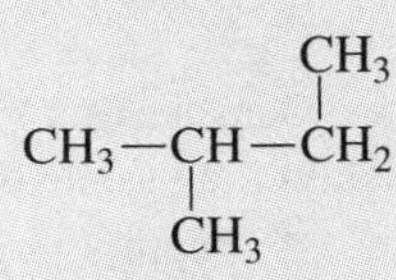

méthylbutane

14 Nomenclature des alcools

Enoncé p. 222

Lycée E. Quinet, Bourg-En-Bresse

Les alcools de formule brute $C_4H_{10}O$ peuvent présenter :

- une chaîne principale à 4 atomes de carbone (il s'agit alors d'un butanol), sur laquelle vient se lier le groupe –OH caractéristique des alcools :

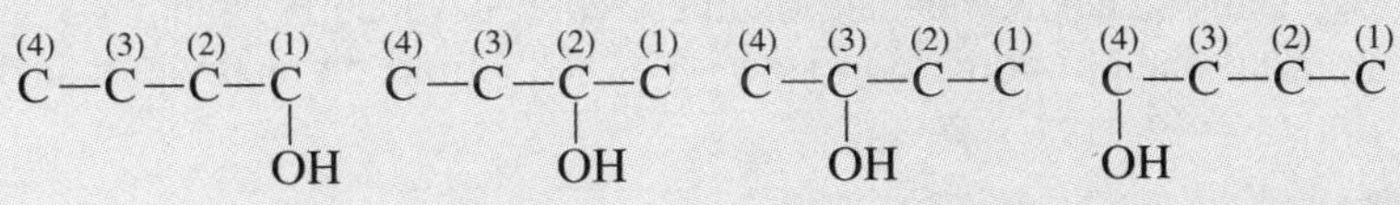

Les deux dernières structures étant équivalentes aux deux premières, il reste finalement deux formules possibles :

$CH_3-CH_2-CH_2-CH_2-OH$

butan-1-ol

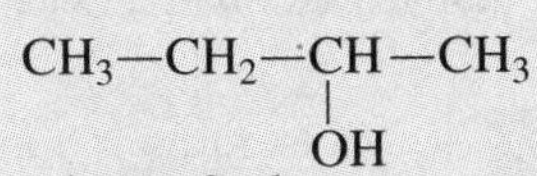

butan-2-ol

- une chaîne principale à 3 atomes de carbone (il s'agit alors d'un propanol), sur laquelle le quatrième atome de carbone vient se lier sous forme de groupe méthyle ($-CH_3$) :

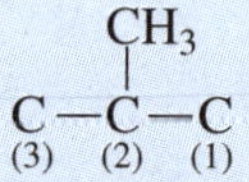

Ce groupe ne peut se lier qu'à l'atome de carbone n°2, sans quoi la chaîne carbonée principale posséderait 4 atomes de carbone. Ainsi, le groupe –OH, caractéristique des alcools, peut se lier *a priori* à trois atomes de carbone :

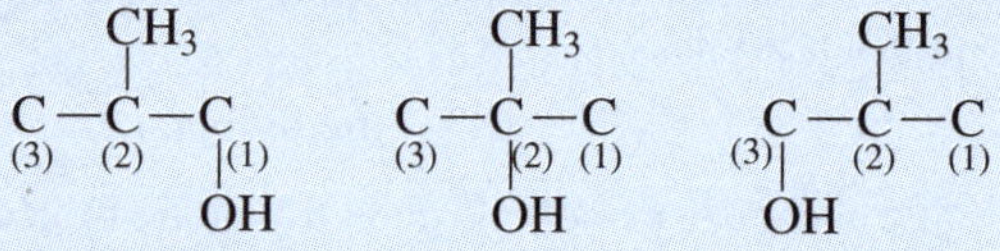

Or, la première structure est équivalente à la troisième, de sorte que seulement deux molécules de propanol peuvent correspondre à la formule brute $C_4H_{10}O$:

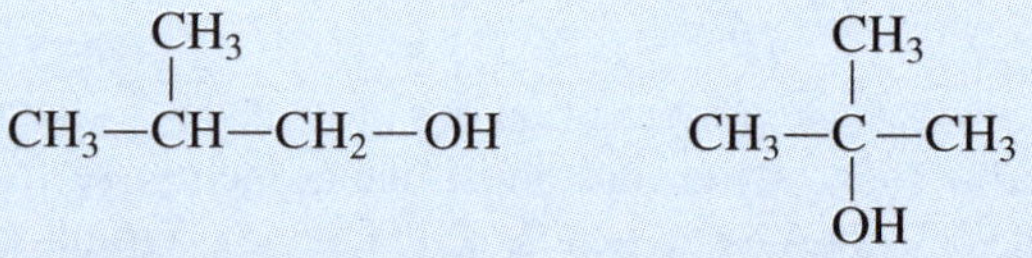

méthylpropan-1-ol méthylpropan-2-ol

Remarque : Dans les noms des deux molécules précédentes, la position du groupe méthyl n'a pas été précisée, sans quoi on aurait écrit :

2-méthylpropan-1-ol et 2-méthylpropan-2-ol

Cependant, cette précision aurait été superflue car le groupe méthyl ($-CH_3$) ne peut pas être lié à un autre atome de carbone (n°1 ou n°3) sans augmenter la longueur de la chaîne principale.

Remarque : On aurait pu envisager aussi une liaison –OH sur le substituant méthyl porté par le deuxième atome de carbone :

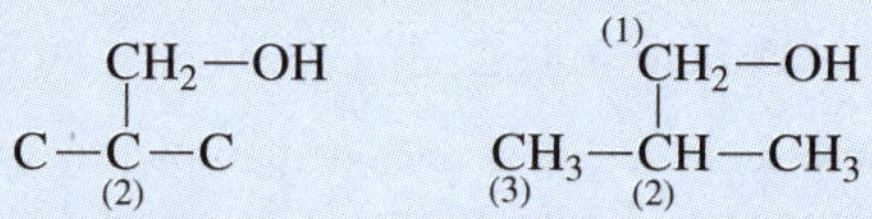

Dans ce cas, la chaîne principale serait devenue la chaîne à 3 atomes de carbone qui porte le groupe –OH ; il s'agirait du méthylpropan-1-ol déjà recensé.

15 Nomenclature des alcools

Enoncé *p. 222*

Institut Notre-Dame, Meudon

1 Dans la formule topologique, un simple trait désigne la liaison entre deux atomes de carbone :

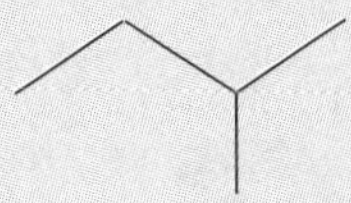 équivaut à : 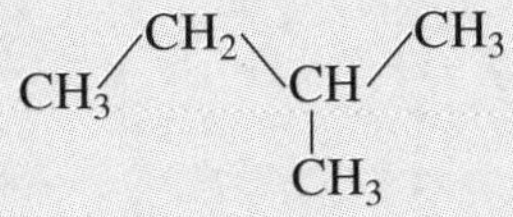

Dans ces hydrocarbures, la chaîne carbonée principale comporte 4 atomes de carbone (c'est un butane), dont le deuxième est lié à un groupe méthyl ($-CH_3$) :

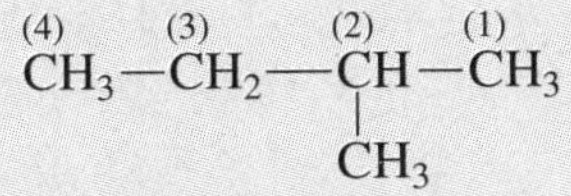

C'est pourquoi cette molécule s'appelle :

le 2-méthylbutane.

2 Outre les liaisons C–C, une formule topologique présente explicitement les liaisons qu'établissent les atomes de carbone avec tout autre élément que l'hydrogène ; notamment la liaison C–OH caractéristique d'un alcool est toujours représentée :

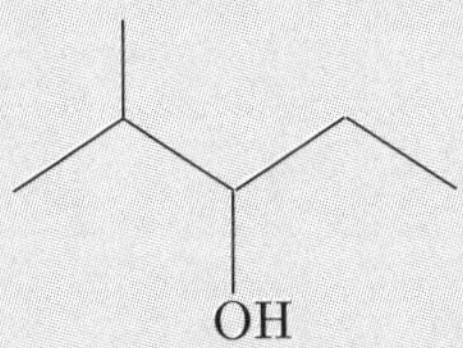 équivaut à : 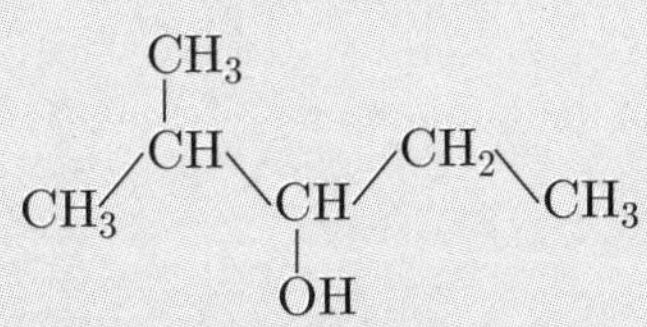

La chaîne carbonée principale de cet alcool comporte 5 atomes de carbone et, quelque soit le sens choisi pour la numérotation de ces atomes, le groupe –OH est lié à l'atome de carbone n°3 ; il s'agit d'un pentan-3-ol :

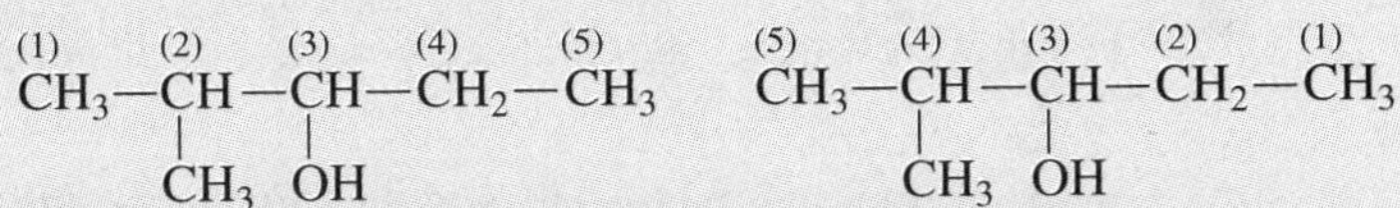

Selon le sens choisi pour la numérotation des atomes de la chaîne principale, le groupe méthyl ($-CH_3$) est lié à l'atome de carbone n°2 ou n°4. Or, puisque ce n'est pas la position du groupe –OH qui détermine ici le sens de la numérotation, c'est la plus petite de ces valeurs qui est retenue. Par conséquent, cette molécule est :

le 2-méthylpentan-3-ol.

16 Nomenclature des alcools

Enoncé p. 222

Lycée Lacordaire, Marseille

1 **(a)** Dans un premier temps, transformons la formule topologique proposée en formule semi-développée :

COURS EXERCICES CORRIGÉS

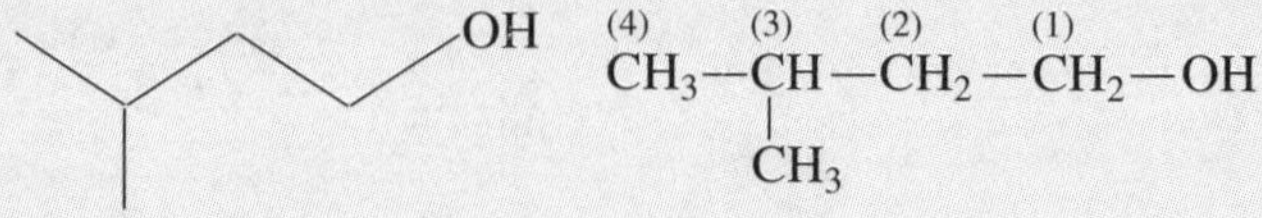

La chaîne principale de cet alcool, de formule brute $C_5H_{12}O$, possède alors 4 atomes de carbone (c'est un butanol) dont le premier atome est lié au groupe –OH (il s'agit donc d'un butan-1-ol). En outre, le groupe méthyl ($-CH_3$) est lié à l'atome de carbone n°3 de la chaîne principale. C'est pourquoi cette molécule s'appelle le :

3-méthylbutan-1-ol

Remarque : La numérotation des atomes de carbone composant la chaîne principale commence par l'atome de carbone le plus près du groupe –OH.

(b) Écrivons la formule semi-développée de la molécule :

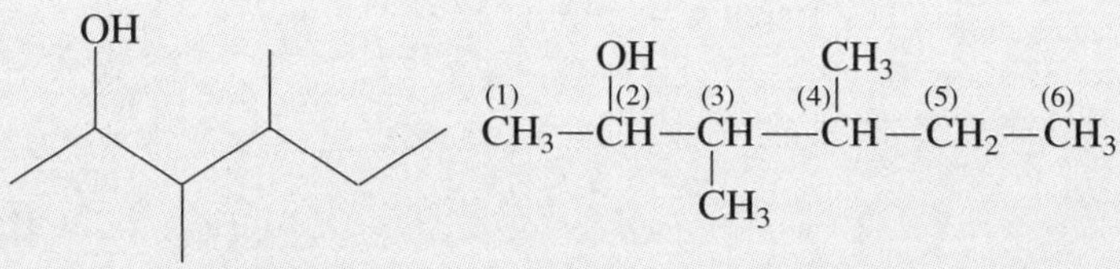

dont la formule brute s'écrit : $C_8H_{18}O$.

La chaîne principale comportant 6 atomes de carbone, cette molécule est un hexanol. Et, puisque la numérotation des atomes de carbone de la chaîne principale commence par l'atome le plus proche du groupe –OH :

- ce groupe est lié à l'atome de carbone n°2 ; l'alcool est un hexan-2-ol ;
- deux groupes méthyl ($-CH_3$) sont liés aux atomes de carbone n°3 et n°4 en conséquence de quoi cette molécule s'appelle :

le 3,4-diméthylhexan-2-ol.

2 La formule brute $C_5H_{10}O$, que l'on peut aussi écrire $C_nH_{2n}O$, avec $n = 5$, est caractéristique des alcools cycliques (ici le cycle comporte $n = 5$ atomes de carbone) :

formule semi-développée — formule topologique

Cet alcool s'appelle donc le cyclopentanol.

17 Alcanes et alcools

Enoncé p. 223

Lycée Guynemer, Compiègne

L'hexane, de formule brute C_6H_{14}, possède une masse molaire plus importante que celle du pentane (de formule brute C_5H_{12}) :

$$M_{\text{hexane}} > M_{\text{pentane}}$$

Or, plus la masse molaire d'un alcane est importante, plus sa température d'ébullition est élevée. C'est pourquoi on peut associer les grandeurs suivante :

hexane .... $\theta_{\text{éb}} = 69°C$ .... bouteille *A*
pentane........... $\theta_{\text{éb}} = 36°C$ .... bouteille *B*

18 Alcanes et alcools

Enoncé p. 223

Lycée Victor Hugo, Colomiers

1 La molécule d'octan-1-ol est un alcool qui possède 8 atomes de carbone (d'où provient la racine *octa* dans le nom de la molécule) dont le premier (ou le dernier) de la chaîne est lié au groupe –OH :

$$CH_3–CH_2–CH_2–CH_2–CH_2–CH_2–CH_2–CH_2–OH \text{ ou } C_8H_{17}–OH$$

2 La différence d'électronégativité entre l'oxygène et l'hydrogène provoque, sur la liaison O–H, un déplacement des électrons statistiquement favorable à l'oxygène (qui se voit pourvu d'une charge formelle δ^- négative, tandis que l'hydrogène est chargé positivement). Des liaisons O · · · H intermoléculaires, appelées *liaisons hydrogène*, s'établissent entre les molécules d'alcool, assurant la cohésion du liquide :

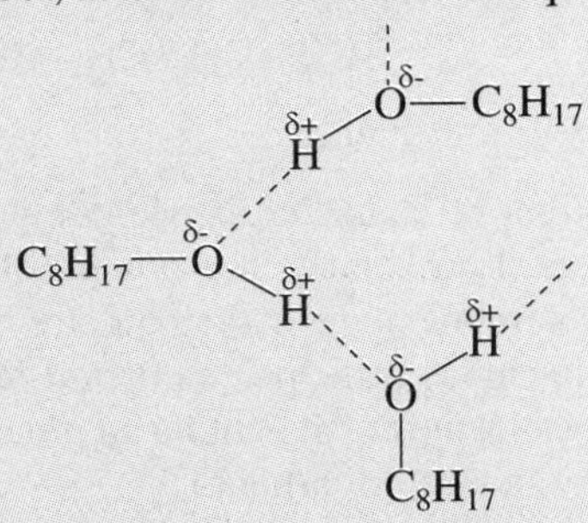

3 L'alcane (octane) et l'alcool présentent des chaînes carbonées de même longueur (8 atomes de carbone). En revanche, l'alcool peut établir des liaisons hydrogène qui sont inaccessibles à l'alcane. C'est pourquoi la cohésion de l'alcool, sous forme liquide, est mieux assurée que celle de l'alcane qui se vaporise ainsi plus facilement (sa température d'ébullition : 126°C est inférieure à celle de l'alcool : 195°C).

4 La présence du groupe –OH devrait assurer à l'alcool une bonne solubilité dans l'eau. Cependant, la chaîne carbonée comportant 8 atomes de carbone présente un encombrement stérique important : la chaîne hydrocarbonée (C_8H_{17}–) hydrophobe (non miscible à l'eau) masque la « tête » hydrophile –OH de la molécule. La molécule, sans être totalement insoluble, présente une faible miscibilité dans l'eau (sa solubilité dans l'eau vaut en fait 0,54 $g \cdot L^{-1}$ à 25°C).

19 Alcanes et alcools

Enoncé p. 223

Lycée Alexandre Dumas, Saint-Cloud

1 La formule brute d'un alcane composé de n atomes de carbone s'écrit : C_nH_{2n+2}.

2 La masse molaire d'un tel alcane vaut alors :

$$M = n\,M_C + (2n+2)\,M_H = n \times 12 + (2n+2) \times 1 = 14n + 2$$

Appliquée à l'alcane A, cette relation devient :

$$14n + 2 = M_A = 72 \Rightarrow 14n = 72 - 2 = 70 \Rightarrow n = 5$$

auquel cas cet alcane a pour formule brute C_5H_{12}.

3 Deux alcanes sont isomères s'ils possèdent la même formule brute (C_nH_{2n+2}), mais sont différents par la longueur de la chaîne hydrocarbonée principale ou par la position des substituants sur cette chaîne.

4 Plusieurs alcanes isomères possèdent la même formule brute C_5H_{12} :

- l'alcane non substitué, dont la chaîne carbonée comporte 5 atomes de carbone :

$$CH_3–CH_2–CH_2–CH_2–CH_3$$

qui s'appelle le pentane.

- l'alcane dont la chaîne carbonée comporte 4 atomes de carbone (il s'agit alors d'un butane). Le groupe méthyle porteur du cinquième atome de carbone ne peut alors qu'être lié au deuxième atome de carbone de la chaîne principale (s'il était lié au troisième, il redonnerait la même molécule et s'il était lié au premier, la chaîne principale comporterait 5 atomes de carbone) :

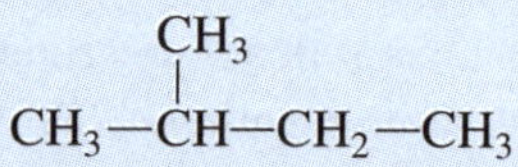

Cet isomère s'appelle alors le méthylbutane (la position du groupe méthyle étant unique, la préciser devient superflu).

- l'alcane dont la chaîne carbonée principale ne comporte que 3 atomes de carbone (il s'agit d'un propane), dont le deuxième est lié à deux groupes méthyle (–CH_3) :

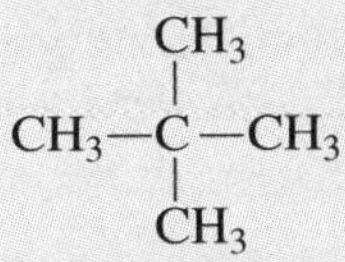

Puisque la position de ces groupes est unique (sans quoi la chaîne carbonée principale posséderait 4 atomes de carbone), sa précision est superflue dans le nom de l'alcane : le diméthylpropane.

5 Pour une masse molaire donnée, plus une molécule possède de substituants (ici des groupes méthyle $-CH_3$), plus sa température d'ébullition est basse. C'est pourquoi on peut attribuer les températures d'ébullition aux différents isomères de formule brute C_5H_{12} :

molécule	nombre de substituants	$\theta_{éb}$
pentane	0	36°C
méthylbutane	1	25°C
diméthylpropane	2	9°C

20 Combustion des alcanes

Enoncé p. 224

Lycée Guy de Maupassant, Colombes

1 Pour établir la formule générale de combustion d'un alcane non cyclique, il suffit d'exploiter l'algorithme développé à la page 211 et qui conduit à :

$$C_nH_{2n+2} + \frac{3n+1}{2}\,O_{2(gaz)} \rightarrow n\,CO_{2(gaz)} + (n+1)\,H_2O_{(gaz)}$$

2 La masse molaire du dioxyde de carbone étant :

$$M_{CO_2} = M_C + 2\,M_O = 12 + 2 \times 16 = 44\ g \cdot mol^{-1}$$

la masse $m_2 = 13{,}2$ g de $CO_{2(gaz)}$ contient la quantité de matière n_2 telle que :

$$m_2 = n_2\,M_{CO_2} \Rightarrow n_2 = \frac{m_2}{M_{CO_2}} = \frac{13{,}2}{44} = 0{,}3\ mol$$

3 En notant n_0 et n_1 les quantités de matière initiales en alcane et en dioxygène, le tableau d'avancement de la réaction s'écrit :

	$C_nH_{2n+2}+$	$\frac{3n+1}{2}\,O_{2(gaz)} \rightarrow$	$n\,CO_{2(gaz)}+$	$(n+1)\,H_2O_{(gaz)}$
$x = 0$	n_0	n_1	0	0
$x_f \neq 0$	$n_0 - x_f$	$n_1 - \frac{3n+1}{2}x_f$	$n_2 = n\,x_f$	$n_3 = (n+1)x_f$

À la fin de la réaction, l'avancement prend alors une valeur x_f qui détermine les quantités de matière de dioxyde de carbone et d'eau :

$$\begin{cases} n_3 = (n+1)\,x_f \\ n_2 = n\,x_f \end{cases} \quad \Rightarrow \quad \frac{n_3}{n_2} = \frac{n+1}{n} = 1 + \frac{1}{n}$$

$$\Rightarrow \quad \frac{1}{n} = \frac{n_3}{n_2} - 1 = \frac{0{,}35}{0{,}3} - 1 = \frac{0{,}05}{0{,}3}$$

$$\Rightarrow \quad n = \frac{0{,}3}{0{,}05} = 6$$

Par conséquent, la formule brute de A est : C_6H_{14}.

21 Combustion des alcools

Enoncé p. 224

Lycée Blanche de Castille, Nantes

1 La combustion de l'éthanol ($CH_3–CH_2–OH$ ou C_2H_6O) consiste en sa réaction avec le dioxygène pour produire du dioxyde de carbone et de l'eau :

$$C_2H_6O_{(liq)} + O_{2\,(gaz)} = CO_{2\,(gaz)} + H_2O$$

- Cette équation doit d'abord être équilibrée relativement aux éléments carbone et hydrogène, en agissant directement sur le membre de droite :

$$C_2H_6O_{(liq)} + O_{2\,(gaz)} = 2\,CO_{2\,(gaz)} + 3\,H_2O$$

- Le membre de droite contient ainsi $2\times2+3 = 7$ atomes d'oxygène que l'on doit retrouver dans le membre de gauche sous forme de C_2H_6O et sous forme O_2 :

$$C_2H_6O_{(liq)} + 3\,O_{2\,(gaz)} = 2\,CO_{2\,(gaz)} + 3\,H_2O$$

2 Lors de l'expérience, l'énergie libérée E_{lib} par la combustion est convertie en chaleur (Q), laquelle est reçue par le calorimètre, dont la température varie de $\theta_i = 24{,}8$°C à $\theta_f = 30{,}6$°C :

$$E_{lib} = Q = C\,(\theta_f - \theta_i) = 7{,}21.10^3 \times (30{,}6 - 24{,}8) = 41\,818\text{ J}$$

3 La masse molaire de l'éthanol valant :

$$M_{C_2H_6O} = 2\,M_C + 6\,M_H + M_O = 2 \times 12 + 6 \times 1 + 16 = 46\text{ g}\cdot\text{mol}^{-1}$$

une masse $m = 1{,}56$ g d'alcool contient la quantité de matière :

$$n = \frac{m}{M_{C_2H_6O}} = \frac{1{,}56}{46} \simeq 0{,}034\text{ mol de } C_2H_6O$$

Le tableau d'avancement de cette réaction :

	$C_2H_6O_{(gaz)}$	$+3\,O_{2\,(gaz)}$	$=2\,CO_{2\,(gaz)}$	$+\ 3\,H_2O$
$x = 0$	n	n_1	n_2	n_3
$x \neq 0$	$n - x$	$n_1 - 3x$	$n_2 + 2x$	$n_3 + 3x$

montre qu'à l'issue de cette combustion, l'avancement prend une valeur $x = x_f$ qui assure la disparition de C_2H_6O :

$$n - x_f = 0 \Rightarrow x_f = n = 0{,}034 \text{ mol}$$

Par conséquent, la chaleur de réaction prend une valeur Q_r telle que :

$$E_{\text{lib}} = -Q_r \times x_f \Rightarrow Q_r = -\frac{E_{\text{lib}}}{x_f} = -\frac{41\,818}{0{,}034} \Rightarrow Q_r \simeq -1\,230 \text{ kJ}\cdot\text{mol}^{-1}$$

22 Combustion des alcanes

Enoncé p. 224

Lycée Félix Faure, Beauvais

Déterminons, au préalable, l'équation de la réaction de combustion du propane dans le dioxygène, qui produit du dioxyde de carbone ($CO_{2(\text{gaz})}$) et de la vapeur d'eau ($H_2O_{(\text{gaz})}$) :

$$C_3H_{8(\text{gaz})} + O_{2(\text{gaz})} = CO_{2(\text{gaz})} + H_2O_{(\text{gaz})}$$

- Cette équation doit être équilibrée à l'égard des éléments carbone et hydrogène, en agissant directement sur le membre de droite :

$$\underbrace{C_3H_{8(\text{gaz})} + O_{2(\text{gaz})}}_{\substack{3 \text{ atomes C} \\ 8 \text{ atomes H}}} = \underbrace{3\,CO_{2(\text{gaz})} + 4\,H_2O_{(\text{gaz})}}_{\substack{3 \text{ atomes C} \\ 8 \text{ atomes H}}}$$

- Le membre de droite présente alors $3 \times 2 + 4 = 10$ atomes d'oxygène, que l'on doit retrouver sous forme de molécules O_2 :

$$C_3H_{8(\text{gaz})} + 5\,O_{2(\text{gaz})} = 3\,CO_{2(\text{gaz})} + 4\,H_2O_{(\text{gaz})}$$

Recensons alors les liaisons formées et les liaisons rompues au cours de ce processus :

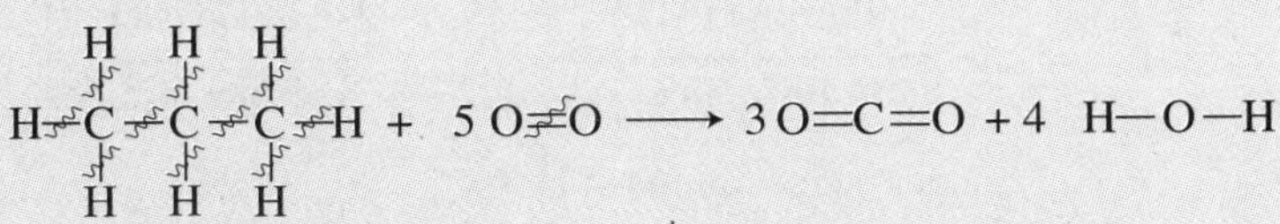

liaisons rompues : 2 liaisons C–C ; 8 liaisons C–H ; 5 liaisons O=O

liaisons formées : 3×2 liaisons C=O ; 4×2 liaisons O–H

La chaleur de réaction vaut alors :

$$\begin{aligned} Q_r &= \sum E_{\text{liaisons rompues}} - \sum E_{\text{liaisons formées}} \\ &= (8\,E_{\text{C-H}} + 2\,E_{\text{C-C}} + 5\,E_{\text{O=O}}) - (6\,E_{\text{C=O}} + 8\,E_{\text{O-H}}) \\ &= (8 \times 412 + 2 \times 348 + 5 \times 496) - (6 \times 804 + 8 \times 463) \\ \Rightarrow\ & Q_r = -2\,056 \text{ kJ} \cdot \text{mol}^{-1} \end{aligned}$$

23 Combustion des alcanes

Lycée Rosa Parks, Montgeron

Enoncé p. 225

1 La combustion du méthane (CH_4) consiste en sa réaction avec le dioxygène pour former du dioxyde de carbone et de l'eau :

$$CH_{4(gaz)} + O_{2(gaz)} = CO_{2(gaz)} + H_2O_{(gaz)}$$

Pour équilibrer cette réaction :

- on équilibre, à l'aide de $CO_{2(gaz)}$ et de $H_2O_{(gaz)}$, pour les éléments C et H :

$$\underbrace{CH_{4(gaz)} + O_{2(gaz)}}_{\substack{\text{1 atome C} \\ \text{4 atomes H}}} = \underbrace{CO_{2(gaz)} + 2\,H_2O_{(gaz)}}_{\substack{\text{1 atome C} \\ \text{4 atomes H}}}$$

- Le membre de droite de cette équation contient alors $2 + 2 \times 1 = 4$ atomes d'oxygène que l'on doit retrouver dans le membre de gauche :

$$\underbrace{CH_{4(gaz)} + 2\,O_{2(gaz)}}_{\text{4 atomes O}} = \underbrace{CO_{2(gaz)} + 2\,H_2O_{(gaz)}}_{\text{4 atomes O}}$$

2 **(a)** La chaleur de la réaction de combustion du méthane s'obtient après un recensement des liaisons rompues et des liaisons formées au cours de la réaction mentionnée précédemment (car le coefficient stœchiométrique qui accompagne CH_4 vaut 1) :

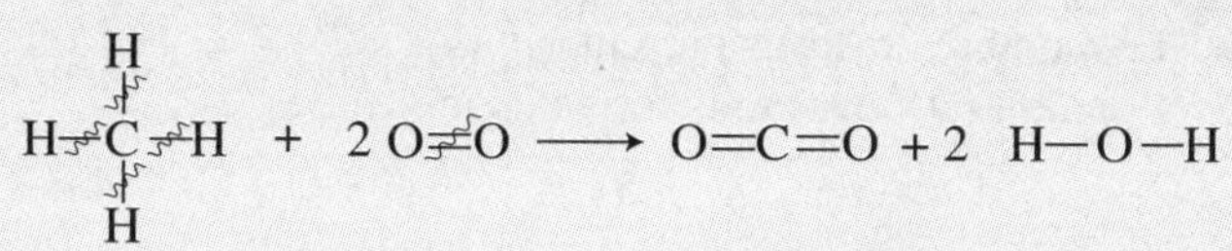

liaisons rompues	liaisons formées
4 liaisons C–H	2 liaisons C=O
2×1 liaison O=O	2×2 liaisons O–H

La chaleur de réaction vaut alors :

$$\begin{aligned} Q_r &= \sum E_{\text{liaisons rompues}} - \sum E_{\text{liaisons formées}} \\ &= (4\,E_{\text{C-H}} + 2\,E_{\text{O=O}}) - (2\,E_{\text{C=O}} + 4\,E_{\text{O-H}}) \\ &= (4 \times 410 + 2 \times 494) - (2 \times 803 + 4 \times 462) \\ \Rightarrow &\quad Q_r = -826\ \text{kJ} \cdot \text{mol}^{-1} \end{aligned}$$

(b) La masse molaire du méthane valant :

$$M_{CH_4} = M_C + 4\,M_H = 12 + 4 \times 1 = 16\ \text{g} \cdot \text{mol}^{-1}$$

une masse $m = 1$ kg $= 1\,000$ g de méthane contient une quantité de matière n telle que :

$$m = n \times M_{CH_4} \Rightarrow n = \frac{m}{M_{CH_4}} = \frac{1\,000}{16} = 62{,}5\ \text{mol}$$

Le tableau d'avancement de la réaction

	$CH_{4\,(gaz)} + 2\,O_{2\,(gaz)} = CO_{2\,(gaz)} + 2\,H_2O_{(gaz)}$			
$x = 0$	n	n_0	n_1	n_2
$x \neq 0$	$n - x$	$n_0 - 2x$	$n_1 + x$	$n_2 + 2x$
x_f	0	$n_0 - 2x_f$	$n_1 + x_f$	$n_2 + 2x_f$

montre qu'à l'issue de la combustion complète de n mol de méthane, l'avancement de la réaction prend une valeur x_f telle que :

$$n - x_f = 0 \Rightarrow x_f = n = 62{,}5 \text{ mol}$$

Par conséquent, la combustion de 1 kg de méthane dégage l'énergie :

$$\begin{aligned} E_{\text{lib}} &= -x_f \times Q_r = 62{,}5 \times 826.10^3 \\ &\Rightarrow \text{P.C.} = E_{\text{lib}} \simeq 51\,625 \text{ kJ} \cdot \text{kg}^{-1} \end{aligned}$$

24 Combustion des alcanes

Enoncé p. 225

Institut Notre-Dame, Meudon

1 La combustion de la paraffine consiste en une réaction entre $C_{25}H_{52\,(sol)}$ et le dioxygène $O_{2\,(gaz)}$, qui produit de l'eau et du dioxyde de carbone :

$$C_{25}H_{52\,(sol)} + O_{2\,(gaz)} = CO_{2\,(gaz)} + H_2O$$

- Cette équation doit être équilibrée à l'égard des éléments carbone et hydrogène :

$$\underbrace{C_{25}H_{52\,(sol)} + O_{2\,(gaz)}}_{\substack{\text{25 atomes C} \\ \text{52 atomes H}}} = \underbrace{25\,CO_{2\,(gaz)} + 26\,H_2O}_{\substack{\text{25 atomes C} \\ \text{52 atomes H}}}$$

- À droite de cette équation apparaissent :

$$25 \times 2 + 26 = 76 \text{ atomes d'oxygène.}$$

Ces atomes se retrouvent dans le membre de gauche de l'équation, qui devient alors :

$$C_{25}H_{52\,(sol)} + 38\,O_{2\,(gaz)} = 25\,CO_{2\,(gaz)} + 26\,H_2O$$

L'expérience révèle que la combustion s'arrête alors qu'il reste de la bougie (de la paraffine). Par conséquent, le réactif limitant est le dioxygène.

2 • La masse molaire de la paraffine ($C_{25}H_{52}$) vaut :

$$M_p = 25 \times M_C + 52 \times M_H = 25 \times 12 + 52 \times 1 = 352 \text{ g} \cdot \text{mol}^{-1}$$

COURS EXERCICES CORRIGÉS

Donc, un morceau de paraffine de masse $m = 3{,}52$ g contient une quantité de matière n_p de paraffine telle que :

$$m = n_p \times M_p \Rightarrow n_p = \frac{m}{M_p} = \frac{3{,}52}{352} \Rightarrow n_p = 0{,}01 \text{ mol de } C_{25}H_{52}$$

- Le volume de dioxygène V_{O_2} contenu dans l'air ne représente que 20% de ce volume d'air V_{air} :

$$V_{O_2} = \frac{20}{100} \times V_{air} = 0{,}2 \times V_{air}$$

de sorte qu'un volume $V_{air} = 500$ mL $= 0{,}5$ L d'air contient :

$$V_{O_2} = 0{,}2 \times 0{,}5 = 0{,}1 \text{ L de } O_2$$

Par conséquent, ce volume contient une quantité de matière n_{O_2} en dioxygène, donnée par le volume molaire des gaz :

$$V_{O_2} = n_{O_2} \times V_m \quad \Rightarrow \quad n_{O_2} = \frac{V_{O_2}}{V_m} = \frac{0{,}1}{24}$$

$$\Rightarrow \quad n_{O_2} \simeq 4{,}17.10^{-3} \text{ mol}$$

3 Bien qu'on ignore les quantités initiales de dioxyde de carbone et d'eau (on les notera n_1 et n_2), le tableau d'avancement de la réaction s'écrit :

	$C_{25}H_{52(sol)}$ +	$38\ O_{2(gaz)}$ =	$25\ CO_{2(gaz)}$ +	$26\ H_2O$
$x = 0$	n_p	n_{O_2}	n_1	n_2
$x \neq 0$	$n_p - x$	$n_{O_2} - 38x$	$n_1 + 25x$	$n_2 + 26x$
x_f	$n_p - x_f$	0	$n_1 + 25x_f$	$n_2 + 26x_f$

Puisque le dioxygène est le réactif limitant, la réaction cesse dès que l'avancement x prend une valeur x_f qui assure la consommation totale de O_2 :

$$n_{O_2} - 38\,x_f = 0 \Rightarrow x_f = \frac{n_{O_2}}{38} = \frac{4{,}17.10^{-3}}{38} \simeq 1{,}10.10^{-4} \text{ mol}$$

4 Le tableau d'avancement ci-dessus montre que, lorsque l'avancement prend la valeur x_f, la quantité de paraffine brûlée correspond justement à x_f. Donc la masse de paraffine brûlée vaut :

$$\Delta m_p = x_f \times M_p = 1{,}10.10^{-4} \times 352 \Rightarrow \Delta m_p \simeq 4{,}4.10^{-2} \text{ g}$$

Chapitre 7

Champs et forces

Plan du chapitre

Exercice type — Institut Notre-Dame, Saint-Germain-en-Laye

On dispose de trois bobines selon le schéma ci-dessous. Les axes des bobines font des angles de 120°. En O, chacune des bobines crée un champ magnétique de même valeur $B = 30$ mT.

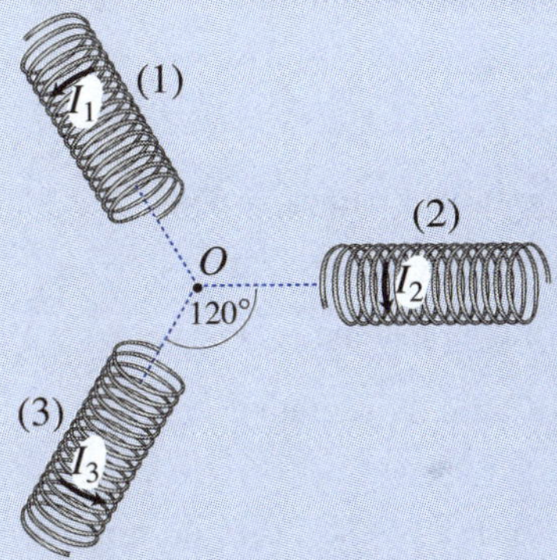

Déterminer les caractéristiques du champ magnétique résultant en O.

Voir corrigé page 260

1 Généralités

1.1 Champs scalaires et champs vectoriels

Définition 1

On appelle *champ* une grandeur physique définie en chaque point de l'espace.

Un champ peut être *scalaire*, c'est-à-dire caractérisé uniquement par sa valeur numérique. Par exemple :

- la température T est un champ scalaire : elle est caractérisée, en chaque point de l'espace, par une valeur numérique ;

- la pression P est un champ scalaire, aussi caractérisé par une valeur numérique en chaque point de l'espace (par exemple, plus l'altitude augmente, plus la pression atmosphérique diminue).

Un champ peut aussi être vectoriel, par exemple dans le cas de l'écoulement de l'air : en tout point de l'espace la vitesse de l'air est caractérisée par sa valeur, mais également par sa direction ou son sens (qui peuvent varier d'un point à l'autre) ; c'est le champ de vitesse.

Définition 2

Un champ est *uniforme* lorsqu'il ne varie pas d'un point à l'autre de l'espace.

1.2 Rappel sur les vecteurs

Définition 3

Un *vecteur* $\vec{V}$ est une grandeur caractérisée par :

- sa direction (horizontale, verticale,...) ;
- son sens (vers la droite, la gauche,...) ;
- sa norme $V = \left\| \vec{V} \right\|$ (taille du vecteur).

Deux vecteurs unitaires $\vec{\imath}$ et $\vec{\jmath}$ (c'est-à-dire de normes : $\|\vec{\imath}\| = \|\vec{\jmath}\| = 1$) et une origine O suffisent généralement à définir un repère $\mathcal{R} = (O, \vec{\imath}, \vec{\jmath})$.

Un vecteur $\vec{V}$ est décrit, dans $\mathcal{R}$, par ses composantes V_x et V_y qui s'obtiennent par projection orthogonale de $\vec{V}$ sur les axes (Ox) et (Oy) de vecteurs unitaires directeurs $\vec{\imath}$ et $\vec{\jmath}$. $\vec{V}$ admet ainsi deux représentations :

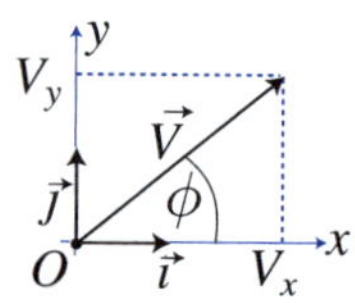

$$\vec{V} = V_x \vec{\imath} + V_y \vec{\jmath} \text{ et } \vec{V} = \begin{pmatrix} V_x \\ V_y \end{pmatrix}$$

Soit ϕ l'angle que fait $\vec{V}$ avec l'un des axes (par exemple l'axe Ox). Les composantes de $\vec{V}$ peuvent s'exprimer en fonction de $V = \left\| \vec{V} \right\|$ et de ϕ :

- représenter les extrémités O et P de $\vec{V}$;
- projeter le point P sur l'axe par rapport auquel l'angle ϕ est défini (Q est ici ce projeté) ;
- définir, dans le triangle rectangle (OPQ) :

$$\left\{\begin{array}{l}\cos\phi = \dfrac{OQ}{OP} = \dfrac{OQ}{V} \\ \sin\phi = \dfrac{PQ}{OP} = \dfrac{PQ}{V}\end{array}\right. \Rightarrow \left\{\begin{array}{l} OQ = V\ \cos\phi \\ PQ = V\ \sin\phi\end{array}\right.$$

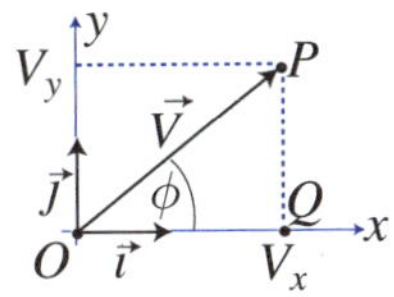

- repérer les composantes de $\vec{V}$ et les identifier à $\pm V_x$ et $\pm V_y$:

$$V_x = OQ = V\ \cos\phi \text{ et } V_y = PQ = V\ \sin\phi$$

ATTENTION

La dernière identification doit tenir compte des signes de V_x et V_y. On pourra, par exemple, trouver :

$$\left\{\begin{array}{l} V_x = OQ = V\ \cos\phi \\ V_y = -PQ = -V\ \sin\phi\end{array}\right.$$

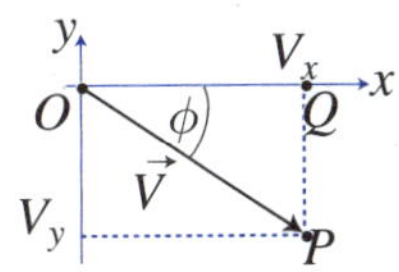

Rappelons quelques propriétés des vecteurs :

- *Addition des vecteurs*
La somme $\vec{U} = \vec{V} + \vec{W}$ s'obtient, graphiquement, en joignant l'extrémité « avec flèche » d'un vecteur à l'extrémité « sans flèche » de l'autre vecteur (en déplaçant, au besoin les deux vecteurs) :

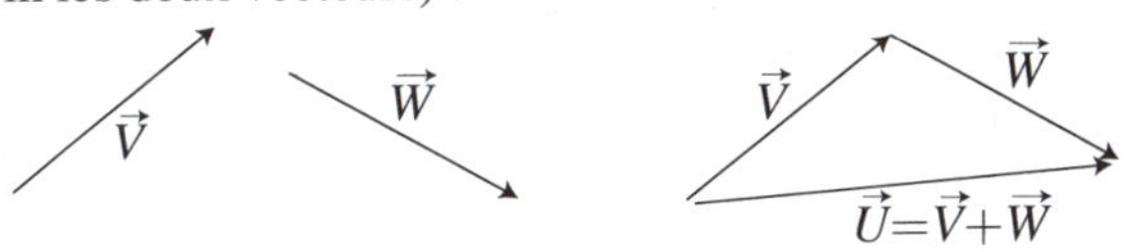

Analytiquement, l'addition de deux vecteurs se traduit par l'addition de leurs composantes :

$$\vec{V} + \vec{W} = \begin{pmatrix} V_x \\ V_y \end{pmatrix} + \begin{pmatrix} W_x \\ W_y \end{pmatrix} = \begin{pmatrix} V_x + W_x \\ V_y + W_y \end{pmatrix}$$

- *Égalité de deux vecteurs*
Deux vecteurs sont égaux si leurs composantes, associées aux mêmes vecteurs de base, le sont :

$$\vec{U} = \vec{V} \Rightarrow \begin{pmatrix} U_x \\ U_y \end{pmatrix} = \begin{pmatrix} V_x \\ V_y \end{pmatrix} \Leftrightarrow \left\{\begin{array}{l} U_x = V_x \\ U_y = V_y \end{array}\right.$$

- *Multiplication par un scalaire*
Soit α un scalaire et soit $\vec{U}$ un vecteur. La multiplication d'un vecteur par un scalaire se traduit par la multiplication de toutes les composantes du vecteur par le scalaire :

$$\alpha\vec{U} = \alpha\begin{pmatrix} U_x \\ U_y \end{pmatrix} = \begin{pmatrix} \alpha U_x \\ \alpha U_y \end{pmatrix}$$

L'identité $\vec{V} = \alpha\,\vec{U}$ signifie que :

- $\left\|\vec{V}\right\| = |\alpha| \times \left\|\vec{U}\right\|$;
- $\vec{U}$ et $\vec{V}$ sont *colinéaires* : les deux vecteurs ont la même direction (si $\alpha > 0$, ils ont aussi le même sens, mais si $\alpha < 0$, ils sont de sens contraire).

- *Norme d'un vecteur*

$$\vec{U} = \begin{pmatrix} U_x \\ U_y \end{pmatrix} \Rightarrow \left\|\vec{U}\right\| = \sqrt{U_x^2 + U_y^2}$$

2 Exemples de champs vectoriels

2.1 Champ magnétique

2.1.1 - Champ produit par un aimant

Définition 4

Une *ligne de champ* est une courbe qui est tangente, en chacun de ses points, au champ vectoriel.

Pour matérialiser les lignes de champ magnétiques issues d'un aimant, il suffit de verser de la limaille de fer sur une feuille de papier située au dessus de l'aimant. Ces lignes relient deux pôles (nord et sud).

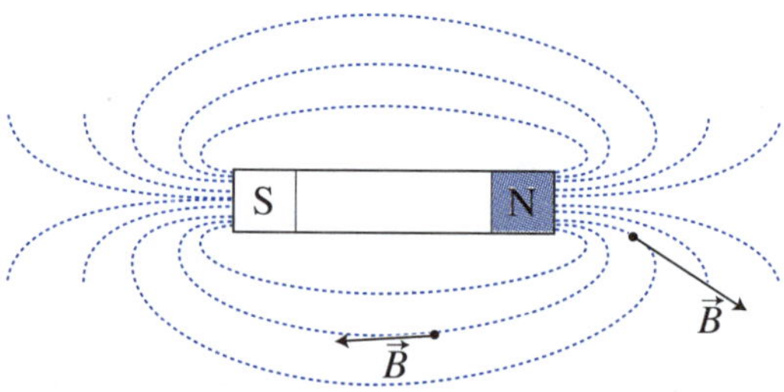

Le champ magnétique $\vec{B}$ est caractérisé par :

- sa direction : tangente aux lignes de champ ;
- son sens : du pôle nord vers le pôle sud de l'aimant, à l'extérieur de l'aimant ;
- son intensité (en tesla : T) : d'autant plus grande que les lignes de champ sont serrées.

Remarque : Deux pôles contraires de deux aimants s'attirent et deux pôles de même nature se repoussent.

À RETENIR

L'aiguille aimantée d'une boussole s'oriente selon la ligne de champ $\vec{B}$ sur laquelle elle se trouve. Le champ $\vec{B}$ traverse alors l'aiguille dans le sens sud-nord des pôles de l'aiguille, qui oriente ainsi son pôle sud vers le pôle nord de l'aimant :

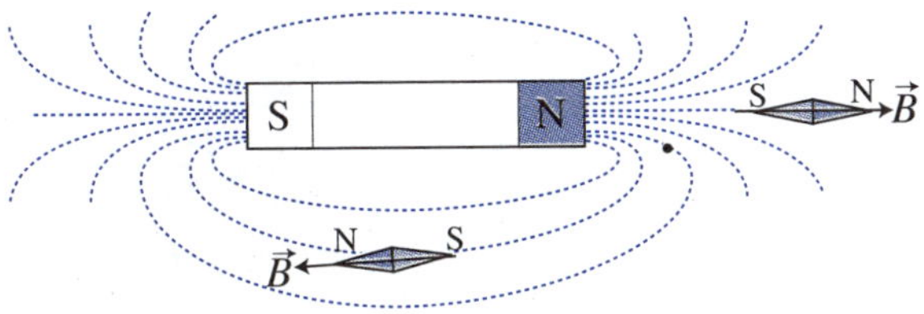

Remarque : Entre les bras d'un aimant en U est créé un champ presque uniforme : les vecteurs champ sont colinéaires (les lignes de champ sont parallèles), de même sens et presque de même norme :

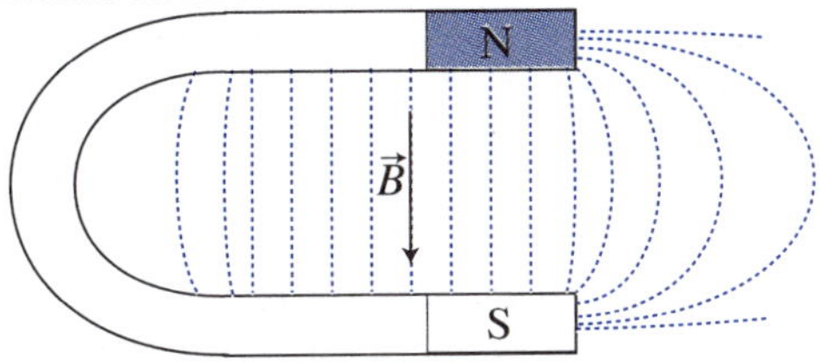

2.1.2 - Le champ magnétique terrestre

Le noyau fluide de la Terre est sûrement à l'origine du champ magnétique terrestre $\vec{B}_T$. La composante horizontale de $\vec{B}_T$ suit les lignes de champ qui relient le pôle nord magnétique et le pôle sud magnétique.

ATTENTION

Les pôles nord et sud magnétiques de la Terre ne coïncident pas avec les pôles nord et sud géographiques, qui définissent l'axe de rotation de la Terre.

Définition 5

On appelle *méridien magnétique* la courbe la plus courte, à la surface de la Terre, joignant les pôles magnétiques terrestres.

Les méridiens magnétiques ne coïncident pas plus avec les méridiens géographiques que ne le font les pôles.

ATTENTION

Le pôle nord de l'aiguille aimantée d'une boussole s'oriente vers le nord magnétique terrestre, ce qui signifie que les pôles nord et sud géomagnétiques sont, en fait, respectivement des pôles sud et nord.

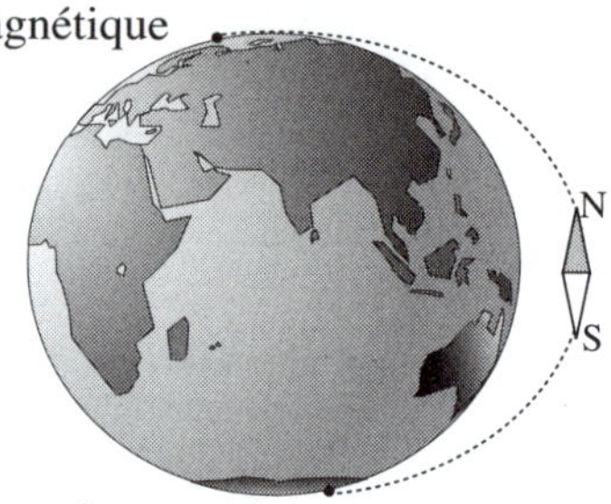

Définition 6

L'*inclinaison* désigne l'angle I que fait le champ magnétique terrestre avec la surface horizontale de la Terre.

Définition 7

La *composante horizontale du champ magnétique terrestre* est la projection $\vec{B}_H$ du champ magnétique terrestre $\vec{B}_T$ sur la surface horizontale de la Terre.

Définition 8

La déclinaison (horizontale) désigne l'angle D que fait la composante horizontale $\vec{B}_H$ avec le méridien géographique local.

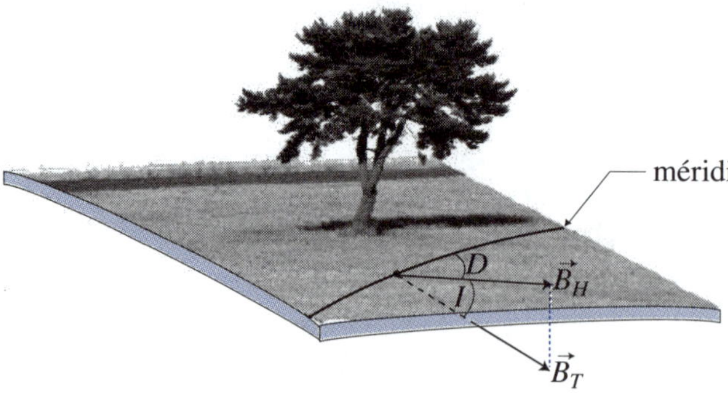

La composante horizontale du champ magnétique terrestre $\vec{B}_H$ (c'est elle qui est mise en évidence par l'aiguille d'une boussole) est caractérisée par :

- sa direction : inclinée d'un angle D par rapport au méridien géographique local (l'angle D varie d'un point à l'autre de la surface de la Terre) ;
- son sens : du pôle sud magnétique terrestre vers le pôle nord magnétique terrestre ;
- son intensité : variable d'un point à l'autre de la Terre (en France : $B_H \simeq 2.10^{-5}$ T).

2.1.3 - Champ produit par une bobine

Définition 9

Un *solénoïde* est une longue bobine cylindrique réalisée à l'aide d'un fil électrique.

À l'intérieur d'un solénoïde, les lignes de champ sont presque parallèles à l'axe du solénoïde :

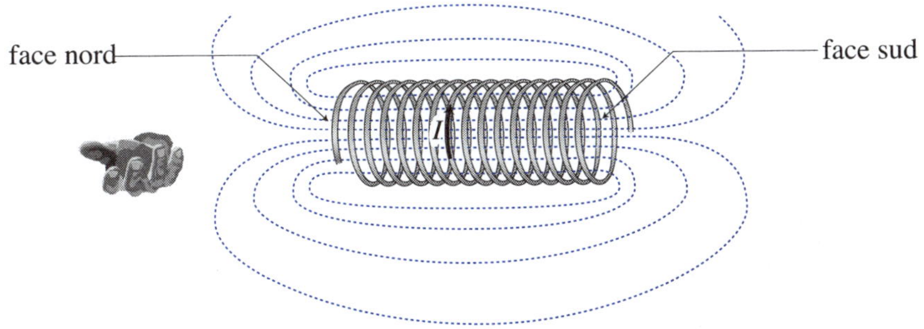

Une telle bobine se comporte comme un aimant : une face nord et une face sud jouent le rôle de pôles, que l'on peut déterminer à l'aide de la main droite : les doigts de la main droite tournant dans le sens du courant I qui circule dans la bobine, le pouce tendu indique où se trouve la face nord.

Remarque : Une autre méthode, pour trouver la nature d'une face d'un solénoïde consiste à tracer, sur cette face, la lettre N (pour *nord*) ou la lettre S (pour *sud*), dont les extrémités sont fléchées :

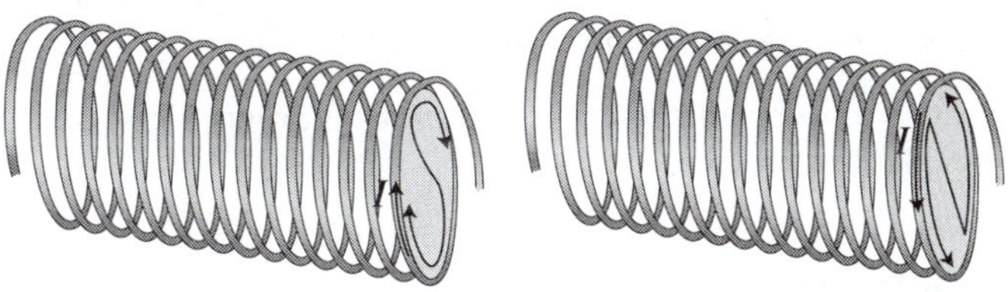

Lorsque le sens de ces flèches coïncide avec le courant I, la lettre indique la nature correspondante de la face.

À l'intérieur d'un solénoïde, le champ magnétique $\vec{B}$, produit par ce solénoïde, est caractérisé par :

- sa direction : parallèle à l'axe du solénoïde ;
- son sens, donné par la *règle de la main droite* : les doigts de la main droite tournant dans le sens de I, le pouce tendu indique le sens de $\vec{B}$;
- son intensité : proportionnelle à l'intensité du courant I.

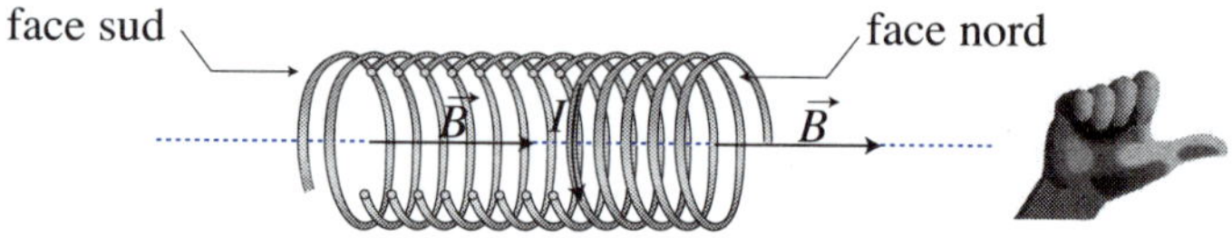

Remarque : Le champ magnétique, ainsi déterminé, il permet d'identifier la nature des faces : la champ magnétique sort toujours d'un aimant par son pôle nord (donc situé à droite, sur le schéma précédent).

2.1.4 - Champ magnétique produit par un fil

Un fil rectiligne très grand, parcouru par un courant d'intensité I, génère un champ magnétique dont les lignes de champ sont des cercles perpendiculaires au fil et centrés sur le fil :

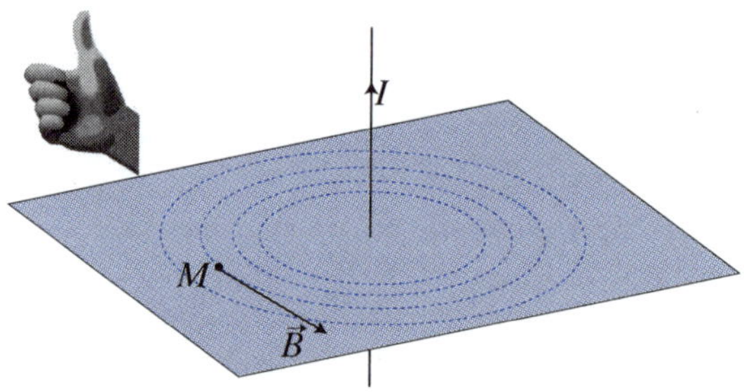

En un point M de l'espace, le champ magnétique est caractérisé par :

- sa direction : tangente à la ligne de champ circulaire qui passe par M ;
- son sens, donné par la main droite : le pouce de la main droite étant orienté comme I, les autres doigts tournent dans le sens de $\vec{B}$;
- son intensité : proportionnelle à I et inversement proportionnelle à la distance séparant M du fil.

2.2 La gravitation

2.2.1 - Champ de pesanteur

À la surface d'un astre (notamment de la Terre), un point matériel M, de masse

m, est soumis à un champ de pesanteur $\vec{g}$, à l'origine du poids $\vec{P}$ de M :

$$\vec{P} = m \times \vec{g} \text{ avec } \begin{cases} \|\vec{P}\| \text{ en newton (N)} \\ m \text{ en kilogramme} \\ \|\vec{g}\| \text{ en N} \cdot \text{kg}^{-1} \end{cases}$$

Le champ de pesanteur $\vec{g}$ est localement caractérisé par :

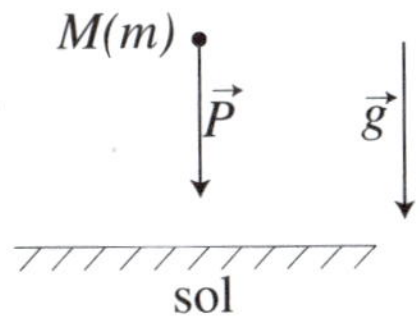

- sa direction : verticale (qui passe à proximité du centre de la Terre) ;
- sons sens : vers le sol
- son intensité, qui dépend de l'endroit où elle est mesurée :

à l'équateur . . . . $g \simeq 9{,}78 \text{ N} \cdot \text{kg}^{-1}$
aux pôles . . . . $g \simeq 9{,}83 \text{ N} \cdot \text{kg}^{-1}$
en moyenne, sur Terre . . . . $g \simeq 9{,}81 \text{ N} \cdot \text{kg}^{-1}$

Rappelons que, dans l'expression de $\vec{P}$, la masse m d'un corps est indépendante de l'endroit où se trouve ce corps ; seul $\vec{g}$ en dépend.

À RETENIR (Méthode)

Pour calculer la masse m d'un corps dont on connaît le volume V et la masse volumique μ, on applique la règle :

$$m = \mu \times V \text{ avec } \begin{cases} m \text{ en kg} \\ V \text{ en m}^3 \\ \mu \text{ en kg} \cdot \text{m}^{-3} \end{cases}$$

On rappelle quelques volumes élémentaires qu'il faut connaître :

Sphère	Parallélépipède rectangle	Cylindre
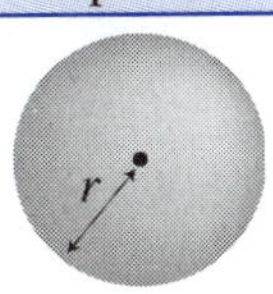	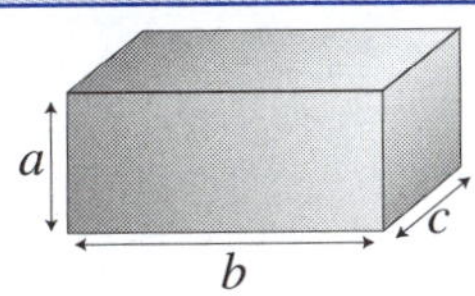	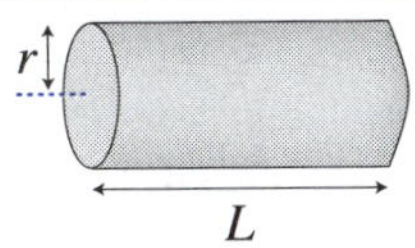
$V = \frac{4}{3}\pi r^3$	$V = a \times b \times c$	$V = \pi r^2 \times L$

2.2.2 - Champ de gravitation

Un point O de masse M, crée en un point P de l'espace, tel que :

$$OP = r \text{ et } \overrightarrow{OP} = r\,\vec{u}$$

un champ de gravitation :

$$\mathcal{G} = -G\,\frac{M}{r^2}\,\vec{u} \text{ avec } \begin{cases} \left\|\vec{\mathcal{G}}\right\| \text{ en N}\cdot\text{kg}^{-1} \\ M \text{ en kg} \\ r \text{ en m} \end{cases}$$

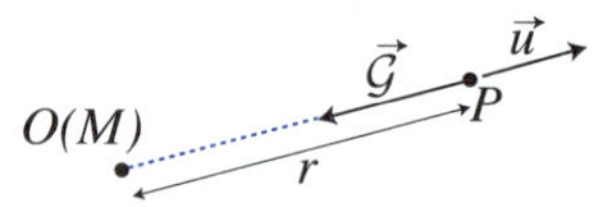

où $G = 6{,}67.10^{-11}$ S.I. est la constante de gravitation universelle.

Si le point P possède une masse m, il est alors soumis à une force de gravitation :

$$\vec{F}_g = m\,\vec{\mathcal{G}} = -G\,\frac{Mm}{r^2}\,\vec{u}$$

Remarque : Le signe négatif qui apparaît dans l'expression de $\vec{F}$ rend compte du caractère exclusivement attractif de la force de gravitation.

De même, un corps sphérique de masse M (par exemple un astre) et de centre O produit en un point P, extérieur à l'astre, le même champ de gravitation que si une masse ponctuelle M était placée en O :

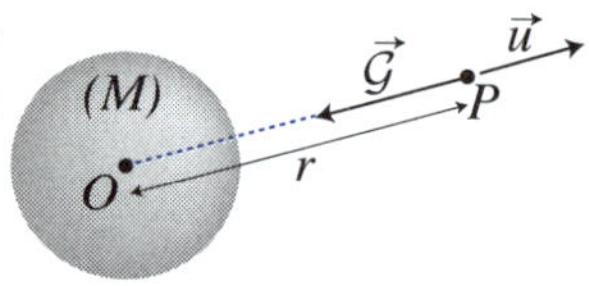

$$\vec{\mathcal{G}} = -G\,\frac{M}{r^2}\,\vec{u}$$

À la surface de la Terre, de rayon moyen R_T et de masse M_T, un point de masse m est soumis à un poids $\vec{P} = m\,\vec{g}$ qui s'identifie presque à la force de gravitation (la rotation de la Terre,... génère quelques petites différences entre ces forces) :

$$\vec{P} \simeq \vec{F}_g \Rightarrow m\,\vec{g} \simeq -G\,\frac{M_T m}{R_T^2}\,\vec{u} \Rightarrow \vec{g} \simeq -G\,\frac{M_T}{R_T^2}\,\vec{u}$$

2.3 Champ électrostatique dans un condensateur

Définition 10

Un *condensateur plan* est constitué de deux armatures planes, conductrice de l'électricité, parallèles, de surface très grande par rapport à la distance d qui les sépare.

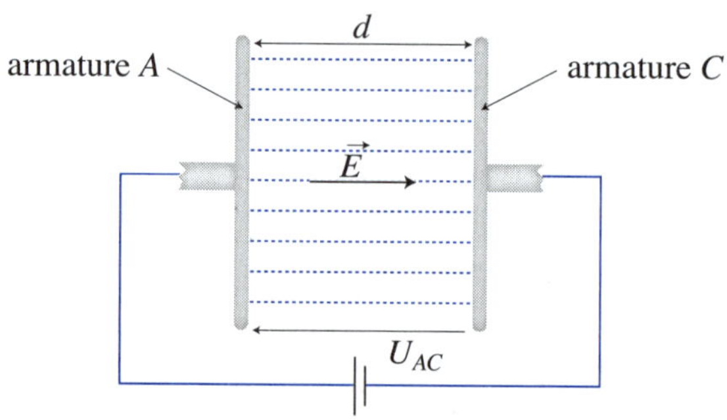

Un condensateur peut être relié aux bornes d'un générateur électrique ; soit A l'armature du condensateur connectée à la borne positive du générateur et soit C

celle reliée à la borne négative du générateur.

À l'intérieur d'un condensateur plan ainsi branché, et loin de ses bords, un champ électrique $\vec{E}$ prend naissance. Il est caractérisé par :

- sa direction : celle des lignes de champ, perpendiculaires aux armatures ;
- son sens : de l'armature A vers l'armature C ;
- son intensité, inversement proportionnelle à d et proportionnelle à la tension U_{AC} qui règne entre ses bornes :

$$E = \left\|\vec{E}\right\| = \frac{U_{AC}}{d} \text{ avec } \begin{cases} E \text{ en V} \cdot \text{m}^{-1} \\ U_{AC} \text{ en V} \\ d \text{ en m} \end{cases}$$

Une particule portant la charge q, placée entre les armatures du condensateur plan, se trouve soumise à une force électrostatique :

$$\vec{F}_e = q\,\vec{E} \text{ avec } \begin{cases} F_e = \left\|\vec{F}_e\right\| \text{ en N} \\ q \text{ en C} \\ E = \left\|\vec{E}\right\| \text{ en V} \cdot \text{m}^{-1} \end{cases}$$

Soient deux charges q_A et q_B placées respectivement aux points A et B. La force $\vec{F}_{A/B}$ que A exerce sur B suit la *loi de Coulomb* :

$$\vec{F}_{A/B} = k \times \frac{q_A\,q_B}{AB^2}\,\vec{u}$$

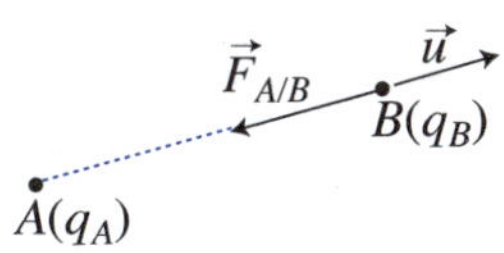

Elle est caractérisée par :

- son point d'application : le point B ;
- sa direction : la droite AB de vecteur directeur unitaire $\vec{u}$;
- son sens : de B vers A si les charges sont de signe opposé (attraction) ou de A vers B si les charges sont de même signe (répulsion) ;
- son intensité :

$$F_{A/B} = \left\|\vec{F}_{A/B}\right\| = k \times \frac{|q_A| \times |q_B|}{AB^2} \text{ où } k = 9.10^{-9}\ \text{kg} \cdot \text{m}^3 \cdot \text{A}^{-2} \cdot \text{s}^{-4}$$

désigne la constante de la loi de Coulomb.

Remarque : Réciproquement, le point B exerce sur la charge placée en A la force :

$$\vec{F}_{B/A} = -k \times \frac{q_A\,q_B}{AB^2}\,\vec{u} = -\vec{F}_{A/B}$$

Solution de l'exercice type

Le champ magnétique produit par une bobine est caractérisé par :

- sa direction : celle de l'axe de la bobine ;
- sons sens : orienté à l'aide de la règle de la main droite.

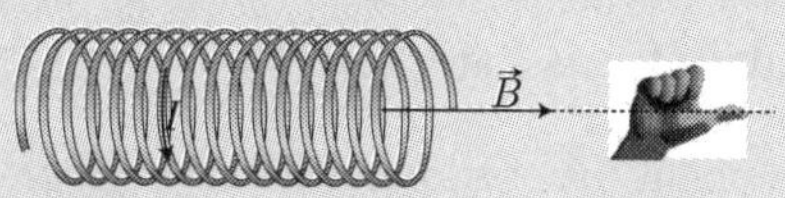

Pour chacune des trois bobines, cette règle revient à orienter le champ magnétique vers la droite :

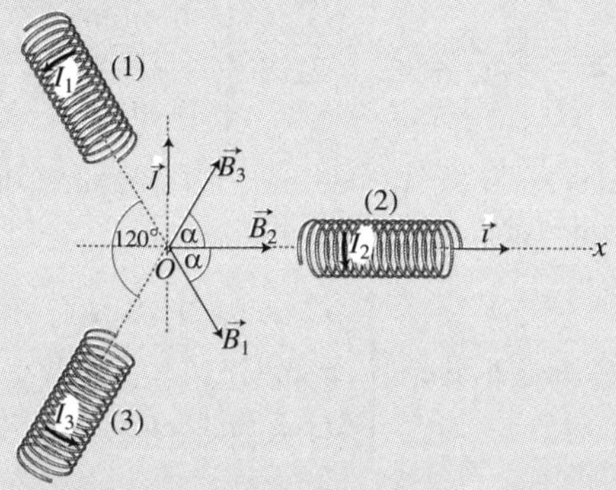

Soit Ox l'axe de la bobine $\mathcal{B}_2$ et soit $(O, \vec{i}, \vec{j})$ un repère de l'espace. Les directions des champs $\vec{B}_1$ et $\vec{B}_3$ faisant un angle 120°, ces vecteurs font chacun un angle $\alpha = 60°$ avec l'axe (Ox). Soit B la norme commune à $\vec{B}_1$, $\vec{B}_2$ et $\vec{B}_3$, ces trois vecteurs ont pour composantes :

$$\vec{B}_1 = \begin{pmatrix} B\cos\alpha \\ -B\sin\alpha \end{pmatrix} \qquad \vec{B}_2 = \begin{pmatrix} B \\ 0 \end{pmatrix} \qquad \vec{B}_3 = \begin{pmatrix} B\cos\alpha \\ B\sin\alpha \end{pmatrix}$$

Par conséquent, ces trois bobines créent en O un champ magnétique résultant :

$$\begin{aligned} \vec{B}_{\text{tot}} &= \vec{B}_1 + \vec{B}_2 + \vec{B}_3 = \begin{pmatrix} B\cos\alpha \\ -B\sin\alpha \end{pmatrix} + \begin{pmatrix} B \\ 0 \end{pmatrix} + \begin{pmatrix} B\cos\alpha \\ B\sin\alpha \end{pmatrix} \\ &= \begin{pmatrix} 2B\cos\alpha + B \\ 0 \end{pmatrix} \end{aligned}$$

avec :

$$\begin{aligned} 2B\cos\alpha + B &= B \times (2\cos\alpha + 1) = 30.10^{-3} \times [2 \times \cos(60°) + 1] \\ &= 6.10^{-2}\ \text{T} \end{aligned}$$

En conclusion, le champ résultant $\vec{B}_{\text{tot}}$ est caractérisé par :

- sa direction : celle du vecteur $\vec{i}$ (la composante de $\vec{B}_{\text{tot}}$ selon $\vec{j}$ est nulle) ;
- son sens : vers la droite ;
- son intensité : $B_{\text{tot}} = 6.10^{-2}\text{T} = 60\ \text{mT}$.

QCM **1** ## Connaissance du cours

15 min. | Corrigé p. 273

1 Lorsqu'un champ vectoriel ne varie pas d'un point à l'autre, il est :
a uniforme **b** isotrope **c** constant

2 Le champ $\vec{E}$ (de norme E), représenté ci-dessous :

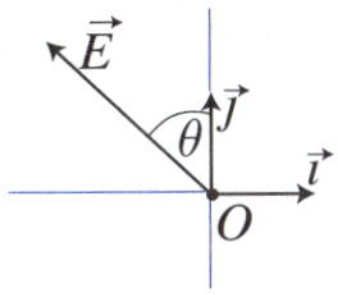

a pour composantes dans le repère $(O, \vec{\imath}, \vec{\jmath})$:

a $\vec{E} = \begin{pmatrix} E\cos\theta \\ E\sin\theta \end{pmatrix}$ **b** $\vec{E} = \begin{pmatrix} -E\sin\theta \\ E\cos\theta \end{pmatrix}$

c $\vec{E} = \begin{pmatrix} E\sin\theta \\ -E\cos\theta \end{pmatrix}$ **d** $\vec{E} = \begin{pmatrix} -E\cos\theta \\ E\sin\theta \end{pmatrix}$

3 Les vecteurs : $\vec{U} = \begin{pmatrix} 5 \\ 2 \end{pmatrix}$ et $\vec{V} = \begin{pmatrix} 3{,}40 \\ 1{,}36 \end{pmatrix}$, définis dans la base $\{\vec{\imath}, \vec{\jmath}\}$, sont :
a orthogonaux **b** colinéaires **c** égaux

4 À l'extérieur d'un aimant droit, le champ magnétique produit par l'aimant est :
a uniforme ;
b dirigé du pôle sud vers le pôle nord ;
c dirigé du pôle nord vers le pôle sud.

5 L'inclinaison du champ magnétique terrestre $\vec{B}_T$ désigne :
a l'angle que fait $\vec{B}_T$ avec une surface horizontale de la Terre ;
b l'angle que fait $\vec{B}_T$ avec le méridien géographique local ;
c l'angle que fait $\vec{B}_T$ avec la direction du nord magnétique.

6 La composante horizontale B_H du champ magnétique terrestre :
a prend la même valeur en tout point de la surface terrestre ;
b vaut, en France : $B_H \simeq 5.10^{-2}$ T ;
c vaut, en France : $B_H \simeq 2.10^{-5}$ T ;
d prend une valeur constante dans le temps.

7 Le solénoïde représenté ci-dessous est parcouru par un courant I :

Au centre A de sa face de gauche, le champ magnétique est :

COURS EXERCICES CORRIGÉS

a dirigé horizontalement de la droite vers la gauche ;

b dirigé horizontalement de la gauche vers la droite ;

c dirigé verticalement vers le bas ;

d dirigé verticalement vers le haut.

8 Un fil ($\mathcal{F}$), parcouru par un courant I, produit dans l'espace un champ magnétique représenté ci-dessous :

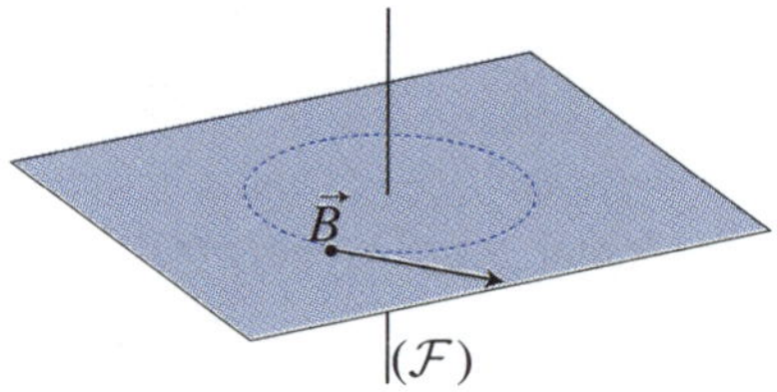

a Le courant I est dirigé vers le bas.

b Le courant I est dirigé vers le haut.

c Aucun courant I ne peut produire un tel champ.

QCM 2 Champ magnétique

20 min. **Corrigé** p. 274

Deux tiges conductrices T_1 et T_2, parallèles entre elles et distantes de 5,0 cm sont parcourues par des courants d'intensités respectives $I_1 = 40$ A et $I_2 = 30$ A.

Les courants sont orientés vers l'arrière de la feuille.

On cherche à déterminer les caractéristiques du vecteur champ magnétique créé par ces deux courants dans un plan perpendiculaire aux tiges en un point O situé à 4,0 cm de la tige T_1 et à 3,0 cm de la tige T_2.

On néglige le champ magnétique terrestre.

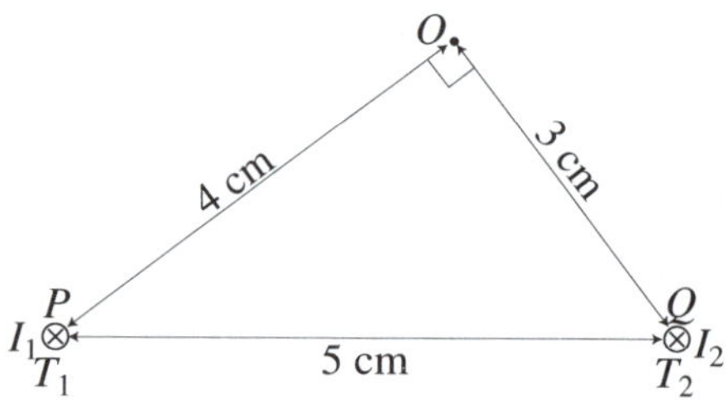

1 Le champ magnétique produit par un courant d'intensité I, circulant dans un fil rectiligne, en un point M situé à une distance d du fil, est :

a proportionnel à I et proportionnel à d ;

b proportionnel à I et inversement proportionnel à d ;

c inversement proportionnel à I et proportionnel à d ;

d inversement proportionnel à I et à d.

2 Soit $\vec{B}_1$ le champ magnétique que T_1 produit en O et soit $\vec{B}_2$ celui qu'y produit T_2. Ces champs ont pour intensités :

- **a** $B_1 = 2.10^{-4}$ T et $B_2 = 2.10^{-4}$ T ;
- **b** $B_1 = 5.10^{-4}$ T et $B_2 = 2.10^{-4}$ T ;
- **c** $B_1 = 2.10^{-4}$ T et $B_2 = 5.10^{-4}$ T.

3 Les champs $\vec{B}_1$ et $\vec{B}_2$ sont orientés selon les droites (OP) et (OQ). :

- **a** $\vec{B}_2$ est colinéaire à $\overrightarrow{PO}$ et $\vec{B}_1$ est perpendiculaire à $\overrightarrow{OQ}$;
- **b** $\vec{B}_2$ est perpendiculaire à $\overrightarrow{PO}$ et $\vec{B}_1$ est colinéaire à $\overrightarrow{OQ}$;
- **c** $\vec{B}_2$ est colinéaire à $\overrightarrow{PO}$ et $\vec{B}_1$ est colinéaire à $\overrightarrow{OQ}$;
- **d** $\vec{B}_2$ est perpendiculaire à $\overrightarrow{PO}$ et $\vec{B}_1$ est perpendiculaire à $\overrightarrow{OQ}$.

4 Parmi les représentations ci-dessous, quelle est celle qui donne le sens de $\vec{B}_1$ et de $\vec{B}_2$?

a

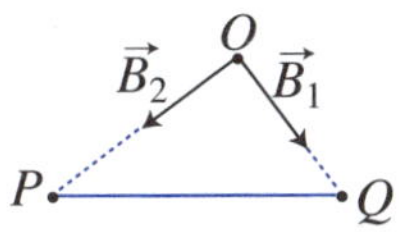

b

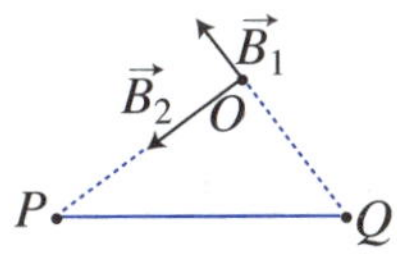

c

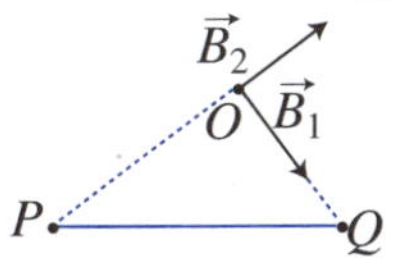

d

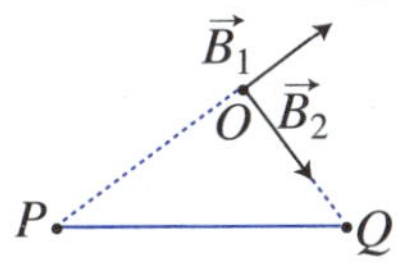

5 Le champ magnétique $\vec{B}$ résultant, en O, est dirigé :

- **a** horizontalement, vers la gauche ;
- **b** horizontalement, vers la droite ;
- **c** verticalement, vers le bas ;
- **d** de manière oblique, vers la droite.

6 Calculer l'intensité B du champ $\vec{B}$.

a $B = 2{,}8.10^{-4}$ T **b** $B = 7{,}1.10^{-4}$ T **c** $B = 5{,}4.10^{-4}$ T

3 Champ magnétique

★ 5 min. Corrigé p. 276

Lycée Victor Hugo, Colomiers

1 **(a)** Tracer, sur la figure 1, sans soucis d'échelle, le vecteur champ magnétique $\vec{B}$ aux points A, D et C indiqués.

(b) Dans quelle région de l'espace le champ magnétique est-il uniforme ?

2 **(a)** Représenter quelques lignes de champ terrestre sur la figure 2.

(b) Préciser, sur la figure 2, le nom des pôles (S et N) de l'aimant modélisant le champ magnétique terrestre.

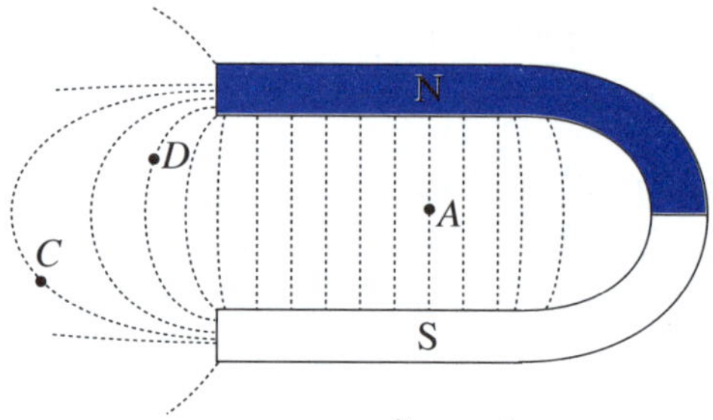

figure 1

figure 2

4 Champ magnétique

★ 5 min. Corrigé p. 276

Lycée Bouchardon, Chaumont

Sur le schéma ci-dessus, indiquer :

- le sens du courant I ;
- la direction et le sens du vecteur champ magnétique à l'intérieur du solénoïde ;
- les pôles nord et sud du solénoïde ;
- le nom des pôles des trois aiguilles aimantées.

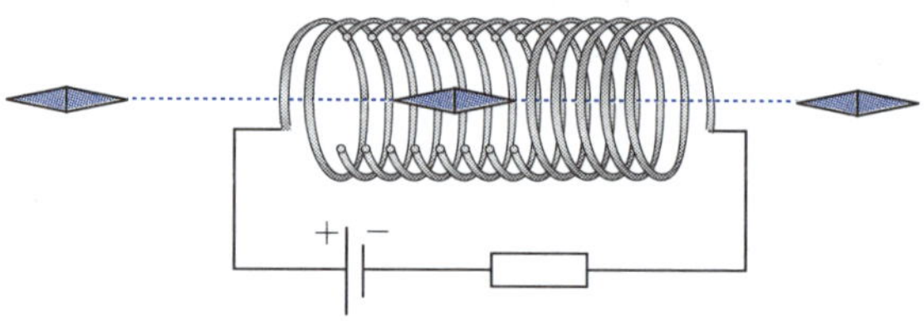

5 Champ magnétique

★ 5 min. Corrigé p. 277

Lycée Berlioz, Vincennes

1 Que représentent les courbes orientées du globe, sur le schéma page suivante ?

2 Est-ce le pôle nord ou le pôle sud des aiguilles aimantées qui s'orientent vers la Terre ? Justifier.

3 L'angle d'inclinaison i est l'angle formé par la direction de l'aiguille et la verticale du lieu considéré.

Quelle est la valeur de l'angle d'inclinaison au pôle nord magnétique ? à l'équateur magnétique ?

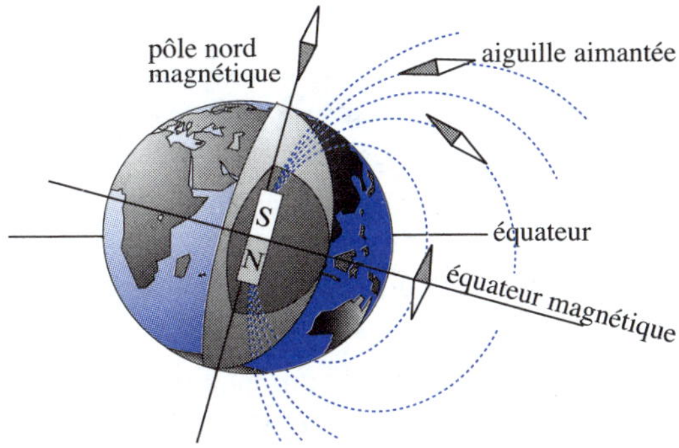

6 Champ magnétique

★ 5 min. Corrigé p. 278

Lycée Charlemagne, Paris

1 L'aimant d'un haut parleur a la forme indiquée ci-dessous (cylindre partiellement évidé) ce qui, en coupe, lui donne une forme de « E couché » :

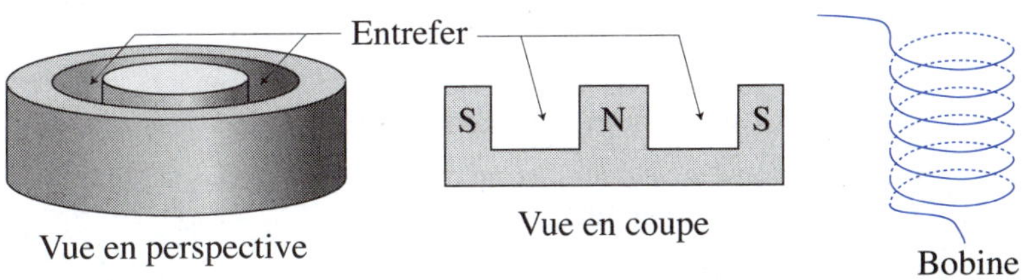

Sur le schéma de la vue en coupe, tracer quelques lignes de champ dans l'entrefer de cet aimant.

2 Choisir un sens pour le courant dans la bobine et dessiner l'allure des lignes de champ du champ magnétique ainsi créé. Représenter deux vecteurs champs magnétiques en deux points très différents de l'espace autour de cette bobine.

3 Dans le haut-parleur, la bobine s'insère dans l'entrefer, autour du pôle nord, tout en étant attachée à la membrane. Un courant alternatif la parcourt. En l'absence d'autres connaissances nécessaires, comment pourrait-on expliquer très simplement qu'on voi la membrane vibrer ?

7 Champ magnétique

★ 10 min. Corrigé p. 279

Lycée Montesquieu, Herblay

On dispose de deux fils rectilignes, parcourus par un courant I de même intensité et dont le sens est indiqué sur la figure ci-dessous. Chaque fil crée un champ magnétique de 1 mT à une distance de 1 cm.

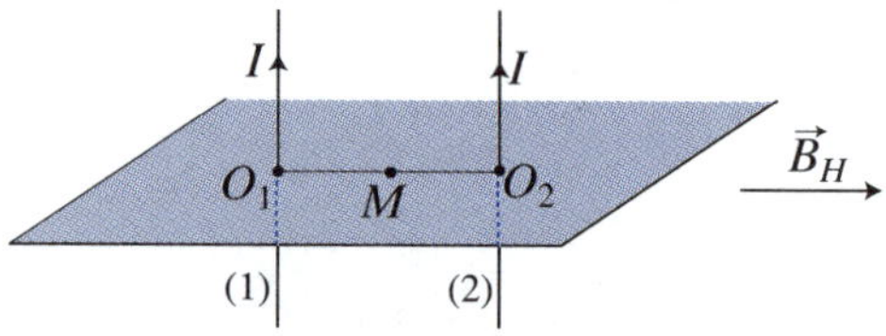

1 Représenter les vecteurs champ magnétique $\vec{B}_1$ et $\vec{B}_2$ créés par chaque fil en M, placé à 1 cm des deux fils.

2 Déterminer la norme du champ magnétique résultant en M. Préciser si le champ magnétique terrestre est négligeable.

3 On place, au point M, une aiguille aimantée ; la dessiner en précisant ses pôles.

Donnée : composante horizontale du champ magnétique terrestre :

$$B_H = 2{,}0.10^{-5}\text{ T}.$$

8 Champ magnétique

★★ 15 min. Corrigé p. 280

Lycée Monod, Clamart

Un solénoïde est parcouru par un courant dont le sens est indiqué ci-dessous.

1 Représenter le vecteur champ magnétique au centre O du solénoïde.

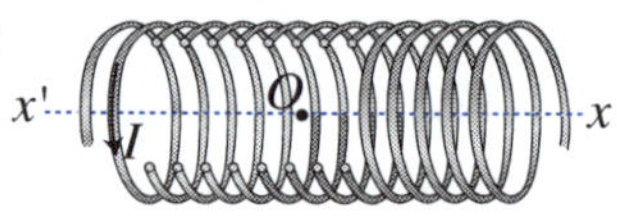

2 Indiquer les faces de la bobine.

3 On dispose une aiguille aimantée au point O de l'axe du solénoïde. En l'absence de courant, cette aiguille prend une direction horizontale perpendiculaire à l'axe $x'x$.

Lorsque le solénoïde est parcouru par un courant, l'aiguille dévie d'un angle α, comme indiqué sur le schéma ci-dessous. La bobine produit alors en O un champ magnétique d'intensité $B_b = 2{,}0.10^{-5}$ T.

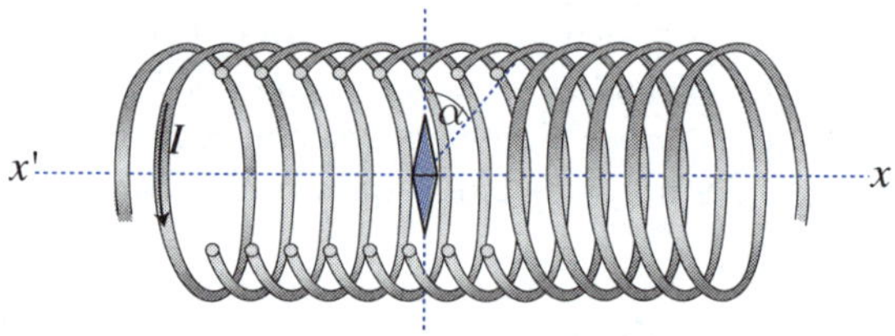

(a) Déterminer la valeur de l'angle α, exprimé en degré.

(b) Déterminer la norme du champ magnétique résultant.

Donnée : composante horizontale du champ magnétique terrestre :

$$B_H = 2{,}0.10^{-5}\text{ T}.$$

9 Champ électrostatique

★ 5 min. Corrigé p. 281

Lycée Guynemer, Compiègne

Un proton de charge e est placé dans une région où règne un champ électrostatique uniforme d'intensité $E = 2{,}0.10^3\ \text{V} \cdot \text{m}^{-1}$.

1 **(a)** Représenter, sur un schéma, l'allure des lignes de champ du champ électrostatique.

(b) Sur ce schéma, représenter en un point quelconque le champ électrostatique $\vec{E}$.

2 **(a)** Calculer l'intensité de la force subie par le proton dans cette zone.

(b) Représenter cette force sur le schéma précédent.

Donnée : charge élémentaire : $e = 1{,}6.10^{-19}\text{C}$.

10 Champ électrostatique

★ 5 min. Corrigé p. 281

Lycée Teilhard De Chardin, Saint-Maur des Fossés

Au cours d'un orage, par des mouvements internes au cumulonimbus, des charges positives s'accumulent à son sommet, alors que des charges négatives se trouvent dans sa base.

Par influence, la partie de la Terre sous le nuage se charge positivement. Par temps calme, le champ électrique à la surface de la Terre a une valeur moyenne d'environ 150 $\text{V} \cdot \text{m}^{-1}$. Par temps orageux, cette valeur est de l'ordre de 15 $\text{kV} \cdot \text{m}^{-1}$ et peut atteindre 100 $\text{kV} \cdot \text{m}^{-1}$ près des pointes (arbres, paratonnerres,...).

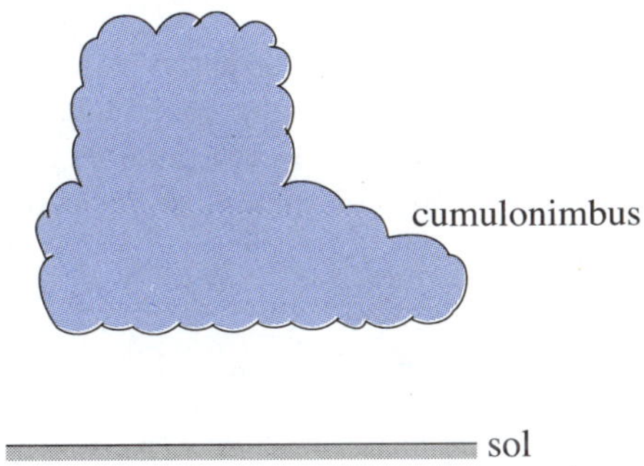

1 Faire apparaître, sur le schéma ci-dessus, la répartition des charges dans le nuage et sur le sol.

2 On modélise par un condensateur plan l'ensemble formé par la base du nuage et le sol.

(a) Représenter trois lignes du champ électrique créé entre le sol et la base du nuage.

(b) Tracer le vecteur représentant le champ électrique précédent.

(c) Sachant que la foudre correspond à une tension de l'ordre de 100 millions de volts entre la Terre et la base du nuage, calculer l'altitude de la base du nuage.

11 Loi de Coulomb

★★ 20 min. Corrigé p. 282

Lycée Charlemagne, Paris

Une particule P, portant une charge électrique q_P équivalente à celle de six protons, se trouve à une distance de 180 pm d'une particule R de charge q_R. Les particules s'attirent mutuellement avec des forces d'intensité $0,128\ \mu$N.

1 Quelle est la valeur de la charge q_P et quel est le signe de la charge q_R ?

2 Schématiser la situation. Donner l'expression vectorielle des forces électrostatiques en présence puis l'expression de leur intensité. En déduire la valeur de la charge q_R.

Données :

- charge élémentaire : $e = 1{,}6.10^{-19}$ C
- constante de la loi de Coulomb : $k = 9.10^{9}$ SI

12 Loi de Coulomb

★★★ 20 min. Corrigé p. 283

Lycée Berlioz, Vincennes

On considère une portion de cristal de chlorure de sodium. Les ions sont assimilés à des sphères comportant des charges ponctuelles placées en leur centre. Les rayons des sphères sont $r_{Cl^-} = 181$ pm et $r_{Na^+} = 97$ pm. On considère que les sphères sont en contact les unes avec les autres.

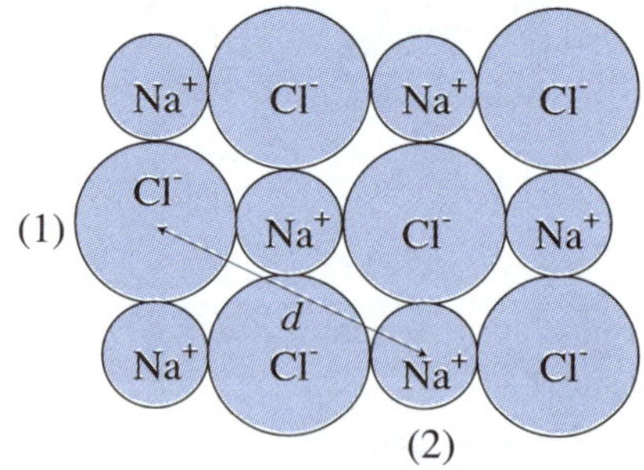

1 Montrer que la distance d figurant sur le schéma vaut $d = 622$ pm. Faire un calcul littéral avant le calcul numérique.

2 Calculer la valeur de la force exercée par l'ion (1) sur l'ion (2) puis la représenter sur le schéma.

Données :

- charge élémentaire : $e = 1{,}6.10^{-19}$ C ;
- constante de la loi de Coulomb : $k = 9{,}0.10^9$ USI.

13 Électrostatique et gravitation

★★ 15 min. Corrigé p. 284

Lycée Victor Hugo, Colomiers

On étudie le noyau d'un atome d'hélium $^3_2$He comportant deux protons (notés A et B) et un neutron (noté C). On modélise ces particules par des sphères de rayon r placées comme l'indique la figure page suivante.

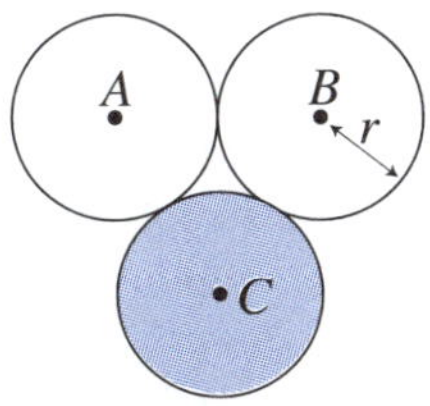

1 **(a)** Exprimer puis calculer la valeur de la force de gravitation $\vec{F}_g$ exercée par le proton A sur le proton B.

(b) Cette force est-elle attractive ou répulsive ?

(c) Représenter cette force sur la figure, sans soucis d'échelle.

2 **(a)** Exprimer puis calculer la valeur de la force électrostatique $\vec{F}_e$ exercée par le proton A sur le proton B.

(b) Cette force est-elle attractive ou répulsive ?

(c) Représenter cette force sur la figure, sans soucis d'échelle.

3 Comparer les valeurs de ces deux forces. Que peut-on en conclure ?

4 **(a)** Pourquoi les deux interactions, gravitationnelle et électrique, ne permettent pas d'expliquer la cohésion du noyau d'hélium ?

(b) Comment expliquer alors la cohésion du noyau d'hélium ?

Données :

- charge élémentaire : $e = 1{,}60.10^{-19}$ C ;
- masse d'un nucléon : $m = 1{,}673.10^{-27}$ kg ;
- rayon d'un nucléon : $r = 1{,}2.10^{-6}$ nm ;
- constante de la loi de Coulomb : $k = 9{,}0.10^9$ N · m^2 · C^{-2} ;
- constante de gravitation universelle : $G = 6{,}67.10^{-11}$ N · m^2 · kg^{-2}.

14 Champ de gravitation

★ 5 min. Corrigé p. 285

Lycée Alexandre Dumas, Saint-Cloud

Mercure, la première des planètes de notre système solaire, possède une masse $M = 3{,}30.10^{23}$ kg et un rayon $r = 2{,}44.10^{3}$ km.

1 Calculer l'intensité de la pesanteur g à la surface de Mercure.

2 Calculer le poids d'un objet de masse $m = 500$ g à la surface de Mercure.

Donnée : constante de gravitation universelle : $G = 6{,}67.10^{-11}\ \mathrm{m^3 \cdot kg^{-1} \cdot s^{-2}}$.

15 Champ de gravitation

★★ 30 min. Corrigé p. 286

Lycée Teilhard De Chardin, Saint-Maur des Fossés

Un trou noir stellaire résulte de l'effondrement d'une étoile massive sur elle-même. Le plus petit trou noir découvert jusqu'à présent à un rayon de 15 *km. Un trou noir moyen d'environ* 300 000 *masses terrestres a un rayon de* 30 *km alors que le rayon d'un « gros » trou noir stellaire peut atteindre* 300 *km, ce qui reste plus petit que les jets directifs de particules, émises à grande vitesse et qui s'étendent sur plusieurs centaines d'années lumière de chaque côté du trou noir.*

D'après http ://www.eso.org

1 Donner les caractéristiques du champ de gravitation de la Terre en un point A, situé à une distance R de son centre. À quelle condition peut-on assimiler champ de pesanteur et champ de gravitation ?

2 On donne l'expression et la valeur du champ de pesanteur terrestre :

$$g = G\,\frac{M_T}{R_T^2} = 9{,}8\ \mathrm{N \cdot kg^{-1}}$$

Évaluer la valeur du champ de gravitation à la « surface » d'un trou noir stellaire moyen

Donnée : rayon terrestre : $R_T = 6\,400$ km.

16 Champ de gravitation

★★★ 40 min. Corrigé p. 287

Lycée Saint-Exupéry, Mantes-la-Jolie

À la surface de la Terre, le champ de gravitation vaut g.

La Terre a une forme ovoïde telle que son rayon équatorial n'est pas exactement égal à son rayon polaire :

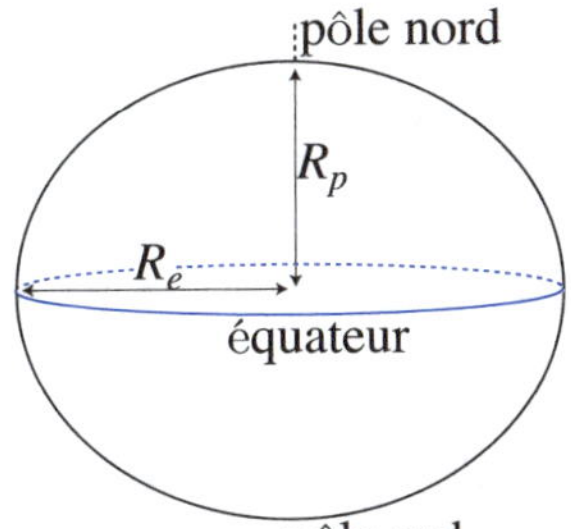

La différence des deux rayons vaut :

$$R_e - R_p = 21 \text{ km avec } R_e = 6\,378 \text{ km}$$

Un pendule de balancier, de longueur ℓ, placé en une région où règne un champ de pesanteur d'intensité g, décrit un aller-retour en une période :

$$T = 2\pi\sqrt{\frac{\ell}{g}}$$

1 Une horloge est réalisée avec un balancier dont les caractéristiques géométriques lui confèrent une période $T_0 = 1$ s à l'équateur ; un aller-retour du balancier durant une seconde, la trotteuse de l'horloge avance d'une unité à chaque aller-retour du balancier.
Calculer la période T_p de ce balancier lorsque l'horloge est placée aux pôles.

2 L'horloge placée aux pôles marque-t-elle une avance ou un retard par rapport à celle restée à l'équateur ?

3 Au bout de combien de temps l'écart entre les indications données par les deux horloges atteindra-t-il une seconde ?

On admettra que le champ de pesanteur en un point de la surface de la Terre (de masse M) situé à une distance R du centre vaut $g = G\,\dfrac{M}{R^2}$.

17 Loi de la gravitation

★★ 20 min. Corrigé p. 288

Lycée Sophie Germain, Paris

1 Calculer la force d'attraction gravitationnelle $F_{T/L}$ que la Terre exerce sur la Lune.

2 Calculer la charge électrique que devraient porter la Terre et la Lune afin de compenser la force gravitationnelle qu'elles exercent l'une sur l'autre.

Données :

- Masse de la Terre : $M_T = 6{,}0.10^{24}$ kg

- Masse de la Lune : $M_L = 7{,}3.10^{22}$ kg
- Distance Terre-Lune : $d = 384\,400$ km
- Constante de gravitation universelle : $G = 6{,}67.10^{-11}$ SI
- Constante d'interaction électrostatique : $k = 9{,}0.10^{9}$ SI

18 Loi de la gravitation

★★ 20 min. Corrigé p. 289

Lycée Berlioz, Vincennes

On considère un point N, situé entre la Terre de masse M_T et la Lune de masse M_L, où les forces d'interaction gravitationnelle $\vec{F}_T$ et $\vec{F}_L$, exercées sur un objet de masse m par la Terre et par la Lune se compensent.

La distance entre les centres de la Terre et de la Lune est notée d_{TL} et celle entre les centres de la Terre et de l'objet est notée d.

1. Quelle est la nature des forces $\vec{F}_T$ et $\vec{F}_L$?
2. Exprimer F_T en fonction des paramètres de la situation. On n'utilisera que les données littérales du texte.
3. Exprimer F_L en fonction des paramètres de la situation en utilisant uniquement les notations du texte.
4. Que signifie que les forces se compensent au point N ?
5. En déduire une expression du rapport $\dfrac{d_{TL}}{d}$ en fonction des masses.

QCM **1**

Connaissance du cours

Enoncé p. 261

1 Un champ (vectoriel ou scalaire), qui demeure le même en tout point d'une région de l'espace est un champ uniforme (réponse **a**). En revanche, un champ constant est un champ qui ne varie pas dans le temps.

2 Soient P et O les extrémités du vecteur champ $\vec{E}$ et soit Q le projeté de P sur l'axe Oy vertical. Dans le triangle rectangle (OPQ), on peut définir :

$$\begin{cases} \cos\theta = \dfrac{OQ}{OP} = \dfrac{OQ}{E} \\ \sin\theta = \dfrac{PQ}{OP} = \dfrac{PQ}{E} \end{cases} \Rightarrow \begin{cases} OQ = E\cos\theta \\ PQ = E\sin\theta \end{cases}$$

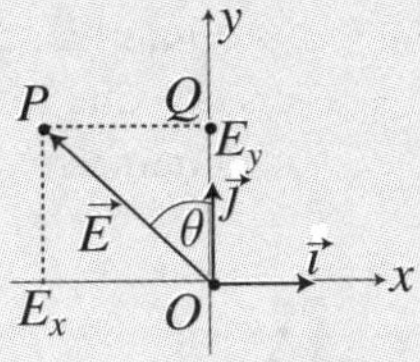

Ainsi, les composantes du vecteur $\vec{E}$ s'écrivent :

$$\begin{cases} E_x = -PQ = -E\sin\theta \\ E_y = OQ = E\cos\theta \end{cases} \Rightarrow \vec{E} = \begin{pmatrix} -E\sin\theta \\ E\cos\theta \end{pmatrix} \text{ (réponse } \boxed{b}\text{)}$$

3 En remarquant que :

$$\begin{cases} \dfrac{3{,}4}{5} = 0{,}68 \\ \dfrac{1{,}36}{2} = 0{,}68 \end{cases} \Rightarrow \begin{cases} 3{,}4 = 0{,}68 \times 5 \\ 1{,}36 = 0{,}68 \times 2 \end{cases}$$

on peut présenter le vecteur $\vec{V}$ sous la forme :

$$\vec{V} = \begin{pmatrix} 3{,}40 \\ 1{,}36 \end{pmatrix} = \begin{pmatrix} 0{,}68 \times 5 \\ 0{,}68 \times 2 \end{pmatrix} = 0{,}68 \times \begin{pmatrix} 5 \\ 2 \end{pmatrix}$$

$$\Rightarrow \quad \vec{V} = 0{,}68\,\vec{U} \text{ car } \vec{U} = \begin{pmatrix} 5 \\ 2 \end{pmatrix}$$

ce qui suffit à prouver que $\vec{U}$ et $\vec{V}$ sont colinéaires (réponse **b**).

4 À l'extérieur d'un aimant droit, le champ magnétique produit par cet aimant est tangent à une ligne de champ et est dirigé du pôle nord vers le pôle sud de l'aimant (réponse **c**).

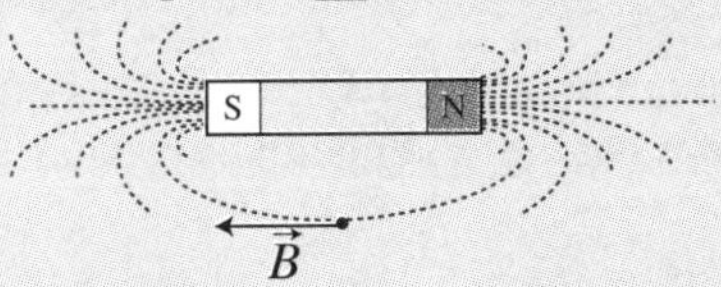

5 Par définition, l'inclinaison du champ magnétique terrestre $\vec{B}_T$ désigne l'angle que fait $\vec{B}_T$ avec la surface horizontale (réponse **a**).

6 En France, la composante horizontale du champ magnétique terrestre a pour intensité :

$$B_H \simeq 2.10^{-5}\ \text{T (réponse } \boxed{c}\text{)}.$$

7 La ligne de champ qui passe par A est horizontale, comme l'est le champ magnétique $\vec{B}$ produit par le solénoïde.

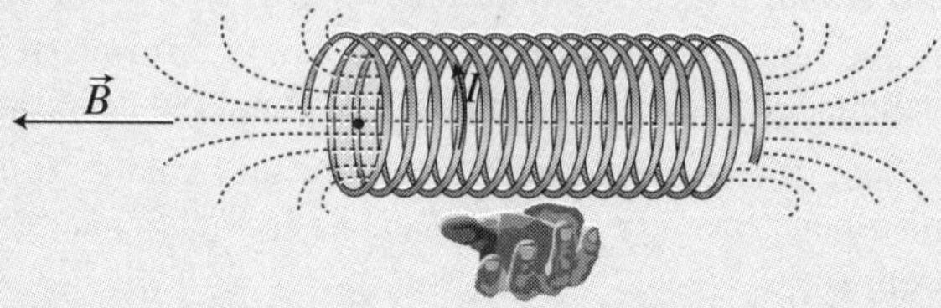

Quant à son sens, il est accessible à l'aide de la main droite : les doigts de cette main tournant comme I, le pouce tendu indique l'orientation du champ magnétique :

horizontal, de la droite vers la gauche (réponse **a**).

8 Un fil électrique $(\mathcal{F})$ produit, dans l'espace, un champ magnétique $\vec{B}$ dont les lignes de champ sont des cercles perpendiculaires à $(\mathcal{F})$.

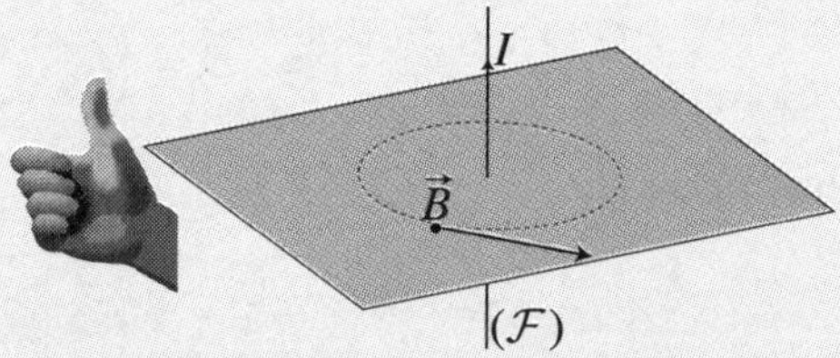

Quant aux sens respectifs de $\vec{B}$ et du courant I, ils sont fournis par la main droite : les doigts de cette main tournant comme $\vec{B}$, le pouce tendu indique le sens de I : vers le haut (réponse **b**).

QCM 2 Champ magnétique

Enoncé *p. 262*

1 Le champ magnétique produit par un courant d'intensité I en un point M situé à une distance d du fil est proportionnel à I et inversement proportionnel à d (réponse **b**), ce qui signifie qu'il existe une constante K telle que :

$$B = K \times \frac{I}{d}$$

2 D'après ce qui précède, en notant $d_1 = 4$ cm et $d_2 = 3$ cm, les intensités B_1 et B_2 des champs magnétiques produits par T_1 et T_2 vérifient :

$$\begin{cases} B_1 = K \times \dfrac{I_1}{d_1} \\ B_2 = K \times \dfrac{I_2}{d_2} \end{cases} \Rightarrow \frac{B_1 d_1}{I_1} = \frac{B_2 d_2}{I_2}$$

$$\Rightarrow \frac{B_1}{B_2} = \frac{I_1}{I_2} \times \frac{d_2}{d_1} = \frac{40}{30} \times \frac{3}{4} = 1$$

$$\Rightarrow B_1 = B_2$$

De tous les couples $\{B_1, B_2\}$ fournis par l'énoncé, le seul qui vérifie cette identité est :

$$B_1 = 2.10^{-4}\ \text{T et } B_2 = 2.10^{-4}\ \text{T (réponse } \boxed{\text{a}}\ )$$

3 Les lignes de champ magnétiques créées par les fils T_1 et T_2 sont des cercles passant par O :

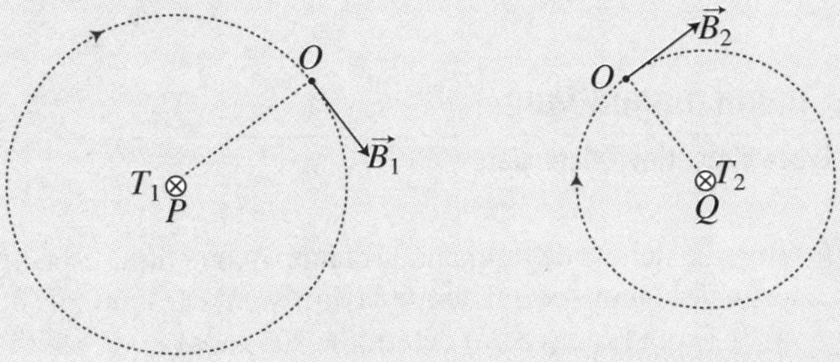

En outre, le sens des champs $\vec{B}_1$ et $\vec{B}_2$ est fourni par la main droite : le pouce étant tendu dans le sens de I_1 (ou I_2), c'est-à-dire vers l'intérieur du plan de la feuille de papier, les doigts de la main droite tournent dans le sens de $\vec{B}_1$ (ou $\vec{B}_2$) c'est-à-dire ici dans le sens de rotation des aiguilles d'une montre. Ce sens fournit l'orientation de $\vec{B}_1$ et $\vec{B}_2$. Il apparaît ainsi que $\vec{B}_2$ est colinéaire à $\overrightarrow{PO}$ alors que $\vec{B}_1$ est colinéaire à $\overrightarrow{OQ}$ (réponse $\boxed{\text{c}}$).

4 Réunissons les deux représentations précédentes en une seule, qui correspond à la réponse $\boxed{\text{c}}$:

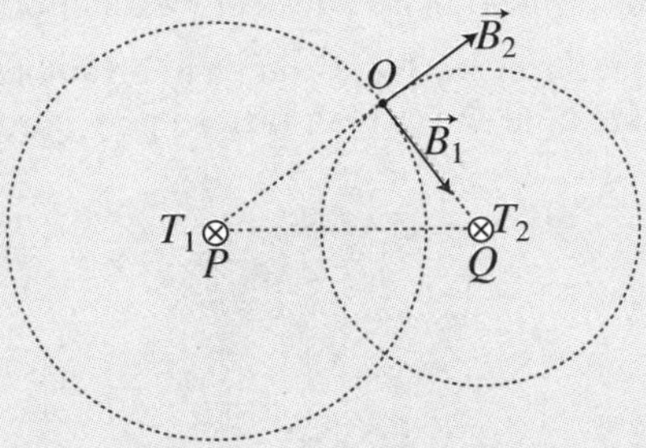

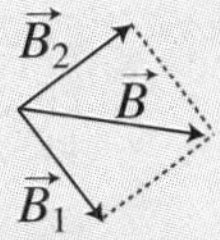

5 Le schéma précédent révèle que le champ résultant $\vec{B} = \vec{B}_1 + \vec{B}_2$ est oblique et dirigé vers la droite (réponse $\boxed{\text{d}}$).

6 Soit $\vec{\imath}$ un vecteur unitaire de (OQ) et soit $\vec{\jmath}$ un vecteur unitaire de (PO).
Dans le repère $(O, \vec{\imath}, \vec{\jmath})$, les vecteurs $\vec{B}_1$ et $\vec{B}_2$ ont pour composantes :

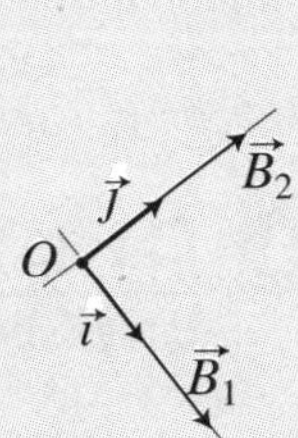

$$\vec{B}_1 = \begin{pmatrix} B_1 \\ 0 \end{pmatrix} \text{ et } \vec{B}_2 = \begin{pmatrix} 0 \\ B_2 \end{pmatrix}$$

de sorte que :

$$\vec{B} = \vec{B}_1 + \vec{B}_2 = \begin{pmatrix} B_1 \\ B_2 \end{pmatrix} \Rightarrow B = \left\|\vec{B}\right\| = \sqrt{B_1^2 + B_2^2}$$

$$\Rightarrow \quad B = \sqrt{(2.10^{-4})^2 + (2.10^{-4})^2}$$

$$\Rightarrow \quad B \simeq 2{,}8.10^{-4}\ \text{T (réponse } \boxed{a}\text{)}$$

3 Champ magnétique

Lycée Victor Hugo, Colomiers

Enoncé *p. 263*

1 **(a)** En dehors de l'aimant, le champ magnétique est tangent à ses lignes de champ (ce qui donne sa direction) et est orienté du pôle nord vers le pôle sud (ce qui détermine son sens) :

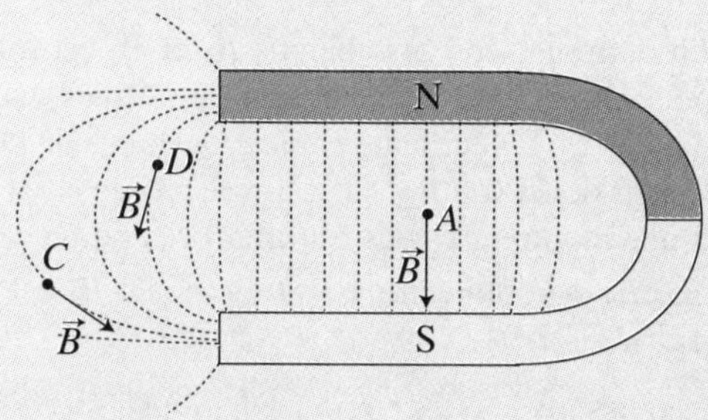

(b) C'est dans l'entrefer de l'aimant que le vecteur champ magnétique varie le moins d'un point à l'autre ; il y est uniforme.

2 À l'extérieur de la Terre, les lignes de champ semblent provenir d'un aimant droit, dont le pôle sud (S) fait face au pôle nord géographique :

4 Champ magnétique

Lycée Bouchardon, Chaumont

Enoncé *p. 264*

Dans un circuit électrique, le courant I part de la borne + du générateur.

À l'intérieur du solénoïde, le champ magnétique est dirigé selon l'axe du solénoïde et son sens est fourni par la règle de la main droite : les doigts de la main droite tournant dans le sens de I, le pouce tendu donne le sens de $\vec{B}$ (en l'occurrence ici vers la gauche).

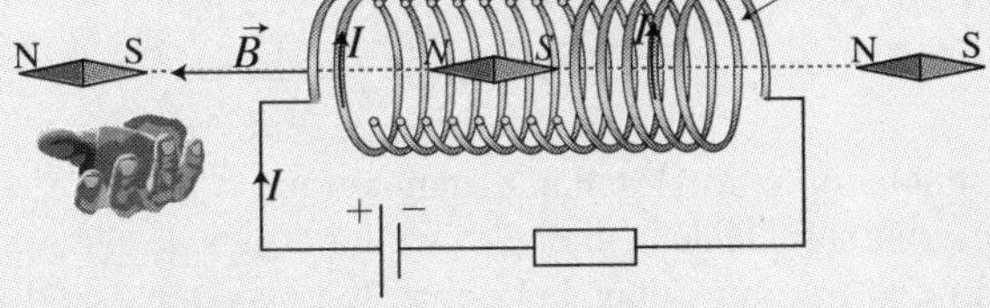

Puisque le champ magnétique sort de la bobine par sa face nord, il est possible de localiser les pôles du solénoïde : nord à gauche et sud la droite.

Enfin, les aiguilles aimantées s'orientent de manière à être traversées par $\vec{B}$ dans le sens sud (S) → nord (N). Leurs pôles nord se trouvent donc à gauche.

5 Champ magnétique

Enoncé p. 264

Lycée Berlioz, Vincennes

1 Les courbes qui relient les pôles nord et sud de l'aimant équivalent sont des lignes de champ.

2 Dans l'hémisphère nord, c'est le pôle sud de l'aimant équivalent qui attire les extrémités des aiguilles aimantées vers la Terre. Ces extrémités (sombres sur le schéma) sont alors les pôles nord des aiguilles aimantées.

3 Représentons l'angle d'inclinaison i en quelques lieux de la Terre :

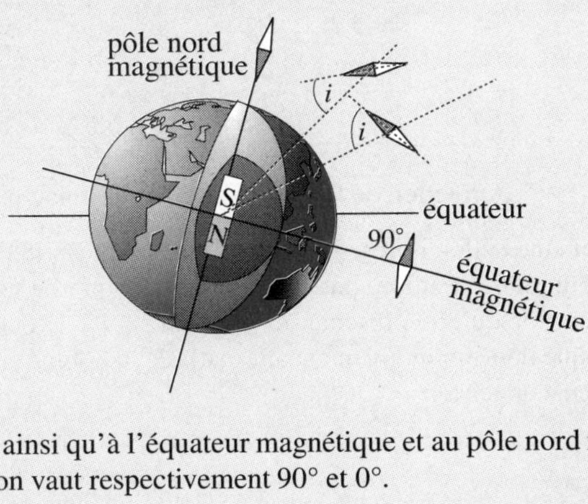

Il apparaît ainsi qu'à l'équateur magnétique et au pôle nord magnétique, l'inclinaison vaut respectivement 90° et 0°.

6 Champ magnétique

Lycée Charlemagne, Paris

Enoncé p. 265

1 Dans l'entrefer de l'aimant, les lignes de champ sont horizontales ; elles relient le pôle nord au pôle sud (elles sont orientées dans le sens nord → sud).

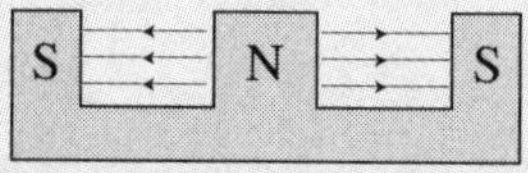

2 Le sens adopté par le champ magnétique à la sortie de la bobine est donné par la règle de la main droite : les doigts de la main droite tournant comme le courant i dans la bobine, le pouce tendu indique la direction et le sens du champ magnétique à la sortie de la bobine :

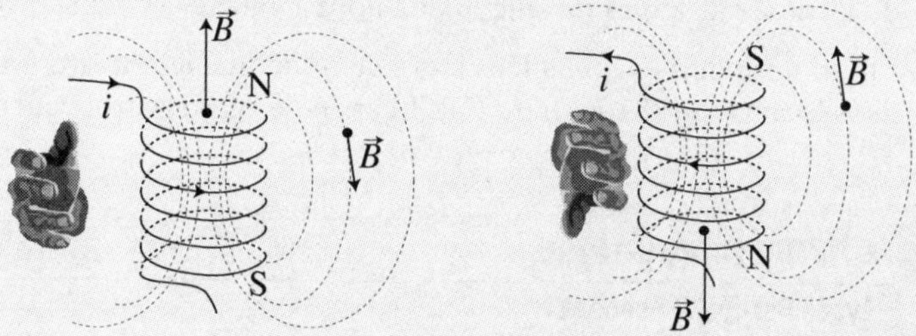

Remarque : Étant donné que le champ magnétique sort d'une bobine par son pôle nord, l'orientation du champ sur une face de la bobine permet d'attribuer à cette face sa polarité nord ou sud.

3 Compte tenu de ce qui précède, le sens de circulation du courant i dans la bobine détermine la polarité de cette bobine :

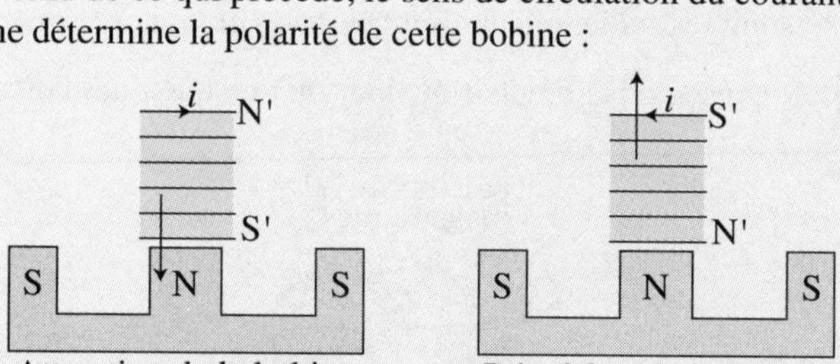

Attraction de la bobine — Répulsion de la bobine

Lorsque celle-ci présente un pôle sud (S′) vers le pôle nord (N) de l'aimant, elle est attirée par l'aimant, tandis qu'elle est repoussée par l'aimant lorsqu'elle présente un pôle nord (N′). Un courant alternatif provoque donc un mouvement alternatif de la bobine et de la membrane qui lui est attachée.

7 Champ magnétique

Enoncé p. 265

Lycée Montesquieu, Herblay

1 Chaque fil électrique (1) et (2) produit un champ magnétique (respectivement $\vec{B}_1$ et $\vec{B}_2$) dont les lignes de champ ($\mathcal{L}_1$ et $\mathcal{L}_2$) sont des cercles centrés sur O_1 et O_2 (intersections des fils avec le plan qui contient M). Les vecteurs $\vec{B}_1$ et $\vec{B}_2$ sont donc caractérisés par :

- leur direction : tangente à $\mathcal{L}_1$ et $\mathcal{L}_2$;
- leur sens, donné par la règle de la main droite : le pouce étant tendu dans le sens de I, les doigts de la main droite décrivent $\mathcal{L}_1$ et $\mathcal{L}_2$ dans le même sens que $\vec{B}_1$ ou $\vec{B}_2$, notamment ici dans le sens inverse des aiguilles d'une montre.

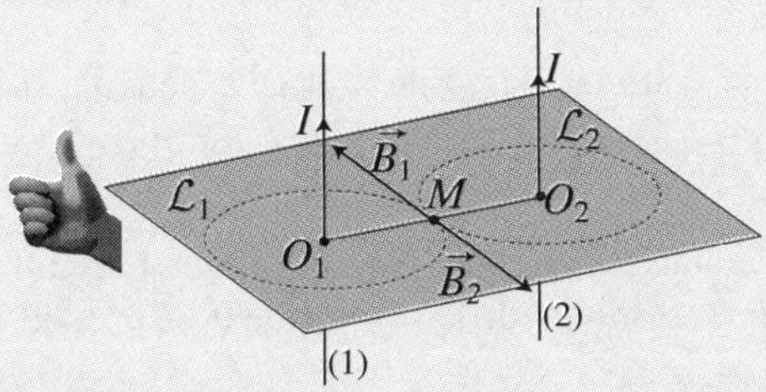

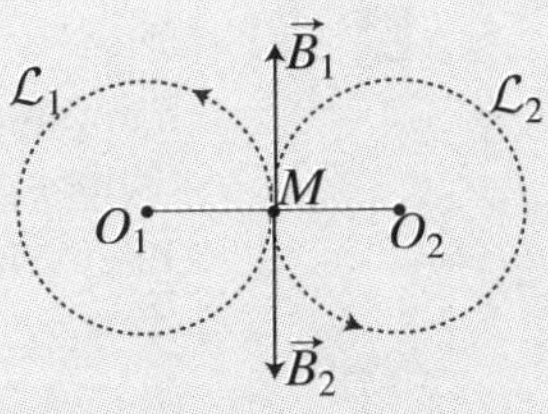

2 Puisque $\vec{B}_1$ et $\vec{B}_2$ sont opposés (même direction, même norme, mais de sens contraire), leur somme est nulle. C'est pourquoi le champ résultant vaut :

$$\vec{B} = \underbrace{\vec{B}_1 + \vec{B}_2}_{\vec{0}} + \vec{B}_H = \vec{B}_H \Rightarrow \left\| \vec{B} \right\| = B_H = 2.10^{-5}\ \text{T}$$

Il est clair qu'en dépit de sa faible intensité :

$$\frac{B_H}{B_1} = \frac{2.10^{-5}}{10^{-3}} = 0{,}02 \ll 1 \Rightarrow B_H \ll B_1$$

le champ magnétique terrestre n'a pas une influence négligeable dans le calcul de $\vec{B}$.

3 Une aiguille aimantée placée en M s'aligne le long de $\vec{B}$. Quant à ses pôles nord (N) et sud (S), ils se placent de manière à ce que $\vec{B} = \vec{B}_H$ soit orienté, dans l'aiguille, dans le sens (S) → (N) :

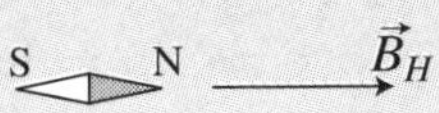

8 Champ magnétique

Lycée Monod, Clamart

Enoncé p. 266

1 La règle de la main droite permet d'orienter le champ magnétique dans la bobine : les doigts de la main droite tournant dans le sens du courant I qui parcourt la bobine, le pouce tendu indique l'orientation du champ $\vec{B}_b$ produit par la bobine (champ de direction $x'x$ et orienté vers la droite) :

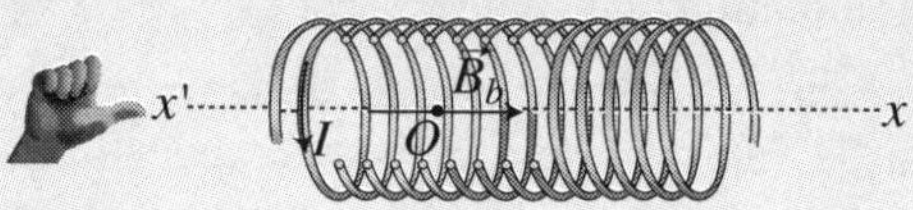

2 Puisque le champ produit par la bobine sort de la bobine par sa face nord, celle-ci se trouve sur l'extrémité de droite.

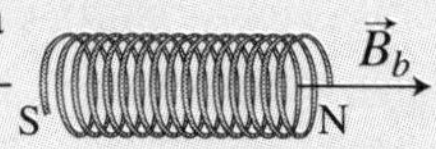

3 **(a)** En l'absence de courant, l'aiguille s'oriente dans la direction du champ magnétique terrestre $\vec{B}_H$, orienté selon l'axe Oy perpendiculaire à $x'x$.

Lorsque le solénoïde est parcouru par un courant, l'aiguille s'oriente selon le champ $\vec{B}$, résultant de la somme de de $\vec{B}_H$ et de $\vec{B}_b$:

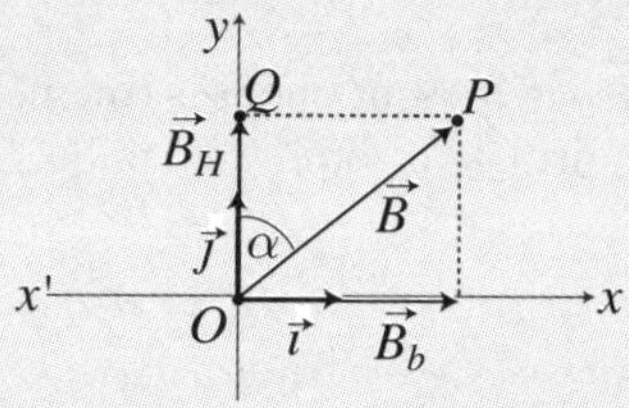

Ainsi, dans la base $(O, \vec{\imath}, \vec{\jmath})$:

$$\vec{B} = \vec{B}_H + \vec{B}_b = \begin{pmatrix} 0 \\ B_H \end{pmatrix} + \begin{pmatrix} B_b \\ 0 \end{pmatrix} = \begin{pmatrix} B_b \\ B_H \end{pmatrix} \qquad (35)$$

Si l'on note P et Q les extrémités des vecteurs $\vec{B}$ et $\vec{B}_H$, le schéma précédent révèle que, dans le triangle (OQP), peut être défini :

$$\tan\alpha = \frac{PQ}{OQ} = \frac{B_b}{B_H} = \frac{2{,}0.10^{-5}}{2{,}0.10^{-5}} = 1$$
$$\Rightarrow \alpha = 45°$$

(b) La relation (35) fournit directement :

$$B = \sqrt{B_b^2 + B_H^2} = \sqrt{(2.10^{-5})^2 + (2.10^{-5})^2}$$
$$\Rightarrow B \simeq 2{,}83.10^{-5}\ \text{T}$$

9 Champ électrostatique

Lycée Guynemer, Compiègne

Enoncé p. 267

1 **(a)** Un champ électrostatique uniforme est caractérisé par un vecteur champ qui demeure le même en tout point de l'espace ; ses lignes de champ sont des segments de droite (*cf.* figure 1).

(b) En un point M quelconque d'une ligne de champ, le champ électrique $\vec{E}$ est tangent à la ligne de champ (parallèle à la ligne de champ sur la figure 1) :

figure 1 figure 2

2 **(a)** Un proton, de charge $q_p = e$, plongé dans un champ électrique $\vec{E}$ d'intensité E, est soumis à une force $\vec{F} = q_p\,\vec{E} = e\,\vec{E}$, dont l'intensité vaut :

$$F = e \times E = 1{,}6.10^{-19} \times 2.10^{3} = 3{,}2.10^{-16}\ \text{N}$$

(b) La relation $\vec{F} = e\,\vec{E}$ montre que le vecteur $\vec{F}$ est colinéaire à $\vec{E}$ et possède le même sens car $e > 0$ (*cf.* figure 2).

10 Champ électrostatique

Lycée Teilhard De Chardin, Saint-Maur des Fossés

Enoncé p. 267

1 D'après l'énoncé, les charges se répartissent dans le nuage et sur le sol (*cf.* schéma ci-dessous) :

- charges positives au sommet du nuage ;
- charges négatives à la base du nuage ;
- charges positives au sol.

2 **(a)** Loin des bords du nuage, l'ensemble nuage-sol se comporte comme un condensateur plan entre les armatures duquel les lignes de champ sont parallèles entre elles et perpendiculaires au sol (*cf.* schéma ci-dessous).

(b) Le vecteur champ électrique est caractérisé par :

- sa direction : celle des lignes de champ ;
- son sens : dirigé des charges positives vers les charges négatives le long d'une ligne de champ ;
- son intensité : d'autant plus importante que les lignes de champ sont resserrées.

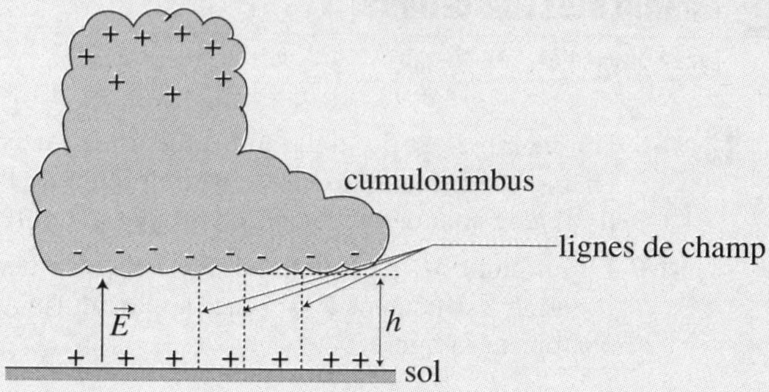

(c) En excluant le cas marginal des pointes, qui n'est pas caractéristique des condensateurs plans, les surfaces chargées sont espacées d'une distance h. Puisqu'un champ moyen :

$$E = \left\| \vec{E} \right\| = 15 \text{ kV} \cdot \text{m}^{-1} = 15.10^3 \text{ V} \cdot \text{m}^{-1}$$

règne dans cet espace sous une tension $U = 100.10^6$ V, il s'ensuit que :

$$U = E \times h \Rightarrow h = \frac{U}{E} = \frac{10^8}{15.10^3} \simeq 6\,667 \text{ m}$$

11 Loi de Coulomb

Enoncé p. 268

Lycée Charlemagne, Paris

1 La charge d'un proton valant $e = 1{,}6.10^{-19}$ C, celle de la particule P lui est 6 fois supérieure :

$$q_P = 6 \times e = 6 \times 1{,}6.10^{-19} = 9{,}6.10^{-19} \text{ C}$$

L'attraction entre les particules chargées P et R rend compte de la nature de leurs charges : q_P étant positif, q_R est négatif.

2 Soit $\vec{u}$ un vecteur unitaire directeur de la droite passant par P et R :

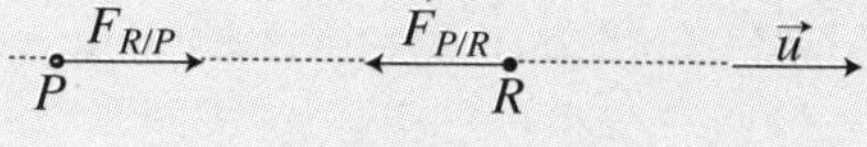

La loi de Coulomb donne l'expression de la force $\vec{F}_{R/P}$ que R exerce sur P et de la force $\vec{F}_{P/R}$ que P exerce sur R :

$$\vec{F}_{R/P} = k \times \frac{|q_P| \times |q_R|}{PR^2}\,\vec{u} \text{ et } \vec{F}_{P/R} = -k \times \frac{|q_P| \times |q_R|}{PR^2}\,\vec{u}$$

Énumérons les caractéristiques de ces deux forces :

- elles sont colinéaires : elles possèdent la même direction $\vec{u}$;
- elles sont de sens opposé : $\vec{F}_{P/R} = -\vec{F}_{R/P}$;

• elles ont la même intensité $F = 0{,}128\ \mu\text{N} = 0{,}128.10^{-6}\text{N}$:

$$F = \left|\vec{F}_{R/P}\right| = \left|\vec{F}_{P/R}\right| = k \times \frac{|q_P| \times |q_R|}{PR^2}$$

$$\Rightarrow \quad F = k \times \frac{6e \times |q_R|}{PR^2} \text{ car } |q_P| = 6\,e$$

De cette dernière relation, il découle que :

$$|q_R| = \frac{F \times PR^2}{6ke} \text{ avec } PR = 180 \text{ pm} = 180.10^{-12} \text{ m}$$

$$= \frac{0{,}128.10^{-6} \times \left(180.10^{-12}\right)^2}{6 \times 9.10^9 \times 1{,}6.10^{-19}} \Rightarrow |q_R| = 4{,}8.10^{-19}$$

Et, puisque q_R est négatif :

$$q_R = -4{,}8.10^{-19} \text{ C} = -3\,e \text{ car } e = 1{,}6.10^{-19} \text{ C}$$

La charge q_R équivaut donc à la charge de trois électrons.

12 Loi de Coulomb

Lycée Berlioz, Vincennes

Enoncé p. 268

1 Notons :

$$d_0 = r_{Na^+} + r_{Cl^-} = 97 + 181 = 278 \text{ pm}$$

la distance séparant un ion Na^+ et un ion Cl^- en contact :

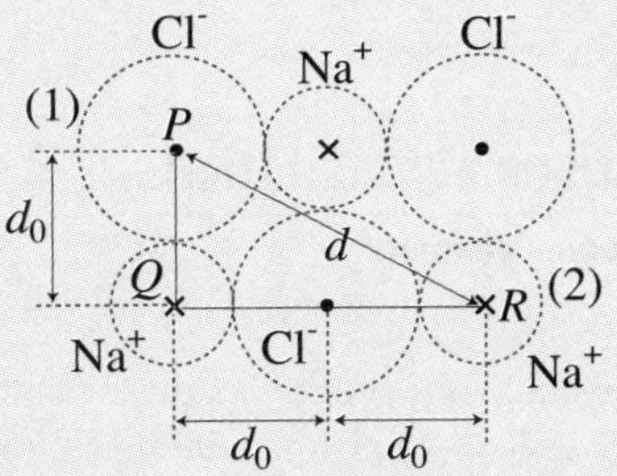

Si P et R désignent les centres respectifs des ions (1) et (2), la distance $PR = d$ s'obtient aisément en appliquant le théorème de Pythagore au triangle rectangle (PQR) :

$$PR^2 = PQ^2 + QR^2 \text{ avec } PQ = d_0 \text{ et } QR = 2\,d_0$$

$$\Rightarrow \quad d^2 = d_0^2 + 4\,d_0^2 = 5\,d_0^2$$

$$\Rightarrow \quad d = \sqrt{5}\,d_0 = \sqrt{5} \times \left(r_{Na^+} + r_{Cl^-}\right)$$

$$\Rightarrow \quad d = \sqrt{5} \times 278 \simeq 622 \text{ pm}$$

2 L'ion Cl^- se forme par addition d'un électron (de charge $-e$) à l'atome de chlore initialement neutre, tandis que l'ion Na^+ provient du départ d'un électron de l'atome de sodium initialement neutre. Les charges respectives de ces ions valent alors :

$$q_{\mathrm{Cl}^-} = -e \text{ et } q_{\mathrm{Na}^+} = +e$$

entre lesquels s'exerce une force électrostatique dont la loi de Coulomb prévoit l'intensité :

$$F = k \times \frac{|q_{\mathrm{Cl}^-}| \times |q_{\mathrm{Na}^+}|}{d^2} = k \times \frac{e^2}{d^2} = 9.10^9 \times \frac{(1{,}6.10^{-19})^2}{(622.10^{-12})^2}$$

$$\Rightarrow \quad F = 6{,}0.10^{-10}\,\mathrm{N}$$

Les caractéristiques du vecteur force associé sont :

- sa direction : la droite passant par les centres R et P des ions ;
- son sens : de R vers P car l'ion (2) est attiré par l'ion (1) ;
- son intensité : $\left\|\vec{F}\right\| = F = 6{,}0.10^{-10}$ N.

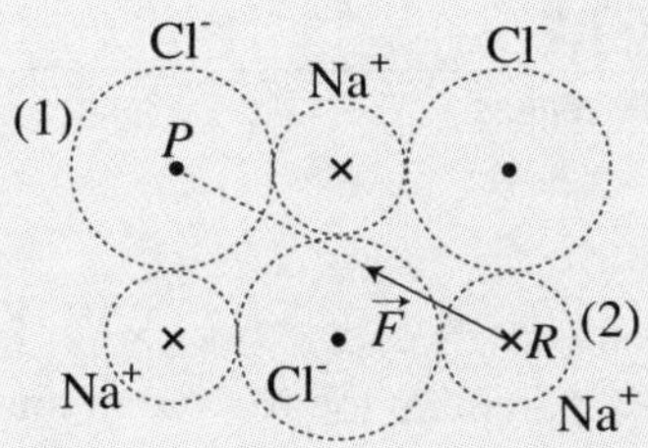

13 Électrostatique et gravitation

Lycée Victor Hugo, Colomiers

Enoncé p. 269

1 **(a)** La distance qui sépare les deux protons de masses $m_A = m_B = m$ valant $AB = 2\,r$, l'intensité de la force gravitationnelle que le proton A exerce sur le proton B vaut :

$$F_g = G \times \frac{m_A\, m_B}{AB^2} = G \times \frac{m^2}{(2\,r)^2} \text{ avec } r = 1{,}2.10^{-15}\text{ m}$$

$$= 6{,}67.10^{-11} \times \frac{\left(1{,}673.10^{-27}\right)^2}{\left(2{,}4.10^{-15}\right)^2} = 3{,}24.10^{-35}\text{ N} \quad (36)$$

(b) La force gravitationnelle qui s'exerce entre deux corps est toujours attractive.

(c) Comme l'indique la figure 1, la force $\vec{F}_g$ est dirigée selon la droite (AB), de B vers A (car la gravitation attire B vers A) :

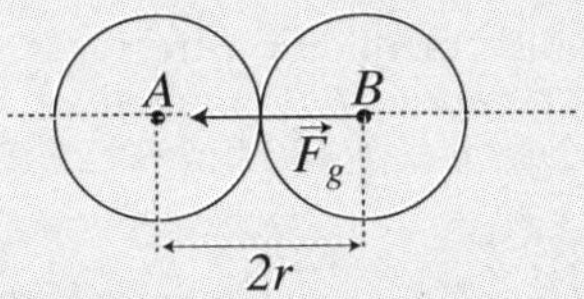

figure 1

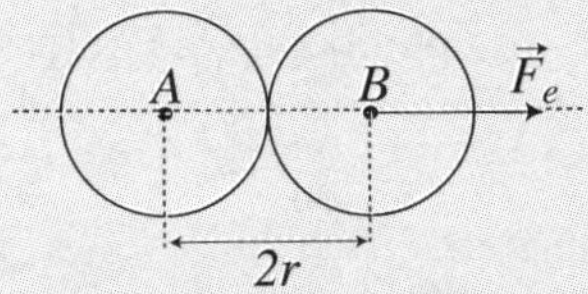

figure 2

2 **(a)** La loi de Coulomb fournit la valeur de la force électrostatique que le proton A (de charge $q_A = e$) exerce sur le proton (de charge $q_B = e$) :

$$F_e = k \times \frac{|q_A| \times |q_B|}{AB^2} = k \times \frac{e^2}{(2r)^2} \text{ où } r = 1{,}2.10^{-15}\ \text{m}$$

$$= 9.10^9 \times \frac{(1{,}6.10^{-19})^2}{(2{,}4.10^{-15})^2} = 40\ \text{N} \qquad (37)$$

(b) Puisque les protons possèdent des charges de même signe (charges positives), la force électrostatique $\vec{F_e}$ subie par B le repousse de A.

(c) La direction de la force $\vec{F_e}$ se confond avec la droite (AB) et son sens va de A vers B pour rendre compte de la nature répulsive de cette interaction (*cf.* figure 2).

3 Les valeurs numériques (36) et (37) obtenues pour les interactions gravitationnelle et électrostatique conduisent à :

$$\frac{F_e}{F_g} = \frac{40}{3{,}24.10^{-35}} \simeq 1{,}2.10^{36} \Rightarrow F_e \simeq 1{,}2.10^{36} \times F_g$$

Cette disproportion entre F_e et F_g justifie que l'on néglige l'interaction gravitationnelle devant l'interaction électrostatique à l'échelle nucléaire (la force électrostatique est environ un milliard de milliards de milliards de milliards de fois plus intense que la force gravitationnelle).

4 **(a)** Compte tenu de ce qui précède, l'interaction électrostatique devrait s'imposer entre les deux protons du noyau. Sa nature répulsive ne permet alors pas d'expliquer pourquoi les deux protons restent confinés dans le noyau atomique.

(b) Seule l'interaction forte, par sa nature attractive, explique la cohésion du noyau d'hélium.

14 Champ de gravitation

Enoncé p. 270

Lycée Alexandre Dumas, Saint-Cloud

1 À la surface d'un astre sphérique de masse M et de rayon r règne un champ de gravitation qui peut s'identifier au champ de pesanteur, à condition de négliger le mouvement de l'astre :

$$\begin{aligned} g &= \frac{\mathcal{G}\,M}{r^2} \text{ avec } r = 2\,440 \text{ km} = 2\,240.10^3 \text{ m} \\ &= \frac{6{,}67.10^{-11} \times 3{,}3.10^{23}}{\left(2\,440.10^3\right)^2} = 3{,}7 \text{ m} \cdot \text{s}^{-2} \end{aligned}$$

2 À la surface de Mercure, un objet de masse $m = 500$ g $= 0{,}5$ kg possède alors un poids :

$$P = m\,g = 0{,}5 \times 3{,}7 = 1{,}85 \text{ N}$$

15 Champ de gravitation

Enoncé *p. 270*

Lycée Teilhard De Chardin, Saint-Maur des Fossés

1 En un point A situé à une distance R du centre O de la Terre, le champ de gravitation $\vec{\mathcal{G}}(R)$ est caractérisé par :

- sa direction : la droite (AO) ;
- sons sens : de A vers O ;
- son intensité : $\mathcal{G}(R) = G\,\frac{M_T}{R^2}$

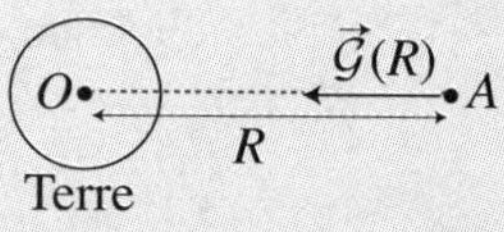

G désigne la constante de gravitation universelle et M_T est la masse de la Terre.

Le champ de pesanteur terrestre $\vec{g}$ se confond avec le champ de gravitation à la surface de la Terre (de rayon R_T) si l'on néglige le mouvement de la Terre.

2 À la « surface » d'un trou noir stellaire de rayon $R_{tn} = 30$ km et de masse $M_{tn} = 3.10^5\,M_T$ (300 000 masses terrestres) règne un champ de gravitation :

$$\mathcal{G}_{tn} = G\,\frac{M_{tn}}{R_{tn}^2} = 3.10^5 \times G\,\frac{M_T}{R_{tn}^2}$$

où :

$$\frac{R_T}{R_{tn}} = \frac{6\,400}{30} \simeq 213 \Rightarrow \frac{1}{R_{tn}} \simeq \frac{123}{R_T} \Rightarrow \frac{1}{R_{tn}^2} = \frac{(213)^2}{R_T^2}$$

fournit :

$$\begin{aligned} \mathcal{G}_{tn} &= 3.10^5 \times (213)^2 \times G\,\frac{M_T^2}{R_T^2} = 3.10^5 \times (213)^2 \times g \simeq 1{,}4.10^{10} \times g \\ &\Rightarrow \mathcal{G}_{tn} = 1{,}4.10^{11} \text{ N} \cdot \text{kg}^{-1} \text{ car } g = 9{,}8 \text{ N} \cdot \text{kg}^{-1} \end{aligned}$$

Remarque : À la « surface » d'un tel trou noir, un objet de 1 gramme aurait le même poids qu'un objet de 1 400 tonnes sur Terre !

16 Champ de gravitation

Enoncé p. 270

Lycée Saint-Exupéry, Mantes-la-Jolie

1 Un point du sol, situé au pôle, se trouve à la distance R_p du centre O de la Terre, auquel cas il est soumis à un champ gravitationnel d'intensité $g_p = \frac{GM}{R_p^2}$, où G est la constante de gravitation universelle et M est la masse de la Terre. De même, un point situé à l'équateur, donc à une distance R_e de O, est soumis à un champ gravitationnel d'intensité $g_e = \frac{GM}{R_e^2}$. Ce faisant, la période d'oscillations d'une horloge située à l'équateur ou au pôle vaut respectivement :

$$T_0 = 2\pi\sqrt{\frac{\ell}{g_e}} \text{ et } T_p = 2\pi\sqrt{\frac{\ell}{g_p}}$$

Par conséquent :

$$\frac{T_p}{T_0} = \sqrt{\frac{\ell}{g_p}} \times \sqrt{\frac{g_e}{\ell}} = \sqrt{\frac{g_e}{g_p}}$$

avec :

$$\frac{g_e}{g_p} = \frac{\mathcal{G}M}{R_e^2} \times \frac{R_p^2}{\mathcal{G}M} = \frac{R_p^2}{R_e^2} \Rightarrow \sqrt{\frac{g_e}{g_p}} = \sqrt{\frac{R_p^2}{R_e^2}} = \frac{R_p}{R_e}$$

$$\Rightarrow \frac{T_p}{T_0} = \frac{R_p}{R_e} \Rightarrow T_p = T_0 \times \frac{R_p}{R_e}$$

où $R_e = 6\,378$ km tandis que :

$$R_e - R_p = 21 \text{ km} \Rightarrow R_p = R_e - 21 = 6\,378 - 21 = 6\,357 \text{ km}$$

Il s'ensuit que :

$$T_p = 1 \times \frac{6\,357}{6\,378} \simeq 0{,}9967 \text{ s}$$

2 Pour passer d'une graduation à l'autre, la trotteuse de l'horloge située au pôle met un temps $T_p \simeq 0{,}9967$ s plus court que celle de l'horloge située à l'équateur (qui met $T_0 = 1 \text{ s} > T_p$). La trotteuse de l'horloge située au pôle tourne donc plus vite que celle de l'horloge située à l'équateur ; elle marque donc une avance par rapport à celle de l'horloge restée à l'équateur.

3 Pour passer d'une graduation à l'autre, la trotteuse présente un écart (entre le pôle et l'équateur) :

$$\Delta T_1 = T_0 - T_p = 1 - 0{,}9967 \simeq 3{,}3.10^{-3} \text{ s}$$

Donc, après avoir parcouru N graduations, la trotteuse située au pôle présente une avance de :

$$\Delta T_N = N \times \Delta T_1$$

sur celle restée à l'équateur. Ce faisant, cet écart atteindra la valeur $\Delta T_N = 1$ s, lorsque la trotteuse aura parcouru :

$$N = \frac{\Delta T_N}{\Delta T_1} = \frac{1}{3{,}3.10^{-3}} = 303 \text{ graduations}$$

c'est-à-dire au bout de :

$$\tau = 303 \text{ s} = 5 \text{ min } 3 \text{ s}$$

17 Loi de la gravitation

Lycée Sophie Germain, Paris

Enoncé *p. 271*

1 La Terre et la Lune étant espacées d'une distance $d = 384\,400.10^3$ m, la force gravitationnelle qu'elles exercent mutuellement l'une sur l'autre est donnée par la loi :

$$F_{T/L} = \frac{G\,M_T\,M_L}{d^2} = \frac{6{,}67.10^{-11} \times 6.10^{24} \times 7{,}3.10^{22}}{\left(384\,400.10^3\right)^2}$$

$$\Rightarrow \quad F_{T/L} = 2{,}0.10^{20} \text{ N}$$

2 Soit q_T et q_L les charges électriques respectivement portées par la Terre et la Lune. L'intensité de l'interaction électrostatique entre ces astres vaut alors :

$$F_{\text{élec}} = k\,\frac{|q_T| \times |q_L|}{d^2} = k\,\frac{|q|^2}{d^2}$$

si les charges q_T et q_L sont identiques. Donc, pour que l'interaction électrostatique compense la gravitation, elle doit repousser les astres (q_T et q_L sont de même signe) avec la même intensité :

$$F_{\text{élec}} = F_{T/L} \quad \Rightarrow \quad k\,\frac{|q|^2}{d^2} = \frac{G\,M_T\,M_L}{d^2}$$

$$\Rightarrow \quad |q|^2 = \frac{G\,M_T\,M_L}{k}$$

$$\Rightarrow \quad |q| = \sqrt{\frac{G\,M_T\,M_L}{k}}$$

$$\Rightarrow \quad |q| = \sqrt{\frac{6{,}67.10^{-11} \times 6.10^{24} \times 7{,}3.10^{22}}{9.10^9}}$$

$$\Rightarrow \quad |q| = 5{,}7.10^{13} \text{ C}$$

18 Loi de la gravitation

Enoncé p. 272

Lycée Berlioz, Vincennes

1 À grande distance, les forces que les astres exercent sont de type gravitationnel.

2 L'intensité F_T de la force exercée par la Terre (de masse M_T) sur l'objet (de masse m) est inversement proportionnelle au carré de la distance NT qui sépare ces corps :

$$F_T = \frac{G\, M_T\, m}{NT^2} \quad (38)$$

où G désigne la constante de gravitation.

3 L'intensité F_L de la force gravitationnelle que la Lune (de masse M_L) exerce sur l'objet vérifie une loi analogue :

$$F_L = \frac{G\, M_L\, m}{NL^2} \quad (39)$$

4 Les vecteurs force qui s'exercent sur l'objet présentent la même direction : la droite TL de vecteur unitaire directeur $\vec{u}$, mais sont de sens contraire :

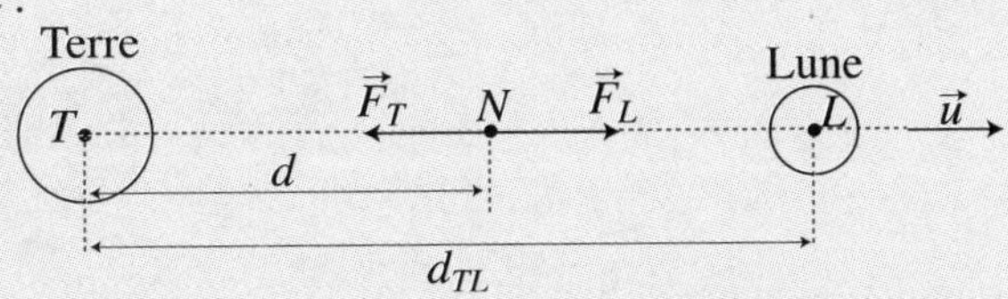

L'objet est alors soumis à une force résultante $\vec{F} = \vec{F}_T + \vec{F}_L = (F_L - F_T)\,\vec{u}$ qui s'annule lorsque les deux forces gravitationnelles se compensent. Dans ce cas :

$$F_T = F_L \quad (40)$$

5 Compte tenu des relations (38) et (39), l'identité (40) devient :

$$F_T = F_L \quad \Rightarrow \quad \frac{G\, M_T\, m}{NT^2} = \frac{G\, M_L\, m}{NL^2} \Rightarrow \frac{M_T}{NT^2} = \frac{M_L}{NL^2}$$

$$\Rightarrow \quad NL^2 = NT^2 \times \frac{M_L}{M_T}$$

Il s'ensuit que :

$$NL = NT \times \sqrt{\frac{M_L}{M_T}} = d\sqrt{\frac{M_L}{M_T}}$$

Ainsi, la distance qui sépare la Terre et la Lune vaut :

$$d_{TL} = TL \quad = \quad TN + NL = d + d\sqrt{\frac{M_L}{M_T}} = d \times \left(1 + \sqrt{\frac{M_L}{M_T}}\right)$$

$$\Rightarrow \quad \frac{d_{TL}}{d} = 1 + \sqrt{\frac{M_L}{M_T}}$$

Chapitre

8

Conservation de l'énergie

Plan du chapitre

Exercice type

Lycée Pierre de Fermat, Toulouse

Aux sports d'hiver, un enfant sur une luge part, sans vitesse initiale, du sommet d'une pente de longueur $L = 30{,}0$ m, inclinée d'un angle $\alpha = 30°$ sur l'horizontale.
Au bas de cette pente, il aborde une pente inclinée d'un angle $\beta = 15°$ sur l'horizontale.
On néglige tous les frottements. On admettra que la cassure ne modifie pas la valeur de la vitesse.

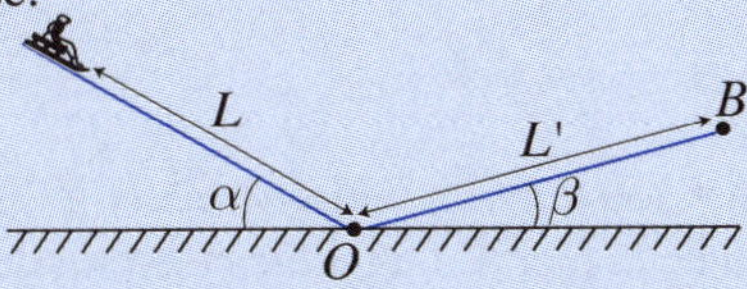

1 **(a)** Exprimer l'énergie mécanique du système $\mathcal{S} = \{\text{enfant} + \text{luge}\}$, de masse m, au début du mouvement, en fonction de m, g, L et α.

(b) Exprimer l'énergie mécanique de $\mathcal{S}$ au bas de la première pente (point O sur le schéma) en fonction de m et de la vitesse v_O de $\mathcal{S}$ en O.

(c) Calculer la valeur numérique de v_O en $\text{m} \cdot \text{s}^{-1}$ et en $\text{km} \cdot \text{h}^{-1}$.

2 La luge parcourt la distance L' le long de la deuxième pente, avant de s'arrêter en B (*cf.* schéma ci-dessus).

(a) Exprimer l'énergie mécanique de $\mathcal{S}$ en B, en fonction de m, g, L' et β.

(b) Calculer la valeur numérique de L'.

Données :

- masse de $\mathcal{S}$: $m = 20$ kg ;
- intensité de la pesanteur : $g = 9{,}8\ \text{N} \cdot \text{kg}^{-1}$.

Voir corrigé page 297

1 Énergie d'un point en mouvement

1.1 Énergie potentielle et énergie cinétique

1.1.1 - Énergie potentielle de pesanteur

Définition 1

Au voisinage de la Terre, là où le champ de pesanteur est quasi uniforme et d'intensité g (en $N{\cdot}kg^{-1}$), *l'énergie potentielle de pesanteur* d'un point M (en kg) de cote verticale z (en m), vaut :

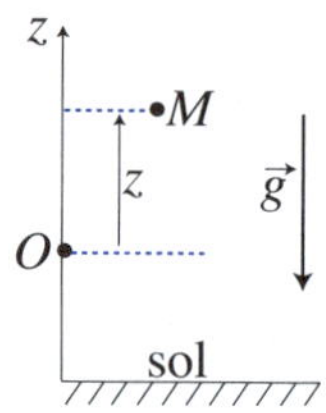

$$E_{pp}(M) = mgz + E_0 \text{ (en joule)}$$

où E_0 est une constante arbitraire.

Remarque : La constante E_0 peut être définie en choisissant l'origine des énergies potentielles de pesanteur à la cote z_{ref} (ce qui revient à supposer nulle E_{pp} en $z = z_{\text{ref}}$). Dans ce cas, l'expression de E_{pp} devient :

$$E_{pp}(M) = mg\,(z - z_{\text{ref}}) \text{ car } E_0 = -mgz_{\text{ref}} \qquad (41)$$

! ATTENTION

La cote z représente souvent une altitude, c'est-à-dire une cote par rapport au sol ou au niveau de la mer. Il faut alors convenir de l'existence d'altitudes négatives qui correspondent à des points situés sous la surface du sol ou de la mer.

Puisque la constante E_0 peut être définie arbitrairement, l'énergie potentielle de pesanteur de deux points :

$$E_{pp}(A) = mgz_A + E_0 \text{ et } E_{pp}(B) = mgz_B + E_0$$

n'est jamais connue qu'à une constante près. En revanche, la variation d'énergie potentielle :

$$\Delta E_{pp} = E_{pp}(B) - E_{pp}(A) = mg\,(z_B - z_A)$$

est parfaitement déterminée.

À RETENIR (méthode)

En choisissant l'origine de l'énergie potentielle de pesanteur au niveau du sol (ou de la mer) et en notant z l'altitude d'un point M, l'expression (41) de l'énergie potentielle de pesanteur de M se simplifie :

$$E_{pp}(M) = mgz$$

Remarque :
L'énergie potentielle de pesanteur d'un corps non ponctuel, de masse m et de centre de gravité G s'identifie à l'énergie potentielle de pesanteur du point G qui posséderait la masse m :

$$E_{pp}(\text{corps}) = mgz_G + E_0$$

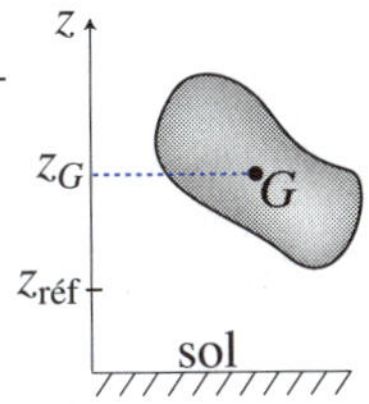

1.1.2 - Énergie cinétique

Définition 2

L'*énergie cinétique* d'un point de masse m (en kg) et de vitesse v (en $\text{m} \cdot \text{s}^{-1}$) vaut :

$$E_c = \frac{1}{2} mv^2 \text{ (en joule)}$$

ATTENTION

La définition précédente ne peut être utilisée qu'à condition que la vitesse soit exprimée en $\text{m} \cdot \text{s}^{-1}$. Dans tout autre cas, il faudrait convertir la vitesse dans cette unité. Notamment, on rappelle que :

$$1 \text{ m} \cdot \text{s}^{-1} = 3{,}6 \text{ km/h} \Leftrightarrow 1 \text{ km/h} = \frac{1}{3{,}6} \text{ m} \cdot \text{s}^{-1} \qquad (42)$$

Remarque :
L'énergie cinétique d'un solide en translation, de masse m et de centre de gravité G, se confond à celle du point G, de vitesse v_G, qui aurait la masse m :

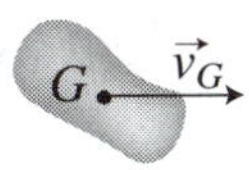

$$E_c(\text{solide en translation}) = \frac{1}{2} mv_G^2$$

1.2 Énergie mécanique

Définition 3

L'énergie mécanique d'un point matériel M est la somme de son énergie cinétique et de son énergie potentielle :

$$E_m(M) = E_c(M) + E_p(M)$$

Remarque : Si un point matériel M est soumis à plusieurs forces qui dérivent chacune d'une énergie potentielle $E_{pi}(M)$, son énergie potentielle résultante est la somme des énergies potentielles (même si ces énergies potentielles ont des origines différentes, par exemple gravitationnelle, électrique,...) :

$$E_p(M) = E_{p1}(M) + E_{p2}(M) + \cdots$$

À RETENIR (méthode)

En l'absence de frottements, l'énergie mécanique d'un point matériel se conserve.
La conservation de l'énergie mécanique d'un point matériel M, de masse m, est souvent exploitée pour calculer la vitesse finale du point (v_f), dont on connaît la vitesse initiale (v_i) :

- Exprimer l'énergie mécanique de M aux points M_i et M_f de sa trajectoire.
- Écrire l'équation traduisant la conservation de son énergie mécanique, notamment aux points M_i et M_f, où sa vitesse vaut v_i et v_f respectivement :

$$E_m(M_f) = E_m(M_i) \Rightarrow \frac{1}{2} m v_f^2 + E_p(M_f) = \frac{1}{2} m v_i^2 + E_p(M_i)$$

- Résoudre l'équation précédente et en déduire v_f :

$$v_f = \sqrt{v_i^2 + \frac{2}{m} \times \left[E_p(M_i) - E_p(M_f)\right]}$$

Lorsqu'un système est composé de plusieurs points (A, B,...), éventuellement en interaction (par exemple des particules chargées électriquement), l'absence de frottements induit la conservation de l'énergie mécanique de l'ensemble du système :

$$E_m(\text{système}) = \text{cte} \Leftrightarrow E_m(A) + E_m(B) + \cdots = \text{cte}$$

Remarque : Lorsque les frottements apparaissent au cours du mouvement d'un corps :

- son énergie mécanique diminue généralement : $\Delta E_m < 0$;
- l'énergie mécanique est souvent transformée en énergie thermique qui peut éventuellement provoquer un échauffement.

2 Application au neutrino

Supposons que lors d'une désintégration β^-, des électrons soient émis ainsi que des photons (rayonnement γ) pouvant provenir de l'éventuelle stabilisation du noyau fils. Par exemple :

$$^{32}_{15}\text{P} \rightarrow {}^{32}_{16}\text{S} + {}^{0}_{-1}\beta^- + {}^{0}_{0}\gamma$$

Notons $E_c(\text{P})$, $E_c(\text{S})$ et $E_c(\beta^-)$ les énergies cinétiques des noyaux de phosphore, de soufre et de l'électron. Compte tenu de la faible masse de l'électron par rapport à la masse des noyaux, on peut négliger $E_c(\text{P})$ et $E_c(\text{S})$ devant $E_c(\beta^-)$.

Soient m_{P}, m_{S} et m_e les masses respectives du noyau de phosphore, de celui du soufre et de l'électron. Enfin, désignons par E_γ l'énergie du photon γ émis.

- Avant la désintégration, le noyau de phosphore possède l'énergie :

$$E_{\text{ini}} = m_{\text{P}}\, c^2 + E_c(\text{P})$$

- Après la désintégration, le système est composé de $^{32}_{16}\text{S}$, de l'électron et du photon ; il possède alors l'énergie :

$$E_{\text{fin}} = \left[m_{\text{S}}c^2 + E_c(\text{S})\right] + \left[m_e c^2 + E_c(\beta^-)\right] + E_\gamma$$

La conservation de l'énergie impose :

$$E_{\text{fin}} = E_{\text{ini}} \Rightarrow m_{\text{S}}c^2 + m_e c^2 + E_c(\text{S}) + E_c(\beta^-) + E_\gamma = m_{\text{P}}c^2 + E_c(\text{P})$$

c'est-à-dire, en négligeant $E_c(\text{S})$ et $E_c(\text{P})$ devant $E_c(\beta^-)$:

$$E_c(\beta^-) + E_\gamma \simeq \Delta m\, c^2 \Rightarrow E_c(\beta^-) = \Delta m\, c^2 - E_\gamma \qquad (43)$$

où $\Delta m = m_{\text{P}} - m_{\text{S}} - m_e$ désigne le défaut de masse.

Puisque le photon provient de la stabilisation du noyau fils (ici $^{32}_{16}\text{S}$), son énergie est quantifiée (comme celle du noyau fils) ; appelons E_1, E_2,... les valeurs possibles de son énergie. Dans ces conditions, la relation (43) montre que les électrons devraient avoir une énergie quantifiée :

$$E_{c1}(\beta^-) = \Delta m\, c^2 - E_1,\ E_{c2}(\beta^-) = \Delta m\, c^2 - E_2, \cdots$$

admettant pour valeur maximale $E_{c\max} = \Delta m\, c^2$. Le spectre donnant le nombre d'électrons en fonction de leur énergie devrait alors présenter des pics (*cf.* spectre théorique) :

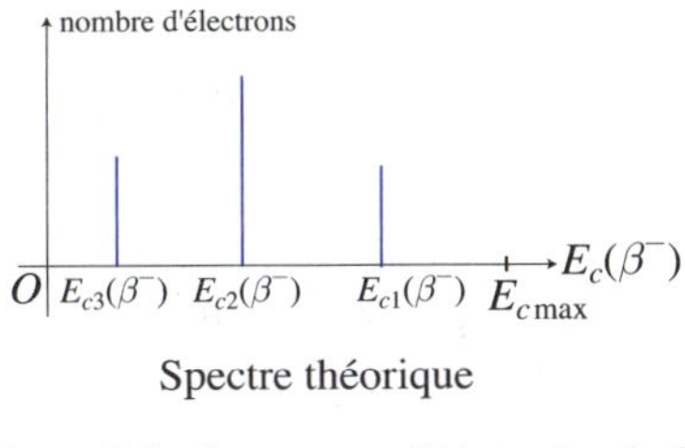

Spectre théorique

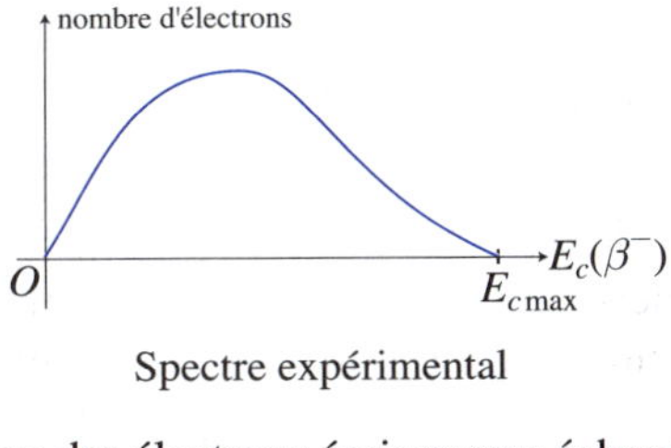

Spectre expérimental

Il est possible de mesurer l'énergie cinétique des électrons émis par un échantillon radioactif : celui-ci est entouré d'une gaine en plomb (qui absorbe la quasi totalité des particules β^- émises), elle-même enfermée dans un calorimètre.

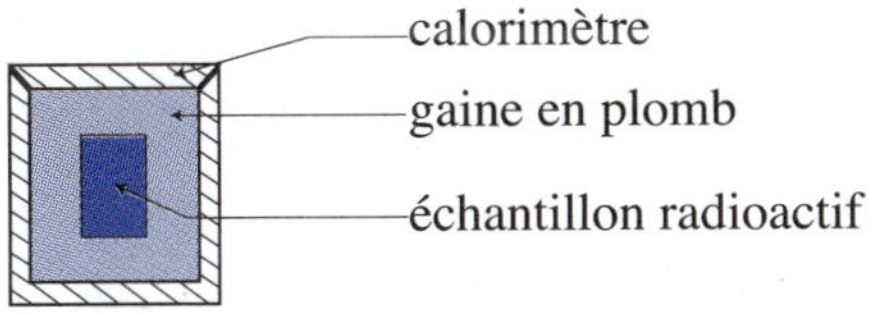

Lors de leur freinage, les particules β^- cèdent au plomb leur énergie cinétique sous forme d'énergie thermique qui échauffe le plomb et que l'on peut évaluer en mesurant la température.

La mesure de l'énergie cinétique des particules β^- révèle un spectre différent du spectre théorique (*cf.* spectre expérimental). Pour interpréter cette différence, W. PAULI a imaginé, dans les années 1930, qu'une autre particule devait être émise au cours de la désintégration β^- ; il s'agit de l'anti-neutrino ($\overline{\nu}$) dépourvu de masse et de charge, mais possédant quand même une énergie $E_{\overline{\nu}}$:

$$^{32}_{15}\text{P} \rightarrow \ ^{32}_{16}\text{S} + ^{\ 0}_{-1}\beta^- + ^0_0\gamma + ^0_0\overline{\nu}$$

Avant et après la désintégration, l'énergie du système prend ainsi les valeurs :

$$E_{\text{ini}} = m_{\text{P}}\, c^2 + E_c(\text{P})$$

et :

$$E_{\text{fin}} = \left[m_{\text{S}}\, c^2 + E_c(\text{S})\right] + \left[m_e c^2 + E_c(\beta^-)\right] + E_\gamma + E_{\overline{\nu}}$$

Avec les mêmes approximations, la relation (43), issue de la conservation de l'énergie, s'écrit maintenant :

$$E_c(\beta^-) + E_\gamma + E_{\overline{\nu}} = \Delta m\, c^2 \Rightarrow E_c(\beta^-) + E_{\overline{\nu}} = \Delta m\, c^2 - E_\gamma$$

Ce faisant, c'est la somme $E_c(\beta^-) + E_{\overline{\nu}}$ qui doit être quantifiée et non $E_c(\beta^-)$, ce qui justifie le spectre expérimental.

De même, une désintégration β^+ s'accompagne de la libération d'un neutrino (ν) ; par exemple :

$$^{53}_{26}\text{Fe} \rightarrow \ ^{53}_{25}\text{Mn} + ^0_1\beta^+ + ^0_0\gamma + ^0_0\nu$$

Enfin, le neutrino (ou l'anti-neutrino) interagit très faiblement avec la matière, ce qui justifie :

- qu'il ait été si difficile à mettre en évidence : il faut 35 années-lumières de plomb pour absorber les neutrinos de manière significative (il n'a été mis en évidence qu'en 1956).

- la mesure de $E_c(\beta^-)$ à l'aide du dispositif calorimétrique décrit précédemment : la gaine de plomb ne freine pas les neutrinos de sorte que son échauffement ne provient que des particules β^- émises.

Solution de l'exercice type

1 Dans la suite de l'exercice, on notera :

- A le point de départ de la luge en haut de la première pente ;
- I et J les projetés orthogonaux de A et de B sur le plan horizontal qui passe par O ;
- z_A et z_B les altitudes de A et B par rapport à ce plan.

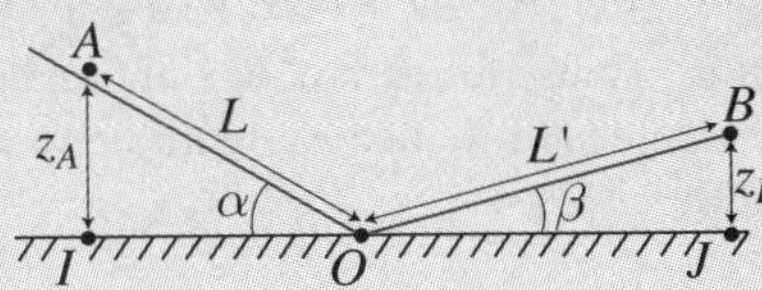

(a) D'après l'énoncé, en A la luge part sans vitesse initiale ($v_A = 0$), de sorte que son énergie cinétique est nulle :

$$E_c(A) = \frac{1}{2} m v_A^2 = 0$$

En choisissant le plan horizontal passant par O comme référence des énergies potentielles de pesanteur, celle de la luge en A est définie par :

$$E_{pp}(A) = mgz_A$$

Or, le triangle (OAI) étant rectangle, on peut définir :

$$\sin\alpha = \frac{AI}{AO} = \frac{z_A}{L} \Rightarrow z_a = L \sin\alpha$$

$$\Rightarrow E_{pp}(A) = mgL \sin\alpha \quad (44)$$

Par suite, l'énergie mécanique du système $\mathcal{S}$ en A s'écrit :

$$E_m(A) = E_c(A) + E_{pp}(A) \Rightarrow E_m(A) = mgL \sin\alpha \quad (45)$$

(b) Au point O, d'altitude $z_O = 0$, le système $\mathcal{S}$ a pour énergie potentielle de pesanteur :

$$E_{pp}(O) = mgz_O = 0$$

et pour énergie cinétique :

$$E_c(O) = \frac{1}{2} m v_O^2$$

C'est pourquoi son énergie mécanique vaut :

$$E_m(O) = E_{pp}(O) + E_c(O) \Rightarrow E_m(O) = \frac{1}{2} m v_O^2 \quad (46)$$

(c) Puisqu'en l'absence de frottements, l'énergie mécanique d'un système se conserve :

$$E_m(O) = E_m(A)$$

...

COURS
EXERCICES
CORRIGÉS

Solution de l'exercice type (suite)

c'est-à-dire, compte tenu des expressions (46) et (44) :

$$\frac{1}{2}mv_O^2 = mgL\,\sin\alpha$$
$$\Rightarrow \quad v_O = \sqrt{2gL\,\sin\alpha} = \sqrt{2\times 9{,}8\times 30\times\sin(30°)}$$
$$\Rightarrow \quad v_O = 17{,}1\ \mathrm{m\cdot s^{-1}}\ \text{avec}\ 1\ \mathrm{m\cdot s^{-1}} = 3{,}6\ \mathrm{km\cdot h^{-1}}$$
$$\Rightarrow \quad v_O = 17{,}1\times 3{,}6 = 61{,}6\ \mathrm{km\cdot h^{-1}}$$

Remarque : Heureusement pour l'enfant et sa luge, ce résultat est peu réaliste : des frottements ralentiraient la luge avant qu'elle n'atteigne cette vitesse.

2 **(a)** Arrivé en B, le système $\mathcal{S}$ s'arrête, auquel cas son énergie cinétique y vaut :

$$E_c(B) = \frac{1}{2}mv_B^2 = 0\ \text{car}\ v_B = 0\ \mathrm{m\cdot s^{-1}}$$

Quant à l'énergie potentielle de pesanteur de $\mathcal{S}$, elle vaut :

$$E_{pp}(B) = mgz_B$$

où le triangle rectangle (OBJ) permet de définir :

$$\sin\beta = \frac{BJ}{OB} = \frac{z_B}{L'} \Rightarrow z_B = L'\,\sin\beta \Rightarrow E_{pp}(B) = mgL'\,\sin\beta$$

Ainsi, arrivé en B, le système $\mathcal{S}$ a pour énergie mécanique :

$$E_m(B) = E_c(B) + E_{pp}(B) \Rightarrow E_m(B) = mgL'\,\sin\beta \qquad (47)$$

(b) En négligeant les frottements, on suppose que l'énergie mécanique de $\mathcal{S}$ se conserve entre les points A et B : $E_m(B) = E_m(A)$. Les résultats (47) et (45) fournissent alors :

$$mgL'\,\sin\beta = mgL\,\sin\alpha \quad \Rightarrow \quad L' = L\,\frac{\sin\alpha}{\sin\beta} = 30\times\frac{\sin(30°)}{\sin(15°)}$$
$$\Rightarrow \quad L' \simeq 58\ \mathrm{m}$$

QCM 1 Connaissance du cours

10 min. | Corrigé p. 306

1 Un point matériel M, de masse $m = 200$ g, est placé à une altitude z dans le champ de pesanteur d'intensité $g = 10\ \text{N} \cdot \text{kg}^{-1}$. L'origine des énergies potentielles de pesanteur étant choisie à l'altitude $z_{\text{ref}} = 10$ m, l'énergie potentielle de pesanteur de M (en joule) vaut :

- **a** $E_{pp} = mgz - 20$
- **b** $E_{pp} = mgz$
- **c** $E_{pp} = mgz + 20$
- **d** $E_{pp} = mgz - 2$

2 Une vitesse peut être exprimée en $\text{m} \cdot \text{s}^{-1}$ ou en $\text{km} \cdot \text{h}^{-1}$, avec la loi de conversion :

- **a** $1\ \text{km} \cdot \text{h}^{-1} = \dfrac{1}{36}\ \text{m} \cdot \text{s}^{-1}$
- **b** $1\ \text{m} \cdot \text{s}^{-1} = 3{,}6\ \text{km} \cdot \text{h}^{-1}$
- **c** $1\ \text{m} \cdot \text{s}^{-1} = \dfrac{1}{36}\ \text{km} \cdot \text{h}^{-1}$
- **d** $1\ \text{km} \cdot \text{h}^{-1} = 3{,}6\ \text{m} \cdot \text{s}^{-1}$

3 Un point de masse m (en kg) et de vitesse v (en $\text{m}\cdot\text{s}^{-1}$) possède l'énergie cinétique :

- **a** $E_c = mv^2$
- **b** $E_c = 2mv^2$
- **c** $E_c = \dfrac{1}{2}mv^2$

4 L'énergie mécanique d'un point matériel soumis au champ de pesanteur :

- **a** est définie par $E_m = E_c - E_{pp}$;
- **b** est constante en l'absence de frottements ;
- **c** est toujours constante à la surface de la Terre.

QCM 2 Transfert d'énergie

15 min. | Corrigé p. 306

Un marteau-pilon, de masse $m = 2$ tonnes, tombe d'une hauteur $h = 3$ m sur un objet en aluminium de masse $m' = 20$ kg. Sa vitesse initiale est nulle.

Les frottements sont négligés lors de la chute.

L'augmentation de la température de l'objet lors du choc est notée $\Delta\theta$.

1 L'énergie thermique reçue par l'objet vaut (en joule) :

- **a** $Q = 18\,080 \times \Delta\theta$
- **b** $Q = 18{,}1 \times \Delta\theta$
- **c** $Q = 0{,}904 \times \Delta\theta$
- **d** $Q = 904 \times \Delta\theta$

2 L'énergie potentielle de pesanteur du marteau pilon varie de la quantité :

- **a** $\Delta E_{pp} = -20\,000$ J
- **b** $\Delta E_{pp} = -6.10^4$ J
- **c** $\Delta E_{pp} = 2.10^6$ J
- **d** $\Delta E_{pp} = 6.10^5$ J

3 Calculer l'énergie cinétique du marteau-pilon juste avant le choc avec l'objet en aluminium.

- **a** $E'_c = 0$ J
- **b** $E'_c = 6.10^4$ J
- **c** $E'_c = 2\,000$ J
- **d** $E'_c = 6\,000$ J

COURS | EXERCICES | CORRIGÉS

4 Que vaut la vitesse du marteau-pilon juste avant le choc avec l'objet ?

[a] $v' = 6{,}3\ \mathrm{m \cdot s^{-1}}$ [b] $v' = 20\ \mathrm{m \cdot s^{-1}}$

[c] $v' = 6{,}3\ \mathrm{km \cdot h^{-1}}$ [d] $v' = 40\ \mathrm{km \cdot h^{-1}}$

5 En supposant que l'énergie cinétique du marteau-pilon soit intégralement transformée, lors du choc, en énergie thermique, calculer $\Delta\theta$.

[a] $\Delta\theta = 5{,}5°\mathrm{C}$ [b] $\Delta\theta = 3{,}3°\mathrm{C}$

[c] $\Delta\theta = 10{,}8°\mathrm{C}$ [d] $\Delta\theta = 21{,}1°\mathrm{C}$

Données :
- capacité thermique massique de l'aluminium : $c = 0{,}904\ \mathrm{kJ \cdot kg^{-1} \cdot °C^{-1}}$;
- intensité de la pesanteur : $g = 10\ \mathrm{N \cdot kg^{-1}}$

QCM 3 Énergie mécanique

20 min. Corrigé p. 307

Dans un parc d'attraction, un wagonnet de masse $m = 65$ kg se déplace sur des rails dont le profil est donné sur le schéma suivant :

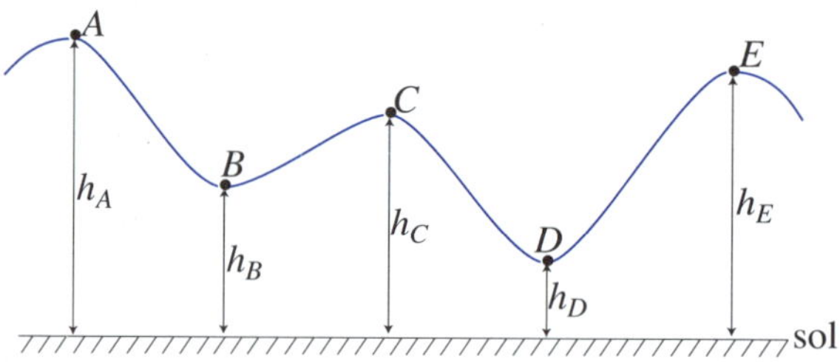

L'intensité de la pesanteur vaut $g = 10\ \mathrm{N \cdot kg^{-1}}$.

Les hauteurs des différents points A, B, C, D et E sont repérées par rapport au sol et ont pour valeurs :

$$h_A = 20\ \mathrm{m} \quad h_B = 10\ \mathrm{m} \quad h_C = 15\ \mathrm{m}$$
$$h_D = 5\ \mathrm{m} \quad h_E = 18\ \mathrm{m}$$

1 Lorsque le wagonnet passe de A à B, puis de B à C, son énergie potentielle de pesanteur varie respectivement de $\Delta E_{pp}(A/B)$ et $\Delta E_{pp}(B/C)$, tels que :

[a] $\Delta E_{pp}(A/B) = 6\,500$ J et $\Delta E_{pp}(B/C) = 3\,250$ J ;

[b] $\Delta E_{pp}(A/B) = -3\,250$ J et $\Delta E_{pp}(B/C) = 6\,500$ J ;

[c] $\Delta E_{pp}(A/B) = -6\,500$ J et $\Delta E_{pp}(B/C) = 3\,250$ J ;

[d] $\Delta E_{pp}(A/B) = 3\,250$ J et $\Delta E_{pp}(B/C) = -6\,500$ J.

On admet, pour toute la suite, qu'il n'y a pas de frottements.

2 Lorsque le wagonnet passe de A à E, son énergie potentielle de pesanteur et son énergie mécanique varient respectivement de :

a $\Delta E_{pp}(A/E) = 0$ J et $\Delta E_m(A/E) = 1\,300$ J ;
b $\Delta E_{pp}(A/E) = -1\,300$ J et $\Delta E_m(A/E) = 0$ J ;
c $\Delta E_{pp}(A/E) = 1\,300$ J et $\Delta E_m(A/E) = 0$ J ;
d $\Delta E_{pp}(A/E) = -1\,300$ J et $\Delta E_m(A/E) = -3\,250$ J.

3 Le wagonnet part de A sans vitesse initiale. Calculer sa vitesse au point B.

a $v_B = 12{,}7 \text{ m} \cdot \text{s}^{-1}$
b $v_B = 14{,}1 \text{ m} \cdot \text{s}^{-1}$
c $v_B = 0 \text{ m} \cdot \text{s}^{-1}$
d $v_B = 11{,}2 \text{ m} \cdot \text{s}^{-1}$

4 Le wagonnet part de A avec une vitesse initiale $v_A = 1 \text{ m} \cdot \text{s}^{-1}$. Calculer sa vitesse au passage en E.

a $v_E = 6{,}4 \text{ m} \cdot \text{s}^{-1}$
b $v_E = 0 \text{ m} \cdot \text{s}^{-1}$
c $v_E = 7{,}2 \text{ m} \cdot \text{s}^{-1}$
d $v_E = 8{,}1 \text{ m} \cdot \text{s}^{-1}$

4 Énergie cinétique

★ 5 min. Corrigé p. 309

Lycée Félix Faure, Beauvais

La vitesse d'une balle déterminée a été enregistrée à 269 $\text{km} \cdot \text{h}^{-1}$.

Calculer l'énergie cinétique que posséderait cette balle de masse égale à 58,4 g.

5 Énergie cinétique

★ 5 min. Corrigé p. 309

Lycée Bellevue, Toulouse

Un TGV atlantique, de masse $m = 500$ tonnes, roule à 300 $\text{km} \cdot \text{h}^{-1}$ sur une voie rectiligne et horizontale. Subissant un arrêt d'urgence, il bloque ses roues et stoppe au bout de 3 300 m.

1 Quelle est la variation de son énergie cinétique lors du freinage (expression littérale puis calcul en respectant les unités) ?

2 Quelle est le mode de transfert de cette énergie ?

6 Énergie mécanique

★ 10 min. Corrigé p. 310

Lycée Félix Faure, Beauvais

On lance une petite pierre de masse $m = 100$ g verticalement, vers le haut. La pierre part d'un point O, pris comme origine des altitudes, avec une vitesse initiale $v_0 = 15 \text{ m} \cdot \text{s}^{-1}$. On néglige l'action de l'air.

Calculer l'altitude maximale atteinte.

Donnée : intensité de la pesanteur : $g = 10 \text{ N} \cdot \text{kg}^{-1}$.

7 Énergie mécanique

★ ★ ☆ 15 min. Corrigé p. 310

Lycée Sainte-Marie, Antony

Un cycliste roule sur une route plane et horizontale à la vitesse $V = 20\ \text{km} \cdot \text{h}^{-1}$. Arrivant au pied d'une montée, il cesse de pédaler. Quelle distance parcourt-il sur la pente, si on néglige les frottements ?

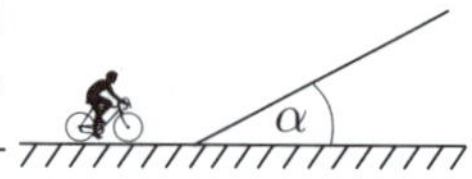

Données :

- intensité de la pesanteur : $g = 10\ \text{N} \cdot \text{kg}^{-1}$;
- la pente est de 15%, ce qui signifie qu'en parcourant 100 m dans la pente, le cycliste monte de 15 m.

8 Énergie mécanique

★ ★ ★ 30 min. Corrigé p. 312

Lycée Saint-Pierre, Brunoy

Cet exercice étudie le franchissement d'une barre positionnée à 2,45 m lors d'un record mondial de saut en hauteur.

L'athlète, de masse $m = 85{,}0$ kg, sera modélisé uniquement par son centre d'inertie G situé à 1 m du sol au départ.

1 Au cours du saut, son centre d'inertie G passe par un point haut situé à 1 cm au dessus de la barre.

Quelle est la variation d'énergie potentielle de pesanteur lors du saut ?

2 Après sa course d'élan, l'athlète possède la vitesse $v = 5{,}55\ \text{m} \cdot \text{s}^{-1}$ au pied de la barre.

Quelle hauteur théorique peut-il atteindre si on suppose que toute son énergie cinétique initiale est convertie en énergie potentielle de pesanteur ?

3 En fait, au point le plus haut, le sauteur conserve un peu d'énergie cinétique car la composante horizontale de sa vitesse ne s'annule pas ; elle a pour valeur $0{,}63\ \text{m} \cdot \text{s}^{-1}$.

Calculer la somme des énergies cinétique et potentielle de l'athlète au départ du saut puis au point le plus haut. Conclure.

Donnée : intensité de la pesanteur : $g = 10\ \text{N} \cdot \text{kg}^{-1}$.

9 Énergie mécanique

★ ★ ★ 30 min. Corrigé p. 313

Lycée Bellevue, Toulouse

Un pendule simple est constitué d'une petite bille assimilable à un point matériel, de masse $m = 50$ g, attachée à un fil inextensible de longueur $L = 40$ cm.

L'ensemble est fixé en un point O et on considère que les forces de frottements sont négligeables.

1 On écarte le pendule de sa position d'équilibre d'un angle $\alpha_0 = 40°$ (position A de la bille). On la lâche sans vitesse initiale. On repère la position du pendule par la valeur α de l'angle que fait le fil avec la verticale.
Faire un schéma.
Exprimer l'énergie potentielle de pesanteur du pendule en fonction de m, g, L et α.
Préciser l'origine des altitudes z, choisie de façon à avoir $E_{pp}(z = 0) = 0$.

2 Quelle est la valeur de α la plus grande au cours des oscillations ? justifier.

3 Donner l'expression littérale de l'énergie potentielle de pesanteur maximale du pendule.

4 Quelle est la valeur de la vitesse de la bille lorsqu'elle passe en B (position d'équilibre) ?

Donnée : intensité de la pesanteur : $g = 10 \text{ N} \cdot \text{kg}^{-1}$.

10 Énergie mécanique

★★★ *30 min.* — Corrigé *p. 315*

Lycée Félix Faure, Beauvais

Un petit objet S, presque ponctuel, de masse $m = 100$ g, peut se déplacer sur deux plans inclinés, dont les coupes OA et OB sont représentées ci-dessous :
On donne :

$$OA = 3 \text{ m} \quad \alpha = 30°$$
$$OB = 2 \text{ m} \quad \beta = 20°$$

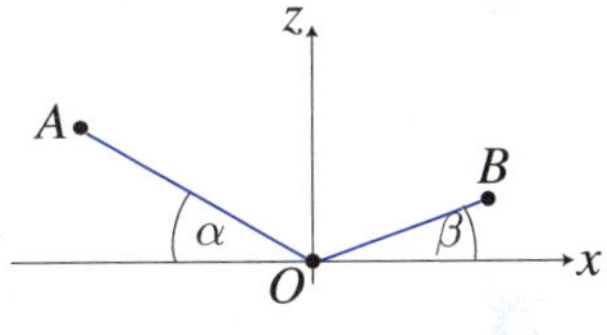

On repère la position de l'objet par son abscisse x sur un axe horizontal d'origine O.
Le point O sera choisi comme origine de l'énergie potentielle de pesanteur.

1 Quelles sont les coordonnées de A et B ?

2 Exprimer, en fonction de x, l'énergie potentielle de pesanteur de l'objet, dans le champ de pesanteur vertical, dirigé selon Oz (on considérera les deux cas : $x < 0$ et $x > 0$).

3 L'objet passe de A à B. Calculer la variation d'énergie potentielle de pesanteur ΔE_{pp}.

4 L'objet étant lâché sans vitesse initiale en A, calculer son énergie cinétique $E_c(B)$ en B.

Les frottements sont négligeables.

Donnée : intensité de la pesanteur : $g = 10 \text{ N} \cdot \text{kg}^{-1}$.

11 Énergie mécanique

★★★ 40 min. Corrigé p. 317

Lycée Fustel de Coulanges, Massy

Le dispositif représenté ci-contre est formé de deux mobiles A et B reposant sur deux plans inclinés et reliés par un fil inextensible passant par une poulie.

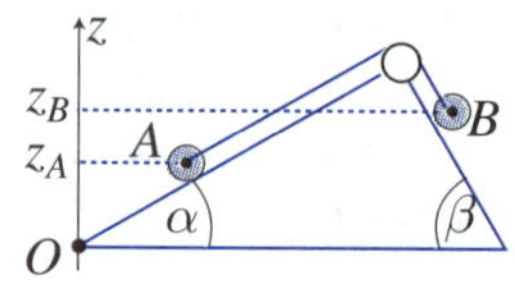

La poulie et le fil ont des masses négligeables.

On suppose les frottements également négligeables.

Les masses des mobiles sont égales et valent $m = 2{,}0$ kg.

1 Le système est initialement maintenu dans une position telle que la différence d'altitude des mobiles vaut $z_B - z_A = 0{,}50$ m.

En prenant l'énergie potentielle de pesanteur de A nulle dans cette position initiale, calculer l'énergie potentielle de pesanteur de B.

2 On abandonne le système ; B entraîne A. Exprimer la vitesse des corps A et B lorsque ceux-ci se sont déplacés d'une longueur ℓ sur les plans inclinés.

Faire l'application numérique avec $\ell = 20$ cm, $\alpha = 30°$ et $\beta = 60°$.

Donnée : intensité de la pesanteur : $g = 10\ \text{N} \cdot \text{kg}^{-1}$.

12 Énergie du neutrino

★★ 15 min. Corrigé p. 318

Lycée Saint-Exupéry, Mantes-la-Jolie

On considère l'émission β^-, sans émission γ, liée à la désintégration du nucléide ${}^{210}_{83}\text{Bi}$.

1 Écrire l'équation correspondant à la désintégration.

2 L'énergie cinétique des particules β^- est absorbée par un calorimètre. On mesure ainsi l'énergie cinétique moyenne d'une particule β^-. On trouve 0,337 MeV alors que la différence entre les énergies du noyau ${}^{210}_{83}\text{Bi}$ et du nucléide fils est égale à 1,17 MeV, lorsque ces noyaux sont dans un état non excité. Donner une interprétation à ce résultat.

Données : numéros atomiques de quelques éléments :

$${}_{81}\text{Tl} \qquad {}_{82}\text{Pb} \qquad {}_{84}\text{Po} \qquad {}_{85}\text{At}$$

13 Énergie du neutrino

★★ 30 min. Corrigé p. 319

Lycée Saint-Exupéry, Mantes-la-Jolie

Le sodium ${}^{24}_{11}\text{Na}$ peut subir une désintégration β^- :

$$ {}^{24}_{11}\text{Na} \rightarrow {}^{A}_{Z}\text{Mg} + \beta^- + \overline{\nu} $$

1 Trouver les nombres A et Z de cette équation.

2 Le noyau de magnésium est produit dans son état fondamental et on néglige son énergie cinétique ainsi que celle du noyau de sodium.

(a) Quelle est l'énergie cinétique maximale de l'électron émis (en MeV) ?

(b) En fait, l'électron ne possède que rarement cette énergie. Pourquoi ?

3 Quelle devrait être la vitesse maximale de l'électron émis ? conclure.

Données :

- masse des nucléides et de l'électron :

	${}^{24}_{11}\text{Na}$	${}^{A}_{Z}\text{Mg}$	β^-
m	23,99096 u	23,98504 u	$5{,}486.10^{-4}$ u

- conversion masse/énergie : $1\ \text{u} = 931\ \text{MeV}/c^2$;
- $1\ \text{u} \simeq 1{,}661.10^{-27}$ kg ;
- $1\ \text{eV} = 1{,}6.10^{-19}$ J.

COURS EXERCICES CORRIGÉS

QCM 1 Connaissance du cours

Enoncé p. 299

1 L'énergie potentielle de pesanteur vaut :

$$\begin{aligned} E_{pp} &= mg\,(z - z_{\text{ref}}) = mgz - mgz_{\text{ref}} \\ &= mgz - 0{,}2 \times 10 \times 10 \\ &\Rightarrow E_{pp} = mgz - 20 \text{ (réponse } \boxed{a} \text{)} \end{aligned}$$

2 Conformément au rappel (42) de la page 293, la conversion entre les unités de vitesse s'écrit :

$$1\ \text{km} \cdot \text{h}^{-1} = \frac{1}{3{,}6}\ \text{m} \cdot \text{s}^{-1} \Leftrightarrow 1\ \text{m} \cdot \text{s}^{-1} = 3{,}6\ \text{km} \cdot \text{h}^{-1} \text{ (réponse } \boxed{b} \text{)}$$

3 Par définition, l'énergie cinétique d'un point matériel de masse m et de vitesse v est définie par :

$$E_c = \frac{1}{2}mv^2 \text{ (réponse } \boxed{c} \text{)}$$

4 Un point matériel d'énergie cinétique E_c et d'énergie potentielle de pesanteur E_{pp} a une énergie mécanique définie par :

$$E_m = E_c + E_{pp}$$

qui est constante en l'absence de frottements (réponse $\boxed{b}$).

QCM 2 Transfert d'énergie

Enoncé p. 299

1 En l'absence de changement d'état, la température d'un objet de masse $m' = 20$ kg et de capacité thermique $c = 904\ \text{J} \cdot \text{kg}^{-1} \cdot °\text{C}^{-1}$ varie de $\Delta\theta$ s'il reçoit l'énergie (sous forme thermique) :

$$Q = m'c\,\Delta\theta = 20 \times 904 \times \Delta\theta \Rightarrow Q = 18\,080 \times \Delta\theta \text{ (réponse } \boxed{a} \text{)}$$

2 Le marteau-pilon passe d'une altitude z_A à une altitude z_B, auquel cas son énergie potentielle de pesanteur passe de :

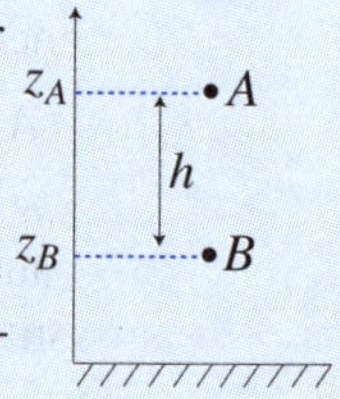

$$E_{pp}(A) = mgz_A + E_0 \text{ à } E_{pp}(B) = mgz_B + E_0$$

où E_0 est une constante. C'est pourquoi, au cours de la chute, l'énergie potentielle de pesanteur du marteau-pilon varie de la quantité :

$$\begin{aligned} \Delta E_{pp} &= E_{pp}(B) - E_{pp}(A) = mg\,(z_B - z_A) \\ &= -mgh \text{ car } h = z_A - z_B \\ &= -2\,000 \times 10 \times 3 \Rightarrow \Delta E_{pp} = -6.10^4 \text{ J (réponse } \boxed{b} \text{)} \end{aligned}$$

3 Lorsqu'il est en A, le marteau-pilon présente une vitesse nulle ($v_A = 0$) et donc une énergie cinétique nulle :

$$E_c(A) = \frac{1}{2}mv_A^2 = 0$$

En revanche, lorsqu'il est en B, son énergie cinétique prend une valeur $E'_c = E_c(B)$.
Or, en A et en B, l'énergie mécanique du marteau-pilon vaut :

$$E_m(A) = E_{pp}(A) + E_c(A) = E_{pp}(A)$$

et

$$E_m(B) = E_{pp}(B) + E_c(B) = E_{pp}(B) + E'_c$$

L'absence de frottements se traduit alors par la conservation de l'énergie mécanique :

$$\begin{aligned} E_m(B) = E_m(A) \quad &\Rightarrow \quad E_{pp}(B) + E'_c = E_{pp}(A) \\ &\Rightarrow \quad E'_c = E_{pp}(A) - E_{pp}(B) = -\Delta E_{pp} \\ &\Rightarrow \quad E'_c = 6.10^4 \text{ J (réponse } \boxed{\text{b}} \text{).} \end{aligned}$$

4 L'énergie cinétique du marteau-pilon E'_c est définie à partir de sa vitesse v' juste avant le choc avec l'objet :

$$E'_c = \frac{1}{2} m v'^2 \quad \Rightarrow \quad v' = \sqrt{\frac{2E'_c}{m}} = \sqrt{\frac{2 \times 6.10^4}{3\,000}}$$

$$\Rightarrow \quad v' \simeq 6{,}3 \text{ m} \cdot \text{s}^{-1} \text{ (réponse } \boxed{\text{a}} \text{)}$$

5 En supposant que l'énergie cinétique du marteau-pilon soit intégralement transformée en énergie thermique, on suppose que $Q = E'_c$, c'est-à-dire, compte tenu des résultats aux questions 1 et 3 :

$$18\,080 \times \Delta\theta = 6.10^4 \Rightarrow \Delta\theta = 3{,}3°\text{C (réponse } \boxed{\text{b}} \text{)}$$

QCM 3 Énergie mécanique

Enoncé p. 300

1 En A, B et C, d'altitudes respectives h_A, h_B et h_C, le wagonnet possède les énergies potentielles de pesanteur respectives :

$$E_{pp}(A) = mgh_A + E_0 \qquad E_{pp}(B) = mgh_B + E_0 \qquad E_{pp}(C) = mgh_C + E_0$$

où E_0 est une constante. Donc, entre A et B d'une part et entre B et C d'autre part, l'énergie potentielle de pesanteur du wagonnet varie des quantités :

$$\begin{aligned} \Delta E_{pp}(A/B) &= E_{pp}(B) - E_{pp}(A) = mg\,(h_B - h_A) \quad (48) \\ &= 65 \times 10 \times (10 - 20) \end{aligned}$$

et :

$$\begin{aligned} \Delta E_{pp}(B/C) &= E_{pp}(C) - E_{pp}(A) = mg\,(h_C - h_B) \\ &= 65 \times 10 \times (15 - 10) \end{aligned}$$

c'est-à-dire :

$$\Delta E_{pp}(A/B) = -6\,500 \text{ J et } \Delta E_{pp}(B/C) = 3\,250 \text{ J (réponse } \boxed{\text{c}} \text{)}$$

2 De même, lorsque le wagonnet se trouve en A ou en E, son énergie potentielle de pesanteur prend les valeurs respectives :

$$E_{pp}(A) = mgz_A + E_0 \text{ et } E_{pp}(E) = mgh_E + E_0$$

Donc, lorsque le wagonnet passe de A à E, son énergie potentielle de pesanteur varie de la quantité :

$$\begin{aligned} \Delta E_{pp}(A/E) &= E_{pp}(E) - E_{pp}(A) = mg\,(h_E - h_A) \qquad (49) \\ &= 65 \times 10 \times (18 - 20) \end{aligned}$$

tandis que son énergie mécanique E_m ne varie pas en l'absence de frottements. C'est pourquoi :

$$\Delta E_{pp}(A/E) = -1\,300 \text{ J et } \Delta E_m(A/E) = 0 \text{ J (réponse } \boxed{\text{b}}\text{)}$$

3 En A, la vitesse du wagonnet est nulle, donc son énergie cinétique $E_c(A)$ aussi. C'est pourquoi son énergie mécanique vaut :

$$E_m(A) = E_c(A) + E_{pp}(A) = E_{pp}(A)$$

En revanche, la vitesse v_B du wagonnet en B lui confère une énergie cinétique $E_c(B) = \frac{1}{2} m v_B^2$ et donc une énergie mécanique :

$$E_m(B) = E_c(B) + E_{pp}(B) = \frac{1}{2} m v_B^2 + E_{pp}(B)$$

Enfin, l'absence de frottements justifie la conservation de l'énergie mécanique du wagonnet entre A et B, ce qui impose :

$$\begin{aligned} E_m(B) = E_m(A) \quad &\Rightarrow \quad \frac{1}{2} m v_B^2 + E_{pp}(B) = E_{pp}(A) \\ &\Rightarrow \quad \frac{1}{2} m v_B^2 = E_{pp}(A) - E_{pp}(B) \end{aligned}$$

c'est-à-dire, compte tenu de l'identité (48) :

$$\begin{aligned} \Delta E_{pp}(A/B) \quad &= \quad E_{pp}(B) - E_{pp}(A) \Rightarrow \frac{1}{2} m v_B^2 = -\Delta E_{pp}(A/B) \\ &\Rightarrow \quad v_B = \sqrt{-\frac{2}{m}\,\Delta E_{pp}(A/B)} = \sqrt{-\frac{2}{65} \times (-6\,500)} \\ &\Rightarrow \quad v_B \simeq 14{,}1 \text{ m} \cdot \text{s}^{-1} \text{ (réponse } \boxed{\text{b}}\text{)} \end{aligned}$$

4 Maintenant, le wagonnet part de A avec une vitesse $v_A = 1 \text{ m} \cdot \text{s}^{-1}$ et donc avec une énergie cinétique $E_c(A) = \frac{1}{2} m v_A^2$. Donc, son énergie mécanique vaut :

$$E_m(A) = E_c(A) + E_{pp}(A) = \frac{1}{2} m v_A^2 + E_{pp}(A)$$

Le wagonnet arrive alors en E avec une vitesse v_E associée à une énergie cinétique $E_c(E) = \frac{1}{2} m v_E^2$. Son énergie mécanique vaut alors :

$$E_m(E) = E_c(E) + E_{pp}(E) = \frac{1}{2} m v_E^2 + E_{pp}(E)$$

L'absence de frottements entre A et E justifie la conservation de l'énergie mécanique :

$$\begin{aligned} E_m(E) &= E_m(A) \Rightarrow \frac{1}{2}mv_E^2 + E_{pp}(E) = \frac{1}{2}mv_A^2 + E_{pp}(A) \\ &\Rightarrow \frac{1}{2}mv_E^2 = \frac{1}{2}mv_A^2 + E_{pp}(A) - E_{pp}(E) \end{aligned}$$

La relation (49) permet alors de poser :

$$E_{pp}(A) - E_{pp}(E) = -\Delta E_{pp}(A/E)$$

$$\Rightarrow \frac{1}{2}mv_E^2 = \frac{1}{2}mv_A^2 - \Delta E_{pp}(A/E)$$

$$\Rightarrow v_E = \sqrt{v_A^2 - \frac{2}{m}\Delta E_{pp}(A/E)} = \sqrt{1 - \frac{2}{65} \times (-1\,300)}$$

$$\Rightarrow v_E \simeq 6{,}4 \text{ m} \cdot \text{s}^{-1} \text{ (réponse } \boxed{a}\text{)}$$

4 Énergie cinétique

Lycée Félix Faure, Beauvais

Enoncé *p. 301*

Sachant que $1 \text{ km} \cdot \text{h}^{-1} = \frac{1}{3{,}6} \text{ m} \cdot \text{s}^{-1}$, la vitesse de la balle valait :

$$v = \frac{269}{3{,}6} \simeq 74{,}7 \text{ m} \cdot \text{s}^{-1}$$

et sa masse $m = 58{,}4 \text{ g} = 58{,}4.10^{-3}$ kg. Par suite, son énergie cinétique valait :

$$E_c = \frac{1}{2}mv^2 = \frac{1}{2} \times 58{,}4.10^{-3} \times (74{,}7)^2 \simeq 163 \text{ J}$$

5 Énergie cinétique

Lycée Bellevue, Toulouse

Enoncé *p. 301*

1 • Initialement, le train possède la vitesse :

$$v_i = 300 \text{ km} \cdot \text{h}^{-1} = \frac{300}{3{,}6} = 83{,}3 \text{ m} \cdot \text{s}^{-1}$$

Son énergie cinétique vaut alors : $E_{ci} = \frac{1}{2}mv_i^2$.

• Lorsque le train stoppe, sa vitesse v_f est alors nulle, ainsi que son énergie cinétique :

$$E_{cf} = \frac{1}{2}mv_f^2 = 0$$

Au cours de cet arrêt, l'énergie cinétique du train a donc varié de la quantité :

$$\Delta E_c = E_{cf} - E_{ci} = -\frac{1}{2}mv_i^2 = -\frac{1}{2} \times 500.10^3 \times (83{,}3)^2$$
$$\Rightarrow \Delta E_c \simeq -1{,}73.10^9 \text{ J}$$

2 Cette énergie est transférée aux freins, aux roues et aux rails sous forme thermique (frottements).

6 Énergie mécanique

Lycée Félix Faure, Beauvais

Enoncé *p. 301*

Calculons l'énergie mécanique de la pierre aux deux extrémités de la trajectoire.

- Au point O le plus bas, d'altitude $z_O = 0$, la pierre possède la vitesse $v_O = 15 \text{ m} \cdot \text{s}^{-1}$. Donc, son énergie potentielle de pesanteur vaut :

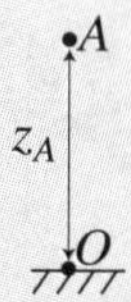

$$E_{pp} = mgz_O = 0$$

tandis que son énergie cinétique vaut $E_c(O) = \frac{1}{2}mv_O^2$.
Par conséquent, la pierre a pour énergie mécanique :

$$E_m(O) = E_{pp}(O) + E_c(O) = \frac{1}{2}mv_O^2$$

- Au point A le plus élevé, d'altitude z_A, la pierre a une vitesse v_A nulle (sans quoi elle continuerait à s'élever). C'est pourquoi son énergie potentielle de pesanteur et son énergie cinétique y valent respectivement :

$$E_{pp}(A) = mgz_A \text{ et } E_c(A) = \frac{1}{2}mv_A^2 = 0$$

et définissent l'énergie mécanique :

$$E_m(A) = E_{pp}(A) + E_c(A) = mgz_A$$

En négligeant les frottements liés à l'air, on admet la conservation de l'énergie mécanique de la pierre au cours de son mouvement :

$$E_m(A) = E_m(O) \Rightarrow mgz_A = \frac{1}{2}mv_O^2$$
$$\Rightarrow z_A = \frac{v_O^2}{2g} = \frac{(15)^2}{2 \times 10} \Rightarrow z_A = 11{,}25 \text{ m}$$

7 Énergie mécanique

Lycée Sainte-Marie, Antony

Enoncé *p. 302*

Calculons au préalable l'angle α que fait le plan de la pente avec l'horizontale.

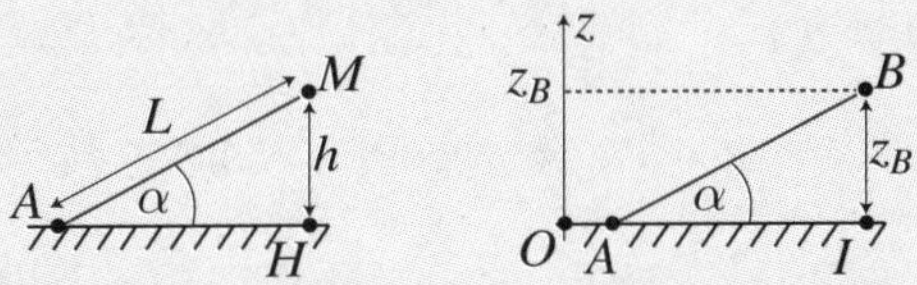

Lorsqu'on parcourt la longueur $AM = L = 100$ m dans la pente, on s'élève de $h = 15$ m. Le triangle rectangle (AMH) montre alors que :

$$\sin\alpha = \frac{MH}{AM} = \frac{h}{L} = \frac{15}{100} \Rightarrow \sin\alpha = 0{,}15$$

Considérons maintenant le cycliste (assimilé à un point matériel) en deux points de sa trajectoire :

- Au pied A de la montée, il possède une vitesse :

$$v_A = V = 20 \text{ km} \cdot \text{h}^{-1} = \frac{20}{3{,}6} \simeq 5{,}56 \text{ m} \cdot \text{s}^{-1}$$

et donc une énergie cinétique $E_c(A) = \frac{1}{2}mv_A^2 = \frac{1}{2}mV^2$.
Quant à son altitude $z_A = 0$, elle définit son énergie potentielle de pesanteur :

$$E_{pp}(A) = mgz_A + E_0 = E_0$$

où E_0 est une constante.
L'énergie mécanique du cycliste situé en A vaut alors :

$$E_m(A) = E_c(A) + E_{pp}(A) = \frac{1}{2}mV^2 + E_0$$

- Au point B culminant de sa montée, sa vitesse vaut $v_B = 0$ (sans quoi le cycliste continuerait à monter) ; son énergie cinétique vaut alors :

$$E_c(B) = \frac{1}{2}mv_B^2 = 0$$

Soit I le projeté orthogonal de B sur le sol horizontal. Le triangle rectangle (AIB) montre que la distance AB parcourue par le cycliste et son altitude z_B sont liées :

$$\sin\alpha = \frac{BI}{AB} = \frac{z_B}{AB} \Rightarrow z_B = AB\ \sin\alpha$$

en conséquence de quoi l'énergie potentielle de pesanteur vaut :

$$E_{pp}(B) = mgz_B + E_0 = mg\ AB\ \sin\alpha + E_0$$

et son énergie mécanique est définie par :

$$E_m(B) = E_c(B) + E_{pp}(B) = mg\ \sin\alpha \times AB + E_0$$

En négligeant les frottements, on admet la conservation de l'énergie mécanique entre A et B :

$$E_m(B) = E_m(A) \Rightarrow mg\ \sin\alpha \times AB + E_0 = \frac{1}{2}mV^2 + E_0$$
$$\Rightarrow g\ \sin\alpha \times AB = \frac{1}{2}V^2 \Rightarrow AB = \frac{V^2}{2g\ \sin\alpha}$$
$$\Rightarrow AB = \frac{(5{,}56)^2}{2 \times 10 \times 0{,}15} = 10{,}3\ \text{m}$$

8 Énergie mécanique

Enoncé p. 302

Lycée Saint-Pierre, Brunoy

1 Initialement, le centre d'inertie G se trouve au point I d'altitude $z_I = 1$ m. En choisissant l'énergie potentielle de pesanteur nulle au niveau du sol, l'énergie potentielle de pesanteur initiale de l'athlète vaut :

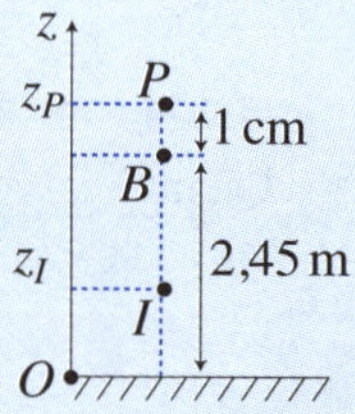

$$E_{pp}(I) = mgz_I$$

Le point G atteint, au cours du saut, le point P le plus élevé, d'altitude $z_P = 2{,}45 + 0{,}01 = 2{,}46$ m. En ce point, l'athlète a pour énergie potentielle de pesanteur :

$$E_{pp}(P) = mgz_P$$

Donc, au cours du saut, l'énergie potentielle de pesanteur de l'athlète varie de :

$$\Delta E_{pp} = E_{pp}(P) - E_{pp}(E) = mg \times (z_P - z_I)$$
$$= 85 \times 10 \times (2{,}46 - 1) \Rightarrow \Delta E_{pp} = 1\ 241\ \text{J}$$

2 Évaluons les énergies cinétique et potentielle de l'athlète au début et en fin de saut :

- En I, son énergie potentielle de pesanteur vaut : $E_{pp}(I) = mgz_I$ tandis que son énergie cinétique vaut : $E_c(I) = \frac{1}{2}mv^2$.
- En son point Q le plus élevé, de hauteur $z_Q = h$, son énergie potentielle de pesanteur vaut :

$$E_{pp}(Q) = mgz_Q = mgh$$

Quant à sa vitesse (supposée sans composante horizontale), elle est nulle ($v_Q = 0$), sans quoi l'athlète continuerait de monter. Son énergie cinétique vaut donc $E_c(Q) = \frac{1}{2}mv_Q^2 = 0$.

COURS EXERCICES CORRIGÉS

En supposant que toute l'énergie cinétique initiale soit convertie en énergie potentielle de pesanteur, on suppose que :

$$E_{pp}(Q) = E_{pp}(I) + E_c(I) \Rightarrow mgh = mgz_I + \frac{1}{2}mv^2$$
$$\Rightarrow h = z_I + \frac{v^2}{2g} = 1 + \frac{(5{,}55)^2}{2 \times 10} \Rightarrow h = 2{,}54 \text{ m}$$

3 Effectuons le même bilan que précédemment :

- Au point I, l'athlète possède la même énergie potentielle de pesanteur et la même énergie cinétique que précédemment :

$$E_{pp}(I) = mgz_I \text{ et } E_c(I) = \frac{1}{2}mv^2$$

Donc, l'énergie mécanique de l'athlète vaut maintenant :

$$E_m(I) = E_{pp}(I) + E_c(I) = mgz_I + \frac{1}{2}mv^2$$
$$= 85 \times 10 \times 1 + \frac{1}{2} \times 85 \times (5{,}55)^2 \Rightarrow E_m(I) = 2\,159 \text{ J}$$

- Au point P (point le plus haut réellement atteint par G), l'athlète possède l'énergie potentielle de pesanteur : $E_{pp}(P) = mgz_P$, tandis que sa vitesse vaut $v_0 = 0{,}63 \text{ m} \cdot \text{s}^{-1}$ (la composante horizontale de la vitesse ne s'annule pas) ; son énergie cinétique vaut alors $E_c(P) = \frac{1}{2}mv_0^2$.
Par suite, l'athlète possède l'énergie mécanique :

$$E_m(P) = E_{pp}(P) + E_c(P) = mgz_P + \frac{1}{2}mv_0^2$$
$$= 85 \times 10 \times 2{,}46 + \frac{1}{2} \times 85 \times (0{,}63)^2$$
$$\Rightarrow E_m(P) = 2\,108 \text{ J}$$

Au cours du saut, l'athlète a perdu de l'énergie mécanique ($E_m(P) < E_m(I)$). Cette perte est vraisemblablement due à des frottements.

9 Énergie mécanique

Enoncé p. 302

Lycée Bellevue, Toulouse

1 Soient :

- A la position initiale de la bille ;
- M la position de la bille à un instant quelconque ;
- B la position d'équilibre de la bille.

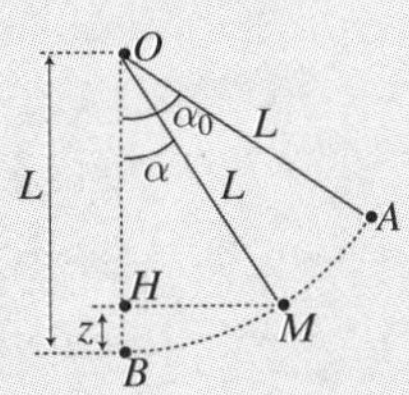

En choisissant l'origine des altitudes en B, l'énergie potentielle de pesanteur vaut :

$$E_{pp}(M) = mgz + E_0$$

où z désigne l'altitude de M par rapport à celle de B et E_0 est une constante. Or, en notant H le projeté orthogonal de M sur la verticale OB, il apparaît que :

$$z + OH = L \Rightarrow z = L - OH$$

où le triangle rectangle (OHM) permet de définir :

$$\begin{aligned} \cos\alpha = \frac{OH}{OM} &= \frac{OH}{L} \Rightarrow OH = L\cos\alpha \\ &\Rightarrow \quad z = L - L\cos\alpha = L\,(1-\cos\alpha) \\ &\Rightarrow \quad E_{pp}(M) = mgL\,(1-\cos\alpha) + E_0 \end{aligned}$$

Choisissons maintenant arbitrairement l'altitude de B comme origine des énergies potentielles de pesanteur, ce qui revient à poser :

$$\begin{aligned} E_{pp}(B) = 0 \quad &\Rightarrow \quad mgL\,(1-1) + E_0 = 0 \text{ car } \alpha = 0 \text{ en } B \\ &\Rightarrow \quad E_0 = 0 \end{aligned}$$

Finalement, cette convention conduit à poser :

$$E_{pp}(M) = mgL\,(1-\cos\alpha)$$

2 Soit v_M la vitesse du pendule en M, à partir de laquelle est définie son énergie cinétique :

$$E_c(M) = \frac{1}{2}\,mv_M^2$$

d'où découle l'expression de l'énergie mécanique en M :

$$E_m(M) = E_{pp}(M) + E_c(M) = mgL\times(1-\cos\alpha) + \frac{1}{2}\,mv_M^2$$

En outre, au point A, le pendule est lâché avec une vitesse $v_A = 0$ et un angle α_0 ; son énergie mécanique vaut alors, conformément à la relation précédente :

$$E_m(A) = mgL\times(1-\cos\alpha_0) + \frac{1}{2}\,mv_A^2 = mgL\times(1-\cos\alpha_0)$$

Or, l'absence de frottements autorise la conservation de l'énergie mécanique du pendule :

$$\begin{aligned} E_m(M) = E_m(A) \quad &\Rightarrow \quad mgL\,(1-\cos\alpha) + \frac{1}{2}\,mv_M^2 = mgL\,(1-\cos\alpha_0) \\ &\Rightarrow \quad -gL\cos\alpha + \frac{1}{2}\,v_M^2 = -gL\cos\alpha_0 \\ &\Rightarrow \quad \frac{1}{2}\,v_M^2 = gL\,(\cos\alpha - \cos\alpha_0) \qquad (50) \end{aligned}$$

Enfin, puisque $v_M^2 \geqslant 0$ (tout carré est positif ou nul), il s'ensuit que :

$$\cos\alpha - \cos\alpha_0 \geqslant 0 \Rightarrow \cos\alpha \geqslant \cos\alpha_0 \Rightarrow \alpha \leqslant \alpha_0$$

Cette inéquation montre que α_0 est la plus grande valeur accessible à α.

3 Puisque $E_{pp} = mgL\,(1 - \cos\alpha)$ et d'après ce qui précède, l'énergie potentielle du pendule devient maximale lorsque $\alpha = \alpha_0$:

$$E_{pp\max} = mgL \times (1 - \cos\alpha_0)$$

4 La relation (50) est vérifiée pour toute position de M du pendule ; notamment, lorsque M occupe la position de B pour laquelle $\alpha = 0$ (donc $\cos\alpha = 1$) :

$$\frac{1}{2}v_B^2 = gL\,(1 - \cos\alpha_0) \Rightarrow v_B = \sqrt{2gL\,(1 - \cos\alpha_0)}$$

Application numérique :

$$v_B = \sqrt{2 \times 10 \times 0{,}40 \times [1 - \cos(40°)]} \simeq 1{,}4\ \mathrm{m \cdot s^{-1}}$$

10 Énergie mécanique

Enoncé p. 303

Lycée Félix Faure, Beauvais

1 Soient I et J les projetés orthogonaux respectifs de A et B sur l'axe horizontal, qui permettent d'exprimer les coordonnées (x_A, z_A) de A et (x_B, z_B) de B :

$$\begin{cases} x_A = -OI \\ z_A = IA \end{cases} \quad \text{et} \quad \begin{cases} x_B = OJ \\ z_B = JB \end{cases}$$

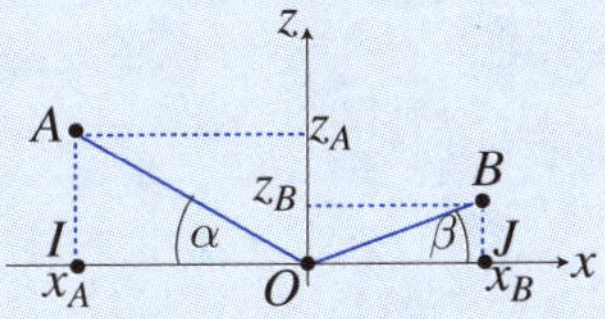

Or, les triangles rectangles (OJB) et (OIA) permettent de définir :

$$\begin{cases} \cos\alpha = \dfrac{OI}{OA} \\ \sin\alpha = \dfrac{IA}{OA} \end{cases} \Rightarrow \begin{cases} OI = OA\,\cos\alpha = 3 \times \cos(30°) \\ IA = OA\,\sin\alpha = 3 \times \sin(30°) \end{cases}$$

$$\Rightarrow \begin{cases} x_A = -OI = -2{,}60\ \mathrm{m} \\ z_A = IA = 1{,}50\ \mathrm{m} \end{cases}$$

et :

$$\begin{cases} \cos\beta = \dfrac{OJ}{OB} \\ \sin\beta = \dfrac{JB}{OB} \end{cases} \Rightarrow \begin{cases} OJ = OB\,\cos\beta = 2 \times \cos(20°) \\ JB = OB\,\sin\beta = 2 \times \sin(20°) \end{cases}$$

$$\Rightarrow \begin{cases} x_B = OJ = 1{,}88\ \mathrm{m} \\ z_B = JB = 0{,}68\ \mathrm{m} \end{cases}$$

2 • Lorsque l'objet se trouve sur le segment de droite (OA), ses coordonnées z et x vérifient l'équation :

$$z = a \times x \qquad (51)$$

où a est le coefficient directeur de la droite (OA). Notamment, puisque A appartient à cette droite, ses coordonnées vérifient aussi :

$$z_A = a \times x_A \Rightarrow a = \frac{z_A}{x_A} = \frac{1,5}{-2,6} = -0,58$$

Or, l'énergie potentielle de pesanteur de cet objet vaut :

$$E_{pp} = mgz + E_0$$

où $E_0 = 0$ assure que E_{pp} est nul à l'altitude de O (quand $z = 0$). C'est pourquoi la relation (51) fournit :

$$\begin{aligned} E_{pp} &= mga \times x = 0,1 \times 10 \times (-0,58) \times x \\ &\Rightarrow E_{pp} = -0,58 \times x \text{ pour } x < 0 \end{aligned}$$

- De même, lorsque l'objet se trouve sur la partie linéaire (OB), ses coordonnées vérifient :

$$z = a' \times x \qquad (52)$$

même lorsque l'objet est confondu avec B :

$$z_B = a' \times x_B \Rightarrow a' = \frac{z_B}{x_B} = \frac{0,68}{1,88} \simeq 0,36$$

Conformément à l'identité (52), l'énergie potentielle de pesanteur vaut alors :

$$\begin{aligned} E_{pp} &= mgz = mga' \times x = 0,1 \times 10 \times 0,36 \times x \\ &\Rightarrow E_{pp} = 0,36 \times x \end{aligned}$$

3 En A et B, l'objet possède les énergies potentielles de pesanteur respectives :

$$E_{pp}(A) = mgz_A \text{ et } E_{pp}(B) = mgz_B$$

Pendant que l'objet passe de A à B, son énergie potentielle de pesanteur varie alors de la quantité :

$$\begin{aligned} \Delta E_{pp} &= E_{pp}(B) - E_{pp}(A) = mg \times (z_B - z_A) \\ &= 0,1 \times 10 \times (0,68 - 1,50) \\ &\Rightarrow \Delta E_{pp} = -0,82 \text{ J} \end{aligned}$$

4 Puisque l'objet est lâché en A avec une vitesse nulle ($v_A = 0$), son énergie cinétique vaut $E_c(A) = \frac{1}{2} m v_A^2 = 0$ et son énergie mécanique s'écrit :

$$E_m(A) = E_c(A) + E_{pp}(A) = E_{pp}(A)$$

De même, lorsqu'il arrive en B, l'objet possède l'énergie mécanique :

$$E_m(B) = E_c(B) + E_{pp}(B)$$

En négligeant les frottements, on admet la conservation de l'énergie mécanique entre A et B, ce qui permet le calcul de l'énergie cinétique de l'objet en B :

$$E_m(B) = E_m(A) \Rightarrow E_c(B) + E_{pp}(B) = E_{pp}(A)$$
$$\Rightarrow E_c(B) = E_{pp}(A) - E_{pp}(B) = -\Delta E_{pp} = 0{,}82 \text{ J}$$

11 Énergie mécanique

Enoncé p. 304

Lycée Fustel de Coulanges, Massy

1 En A et B, les mobiles ont une énergie potentielle de pesanteur :

$$E_{pp}(A) = mgz_A + E_0 \text{ et } E_{pp}(B) = mgz_B + E_0$$

où E_0 est une constante. Ainsi :

$$\begin{aligned} E_{pp}(B) - E_{pp}(A) &= (mgz_B + E_0) - (mgz_A + E_0) \\ &= mg\,(z_B - z_A) \end{aligned}$$

c'est-à-dire, en prenant l'énergie potentielle de A nulle dans cette position :

$$E_{pp}(B) = mg\,(z_B - z_A)$$

Application numérique :

$$E_{pp}(B) = 2 \times 10 \times 0{,}5 = 10 \text{ J}$$

2 Soit ℓ la longueur dont se sont déplacés les mobiles de A en A' et de B en B'.

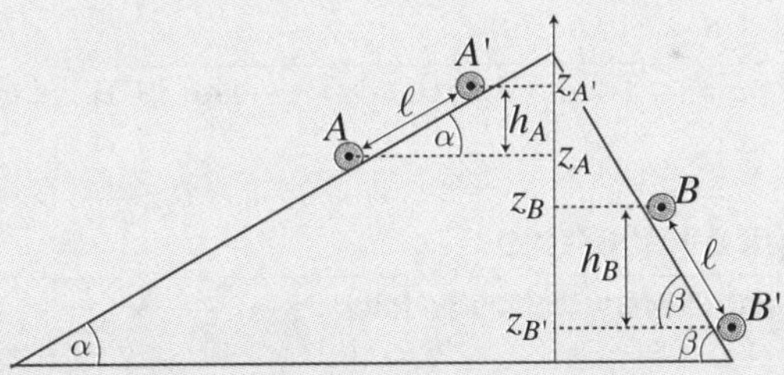

Le point A est monté d'une hauteur h_A telle que :

$$\sin\alpha = \frac{h_A}{AA'} = \frac{h_A}{\ell} \Rightarrow h_A = \ell \sin\alpha$$

et le point B est descendu d'une hauteur h_B telle que :

$$\sin\beta = \frac{h_B}{BB'} = \frac{h_B}{\ell} \Rightarrow h_B = \ell \sin\beta$$

Par conséquent, les points A' et B' ont pour altitudes respectives :

$$z_{A'} = z_A + h_A = z_A + \ell \sin\alpha \text{ et } z_{B'} = z_B - h_B = z_B - \ell \sin\beta$$

et donc pour énergies potentielles de pesanteur :

$$\begin{cases} E_{pp}(A') = mgz_{A'} + E_0 = mgz_A + mg\ell \sin\alpha + E_0 \\ E_{pp}(B') = mgz_{B'} + E_0 = mgz_B - mg\ell \sin\beta + E_0 \end{cases}$$

De plus, puisque le fil est inextensible, les mobiles arrivent en A' et B' avec une même vitesse v qui leur confère une énergie cinétique :

$$E_c(A') + E_c(B') = \frac{1}{2}mv^2 + \frac{1}{2}mv^2 = mv^2$$

Finalement, lorsque les mobiles sont en A' et B', l'énergie mécanique du système $\mathcal{S}$, composé des deux mobiles, de la poulie et des supports inclinés, vaut :

$$\begin{aligned} E'_m &= E_m(A') + E_m(B') \\ &= mg\,(z_A + z_B) + mg\ell\,(\sin\alpha - \sin\beta) + 2E_0 + mv^2 \end{aligned}$$

Or, lorsque les mobiles sont partis de A et B, sans vitesse initiale (donc sans énergie cinétique), leurs énergies mécaniques valaient :

$$\begin{cases} E_m(A) = E_{pp}(A) = mgz_A + E_0 \\ E_m(B) = E_{pp}(B) = mgz_B + E_0 \end{cases}$$

L'énergie mécanique du système $\mathcal{S}$ valait alors :

$$E_m = E_m(A) + E_m(B) = mg\,(z_A + z_B) + 2E_0$$

Enfin, l'absence de frottements se traduit par la conservation de l'énergie mécanique du système $\mathcal{S}$: $E'_m = E_m$, c'est-à-dire :

$$mg\,(z_A + z_B) + mg\ell\,(\sin\alpha - \sin\beta) + 2E_0 + mv^2 = mg\,(z_B + z_B) + 2E_0$$

d'où il s'ensuit que :

$$mg\ell\,(\sin\alpha - \sin\beta) + mv^2 = 0 \Rightarrow v = \sqrt{g\ell\,(\sin\beta - \sin\alpha)}$$

Application numérique :

$$v = \sqrt{10 \times 0{,}2 \times [\sin(60°) - \sin(30°)]} \Rightarrow v \simeq 0{,}86\ \mathrm{m \cdot s^{-1}}$$

12 Énergie du neutrino

Enoncé *p. 304*

Lycée Saint-Exupéry, Mantes-la-Jolie

1 La particule β^- étant un électron (particule chargée négativement sans être un nucléon : $_{-1}^{0}\beta^-$) tandis que l'anti-neutrino est ni chargé ni un nucléon ($_0^0\overline{\nu}$), l'équation de la désintégration β^- s'écrit :

$$^{210}_{83}\mathrm{Bi} \rightarrow {}^{A}_{Z}\mathrm{X} + {}^{0}_{-1}\beta^- + {}^{0}_{0}\overline{\nu}$$

où les nombres A et Z associés au nucléide X vérifient les lois de conservation :

$$\begin{cases} 210 = A \\ 83 = Z - 1 \end{cases} \Rightarrow \begin{cases} A = 210 \\ Z = 84 \end{cases}$$

Le numéro atomique $Z = 84$ correspondant au polonium (Po), l'équation de désintégration β^- s'écrit finalement :

$$^{210}_{83}\mathrm{Bi} \rightarrow {}^{210}_{84}\mathrm{Po} + \beta^- + \overline{\nu} \quad (53)$$

2 Initialement, le système étudié se confond avec le noyau de bismuth, d'énergie :

$$E_{\text{ini}} = E(\text{Bi})$$

À l'issue de la désintégration, le système est composé d'un noyau de polonium, d'énergie $E(\text{Po})$, d'une particule β^- d'énergie cinétique moyenne $E(\beta^-)$ et d'un anti-neutrino d'énergie $E_{\overline{\nu}}$: l'énergie de ce système vaut :

$$E_{\text{fin}} = E(\text{Po}) + E(\beta^-) + E_{\overline{\nu}}$$

Or, au cours de la désintégration du noyau de bismuth, l'énergie se conserve, ce qui se traduit :

$$\begin{aligned} E_{\text{fin}} = E_{\text{ini}} \quad &\Rightarrow \quad E(\text{Po}) + E(\beta^-) + E_{\overline{\nu}} = E(\text{Bi}) \\ &\Rightarrow \quad E(\beta^-) + E_{\overline{\nu}} = E(\text{Bi}) - E(\text{Po}) \end{aligned}$$

où l'énoncé précise que la différence entre les énergies du noyau Bi et du noyau fils (Po) vaut 1,17 MeV. Il s'ensuit que :

$$\begin{aligned} 0{,}337 + E_{\overline{\nu}} \quad &= \quad E(\text{Bi}) - E(\text{Po}) = 1{,}17 \text{ MeV} \\ &\Rightarrow \quad E_{\overline{\nu}} = 1{,}17 - 0{,}337 = 0{,}833 \text{ MeV} \end{aligned}$$

Ce résultat ne peut donc s'expliquer qu'en introduisant, dans l'équation (53), un neutrino dépositaire de l'énergie $E_{\overline{\nu}} = 0{,}833$ MeV.

13 Énergie du neutrino

Enoncé p. 305

Lycée Saint-Exupéry, Mantes-la-Jolie

1 Dans l'équation de la désintégration du sodium :

$$^{24}_{11}\text{Na} \rightarrow {}^{A}_{Z}\text{Mg} + {}^{0}_{-1}\beta^- + {}^{0}_{0}\overline{\nu}$$

les lois de conservation imposent :

$$\begin{cases} 24 = A \\ 11 = Z - 1 \end{cases} \Rightarrow \begin{cases} A = 24 \\ Z = 12 \end{cases}$$

2 Soient :

- m_{Na}, m_{Mg} et m_e les masses respectives du noyau de sodium, du noyau de magnésium et de l'électron (la masse de l'anti-neutrino est supposée nulle) ;
- c la célérité de la lumière dans le vide ;
- $E_c(\text{Na})$, $E_c(\text{Mg})$ et $E_c(\beta^-)$ les énergies cinétiques du noyau de sodium, du noyau de magnésium et de l'électron ;
- $E_{\overline{\nu}}$ l'énergie de l'anti-neutrino.

(a) Avant sa désintégration, le système est composé d'un noyau de sodium d'énergie :

$$E_{\text{ini}} = E_c(\text{Na}) + m_{\text{Na}}c^2$$

Après la désintégration, le système se compose d'un noyau de magnésium, d'un électron et d'un anti-neutrino ; son énergie vaut :

$$E_{\text{fin}} = \left[E_c(\text{Mg}) + m_{\text{Mg}}c^2\right] + \left[E_c(\beta^-) + m_e c^2\right] + E_{\overline{\nu}}$$

La conservation de l'énergie du système au cours de la désintégration se traduit par :

$$\begin{aligned}
& E_{\text{ini}} = E_{\text{fin}} \\
& \Rightarrow E_c(\text{Na}) + m_{\text{Na}}c^2 = E_c(\text{Mg}) + E_c(\beta^-) + (m_{\text{Mg}} + m_e)c^2 + E_{\overline{\nu}} \\
& \Rightarrow (m_{\text{Na}} - m_{\text{Mg}} - m_e)\, c^2 = E_c(\text{Mg}) - E_c(\text{Na}) + E_c(\beta^-) + E_{\overline{\nu}}
\end{aligned}$$

c'est-à-dire, en négligeant l'énergie cinétique des noyaux de magnésium et de sodium :

$$\Delta m\, c^2 = E_c(\beta^-) + E_{\overline{\nu}}$$

où l'on a posé :

$$\begin{aligned}
\Delta m &= m_{\text{Na}} - m_{\text{Mg}} - m_e \\
&= 23{,}99096 - 23{,}98504 - 5{,}486.10^{-4} \simeq 5{,}371.10^{-3}\ \text{u} \\
\Rightarrow &\ \Delta m\, c^2 = 5{,}371.10^{-3} \times 931 \simeq 5{,}00\ \text{MeV}
\end{aligned}$$

Par conséquent :

$$E_c(\beta^-) = \Delta m\, c^2 - E_{\overline{\nu}} = 5 - E_{\overline{\nu}} \qquad (54)$$

montre que l'électron possède une énergie cinétique maximale :

$$E_{c\max}(\beta^-) = \Delta m\, c^2 = 5\ \text{MeV}$$

(b) La relation (54) révèle que si l'anti-neutrino est émis avec une vitesse positive, $E_c(\beta^-) \neq 5$ MeV : l'électron ne possède alors pas son énergie cinétique maximale.

3 Puisque 1 eV = $1{,}6.10^{-19}$ J, l'énergie cinétique maximale de l'électron vaut :

$$E_{c\max}(\beta^-) = 5.10^6\ \text{eV} = 5.10^6 \times 1{,}6.10^{-19} = 8.10^{-13}\ \text{J}$$

Si l'électron pouvait acquérir une telle énergie cinétique, sa vitesse prendrait une valeur $v_{\max}$ telle que :

$$\frac{1}{2}\, m_e v_{\max}^2 = E_{c\max}(\beta^-) \Rightarrow v_{\max} = \sqrt{\frac{2}{m_e} \times E_{c\max}(\beta^-)}$$

où la masse de l'électron vaut :

$$m_e = 5{,}486.10^{-4}\ \text{u} = 5{,}486.10^{-4} \times 1{,}661.10^{-27} \simeq 9{,}112.10^{-31}\ \text{kg}$$

de sorte que :

$$v_{\max} = \sqrt{\frac{2}{9{,}112.10^{-31}} \times 8.10^{-13}} \Rightarrow v_{\max} = 1{,}32.10^9\ \text{m}\cdot\text{s}^{-1}$$

On démontre, cependant, que la vitesse d'un électron ne peut pas dépasser la valeur $c = 3.10^8\ \mathrm{m \cdot s^{-1}}$ de la célérité de la lumière dans le vide. Non seulement le résultat précédent confirme que l'électron n'atteint pas l'énergie cinétique maximale $E_{c\max}(\beta^-)$ mais, de surcroît, les calculs effectués ne sont plus valables dans le cadre de la physique classique.

Chapitre 9

Conversion de l'énergie

Plan du chapitre

Exercice type

Lycée Edouard Branly, Nogent-Sur-Marne

Une batterie de six accumulateurs au plomb est chargée pendant 10 heures, sous une tension de 14 V et un courant de 12 A.

1. Quelle est la capacité de la batterie ?
2. Quelle est l'énergie W_e fournie à la batterie pendant la charge ?
3. Pendant la décharge, la tension est de 12 V et le courant de 13 A. Au bout de 8 heures, la batterie est déchargée.
   (a) Quelle est l'énergie W_d restituée par cette batterie pendant la décharge ?
   (b) Calculer le rendement en énergie de cet accumulateur.

Voir corrigé page 341

1 L'énergie électrique

1.1 Généralités

Définition 1

Deux dipôles $\mathcal{D}_1$ et $\mathcal{D}_2$ sont montés *en parallèle* lorsque leurs bornes sont reliées deux à deux (les bornes A et P sont reliées par un fil électrique, de même que B et N).

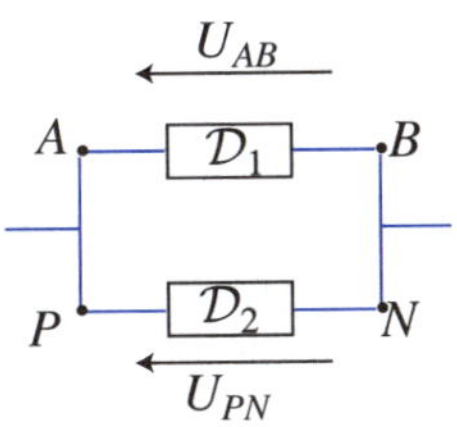

Lorsque deux dipôles sont montés en parallèle, les tensions entre leurs bornes sont égales :

$$U_{AB} = U_{PN}$$

Définition 2

Deux dipôles $\mathcal{D}_1$ et $\mathcal{D}_2$ sont montés *en série* lorsque le courant électrique I qui traverse l'un traverse aussi l'autre.

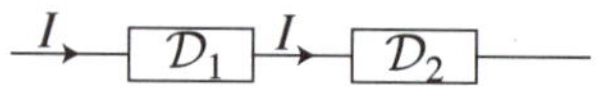

Définition 3

Lorsqu'un système échange une énergie $\mathcal{E}$ (en joule, J) pendant une durée Δt (en seconde, s) la puissance $\mathcal{P}$ qu'il échange vaut :

$$\mathcal{P} = \frac{\mathcal{E}}{\Delta t} \text{ (en watt : W)}$$

2 Récepteurs et générateurs

2.1 Conducteur ohmique

Définition 4

Un *conducteur ohmique* est un dipôle aux bornes duquel la tension U_{AB} est proportionnelle à l'intensité I du courant qui le traverse.

La loi d'Ohm précise cette relation de proportionnalité :

$$U_{AB} = R \times I \text{ avec } \begin{cases} U_{AB} \text{ en volt} \\ I \text{ en ampère} \\ R \text{ en ohm} \end{cases}$$

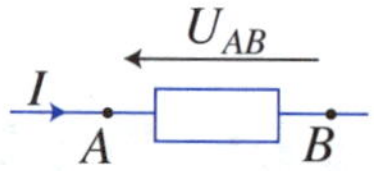

dans laquelle R est la *résistance* du conducteur ohmique.

Remarque : On appelle souvent *résistance* le conducteur ohmique, que l'on confond alors avec sa résistance R.

! ATTENTION

La loi d'Ohm : $U_{AB} = R \times I$ n'est valable qu'à condition que U_{AB} et I soient représentés par des flèches de sens opposé. Dans le cas contraire, il faudrait écrire : $U_{AB} = -R \times I$.

Un conducteur ohmique transforme toute la puissance électrique qu'il reçoit :

$$\mathcal{P}_{\text{élec}}^{(\text{reçue})} = U_{AB} \times I$$

en puissance thermique ; c'est *l'effet Joule*.

Compte tenu de la loi d'Ohm, la *puissance dissipée par effet Joule* vaut :

$$\mathcal{P}_{\text{Joule}} = RI^2 = \frac{U_{AB}^2}{R} = \mathcal{P}_{\text{élec}}^{(\text{reçue})} \text{ avec } \begin{cases} \mathcal{P}_{\text{Joule}} \text{ en watt} \\ R \text{ en ohm} \\ I \text{ en ampère} \\ U_{AB} \text{ en volt} \end{cases}$$

2.1.1 - Moteur et électrolyseur

Définition 5

Un *moteur* est un dipôle récepteur, qui transforme une partie de l'énergie électrique qu'il reçoit en énergie mécanique.

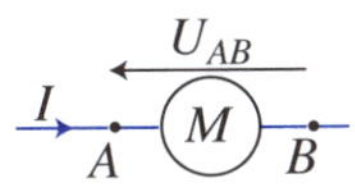

Soit U_{AB} la tension aux bornes A et B du moteur, traversé par un courant d'intensité I (orienté en sens inverse par rapport à la tension U_{AB}). Ce moteur :

- reçoit la puissance électrique, de la part du circuit :

$$\mathcal{P}_{\text{élec}}^{(\text{reçue})} = U_{AB} \times I$$

- émet une puissance, sous forme mécanique : $\mathcal{P}_{\text{méca}} = E \times I$, où E (en volt) est la force *contre-électromotrice* du moteur ;
- dissipe une puissance thermique $\mathcal{P}_{\text{Joule}} = rI^2$, où r (en ohm) désigne la *résistance interne* du moteur.

Le principe de conservation de l'énergie impose à l'énergie électrique reçue de se convertir d'une part en énergie mécanique et d'autre part en énergie thermique :

$$\mathcal{P}_{\text{élec}}^{(\text{reçue})} = \mathcal{P}_{\text{méca}} + \mathcal{P}_{\text{Joule}} \Rightarrow U_{AB} \times I = E \times I + rI^2$$

Remarque : La loi précédente conduit aussi à l'expression de U_{AB} en fonction de I :

$$U_{AB} = E + rI \qquad (55)$$

Définition 6

Un électrolyseur est un dipôle récepteur, qui transforme une partie de l'énergie électrique qu'il reçoit sous forme d'énergie chimique.

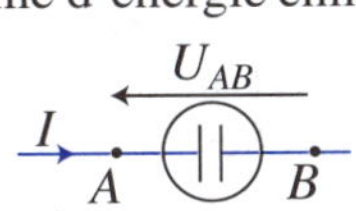

Avec les mêmes conventions, l'électrolyseur est soumis à des lois analogues à celles du moteur :

$$\mathcal{P}_{\text{élec}}^{(\text{reçue})} = U_{AB} \times I \qquad \mathcal{P}_{\text{chimique}} = E \times I \qquad \mathcal{P}_{\text{Joule}} = rI^2$$

où $\mathcal{P}_{\text{chimique}}$ représente la puissance transformée par l'électrolyseur sous forme chimique.

La loi (55) demeure applicable à l'électrolyseur.

2.1.2 - Générateur électrique

Définition 7

Un générateur électrique est un dipôle qui transmet à un circuit électrique une partie de l'énergie qu'il génère.

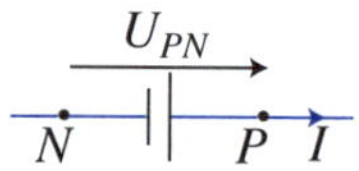

Le courant I sort du générateur par sa borne positive.

La tension U_{PN} aux bornes du générateur est liée à l'intensité I du courant généré (I et U_{PN} étant orientés dans le même sens) :

$$U_{PN} = E - r \times I \tag{56}$$

où E est la *force électromotrice* (en volt) du générateur et r sa résistance interne. Au cours de son fonctionnement, le générateur :

- génère une puissance $\mathcal{P}_{\text{générée}} = E \times I$ (sous forme chimique, mécanique,...) ;
- transmet au circuit électrique une puissance $\mathcal{P}_{\text{élec}}^{(\text{fournie})} = U_{PN} \times I$;
- dissipe par effet Joule une puissance $\mathcal{P}_{\text{Joule}} = rI^2$ (puissance dissipée sous forme thermique).

Le principe de conservation de l'énergie impose que la puissance générée soit en partie transférée au circuit et en partie dissipée sous forme thermique :

$$\mathcal{P}_{\text{générée}} = \mathcal{P}_{\text{élec}}^{(\text{fournie})} + \mathcal{P}_{\text{Joule}} \Rightarrow E \times I = U_{PN} \times I + rI^2$$

Remarque : Cette dernière relation confirme la loi (56) :

$$U_{PN} \times I = E \times I - rI^2 \Rightarrow U_{PN} = E - rI$$

2.2 Transfert d'énergie

Définition 8

Au cours de son fonctionnement, un dipôle consomme une puissance $\mathcal{P}_{\text{consommée}}$ et fournit une puissance utile $\mathcal{P}_{\text{utile}}$. Le *rendement* de ce dipôle vaut alors :

$$\eta = \frac{\mathcal{P}_{\text{utile}}}{\mathcal{P}_{\text{consommée}}}$$

Remarque : La définition précédente convient également à l'énergie consommée $\mathcal{E}_{\text{consommée}}$ par le dipôle et l'énergie utile $\mathcal{E}_{\text{utile}}$ restituée par ce dipôle :

$$\eta = \frac{\mathcal{E}_{\text{utile}}}{\mathcal{E}_{\text{consommée}}}$$

EXEMPLES

- Un générateur reçoit une puissance $\mathcal{P}_{\text{générée}}$ de la part d'une source (par exemple une réaction chimique peut produire l'énergie nécessaire au fonctionnement d'une pile) ; une partie de cette puissance, $\mathcal{P}_{\text{élec}}^{\text{(fournie)}}$, est fournie à un circuit, tandis qu'une autre partie est dissipée par effet Joule.

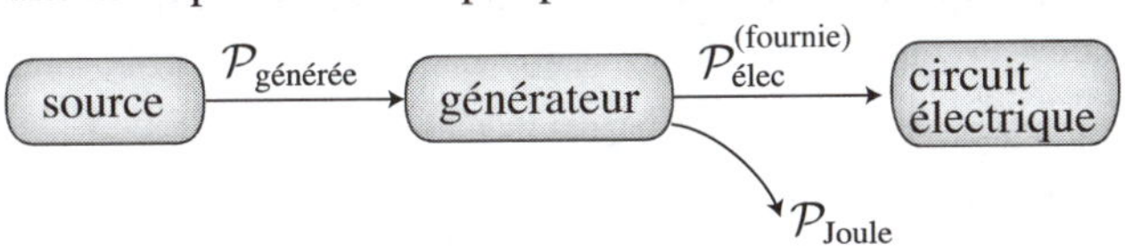

  Le rendement du générateur vaut alors :

$$\eta_{\text{générateur}} = \frac{\mathcal{P}_{\text{élec}}^{\text{(fournie)}}}{\mathcal{P}_{\text{générée}}}$$

- Un moteur reçoit une puissance $\mathcal{P}_{\text{élec}}^{\text{(reçue)}}$, sous forme électrique, qu'il transforme en partie sous forme de puissance mécanique et dont il dissipe une autre partie par effet Joule :

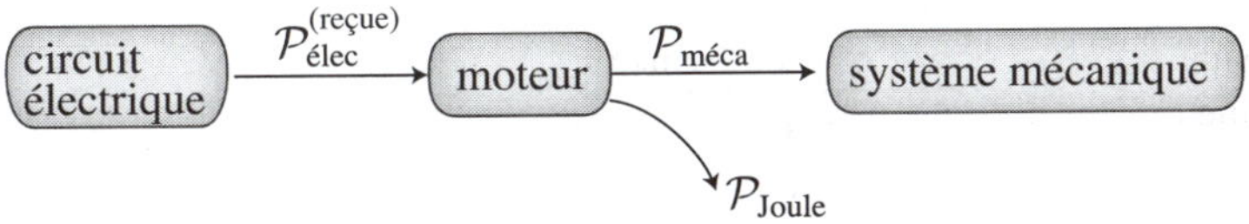

  Le rendement du moteur est donc donné par :

$$\eta_{\text{moteur}} = \frac{\mathcal{P}_{\text{méca}}}{\mathcal{P}_{\text{élec}}^{\text{(reçue)}}}$$

Lorsqu'un circuit comporte plusieurs générateurs et plusieurs récepteurs, la somme des puissances fournies par les générateurs s'identifie à la somme des puissances reçues par les récepteurs :

$$\sum \mathcal{P}_{\text{élec}}^{\text{(fournie)}} = \sum \mathcal{P}_{\text{élec}}^{\text{(reçue)}}$$

3 Combustion des alcanes et alcools

3.1 Chaleur de réaction

3.1.1 - Équation de combustion

Définition 9

L'équation de combustion d'une espèce X (alcane, alcool, ...) est l'équation-bilan de la réaction de X avec $O_{2(gaz)}$, produisant du dioxyde de carbone $CO_{2(gaz)}$ et de l'eau ; dans cette équation, le coefficient stœchiométrique de X doit valoir 1.

Remarque : Cette définition impose l'état physique de O_2 et de CO_2 (gazeux), mais ni celui de X, ni celui de l'eau (qui peut être liquide ou sous forme de vapeur).

L'équation de combustion doit être équilibrée avant d'être exploitée, comme l'illustrent les deux exemples suivants :

COMBUSTION D'UN ALCANE

La combustion du méthane ($CH_{4(gaz)}$) consiste en sa réaction avec $O_{2(gaz)}$, avec production de $CO_{2(gaz)}$ et H_2O :

$$CH_{4(gaz)} + O_{2(gaz)} = CO_{2(gaz)} + H_2O$$

Cette équation doit être équilibrée :

- à l'égard des éléments carbone et hydrogène, en agissant directement sur les coefficients stœchiométriques du membre de droite :

$$\underbrace{CH_4 + O_2}_{\substack{\text{1 atome C} \\ \text{4 atomes H}}} = \underbrace{CO_2 + 2\,H_2O}_{\substack{\text{1 atome C} \\ \text{4 atomes H}}}$$

- en ajustant ensuite le coefficient stœchiométrique de O_2 qui assure la conservation de l'élément oxygène :

$$\underbrace{CH_{4(gaz)} + 2\,O_{2(gaz)}}_{\text{4 atomes O}} = \underbrace{CO_{2(gaz)} + 2\,H_2O}_{\text{4 atomes O}} \qquad (57)$$

D'une manière plus générale, l'équation de combustion d'un alcane non cyclique s'écrit :

$$C_nH_{2n+2} + \frac{3n+1}{2}\,O_{2(gaz)} = n\,CO_{2(gaz)} + (n+1)\,H_2O$$

COMBUSTION D'UN ALCOOL

La combustion de l'éthanol ($C_2H_6O_{(liq)}$) consiste en sa réaction avec $O_{2(gaz)}$ et produit $CO_{2(gaz)}$ ainsi que H_2O :

$$C_2H_6O_{(liq)} + O_{2(gaz)} = CO_{2(gaz)} + H_2O$$

Cette équation doit être équilibrée :

- à l'égard des éléments carbone et hydrogène, en ajustant les coefficients stœchiométriques du membre de droite :

$$\underbrace{C_2H_6O + O_2}_{\substack{2 \text{ atomes C} \\ 6 \text{ atomes H}}} = \underbrace{2\,CO_2 + 3\,H_2O}_{\substack{2 \text{ atomes C} \\ 3 \times 2 \text{ atomes H}}}$$

- Le membre de droite de cette équation présente alors $2 \times 2 + 3 = 7$ atomes d'oxygène que l'on doit retrouver dans le membre de gauche ; un de ces atomes est déjà contenu dans la molécule d'éthanol (C_2H_6O), les autres devant alors se présenter sous forme de dioxygène (O_2) :

$$\underbrace{C_2H_6O_{(liq)} + 3\,O_{2\,(gaz)}}_{7 \text{ atomes O}} = \underbrace{2\,CO_{2\,(gaz)} + 3\,H_2O}_{7 \text{ atomes O}}$$

De même, l'équation générale de combustion d'un alcool non cyclique s'écrit :

$$C_nH_{2n+2}O + \frac{3n}{2}\,O_{2\,(gaz)} = n\,CO_{2\,(gaz)} + (n+1)\,H_2O$$

3.1.2 - Produits et réactifs gazeux

Définition 10

La *chaleur de réaction* est l'énergie Q_r qu'il faut fournir à un ensemble de réactifs pour que l'avancement de leur réaction progresse d'une unité.

Remarque : La définition précédente implique que :

- la réaction est *endothermique* lorsque $Q_r > 0$ (le milieu réactionnel absorbe de l'énergie thermique) ;
- la réaction est *exothermique* lorsque $Q_r < 0$ (la réaction libère de la chaleur).

Définition 11

La *chaleur de combustion* d'une espèce X est l'énergie Q_{comb} qu'il faut fournir aux réactifs pour que l'avancement de la réaction de combustion de X augmente d'une unité.

Remarque : La combustion d'une espèce X étant toujours exothermique, on s'assurera que Q_{comb} est toujours négatif.

Si tous les produits et réactifs d'une réaction de combustion sont gazeux, la chaleur de combustion Q_{comb} correspondante peut facilement s'évaluer à partir de quelques énergies de liaison. Par exemple, considérons la combustion du méthane déjà décrite par l'équation-bilan (60) :

$$CH_{4\,(gaz)} + 2\,O_{2\,(gaz)} \xrightarrow{Q_{comb}} CO_{2\,(gaz)} + 2\,H_2O_{(gaz)}$$

Pour calculer Q_{comb}, il convient de :

- recenser les liaisons rompues au cours de la combustion :

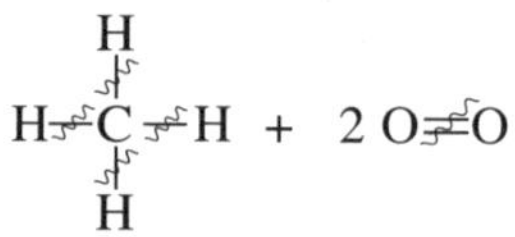

4 liaisons C−H
2 liaisons O=O

- recenser les liaisons formées :

$$\underbrace{O=C=O}_{2\ \text{liaisons C=O}} + \underbrace{2\,H\text{–}O\text{–}H}_{2\times 2\ \text{liaisons O–H}}$$

- d'appliquer la relation suivante, dans laquelle interviennent les énergies de liaison des liaisons rompues et des liaisons formées, précédemment recensées :

$$\begin{aligned} Q_{\text{comb}} &= \sum E_{\text{liaisons rompues}} - \sum E_{\text{liaisons formées}} \\ &= (4\,E_{\text{C–H}} + 2\,E_{\text{O=O}}) - (2\,E_{\text{C=O}} + 4\,E_{\text{O–H}}) \end{aligned} \quad (58)$$

À RETENIR (méthode)

L'énergie libérée par la combustion de n mol d'alcane ou d'alcool vaut :

$$E_{\text{lib}} = -n \times Q_{\text{comb}}$$

3.1.3 - Produits ou réactifs liquides

Lorsque l'un des réactifs ou produits n'est pas gazeux, dans l'équation de combustion, la formule (58) ne peut plus être appliquée directement. Illustrons alors l'algorithme à suivre sur l'exemple de la combustion du méthane, qui produit de l'eau liquide :

- écrire l'équation $\mathcal{E}_1$ de la réaction de combustion étudiée :

$$(\mathcal{E}_1) \qquad CH_{4\,(\text{gaz})} + 2\,O_{2\,(\text{gaz})} \xrightarrow{Q'_{\text{comb}}} CO_{2\,(\text{gaz})} + 2\,H_2O_{(\text{liq})}$$

  dans laquelle Q'_{comb} désigne la chaleur de combustion à calculer.

- écrire cette même équation ($\mathcal{E}_2$) dans laquelle toutes les espèces sont gazeuses :

$$(\mathcal{E}_2) \qquad CH_{4\,(\text{gaz})} + 2\,O_{2\,(\text{gaz})} \xrightarrow{Q_{\text{comb}}} CO_{2\,(\text{gaz})} + 2\,H_2O_{(\text{gaz})}$$

  La chaleur de combustion Q_{comb} est celle calculée dans la section précédente (relation 58).

- définir les chaleurs latentes molaires de changement d'état des espèces non gazeuses, vers leur état gazeux. Par exemple, ici, l'eau apparaît liquide ; l'équation de sa vaporisation :

$$H_2O_{(\text{liq})} \xrightarrow{L_{\text{vap}}} H_2O_{(\text{gaz})}$$

  permet de définir sa chaleur latente de vaporisation L_{vap}.

- représenter un cycle de réactions dans lequel apparaissent les équations ($\mathcal{E}_1$), ($\mathcal{E}_2$) ainsi que celles des changements d'état :

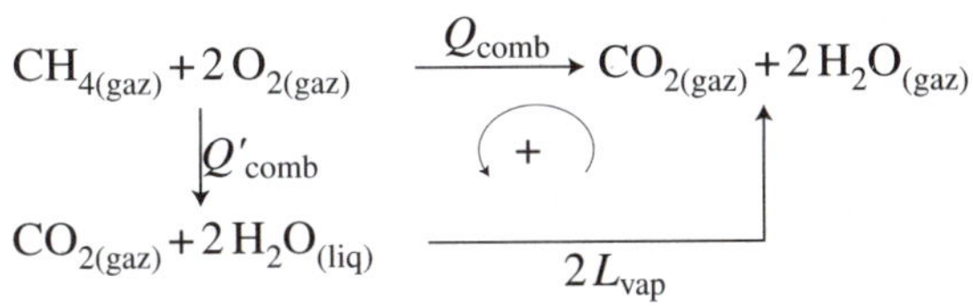

- tourner dans ce cycle (peu importe le sens de rotation) et additionner algébriquement les énergies rencontrées. En écrivant que cette somme est nulle, extraire la valeur de Q'_{comb}. Par exemple :

$$Q'_{comb} + 2\,L_{vap} - Q_{comp} = 0 \Rightarrow Q'_{comb} = Q_{comb} - 2\,L_{vap}$$

3.2 Énergie libérée

Pour évaluer l'énergie libérée lors de la combustion de n mol d'un alcane ou d'un alcool, procéder comme suit :

- calculer la chaleur de combustion (Q_{comb} ou Q'_{comb}) en utilisant les méthodes développées précédemment ;
- calculer la quantité de matière n (si elle n'est pas fournie explicitement par l'énoncé) ;
- effectuer le calcul :

$$E_{lib} = -n \times Q_{comb} \text{ (ou } E_{lib} = -n \times Q'_{comb}\text{)}$$

Définition 12

Le *pouvoir calorifique* (P.C.) d'un combustible désigne la chaleur dégagée lors de la combustion de 1 kilogramme de ce combustible.

D'après cette définition, la combustion d'une masse m (en kg) de combustible libère une énergie :

$$E_{lib} = m \times \text{P.C.}$$

Un combustible est généralement employé afin de chauffer un système.

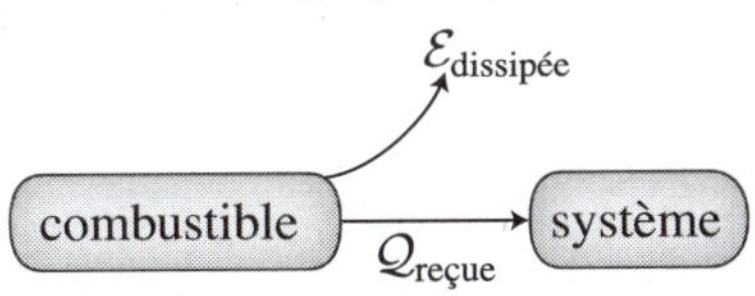

Au cours de cette opération :

- le combustible libère une énergie E_{lib} ;
- une partie de cette énergie ($\mathcal{E}_{dissipée}$) est dissipée dans l'environnement ;
- une autre partie de cette énergie ($Q_{reçue}$) est reçue par le système à chauffer.

Le rendement de la combustion est alors défini par :

$$\eta_{combustion} = \frac{Q_{reçue}}{E_{lib}} \text{ avec } E_{lib} = Q_{reçue} + \mathcal{E}_{dissipée}$$

4 Oxydo-réduction

4.1 Réactions d'oxydo-réduction

4.1.1 - Définitions

Définition 13

Un *oxydant* est une espèce chimique susceptible de capturer un ou plusieurs électrons.
Un *réducteur* est une espèce chimique susceptible de libérer un ou plusieurs électrons

Par exemple, l'ion H^+ est un oxydant car il peut capturer un électron :

$$H^+ + e^- = \frac{1}{2} H_2$$

tandis que H_2 est un réducteur, susceptible de libérer des électrons :

$$H_2 = 2\,H^+ + 2\,e^-$$

Définition 14

Une *oxydation* est une transformation au cours de laquelle une espèce chimique perd un ou plusieurs électrons ; cette espèce est *oxydée* au cours de la transformation.
Une *réduction* est une transformation au cours de laquelle une espèce chimique gagne un ou plusieurs électrons ; cette espèce est alors *réduite* au cours de la transformation.

$$\text{oxydant} + \text{électrons} \underset{\text{réduction}}{\overset{\text{oxydation}}{\rightleftarrows}} \text{réducteur}$$

Définition 15

Un *couple oxydant/réducteur* (ou *couple redox*) est un ensemble de deux espèces chimiques, ayant en commun au moins un élément chimique, dont l'une est oxydante et l'autre est réductrice.

Dans la notation d'un tel couple, l'oxydant est toujours présenté avant le réducteur (Ox/red).

Par exemple, H^+/H_2 est un couple redox, dont H^+ est l'oxydant et H_2 le réducteur, car c'est en capturant des électrons que H^+ se transforme en H_2.

4.1.2 - Demi-équation

Définition 16

Une *demi-équation* est une équation chimique dans laquelle apparaissent l'oxydant et le réducteur d'un même couple redox, ainsi que les électrons capturés par l'oxydant :

$$\text{Ox} + n\,\text{e}^- = \text{Red}$$

Remarque : Dans une demi-équation, les électrons se trouvent toujours dans le même membre que l'oxydant.

Pour équilibrer une demi-équation en milieu acide :

1 équilibrer les éléments autres que l'oxygène ou l'hydrogène. Par exemple pour le couple MnO_4^-/Mn^{2+} :

$$MnO_4^- = Mn^{2+} \text{ (un atome Mn dans chaque membre)}$$

2 équilibrer l'élément oxygène à l'aide de H_2O.

$$\underbrace{MnO_4^-}_{\text{4 atomes O}} = \underbrace{Mn^{2+} + 4\,H_2O}_{\text{4 atomes O}}$$

3 équilibrer l'élément hydrogène à l'aide de $H^+_{(aq)}$:

$$\underbrace{MnO_4^- + 8\,H^+_{(aq)}}_{\text{8 atomes H}} = \underbrace{Mn^{2+} + 4\,H_2O}_{\text{8 atomes H}}$$

4 équilibrer les charges en ajoutant des électrons (e^-) :

$$\underbrace{MnO_4^- + 8\,H^+_{(aq)} + 5\,e^-}_{\text{2 charges +}} = \underbrace{Mn^{2+} + 4\,H_2O}_{\text{2 charges +}}$$

Remarque : Certains énoncés exigent que la demi-équation soit équilibrée avec H_3O^+ plutôt qu'avec $H^+_{(aq)}$. Dans ce cas, il convient de procéder comme précédemment puis d'ajouter, dans la demi-équation obtenue, autant de molécules d'eau (dans les deux membres) qu'il y a d'ions $H^+_{(aq)}$:

$$MnO_4^- + \underbrace{8\,H^+_{(aq)} + 8\,H_2O}_{8\,H_3O^+} + 5\,e^- = Mn^{2+} + 4\,H_2O + 8\,H_2O$$

L'association $H^+_{(aq)} + H_2O$ peut alors être remplacée par H_3O^+ :

$$MnO_4^- + 8\,H_3O^+ + 5\,e^- = Mn^{2+} + 12\,H_2O$$

En milieu basique, on procède comme précédemment, puis on poursuit avec les étapes supplémentaires suivantes :

5 ajouter, dans les deux membres de la demi-équation, autant d'ions HO^- qu'il y a d'ions $H^+_{(aq)}$ et associer $H^+_{(aq)} + HO^-$ en molécules d'eau. Par exemple, en milieu acide, la demi-équation associée au couple MnO_2/Mn^{2+} s'écrit :

$$MnO_2 + 4\,H^+_{(aq)} + 2\,e^- = Mn^{2+} + 2\,H_2O$$

à laquelle on ajoute $4\,HO^-$:

$$MnO_2 + \underbrace{4\,H^+_{(aq)} + 4\,HO^-}_{4\,H_2O} + 2\,e^- = Mn^{2+} + 2\,H_2O + 4\,HO^-$$

6 simplifier les deux membres de la demi-équation par les espèces redondantes :

$$MnO_2 + 2\,H_2O + 2\,e^- = Mn^{2+} + 4\,HO^-$$

4.1.3 - Équation d'oxydo-réduction

Une équation d'oxydo-réduction montre comment l'oxydant d'un couple redox peut réagir avec le réducteur d'un autre couple (une telle réaction rend compte d'un transfert d'électrons). Pour obtenir une telle équation :

- écrire les demi-équations relatives aux couples redox mis en jeu ; par exemple, pour les couples MnO_4^-/Mn^{2+} et Zn^{2+}/Zn, en milieu acide :

$$\begin{cases} (\mathcal{E}_1) & MnO_4^- + 8\,H^+_{(aq)} + 5\,e^- = Mn^{2+} + 4\,H_2O \\ (\mathcal{E}_2) & Zn^{2+} + 2\,e^- = Zn \end{cases}$$

- faire une combinaison de ces deux demi-équations de manière, d'une part, à présenter les réactifs dans le membre de gauche et, d'autre part, à présenter la même quantité d'électrons dans les deux membres de l'équation ; par exemple, pour la réaction des ions permanganate MnO_4^- avec le zinc Zn :

$$\begin{array}{ll} 2\,(\mathcal{E}_1) & 2\,MnO_4^- + 16\,H^+_{(aq)} + 10\,e^- = 2\,Mn^{2+} + 8\,H_2O \\ -5\,(\mathcal{E}_2) & 5\,Zn = 5\,Zn^{2+} + 10\,e^- \\ \hline & 2\,MnO_4^- + 16\,H^+_{(aq)} + 5\,Zn = 2\,Mn^{2+} + 8\,H_2O + 5\,Zn^{2+} \end{array}$$

4.2 Piles et accumulateurs

4.2.1 - Généralités

Une pile électrochimique est composée de deux demi-piles, contenant chacune l'oxydant et le réducteur d'un même couple redox. Par exemple, la pile DANIELL est composée :

- d'une électrode de cuivre (Cu) plongeant dans une solution aqueuse de sulfate de cuivre ($Cu^{2+}_{(aq)} + SO_{4\,(aq)}^{2-}$) ; la demi-pile correspondante contient le couple $Cu^{2+}_{(aq)}/Cu_{(sol)}$;

- d'une électrode de zinc (Zn) plongeant dans une solution aqueuse de sulfate de zinc ($Zn^{2+}_{(aq)} + SO_{4\,(aq)}^{2-}$) ; la demi-pile correspondante contient ainsi le couple $Zn^{2+}_{(aq)}/Zn_{(sol)}$;
- d'une paroi poreuse séparant les deux demi-piles, mais permettant l'échange de charges entre les demi-piles.

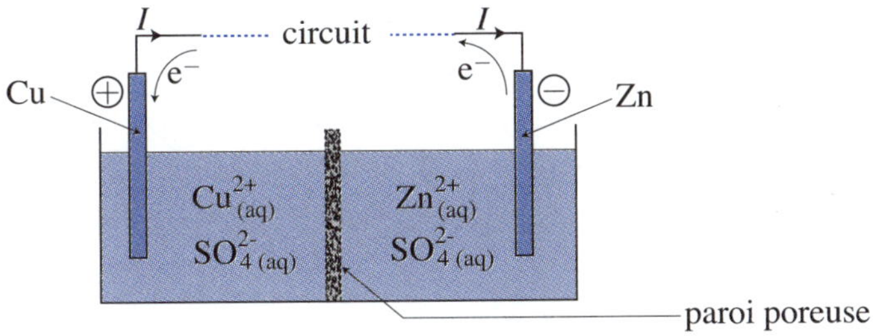

Remarque : Les demi-piles peuvent aussi être séparées physiquement et reliées par un pont salin. On peut aussi rencontrer des demi-piles qui ne sont pas séparées ; elles partagent alors le même *électrolyte* (milieu dans lequel les ions peuvent se déplacer).

Lorsque la pile débite un courant I dans un circuit, le courant quitte la pile par sa borne positive (+) et y revient à la borne négative (−) ; ce mouvement est inverse de celui des électrons qui se déplacent dans le circuit.

Définition 17

L'*anode* d'une pile est l'électrode par laquelle le courant rentre dans la pile. En revanche, la *cathode* est l'électrode qui émet le courant vers le circuit électrique.

Une pile peut être décrite par la notation conventionnelle suivante :

- À gauche de l'écriture apparaît l'anode (Zn pour la pile DANIELL) et à droite apparaît la cathode (Cu pour la pile DANIELL).
- Les différentes phases (solides, liquides, gaz) sont séparées les unes des autres par des traits verticaux simples.
- La paroi poreuse, ou le pont salin (ou toute autre séparation matérielle) sont figurés par un trait double (‖).

Ce faisant, la notation conventionnelle de la pile DANIELL est :

$$Zn|Zn^{2+}_{(aq)} + SO_{4\,(aq)}^{2-}\|Cu^{2+}_{(aq)} + SO_{4\,(aq)}^{2-}|Cu$$

La figure précédente montre également le déplacement des électrons à l'origine des réactions aux électrodes :

- à la cathode, des électrons sont recueillis, qui vont rejoindre l'oxydant de la demi-pile ; une réduction se produit. Par exemple, pour la pile DANIELL :

$$\text{réduction à la cathode : } Cu^{2+}_{(aq)} + 2\,e^- = Cu_{(sol)}$$

- à l'anode, des électrons sont produits consécutivement à une réaction d'oxydation. Par exemple, pour la pile DANIELL :

$$\text{oxydation à l'anode : } Zn_{(sol)} = Zn^{2+} + 2\,e^-$$

Définition 18

L'intensité I du courant électrique émis par une pile, qui transfert une charge électrique Q pendant Δt dans un circuit, vaut :

$$I = \frac{Q}{\Delta t} \text{ avec } \begin{cases} I \text{ en ampère (A)} \\ Q \text{ en coulomb (C)} \\ \Delta t \text{ en seconde (s)} \end{cases}$$

Définition 19

Une pile susceptible de débiter un courant I (en A) pendant Δt (en heure) possède une *capacité* :

$$C = I \times \Delta t \text{ (en A.h)}$$

Par exemple, une pile de capacité 100 A.h peut fournir un courant de 1 A pendant 100 h ou un courant de 2 A pendant 50 h,...

4.2.2 - Pile saline

Définition 20

Une pile est dite saline si son électrolyte est acide.

Par exemple, dans la pile saline de type LECLANCHÉ, l'électrolyte est composé de chlorure d'ammonium ($Cl^- + NH_4^+$: ions présentant des propriétés acides) mélangé à du chlorure de zinc ($Zn^{2+} + 2\,Cl^-$, dont la nature ionique favorise le passage du courant et diminue ainsi la résistance interne) ; ces ions sont fixés dans une gelée (par exemple de l'amidon).

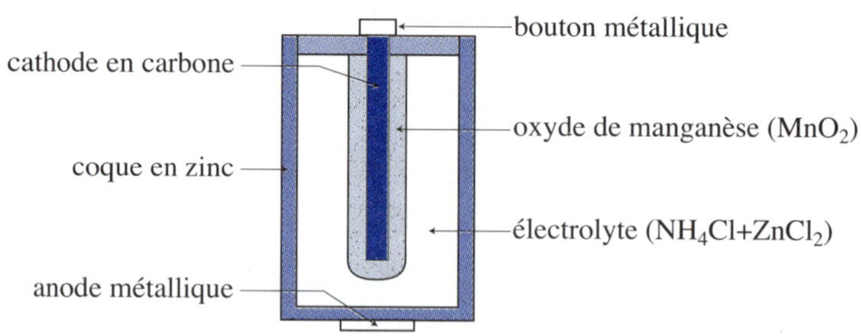

La cathode en carbone est au contact de l'oxyde de manganèse MnO_2 (oxydant du couple redox $MnO_2/MnO(OH)$ tandis que l'anode en acier est directement soudée à la coque en zinc (réducteur du couple Zn^{2+}/Zn). Cette pile s'écrit, par convention :

$$\text{acier}|Zn|Zn^{2+}|NH_4Cl + ZnCl_2|MnO_2|MnO(OH)|\text{graphite}$$

Lorsque la pile débite :

- à l'anode se produit l'oxydation du zinc :

$$Zn = Zn^{2+} + 2\,e^-$$

- à la cathode se produit la réduction de MnO_2 (en milieu acide) :

$$MnO_2 + H^+ + e^- = MnO(OH)$$

L'équation-bilan traduisant le fonctionnement de la pile s'écrit donc :

$$2\,MnO_2 + 2\,H^+ + Zn = 2\,MnO(OH) + Zn^{2+}$$

Remarque : Le zinc composant la coque de la pile peut aussi réagir avec l'eau (de l'atmosphère) :

$$Zn + 2\,H_2O = Zn^{2+} + H_2 + 2\,HO^-$$

ce qui participe à la décharge de la pile, même lorsqu'elle ne débite pas.

Dans la pile, l'oxyde de manganèse est le réactif limitant (en défaut) de manière à ce que la coque en zinc ne soit pas percée au cours du fonctionnement de la pile.

4.2.3 - Piles alcalines

Dans une pile alcaline, l'électrolyte est basique (ou alcalin), souvent composé d'hydroxyde de potassium (potasse : KOH). Par exemple, dans les piles alcalines de type LR6, LR14,... la potasse qui compose l'électrolyte entre également dans la composition de l'anode et de la cathode.

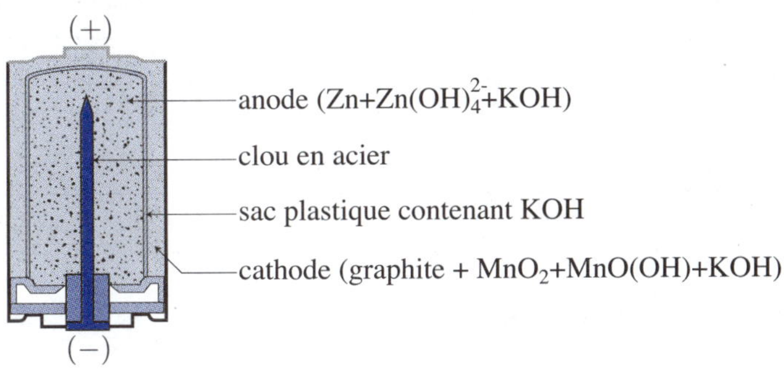

Lorsque la pile débite :

- à la cathode se produit la réduction du dioxyde de manganèse, selon la demi-équation :

$$MnO_2 + H_2O + e^- = MnO(OH) + HO^-$$

- à l'anode, c'est le zinc qui subit une oxydation, conformément à la demi-équation :

$$Zn + 4\,HO^- = Zn(OH)_4^{2-} + 2\,e^-$$

  car, en milieu basique, le zinc est le réducteur du couple $Zn(OH)_4^{2-}/Zn$.

L'équation-bilan du fonctionnement de cette pile s'écrit alors :

$$Zn + 2\,MnO_2 + 2\,HO^- + 2\,H_2O = 2\,MnO(OH) + Zn(OH)_4^{2-}$$

tandis que son écriture conventionnelle est :

$$acier|Zn|Zn(OH)_4^{2-}\,\|KOH\|MnO(OH)|MnO_2|acier$$

Signalons également que la pile-bouton est un autre type de pile alcaline dans laquelle une demi-pile est composée du couple $Zn(OH)_4^{2-}/Zn$ et l'autre demi-pile est composée du couple HgO/Hg.

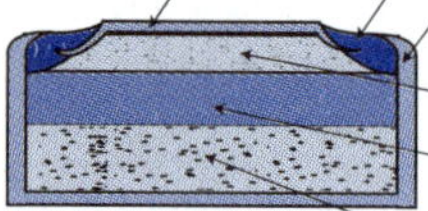

Pour des raisons écologiques, l'oxyde de mercure peut être remplacé par de l'oxyde d'argent.

Cette pile s'écrit ainsi conventionnellement :

$$acier|Zn|Zn(OH)_4^{2-}\,\|KOH\|Ag_2O|Ag|acier$$

alors que le fonctionnement de la pile est caractérisé par les équations suivantes :

couples	demi-équations
Ag_2O/Ag	$Ag_2O + H_2O + 2\,e^- = 2\,Ag + 2\,HO^-$
$Zn(OH)_4^{2-}/Zn$	$Zn + 4\,HO^- = Zn(OH)_4^{2-} + 2\,e^-$
équation-bilan	$Zn + Ag_2O + 2\,HO^- + H_2O = Zn(OH)_4^{2-} + 2\,Ag$

4.2.4 - Accumulateur au plomb

Un accumulateur au plomb est composé :

- d'une borne positive en plomb, recouverte de dioxyde de plomb $PbO_{2(sol)}$;
- d'une borne négative en plomb (Pb) ;
- d'un électrolyte constitué d'une solution aqueuse d'acide sulfurique ($2\,H^+_{(aq)} + SO^{2-}_{4(aq)}$) et de sulfate de plomb ($Pb^{2+}_{(aq)} + SO^{2-}_{4(aq)}$).

FONCTIONNEMENT EN GÉNÉRATEUR

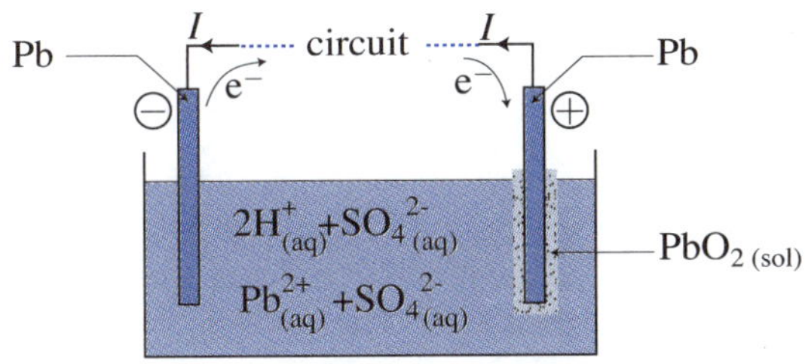

Lorsque la batterie fonctionne en générateur, elle débite un courant I dans un circuit électrique, qui indique le sens de déplacement des électrons dans le circuit. Ce sens révèle les réactions aux électrodes :

- à l'anode (électrode où arrive I) se produit l'oxydation du plomb :

$$Pb_{(sol)} = Pb^{2+}_{(aq)} + 2\,e^- \text{ pour le couple } Pb^{2+}_{(aq)}/Pb_{(sol)}$$

- à la cathode (électrode d'où part I) se produit la réduction de l'oxyde de plomb :

$$PbO_{2\,(sol)} + 4\,H^+_{(aq)} + 2\,e^- = Pb^{2+}_{(aq)} + 2\,H_2O_{(liq)} \text{ pour le couple } PbO_{2\,(sol)}/Pb^{2+}_{(aq)}$$

L'association de ces demi-équations fournit l'équation-bilan du fonctionnement de l'accumulateur en générateur :

$$Pb_{(sol)} = Pb^{2+}_{(aq)} + 2\,e^-$$

$$PbO_{2\,(sol)} + 4\,H^+_{(aq)} + 2\,e^- = Pb^{2+}_{(aq)} + 2\,H_2O_{(liq)}$$

$$PbO_{2\,(sol)} + Pb_{(sol)} + 4\,H^+_{(aq)} = 2\,Pb^{2+}_{(aq)} + 2\,H_2O_{(liq)}$$

FONCTIONNEMENT EN RÉCEPTEUR

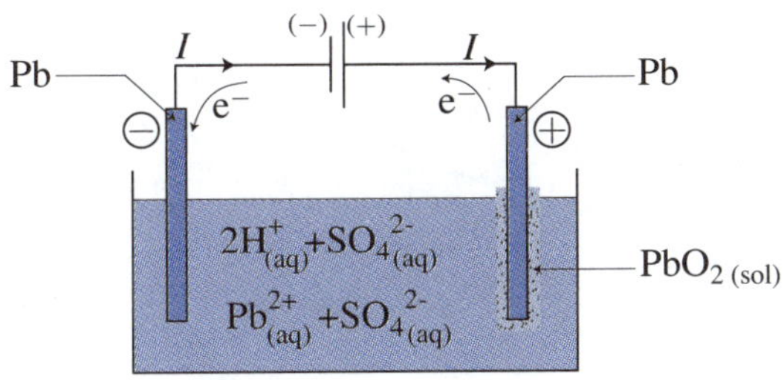

Lorsque la batterie fonctionne en récepteur (elle se charge), elle reçoit un courant I de la part d'un générateur électrique.

- À l'anode (électrode où arrive I) se produit l'oxydation des ions Pb^{2+} :

$$Pb^{2+}_{(aq)} + 2\,H_2O_{(liq)} = PbO_{2\,(sol)} + 4\,H^+_{(aq)} + 2\,e^-$$

- À la cathode (électrode d'où part I) se produit la réduction des ions $Pb^{2+}_{(aq)}$:

$$Pb^{2+}_{(aq)} + 2\,e^- = Pb_{(sol)}$$

Par suite, l'équation-bilan du fonctionnement de l'accumulateur au cours de sa charge s'écrit :

$$2\,Pb^{2+}_{(aq)} + 2\,H_2O_{(liq)} = PbO_{2\,(sol)} + 4\,H^+_{(aq)} + Pb_{(sol)}$$

Remarque : Chacune des électrodes de l'accumulateur peut jouer le rôle d'anode ou de cathode, selon que l'accumulateur se comporte en générateur ou en récepteur, ce qui montre qu'une anode n'est pas nécessairement une borne négative !

Une batterie de voiture est composée d'une association en série de 6 accumulateurs, chacun de force électromotrice de 2 V. Ainsi, la force électromotrice d'une telle batterie d'accumulateurs vaut 12 V.

4.2.5 - Pile à combustible

Une pile à combustible est composée :

- d'une anode en platine, qui réalise l'oxydation du dihydrogène gazeux :

$$H_{2\,(gaz)} = 2\,H^+ + 2\,e^- \text{ pour le couple } H^+/H_{2\,(gaz)}$$

- d'une cathode en platine où s'opère la réduction du dioxygène gazeux :

$$O_{2\,(gaz)} + 4\,H^+ + 4\,e^- = 2\,H_2O_{(liq)} \text{ pour le couple } O_{2\,(gaz)}/H_2O_{(liq)}$$

- d'une membrane permettant le transfert des ions H^+ entre l'anode et la cathode.

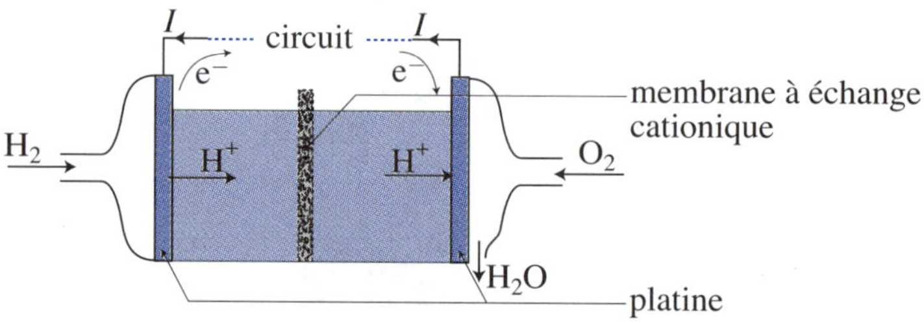

L'équation-bilan de fonctionnement d'une telle pile émane d'une combinaison des deux demi-équations :

$$2\,H_{2\,(gaz)} = 4\,H^+ + 4\,e^-$$

$$O_{2\,(gaz)} + 4\,H^+ + 4\,e^- = 2\,H_2O_{(liq)}$$

$$\overline{O_{2\,(gaz)} + 2\,H_{2\,(gaz)} = 2\,H_2O_{(liq)}}$$

Théoriquement, le seul rejet de cette pile étant l'eau, cette technologie s'inscrit dans les nombreuses recherches actuelles sur les énergies renouvelables.

Solution de l'exercice type

1 Par définition, la capacité C d'une batterie chargée pendant Δt (en heure), avec un courant d'intensité I (en ampère), vaut :

$$C = I \times \Delta t = 12 \times 10 \Rightarrow C = 120 \text{ A} \cdot \text{h}$$

2 La tension aux bornes de la batterie vaut $U = 14$ V, alors qu'elle est traversée par le courant d'intensité $I = 12$ A ; cette batterie reçoit ainsi une puissance électrique :

$$\mathcal{P}_e = I \times U = 12 \times 14 = 168 \text{ W}$$

Pendant :

$$\Delta t = 10 \text{ h} = 10 \times 3\,600 = 36.10^3 \text{ s}$$

la batterie reçoit donc l'énergie électrique :

$$W_e = \mathcal{P}_e \times \Delta t = 36.10^3 \times 168 \Rightarrow W_e \simeq 6{,}05.10^6 \text{ J}$$

3 **(a)** Pendant la décharge, la pile débite un courant d'intensité $I' = 13$ A, tandis que la tension à ses bornes vaut $U' = 12$ V ; elle libère donc une puissance électrique :

$$\mathcal{P}_d = U' \times I' = 12 \times 13 = 156 \text{ W}$$

Or, puisque la décharge dure :

$$\Delta\Delta t' = 8 \text{ h} = 8 \times 3\,600 = 2{,}88.10^4 \text{ s}$$

la batterie libère finalement l'énergie électrique :

$$W_d = \mathcal{P}_d \times \Delta t' = 156 \times 2{,}88.10^4 \Rightarrow W_d \simeq 4{,}49.10^6 \text{ J}$$

(b) La batterie est utilisée afin qu'elle délivre une énergie électrique W_d la plus grande possible. Or, pour y parvenir, elle consomme l'énergie W_e. C'est pourquoi son rendement est défini par :

$$\eta = \frac{W_d}{W_e} = \frac{4{,}49.10^6}{6{,}05.10^6} \simeq 0{,}74 = 74\%$$

COURS

EXERCICES

CORRIGÉS

QCM 1 Connaissance du cours

20 min. Corrigé p. 353

1 Lorsque deux dipôles sont montés en parallèle :

a leurs bornes sont reliées deux à deux ;

b le courant qui traverse l'un des dipôles traverse l'autre ;

c les tensions entre leurs bornes sont généralement différentes ;

d ils ont la même direction.

2 Un dipôle échange une énergie $\mathcal{E}$ (en Joule) pendant la durée Δt (en seconde). La puissance $\mathcal{P}$ (en watt) transférée au dipôle vaut :

a $\mathcal{P} = \mathcal{E} \times \Delta t$ b $\mathcal{P} = \dfrac{\mathcal{E}}{\Delta t}$ c $\mathcal{P} = \dfrac{\Delta t}{\mathcal{E}}$

3 Un conducteur ohmique, de résistance R, est traversé par un courant d'intensité I. La tension U_{AB} entre ses bornes et la puissance $\mathcal{P}_{\text{Joule}}$ qu'il dissipe par effet Joule valent respectivement :

a $U_{AB} = RI$ et $\mathcal{P}_{\text{Joule}} = \dfrac{1}{2}RI^2$;

b $U_{AB} = RI^2$ et $\mathcal{P}_{\text{Joule}} = RI$;

c $U_{AB} = \dfrac{1}{2}RI$ et $\mathcal{P}_{\text{Joule}} = RI^2$;

d $U_{AB} = RI$ et $\mathcal{P}_{\text{Joule}} = RI^2$;

4 Un moteur, de force contre-électromotrice E (en V) et de résistance interne r (en Ω), est traversé par un courant d'intensité I (en A). La tension U_{AB} (en V) entre ses bornes vérifie :

a $U_{AB} = E - rI$ b $U_{AB} = E + rI$ c $U_{AB} = rI - E$

5 Un générateur, de force électromotrice E (en V) et de résistance interne r (en Ω), débite un courant d'intensité I (en A). La tension U_{PN} (en V) entre ses bornes vérifie :

a $U_{PN} = E - rI$ b $U_{PN} = E + rI$ c $U_{PN} = rI - E$

6 Le rendement du moteur précédent vaut :

a $\eta_{\text{moteur}} = \dfrac{E}{E + rI}$ b $\eta_{\text{moteur}} = \dfrac{rI - E}{E}$

c $\eta_{\text{moteur}} = 1 - \dfrac{rI}{E}$ d $\eta_{\text{moteur}} = \dfrac{rI - E}{I}$

7 L'équation générale de combustion d'un alcool non cyclique s'écrit :

a $C_nH_{2n+2} + \dfrac{3n+1}{2} O_{2\,(\text{gaz})} = n\, CO_{2\,(\text{gaz})} + (n+1)\, H_2O$;

b $C_nH_{2n}O + \dfrac{3n-1}{2} O_{2\,(\text{gaz})} = n\, CO_{2\,(\text{gaz})} + n\, H_2O$;

c $C_nH_{2n+2}O + \dfrac{3n}{2} O_{2\,(\text{gaz})} = n\, CO_{2\,(\text{gaz})} + (n+1)\, H_2O$;

d $C_nH_{2n+2}O + \dfrac{3n+1}{2} O_{2\,(\text{gaz})} = n\, CO_{2\,(\text{gaz})} + (n+1)\, H_2O$;

8 En milieu basique, la demi-équation associée au couple $MnO_{2(sol)}/Mn^{2+}_{(aq)}$ s'écrit :

- **a** $MnO_{2(sol)} + 4\,H^{+}_{(aq)} + 2\,e^{-} = Mn^{2+}_{(aq)} + 2\,H_2O_{(liq)}$;
- **b** $MnO_{2(sol)} + 4\,H_3O^{+} + 2\,e^{-} = Mn^{2+}_{(aq)} + 6\,H_2O_{(liq)}$;
- **c** $MnO_{2(sol)} + 2\,H_2O_{(liq)} + 2\,e^{-} = Mn^{2+}_{(aq)} + 4\,HO^{-}_{(aq)}$;
- **d** $MnO_{2(sol)} + 4\,HO^{-}_{(aq)} + 2\,e^{-} = Mn^{2+}_{(aq)} + 2\,H_2O_{(liq)}$;

QCM 2 Transfert d'énergie électrique

40 min. | Corrigé p. 355

Un générateur de tension, de force électromotrice $E = 24$ V et de résistance interne négligeable, alimente un conducteur ohmique de résistance $R_p = 10\ \Omega$ avec, en série, un moteur de résistance interne $r = 10\ \Omega$.

Le but est d'ajuster la valeur de la résistance R_p pour qu'avec ce circuit, le moteur puisse faire monter une charge de masse $m = 2$ kg sur une hauteur de 1 m, pendant 2,5 secondes.
On supposera que toute l'énergie mécanique fournie par le moteur est utilisée pour accroître l'énergie potentielle de pesanteur de la charge.

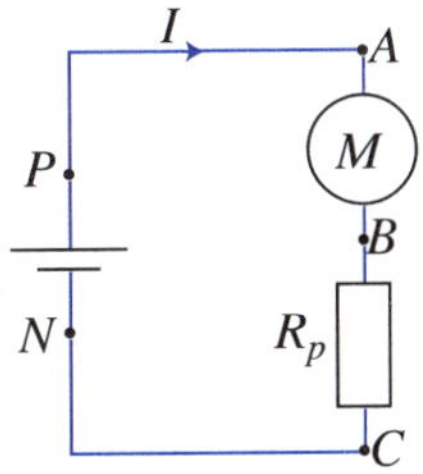

1 Calculer la variation d'énergie potentielle de pesanteur de la charge et en déduire la puissance reçue par la charge.

- **a** $\Delta E_{pp} = 7{,}848$ J et $\mathcal{P}_{\text{charge}} = 19{,}62$ W ;
- **b** $\Delta E_{pp} = 19{,}62$ J et $\mathcal{P}_{\text{charge}} = 7{,}848$ W ;
- **c** $\Delta E_{pp} = 6{,}27$ J et $\mathcal{P}_{\text{charge}} = 2{,}668$ W ;
- **d** $\Delta E_{pp} = 2{,}668$ J et $\mathcal{P}_{\text{charge}} = 6{,}27$ W ;

2 En ajustant la résistance R_p à la valeur de 10 Ω, il circule un courant d'intensité $I = 416$ mA.

Calculer la puissance électrique reçue par tout le circuit.

- **a** $\mathcal{P}^{(\text{fournie})}_{\text{élec}} = 9{,}984$ W
- **b** $\mathcal{P}^{(\text{fournie})}_{\text{élec}} = 21{,}73$ W
- **c** $\mathcal{P}^{(\text{fournie})}_{\text{élec}} = 2{,}116$ W
- **d** $\mathcal{P}^{(\text{fournie})}_{\text{élec}} = 12{,}816$ W

3 Pour le conducteur ohmique, calculer la puissance dissipée par effet Joule.

- **a** $\mathcal{P}_J(R_p) = 4{,}160$ W
- **b** $\mathcal{P}_J(R_p) = 4{,}160$ mW
- **c** $\mathcal{P}_J(R_p) = 1{,}731$ W
- **d** $\mathcal{P}_J(R_p) = 1{,}731$ mW

4 Calculer la puissance dissipée par effet Joule dans le moteur.

- **a** $\mathcal{P}_J(\text{moteur}) = 4{,}160$ W
- **b** $\mathcal{P}_J(\text{moteur}) = 4{,}160$ mW
- **c** $\mathcal{P}_J(\text{moteur}) = 1{,}731$ W
- **d** $\mathcal{P}_J(\text{moteur}) = 1{,}731$ mW

5 Calculer le rendement du moteur dans ces conditions :

a $\eta_{moteur} = 35\%$ **b** $\eta_{moteur} = 56\%$

c $\eta_{moteur} = 79\%$ **d** $\eta_{moteur} = 17\%$

6 Dans ces conditions, le moteur pourra-t-il réaliser la levée de charge ?

a La levée sera toujours possible.

b La levée sera toujours impossible.

c La levée sera possible si elle dure au moins 3 secondes.

d La levée sera possible si elle dure moins de 2 secondes.

Donnée : intensité de la pesanteur : $g = 9{,}81\ \text{N} \cdot \text{kg}^{-1}$.

3 Conversion d'énergie électrique

★ 5 min. Corrigé p. 357

Lycée Saint-Dominique, Herblain

Un conducteur ohmique est caractérisé par sa résistance $R = 100\ \Omega$ et sa puissance maximale admissible $\mathcal{P}_{max} = 0{,}50$ W.

1 Calculer l'intensité maximale du courant qu'il peut supporter sans danger. Préciser ce danger.

2 Calculer la tension maximale qu'on peut lui appliquer.

4 Conversion d'énergie électrique

★ 5 min. Corrigé p. 357

Lycée Saint-Dominique, Herblain

La tension U_{AB}, aux bornes d'un électrolyseur parcouru par un courant d'intensité I est donnée par la loi :

$$U_{AB} = 3{,}5 + 5{,}0 \times I$$

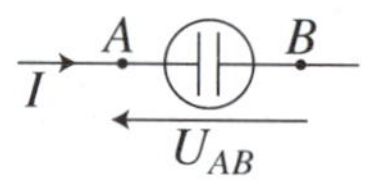

Cet appareil est parcouru par un courant de 100 mA, pendant 10 min.

1 Quelle est la valeur de la tension à ses bornes ?

2 Quelle est l'énergie électrique consommée ?

3 Qu'est devenue cette énergie ? préciser la réponse (formes nouvelles d'énergie et valeurs de ces énergies).

5 Conversion d'énergie électrique

★★☆ 5 min. Corrigé p. 358

Lycée Colbert, Lorient

On dispose d'une batterie, de force électromotrice $E = 12$ V et de résistance interne négligeable, ainsi que de trois résistances chauffantes de valeurs respectives $R_1 = 4\ \Omega$, $R_2 = 3\ \Omega$ et $R_3 = 2\ \Omega$.

1 On connecte une de ces résistances à la pile. Préciser la valeur de la résistance afin que l'énergie dissipée par effet Joule soit maximale pour une durée imposée Δt.

Calculer alors la puissance électrique $\mathcal{P}_{\text{élec}}$ disponible aux bornes de l'alimentation.

2 Quelle résistance doit être connectée à la pile pour obtenir, cette fois, une valeur minimale de l'énergie dissipée par effet Joule, pendant Δt ? Calculer $\mathcal{P}_{\text{élec}}$.

6 Conversion d'énergie

★☆☆ 10 min. Corrigé p. 359

Lycée Lumière, Luxeuil

Le moteur d'une automobile à combustion interne utilise du gaz naturel et de l'air.

1 Faire un schéma représentant les transferts énergétiques pour cette voiture.

2 On évalue les pertes énergétiques de ce moteur à 4,6 MJ par seconde, alors que la combustion du gaz lui fournit 7,9 MJ par seconde.

(a) Calculer la puissance mécanique fournie à l'automobile.

(b) Calculer le rendement de ce moteur.

7 Conversion d'énergie

★☆☆ 10 min. Corrigé p. 360

Lycée Saint-Esprit, Beauvais

On utilise un chauffe-eau à gaz (méthane) pour chauffer de l'eau. L'appareil brûle un volume $V_{\text{gaz}} = 268$ L de gaz pour faire passer la température d'une masse $m_e = 20$ kg d'eau de $\theta_1 = 10$°C à $\theta_2 = 70$°C.

1 Exprimer littéralement, puis calculer la quantité d'énergie Q_1 transférée à l'eau.

2 Exprimer littéralement, puis calculer la quantité de chaleur Q_2 libérée par la combustion du gaz.

3 Définir et calculer le rendement du chauffe-eau.

Données :

- capacité thermique massique de l'eau : $c_e = 4\,185\ \mathrm{J \cdot kg^{-1} \cdot K^{-1}}$;
- pouvoir calorifique du méthane : $p = 2{,}5.10^7\ \mathrm{J \cdot m^{-3}}$.

8 Conversion d'énergie électrique ★★ 10 min. Corrigé p. 360

Lycée Branly, Nogent-sur-Marne

Un moteur électrique consomme une puissance électrique de 1,5 kW. Il fournit une énergie mécanique utile de $4{,}32.10^6$ J pendant une heure. Les circuits électriques qui composent ce moteur cèdent une énergie thermique $Q = 7{,}20.10^5$ J.

1 Quelles sont les autres pertes d'énergie possibles dans ce convertisseur (valeur et nature) ?

2 Calculer le rendement de ce moteur.

9 Conversion d'énergie électrique ★★ 20 min. Corrigé p. 361

Lycée Jeanne d'Albret, Saint-Germain-en-Laye

Une plaque électrique chauffante a une puissance de 1 kW.

1 Cette plaque est constituée d'un conducteur de résistance R, alimenté sous une tension de 220 V. Quelle est la valeur de R ?

2 On pose, sur cette plaque, une casserole contenant 0,5 L d'eau.

(a) Calculer l'énergie libérée par la plaque pendant 3 minutes.

(b) Quelle est l'élévation de la température de l'eau pendant les 3 minutes de chauffage, si elle reçoit 60% de l'énergie libérée ?

(c) L'eau est prise, initialement, à la température de 20°C ; est-elle portée à ébullition ?

Données :

- capacité thermique massique de l'eau : $c = 4{,}18\ \mathrm{kJ \cdot kg^{-1} \cdot {}^\circ C^{-1}}$;
- chaleur latente de fusion de la glace : $L_{\text{fus}} = 333\ \mathrm{kJ \cdot kg^{-1}}$;
- masse volumique de l'eau : $\mu = 1\ \mathrm{kg \cdot L^{-1}}$.

10 Conversion d'énergie électrique ★★ 20 min. Corrigé p. 362

Lycée Jacques Monod, Clamart

Un moteur, de résistance interne 20 Ω, est alimenté par une tension de 220 V.

1 Faire un bilan énergétique à l'aide de la puissance dans ce moteur.

2 Le moteur est calé. Calculer l'intensité du courant qui le traverse et le dégagement d'énergie chaque minute.

3 Le moteur tourne ; le dégagement d'énergie thermique est de 7 500 J, chaque minute.

(a) Quelle est l'intensité du courant qui traverse le moteur ?

(b) Quel est son rendement ?

11 Conversion d'énergie électrique

★★★ 20 min. Corrigé p. 363

Lycée Saint-Exupéry, Mantes-la-Jolie

1 Soient deux conducteurs résistifs $\mathcal{C}_1$, $\mathcal{C}$, de résistances respectives $R_1 = 750\ \Omega$ et $R = 250\ \Omega$, associés en parallèle (*cf.* montage 1).

(a) Rappeler la relation entre les tensions U_{AB} et U_{CD} aux bornes de ces deux dipôles.

(b) Soit P_1 la puissance dissipée par effet Joule par le conducteur $\mathcal{C}_1$ et P celle dissipée par $\mathcal{C}$. Exprimer P_1 en fonction de U_{AB} et R_1, puis exprimer P en fonction de U_{CD} et R.

(c) En déduire une relation entre R, P, R_1 et P_1.

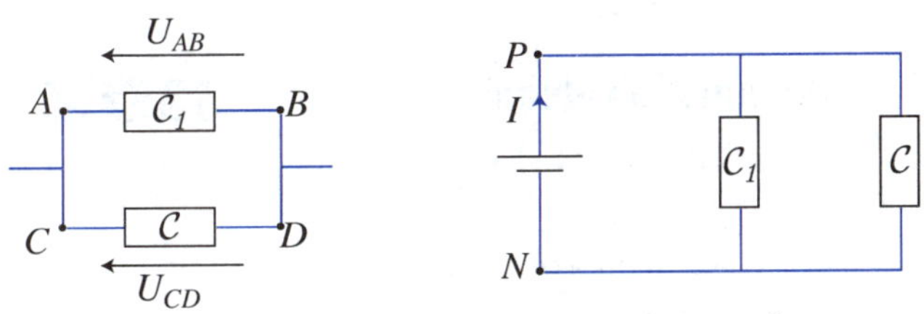

montage 1 montage 2

2 Les deux conducteurs $\mathcal{C}_1$ et $\mathcal{C}$ sont ensuite associés, en parallèle, à un générateur de tension, de force électromotrice E et de résistance interne r (*cf.* montage 2).

(a) Quelle relation lie la puissance $P_{\text{élec}}$ fournie par le générateur et les puissances P_1 et P dissipées par effet Joule par $\mathcal{C}_1$ et $\mathcal{C}$.

(b) On s'intéresse à la puissance P dissipée par $\mathcal{C}$. Calculer numériquement la valeur du rendement du circuit.

12 Combustion d'un alcane

★★ 15 min. Corrigé p. 364

Lycée Marceau, Chartres

Dans un laboratoire de thermochimie, une masse $m = 1{,}50$ g d'octane est brûlée dans un bombe calorimétrique de capacité thermique totale $C = 26{,}50\ \text{kJ} \cdot {}^\circ\text{C}^{-1}$.

Lors de la réaction, la température de l'ensemble {calorimètre + accessoires} {+eau} s'élève de $\Delta\theta = 2{,}73$°C.

1 Écrire l'équation-bilan de cette combustion.

2 Quel volume de dioxygène pur faut-il introduire dans le calorimètre pour opérer dans les conditions stœchiométriques ?

3 Déterminer la chaleur Q reçue par l'ensemble {calorimètre + accessoires} {+eau}.

4 En déduire :

(a) la chaleur de combustion Q_r de l'octane ;

(b) son pouvoir calorifique P.C. en $\text{kJ} \cdot \text{kg}^{-1}$.

Données :

- masses molaires : $M_\text{H} = 1{,}0\ \text{g} \cdot \text{mol}^{-1}$ et $M_\text{C} = 12\ \text{g} \cdot \text{mol}^{-1}$;
- volume molaire des gaz dans les conditions de travail : $V_m = 24{,}0\ \text{L} \cdot \text{mol}^{-1}$.

13 Combustion d'un alcool

★★ 30 min. Corrigé p. 365

Lycée Edgard Quinet, Bourg-en-Bresse

On considère la combustion complète de l'éthanol liquide.

1 Écrire et équilibrer l'équation-bilan correspondante, sachant qu'il se forme de l'eau liquide aussi.

2 Calculer la chaleur de combustion de l'éthanol liquide lorsque l'eau se forme aussi à l'état liquide.

Données :

- énergies de liaison :

$E_{\text{C–H}} = 410\ \text{kJ} \cdot \text{mol}^{-1}$	$E_{\text{C–C}} = 348\ \text{kJ} \cdot \text{mol}^{-1}$
$E_{\text{C–O}} = 356\ \text{kJ} \cdot \text{mol}^{-1}$	$E_{\text{O–H}} = 460\ \text{kJ} \cdot \text{mol}^{-1}$
$E_{\text{O=O}} = 494\ \text{kJ} \cdot \text{mol}^{-1}$	$E_{\text{C=O}} = 795\ \text{kJ} \cdot \text{mol}^{-1}$

- Chaleurs latentes molaires de vaporisation :

éthanol : $L_{va} = 42{,}6\ \text{kJ} \cdot \text{mol}^{-1}$

eau : $L_{ve} = 41\ \text{kJ} \cdot \text{mol}^{-1}$

14 Réactions d'oxydo-réduction

★ 10 min. Corrigé p. 367

Lycée Janson de Sailly, Paris

1 Pour chaque demi-équation, écrire le couple oxydant/réducteur correspondant :

(a) $S_2O_8^{2-} + 2\,e^- = 2\,SO_4^{2-}$

(b) $2\,I^- = I_2 + 2\,e^-$

(c) $SO_4^{2-} + H^+ = HSO_4^-$

2 Écrire les demi-équations correspondant aux couples redox suivants :

(a) Fe^{3+}/Fe^{2+}

(b) Cl_2/Cl^-

3 **(a)** Écrire la demi-équation du couple oxydant/réducteur I_2/I^-.

(b) En déduire l'équation de la réaction entre les ions Fe^{3+} et les ions I^-.

15 Réactions d'oxydo-réduction

★ 20 min. Corrigé p. 367

Lycée Janson de Sailly, Paris

1 Établir l'équation d'oxydo-réduction relative à l'oxydation des ions chlorure par les ions dichromate, en milieu acide (les couples oxydant/réducteur mis en jeu sont $Cr_2O_7^{2-}/Cr^{3+}$ et Cl_2/Cl^-).

2 En utilisant les demi-équations électroniques, compléter l'équation de la réaction d'oxydo-réduction :

$$I^- + MnO_4^- = IO_3^- + MnO_4^{2-}$$

qui se produit en milieu basique.

16 Réactions d'oxydo-réduction

★★ 20 min. Corrigé p. 369

Lycée Jeanne d'Albret, Saint-Germain-en-Laye

On introduit une masse $m_1 = 0{,}27$ g de grenaille d'aluminium dans un volume $V_2 = 24{,}0$ mL de solution d'acide chlorhydrique ($H^+_{(aq)} + Cl^-_{(aq)}$), de concentration $c_2 = 1{,}00\ \text{mol} \cdot \text{L}^{-1}$. Il se forme des ions aluminium (III) et du dihydrogène.

1 **(a)** Quels sont les réactifs ? quels sont les produits ?

(b) Écrire les couples mis en jeu.

(c) Écrire les demi-équations correspondantes.

(d) Écrire l'équation chimique de la réaction qui s'est produite.

2 Déterminer la composition finale ; en quantité de matière, du système considéré.

Donnée : masse molaire de l'aluminium : $M_{\mathrm{Al}} = 27{,}0\ \mathrm{g \cdot mol^{-1}}$.

17 Réactions d'oxydation

★★ 20 min. Corrigé p. 371

Lycée Jacques Monod, Clamart

On dispose d'une solution de chlorure d'étain (II), $Sn^{2+} + 2\,Cl^-$, que l'on répartit dans trois béchers.

Dans le premier, on ajoute quelques gouttes d'une solution d'hydroxyde de sodium ; un précipité blanc se forme.

Dans le deuxième, on plonge une lame de fer ; un dépôt noir apparaît progressivement.

Dans le troisième, on ajoute de la limaille de fer et on agite. Après quelques minutes, on cesse d'agiter et on ajoute quelques gouttes de la solution d'hydroxyde de sodium ; un précipité vert se forme.

Dans un quatrième bécher, qui contient une solution de chlorure de fer (II), $Fe^{2+} + 2\,Cl^-$, on ajoute quelques gouttes d'une solution d'hydroxyde de sodium ; un précipité vert se forme.

1 Les ions chlorure n'interviennent pas. Quelle conclusion peut-on tirer de la première et de la quatrième expérience ? Écrire les équations des réactions.

2 Quelle est la nature du dépôt noir observé dans la deuxième expérience ?
Quels sont les ions caractérisés à la fin de la troisième expérience ?
En déduire ce qui se passe lorsque la limaille de fer est ajoutée à la solution de chlorure d'étain (II). Écrire l'équation de la réaction correspondante.

3 Quel est le rôle joué par les ions étain (II) dans cette réaction ? sont-ils oxydés ou réduits ?
Donner le couple oxydant/réducteur mis en jeu et la demi-équation correspondante.

18 Réactions d'oxydo-réduction

★★ 30 min. Corrigé p. 372

Lycée Fermat, Toulouse

On considère le couple $Cr_2O_7^{2-}/Cr^{3+}$, dans lequel l'ion dichromate $Cr_2O_{7\,(aq)}^{2-}$ est de couleur orangée et l'ion chrome (III) $Cr^{3+}_{(aq)}$ de couleur verte.

1 Écrire la demi-équation de ce couple.

2 Les ions dichromate réagissent avec les ions fer (II) en les oxydant en ions fer (III). Écrire l'équation de la réaction.

3 On verse 7 mL de la solution de dichromate de potassium, de concentration 0,5 mol · L^{-1}, dans 50 mL d'une solution de sulfate de fer (II), de concentration 1 mol · L^{-1}. La solution prend une couleur verte.

(a) Quelle conclusion peut-on en tirer ?

(b) Construire le tableau d'avancement de la réaction.

(c) Dans les conditions expérimentales proposées, les ions fer (II) sont-ils tous transformés ?

(d) Calculer les concentrations des ions présents dans la solution en fin de réaction.

19 Pile à combustible

★★ *20 min.* Corrigé *p. 374*

Lycée Mansart, Saint-Cyr l'École

Une pile à combustible (PAC) est un assemblage de cellules élémentaires, comprenant deux électrodes séparées par un électrolyte, dont le rôle est de permettre la migration des ions d'une électrode à l'autre.

Le comburant est du dioxygène. Le combustible est le plus souvent du dihydrogène. Ce combustible, gazeux à température ambiante et inflammable, pose des problèmes de stockage.

Un autre combustible possible est le méthanol. Ce combustible est certes toxique, mais liquide, à température ambiante. Il est principalement produit à partir du gaz naturel. On se dispense ainsi du problème de stockage du dihydrogène. Une telle pile à combustible est appelée DMFC (*Direct Methanol Fuel Cells*).

L'électrolyte utilisé est acide. On s'intéresse à la réaction dans les DMFC.

La pile débite un courant à travers un dipôle ohmique de résistance R selon le schéma ci-dessous.

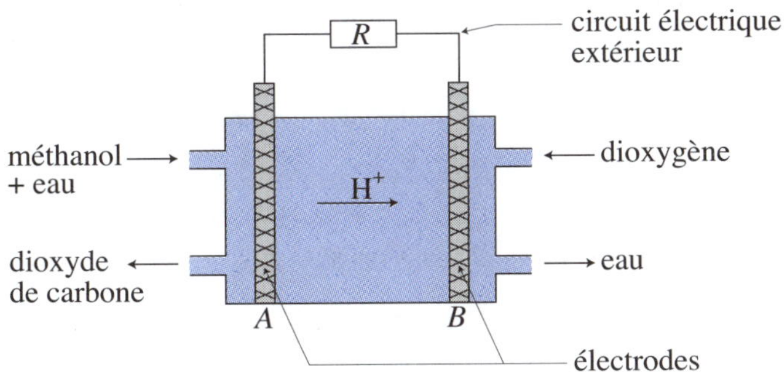

Les couples oxydant-réducteur mis en jeu sont $CO_{2(gaz)}/CH_3OH_{(aq)}$ et $O_{2(gaz)}/H_2O_{(liq)}$.

1 Écrire les demi-équations électroniques correspondant à chaque couple.

2 L'électrode A est-elle une anode ou une cathode ?

3 Indiquer, sur le schéma, la polarité de la pile et le sens du courant dans la résistance en justifiant la réponse.

4 Écrire l'équation chimique de fonctionnement de la pile.

20 Piles électrochimiques

★★★ *30 min.* **Corrigé** *p. 376*

Lycée Hoche, Versailles

Une pile est constituée des couples oxydant/réducteur Zn^{2+}/Zn et Ag^{+}/Ag :

- L'électrode d'argent, qui constitue la borne positive de la pile, plonge dans une solution contenant des ions Ag^{+}.
- L'électrode de zinc, qui constitue la borne négative de la pile plonge dans une solution contenant des ions Zn^{2+}.

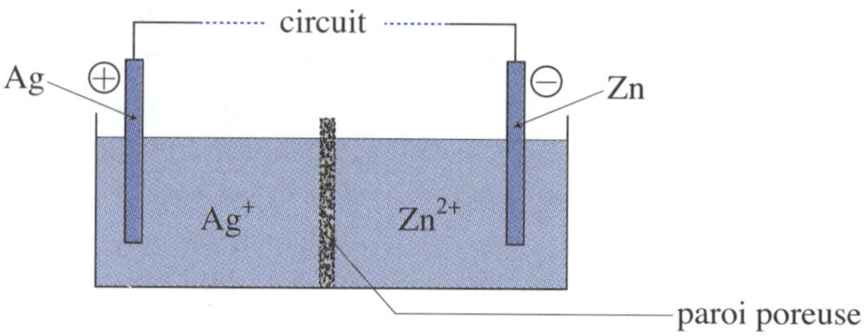

1 Quel est le métal qui s'use ? justifier en écrivant les équations des réactions qui se produisent aux électrodes.

2 Soit $m = 3$ g la masse de métal qui s'use. Exprimer littéralement la quantité d'électricité Q (en coulomb) susceptible d'être fournie. Faire l'application numérique.

Données :

- masses molaires du zinc et de l'argent :

$$M_{Zn} = 65{,}4 \text{ g} \cdot \text{mol}^{-1} \qquad M_{Ag} = 107{,}9 \text{ g} \cdot \text{mol}^{-1}$$

- charge de l'électron : $-e = -1{,}6.10^{-19}$ C ;
- constante d'Avogadro : $N_A = 6{,}02.10^{23}$ mol^{-1}.

QCM 1 Connaissance du cours

Enoncé p. 342

1 Par définition, deux dipôles sont montés en parallèle si leurs bornes sont reliées deux à deux (réponse **a**) ; les tensions entre leur bornes sont alors toujours identiques.

2 Lorsqu'une puissance $\mathcal{P}$ est transférée à un dipôle pendant une durée Δt, ce dipôle reçoit une énergie :

$$\mathcal{E} = \mathcal{P} \times \Delta t \Rightarrow \mathcal{P} = \frac{\mathcal{E}}{\Delta t} \text{ (réponse } \boxed{\text{b}}\text{)}$$

3 La loi d'Ohm indique qu'un conducteur ohmique parcouru par un courant d'intensité I présente, entre ses bornes, une tension :

$$U_{AB} = R \times I$$

Il reçoit alors une puissance électrique :

$$\mathcal{P}_{\text{élec}}^{\text{(reçue)}} = U_{AB} \times I = RI^2$$

qu'il dissipe intégralement sous forme thermique. Donc, la puissance dissipée par effet Joule vaut :

$$\mathcal{P}_{\text{Joule}} = RI^2 \text{ (réponse } \boxed{\text{d}}\text{)}$$

4 Le moteur réalise une conversion d'énergie :

- il reçoit une puissance électrique $\mathcal{P}_{\text{elec}}^{\text{(reçue)}} = U_{AB} \times I$;
- il dissipe une puissance thermique $\mathcal{P}_{\text{Joule}} = rI^2$;
- il délivre une puissance, sous forme mécanique : $\mathcal{P}_{\text{méca}} = E \times I$.

Le principe de conservation de l'énergie stipule alors que :

$$\begin{aligned} \mathcal{P}_{\text{élec}}^{\text{(reçue)}} &= \mathcal{P}_{\text{Joule}} + \mathcal{P}_{\text{méca}} \Rightarrow U_{AB} \times I = rI^2 + E \times I \\ &\Rightarrow U_{AB} = rI + E \text{ (réponse } \boxed{\text{b}}\text{)} \end{aligned} \quad (59)$$

5 De même, un générateur électrique réalise aussi une conversion d'énergie :

- il produit (à l'aide d'une source chimique, mécanique,...) une puissance $\mathcal{P}_{\text{générée}} = E \times I$;
- il dissipe, par effet Joule, une puissance $\mathcal{P}_{\text{Joule}} = rI^2$;
- il fournit au circuit une puissance, sous forme électrique :

$$\mathcal{P}_{\text{élec}}^{\text{(fournie)}} = U_{PN} \times I.$$

À nouveau, le principe de conservation de l'énergie impose :

$$\begin{aligned} \mathcal{P}_{\text{générée}} &= \mathcal{P}_{\text{Joule}} + \mathcal{P}_{\text{élec}}^{\text{(fournie)}} \Rightarrow E \times I = rI^2 + U_{PN} \times I \\ &\Rightarrow E = rI + U_{PN} \\ &\Rightarrow U_{PN} = E - rI \text{ (réponse } \boxed{\text{a}}\text{)} \end{aligned}$$

COURS EXERCICES CORRIGÉS

6 De ce qui précède, il ressort que le moteur délivre une puissance mécanique $\mathcal{P}_{\text{méca}} = E \times I$ alors qu'il reçoit une puissance électrique $\mathcal{P}_{\text{élec}}^{(\text{reçue})} = U_{AB} \times I$. Son rendement vaut alors :

$$\eta_{\text{moteur}} = \frac{\mathcal{P}_{\text{méca}}}{\mathcal{P}_{\text{élec}}^{(\text{reçue})}} = \frac{E \times I}{U_{AB} \times I} = \frac{E}{U_{AB}}$$

c'est-à-dire, compte tenu du résultat (59) :

$$\eta_{\text{moteur}} = \frac{E}{rI + E} \text{ (réponse } \boxed{\text{a}} \text{)}$$

7 La combustion d'un alcool non cyclique $C_nH_{2n+2}O$ consiste en sa réaction avec le dioxygène $O_{2\,(\text{gaz})}$ en produisant du dioxyde de carbone $CO_{2\,(\text{gaz})}$ et de l'eau H_2O :

$$C_nH_{2n+2}O + O_{2\,(\text{gaz})} = CO_{2\,(\text{gaz})} + H_2O$$

Cette équation doit être équilibrée :

- à l'égard des éléments carbone et hydrogène, en agissant directement sur le membre de droite :

$$\underbrace{C_nH_{2n+2}O + O_{2\,(\text{gaz})}}_{\substack{n \text{ atomes C} \\ 2n+2 \text{ atomes H}}} = \underbrace{n\,CO_{2\,(\text{gaz})} + (n+1)\,H_2O}_{\substack{n \text{ atomes C} \\ (n+1)\times 2 \text{ atomes H}}}$$

- à l'égard de l'élément oxygène : le membre de droite contient :

$$2n + (n+1) = 3n + 1$$

atomes d'oxygène, que l'on doit retrouver dans le membre de gauche ; un de ces atomes entre dans la composition de l'alcool $C_nH_{2n+2}O$, tandis que les $3n$ autres atomes se présentent sous forme de molécules $O_{2\,(\text{gaz})}$:

$$C_nH_{2n+2}O + \frac{3n}{2}\,O_{2\,(\text{gaz})} = n\,CO_{2\,(\text{gaz})} + (n+1)\,H_2O \text{ (réponse } \boxed{\text{c}} \text{)}$$

8 La demi-équation associée au couple MnO_2/Mn^{2+} doit être équilibrée :

- d'abord à l'égard de l'élément manganèse :

$$MnO_2 = Mn^{2+}$$

- puis à l'égard de l'oxygène, en ajoutant H_2O dans le membre de droite :

$$\underbrace{MnO_2}_{2 \text{ atomes O}} = \underbrace{Mn^{2+} + 2\,H_2O}_{2 \text{ atomes O}}$$

- ensuite à l'égard de l'élément hydrogène, à l'aide des ions H^+ ajoutés dans le membre de gauche :

$$\underbrace{MnO_2 + 4\,H^+}_{4 \text{ atomes H}} = \underbrace{Mn^{2+} + 2\,H_2O}_{4 \text{ atomes H}}$$

• enfin, à l'égard des charges, à l'aide de e^- :

$$\underbrace{MnO_{2\,(sol)} + 4\,H^+_{(aq)} + 2\,e^-}_{2\text{ charge }+} = \underbrace{Mn^{2+}_{(aq)} + 2\,H_2O_{(liq)}}_{2\text{ charges }+}$$

Cependant, en milieu basique, les ions $H^+_{(aq)}$ sont quasi inexistants. C'est pourquoi on ajoute $4\,HO^-_{(aq)}$ de part et d'autre de l'équation, de manière à associer $H^+_{(aq)}$ et $HO^-_{(aq)}$ en molécules $H_2O_{(liq)}$:

$$MnO_{2\,(sol)} + \underbrace{4\,H^+_{(aq)} + 4\,HO^-_{(aq)}}_{4\,H_2O_{(liq)}} + 2\,e^- = Mn^{2+}_{(aq)} + 2\,H_2O_{(liq)} + 4\,HO^-_{(aq)}$$

Après simplification par $2\,H_2O_{(liq)}$, il reste finalement :

$$MnO_{2\,(sol)} + 2\,H_2O_{(liq)} + 2\,e^- = Mn^{2+}_{(aq)} + 4\,HO^-_{(aq)} \text{ (réponse } \boxed{c}\text{)}$$

QCM

2 Transfert d'énergie électrique

Enoncé p. 343

1 Soit D le point de départ de la charge et soit A son point d'arrivée, d'altitudes respectives z_D et z_A.

Lorsque la charge se trouve en ces points, son énergie potentielle de pesanteur vaut respectivement :

$$E_{pp}(D) = mgz_D + E_0 \text{ et } E_{pp}(A) = mgz_A + E_0$$

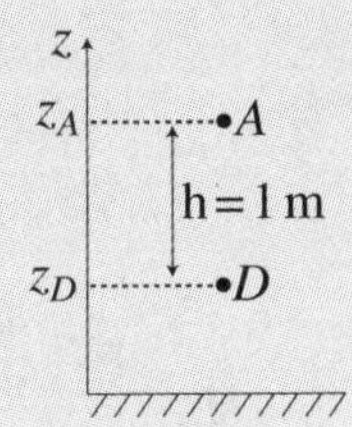

où E_0 est une constante qu'on ne déterminera pas. Lorsque la charge s'élève d'une hauteur $h = z_A - z_D = 1$ m, son énergie potentielle de pesanteur s'accroît de la quantité :

$$\Delta E_{pp} = E_{pp}(A) - E_{pp}(D) = mgz_A - mgz_D = mg\,(z_A - z_D) = mgh$$

$$\Rightarrow \Delta E_{pp} = 2 \times 9{,}81 \times 1 = 19{,}62 \text{ J}$$

En outre, puisque cet accroissement d'énergie s'effectue pendant $\Delta t = 2{,}5$ s, il correspond à une puissance reçue par la charge, définie par :

$$\mathcal{P}_{\text{charge}} = \frac{\Delta E_{pp}}{\Delta t} = \frac{19{,}62}{\Delta t} \quad (60)$$

c'est-à-dire :

$$\mathcal{P}_{\text{charge}} = \frac{19{,}62}{2{,}5} = 7{,}848 \text{ W (réponse } \boxed{b}\text{)}$$

2 Le générateur, aux bornes duquel règne une tension $U_{PN} = E = 24$ V et qui délivre un courant d'intensité $I = 416$ mA $= 0{,}416$ A, fournit au circuit une puissance électrique :

$$\mathcal{P}^{\text{(fournie)}}_{\text{élec}} = E \times I = 24 \times 0{,}416$$

$$\Rightarrow \mathcal{P}^{\text{(fournie)}}_{\text{élec}} = 9{,}984 \text{ W (réponse } \boxed{a}\text{)}$$

COURS
EXERCICES
CORRIGÉS

3 Le conducteur ohmique, de résistance $R_p = 10\ \Omega$, dissipe par effet Joule une puissance thermique :

$$\mathcal{P}_J(R_p) = R_p \times I^2 = 10 \times (0{,}416)^2 \simeq 1{,}731 \text{ W (réponse } \boxed{\text{C}}\text{)}$$

4 Le moteur ayant une résistance interne $r = 10\ \Omega$ il dissipe par effet Joule une puissance thermique :

$$\mathcal{P}_J(\text{moteur}) = r \times I^2 = 10 \times (0{,}416)^2 \simeq 1{,}731 \text{ W (réponse } \boxed{\text{C}}\text{)}$$

5 Le générateur délivre une puissance $\mathcal{P}_{\text{élec}}^{\text{(fournie)}}$ qui se répartit entre les deux récepteurs qui composent le circuit :

- le conducteur ohmique dissipe la puissance $\mathcal{P}_J(R_p)$ par effet Joule ;
- le moteur reçoit une puissance $\mathcal{P}_{\text{moteur}}^{\text{(reçue)}}$ qu'il convertit d'une part sous forme de puissance mécanique $\mathcal{P}_{\text{méca}}$ et d'autre part sous forme de puissance thermique $\mathcal{P}_J(\text{moteur})$:

$$\mathcal{P}_{\text{moteur}}^{\text{(reçue)}} = \mathcal{P}_{\text{méca}} + \mathcal{P}_J(\text{moteur}) \qquad (61)$$

Le principe de conservation de l'énergie impose que toute la puissance fournie par le générateur soit reçue par l'ensemble des récepteurs :

$$\begin{aligned}
\mathcal{P}_{\text{élec}}^{\text{(fournie)}} &= \mathcal{P}_J(R_p) + \mathcal{P}_{\text{moteur}}^{\text{(reçue)}} \\
&\Rightarrow \mathcal{P}_{\text{moteur}}^{\text{(reçue)}} = \mathcal{P}_{\text{élec}}^{\text{(fournie)}} - \mathcal{P}_J(R_p) = 9{,}984 - 1{,}731 \\
&\Rightarrow \mathcal{P}_{\text{moteur}}^{\text{(reçue)}} = 8{,}253 \text{ W}
\end{aligned}$$

La relation (61) donne alors la puissance que le moteur fournit, sous forme mécanique :

$$\mathcal{P}_{\text{méca}} = \mathcal{P}_{\text{moteur}}^{\text{(reçue)}} - \mathcal{P}_J(\text{moteur}) = 8{,}253 - 1{,}731 = 6{,}522 \text{ W}$$

Par conséquent, ce moteur a pour rendement :

$$\eta_{\text{moteur}} = \frac{\mathcal{P}_{\text{méca}}}{\mathcal{P}_{\text{moteur}}^{\text{(reçue)}}} = \frac{6{,}522}{8{,}253} = 0{,}79 = 79\% \text{ (réponse } \boxed{\text{C}}\text{)}$$

6 D'après les calculs précédents, le moteur libère une puissance mécanique $\mathcal{P}_{\text{méca}} = 6{,}522$ W, tandis que la montée de la charge requiert, dans les conditions où elle est effectuée, une puissance $\mathcal{P}_{\text{charge}} = 7{,}848$ W. Ce faisant, l'inégalité :

$$\mathcal{P}_{\text{charge}} > \mathcal{P}_{\text{méca}}$$

montre que, dans ces conditions, le moteur ne peut pas assurer la montée de la charge.

En revanche, pour que cette montée soit possible, il faudrait que soit vérifiée la relation :

$$\mathcal{P}_{\text{méca}} \geqslant \mathcal{P}_{\text{charge}}$$

où $\mathcal{P}_{\text{charge}}$ vérifie l'équation (60) :

$$\begin{cases} \mathcal{P}_{\text{charge}} = \dfrac{19{,}62}{\Delta t} \\ \mathcal{P}_{\text{méca}} = 6{,}522 \text{ W} \end{cases} \Rightarrow \quad 6{,}522 \geqslant \frac{19{,}62}{\Delta t}$$

$$\Rightarrow \quad \Delta t \geqslant \frac{19{,}62}{6{,}522} = 3 \text{ s (réponse } \boxed{\text{C}}\text{)}$$

3 Conversion d'énergie électrique

Enoncé p. 344

Lycée Saint-Dominique, Herblain

1 Le conducteur, de résistance R et traversé par un courant d'intensité I, reçoit une puissance :

$$\mathcal{P} = RI^2 < \mathcal{P}_{\max} \Rightarrow I^2 < \frac{\mathcal{P}_{\max}}{R} \Rightarrow I < \sqrt{\frac{\mathcal{P}_{\max}}{R}}$$

Ainsi, l'intensité I ne doit pas dépasser la valeur maximale :

$$I_{\max} = \sqrt{\frac{\mathcal{P}_{\max}}{R}} = \sqrt{\frac{0{,}5}{100}} \Rightarrow I_{\max} \simeq 7{,}1.10^{-2} \text{ A} = 71 \text{ mA}$$

sans quoi la puissance reçue par ce conducteur ne peut plus être évacuée par effet Joule : sa température augmente jusqu'à sa détérioration.

2 La loi d'Ohm relie la tension U aux bornes du dipôle à l'intensité I : $U = RI$. Notamment, l'inégalité $I < I_{\max}$ montre que :

$$U = RI < RI_{\max}$$

c'est-à-dire que U admet aussi une valeur maximale :

$$U_{\max} = RI_{\max} \simeq 100 \times 7{,}1.10^{-2} \Rightarrow U_{\max} \simeq 7{,}1 \text{ V}$$

4 Conversion d'énergie électrique

Enoncé p. 344

Lycée Saint-Dominique, Herblain

1 Lorsque l'électrolyseur est parcouru par un courant d'intensité $I = 0{,}1$ A, la tension à ses bornes vaut :

$$U_{AB} = 3{,}5 + 5 \times 0{,}1 \Rightarrow U_{AB} = 4 \text{ V}$$

2 La puissance électrique reçue par un dipôle (récepteur), traversé par un courant d'intensité I et soumis à une tension U_{AB}, vaut :

$$\mathcal{P}_{\text{élec. reçue}} = U_{AB} \times I = 4 \times 0{,}1 = 0{,}4 \text{ W}$$

Donc, pendant la durée :

$$\Delta t = 10 \text{ min} = 10 \times 60 = 600 \text{ s}$$

ce dipôle reçoit l'énergie électrique :

$$\mathcal{E}_{\text{élec. reçue}} = \mathcal{P}_{\text{élec. reçue}} \times \Delta t = 0{,}4 \times 600 \Rightarrow \mathcal{E}_{\text{élec. reçue}} = 240 \text{ J}$$

3 L'expression de la tension $U_{AB} = 3{,}5 + 5{,}0 \times I$ révèle la valeur de la force électromotrice E de l'électrolyseur et celle de sa résistance interne r :

$$U_{AB} = E + rI \text{ avec } E = 3{,}5 \text{ V et } r = 5{,}0\ \Omega$$

Donc, ce dipôle reçoit une puissance électrique :

$$\mathcal{P}_{\text{élec. reçue}} = U_{AB} \times I = EI + rI^2$$

c'est-à-dire une énergie électrique, pendant Δt :

$$\mathcal{E}_{\text{élec. reçue}} = \mathcal{P}_{\text{élec. reçue}} \times \Delta t = EI\,\Delta t + rI^2\,\Delta t$$

$$\Rightarrow \mathcal{E}_{\text{élec. reçue}} = \mathcal{E}_{\text{chimique}} + \mathcal{E}_{\text{Joule}}$$

Cette relation montre que l'énergie électrique reçue par l'électrolyseur s'est transformée :

- en énergie chimique (l'électrolyse est une réaction chimique) :

$$\mathcal{E}_{\text{chimique}} = EI\,\Delta t = 3{,}5 \times 0{,}1 \times 600 = 210 \text{ J}$$

- et en énergie thermique (c'est l'effet Joule) :

$$\mathcal{E}_{\text{Joule}} = rI^2\,\Delta t = 5 \times (0{,}1)^2 \times 600 = 30 \text{ J}$$

5 Conversion d'énergie électrique

Lycée Colbert, Lorient

Enoncé *p. 345*

1 En l'absence de résistance interne, la tension aux bornes de la batterie vaut :

$$U_{PN} = E = 12 \text{ V}$$

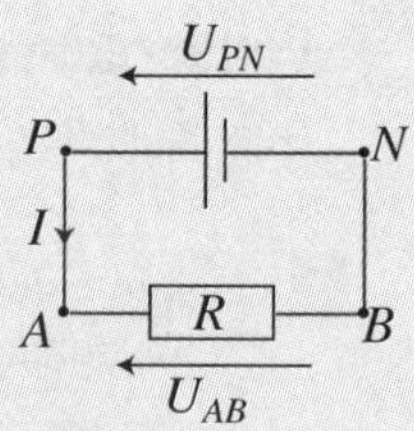

quelle que soit la valeur de l'intensité I du courant qui circule dans le circuit.
Quant à la loi d'Ohm, elle indique que la résistance est soumise à une tension $U_{AB} = RI$ et qu'elle dissipe, par effet Joule, une puissance $\mathcal{P}_{\text{Joule}} = \dfrac{U_{AB}^2}{R}$, avec :

$$U_{AB} = U_{PN} = E \Rightarrow \mathcal{P}_{\text{Joule}} = \frac{E^2}{R}$$

Donc, pendant une durée Δt, la résistance dissipe, par effet Joule, une énergie :

$$\mathcal{E} = \mathcal{P}_{\text{Joule}} \times \Delta t = \frac{E^2}{R} \times \Delta t \qquad (62)$$

Cette relation montre que $\mathcal{E}$ est maximale lorsque R est le plus petit possible, c'est-à-dire pour :

$$R = R_3 = 2\ \Omega$$

Enfin, puisque la puissance $\mathcal{P}_{\text{élec}}$, libérée par le générateur dans le circuit, se répartit entre tous les dipôles du circuit (ici la résistance), il s'ensuit que :

$$\mathcal{P}_{\text{élec}} = \mathcal{P}_{\text{Joule}} \Rightarrow \mathcal{P}_{\text{élec}} = \frac{E^2}{R} \qquad (63)$$

Avec $R = 2\ \Omega$, on trouve ainsi :

$$\mathcal{P}_{\text{élec}} = \frac{(12)^2}{2} \Rightarrow \mathcal{P}_{\text{élec}} = 72\ \text{W}$$

2 La relation (62) montre aussi que l'énergie dissipée par effet Joule est minimale lorsque R prend la plus grande valeur possible, c'est-à-dire lorsque :

$$R = R_1 = 4\ \Omega$$

La puissance disponible aux bornes du générateur est alors donnée par l'identité (63) :

$$\mathcal{P}_{\text{élec}} = \frac{E^2}{R_1} = \frac{(12)^2}{4} \Rightarrow \mathcal{P}_{\text{élec}} = 36\ \text{W}$$

6 Conversion d'énergie

Enoncé p. 345

Lycée Lumière, Luxeuil

1 Le gaz fournit, par combustion, une énergie au moteur, de puissance $\mathcal{P}_{\text{fournie}}$. Le moteur, quant à lui, transforme cette énergie :

- d'une part en énergie mécanique (de puissance $\mathcal{P}_{\text{méca}}$) fournie à la voiture pour son déplacement ;
- d'autre part en perte (sous forme de frottements, chaleur,. . .), de puissance $\mathcal{P}_{\text{perdue}}$.

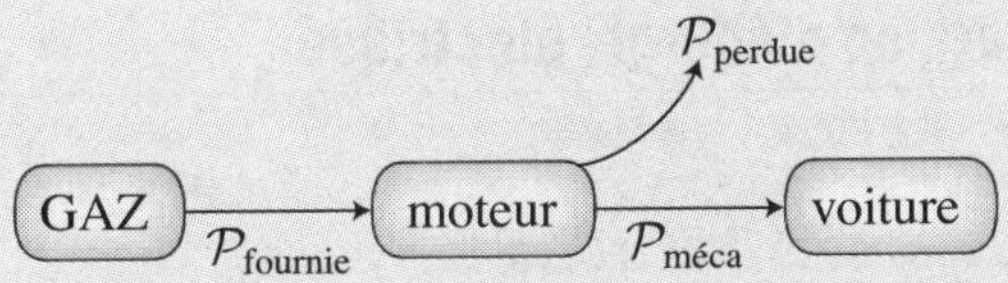

2 **(a)** Pendant $\Delta t = 1$ s, l'énergie perdue par le moteur vaut :

$$\mathcal{E}_{\text{perdue}} = 4{,}6\ \text{MJ} = 4{,}6.10^6\ \text{J} \Rightarrow \mathcal{P}_{\text{perdue}} = \frac{\mathcal{E}_{\text{perdue}}}{\Delta t} = 4{,}6.10^6\ \text{W}$$

tandis que la combustion du gaz fournit au moteur l'énergie :

$$\mathcal{E}_{\text{fournie}} = 7{,}9\ \text{MJ} = 7{,}9.10^6\ \text{J} \Rightarrow \mathcal{P}_{\text{fournie}} = \frac{\mathcal{E}_{\text{fournie}}}{\Delta t} = 7{,}9.10^6\ \text{W}$$

La loi de conservation de l'énergie impose alors :

$$\mathcal{P}_{\text{fournie}} = \mathcal{P}_{\text{méca}} + \mathcal{P}_{\text{perdue}} \Rightarrow \mathcal{P}_{\text{méca}} = \mathcal{P}_{\text{fournie}} - \mathcal{P}_{\text{perdue}}$$
$$\Rightarrow \mathcal{P}_{\text{méca}} = 7{,}9.10^6 - 4{,}6.10^6 = 3{,}3.10^6 \text{ W}$$

(b) Le moteur est conçu pour transformer le *maximum* d'énergie reçue (de puissance $\mathcal{P}_{\text{fournie}}$) en énergie mécanique (de puissance $\mathcal{P}_{\text{méca}}$). C'est pourquoi son rendement est défini par :

$$\eta = \frac{\mathcal{P}_{\text{méca}}}{\mathcal{P}_{\text{fournie}}} = \frac{3{,}3.10^6}{7{,}9.10^6} \Rightarrow \eta \simeq 0{,}42 = 42\%$$

7 Conversion d'énergie

Enoncé p. 345

Lycée Saint-Esprit, Beauvais

1 Pour que sa température passe de θ_1 à θ_2, la masse m_e d'eau reçoit l'énergie thermique :

$$Q_1 = m_e c_e (\theta_2 - \theta_1) = 20 \times 4\,185 \times (70 - 10)$$
$$\Rightarrow Q_1 \simeq 5{,}0.10^6 \text{ J}$$

2 L'unité du pouvoir calorifique du méthane ($\text{J} \cdot \text{m}^{-3}$) montre que cette grandeur représente le rapport de la quantité de chaleur Q_2, libérée au cours de la combustion, par le volume V_{gaz} (en m^3) de gaz brûlé :

$$p = \frac{Q_2}{V_{\text{gaz}}} \Rightarrow Q_2 = p \times V_{\text{gaz}} = 2{,}5.10^7 \times 0{,}268$$
$$\Rightarrow Q_2 \simeq 6{,}7.10^6 \text{ J}$$

3 Le chauffe-eau est construit pour transférer l'énergie thermique Q_2 libérée par la combustion du méthane à l'eau, qui reçoit en fait la chaleur Q_1. Son rendement vaut alors :

$$\eta = \frac{Q_1}{Q_2} = \frac{5{,}0.10^6}{6{,}7.10^6} \Rightarrow \eta \simeq 0{,}75 = 75\%$$

8 Conversion d'énergie électrique

Enoncé p. 346

Lycée Branly, Nogent-sur-Marne

1 Pendant $\Delta t = 1 \text{ h} = 3\,600 \text{ s}$, le moteur reçoit une énergie électrique :

$$\mathcal{E}_{\text{élec}}^{(\text{reçue})} = \mathcal{P}_{\text{élec}}^{(\text{reçue})} \times \Delta t = 1\,500 \times 3\,600$$
$$= 5{,}40.10^6 \text{ J}$$

qu'il convertit :

- sous forme mécanique, d'énergie :

$$\mathcal{E}_{\text{méca}} = 4{,}32.10^6 \text{ J}$$

- en énergie thermique, dans les conducteurs ohmiques (effet Joule) :

$$\mathcal{E}_{\text{Joule}} = Q = 7{,}20.10^5 \text{ J}$$

- en pertes par frottements, rayonnement,..., dont la valeur $\mathcal{E}_{\text{autres pertes}}$ vérifie :

$$\mathcal{E}_{\text{élec}}^{(\text{reçue})} = \mathcal{E}_{\text{méca}} + \mathcal{E}_{\text{Joule}} + \mathcal{E}_{\text{autres pertes}}$$

c'est-à-dire :

$$\begin{aligned} \mathcal{E}_{\text{autres pertes}} &= \mathcal{E}_{\text{élec}}^{(\text{reçue})} - \mathcal{E}_{\text{méca}} - \mathcal{E}_{\text{Joule}} \\ &= 5{,}40.10^6 - 4{,}32.10^6 - 7{,}2.10^5 \\ &\Rightarrow \mathcal{E}_{\text{autres pertes}} = 3{,}6.10^5 \text{ J} \end{aligned}$$

2 Le moteur a été conçu pour convertir l'énergie électrique qu'il reçoit, sous forme mécanique. C'est pourquoi son rendement est défini par :

$$\eta = \frac{\mathcal{E}_{\text{méca}}}{\mathcal{E}_{\text{élec}}^{(\text{reçue})}} = \frac{4{,}32.10^6}{5{,}40.10^6} \Rightarrow \eta \simeq 0{,}80 = 80\%$$

9 Conversion d'énergie électrique

Enoncé p. 346

Lycée Jeanne d'Albret, Saint-Germain-en-Laye

1 Un conducteur de résistance R, alimenté sous une tension U, dissipe par effet Joule une puissance :

$$\mathcal{P} = \frac{U^2}{R} \Rightarrow R = \frac{U^2}{\mathcal{P}} = \frac{(220)^2}{1\,000} \Rightarrow R \simeq 48 \ \Omega$$

2 **(a)** Pendant la durée :

$$\Delta t = 3 \text{ min} = 3 \times 60 = 180 \text{ s}$$

la plaque libère, par effet Joule, une énergie thermique :

$$Q_J = \mathcal{P} \times \Delta t = 1\,000 \times 180 = 1{,}8.10^5 \text{ J}$$

(b) Le volume $V = 0{,}5$ L contient une masse m d'eau, qui définit sa masse volumique :

$$\mu = \frac{m}{V} \Rightarrow m = \mu \times V = 1 \times 0{,}5 = 0{,}5 \text{ kg}$$

Donc, pour que la température θ de cette quantité d'eau s'élève de $\Delta\theta$, il faut qu'elle reçoive une énergie thermique :

$$Q_{\text{reçue}} = mc\,\Delta\theta$$

Cependant, pendant les 3 minutes de chauffage, l'eau ne reçoit que

60% de l'énergie libérée par effet Joule :

$$Q_{\text{reçue}} = 60\%\,Q_J = \frac{60}{100} \times Q_J = 0{,}6\,Q_J$$

$$\Rightarrow \quad mc\,\Delta\theta = 0{,}6\,Q_J \Rightarrow \Delta\theta = \frac{0{,}6 \times Q_J}{mc}$$

$$\Rightarrow \quad \Delta\theta = \frac{0{,}6 \times 1{,}8.10^5}{0{,}5 \times 4{,}18.10^3} \simeq 51{,}7\text{°C}$$

(c) La température initiale de l'eau étant $\theta_i = 20$°C, son augmentation $\Delta\theta$ l'élève à la valeur :

$$\theta_f = \theta_i + \Delta\theta \simeq 20 + 51{,}7 \Rightarrow \theta_f \simeq 71{,}7\text{°C}$$

Or, l'ébullition de l'eau s'observe à 100°C. Donc, à l'issue des 3 minutes de chauffage, l'ébullition de l'eau ne se produit pas.

10 Conversion d'énergie électrique

Enoncé *p. 346*

Lycée Jacques Monod, Clamart

1 Le moteur, alimenté par une tension $U_{AB} = 220$ V et par un courant d'intensité I, est caractérisé par sa force contre-électromotrice E et par sa résistance interne $r = 20\ \Omega$.
La puissance électrique qu'il reçoit : $\mathcal{P}_{\text{élec}}^{(\text{reçue})} = U_{AB} \times I$ est transformée en puissance mécanique : $\mathcal{P}_{\text{méca}} = E \times I$ et en puissance thermique (effet Joule) : $\mathcal{P}_J = rI^2$; ce bilan se traduit par la relation :

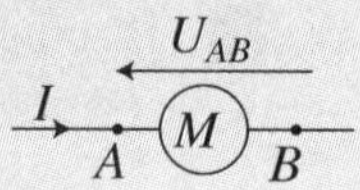

$$\mathcal{P}_{\text{élec}}^{(\text{reçue})} = \mathcal{P}_{\text{méca}} + \mathcal{P}_J \tag{64}$$

2 Lorsque le moteur est calé, il ne peut plus fournir d'énergie mécanique ; la relation précédente devient :

$$\mathcal{P}_{\text{élec}}^{(\text{reçue})} = \mathcal{P}_J \quad \Rightarrow \quad U_{AB} \times I = rI^2 \Rightarrow U_{AB} = rI$$

$$\Rightarrow \quad I = \frac{U_{AB}}{r} = \frac{220}{20} = 11\text{ A}$$

Pendant $\Delta t = 1$ min $= 60$ s, le moteur dégage alors, sous forme exclusivement thermique, l'énergie :

$$\mathcal{E}_J = \mathcal{P}_J \times \Delta t = rI^2 \times \Delta t = 20 \times (11)^2 \times 60$$

$$\Rightarrow \quad \mathcal{E}_J = 1{,}452.10^5\text{ J} = 145{,}2\text{ kJ}$$

3 **(a)** La puissance thermique dissipée par effet Joule : $\mathcal{P}_J = rI^2$ donne l'énergie thermique $\mathcal{E}_J = 7\,500$ J pendant $\Delta t = 1$ min $= 60$ s :

$$\mathcal{E}_J = \mathcal{P}_J \times \Delta t = rI^2\,\Delta t \Rightarrow I = \sqrt{\frac{\mathcal{E}_J}{r\,\Delta t}} = \sqrt{\frac{7\,500}{20 \times 60}} = 2{,}5\text{ A}$$

(b) La puissance électrique reçue par le moteur : $\mathcal{P}_{\text{élec}}^{(\text{reçue})} = U_{AB} \times I$ donne l'énergie qu'il reçoit pendant la durée Δt :

$$\mathcal{E}_{\text{élec}}^{(\text{reçue})} = \mathcal{P}_{\text{élec}}^{(\text{reçue})} \times \Delta t = U_{AB} \times I \times \Delta t = 220 \times 2{,}5 \times 60$$
$$\Rightarrow \mathcal{E}_{\text{élec}}^{(\text{reçue})} = 3{,}3.10^4 \text{ J}$$

Or, cette énergie se répartit sous forme mécanique ($\mathcal{E}_{\text{méca}}$) et sous forme thermique (effet Joule : $\mathcal{E}_J$), en conséquence de quoi :

$$\mathcal{E}_{\text{élec}}^{(\text{reçue})} = \mathcal{E}_{\text{méca}} + \mathcal{E}_J \Rightarrow \mathcal{E}_{\text{méca}} = \mathcal{E}_{\text{élec}}^{(\text{reçue})} - \mathcal{E}_J$$

En conclusion, de l'énergie $\mathcal{E}_{\text{élec}}^{(\text{reçue})}$ que reçoit le moteur, seule $\mathcal{E}_{\text{méca}}$ est transformée sous forme mécanique. C'est pourquoi le rendement du moteur vaut :

$$\eta = \frac{\mathcal{E}_{\text{méca}}}{\mathcal{E}_{\text{élec}}^{(\text{reçue})}} = \frac{\mathcal{E}_{\text{élec}}^{(\text{reçue})} - \mathcal{E}_J}{\mathcal{E}_{\text{élec}}^{(\text{reçue})}} = 1 - \frac{\mathcal{E}_J}{\mathcal{E}_{\text{élec}}^{(\text{reçue})}}$$
$$= 1 - \frac{7\,500}{3{,}3.10^4} \Rightarrow \eta \simeq 0{,}77 = 77\%$$

11 Conversion d'énergie électrique

Enoncé p. 347

Lycée Saint-Exupéry, Mantes-la-Jolie

1 **(a)** Deux dipôles associés en parallèle présentent les mêmes tensions entre leurs bornes :

$$U_{AB} = U_{CD} \qquad (65)$$

(b) Les puissances P_1 et P dissipées par effet Joule à travers $\mathcal{C}_1$ et $\mathcal{C}$ valent :

$$P_1 = \frac{U_{AB}^2}{R_1} \text{ et } P = \frac{U_{CD}^2}{R}$$

(c) Des deux relations précédentes, il ressort que :

$$U_{AB}^2 = R_1 P_1 \text{ et } U_{CD}^2 = RP$$

c'est-à-dire, en tenant compte de l'identité (65) :

$$R_1 P_1 = RP \Rightarrow P_1 = \frac{R}{R_1} \times P \qquad (66)$$

2 **(a)** La puissance $P_{\text{élec}}$ fournie par le générateur au circuit se répartit entre les dipôles du circuit, ce qui se traduit par :

$$P_{\text{élec}} = P + P_1$$

(b) Compte tenu du résultat (66), l'équation précédente s'écrit :

$$P_{\text{élec}} = P + \frac{R}{R_1} P = P \times \frac{R + R_1}{R_1} \Rightarrow P = \frac{R_1}{R + R_1} P_{\text{élec}}$$

COURS EXERCICES CORRIGÉS

Le rendement η de ce montage, dans lequel le générateur fournit une puissance électrique $P_{\text{élec}}$ pour alimenter le conducteur $\mathcal{C}$ (qui dissipe une puissance P), vaut alors :

$$\eta = \frac{P}{P_{\text{élec}}} = \frac{R_1}{R + R_1} = \frac{750}{750 + 250} = 0{,}75 = 75\%$$

12 Combustion d'un alcane

Enoncé p. 348

Lycée Marceau, Chartres

1 La combustion de l'octane (C_8H_{18}) consiste en sa réaction avec le dioxygène O_2, pour produire du dioxyde de carbone et de l'eau :

$$C_8H_{18} + O_2 = CO_2 + H_2O$$

Cette équation doit être équilibrée à l'égard du carbone et de l'hydrogène, en agissant directement sur le membre de droite :

$$C_8H_{18} + O_2 = 8\,CO_2 + 9\,H_2O$$

Le membre de droite de cette équation contient alors $8 \times 2 + 9 = 25$ atomes d'oxygène qui doivent se retrouver sous forme de molécules O_2 dans le membre de gauche :

$$C_8H_{18} + \frac{25}{2}\,O_2 = 8\,CO_2 + 9\,H_2O$$

2 La masse molaire de l'octane valant :

$$M = 8\,M_C + 18\,M_H = 8 \times 12 + 18 \times 1 = 114\ \text{g} \cdot \text{mol}^{-1}$$

une masse $m = 1{,}50$ g contient une quantité de matière :

$$n = \frac{m}{M} = \frac{1{,}5}{114} \simeq 1{,}32.10^{-2}\ \text{mol}$$

L'évolution de la combustion de cette quantité d'octane en présence de n_0 mol de dioxygène peut être décrite à l'aide du tableau d'avancement suivant :

	$C_8H_{18}+$	$\frac{25}{2}\,O_2$	$=8\,CO_2+$	$9\,H_2O$
$x = 0$	n	n_0	0	0
$x \neq 0$	$n - x$	$n_0 - 12{,}5\,x$	$8x$	$9x$

Les réactifs sont introduits dans les proportions stœchiométriques s'ils disparaissent simultanément du milieu réactionnel, c'est-à-dire si l'avancement prend, en fin de réaction, une valeur x_f telle que :

$$n_{C_8H_{18}} = n - x_f = 0 \Rightarrow x_f = n \simeq 1{,}32.10^{-2}\ \text{mol}$$

et :

$$n_{O_2} = n_0 - 12{,}5\,x_f = 0 \quad \Rightarrow \quad n_0 = 12{,}5 \times x_f \simeq 12{,}5 \times 1{,}32.10^{-2}$$
$$\Rightarrow \quad n_0 \simeq 0{,}165\ \text{mol de}\ O_2$$

Il a donc fallu introduire, dans le calorimètre, un volume de dioxygène :

$$V_{O_2} = n_0 \times V_m = 0,165 \times 24 \Rightarrow V_{O_2} \simeq 3,96 \text{ L de } O_2$$

3 L'ensemble {calorimètre + accessoire + eau}, de capacité thermique C, voit sa température varier de $\Delta\theta$ après avoir reçu une chaleur :

$$Q = C \times \Delta\theta = 26,5.10^3 \times 2,73 \simeq 72,35.10^3 \text{ J}$$

4 **(a)** La quantité $n = 1,32.10^{-2}$ mol d'octane a libéré la quantité d'énergie E_{lib} qui a permis à la température de l'ensemble de s'élever de $\Delta\theta$. Par conséquent, en l'absence de pertes thermiques, l'énergie E_{lib} a été intégralement récupérée par l'ensemble :

$$E_{\text{lib}} = Q = 72,35.10^3 \text{ J}$$

La chaleur de combustion Q_r de l'octane vérifie alors :

$$E_{\text{lib}} = -n \times Q_r \Rightarrow Q_r = -\frac{E_{\text{lib}}}{n} = -\frac{72,35.10^3}{1,32.10^{-2}}$$

$$\Rightarrow Q_r \simeq -5\,481.10^3 \text{ J} \cdot \text{mol}^{-1} = -5\,481 \text{ kJ} \cdot \text{mol}^{-1}$$

(b) La masse $m = 1,5$ g $= 1,5.10^{-3}$ kg d'octane a libéré l'énergie E_{lib}, en conséquence de quoi le pouvoir calorifique de l'octane est défini par :

$$\text{P.C.} = \frac{E_{\text{lib}}}{m} = \frac{72,35.10^3}{1,5.10^{-3}}$$

$$\Rightarrow \text{P.C.} \simeq 4,8.10^7 \text{ J} \cdot \text{kg}^{-1} = 48\,230 \text{ kJ} \cdot \text{kg}^{-1}$$

13 Combustion d'un alcool

Enoncé p. 348

Lycée Edgard Quinet, Bourg-en-Bresse

1 La combustion de l'éthanol (CH_3–CH_2–OH ou : C_2H_5OH) consiste en sa réaction avec le dioxygène ; elle produit du dioxyde de carbone et de l'eau :

$$C_2H_5OH + O_2 = CO_2 + H_2O$$

Cette équation doit être équilibrée à l'égard des éléments carbone et hydrogène, en agissant directement sur le membre de droite :

$$\underbrace{C_2H_5OH + O_2}_{\substack{\text{2 atomes C} \\ \text{5 + 1 atomes H}}} = \underbrace{2\,CO_2 + 3\,H_2O}_{\substack{\text{2 atomes C} \\ 3 \times 2 \text{ atomes H}}}$$

Ce membre contient alors $2 \times 2 + 3 = 7$ atomes d'oxygène que l'on doit retrouver dans le membre de gauche ; un atome d'oxygène se trouvant déjà dans la molécule C_2H_5OH, les 6 autres se présentent sous forme de molécules O_2 :

$$C_2H_5OH_{(\text{liq})} + 3\,O_{2(\text{gaz})} = 2\,CO_{2(\text{gaz})} + 3\,H_2O_{(\text{liq})} \qquad (67)$$

2 Soit Q_{comb} la chaleur de combustion de l'éthanol gazeux, qui correspond à la chaleur de la réaction ci-dessous et qui produit de l'eau à l'état gazeux :

$$C_2H_5OH_{(\text{gaz})} + 3\,O_{2\,(\text{gaz})} \rightarrow 2\,CO_{2\,(\text{gaz})} + 3\,H_2O_{(\text{gaz})} \qquad (68)$$

Cette chaleur de réaction s'obtient en recensant :

- les liaisons covalentes rompues au cours du processus (68) :

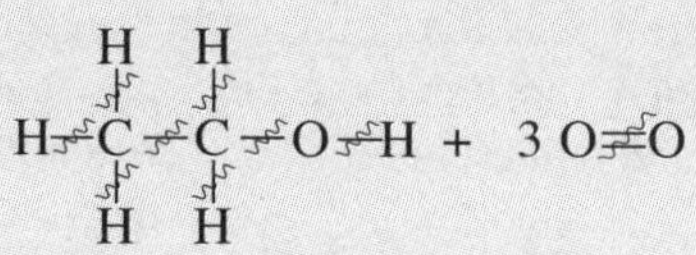

1 liaison C−O
5 liaisons C−H
1 liaison O−H
3 liaisons O=O
1 liaison C−C

- les liaisons covalentes formées au cours de ce même processus :

$$2\,O{=}C{=}O \;+\; 3\,H{-}O{-}H$$

2×2 liaisons C=O
3×2 liaisons O−H

Ainsi, la chaleur de combustion Q_{comb} vérifie :

$$\begin{aligned} Q_{\text{comb}} &= \sum E_{\text{énergies rompues}} - \sum E_{\text{énergies formées}} \\ &= (5\,E_{\text{C–H}} + E_{\text{C–O}} + E_{\text{O–H}} + 3\,E_{\text{O=O}} + E_{\text{C–C}}) - (4\,E_{\text{C=O}} + 6\,E_{\text{O–H}}) \\ &= (5 \times 410 + 356 + 460 + 3 \times 494 + 348) - (4 \times 795 + 6 \times 460) \\ &= -1\,244\ \text{kJ} \cdot \text{mol}^{-1} \end{aligned}$$

Considérons maintenant la vaporisation de l'éthanol et de l'eau comme des transformations dont les chaleurs de réaction s'identifient aux chaleurs latentes molaires :

$$C_2H_5OH_{(\text{liq})} \xrightarrow{L_{va}} C_2H_5OH_{(\text{gaz})} \text{ et } H_2O_{(\text{liq})} \xrightarrow{L_{ve}} H_2O_{(\text{gaz})}$$

Ainsi, la chaleur molaire de liquéfaction de l'eau (transformation inverse de sa vaporisation) vaut $Q_{\text{liq}} = -L_{ve}$:

$$H_2O_{(\text{gaz})} \xrightarrow{-L_{ve}} H_2O_{(\text{liq})}$$

Réalisons maintenant un cycle de transformations dans lequel apparaissent les deux équations de combustion (67) et (68) :

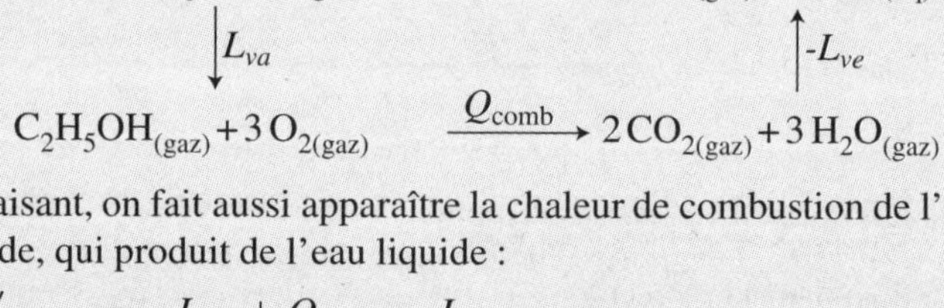

Ce faisant, on fait aussi apparaître la chaleur de combustion de l'éthanol liquide, qui produit de l'eau liquide :

$$\begin{aligned} Q'_{\text{comb}} &= L_{va} + Q_{\text{comb}} - L_{ve} \\ &= 42{,}6 - 1\,244 - 41 \Rightarrow Q'_{\text{comb}} = -1\,242{,}4\ \text{kJ} \cdot \text{mol}^{-1} \end{aligned}$$

14 Réactions d'oxydo-réduction

Enoncé p. 349

Lycée Janson de Sailly, Paris

1 Dans une demi-équation correspondant au couple oxydant/réducteur Ox/Red, les électrons sont toujours situés du même côté de l'équation que l'oxydant :

$$Ox + n\,e^- = Red$$

C'est pourquoi on peut déduire que :

(a) $S_2O_8^{2-}/SO_4^{2-}$ est le couple associé à la demi-équation :

$$S_2O_8^{2-} + 2\,e^- = 2\,SO_4^{2-}$$

(b) I_2/I^- est le couple associé à la demi-équation : $2\,I^- = I_2 + 2\,e^-$.

(c) la demi-équation : $SO_4^{2-} + H^+ = HSO_4^-$ ne décrit pas un échange d'oxydo-réduction ; on ne peut pas lui associer de couple redox.

2 **(a)** La demi-équation relative au couple Fe^{3+}/Fe^{2+} est spontanément équilibrée dès que l'on place l'oxydant (Fe^{3+}) et l'électron (e^-) dans le même membre de l'équation :

$$(\mathcal{R}_1) \qquad Fe^{3+} + e^- = Fe^{2+}$$

(b) La demi-équation correspondant au couple Cl_2/Cl^- doit :

- être équilibrée à l'égard de l'élément chlore : $Cl_2 = 2\,Cl^-$;
- assurer la conservation de la charge (à l'aide de e^-) :

$$Cl_2 + 2\,e^- = 2\,Cl^- \qquad (69)$$

3 **(a)** Le couple I_2/I^- étant semblable au couple Cl_2/Cl^-, sa demi-équation ressemble aussi à l'équation (69) :

$$(\mathcal{R}_2) \qquad I_2 + 2\,e^- = 2\,I^-$$

(b) L'équation décrivant l'action des ions Fe^{3+} sur les ions I^- s'obtient facilement en combinant les demi-équations ($\mathcal{R}_1$) et ($\mathcal{R}_2$) de manière qu'il y ait autant d'électrons de part et d'autre de l'équation (ici 2 électrons) :

$$\begin{array}{lr} 2\,(\mathcal{R}_1) & 2\,Fe^{3+} + 2\,e^- = 2\,Fe^{2+} \\ -(\mathcal{R}_2) & 2\,I^- = I_2 + 2\,e^- \\ \hline & 2\,Fe^{3+} + 2\,I^- = 2\,Fe^{2+} + I_2 \end{array}$$

15 Réactions d'oxydo-réduction

Enoncé p. 349

Lycée Janson de Sailly, Paris

1 Pour écrire la demi-équation relative au couple $Cr_2O_7^{2-}/Cr^{3+}$, il convient :

COURS EXERCICES CORRIGÉS

- d'équilibrer l'équation à l'égard de l'élément chrome (Cr) :

$$Cr_2O_7^{2-} = 2\,Cr^{3+}$$

- d'introduire H_2O afin d'équilibrer l'élément oxygène :

$$\underbrace{Cr_2O_7^{2-}}_{\text{7 atomes O}} = \underbrace{2\,Cr^{3+} + 7\,H_2O}_{\text{7 atomes O}}$$

- d'introduire les ions H^+ afin d'équilibrer l'élément hydrogène :

$$\underbrace{Cr_2O_7^{2-} + 14\,H^+}_{\text{14 atomes H}} = \underbrace{2\,Cr^{3+} + 7\,H_2O}_{\text{14 atomes H}}$$

d'équilibrer enfin les charges :

$$(\mathcal{R}_1) \qquad \underbrace{Cr_2O_7^{2-} + 14\,H^+ + 6\,e^-}_{\text{6 charges +}} = \underbrace{2\,Cr^{3+} + 7\,H_2O}_{\text{6 charges +}}$$

De même, la demi-équation relative au couple Cl_2/Cl^- doit être équilibrée :

- d'abord à l'égard de l'élément chlore (Cl) :

$$Cl_2 = 2\,Cl^-$$

- puis à l'égard des charges :

$$(\mathcal{R}_2) \qquad Cl_2 + 2\,e^- = 2\,Cl^-$$

La combinaison des demi-équations $(\mathcal{R}_1)$ et $(\mathcal{R}_2)$ doit aboutir à une équation-bilan, qui présente autant d'électrons dans ses deux membres (ici $6\,e^-$) et qui rend compte de l'action des ions dichromate ($Cr_2O_7^{2-}$) sur les ions chlorure :

$$\begin{array}{lr} (\mathcal{R}_1) & Cr_2O_7^{2-} + 14\,H^+ + 6\,e^- = 2\,Cr^{3+} + 7\,H_2O \\ -3\,(\mathcal{R}_2) & 6\,Cl^- = 3\,Cl_2 + 6\,e^- \\ \hline & Cr_2O_7^{2-} + 6\,Cl^- + 14\,H^+ = 2\,Cr^{3+} + 3\,Cl_2 + 7\,H_2O \end{array}$$

2 L'élément iode (I) intervient dans les structures I^-/IO_3^-, liées par une demi-équation qui doit être équilibrée :

- à l'égard de l'élément oxygène, en ajoutant H_2O :

$$\underbrace{I^- + 3\,H_2O}_{\text{3 atomes O}} = \underbrace{IO_3^-}_{\text{3 atomes O}}$$

- à l'égard de l'hydrogène, en ajoutant H^+ :

$$\underbrace{I^- + 3\,H_2O}_{\text{6 atomes H}} = \underbrace{IO_3^- + 6\,H^+}_{\text{6 atomes H}}$$

- à l'égard des charges, en ajoutant $6\,e^-$ dans le membre de droite :

$$\underbrace{I^- + 3\,H_2O}_{\text{1 charge −}} = \underbrace{IO_3^- + 6\,H^+ + 6\,e^-}_{\text{1 charge −}}$$

Cependant, cette demi-équation présente des ions H^+ caractéristiques des milieux acides. En milieu basique, il convient alors d'ajouter 6 HO^- dans les deux membres de cette équation :

$$I^- + 3\,H_2O + 6\,HO^- = IO_3^- + \underbrace{6\,H^+ + 6\,HO^-}_{6\,H_2O} + 6\,e^-$$

En regroupant $6\,H^+ + 6\,HO^-$ en $6\,H_2O$, puis en simplifiant par $3\,H_2O$, on obtient finalement la demi-équation associée au groupe IO_3^-/I^- en milieu basique :

$$(\mathcal{E}_1) \qquad I^- + 6\,HO^- = IO_3^- + 3\,H_2O + 6\,e^-$$

Quant à la demi-équation associée au couple MnO_4^-/MnO_4^{2-}, elle est immédiatement équilibrée en assurant la conservation des charges :

$$(\mathcal{E}_2) \qquad MnO_4^- + e^- = MnO_4^{2-}$$

La combinaison des deux demi-équations précédentes, réalisée de manière à faire apparaître autant d'électrons (ici $6\,e^-$) de part et d'autre de l'équation :

$$\begin{array}{ll} (\mathcal{E}_1) & I^- + 6\,HO^- = IO_3^- + 3\,H_2O + 6\,e^- \\ 6\,(\mathcal{E}_2) & 6\,MnO_4^- + 6\,e^- = 6\,MnO_4^{2-} \\ \hline & I^- + 6\,HO^- + 6\,MnO_4^- + 6\,e^- = IO_3^- + 3\,H_2O + 6\,MnO_4^{2-} + 6\,e^- \end{array}$$

conduit à l'équation-bilan de la réaction, après simplification par $6\,e^-$:

$$I^- + 6\,HO^- + 6\,MnO_4^- = IO_3^- + 3\,H_2O + 6\,MnO_4^{2-}$$

16 Réactions d'oxydo-réduction

Enoncé p. 349

Lycée Jeanne d'Albret, Saint-Germain-en-Laye

1 **(a)** D'après l'énoncé, les réactifs sont :

- l'aluminium métallique, Al, introduit en quantité n_1 telle que :

$$n_1 = \frac{m_1}{M_{Al}} = \frac{0{,}27}{27} = 0{,}01 \text{ mol}$$

- les ions $H^+_{(aq)}$ (les seuls qui peuvent produire le dihydrogène), introduits en quantité :

$$n_2 = c_2 V_2 = 1 \times 24.10^{-3} = 0{,}024 \text{ mol}$$

Quant aux produits, d'après l'énoncé, il s'agit de $Al^{3+}_{(aq)}$ et de $H_{2\,(gaz)}$.

(b) Compte tenu de ce qui précède, les couples oxydant/réducteur mis en jeu sont :

$$Al^{3+}_{(aq)}/Al_{(sol)} \text{ et } H^+_{(aq)}/H_{2\,(gaz)}$$

(c) Les demi-équations correspondant à ces couples s'équilibrent immédiatement :

$$(\mathcal{E}_1) \qquad Al^{3+}_{(aq)} + 3\,e^- = Al_{(sol)}$$

$$(\mathcal{E}_2) \qquad 2\,H^+_{(aq)} + 2\,e^- = H_{2(aq)}$$

(d) Pour faire apparaître les réactifs ($Al_{(sol)}$ et $H^+_{(aq)}$) du même côté gauche de l'équation-bilan de la réaction, il convient d'abord d'inverser la demi-équation ($\mathcal{E}_1$) :

$$(-\mathcal{E}_1) \qquad Al_{(sol)} = Al^{3+}_{(aq)} + 3\,e^-$$

$$(\mathcal{E}_2) \qquad 2\,H^+_{(aq)} + 2\,e^- = H_{2(aq)}$$

Enfin, en multipliant respectivement par 2 et par 3 ces demi-équations, on fait apparaître le même nombre d'électrons (ici 6) de part et d'autre de l'équation-bilan :

$$2 \times (-\mathcal{E}_1) \qquad 2\,Al_{(sol)} = 2\,Al^{3+}_{(aq)} + 6\,e^-$$

$$3 \times (\mathcal{E}_2) \qquad 6\,H^+_{(aq)} + 6\,e^- = 3\,H_{2(gaz)}$$

$$2\,Al_{(sol)} + 6\,H^+_{(aq)} = 2\,Al^{3+}_{(aq)} + 3\,H_{2(gaz)}$$

2 La connaissance de la composition initiale du milieu réactionnel (établie à la première question) permet de suivre l'évolution de la réaction dans un tableau d'avancement :

	$2\,Al_{(sol)}$ +	$6\,H^+_{(aq)}$	$=2\,Al^{3+}_{(aq)}$	$+3\,H_{2(aq)}$
$x = 0$	0,010	0,024	0	0
$x \neq 0$	$0{,}010 - 2x$	$0{,}024 - 6x$	$2x$	$3x$

Si la réaction est totale, elle se poursuit jusqu'à disparition d'un des réactifs, ce qui signifie que :

- l'avancement x prend une valeur finale x_f telle que :

$$n_{Al} = 0 \Rightarrow 0{,}010 - 2x_f = 0 \Rightarrow 2x_f = 0{,}010 \Rightarrow x_f = 0{,}005 \text{ mol}$$

- ou l'avancement x prend une valeur finale x'_f telle que :

$$n_{H^+} = 0 \quad \Rightarrow \quad 0{,}024 - 6\,x'_f = 0 \Rightarrow 6\,x'_f = 0{,}024$$

$$\Rightarrow \quad x'_f = \frac{0{,}024}{6} = 0{,}004 \text{ mol}$$

Puisque $x'_f < x_f$, ce sont les ions $H^+_{(aq)}$ qui limitent la réaction (la valeur finale de l'avancement, x'_f, assure leur disparition du milieu réactionnel). Finalement, le tableau d'avancement donne la composition finale du milieu réactionnel :

	$2\,Al_{(sol)}$ + $6\,H^+_{(aq)}$ = $2\,Al^{3+}_{(aq)}$ + $3\,H_{2\,(aq)}$			
$x \neq 0$	$0{,}010 - 2x$	$0{,}024 - 6x$	$2x$	$3x$
$x_f = 0{,}004$	0,002	0	0,008	0,012

17 Réactions d'oxydation

Enoncé p. 350

Lycée Jacques Monod, Clamart

1 La première expérience montre qu'en présence d'ions hydroxyde $HO^-_{(aq)}$ (apportés par la solution d'hydroxyde de sodium : $Na^+_{(aq)} + HO^-_{(aq)}$), les ions $Sn^{2+}_{(aq)}$ forment un hydroxyde insoluble, de couleur blanche :

$$Sn^{2+}_{(aq)} + 2\,HO^-_{(aq)} = \underset{\text{blanc}}{Sn(OH)_{2\,(sol)}}$$

Quant à la quatrième expérience, elle montre que ces mêmes ions hydroxyde réagissent avec les ions $Fe^{2+}_{(aq)}$ pour former un hydroxyde insoluble, de couleur verte :

$$Fe^{2+}_{(aq)} + 2\,HO^-_{(aq)} = \underset{\text{vert}}{Fe(OH)_{2\,(sol)}} \quad (70)$$

2 Dans la deuxième expérience, le dépôt noir correspond à la formation d'une pellicule métallique d'étain Sn à la surface de la lame de fer.

La troisième expérience montre que le fer métallique, en présence d'ions $Sn^{2+}_{(aq)}$, peut produire des ions $Fe^{2+}_{(aq)}$ (ce sont ces ions qui sont mis en évidence par la solution d'hydroxyde de sodium), conformément à l'équation (70). En conclusion :

- les ions $Sn^{2+}_{(aq)}$ peuvent se transformer en étain métallique :

$$Sn^{2+}_{(aq)} + 2\,e^- = Sn_{(sol)} \quad (71)$$

- le fer métallique peut se transformer en ions fer (II) :

$$Fe_{(sol)} = Fe^{2+}_{(aq)} + 2\,e^-$$

La réaction du fer métallique avec les ions étain (II) a donc pour équation-bilan :

$$Fe_{(sol)} + Sn^{2+}_{(aq)} = Fe^{2+}_{(aq)} + Sn_{(sol)}$$

3 Conformément à la demi-équation (71) :

$$Sn^{2+}_{(aq)} + 2\,e^- = Sn_{(sol)}$$

les ions $Sn^{2+}_{(aq)}$ jouent le rôle d'oxydant (ils se trouvent du même côté de l'équation que les électrons), dans le couple Sn^{2+}/Sn ; au cours de la réaction, ces ions sont alors réduits.

18 Réactions d'oxydo-réduction

Enoncé p. 350

Lycée Fermat, Toulouse

1 Afin d'écrire la demi-équation correspondant au couple $Cr_2O_7^{2-}/Cr^{3+}$, il convient :

- d'équilibrer cette équation à l'égard de l'élément chrome (Cr) :

$$\underbrace{Cr_2O_7^{2-}}_{\text{2 atomes Cr}} = \underbrace{2\,Cr^{3+}}_{\text{2 atomes Cr}}$$

- d'équilibrer l'élément oxygène, en ajoutant H_2O dans le membre de droite :

$$\underbrace{Cr_2O_7^{2-}}_{\text{7 atomes O}} = \underbrace{2\,Cr^{3+} + 7\,H_2O}_{\text{7 atomes O}}$$

- d'équilibrer l'élément hydrogène en introduisant des ions H^+ dans le membre de gauche de l'équation :

$$\underbrace{Cr_2O_7^{2-} + 14\,H^+}_{\text{14 atomes H}} = \underbrace{2\,Cr^{3+} + 7\,H_2O}_{\text{14 atomes H}}$$

Enfin, il faut également ajouter $6\,e^-$ dans le membre de gauche de cette équation en vue d'assurer la conservation des charges (6 charges positives dans les deux membres de l'équation) :

$$(\mathcal{E}_1) \qquad Cr_2O_7^{2-}{}_{(aq)} + 14\,H^+_{(aq)} + 6\,e^- = 2\,Cr^{3+}_{(aq)} + 7\,H_2O$$

2 L'oxydation des ions fer (II) en ions fer (III) est décrite par la demi-équation suivante :

$$(\mathcal{E}_2) \qquad Fe^{2+}_{(aq)} = Fe^{3+}_{(aq)} + e^-$$

L'équation-bilan de la réaction entre les ions $Cr_2O_7^{2-}$ et les ions Fe^{2+} s'obtient en réalisant la combinaison $(\mathcal{E}_1) + 6\,(\mathcal{E}_2)$ des demi-équations, qui assure la présence de $6\,e^-$ de part et d'autre de l'équation :

$$\begin{array}{llcl} (\mathcal{E}_1) & Cr_2O_7{}^{2-}_{(aq)} + 14\,H^+_{(aq)} + 6\,e^- & = & 2\,Cr^{3+}_{(aq)} + 7\,H_2O \\ 6\,(\mathcal{E}_2) & 6\,Fe^{2+}_{(aq)} & = & 6\,Fe^{3+}_{(aq)} + 6\,e^- \\ \hline \end{array}$$

$$\underset{\text{orange}}{Cr_2O_7{}^{2-}_{(aq)}} + 14\,H^+_{(aq)} + 6\,Fe^{2+}_{(aq)} = \underset{\text{vert}}{2\,Cr^{3+}_{(aq)}} + 6\,Fe^{3+}_{(aq)} + 7\,H_2O$$

3 **(a)** La coloration verte prise par la solution montre que tous les ions dichromate se sont transformés en ions $Cr^{3+}_{(aq)}$ (s'il restait des ions $Cr_2O_7{}^{2-}_{(aq)}$ dans la solution, celle-ci prendrait une couleur vert-kaki).

(b) La solution de dichromate de potassium a été obtenue par dissolution du sel :

$$K_2Cr_2O_{7\,(sol)} \rightarrow 2\,K^+_{(aq)} + Cr_2O_7{}^{2-}_{(aq)}$$

Dans un volume $V_1 = 7\ \text{mL} = 7.10^{-3}$ L de cette solution, à la concentration $c_1 = 0{,}5\ \text{mol} \cdot \text{L}^{-1}$, se trouve la quantité de matière :

$$n_1 = c_1 V_1 = 0{,}5 \times 7.10^{-3} = 3{,}5.10^{-3}\ \text{mol d'ions}\ Cr_2O_7{}^{2-}_{(aq)}$$

Quant à la solution de sulfate de fer (II), obtenue par dissolution du sel :

$$FeSO_{4(sol)} \rightarrow Fe^{2+}_{(aq)} + SO_4{}^{2-}_{(aq)}$$

elle contient des ions $Fe^{2+}_{(aq)}$ à la concentration $c_2 = 1\ \text{mol} \cdot \text{L}^{-1}$; un volume $V_2 = 50\ \text{mL} = 50.10^{-3}$ L de cette solution contient la quantité de matière :

$$n_2 = c_2 V_2 = 1 \times 50.10^{-3} = 5.10^{-2}\ \text{mol d'ions}\ Fe^{2+}$$

La réaction d'oxydo-réduction peut alors être suivie à l'aide d'un tableau d'avancement :

	$Cr_2O_7{}^{2-}_{(aq)}$	$+14\,H^+_{(aq)}$	$+\ 6\,Fe^{2+}_{(aq)}$	$=2\,Cr^{3+}_{(aq)}$	$+6\,Fe^{3+}_{(aq)}$	$+7\,H_2O$
$x = 0$	0,0035		0,05	0	0	
$x \neq 0$	$0{,}0035 - x$		$0{,}05 - 6x$	$2x$	$6x$	

(c) D'après ce tableau d'avancement, la réaction cesse :

- soit lorsque l'avancement x prend une valeur x_f qui assure la disparition des ions dichromate du milieu réactionnel :

$$n_{Cr_2O_7^{2-}} = 0{,}035 - x_f = 0 \Rightarrow x_f = 0{,}0035\ \text{mol} = 3{,}5.10^{-3}\ \text{mol}$$

- soit lorsque l'avancement x prend un valeur x'_f qui assure la disparition des ions Fe^{2+} du milieu réactionnel :

$$n_{Fe^{2+}} = 0{,}05 - 6\,x'_f = 0 \Rightarrow 6\,x'_f = 0{,}05$$

$$\Rightarrow\ x'_f = \frac{0{,}05}{6} \simeq 8{,}3.10^{-3}\ \text{mol}$$

Puisque $x_f < x'_f$, c'est le dichromate qui disparaît en premier; c'est le réactif limitant qui impose la valeur finale $x_f = 0{,}0035$ mol de l'avancement. Pour cette valeur, les quantités d'ions présents en solution sont :

	$Cr_2O_7{}^{2-}_{(aq)}$	$Fe^{2+}_{(aq)}$	Cr^{3+}	$Fe^{3+}_{(aq)}$
$x = 0$	$0{,}0035 - x$	$0{,}05 - 6\,x$	$2\,x$	$6\,x$
$x_f = 0{,}0035$	0	0,029	0,007	0,021

Ce tableau de valeurs montre qu'en fin de réaction, il reste des ions $Fe^{2+}_{(aq)}$ dans la solution.

(d) Le volume de la solution valant :

$$V = 7 + 50 = 57\ \text{mL} = 57.10^{-3}\ \text{L}$$

les ions ont pour concentrations :

$$\left[Fe^{2+}_{(aq)}\right] = \frac{0{,}029}{57.10^{-3}} \simeq 0{,}51\ \text{mol}\cdot\text{L}^{-1}$$
$$\left[Fe^{3+}_{(aq)}\right] = \frac{0{,}021}{57.10^{-3}} \simeq 0{,}37\ \text{mol}\cdot\text{L}^{-1}$$
$$\left[Cr^{3+}_{(aq)}\right] = \frac{0{,}007}{57.10^{-3}} \simeq 0{,}12\ \text{mol}\cdot\text{L}^{-1}$$
$$\left[Cr_2O_7{}^{2-}_{(aq)}\right] = 0\ \text{mol}\cdot\text{L}^{-1}$$

19 Pile à combustible

Enoncé p. 351

Lycée Mansart, Saint-Cyr l'École

1 La demi-équation associée au couple $CO_{2(gaz)}/CH_3OH_{(aq)}$ doit être équilibrée :

- à l'égard de l'élément oxygène, en rajoutant des molécules H_2O du côté de l'équation déficitaire en oxygène :

$$\underbrace{CO_{2(gaz)}}_{\text{2 atomes O}} = \underbrace{CH_3OH_{(aq)} + H_2O_{(liq)}}_{\text{2 atomes O}}$$

- pour l'élément hydrogène, à l'aide de l'ion H^+ (caractéristique des milieux acides, comme l'électrolyte utilisé) :

$$\underbrace{CO_{2(gaz)} + 6\,H^+}_{\text{6 atomes H}} = \underbrace{CH_3OH_{(aq)} + H_2O_{(liq)}}_{\text{6 atomes H}}$$

- vis-à-vis de la charge électrique, à l'aide de e^- :

$$\underbrace{CO_{2(gaz)} + 6\,H^+ + 6\,e^-}_{\text{charge nulle}} = \underbrace{CH_3OH_{(aq)} + H_2O_{(liq)}}_{\text{charge nulle}}$$

Cependant, dans la pile, c'est le méthanol (CH_3OH) qui réagit pour donner le dioxyde de carbone (CO_2), auquel cas il convient d'écrire la demi-équation correspondante dans le sens suivant :

$$CH_3OH_{(aq)} + H_2O_{(liq)} = CO_{2(gaz)} + 6\,H^+ + 6\,e^- \qquad (72)$$

De même, la demi-équation relative au couple $O_{2(gaz)}/H_2O_{(liq)}$ doit être équilibrée :

- pour l'élément oxygène, en ajoutant H_2O :

$$\underbrace{O_{2(gaz)}}_{\text{2 atomes O}} = \underbrace{2\,H_2O_{(liq)}}_{\text{2 atomes O}}$$

- pour l'élément hydrogène, à l'aide de H^+ :

$$\underbrace{O_{2(gaz)} + 4\,H^+}_{\text{4 atomes H}} = \underbrace{2\,H_2O_{(liq)}}_{\text{4 atomes H}}$$

- pour les charges électriques :

$$\underbrace{O_{2(gaz)} + 4\,H^+ + 4\,e^-}_{0\ \text{charge}} = \underbrace{2\,H_2O_{(liq)}}_{0\ \text{charge}} \quad (73)$$

2 À l'anode le réducteur du couple $\underbrace{CO_{2(gaz)}}_{\text{oxydant}} / \underbrace{CH_3OH_{(aq)}}_{\text{réducteur}}$ se transforme en sa forme oxydée ; il s'agit d'une oxydation, qui se produit à l'anode *A*.

3 Dans le circuit électrique, le courant passe de la borne + à la borne − de la pile tandis que le courant électrique arrive à l'anode (par définition). Il est ainsi possible d'indiquer la polarité de la pile (*A* : borne - et *B* : borne +), le sens du courant (de *B* vers *A* dans le circuit), ainsi que le sens de déplacement des électrons (sens inverse du courant) :

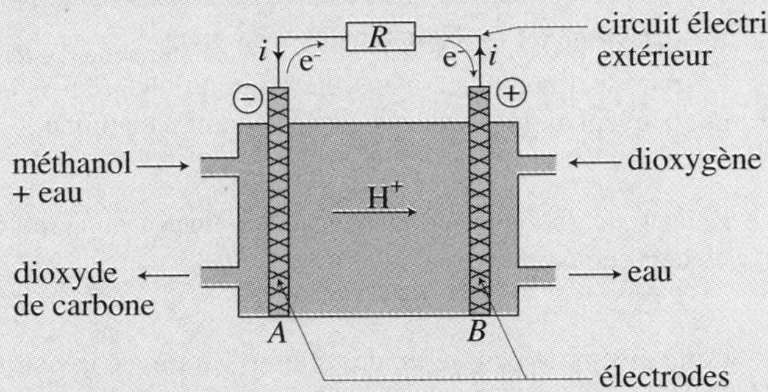

Remarque : Le sens ainsi trouvé pour les électrons confirme les demi-équations (72) et (73) : les électrons libérés à l'anode *A*, par suite de la réaction :

$$CH_3OH_{(aq)} + H_2O_{(liq)} = CO_{2(gaz)} + 6\,H^+ + 6\,e^-$$

sont utilisés à la cathode *B* pour réduire le dioxygène :

$$O_{2(gaz)} + 4\,H^+ + 4\,e^- = 2\,H_2O_{(liq)}$$

4 L'équation chimique de fonctionnement de la pile s'obtient par une combinaison des demi-équations (72) et (73) faisant apparaître la même quantité d'électrons de deux côtés de l'égalité :

$$\begin{array}{lll} 2 \times (72) & 2\,CH_3OH_{(aq)} + 2\,H_2O_{(liq)} & = & 2\,CO_{2(gaz)} + 12\,H^+ + 12\,e^- \\ 3 \times (73) & 3\,O_{2(gaz)} + 12\,H^+ + 12\,e^- & = & 6\,H_2O_{(liq)} \end{array}$$

soit encore :

$$2\,CH_3OH_{(aq)} + 3\,O_{2(gaz)} + 2\,H_2O_{(liq)} + 12\,H^+ + 12\,e^- = 2\,CO_{2(gaz)} + 12\,H^+ + 12\,e^- + 6\,H_2O_{(liq)}$$

Enfin, une simplification des deux membres par $2\,H_2O_{(liq)}$, $12\,H^+$ et $12\,e^-$ fournit l'équation-bilan de fonctionnement de la pile :

$$2\,CH_3OH_{(aq)} + 3\,O_{2(gaz)} = 2\,CO_{2(aq)} + 4\,H_2O_{(liq)}$$

20 Piles électrochimiques

Enoncé p. 352

Lycée Hoche, Versailles

1 À l'extérieur de la pile, le courant électrique I, qui circule dans le circuit, va de la borne positive à la borne négative de la pile, tandis que les électrons se déplacent en sens inverse :

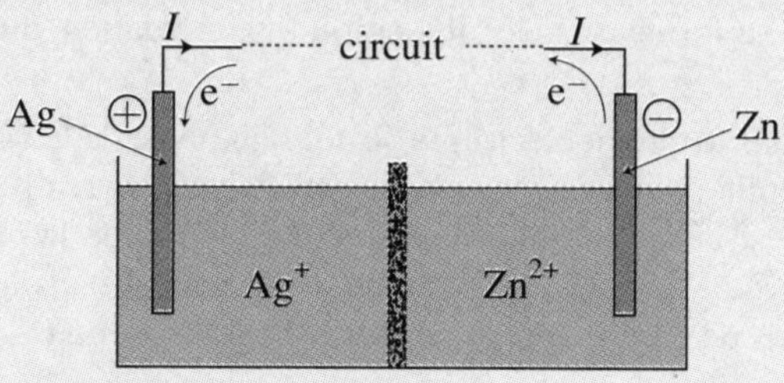

Ainsi, au cours du fonctionnement de la pile :

- l'électrode d'argent reçoit des électrons qu'elle transmet aux ions Ag^+ qui peuvent alors se transformer en argent métallique :

$$Ag^+_{(aq)} + e^- = Ag_{(sol)}$$

- l'électrode de zinc émet des électrons libérés au cours de la réaction de demi-équation :

$$Zn_{(sol)} = Zn^{2+}_{(aq)} + 2\,e^-$$

Cette électrode perd donc des atomes Zn qui se transforment en ions Zn^{2+} lesquels passent en solution ; cette électrode s'use alors.

2 Soit n^0_{Zn} la quantité initiale de zinc, qui correspond à la masse initiale de l'électrode de zinc :

$$m^0_{Zn} = n^0_{Zn} \times M_{Zn}$$

L'évolution de la quantité de zinc composant l'électrode peut alors être suivie à l'aide d'un tableau d'avancement :

	Zn	$= Zn^{2+}$	$+2\,e^-$
$x = 0$	n^0_{Zn}	0	0
$x = 0$	$n^0_{Zn} - x$	x	$2x$

Ce tableau montre qu'au cours du fonctionnement de la pile, la quantité de zinc vaut :

$$n_{Zn} = n^0_{Zn} - x$$

ce qui signifie que la masse de l'électrode de zinc vaut :

$$m_{Zn} = n_{Zn} \times M_{Zn} = M_{Zn} \times n^0_{Zn} - x \times M_{Zn}$$

$$\Rightarrow \quad m_{Zn} = m^0_{Zn} - x \times M_{Zn}$$

Par conséquent, cette électrode perd une masse m telle que :

$$m_{Zn} = m^0_{Zn} - m \Rightarrow m = x \times M_{Zn} \Rightarrow x = \frac{m}{M_{Zn}}$$

Le tableau d'avancement révèle, en outre, que la réaction à l'électrode de zinc libère :

$$n_e = 2x = \frac{2m}{M_{\mathrm{Zn}}} \text{ mol d'électrons} = \frac{2m}{M_{\mathrm{Zn}}} \times N_A \text{ électrons.}$$

Enfin, chaque électron pouvant véhiculer la quantité d'électricité $q = e$, la disparition de $m = 3$g d'électrode de zinc s'accompagne alors de la production d'une quantité d'électricité :

$$Q = n_e \times q \quad = \quad \frac{2mN_A}{M_{\mathrm{Zn}}} \times e = \frac{2 \times 3 \times 6{,}02.10^{23}}{65{,}4} \times 1{,}6.10^{-19}$$

$$\Rightarrow \quad Q \simeq 8{,}8.10^3 \text{ C}$$

COURS

EXERCICES

CORRIGÉS

Chapitre 10

Synthèse de molécules

Plan du chapitre

1. Quelques fonctions organiques
2. Les alcools
3. Synthèse de molécules organiques

Exercice type — Lycée Quinet, Bourg-En-Bresse

L'hydratation d'un alcène non cyclique conduit à un produit oxygéné A refermant, en masse, 26,7% d'oxygène.

1 Quelle est la fonction chimique de A ? Préciser la nature du groupe fonctionnel.

2 Déterminer sa formule brute et indiquer les différentes formules semi-développées possibles, en les nommant.

3 Le produit A est oxydé, en milieu acide, par du dichromate de potassium. Le composé B obtenu réagit avec la 2,4-D.N.P.H. en formant un précipité jaune-orangé, mais est sans action sur la liqueur de FEHLING. En déduire, en la justifiant, la formule semi-développée de B et le nom de ce composé.

4 Donner la formule semi-développée et le nom de l'alcène de départ.

Données : masses molaires de quelques éléments :

$$M_O = 16\ \mathrm{g \cdot mol^{-1}} \qquad M_H = 1\ \mathrm{g \cdot mol^{-1}} \qquad M_C = 12\ \mathrm{g \cdot mol^{-1}}$$

Voir corrigé page 388

1 Quelques fonctions organiques

1.1 Les aldéhydes

1.1.1 - Nomenclature

Définition 1

Un *aldéhyde* est un composé organique qui possède un groupe carbonyle –CHO en bout de chaîne :

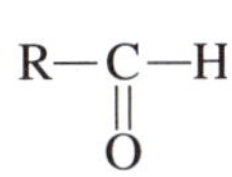

Pour nommer un aldéhyde dont on connaît la formule semi-développée :

- repérer la chaîne carbonée la plus longue qui comporte le groupe –CHO (c'est la *chaîne principale*) et numéroter les atomes de carbone depuis le groupe –CHO. Par exemple :

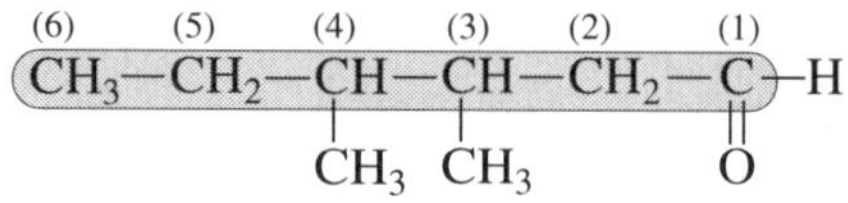

Le nom de l'aldéhyde a la même racine que l'alcane de même chaîne principale (par exemple : *hexan* pour une chaîne principale contenant 6 atomes de carbone), à laquelle on ajoute le suffixe *al*. Par exemple, la molécule précédente est un hexanal.

- identifier les substituants, les nommer et les localiser sur la chaîne principale. Par exemple : deux groupes méthyl ($-CH_3$), localisés sur les atomes de carbone n°3 et n°4, confèrent à la molécule précédente le nom de : 3,4-diméthylhexanal.

1.1.2 - Réactivité

On devra retenir :

- que le groupe carbonyle (–CHO) des aldéhydes est mis en évidence par la 2,4-diphénylhydrazine (ou 2,4-D.N.P.H.) ; un précipité jaune-orangé est alors formé.

- qu'un aldéhyde (R–CHO) est oxydable, en milieu acide, en acide carboxylique (R–COOH) ; le couple redox correspondant R–COOH/R–CHO a pour demi-équation :

$$\text{R–COOH} + 2\,H^+ + 2\,e^- = \text{R–CHO} + H_2O$$

Cette oxydation peut être réalisée par des oxydants classiques en solution aqueuse (ions permanganate $MnO_{4\,(aq)}^-$ ou dichromate $Cr_2O_{7\,(aq)}^{2-}$).

- que les aldéhydes réagissent positivement au test à la liqueur de FEHLING. Celle-ci contient des ions cuivre II (complexés, en milieu basique), oxydants du couple $Cu^{2+}/Cu_2O_{(sol)}$. Pour simplifier, on pourra présenter la demi-équation correspondante sous la forme :

$$2\,Cu^{2+} + 2\,HO^-_{(aq)} + 2\,e^- = \underbrace{Cu_2O_{(sol)}}_{\text{rouge}} + H_2O_{(liq)}$$

tandis qu'en milieu basique, l'aldéhyde est le réducteur du couple R–COO$^-$/R–CHO :

$$\text{R–COO}^- + 2\,H_2O_{(liq)} + 2\,e^- = \text{R–CHO} + 3\,HO^-_{(aq)}$$

Finalement, l'équation-bilan de la réaction d'oxydation de l'aldéhyde :

$$\text{R–CHO} + 2\,Cu^{2+} + 5\,HO^-_{(aq)} = \text{R–COO}^- + \underbrace{Cu_2O_{(sol)}}_{\text{rouge}} + 3\,H_2O_{(liq)}$$

rend compte de la formation d'un précipité rouge.

- que les aldéhydes réagissent positivement au réactif de TOLLENS (solution ammoniacale contenant l'argent I complexé, en milieu basique). Pour simplifier, on admettra que le couple redox :

$$Ag^+/Ag_{(sol)} : Ag^+ + e^- = Ag_{(sol)}$$

réagit avec le couple redox R–COO^-/R–CHO, en milieu basique :

$$R\text{–}CHO + 2\,Ag^+ + 3\,HO^-_{(aq)} = R\text{–}COO^- + 2\,H_2O_{(liq)} + 2\,Ag_{(sol)}$$

La formation d'un dépôt d'argent atteste alors du déroulement de cette réaction.

1.2 Les cétones

1.2.1 - Nomenclature

Définition 2

Une *cétone* est une molécule organique qui possède un groupe carbonyle –CO– :

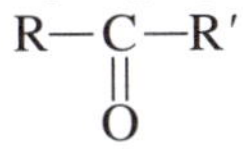

Ce groupe ne peut pas se trouver en bout de chaîne carbonée.

Pour nommer une cétone, dont on connaît la formule semi-développée, on pourra utiliser l'algorithme suivant :

- Repérer la chaîne carbonée la plus longue, qui contient le groupe carbonyle (c'est la chaîne principale) et y numéroter les atomes de carbone depuis l'extrémité la plus proche du groupe carbonyle. Par exemple :

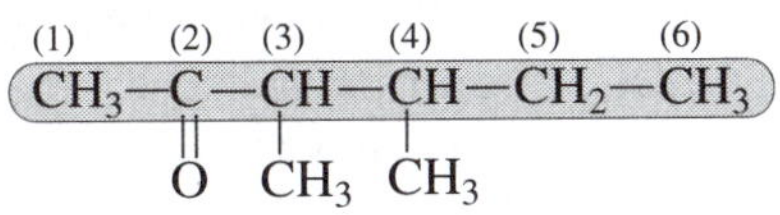

- Nommer l'alcane de même chaîne principale (ici l'hexane).
  Localiser le groupe carbonyle sur la chaîne principale (atome de carbone n°2) et remplacer le *e* terminal de l'alcane par le suffixe *one*, précédé de la position du groupe carbonyle. Par exemple, la molécule précédente est une hexan-2-one.
- Identifier et localiser les substituants sur la chaîne principale. Par exemple : deux groupes méthyl (–CH_3) sur les atomes de carbone n°3 et n°4.
- Faire précéder le nom de la cétone par celui des substituants. Ainsi, la molécule précédente s'appelle : la 3,4-diméthylhexan-2-one.

1.2.2 - Réactivité

Il faut retenir que :

- le groupe carbonyle –CO– des cétones réagit avec la 2,4-D.N.P.H. en formant un précipité jaune-orangé ;

- les cétones ne sont pas oxydables par la liqueur de FEHLING ou par le réactif de TOLLENS.

En conclusion, la 2,4-D.N.P.H. permet de mettre en évidence les aldéhydes et les cétones, qui peuvent être distingués grâce aux tests à la liqueur de FEHLING ou au réactif de TOLLENS :

	2,4-D.N.P.H.	liq. FEHLING	réac. TOLLENS
Aldéhydes	précipité jaune	précipité rouge	dépôt d'argent
Cétones	précipité jaune	rien	rien

1.3 Les acides carboxyliques

1.3.1 - Nomenclature

Définition 3

Un *acide carboxylique* est un composé organique dont la molécule contient au moins un groupe *carboxyle* (–COOH) :

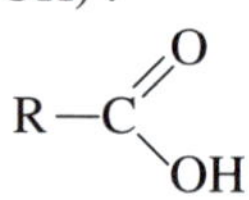

Pour nommer un acide carboxylique, dont on connaît la formule semi-développée, il convient :

- de repérer la chaîne carbonée la plus longue (chaîne principale) qui contient le groupe carboxyle –COOH, à partir duquel sont numérotés les atomes de carbone de la chaîne principale. Par exemple :

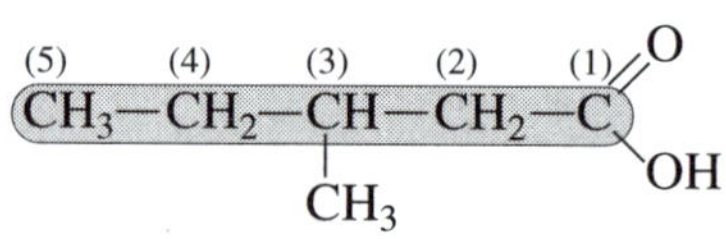

- de nommer l'alcane de même chaîne principale (ici le pentane), en remplaçant le *e* terminal par le suffixe *oïque*. Par exemple, la molécule précédente est un acide pentanoïque.
- d'identifier et de localiser les substituants liés à la chaîne principale. Par exemple, la molécule précédente comporte un groupe méthyl (–CH_3) lié à l'atome de carbone n°3.
- de faire précéder le nom de l'acide par celui des substituants (avec leur position). Ainsi, la molécule précédente s'appelle :

l'acide 3-méthylpentanoïque

1.3.2 - Propriétés acides

Les acides carboxyliques peuvent libérer des ions $H^+_{(aq)}$, caractéristiques des solutions aqueuses acides :

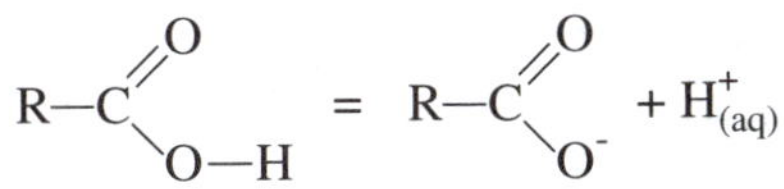

La concentration des ions $H^+_{(aq)}$, dans une solution, est donnée par le pH de cette solution :

$$\left[H^+_{(aq)}\right] = 10^{-\,\mathrm{pH}}\ (\text{en mol} \cdot \mathrm{L}^{-1})$$

Définition 4

Une solution est *acide* lorsque son pH est inférieur à 7 :

$$\mathrm{pH}_{\text{acide}} < 7 \Rightarrow \left[H^+_{(aq)}\right] > 10^{-7}\ \text{mol} \cdot \mathrm{L}^{-1}$$

Une solution est *basique* (ou *alcaline*), lorsque son pH est supérieur à 7 :

$$\mathrm{pH}_{\text{basique}} > 7 \Rightarrow \left[H^+_{(aq)}\right] < 10^{-7}\ \text{mol} \cdot \mathrm{L}^{-1}$$

Un pH égal à 7 caractérise les solutions *neutres* :

$$\mathrm{pH}_{\text{neutre}} = 7 \Rightarrow \left[H^+_{(aq)}\right] = 10^{-7}\ \text{mol} \cdot \mathrm{L}^{-1}$$

Les acides carboxyliques peuvent être mis en évidence à l'aide de papier pH : lorsque celui-ci prend une couleur qui correspond à pH < 7 (souvent : rouge, orange ou jaune), la solution contient un acide (carboxylique ou autre).

2 Les alcools

2.1 Classe d'un alcool

Définition 5

Un alcool est *primaire* lorsque l'atome de carbone, lié au groupe hydroxyle –OH, est aussi lié à un autre atome de carbone.
Un alcool est *secondaire* lorsque l'atome de carbone, lié au groupe hydroxyle, est aussi lié à deux autres atomes de carbone.
Un alcool est *tertiaire* lorsque l'atome de carbone, lié au groupe hydroxyle, est aussi lié à trois autres atomes de carbone.

Par exemple :

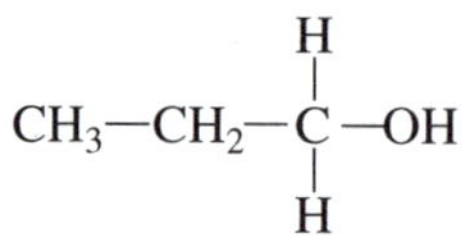
alcool primaire

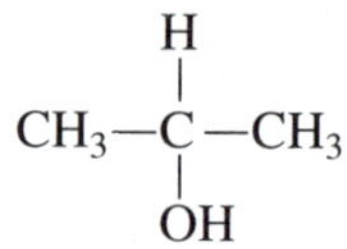
alcool secondaire

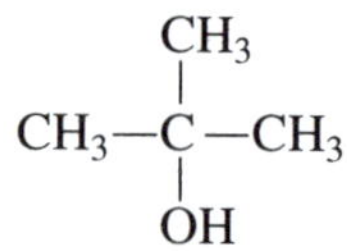
alcool tertiaire

2.2 Oxydation d'un alcool

2.2.1 - Alcools primaires

Un alcool primaire, noté R–CH$_2$–OH, peut être oxydé en aldéhyde (noté R–CHO). Le couple redox correspondant (R–CHO/R–CH$_2$–OH) a pour demi-équation, en milieu acide :

$$\text{R–CHO} + 2\,\text{H}^+ + 2\,\text{e}^- = \text{R–CH}_2\text{–OH}$$

Cette oxydation peut être réalisée par des oxydants classiques, en solution aqueuse (ions dichromate $Cr_2O_7^{2-}$ ou permanganate MnO_4^-). Par exemple, avec les ions MnO_4^-, l'équation-bilan de l'oxydation de l'alcool s'écrit :

$$\underbrace{2\,\text{MnO}_4^-}_{\text{violets}} + \underbrace{6\,\text{H}^+_{(aq)} + 5\,\text{R–CH}_2\text{–OH}}_{\text{incolores}} = \underbrace{5\,\text{R–CHO} + 2\,\text{Mn}^{2+} + 8\,\text{H}_2\text{O}}_{\text{incolores}}$$

L'aldéhyde formé au cours de cette oxydation peut ensuite être mis en évidence par le test à la 2,4-D.N.P.H., suivi par celui à la liqueur de FEHLING ou au réactif de TOLLENS (*cf.* réactivité des aldéhydes à la page 380).

Remarque : En présence d'un excès d'oxydant, l'aldéhyde formé (R–CHO) est à son tour oxydé en acide carboxylique (R–COOH), conformément à l'équation-bilan :

$$5\,\text{R–CHO} + 2\,\text{MnO}_4^- + 6\,\text{H}^+_{(aq)} = 5\,\text{R–COOH} + 2\,\text{Mn}^{2+} + 3\,\text{H}_2\text{O}$$

2.2.2 - Alcool secondaire

Un alcool secondaire (R$_1$–CHOH–R$_2$) peut être oxydé en cétone (R$_1$–CO–R$_2$) par des oxydants classiques (ions $Cr_2O_7^{2-}$ ou MnO_4^- en solution aqueuse). Le couple redox R$_1$–CO–R$_2$/R$_1$–CHOH–R$_2$ ayant pour demi-équation :

$$\text{R}_1\text{–CO–R}_2 + 2\,\text{H}^+ + 2\,\text{e}^- = \text{R}_1\text{–CHOH–R}_2$$

l'équation-bilan de l'oxydation de l'alcool par les ions permanganate, en milieu acide, s'écrit :

$$\underbrace{2\,\text{MnO}_4^-}_{\text{violets}} + \underbrace{6\,\text{H}^+_{(aq)} + 5\,\text{R}_1\text{–CHOH–R}_2}_{\text{incolores}} = \underbrace{2\,\text{Mn}^{2+} + 8\,\text{H}_2\text{O} + 5\,\text{R}_1\text{–CO–R}_2}_{\text{incolores}}$$

Remarque : Le déroulement de cette réaction est facilement confirmé par la disparition de la couleur violette caractéristique des ions $MnO_{4\,(aq)}^-$.

La cétone obtenue à l'issue de cette réaction peut être mise en évidence par sa réaction avec la 2,4-D.N.P.H. (précipité jaune) et son inertie à l'égard de la liqueur de FEHLING ou du réactif de TOLLENS.

2.2.3 - Alcool tertiaire

Les alcools tertiaires ne peuvent pas subir d'oxydation ménagée. La seule oxydation à laquelle ils peuvent se soumettre est leur combustion :

$$C_nH_{2n+2}O + \frac{3n}{2}\,O_2 = n\,CO_2 + (n+1)\,H_2O$$

2.2.4 - Conclusion

La classe d'un alcool peut être déterminée par oxydation de cet alcool, suivie des test à la 2,4-D.N.P.H., à la liqueur de FEHLING ou au réactif de TOLLENS :

Alcool	oxydation ménagée	2,4-D.N.P.H.	FEHLING	TOLLENS
primaire	aldéhyde	positif	positif	positif
secondaire	cétone	positif	négatif	négatif
tertiaire	rien	∅	∅	∅

3 Synthèse de molécules organiques

La synthèse organique consiste à fabriquer des molécules organiques, recherchées pour leurs propriétés particulières, à partir d'autres molécules organiques que l'on modifie ou que l'on associe entre elles.

Il n'est pas question de présenter ici toutes les techniques de synthèse organique, mais seulement d'en citer quelques exemples.

3.1 Modification des molécules organiques

3.1.1 - Les alcanes

Les alcanes peuvent subir de nombreuses modifications, parmi lesquelles :

- *La déshydrogénation* – Il s'agit du chauffage (accéléré par un catalyseur) d'un alcane :

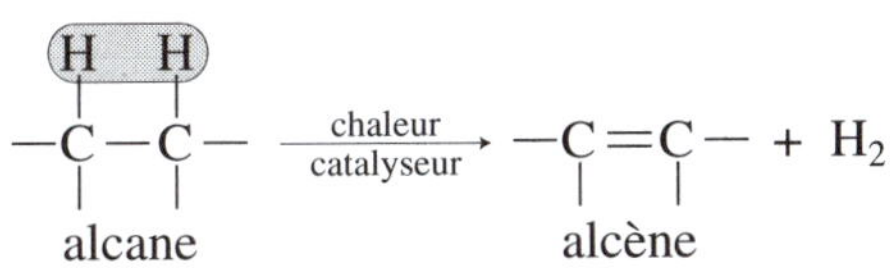

- *Le craquage* – Le chauffage intense d'un alcane peut produire un alcane de chaîne principale plus petite et un alcène ; c'est le *craquage* (ou *coupure de chaîne*) :

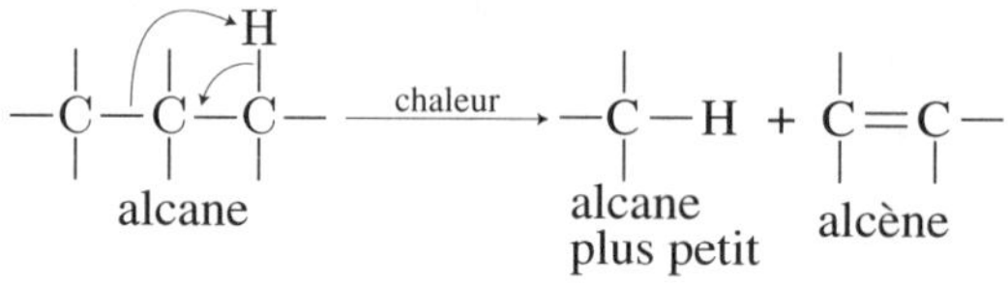

- *Le reformage* – Sous l'effet de la chaleur, certains alcanes à chaîne linéaire se transforment en isomères à chaîne ramifiée (il s'agit d'une réaction d'isomérisation). Par exemple :

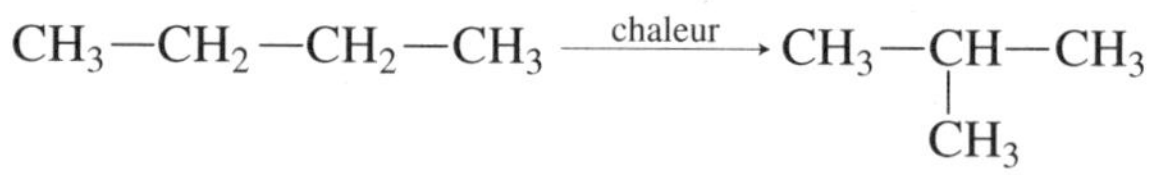

3.1.2 - Les alcènes

La double liaison C = C des alcènes peut être le siège de réactions d'additions d'autres molécules :

- *Hydrogénation* – L'addition de dihydrogène H_2 (catalysée par les métaux finement divisés) sur un alcène peut produire un alcane de même chaîne principale :

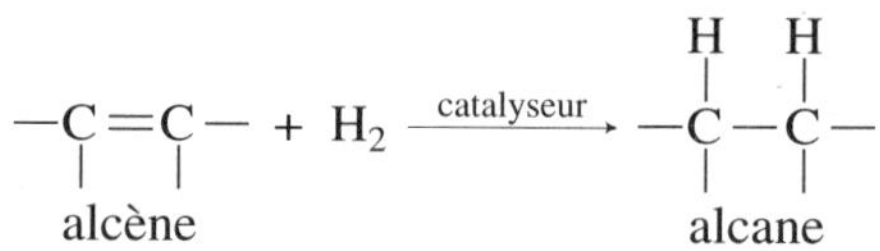

- *Halogénation* – Le dibrome Br_2 et le dichlore Cl_2 s'additionnent facilement aux alcènes ; des alcanes dibromés ou dichlorés sont alors obtenus :

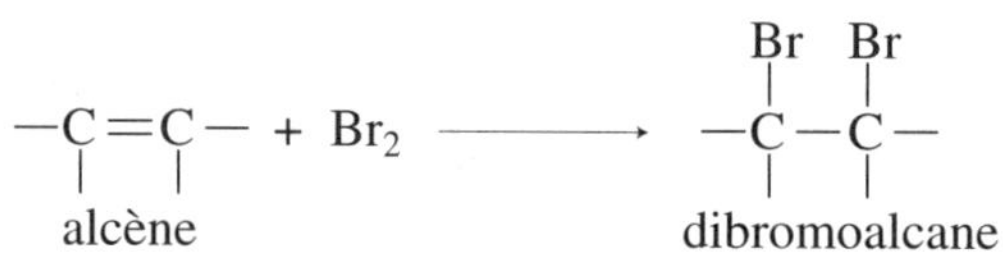

Remarque : L'addition de Br_2 (de couleur brune) sur un alcène sert de test de mise en évidence de la double liaison C = C : au cours de l'addition sur cette liaison, la couleur brune de Br_2 disparaît.

- *Hydratation* – En milieu acide, la molécule d'eau peut transformer un alcène en alcool :

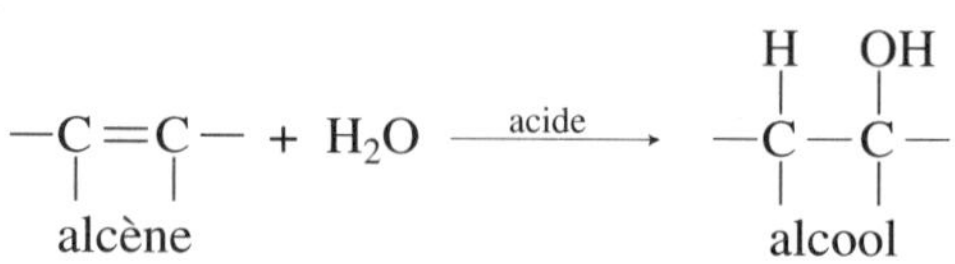

3.1.3 - Les alcools

Parmi les réactions auxquelles peuvent être soumis les alcools, citons :

- *l'oxydation ménagée*, dont l'issue dépend de la classe de l'alcool :

$$\text{alcool primaire} \xrightarrow{\texttt{oxydation}} \text{aldéhyde} \xrightarrow{\texttt{oxydation}} \text{acide carboxylique}$$

$$\text{alcool secondaire} \xrightarrow{\texttt{oxydation}} \text{cétone}$$

alcool tertiaire : non oxydable

- *la déshydratation* – Réalisée à température élevée et catalysée en milieu acide (sulfurique ou phosphorique), à l'issue de laquelle l'alcool se transforme en alcène et libère une molécule d'eau :

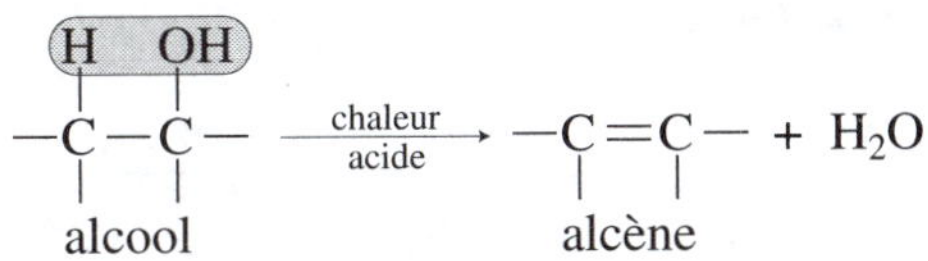

3.2 Addition de molécules organiques

3.2.1 - Estérification

Un acide carboxylique (R–COOH) peut s'associer avec un alcool (R′–OH) pour former un *ester* (R–COO–R′), la réaction étant catalysée par les acides minéraux :

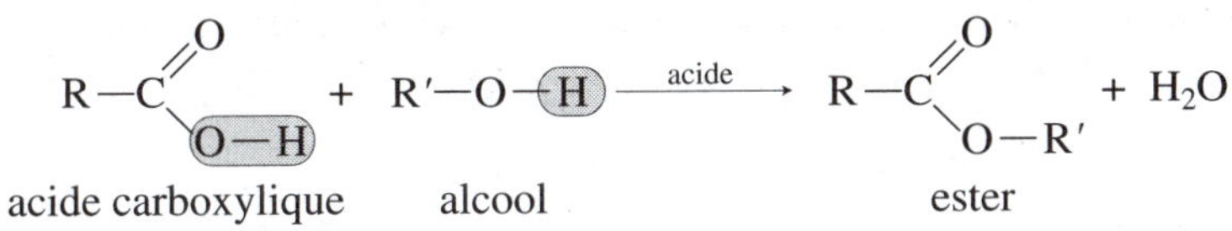

3.2.2 - Polymérisation

La *polymérisation* est une opération qui consiste à associer un très grand nombre n de molécules (appelées *monomères*) en une grande molécule (appelée *polymère*). Par exemple, lorsque les monomères possèdent une double liaison $-CH_2 = CHA-$:

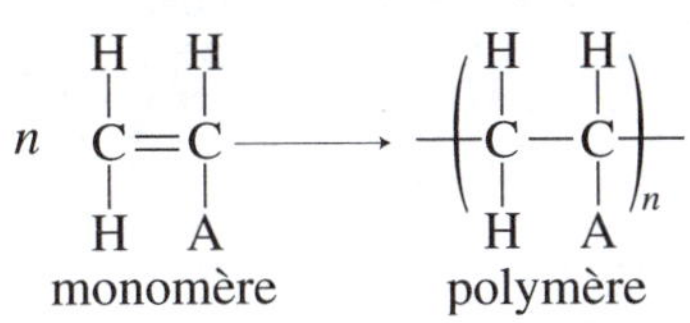

Selon la nature du substituant A, diverses matières plastiques sont obtenues ; par exemple :

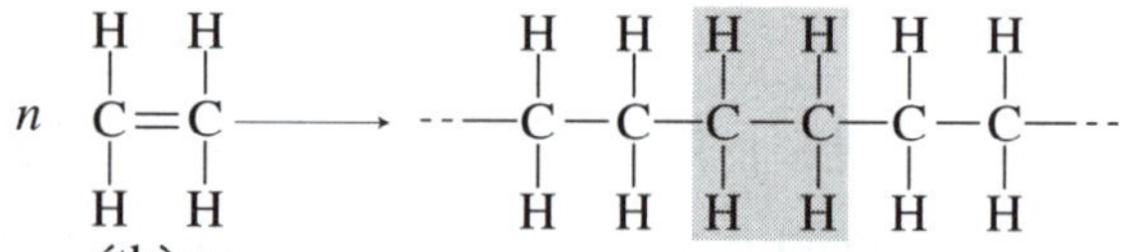

éthène (ou éthylène) — polyéthylène

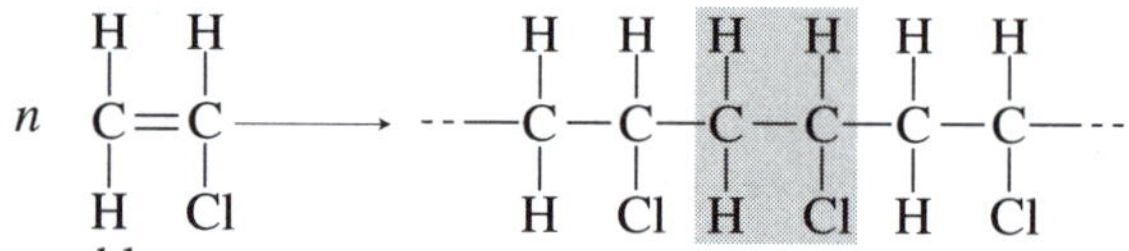

chlorure de vinyle — polychlorure de vinyle (PVC)

Solution de l'exercice type

1 Un alcène non cyclique, de formule C_nH_{2n}, possède une double liaison qui peut être hydratée (c'est-à-dire qui peut réagir avec l'eau) :

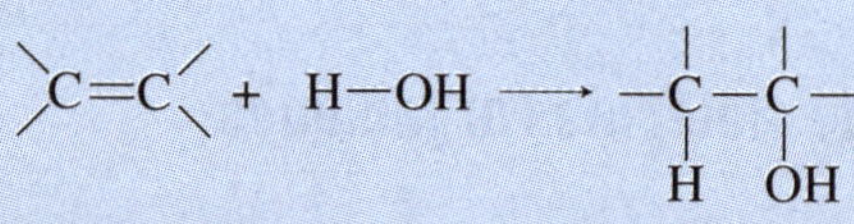

La présence du groupe hydroxyle montre qu'il se forme alors un alcool conformément à l'équation-bilan :

$$C_nH_{2n} + H_2O = C_nH_{2n+2}O$$

2 Soit m la masse de x mol d'alcool $C_nH_{2n+2}O$, de masse molaire :

$$\begin{aligned} M &= n\,M_C + (2n+2)\,M_H + M_O = 12\,n + (2n+2) \times 1 + 16 \\ &= 14\,n + 18 \end{aligned}$$

Par définition :

$$m = x \times M = (14n + 18) \times x \text{ (en gramme)}$$

Or, l'énoncé précise que la masse d'oxygène représente 26,7% de la masse de l'alcool, ce qui se traduit par :

$$\begin{aligned} m_O &= \frac{26{,}7}{100}\,m = 0{,}267 \times m \\ &\Rightarrow 16\,x = 0{,}267 \times (14n + 18) \times x \\ &\Rightarrow 16 = 0{,}267 \times (14n + 18) \end{aligned}$$

...

Solution de l'exercice type (suite)

$$\Rightarrow \frac{16}{0{,}267} = 14n + 18$$

$$\Rightarrow 14n = \frac{16}{0{,}267} - 18 \simeq 42$$

$$\Rightarrow n \simeq \frac{42}{14} = 3$$

Il apparaît ainsi que l'alcool a pour formule brute C_3H_8O. Ce faisant, deux alcools peuvent présenter une telle formule brute :

classe	primaire	secondaire
formule	$CH_3{-}CH_2{-}CH_2{-}OH$	$CH_3{-}CH(OH){-}CH_3$
nom	propan-1-ol	propan-2-ol

3 Le produit *B* réagissant avec la 2,4-D.N.P.H., il possède un groupe carbonyle caractéristique des aldéhydes et des cétones. Or, l'absence de réaction avec la liqueur de FEHLING montre que *B* ne peut pas être un aldéhyde. Par conséquent, *B* est une cétone dont la chaîne principale possède 3 atomes de carbone (puisque *B* provient de l'oxydation de *A* : C_3H_8O) ; il ne peut s'agir que de :

la propanone : $CH_3{-}C({=}O){-}CH_3$

4 La cétone *B* provient de l'alcool *A*, nécessairement secondaire. C'est pourquoi *A* est le propan-2-ol qui provient, quant à lui, de l'hydratation d'un alcène dont la chaîne principale possède aussi 3 atomes de carbone ; il ne peut s'agir que du propène : $CH_2 = CH{-}CH_3$, dont l'hydratation a conduit à l'alcool *A* :

$$\underset{\text{propène}}{CH_3{-}CH{=}CH_2} + H_2O \longrightarrow \underset{A\ :\ \text{propan-2-ol}}{CH_3{-}CH(OH){-}CH_3}$$

QCM 1 Connaissance du cours

15 min. Corrigé p. 401

1 La molécule, de formule :

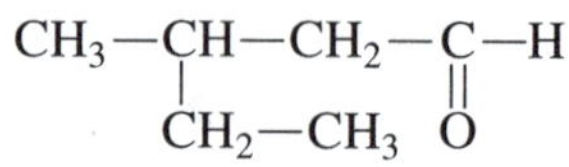

s'appelle :

a le 3-éthylbutanal;
b le 3-méthylpentanal;
c la 3-éthylbutan-1-one;
d la 3-méthylpentan-1-one

2 Le groupe caractéristique des aldéhydes :

a est toujours en bout de chaîne ;
b est le groupe carboxyle;
c n'est jamais en bout de chaîne ;
d est le groupe hydroxyle.

3 Le groupe caractéristique des cétones :

a est toujours en bout de chaîne ;
b est le groupe carboxyle;
c n'est jamais en bout de chaîne ;
d est le groupe hydroxyle.

4 La 2,4-D.N.P.H. est le réactif spécifique :

a aux alcools primaires ;
b aux alcools secondaires ;
c aux groupes carboxyles ;
d aux groupes carbonyles.

5 Un composé réagit positivement au test à la 2,4-D.N.P.H., mais pas au test à la liqueur de FEHLING. Ce composé est :

a un alcool secondaire ;
b un aldéhyde ;
c une cétone ;
d un acide carboxylique.

6 Le méthylpropanal et la butanone :

a sont deux isomères ;
b ont pour formules brutes : C_3H_6O et C_4H_8O ;
c réagissent positivement à la liqueur de FEHLING ;
d ont pour formules brutes : C_4H_6O et C_4H_8O.

7 L'acide 2,3-diméthylbutanoïque a pour formule brute :

a $C_5H_{10}O_2$ b $C_6H_{12}O_2$

c $C_5H_8O_2$ d $C_6H_{10}O_2$

8 Une solution d'acide carboxylique a un pH de 2,3 :

a ce n'est pas possible ; le pH doit être entier.

b sa concentration en ions $H^+_{(aq)}$ vaut 2.10^{-3} mol · L^{-1}.

c sa concentration en ions $H^+_{(aq)}$ vaut 2,3 mol · L^{-1}.

d sa concentration en ions $H^+_{(aq)}$ vaut 0,005 mol · L^{-1}.

QCM 2 Groupes caractéristiques

20 min. Corrigé *p. 402*

On dispose de 3 flacons numérotés (1), (2), (3) et de 3 étiquettes : C_3H_6O (aldéhyde) ; $C_4H_8O_2$; $C_5H_{10}O$ (cétone).

On souhaite approprier à chaque flacon son étiquette. Pour cela, on réalise plusieurs tests.

1 Seules les espèces contenues dans les flacons (2) et (3) réagissent avec la 2,4-D.N.P.H. en donnant un précipité orangé. On en déduit que :

a le flacon (1) contient l'espèce $C_4H_8O_2$;

b le flacon (2) contient l'espèce $C_3H_6O_2$;

c le flacon (2) contient l'espèce $C_4H_8O_2$;

d le flacon (1) contient l'espèce C_3H_8O.

2 Quelques gouttes du contenu du flacon (1) posées sur du papier pH permettent de déterminer le pH de la solution : pH = 5. Par conséquent :

a les flacons (2) et (3) ont des pH neutres (pH = 7) ;

b le flacon (1) contient un acide carboxylique ;

c le flacon (1) contient l'espèce $C_5H_{10}O$.

3 Par réaction avec la liqueur de FEHLING, le contenu du flacon (3) produit un précipité rouge brique, alors que le contenu du flacon (2) ne donne pas de réaction.

Les flacons (2) et (3) contiennent donc des espèces chimiques caractérisées par leur groupe fonctionnel :

a (2) : cétone et (3) : aldéhyde ;

b (2) : acide carboxylique et (3) : cétone ;

c (2) : aldéhyde et (3) : cétone ;

d (2) : aldéhyde et (3) : acide carboxylique.

4 Quel est le numéro du flacon dont on peut donner le nom de l'espèce chimique qu'il contient ?

- **a** flacon (1) : acide butanoïque ;
- **b** flacon (2) : 2-méthylpropanal ;
- **c** flacon (3) : pentan-2-one ;
- **d** flacon (3) : propanal.

5 Parmi les molécules suivantes, quelle est celle qui ne peut pas se trouver dans l'un des flacons ?

- **a** pentan-2-one ;
- **b** 1-méthylbutan-2-one ;
- **c** pentan-3-one ;
- **d** méthylbutanone.

3 Nomenclature

★ 5 min. Corrigé p. 403

Lycée Saint-Pierre, Brunoy

Trouver la formule semi-développée des composés suivants :

1 propanal ;

2 propanone ;

3 acide 2-méthylpropanoïque.

4 Nomenclature

★★ 10 min. Corrigé p. 404

Lycée Rousseau, Montmorency

Donner le nom des composés suivants :

1 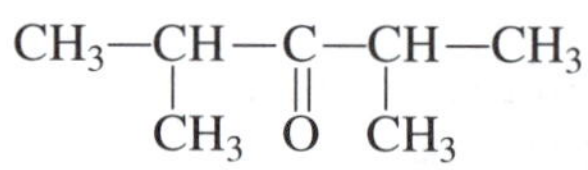

2 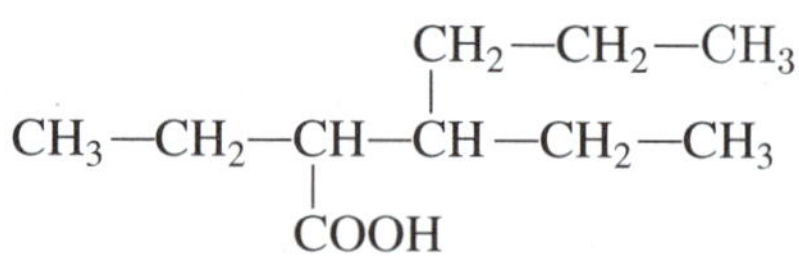

5 Nomenclature

★★ 10 min. Corrigé p. 405

Lycée des Pontonniers, Strasbourg

Pour les composés suivants, donner le nom, la famille et le test qui lui est caractéristique :

1 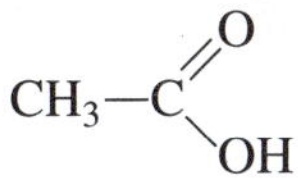

2 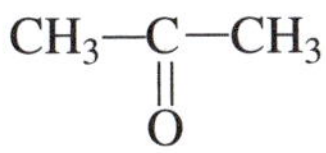

3 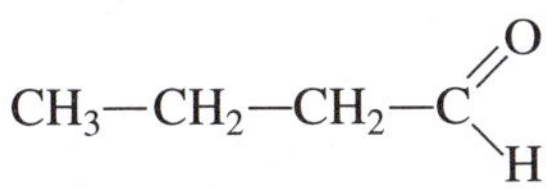

6 Nomenclature

★★ 10 min. Corrigé p. 406

Lycée Notre-Dame-Des-Minimes, Lyon

1 Donner les formules semi-développées correspondant à chacune des écritures topologiques :

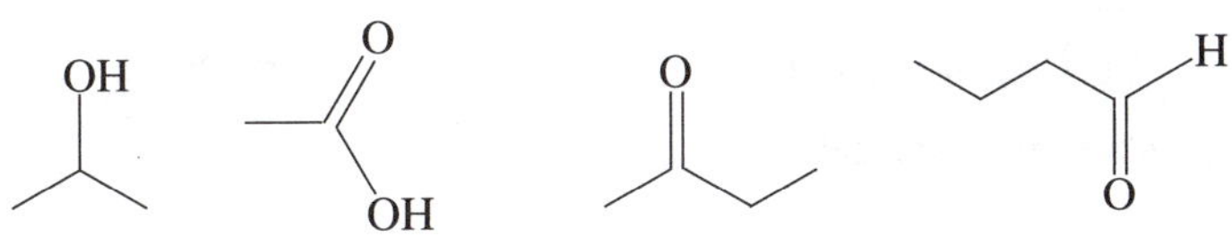

(1) (2) (3) (4)

2 Nommer ces molécules.

7 Nomenclature

★★ 10 min. Corrigé p. 407

Lycée Bouchardon, Chaumont

Quelle est la famille et le nom des composés suivants ?

1 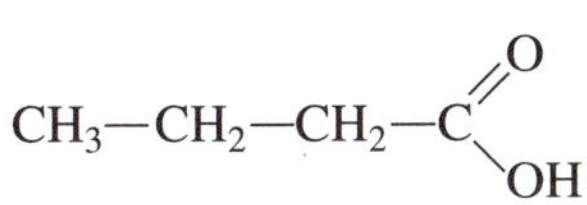

2 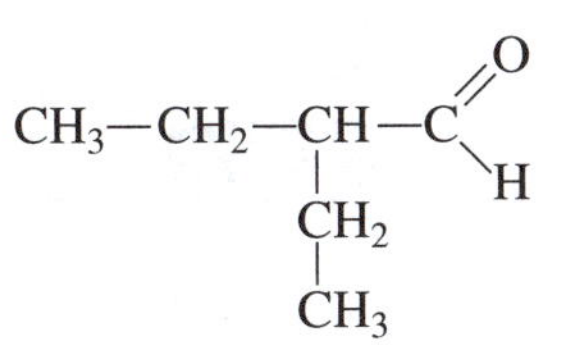

3 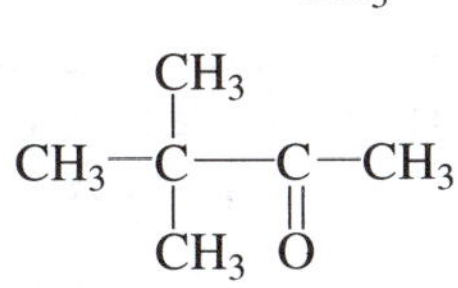

8 Oxydation d'un alcool

★ 10 min. Corrigé p. 408

Lycée Utrillo, Stains

Deux alcools isomères *A* et *B*, à squelettes non ramifiés, ont pour formule brute $C_4H_{10}O$.

Le composé *A*, traité par une solution acide de permanganate de potassium en excès, conduit à un composé *C*.

C ne réagit pas avec la 2,4-D.N.P.H. et confère des propriétés acides à la solution aqueuse. Dans les mêmes conditions, *B* conduit à un composé *D* qui donne un précipité jaune avec la D.N.P.H.

D ne réagit pas à la liqueur de FEHLING.

1 Interpréter ces résultats et préciser la nature des produits *C* et *D*.

2 En déduire la formule semi-développée de *A* et *B*. Nommer ces alcools.

9 Oxydation d'un alcool

★★ 15 min. Corrigé p. 408

Lycée Hoche, Versailles

On dispose de deux composés organiques de même formule brute $C_5H_{10}O$. L'un, noté X, est obtenu par oxydation ménagée du pentan-3-ol ; l'autre, noté Y, est obtenu par oxydation ménagée incomplète du pentan-1-ol.

1 **(a)** Qu'appelle-t-on oxydation ménagée. Citer deux oxydants souvent utilisés.

(b) Donner les formules et les noms de X et Y.

2 Qu'observe-t-on quand X et Y sont soumis :

(a) à la 2,4-D.N.P.H. ?

(b) à la liqueur de FEHLING ?

(c) au réactif de TOLLENS ?

10 Oxydation d'un alcool

★★ 15 min. Corrigé p. 409

Lycée Lacordaire, Marseille

La composition d'un liquide lave-glace mentionne la présence, en proportion importante, d'un alcool *A* de formule brute C_3H_8O. Afin de lever le doute sur l'imprécision apportée par cette seule formule brute, le professeur propose à ses élèves de réaliser deux expériences :

- oxydation ménagée de quelques millilitres de liquide *A* avec un oxydant en défaut ;

- analyse des produits de l'oxydation ménagée de A ; le test avec la 2,4-D.N.P.H. est positif, mais celui avec la liqueur de FEHLING est négatif.

1 Montrer que la formule brute C_3H_8O conduit à deux formules semi-développées.

2 Nommer les deux isomères. Quel est leur groupe caractéristique ? Préciser leur classe.

3 Quel groupe caractéristique est mis en évidence dans les produits de l'oxydation de A ?

4 Conclure sur la formule semi-développée de A.

11 Oxydation d'un alcool

★★ 20 min. Corrigé p. 411

Lycée Claude Bernard, Paris

Le menthol (constituant de l'alcool de menthe) a pour formule :

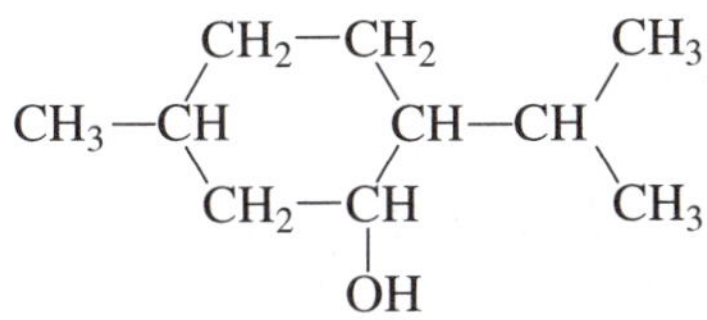

1 **(a)** Quel est le produit de l'oxydation ménagée du menthol ?

(b) Écrire l'équation-bilan de la réaction d'oxydation du menthol par les ions permanganate MnO_4^-, en milieu acide.

2 À partir de 90 g de menthol on a obtenu, avec MnO_4^- en excès, 75 g de produit. Calculer le rendement de cette transformation : quotient de la quantité de produit obtenue sur celle que l'on aurait obtenu si la transformation était sans perte.

Données : masses molaires de quelques éléments :

$M_H = 1\ g \cdot mol^{-1}$ $\quad M_C = 12\ g \cdot mol^{-1}$ $\quad M_O = 16\ g \cdot mol^{-1}$

12 Composés organiques

★ 5 min. Corrigé p. 412

Lycée Saint-Martin, Rennes

Le (E)-hex-2-ènal, représenté ci-dessous, est la phéromone d'alarme d'une variété de fourmis :

1 Donner sa formule semi-développée.

2 À quelle famille de composés appartient-il ? Quel groupe caractéristique possède-t-il ?

3 Indiquer deux réactions mettant en évidence ce groupe caractéristique et préciser les résultats observés.

4 Quelle particularité présente le squelette carboné ?

5 Quel test met en évidence cette particularité ?

13 Composés organiques

★ 5 min. Corrigé p. 413

Lycée Amyot, Melun

Certains arômes sont dus aux molécules ci-dessous.

Pour chacun de ces composés, identifier les fonctions présentes dans leurs molécules et préciser la classe des fonctions alcools.

1 Dans la tomate :

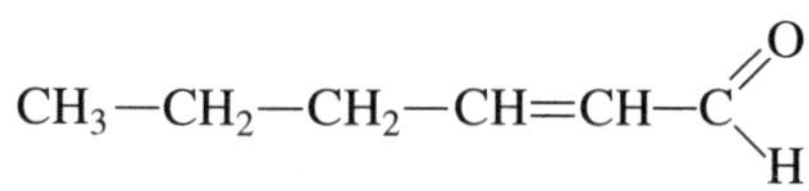

2 Dans le champignon :

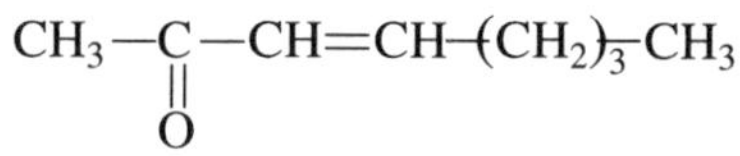

3 Dans la menthe :

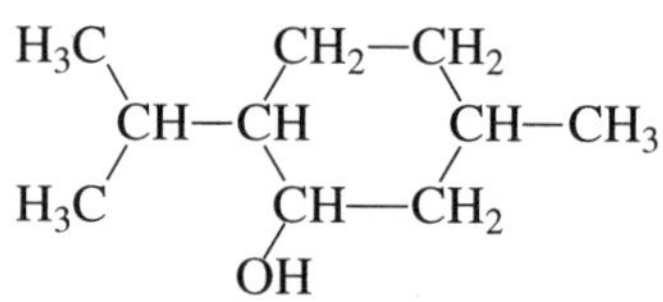

4 Dans le citron :

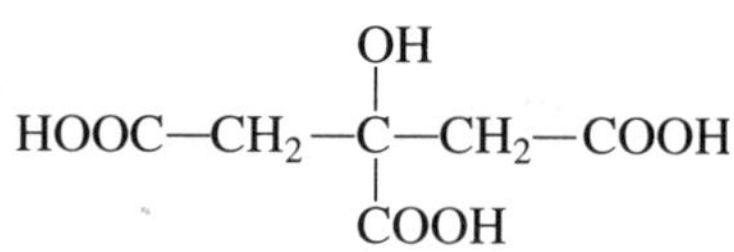

14 Composés organiques

★ 10 min. Corrigé p. 414

Lycée Fustel de Coulanges, Massy

L'essence de rose fut découverte au XVIIe siècle par l'Impératrice mongole des Indes NÛR JAHÂN.

L'ingrédient principal de l'odeur des roses est la damascénone, trouvée également dans l'arôme des raisins et du vin. La damascénone est représentée ci-dessous :

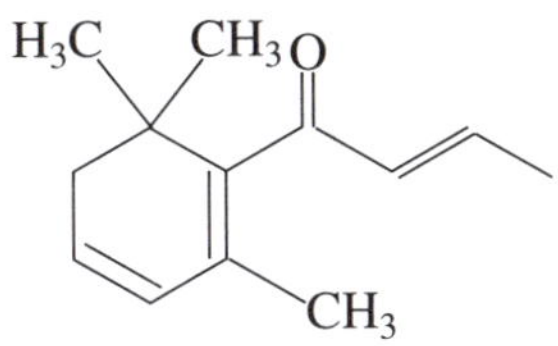

1. Réagit-elle avec la 2,4-D.N.P.H. ?
2. Réagit-elle sur la liqueur de FEHLING ?
3. Elle est obtenue par oxydation, en présence du dioxygène de l'air, d'un alcool ; lequel ?
4. Écrire l'équation-bilan correspondant à cette réaction en milieu acide (l'oxygène est l'oxydant du couple redox O_2/H_2O).

15 Synthèse organique

★ 5 min. Corrigé p. 416

Lycée Saint-Sernin, Toulouse

L'organigramme ci-dessous, indique les réactifs que l'on met en présence :

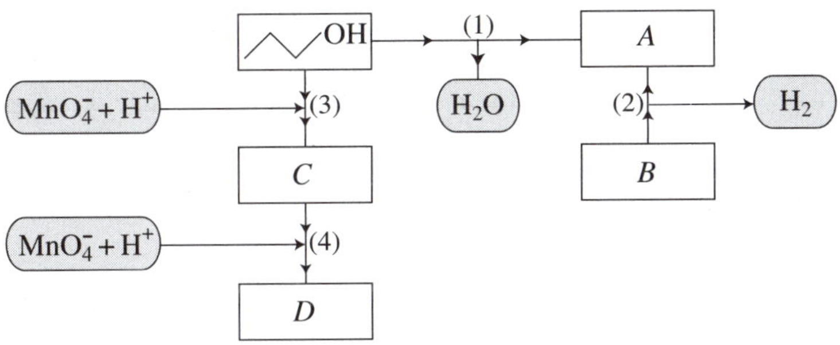

1. Identifier, par leurs formules semi-développées, les espèces *A*, *B*, *C* et *D*.
2. Nommer les réactions 2 et 3.

16 synthèse organique

★★ 20 min. Corrigé p. 417

Lycée P. Picasso, Fontenay-Sous-Bois

Le paracétamol est un médicament qui se rapproche de l'aspirine par ses propriétés analgésiques et antiseptiques. Il est présent dans de nombreux médicaments (Doliprane, Efferalgan). Le paracétamol est pourvu d'action anti-inflammatoire, mais il ne présente pas les contre-indications de l'aspirine. Le paracétamol est un solide blanc, de température de fusion égale à 168°C, peu soluble dans l'eau.

Le paracétamol est synthétisé par réaction de l'anhydride éthanoïque et le para-aminophénol :

$$\underset{\text{anhydride éthanoïque}}{CH_3-\underset{\underset{O}{\|}}{C}-O-\underset{\underset{O}{\|}}{C}-CH_3} + \underset{\text{para-aminophénol}}{HO-C_6H_4-NH_2} = \underset{\text{paracétamol}}{HO-C_6H_4-NH-\underset{\underset{O}{\|}}{C}-CH_3} + \underset{\text{acide éthanoïque}}{CH_3-\underset{\underset{O}{\|}}{C}-OH}$$

Données : température de vaporisation (T_{vap}), température de fusion (T_{fus}), masses molaires (M en $g \cdot mol^{-1}$) :

Composés	Aspect à 20°C et à pression ordinaire	Risques	M	T_{fus}	T_{vap}
Para-aminophénol	solide blanc		109	186°C	–
Anhydride éthanoïque	liquide incolore, densité $d = 1,08$		102	−73°C	136°C
Paracétamol	solide blanc		151	168°C	–
Acide éthanoïque	liquide incolore	odeur piquante	60	17°C	–

Solubilité :

Le para-aminophénol est peu soluble dans l'eau, il est davantage soluble dans l'acide éthanoïque, surtout si la température atteint 80°C.
Le paracétamol est beaucoup plus soluble à chaud qu'à froid dans l'eau.

État physique et réactivité :

La plupart des synthèses doivent se réaliser avec des réactifs dissous en solution. En effet, lorsque l'on tente de faire réagir un solide avec un liquide, la surface offert par le solide est bien moins grande que lorsque celui-ci est dissous, ce qui optimise les contacts entre réactifs permettant ainsi que la réaction se produise.

1 À l'aide des données, justifier les états physiques de l'anhydride éthanoïque et du para-aminophénol à température ambiante (20°C).

2 Avant de réaliser la synthèse du paracétamol, il est nécessaire de dissoudre le para-aminophénol : justifier ce procédé, puis imaginer un protocole permettant la dissolution la plus efficace possible.

3 La réaction utilise 2,72 g de para-aminophénol et 3,5 mL d'anhydride éthanoïque. Montrer que la quantité initiale de para-aminophénol vaut $2{,}50.10^{-2}$ mol et que celle d'anhydride éthanoïque vaut $3{,}71.10^{-2}$ mol.

4 Faire le tableau d'avancement de la synthèse du paracétamol.

5 Calculer la masse maximale de paracétamol que l'on peut obtenir.

17 Synthèse organique

★★ *30 min.* Corrigé *p. 419*

Lycée Victor Hugo, Colomiers

L'acide pentanoïque (aussi appelé acide valérique car présent dans la valériane), de formule C_4H_9–COOH (ou $C_5H_{10}O_2$) peut être synthétisé par oxydation du pentan-1-ol de formule C_4H_9–CH_2OH (ou $C_5H_{12}O$) par les ions permanganate MnO_4^-. Cette synthèse se réalise en milieu aqueux acidifié, à partir d'un volume $V_1 = 12$ mL de pentan-1-ol et d'un volume $V_2 = 200$ mL d'une solution de permanganate de potassium ($K^+_{(aq)} + MnO^-_{4\,(aq)}$) de concentration $C_2 = 0{,}50\ \text{mol}\cdot\text{L}^{-1}$.

On chauffe ce mélange à reflux pendant quelques minutes. L'équation de la réaction d'oxydation de cet alcool par l'ion permanganate est :

$$5\,C_5H_{12}O_{(liq)} + 4\,MnO^-_{4\,(aq)} + 12\,H^+_{(aq)} \rightarrow 5\,C_5H_{10}O_{2\,(aq)} + 11\,H_2O_{(liq)} + 4\,Mn^{2+}_{(aq)}$$

Données :

- Masses volumiques μ_i et masses molaires M_i :

Pentan-1-ol	$\mu_1 = 0{,}80\ \text{g}\cdot\text{mL}^{-1}$	$M_1 = 88{,}0\ \text{g}\cdot\text{mol}^{-1}$
Permanganate de potassium		$M_2 = 158{,}0\ \text{g}\cdot\text{mol}^{-1}$
Acide pentanoïque	$\mu_3 = 0{,}93\ \text{g}\cdot\text{mL}^{-1}$	$M_3 = 102{,}0\ \text{g}\cdot\text{mol}^{-1}$

- Dangers associés aux composés chimiques :

pentan-1-ol	permanganate de potassium	acide pentanoïque

1 Quelle est la classe du pentan-1-ol ?

2 Lors de cette synthèse, quelles sont les précautions à prendre pour la santé et la sécutité ?

3 Exprimer puis calculer la quantité de matière initiale n_1 de pentan-1-ol.

4 Montrer, par un calcul littéral puis numérique, que la quantité de matière initiale d'ions permanganate en solution est $n_2 = 1{,}0.10^{-1}$ mol.

5 Dresser et compléter, par des expressions littérales, le tableau d'avancement de cette synthèse. On rappelle qu'ici, l'eau et les ions H^+ sont en excès.

6 Identifier le réactif limitant. Justifier par un calcul.

7 Exprimer puis calculer la quantité de matière théorique $n_{\text{théo}}$ d'acide pentanoïque qui peut être formée.

8 En déduire l'expression puis la valeur de la masse théorique $m_{\text{théo}}$ d'acide pentanoïque qui peut être formée.

9 L'expérience réalisée fournit une masse expérimentale $m_{\text{exp}} = 8{,}4$ g d'acide pentanoïque. Exprimer puis calculer le rendement ρ de cette synthèse.

18 Synthèse organique

★★ *15 min.* Corrigé *p. 420*

Lycée Saint-Exupéry, Mantes-la-Jolie

La benzocaïne (4-aminobenzoate d'éthyle), de formule :

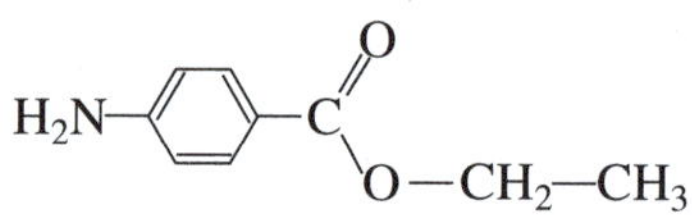

entre dans la composition d'anestésiques locaux. Sa synthèse consiste en une réaction entre un composé de la vitamine B 10 (composé noté *A*) et l'éthanol (noté *B*) :

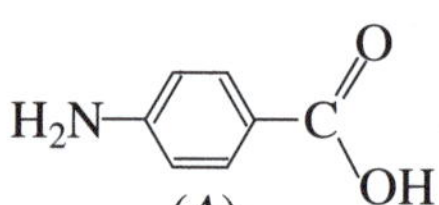

$+ \; C_2H_5OH$ = benzocaïne + (*D*)

(*A*) (*B*)

1 Quels groupes caractéristiques reconnaît-on dans les réactifs *A* et *B* ?

2 Quel est le produit *D* ?

3 On introduit, dans un ballon, 5 g de composé *A* et 17,5 mL d'éthanol. Quelle masse de benzocaïne peut-on espérer obtenir ?

Données :

- masses molaires de quelques éléments :

$$M_H = 1 \text{ g} \cdot \text{mol}^{-1} \qquad M_C = 12 \text{ g} \cdot \text{mol}^{-1}$$
$$M_N = 14 \text{ g} \cdot \text{mol}^{-1} \qquad M_O = 16 \text{ g} \cdot \text{mol}^{-1}$$

- masse volumique de l'éthanol : $\mu = 0{,}789 \text{ g} \cdot \text{mL}^{-1}$.

QCM

1 Connaissance du cours

Enoncé *p. 390*

1 La molécule proposée présente un groupe carbonyle (–CHO) caractéristique des aldéhydes, lequel groupe définit l'extrémité à partir de laquelle sont numérotés les 5 atomes de carbone de la chaîne principale (c'est un pentanal) :

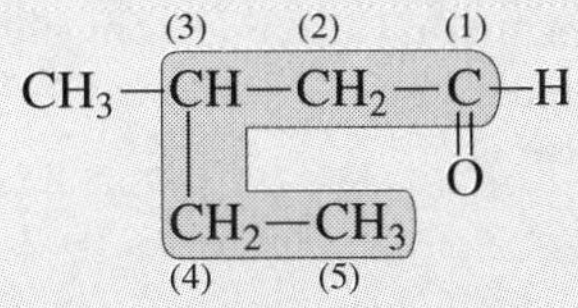

Un groupe méthyl (–CH_3) apparaît ainsi lié à l'atome de carbone n°3, en conséquence de quoi cette molécule s'appelle :

le 3-méthylpentanal (réponse **b**).

2 Le groupe caractéristique des aldéhydes est le groupe carbonyle (–CHO) qui ne peut être localisé qu'en bout de chaîne (réponse **a**) :

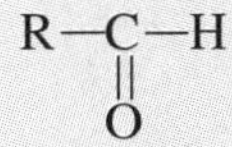

3 En revanche, les cétones sont caractérisées par le groupe carbonyle –CO– qui ne peut pas être situé en bout de chaîne (réponse **c**) :

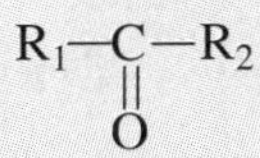

4 La 2,4-D.N.P.H. est un réactif spécifique aux groupes carbonyles caractéristiques des aldéhydes et des cétones (réponse **d**).

5 Si un composé réagit positivement au test à la 2,4-D.N.P.H., c'est qu'il contient un groupe carbonyle caractéristique des aldéhydes et des cétones. Cependant, ce composé ne peut pas être un aldéhyde, sans quoi il aurait aussi réagi positivement avec la liqueur de FEHLING. Il s'ensuit que ce composé est une cétone (réponse **c**).

6 Le méthylpropanal et la butanone ont pour formules semi-développées :

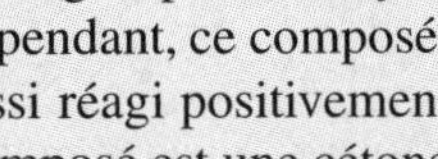

méthylpropanal

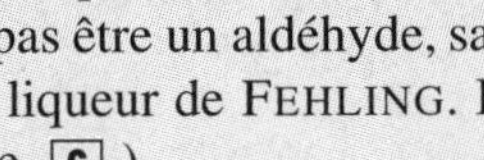

butanone

Ces molécules, bien que différentes, possèdent la même formule brute C_4H_8O ; ce sont des isomères (réponse **a**), dont la cétone (butanone) ne réagit pas à la liqueur de FEHLING.

7 L'acide 2,3-diméthylbutanoïque présente un groupe carboxyle (–COOH), caractéristique des acides carboxyliques. Ce groupe définit le début de la numérotation des 4 atomes de carbone qui composent la chaîne principale (ce qu'indique la racine *butan*) :

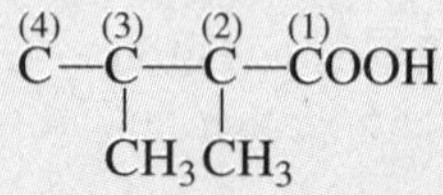

Deux groupes méthyl (–CH_3) sont alors liés aux atomes de carbone n°2 et n°3, tandis que des liaisons C–H complètent la tétravalence des atomes de carbone :

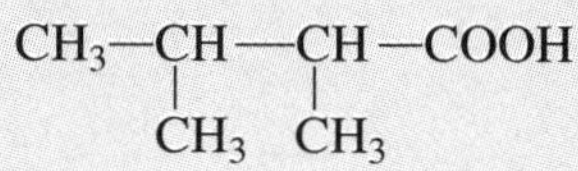

Cette molécule a donc pour formule brute :

$C_6H_{12}O_2$ (réponse **b**)

8 Le pH d'une solution aqueuse permet de connaître la concentration des ions $H^+_{(aq)}$ qu'elle contient :

$$\left[H^+_{(aq)}\right] = 10^{-\text{pH}} = 10^{-2,3} \simeq 0{,}005 \text{ mol} \cdot \text{L}^{-1} \text{ (réponse } \boxed{\text{d}}\text{)}$$

QCM 2 Groupes caractéristiques

Enoncé *p. 391*

1 Le test positif à la 2,4-D.N.P.H. révèle la présence du groupe carbonyle dans les flacons (2) et (3) ; l'aldéhyde et la cétone sont donc contenus dans ces flacons (il n'est cependant pas possible de les distinguer, à cette étape de l'expérience), ce qui signifie aussi que le flacon (1) contient l'autre composé : $C_4H_8O_2$ (réponse **a**).

2 Le pH acide (pH < 7) révélé par le papier pH montre que le flacon (1) contient la seule des trois espèces qui soit acide : un acide carboxylique (réponse **b**).

3 Le test positif à la liqueur de FEHLING, associé au test positif à la 2,4-D.N.P.H. révèlent que le flacon (3) contient l'aldéhyde C_3H_6O. L'ensemble des tests effectués permet alors d'identifier les espèces contenues dans chaque flacon :

Flacon (1) .... acide carboxylique $C_4H_8O_2$
Flacon (2) .... cétone $C_5H_{10}O$
Flacon (3) .... aldéhyde C_3H_6O

En l'occurrence, on peut affirmer que les flacons (2) et (3) contiennent respectivement la cétone et l'aldéhyde (réponse **a**).

4 L'aldéhyde du flacon (3), de formule brute C_3H_6O ne peut être que le propanal (réponse **d**) :

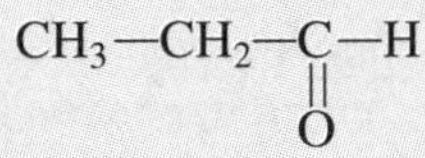

Les autres composés (acide carboxyliques $C_4H_8O_2$ et cétone $C_5H_{10}O$) possèdent des isomères qui rend incomplète leur identification :

Acides carboxyliques $C_4H_8O_2$:

acide butanoïque

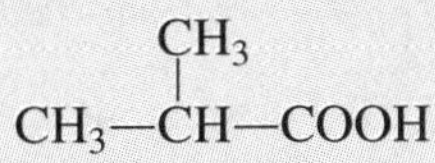

acide méthylpropanoïque

Cétones $C_5H_{10}O$:

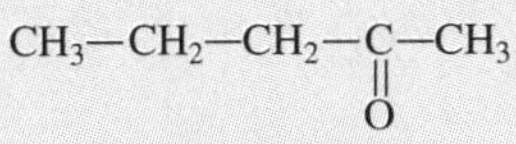

pentan-2-one

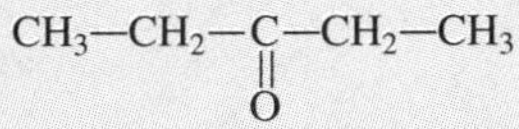

pentan-3-one

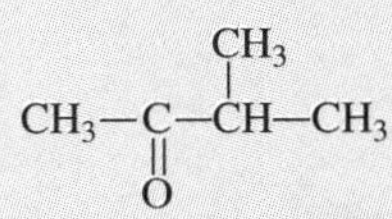

méthylbutanone

5 Le recensement précédent montre que la pentan-2-one, la pentan-3-one et la méthylbutanone peuvent composer le flacon (2). En revanche, la 1-méthylbutan-2-one :

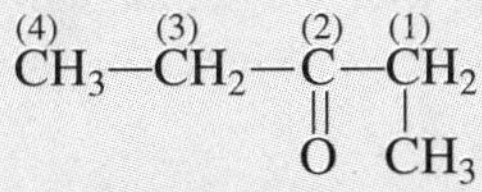

est un nom qui ne peut pas convenir (réponse **b**) car la chaîne principale de cette molécule contiendrait 5 atomes de carbone ; elle s'appelle la pentan-3-one.

3 Nomenclature

Enoncé p. 392

Lycée Saint-Pierre, Brunoy

1 Le propanal est un aldéhyde (qui possède le groupe –CHO) à trois atomes de carbone :

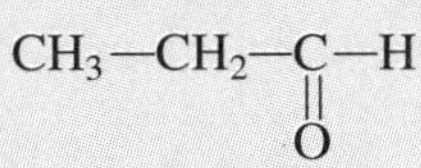

2 La propanone est une cétone (avec un groupe –CO–) qui possède trois atomes de carbone :

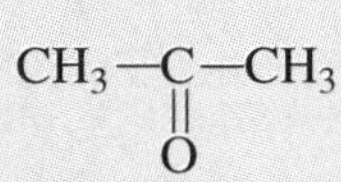

3 L'acide propanoïque est un acide carboxylique (avec le groupe –COOH) qui possède trois atomes de carbone :

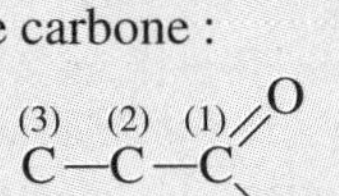

En démarrant la numérotation des atomes de carbone au plus près du groupe carboxyle, un groupe méthyle apparaît lié à l'atome de carbone n°2 :

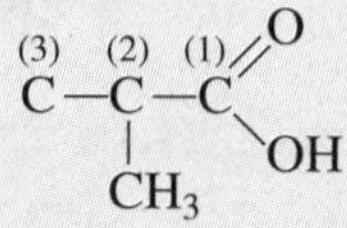

Enfin, la tétravalence des atomes de carbone étant assurée à l'aide de liaisons C–H, la formule semi-développée de l'acide 2-méthylpropanoïque s'écrit :

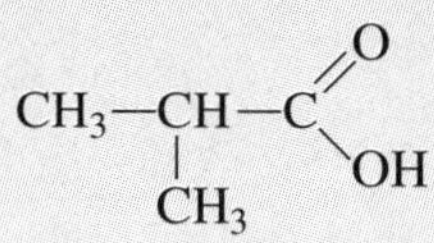

4 Nomenclature

Lycée Rousseau, Montmorency

Enoncé *p. 392*

1 La molécule possède un groupe carbonyle (–CO–) caractéristique des cétones, sur la chaîne principale, qui comporte 5 atomes de carbone ; c'est une pentanone.

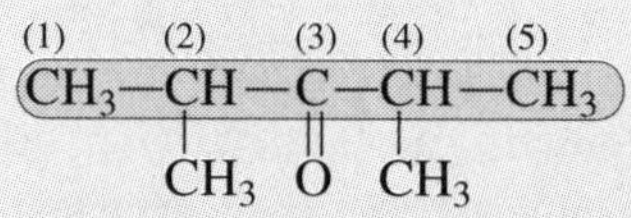

Quelle que soit l'extrémité de la chaîne principale choisie pour démarrer la numérotation des atomes de carbone, le groupe carbonyle est porté par l'atome de carbone n°3 ; il s'agit d'une pentan-3-one, dont les atomes de carbone n°2 et n°4 sont chacun liés à un groupe méthyl. Par conséquent, cette molécule s'appelle :

la 2,4-diméthylpentan-3-one

2 La molécule proposée possède un groupe carboxyle –COOH, caractéristique des acides carboxyliques, dont l'atome de carbone détermine le début de la numérotation des 6 atomes de carbone qui composent la chaîne principale ; il s'agit d'un acide hexanoïque :

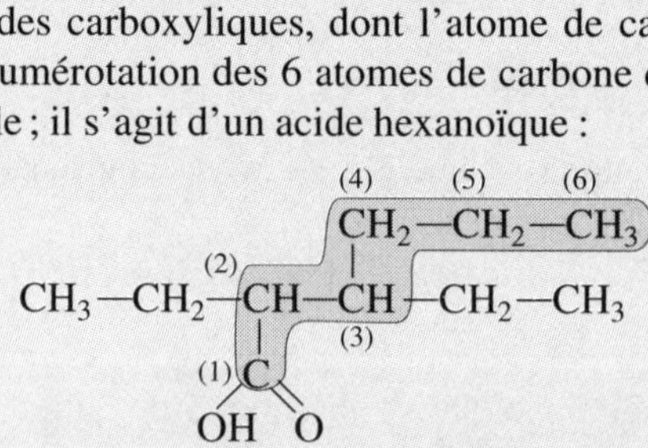

Ce faisant, les atomes de carbone n°2 et n°3 sont chacun liés à un groupe éthyl ($–CH_2–CH_3$), en raison de quoi la molécule s'appelle :

l'acide 2,3-diéthylhexanoïque

5 Nomenclature

Enoncé p. 392

Lycée des Pontonniers, Strasbourg

1 Le composé présente un groupe carboxyle –COOH caractéristique des acides carboxyliques. Sa chaîne principale contenant deux atomes de carbone :

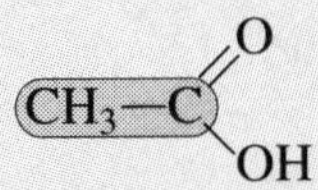

ce composé s'appelle l'acide éthanoïque. Il peut être mis en évidence à l'aide de papier pH qui indique un pH inférieur à 7.

2 Le composé proposé :

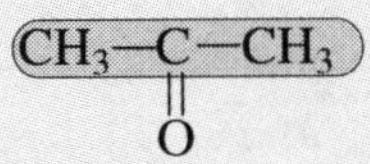

porte un groupe carbonyle –CO– caractéristique des cétones et, puisque sa chaîne principale comporte 3 atomes de carbone, il s'agit de la propanone.

Comme toute cétone, ce composé réagit :

- positivement au test à la 2,4-D.N.P.H., qui forme alors un précipité jaune.
- négativement au test à la liqueur de FEHLING ou au réactif de TOLLENS.

3 Le composé, de formule semi-développée :

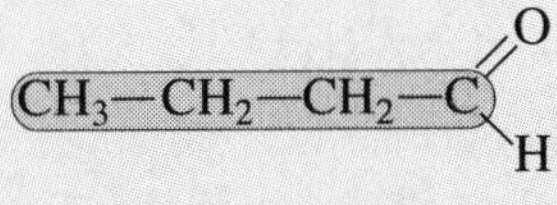

porte le groupe carbonyle –CHO caractéristique des aldéhydes ; sa chaîne principale, au demeurant linéaire, est composée de 4 atomes de carbone, en raison de quoi il s'appelle le butanal. Comme tous les aldéhydes, ce composé :

- réagit positivement au test à la 2,4-D.N.P.H., en donnant un précipité jaune ;
- réagit positivement au test à la liqueur de FEHLING, à l'issue duquel un précipité rouge se forme ;
- donne un résultat positif avec le réactif de TOLLENS : un dépôt d'argent se forme.

6 Nomenclature

Lycée Notre-Dame-Des-Minimes, Lyon

Enoncé p. 393

1 Dans une formule topologique, un trait dépourvu de lettre relie deux atomes de carbone :

(1) (2) (3) (4)

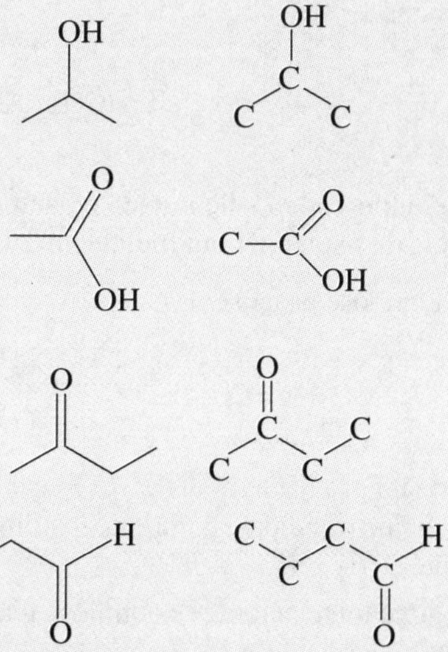

Les liaisons C–H assurent finalement la tétravalence des atomes de carbone qui composent les molécules proposées par l'énoncé :

(1) $CH_3-CH(OH)-CH_3$ (2) $CH_3-C(=O)-OH$

(3) $CH_3-C(=O)-CH_2-CH_3$ (4) $CH_3-CH_2-CH_2-C(=O)-H$

2 • *Molécule (1)* – Cette molécule possède le groupe –OH caractéristique des alcools ; comme elle possède 3 atomes de carbone, il s'agit d'un propanol. Enfin, le groupe –OH est lié à l'atome de carbone n°2 de la chaîne principale (quelle que soit l'extrémité choisie pour démarrer cette numérotation) :

$$\underset{(1)}{CH_3}-\underset{(2)}{CH(OH)}-\underset{(3)}{CH_3}$$

C'est pourquoi cette molécule est le propan-2-ol.

• *Molécule (2)* – Le groupe –COOH est caractéristique des acides carboxyliques. Notamment, celui-ci comporte deux atomes de carbone, auquel cas il s'appelle : l'acide éthanoïque.

- *Molécule (3)* – Cette molécule comporte le groupe carbonyle (–CO–) caractéristique des cétones. Comme sa chaîne principale est composée de 4 atomes de carbone, il s'agit de la butanone.
- *Molécule (4)* – Le groupe carbonyle –CHO caractérise les aldéhydes. Notamment, puisque cette molécule possède 4 atomes de carbone, elle s'appelle : le butanal.

7 Nomenclature

Enoncé *p. 393*

Lycée Bouchardon, Chaumont

1 Le groupe carboxyle –COOH est caractéristique des acides carboxyliques. Or, puisque la chaîne principale de cette molécule comporte 4 atomes de carbone, elle s'appelle : l'acide butanoïque.

2 La chaîne principale de la molécule proposée par l'énoncé comporte un groupe carbonyle (–CHO) caractéristique des aldéhydes et 4 atomes de carbone. Par conséquent c'est un butanal :

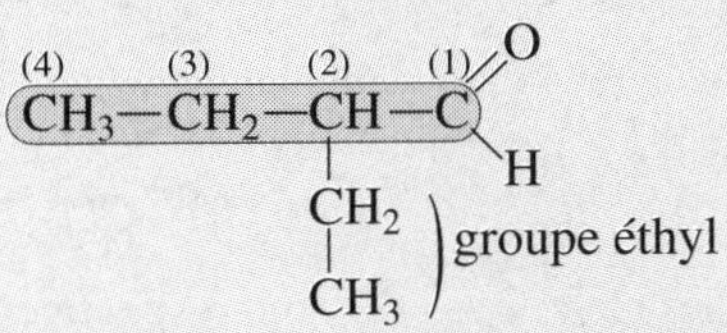

La numérotation de cette chaîne démarrant par l'atome de carbone du groupe carbonyle, un groupe éthyl ($-CH_2-CH_3$) apparaît lié à l'atome de carbone n°2. Il s'ensuit que cette molécule s'appelle : le 2-éthylbutal.

3 La molécule présente un groupe carbonyle (–CO–) caractéristique des cétones et sa chaîne principale comporte 4 atomes de carbone ; c'est donc une butanone (préciser la position du groupe carbonyle est superflu puisque cette position est unique) :

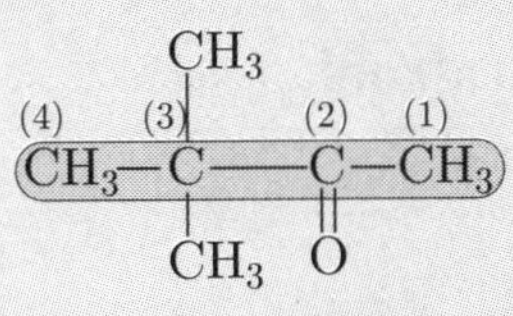

En démarrant la numérotation des atomes de carbone de la chaîne principale au plus près du groupe carbonyle, deux groupes méthyl ($-CH_3$) apparaissent liés à l'atome de carbone n°3. Par suite, cette molécule est :

la 3,3-diméthylbutanone

COURS
EXERCICES
CORRIGÉS

8 Oxydation d'un alcool

Enoncé *p. 394*

Lycée Utrillo, Stains

1 *C* est un acide en solution aqueuse, qui provient de l'oxydation d'un alcool. Par conséquent, *C* est un acide carboxylique, ce qui est confirmé par l'absence de réaction avec la D.N.P.H. Or, puisque *C* provient d'un alcool non ramifié à 4 atomes de carbone, il ne peut s'agir que de :

l'acide butanoïque : $CH_3–CH_2–CH_2–COOH$

Quant au composé *D*, il réagit positivement au test à la 2,4-D.N.P.H., ce qui met en évidence un groupe carbonyle, caractéristique des aldéhydes et cétones. Or, l'absence de réaction avec la liqueur de FEHLING montre que *D* est une cétone.

Enfin, puisque cette cétone provient de l'oxydation de l'alcool $C_4H_{10}O$, elle présente également 4 atomes de carbone et ne peut être que :

la butanone : $CH_3–CO–CH_2–CH_3$

2 Les composés *C* et *D* sont produits par l'oxydation des alcools *A* et *B* :

$$A \xrightarrow{\text{oxydation}} CH_3–CH_2–CH_2–COOH$$

$$B \xrightarrow{\text{oxydation}} CH_3–CO–CH_2–CH_3$$

Par suite, les alcools *A* et *B* sont respectivement primaire et secondaire ; avec une chaîne principale linéaire à 4 atomes de carbone, les seuls alcools qui conviennent sont :

$$CH_3—CH_2—CH_2—CH_2—OH$$

A : butan-1-ol

$$CH_3—\underset{}{\overset{\overset{\displaystyle OH}{|}}{C}}H—CH_2—CH_3$$

B : butan-2-ol

9 Oxydation d'un alcool

Enoncé *p. 394*

Lycée Hoche, Versailles

1 **(a)** L'oxydation ménagée d'un alcool consiste en son oxydation, suffisamment douce pour ne pas produire CO_2 (il ne s'agit pas d'une combustion). Cette oxydation est souvent menée à l'aide d'oxydants dilués en solution aqueuse : les ions permanganate ($MnO_4{}^-_{(aq)}$) ou les ions dichromate ($Cr_2O_7{}^{2-}_{(aq)}$).

(b) Le pentan-3-ol (alcool secondaire) conduit, par oxydation ménagée, à une cétone (X) :

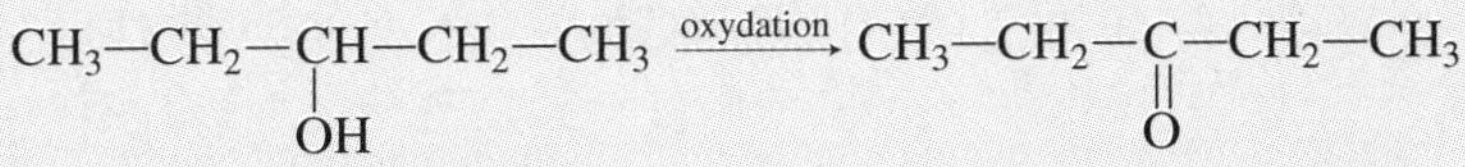

pentan-3-ol → pentan-3-one (X)

Quant au pentan-1-ol (alcool primaire), son oxydation ménagée incomplète produit un aldéhyde (Y) :

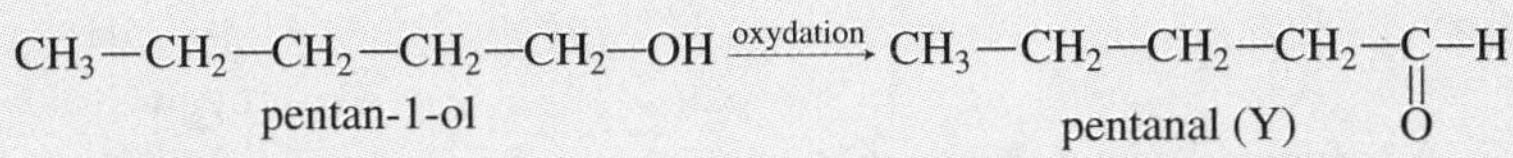

pentan-1-ol → pentanal (Y)

Remarque : Le pentanal peut, à son tour, être oxydé en acide carboxylique :

l'acide pentanoïque : $CH_3–CH_2–CH_2–CH_2–COOH$

L'oxydation incomplète de l'alcool permet de limiter l'oxydation au pentanal.

2 **(a)** Les composés X et Y possèdent chacun un groupe carbonyle mis en évidence par le test à la 2,4-D.N.P.H. ; ce test est donc positif avec X et Y, en fournissant un précipité jaune.

(b) La cétone X n'est pas oxydable par la liqueur de FEHLING (ions Cu^{2+} complexés en milieu basique), contrairement à l'aldéhyde Y. C'est pourquoi le test à la liqueur de FEHLING n'est positif qu'avec l'aldéhyde Y ; il se forme alors un précipité rouge.

(c) De même, les ions Ag^+ contenus dans le réactif de TOLLENS ne peuvent oxyder que l'aldéhyde Y qui est donc le seul composé à donner une réaction positive au test au réactif de TOLLENS ; il se forme alors un dépôt métallique d'argent.

10 Oxydation d'un alcool

Enoncé p. 394

Lycée Lacordaire, Marseille

1 L'alcane de formule brute C_3H_8 (propane) est unique :

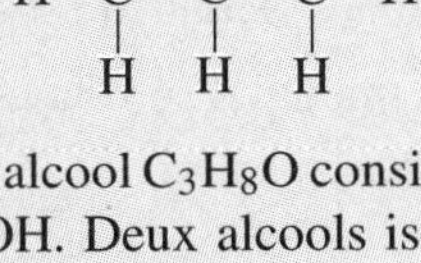

Le passage de l'alcane à l'alcool C_3H_8O consiste à remplacer une liaison C–H par une liaison C–OH. Deux alcools isomères peuvent alors être obtenus selon que cette substitution s'opère sur l'atome de carbone du centre ou d'une extrémité :

$CH_3-CH_2-CH_2-OH$ et 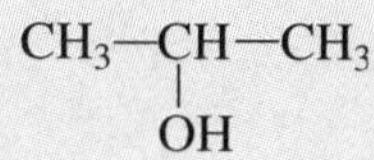

2 Dans les deux cas, la chaîne principale contient 3 atomes de carbone ; les deux isomères sont des propanols qui ne se distinguent que par la position de leur groupe caractéristique hydroxyle –OH :

$CH_3-CH_2-CH_2-OH$ 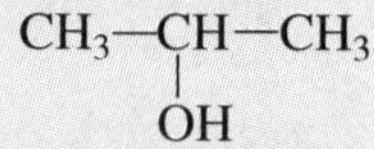

propan-1-ol propan-2-ol

- Dans le propan-1-ol, l'atome de carbone porteur du groupe –OH n'est lié qu'à un seul atome de carbone ; l'alcool est primaire :

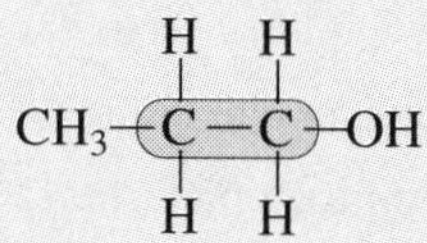

- Dans le propan-2-ol, l'atome de carbone porteur du groupe –OH est lié aussi à deux atomes de carbone :

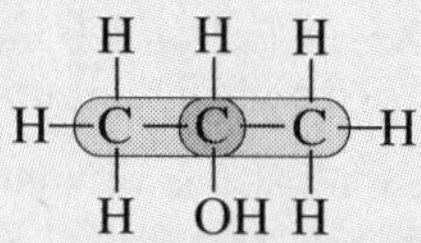

C'est pourquoi cet alcool est secondaire.

3 La 2,4-D.N.P.H. est un réactif spécifique du groupe carbonyle caractéristique des aldéhydes et cétones. Quant à la liqueur de FEHLING, son virage au rouge met en évidence les aldéhydes. Donc, le test négatif à la liqueur de FEHLING montre que le produit de l'oxydation de *A* est une cétone. Or, puisque l'oxydation de *A* ne modifie pas le nombre d'atomes de carbone présents dans la chaîne carbonée, ce produit d'oxydation est la seule cétone à 3 atomes de carbone :

la propanone : 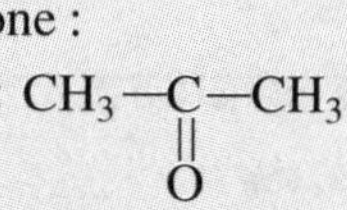

4 C'est la classe d'un alcool qui détermine la nature du produit de l'oxydation de cet alcool :

$$\text{alcool primaire} \xrightarrow{\text{oxydation}} \text{aldéhyde}$$

$$\text{alcool secondaire} \xrightarrow{\text{oxydation}} \text{cétone}$$

Donc, puisque le produit d'oxydation de *A* est la propanone, l'alcool de départ était :

le propan-2-ol : 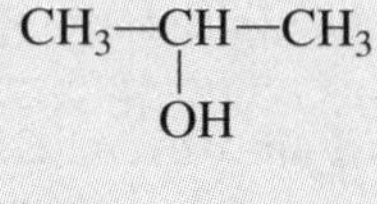

11 Oxydation d'un alcool

Enoncé p. 395

Lycée Claude Bernard, Paris

1 **(a)** Dans le menthol, l'atome de carbone porteur du groupe hydroxyle est lié à deux autres atomes de carbone. Par conséquent, l'oxydation ménagée de cet alcool secondaire produit une cétone :

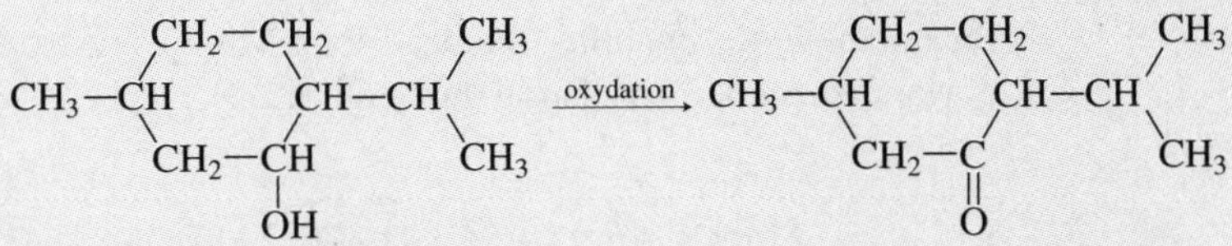

alcool : $C_{10}H_{20}O$ cétone : $C_{10}H_{18}O$

(b) Les formules développées précédentes montrent que le menthol ($C_{10}H_{20}O$) est le réducteur du couple redox $C_{10}H_{18}O/C_{10}H_{20}O$, dont la demi-équation doit être équilibrée :

- à l'égard de l'élément hydrogène, en ajoutant des ions H^+ :

$$\underbrace{C_{10}H_{18}O + 2\,H^+}_{\substack{10 \text{ atomes C}\\ 20 \text{ atomes H}\\ 1 \text{ atome O}}} = \underbrace{C_{10}H_{20}O}_{\substack{10 \text{ atomes C}\\ 20 \text{ atomes H}\\ 1 \text{ atome O}}}$$

- à l'égard des charges, en ajoutant des électrons :

$$(\mathcal{E}_1) \qquad C_{10}H_{18}O + 2\,H^+ + 2\,e^- = C_{10}H_{20}O$$

Quant aux ions permanganate, ils constituent l'oxydant du couple MnO_4^-/Mn^{2+}, dont la demi-équation doit être aussi équilibrée :

- à l'égard de l'élément oxygène, en ajoutant H_2O :

$$\underbrace{MnO_4^-}_{4 \text{ atomes O}} = \underbrace{Mn^{2+} + 4\,H_2O}_{4 \text{ atomes O}}$$

- à l'égard de l'élément hydrogène, en ajoutant des ions H^+ :

$$\underbrace{MnO_4^- + 8\,H^+}_{8 \text{ atomes H}} = \underbrace{Mn^{2+} + 4\,H_2O}_{8 \text{ atomes H}}$$

à l'égard des charges, en ajoutant des électrons :

$$(\mathcal{E}_2) \qquad MnO_4^- + 8\,H^+ + 5\,e^- = Mn^{2+} + 4\,H_2O$$

L'association des deux demi-équations précédentes :

$$2\,(\mathcal{E}_2) \qquad 2\,MnO_4^- + 16\,H^+ + 10\,e^- = 2\,Mn^{2+} + 8\,H_2O$$
$$-5\,(\mathcal{E}_1) \qquad 5\,C_{10}H_{20}O = 5\,C_{10}H_{18}O + 10\,H^+ + 10\,e^-$$

fournit, après simplification par $10\,e^-$ et par $10\,H^+$, l'équation-bilan de l'oxydation ménagée du menthol :

$$2\,MnO_4^- + 6\,H^+ + 5\,C_{10}H_{20}O = 2\,Mn^{2+} + 8\,H_2O + 5\,C_{10}H_{18}O$$

2 L'alcool de formule brute $C_{10}H_{20}O$ a pour masse molaire :

$$M_a = 10\,M_C + 20\,M_H + M_O = 10 \times 12 + 20 \times 1 + 16 = 156\ \text{g}\cdot\text{mol}^{-1}$$

Par conséquent, une masse $m_a = 90$ g de cet alcool contient la quantité de matière :

$$n_a = \frac{m_a}{M_a} = \frac{90}{156} \simeq 0{,}58 \text{ mol d'alcool.}$$

En notant n_0 la quantité initiale d'ions MnO_4^- (en excès), le tableau d'avancement de l'oxydation du menthol :

	$2\,MnO_4^-$	$+6\,H^+$	$+5\,C_{10}H_{20}O$	$=2\,Mn^{2+}$	$+8\,H_2O$	$+5\,C_{10}H_{18}O$
$x = 0$	n_0		n_a	0		0
$x \neq 0$	$n_0 - 2x$		$n_a - 5x$	$2x$		$5x$

montre que cette réaction cesse lorsque l'avancement x prend une valeur x_f qui assure la disparition de l'alcool :

$$n_a - 5\,x_f = 0 \Rightarrow 5\,x_f = n_a = 0{,}58 \text{ mol}$$

Dans ces conditions, la quantité maximale de cétone que pourrait produire cette réaction vaudrait :

$$n_c^{(\max)} = 5\,x_f = 0{,}58 \text{ mol}$$

Enfin, puisque la masse molaire de la cétone ($C_{10}H_{18}O$) vaut :

$$M_c = 10\,M_C + 18\,M_H + M_O = 10 \times 12 + 18 \times 1 + 16 = 154\ \text{g}\cdot\text{mol}^{-1}$$

la réaction peut produire une masse maximale :

$$m_c^{(\max)} = n_c^{(\max)} \times M_c = 0{,}58 \times 154 \simeq 89{,}3 \text{ g de cétone.}$$

Cependant, la réaction ne produit réellement que $m_c^{(\exp)} = 75$ g de cétone, en conséquence de quoi son rendement vaut :

$$\eta = \frac{m_c^{(\exp)}}{m_c^{(\max)}} = \frac{75}{89{,}3} \Rightarrow \eta \simeq 0{,}84 = 84\%$$

12 Composés organiques

Enoncé p. 395

Lycée Saint-Martin, Rennes

1 La formule topologique d'une molécule omet la représentation des atomes de carbone, mais représente toutes les liaisons entre atomes de carbone :

signifie :

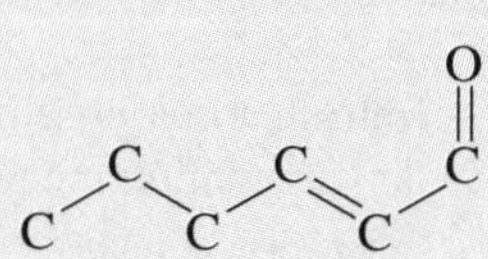

Des liaisons C–H (non représentées dans la formule topologique) complètent alors la tétravalence des atomes de carbone :

$$CH_3-CH_2-CH_2-CH=CH-\underset{\underset{\displaystyle O}{\|}}{C}-H$$

2 Ce composé possède un groupe carbonyle (–CHO) caractéristique des aldéhydes.

3 Le groupe carbonyle –CHO peut être mis en évidence :

- par la 2,4-D.N.P.H., avec laquelle il forme un précipité jaune. Cependant, ce groupe est présent dans les aldéhydes et les cétones ; un test supplémentaire doit permettre de distinguer ces deux familles de composés organiques.
- par le réactif de TOLLENS (un dépôt d'argent se forme) ou par la liqueur de FEHLING (formation d'un précipité rouge) ; ces deux tests demeurent négatifs avec les cétones.

4 Le squelette carboné de la molécule présente également une double liaison –CH = CH– caractéristique des alcènes.

5 Cette double liaison peut être mise en évidence à l'aide de l'eau de brome qui se décolore en présence d'un alcène.

13 Composés organiques

Enoncé *p. 396*

Lycée Amyot, Melun

1 Dans l'arôme de tomate

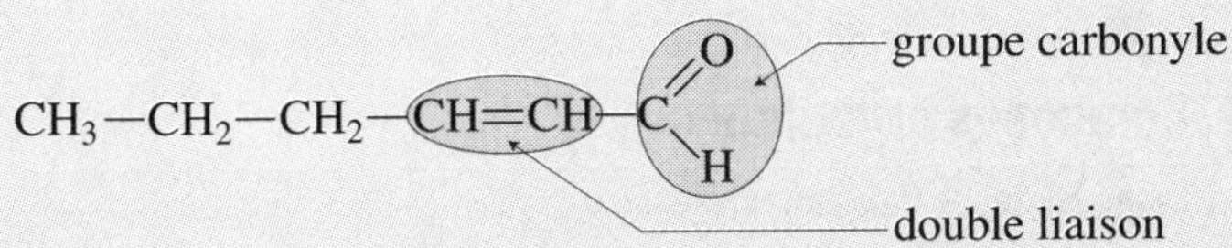

se trouvent :

- un groupe carbonyle –CHO, caractéristique des aldéhydes ;
- une double liaison –CH = CH– caractéristique des alcènes.

2 La molécule responsable de l'arôme de champignon :

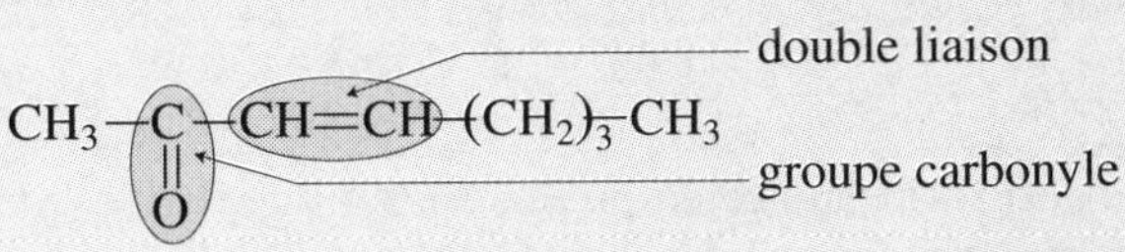

comporte :

- une double liaison –CH = CH– caractéristique des alcènes ;
- un groupe carbonyle –CO– caractéristique des cétones.

3 Dans l'arôme de menthe :

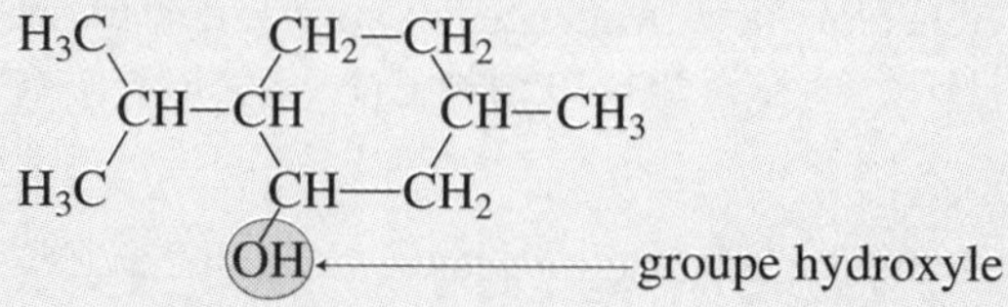

se trouve un groupe hydroxyle –OH caractéristique des alcools. Puisque l'atome de carbone lié à ce groupe est aussi lié à deux autres atomes de carbone, l'alcool est secondaire.

4 La molécule présente dans le citron :

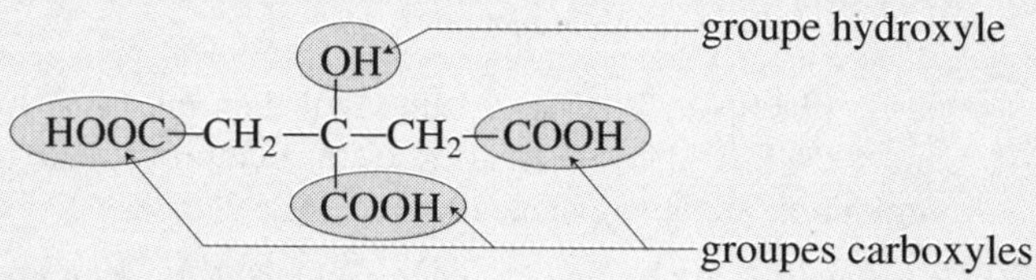

possède :

- 3 groupes carboxyles :

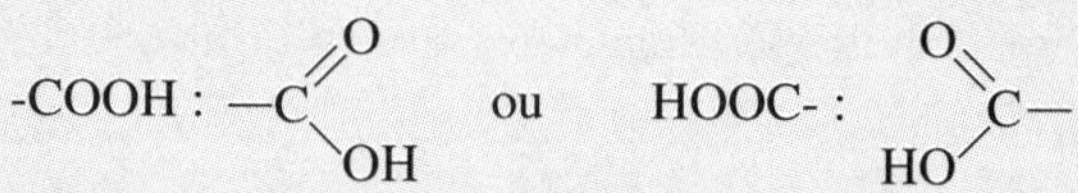

caractéristiques des acides carboxyliques ;

- 1 groupe hydroxyle (–OH) caractéristique des alcools. Or, l'atome de carbone lié à ce groupe est aussi lié à 3 autres atomes de carbone, en conséquence de quoi l'alcool correspondant est tertiaire.

14 Composés organiques

Lycée Fustel de Coulanges, Massy

Enoncé *p. 397*

1 Écrivons la formule semi-développée de la molécule :

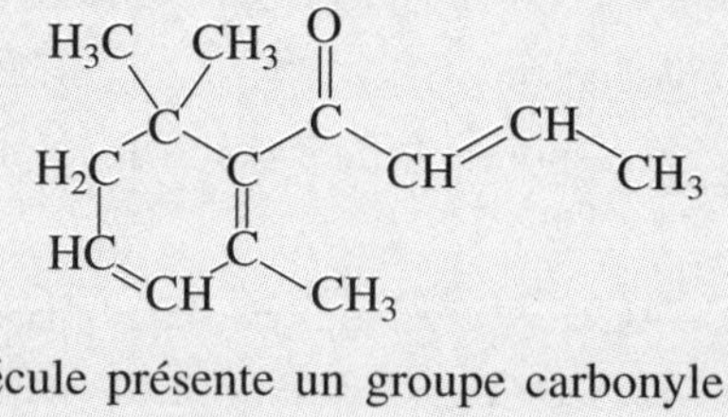

Ainsi, cette molécule présente un groupe carbonyle –CO– caractéristique des cétones, qui réagit avec la 2,4-D.N.P.H. en donnant un précipité jaune.

2 En revanche, le groupe carbonyle des cétones n'est pas oxydable, ce qui justifie l'inertie de cette molécule à l'égard de la liqueur de FEHLING.

3 Une cétone R–CO–R′ peut être obtenue par oxydation d'un alcool secondaire, donc ici de formule topologique :

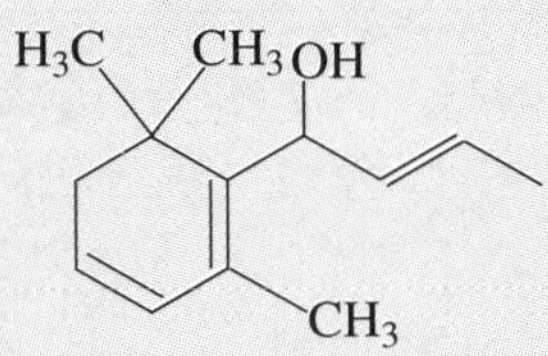

4 La cétone R–CO–R′ et l'alcool R–CHOH–R′ sont les membres d'un même couple redox, dont la demi-équation doit être équilibrée :

- à l'égard de l'hydrogène, à l'aide des ions $H^+_{(aq)}$:

$$\underbrace{\text{R–CO–R}' + 2\,\text{H}^+_{(aq)}}_{\text{2 atomes H}} = \underbrace{\text{R–CHOH–R}'}_{\text{2 atomes H}}$$

- à l'égard des charges, à l'aide des électrons e^- :

$$(\mathcal{E}_1) \qquad \underbrace{\text{R–CO–R}' + 2\,\text{H}^+_{(aq)} + 2\,\text{e}^-}_{\text{0 charge}} = \underbrace{\text{R–CHOH–R}'}_{\text{0 charge}}$$

Quant au couple redox O_2/H_2O, sa demi-équation doit être équilibrée :

- à l'égard de l'élément oxygène, à l'aide de H_2O :

$$O_2 = 2\,H_2O$$

- à l'égard de l'élément hydrogène, à l'aide des ions $H^+_{(aq)}$:

$$\underbrace{O_2 + 4\,H^+_{(aq)}}_{\text{4 atomes H}} = \underbrace{2\,H_2O}_{\text{4 atomes H}}$$

- à l'égard des charges, à l'aide des électrons :

$$(\mathcal{E}_2) \qquad \underbrace{O_2 + 4\,H^+ + 4\,e^-}_{\text{0 charge}} = \underbrace{2\,H_2O}_{\text{0 charge}}$$

L'équation-bilan de l'oxydation de l'alcool s'obtient alors en combinant les demi-équations $(\mathcal{E}_1)$ et $(\mathcal{E}_2)$ de manière d'une part à placer les réactifs (R–CH_2OH–R′ et O_2) à gauche de l'équation et d'autre part à trouver autant d'électrons de part et d'autre de l'équation :

$$-2\,(\mathcal{E}_1) \qquad 2\,\text{R–CHOH–R}' = 2\,\text{R–CO–R}' + 4\,\text{H}^+_{(aq)} + 4\,\text{e}^-$$
$$(\mathcal{E}_2) \qquad O_2 + 4\,H^+_{(aq)} + 4\,e^- = 2\,H_2O$$

Une simplification par $4\,H^+_{(aq)}$ et par $4\,e^-$ fournit ainsi l'équation :

$$2\,\text{R–CHOH–R}' + O_2 = 2\,\text{R–CO–R}' + 2\,H_2O$$

soit encore :

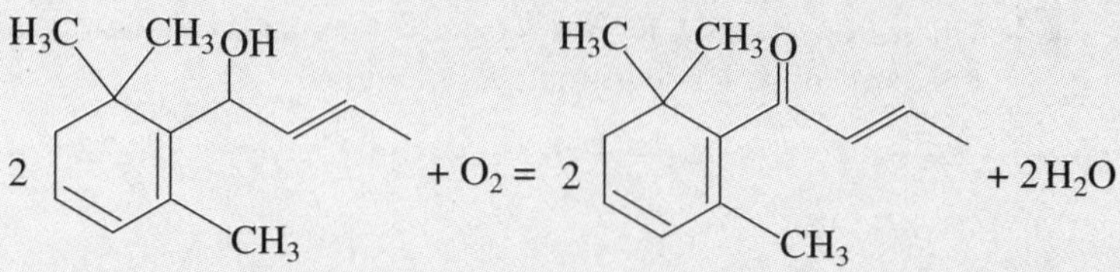

15 Synthèse organique

Lycée Saint-Sernin, Toulouse

Enoncé *p. 397*

1 La formule topologique fournie par l'énoncé est celle du propan-1-ol :

 ou : $CH_3{-}CH_2{-}CH_2{-}OH$

- Au cours de la réaction (1), cet alcool perd une molécule d'eau et se transforme ainsi en propène :

$$CH_3{-}\underset{\displaystyle H}{\underset{|}{CH}}{-}\underset{\displaystyle OH}{\underset{|}{CH_2}} \xrightarrow{\text{réaction (1)}} CH_3{-}CH{=}CH_2 + H_2O$$

- Ce même propène peut s'obtenir par déshydrogénation du propane :

$$CH_3{-}\underset{\displaystyle H}{\underset{|}{CH}}{-}\underset{\displaystyle H}{\underset{|}{CH_2}} \xrightarrow{\text{réaction (2)}} CH_3{-}CH{=}CH_2 + H_2$$

- Le propan-1-ol est oxydé, par les ions permanganate, en aldéhyde (le propanal) :

$$CH_3{-}CH_2{-}CH_2{-}OH \xrightarrow{\text{réaction (3)}} CH_3{-}CH_2{-}\underset{\displaystyle O}{\underset{\|}{C}}{-}H$$

C : propanal

- En poursuivant cette oxydation, les ions permanganate MnO_4^- transforment le propanal en acide propanoïque :

$$CH_3{-}CH_2{-}\underset{\displaystyle O}{\underset{\|}{C}}{-}H \xrightarrow{\text{réaction (4)}} CH_3{-}CH_2{-}C\begin{matrix}{=}O\\ {-}OH\end{matrix}$$

C : propanal   *D* : acide propanoïque

Finalement, l'organigramme adopte la forme suivante :

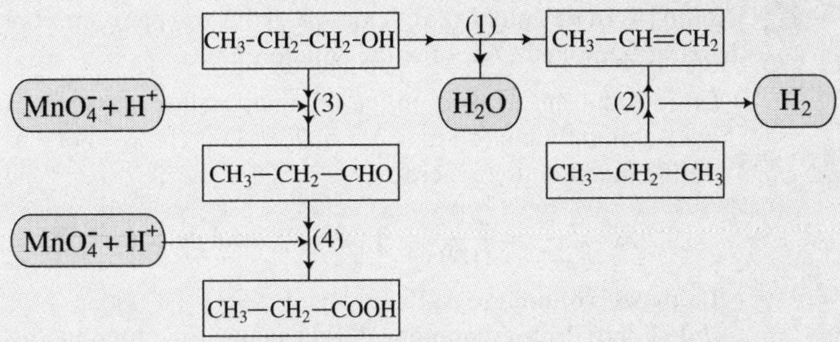

2 De l'étude précédente, il ressort que :

- la réaction (2) est une déshydrogénation du propane ;
- la réaction (3) est une oxydation du propan-1-ol.

16 synthèse organique

Enoncé *p. 398*

Lycée P. Picasso, Fontenay-Sous-Bois

1 L'énoncé donnant les valeurs numériques des températures de changement d'état (fusion et vaporisation), il est possible de prévoir l'état physique des différents composés de la réaction chimique :

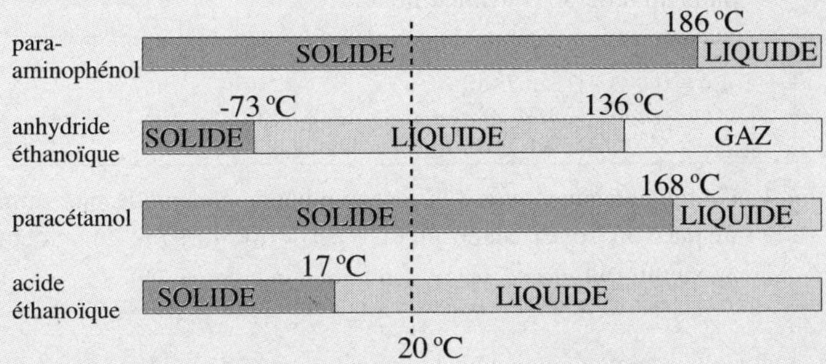

Ce diagramme confirme qu'à 20°C le para-aminophénol se présente sous l'état solide (blanc d'après l'énoncé) tandis que l'anhydride éthanoïque se présente sous l'état liquide (incolore d'après l'énoncé).

2 C'est en solution liquide que les réactifs réagissent le plus efficacement, ce qui justifie la nécessité de dissoudre le para-aminophénol (et l'anhydride éthanoïque). Or, c'est dans l'acide éthanoïque porté à 80°C que cette dissolution s'avère la plus aisée. Par conséquent, les réactifs devront être dissous dans l'acide éthanoïque et le milieu réactionnel sera idéalement maintenu à 80°C à l'aide d'un agitateur magnétique chauffant. L'acide éthanoïque produit se dissoudra naturellement dans le milieu réactionnel.

3 Notons « An » l'anhydride éthanoïque, « PA » le para-aminophénol, « PC » le paracétamol et « Ac » l'acide éthanoïque.

- En introduisant dans le milieu réactionnel une masse $m = 2{,}72$ g de para-aminophénol (de masse molaire $M = 109\ \text{g}\cdot\text{mol}^{-1}$), on y introduit la quantité de matière :

$$n_{\text{PA}} = \frac{m}{M} = \frac{2{,}72}{109} = 2{,}50.10^{-2} \text{ mol de para-aminophénol.}$$

- La masse volumique de l'eau valant $\mu_{\text{H}_2\text{O}} = 1\ 000\ \text{g}\cdot\text{L}^{-1}$, la densité d de l'anhydride éthanoïque définit sa masse volumique μ' :

$$d = \frac{\mu'}{\mu_{\text{H}_2\text{O}}} \Rightarrow \mu' = d \times \mu_{\text{H}_2\text{O}} = 1{,}08 \times 1\ 000 = 1\ 080\ \text{g}\cdot\text{L}^{-1}$$

Aussi, l'échantillon de volume $V' = 3{,}5$ mL $= 3{,}5.10^{-3}$ L possède une masse m' d'acide d'éthanoïque (de masse molaire $M' = 102\ \text{g}\cdot\text{mol}^{-1}$) telle que :

$$\mu' = \frac{m'}{V'} \Rightarrow m' = \mu' V' = 1\ 080 \times 3{,}5.10^{-3} = 3{,}78\ \text{g}$$

à laquelle correspond la quantité de matière :

$$n_{\text{An}} = \frac{m'}{M'} = \frac{3{,}78}{102} = 3{,}71.10^{-2} \text{ mol d'anhydride éthanoïque.}$$

4 Compte tenu de ce qui précède, l'évolution de la réaction peut être suivie dans un tableau d'avancement :

	An	+	PA	=	PC	+	Ac
$x = 0$	$3{,}71.10^{-2}$		$2{,}50.10^{-2}$		0		–
$x \neq 0$	$3{,}71.10^{-2} - x$		$2{,}50.10^{-2} - x$		x		–
$x_{\text{max}} = 2{,}5.10^{-2}$	$1{,}21.10^{-2}$		0		$2{,}5.10^{-2}$		–

5 Ce tableau montre que la réaction cesse dès que le para-aminophénol a disparu du milieu réactionnel, c'est-à-dire lorsque l'avancement x prend sa valeur maximale :

$$x_{\text{max}} = 2{,}5.10^{-2} \text{ mol}$$

À ce stade, la quantité de paracétamol produit (de masse molaire $M'' = 151\ \text{g}\cdot\text{mol}^{-1}$) vaut :

$$n_{\text{PC}} = x_{\text{max}} = 2{,}50.10^{-2} \text{ mol}$$

ce qui représente une masse :

$$m'' = n_{\text{PC}} \times M'' = 2{,}5.10^{-2} \times 151 = 3{,}77 \text{ g de paracétamol.}$$

17 Synthèse organique

Enoncé p. 399

Lycée Victor Hugo, Colomiers

1 La formule semi-développée du pentan-1-ol :

$$CH_3–CH_2–CH_2–CH_2–CH_2–OH$$

montre que l'atome de carbone porteur du groupe –OH ne possède qu'une seule liaison C–C, ce qui le classe parmi les alcools primaires.

2 Les risques associés aux diverses composés sont indiqués à l'aide de pictogrammes :

	Brûlure de la peau et des yeux
	Irritant par contact, ingestion, inhalation
	Inflammable
	Peut provoquer ou aggraver un incendie
	Dangereux pour l'environnement

Cette liste impose quelques précautions au cours de la synthèse :

- Éloignement d'une flamme vive : le pentan-1-ol est inflammable et le permanganate de potassium peut aggraver un incendie.
- Port de gants et de lunettes de protection : le pentan-1-ol et l'acide pentanoïque peuvent provoquer des brûlures de la peau ou des lésions oculaires graves.
- Travail sous hotte aspirante : le pentan-1-ol et le permanganate de potassium sont susceptibles d'irriter les voies respiratoires.
- Stockage spécifique des déchets de permanganate de potassium qui ne doivent pas rejoindre le réseau domestique des eaux usées.

3 Un volume $V_1 = 12$ mL de pentan-1-ol présente une masse m_1 qui définit sa masse volumique :

$$\mu_1 = \frac{m_1}{V_1} \Rightarrow m_1 = \mu_1 V_1 = 0{,}8 \times 12 = 9{,}6 \text{ g de pentan-1-ol.}$$

Cet échantillon contient donc une quantité de matière n_1 telle que :

$$m_1 = n_1 M_1 \Rightarrow n_1 = \frac{m_1}{M_1} = \frac{9{,}6}{88{,}0} = 0{,}11 \text{ mol}$$

4 Un volume $V_2 = 200$ mL $= 0{,}2$ L de solution de permanganate de potassium de concentration $C_2 = 0{,}50$ mol $\cdot$ L^{-1} contient une quantité de matière n_2 telle que :

$$C_2 = \frac{n_2}{V_2} \Rightarrow n_2 = C_2 V_2 = 0{,}5 \times 0{,}2 = 0{,}1 \text{ mol d'ions } MnO_{4\,(aq)}^-$$

COURS
EXERCICES
CORRIGÉS

5 La connaissance de la composition initiale du milieu réactionnel permet de dresser le tableau d'avancement de la réaction :

	5 $\overbrace{C_5H_{12}O_{(liq)}}^{\text{pentan-1-ol}}$	$+4\,MnO^-_{4\,(aq)}$	$+12\,H^+$	$\rightarrow$	$11\,H_2O_{(liq)}$	$+5\,\overbrace{C_5H_{10}O_{2\,(aq)}}^{\text{ac. pentanoïque}}$	$+4\,Mn^{2+}_{(aq)}$
$x=0$	n_1	n_2				0	0
$x\neq 0$	n_1-5x	n_2-4x				$5x$	$4x$

6 D'après ce tableau :

- le pentan-1-ol disparaît lorsque l'avancement x prend une valeur x_1 telle que :

$$n_1 - 5x_1 = 0 \Rightarrow x_1 = \frac{n_1}{5} = \frac{0{,}11}{5} = 2{,}2.10^{-2}\text{ mol}$$

- les ions permanganate disparaissent lorsque l'avancement prend une valeur x_2 telle que :

$$n_2 - 4x_2 = 0 \Rightarrow x_2 = \frac{n_2}{4} = \frac{0{,}1}{4} = 2{,}5.10^{-2}\text{ mol}$$

Le réactif limitant (ou introduit en défaut) est celui qui disparaît le premier, c'est-à-dire pour la plus petite des deux valeurs $x_1$et x_2, en l'occurrence x_1 ici. Donc le pentan-1-ol est le réactif limitant.

7 D'après ce qui précède, la réaction cesse lorsque l'avancement prend la valeur $x_1 = 2{,}2.10^{-2}$ mol. La quantité d'acide pentanoïque qui peut théoriquement être formée vaut alors :

$$n_{\text{théo}} = 5x_1 = 5 \times 2{,}2.10^{-2} = 0{,}11\text{ mol}$$

8 La quantité de matière précédente peut être associée à la masse :

$$m_{\text{théo}} = n_{\text{théo}} \times M_3 = 0{,}11 \times 102{,}0 = 11{,}2\text{ g d'acide pentanoïque.}$$

9 Puisque la réaction produit seulement une masse $m_{\text{exp}} = 8{,}4$ g d'acide pentanoïque, son rendement ρ est défini par :

$$\rho = 100 \times \frac{m_{\text{exp}}}{m_{\text{théo}}} = 100 \times \frac{8{,}4}{11{,}2} \Rightarrow \rho = 75\%$$

18 Synthèse organique

Lycée Saint-Exupéry, Mantes-la-Jolie

Enoncé p. 400

1 Le réactif (A) possède le groupe carboxyle (–COOH) caractéristique des acides carboxyliques :

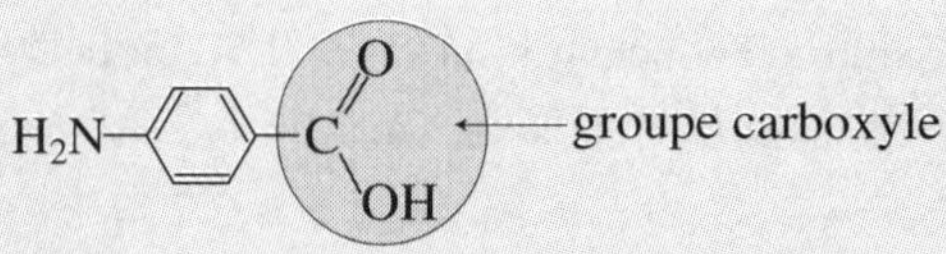

tandis que l'éthanol (CH_3–CH_2–OH) possède le groupe hydroxyle (–OH) caractéristique des alcools.

2 Écrivons, préalablement, les formules semi-développées :

- du composé (*A*) :

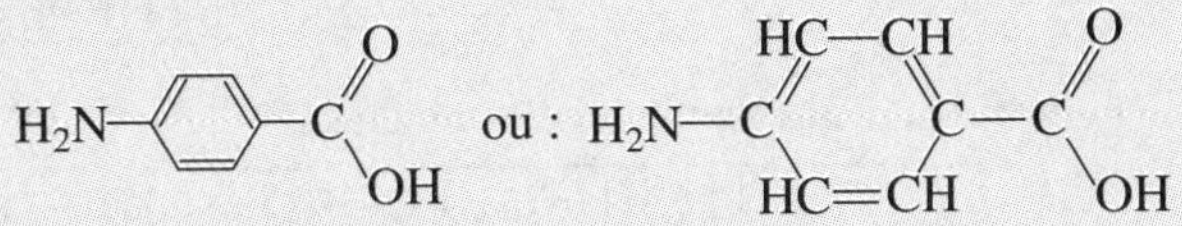

qui a donc pour formule brute : $C_7H_7NO_2$.

- de la benzocaïne :

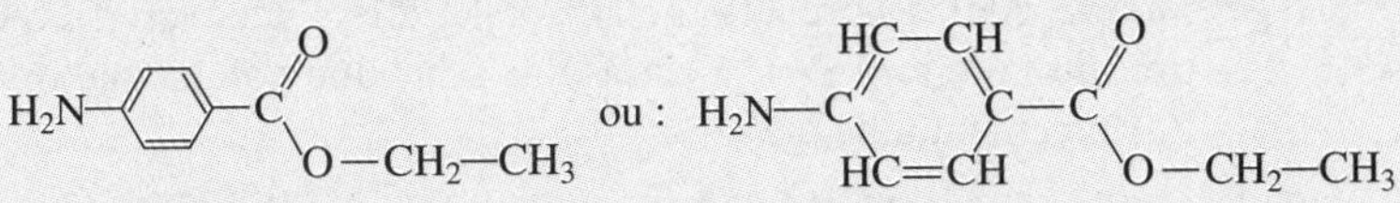

qui a pour formule brute : $C_9H_{11}NO_2$.

Par conséquent, l'équation de la réaction de synthèse de la benzocaïne :

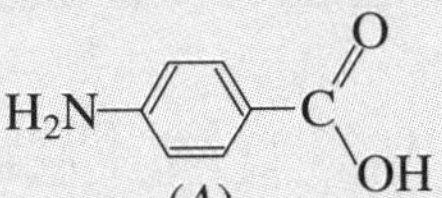

$+ \ C_2H_5OH$ = benzocaïne + (*D*)

(*A*) (*B*)

peut aussi s'écrire, en notant $C_aH_bN_cO_d$ la formule brute du composé (*D*) :

$$C_7H_7NO_2 + C_2H_6O = C_9H_{11}NO_2 + C_aH_bN_cO_d$$

Le principe de conservation des éléments impose alors :

$$\begin{cases} 7+2=9+a \\ 7+6=11+b \\ 1=1+c \\ 2+1=2+d \end{cases} \Rightarrow \begin{cases} a=0 \\ b=2 \\ c=0 \\ d=1 \end{cases}$$

en conséquence de quoi le composé (*D*) a pour formule brute : H_2O (il s'agit de l'eau).

3 Le milieu réactionnel contient initialement :

- une masse $m_A = 5$ g du composé (*A*), de masse molaire :

$$\begin{aligned} M_A &= M_{C_7H_7NO_2} = 7\,M_C + 7\,M_H + M_N + 2\,M_O \\ &= 7 \times 12 + 7 \times 1 + 14 + 2 \times 16 = 137 \text{ g} \cdot \text{mol}^{-1} \end{aligned}$$

c'est-à-dire une quantité de matière :

$$n_A = \frac{m_A}{M_A} = \frac{5}{137} \simeq 3{,}65.10^{-2} \text{ mol de } (A)$$

- un volume $V_e = 17{,}5$ mL d'éthanol, de masse molaire :

$$\begin{aligned} M_e &= M_{C_2H_6O} = 2\,M_C + 6\,M_H + M_O \\ &= 2 \times 12 + 6 \times 1 + 16 = 46 \text{ g} \cdot \text{mol}^{-1} \end{aligned}$$

COURS EXERCICES CORRIGÉS

À ce volume correspond une masse d'éthanol :

$$m_e = \mu \times V_e = 0{,}789 \times 17{,}5 \simeq 13{,}81 \text{ g d'éthanol}$$

et donc une quantité de matière :

$$n_e = \frac{m_e}{M_e} = \frac{13{,}81}{46} \simeq 0{,}3 \text{ mol d'éthanol.}$$

Le tableau d'avancement de la réaction :

	$C_7H_7NO_2 + C_2H_6O = C_9H_{11}NO_2 + H_2O$
$x = 0$	0,0365 0,3 0
$x \neq 0$	$0{,}0365 - x$ $0{,}3 - x$ x

montre que, si la réaction était totale, elle s'achèverait avec la disparition du composé (A), c'est-à-dire pour une valeur maximale $x_{\max}$ de l'avancement telle que :

$$0{,}0365 - x_{\max} = 0 \Rightarrow x_{\max} = 0{,}0365 \text{ mol}$$

Donc, cette réaction peut produire, au *maximum* :

$$n = x_{\max} = 0{,}0365 \text{ mol de benzocaïne}$$

dont la masse molaire vaut :

$$\begin{aligned} M &= M_{C_9H_{11}NO_2} = 9\,M_C + 11\,M_H + M_N + 2\,M_O \\ &= 9 \times 12 + 11 \times 1 + 14 + 2 \times 16 = 165 \text{ g} \cdot \text{mol}^{-1} \end{aligned}$$

Par suite, cette réaction peut produire, au *maximum* :

$$m_{\max} = M \times x_{\max} = 165 \times 0{,}0365 \simeq 6{,}02 \text{ g de benzocaïne.}$$

N° d'éditeur : 10192793 – Prépamath – MAI 2013
Imprimé en Italie par Grafica Veneta